Wilhelm Hahne

SKANDAL?

„NÜRBURGRING 2009"

AFFÄRE?

~ Ein Stück erlebter Realität ~
wurde zu einem Sachbuch im Jahre 2010

Südwest- und Eifelzeitung Verlags- und Vertriebs-GmbH, 54550 Daun

Originalausgabe
1. Auflage 2010
Copyright © 2010 by Südwest- und Eifelzeitung
Verlags- und Vertriebs-GmbH, 54550 Daun
www.eifelzeitung.de
Druck: Aalexx Buchproduktion GmbH, Großburgwedel
Printed in Germany
ISBN-Nr. 978-3-9810588-2-6

Meine Hochachtung
gilt den Journalisten-Kollegen

Dr. Wilm Hüffer, SWR, Baden-Baden
Peter Doeppes, Eifel-Zeitung, Daun
Christoph Würzburger, SWR, Mainz

die unermüdlich, zusammen mit mir,
um das Sammeln von Fakten bemüht waren.

Mein Dank
gilt meiner Frau, ohne deren
moralische und wirtschaftliche Unterstützung
meine Arbeiten zum Thema
dieses Buches unmöglich gewesen wären.

Danke, Bigi!

Nachdenkliches Vorwort

Mit diesem Buch will ich niemanden angreifen, „auf die Lichtung stellen". Jeder der bisher an dem Projekt „Nürburgring 2009" beteiligt war, hat das jeweils auf seine Art getan, sich evtl. auch selbst bloßgestellt.

Der Inhalt dieses Buches kann auch nicht umfassend wiedergeben, was hier wirklich am Nürburgring geschah, sondern nur mit dem „Anstoßen" vieler Themen rings um das Gesamtprojekt darauf aufmerksam machen, dass das Thema sehr facettenreich ist. Einige Beteiligte scheinen längst die Übersicht verloren zu haben. Andere hatten sie von Anfang an nicht.

Ein Diamant – und das ist die Nürburgring-Nordschleife – kann immer nur das Ausgangsmaterial sein. Es kommt auf den facettenreichen Schliff an, um ihn wertvoller, oder aber – beim „Verschleifen" - zu einem wertlosen Stück Gestein werden zu lassen. In diesem Buch zeige ich Ihnen um fünfzig „Schleif-Situationen" auf. - Lassen die den Nürburgring alle funkeln?

Wenn dieses Buch erscheint, wird sich immer noch keine „Endlösung" abgezeichnet haben, man wird um Detaillösungen ringen, weil eigentlich das mit Gewalt in die Eifelwälder gerammte übergroße (!) Gesamtprojekt keine wirtschaftlich vernünftige Lösung zulässt. Es gibt Politiker, die das nicht begreifen wollen und die sich abzeichnenden Negativ-Ergebnisse den Negativ-Schlagzeilen der letzten Zeit zuschreiben. - Aber wer ist dafür verantwortlich?

Ich möchte daran erinnern, dass meine journalistische Arbeit um eine öffentliche Darstellung von „geheim bleiben sollenden" Aktionen, immer als Unterstützung für die Region gedacht war. Meine Internet-Geschichten, auch die für die „Eifel-Zeitung", sollten – wie dieses Buch auch – aufmerksam, nachdenklich machen. Schließlich kann es kein „Konzept" sein, wenn einer der neuen, von der Landesregierung favorisierten Macher am Ring, am Tag nach der Vertragsschließung mit den Verantwortlichen des Landes Rheinland-Pfalz erklärt: „Nun haben wir zunächst mal die Verträge geschlossen. - Und jetzt fangen wir an zu denken."

In dieser Art geht nichts. Und auch nicht in der verlogenen Art von Politikern, Entscheidungen vor sich herzuschieben, sich am liebsten „entscheiden zu lassen". Oder „mit sanfter Gewalt" einzuschüchtern zu versuchen. Wie das auch in meinem Fall geschehen ist.

Es genügt nicht in der Landespolitik zu personellen Änderungen an der Spitze zu kommen, es muss ein Netzwerk aufgelöst werden, dass sich ein „Landesvater" in vielen (zu vielen?) Jahren seiner Führung aufgebaut hat.

Neben der Klärung von landespolitischen Fragen kommt es jetzt darauf an, am Nürburgring mit einer schrittweisen Erneuerung in den Kerngeschäftsbereichen aus dem Dilemma heraus zu finden. So erreicht man dann auch das Themengebiet Tourismus von der richtigen Seite. - Wenn man die nächsten Schritte in die richtige Richtung lenkt!

Virneburg, im Juni 2010,
Wilhelm Hahne

Von Nürburg nach Mainz

Es ist ein schöner, sonniger Frühlingsmorgen. Selbst wenn man auf der A 61 inmitten einer scheinbar unendlichen Kolonne von Lastwagen in Richtung Süden unterwegs ist. Vor mir schnurrt ein kleiner Dreizylindermotor, meine Fahrgeschwindigkeit entspricht der Geschwindigkeitsbegrenzung, die auf diesem Autobahnabschnitt gilt: 130 km/h.

Heute, am 27. April 2010 beginnt ein neuer Abschnitt, der dem Thema „Nürburgring 2009" zuzuordnen ist. Die Landesregierung Rheinland-Pfalz glaubte am 1. Dezember 2009 einen Strich zu ziehen als sie „ein neues Konzept" bei der Umsetzung ihrer „Regional-Förderungs"-Idee verkündete: Es soll eine private Betreibergesellschaft installiert werden. Das „staatliche Unternehmen", bisher als Nürburgring GmbH für Besitz, Unterhaltung und das Betreiben der Rennstrecken (Nordschleife und GP-Kurs) verantwortlich, soll sich nur noch auf das Verwalten von Grund und Boden, sowie der Immobilien beschränken.

Eine private Betreibergesellschaft, deren Gesellschafter zwar immer wieder genannt, aber über Monate offiziell nicht bestätigt wurden, soll nicht nur für eine Auslastung der Rennstrecken, sondern auch der inzwischen stark angewachsenen Immobilien sorgen.

Aber wie? - Es wird von einem Konzept gesprochen, das aber niemand kennt. Was erkennbar ist: Die Politik möchte sich der Verantwortung für das Tagesgeschäft entledigen und vor den Landtagswahlen in Rheinland-Pfalz so aus den Negativ-Schlagzeilen kommen. Da ist dann jeder Betreiber recht. - Erfahrung? - Die neuen Gesellschafter einer Betreibergesellschaft, die zu diesem Zeitpunkt mit „Destination Nürburgring GmbH" genannt wird sind bekannt: Jörg Lindner und Kai Richter.

Wie begründete doch eine Dame in einer öffentlichen Veranstaltung ihre detaillierten Fragen nach dem beruflichen Hintergrund eines dieser Herren? - „Wir möchten schließlich wissen, wen wir uns da ins Nest geholt haben."

Viele der Bürger im Umfeld des Nürburgrings haben eine Ahnung, die durch bestimmte Eindrücke aus den Geschehnissen rings um das Projekt „Nürburgring 2009" bestimmt wird. Aber wissen? - Nein, mit Bestimmtheit weiß man nur, dass man nichts weiß. Aber der neue „Macher" in der Landesregierung von Rheinland-Pfalz, Hendrik Hering, Minister für Wirtschaft, der strahlt Zuversicht aus. Was sollte er auch anders machen?

Jedem Beobachter der politischen Szene ist klar, dass Hendrik Hering der nächste Politiker sein wird, den der Landesvater opfern wird, um sich und seine Partei zu schützen. - Bevor Kurt Beck ins Stolpern kommt, werden noch andere stolpern. - Müssen!

Eigentlich hat seit Vorstellung der ersten Pläne, die zunächst mit „Erlebnisregion Nürburgring" überschrieben waren, nichts, aber auch garnichts geklappt. Da sollten private Investoren einen bedeutenden Teil der Finanzierung übernehmen. Aber es gab keine privaten Investoren, die die Pläne so attraktiv fanden, dass sie bereit gewesen wären, vorhandene Gelder zu investieren. - Schon das hätte nachdenklich machen sollen. - Müssen!

So stellte Prof. Deubel dann zum Ersten Spatenstich einen Mann als „privaten Investor" vor, der sich selbst aber wohl mehr als Ideenentwickler verstand. Nicht nur, was das Erstellen neuer Projekte betraf, sondern auch die Art, dafür an das Geld der Landesregierung zu kommen.

Prof. Deubel ist längst über die eigenen Versuche, mit nicht vorhandenen Investoren ins Geschäft zu kommen, gestolpert. - Er musste zurücktreten. Und der Landesvater der Rheinland-Pfälzer, Kurt Beck, hat bedauert, dass er „nicht eher die Reißleine gezogen" hat.

Wer hat denn Fehler gemacht? - Eigentlich immer nur die, die man gerade vor die Tür gestellt hat. So muss Prof. Deubel inzwischen – irgendwie – für alles einstehen, was als „unter den Teppich gekehrt" aber nun langsam wieder hervor quillt. - Aber natürlich auch Dr. Kafitz. Nur: die gemachten Fehler sind einfach zu viel geworden; der Teppich ist zu klein.

Und die Bausummen – und damit die Kredite zu groß. Wer spricht da noch von einem Abtragen der Kreditsummen? - Aber es sollte möglich sein, meint die Landesregierung, dass die neue Betreibergesellschaft, die sich zunächst den vieldeutigen Namen „Destination Nürburgring GmbH geben wollte, mit den zu erwirtschafteten Gewinnen, zumindest die Zinslasten trägt. Aber auch der neue Firmennamen, bei Vertragsabschluss mit der Landesregierung noch favorisiert, hat sich unter dem Druck der Ereignisse – z.B. der Pressekonferenz, zu der ich gerade unterwegs bin – noch mal geändert.

Die Telefonzentrale der (ehemals) Nürburgring GmbH meldet sich am 2. Mai 2010 mit „Nürburgring Automotive GmbH". - Hatte man bei Abschluss der Verträge noch Träume, aus denen man nun geschreckt wurde? - Geschreckt wird! - Denn noch bin ich ja unterwegs nach Mainz.

Träume? - Träume! - Das wird heute eine Gruppe privater Unternehmer und Interessenten nachzuweisen versuchen, die exakt an diesem 27. April 2010 eine Pressekonferenz in Mainz veranstaltet. Es sind nicht nur Regierungsverantwortliche, Landtagsabgeordnete dazu eingeladen, sondern auch die Vertreter der unterschiedlichsten Medien und der Automobilindustrie.

Man darf gespannt sein!

Ich bin es weniger, denn ich habe diese Gruppe über viele Monate begleitet, weiß mehr über die Zusammensetzung und ihre Arbeit an Basiszahlen, als man heute wahrscheinlich öffentlich darzustellen bereit ist. - Bereit sein darf! - Denn inzwischen hat die Landesregierung, unter Leitung ihres Wirtschaftsministers, Hendrik Hering („Ich bin gelernter Jurist"), „Nägel mit Köpfen" gemacht. - Wie ich meine: Gezwungenermaßen. - Unter dem Druck der Ereignisse.

Diese Anmerkung werde ich später noch erläutern. - Zunächst zieht mich der kleine Dreizylindermotor eines so genannten Kleinwagens weiter in Richtung Mainz.

Dort werde ich dann auch auf meinen alten Freund Michael Preute treffen, den viele Leser mit Jacques Berndorf als Verfasser vieler Eifel-Krimis kennen. Auch im chaotischen Umfeld von „Nürburgring 2009" hat er einen neuen Eifel-Krimi, „Nürburg-Papiere", geschrieben, der – wenn dieses Buch erscheint – längst veröffentlicht ist.

Ein spannender Krimi kann aufregend sein, ist immer eine interessante Lektüre, wenn er von Jacques Berndorf kommt. Aber er wühlt nicht auf, macht nicht wütend. Wütend macht aber die Realität der tatsächlichen Geschehnisse um den Nürburgring.

Darum ist es gut, dass es nun einen kleinen Zwischenstopp gibt. In Mainz. Es ist Zeit für eine Bestandsaufnahme, für das Aufzeigen von vorhandener oder nicht vorhandener Kompetenz auf der einen wie der anderen Seite. Wird man das Entsetzen einer ganzen Region rüberbringen können, dass die Menschen rings um den Nürburgring inzwischen erfasst hat? Wird man dort einen kleinen Hoffnungsschimmer am dunklen Horizont der Geschehnisse um „Nürburgring 2009" verspüren lassen? Immerhin spricht die dort auftretenden Gruppe von „Nürburgring 2010" und meint: „Nürburgring 2009" war gestern."

Die Pressekonferenz findet bezeichnender Weise in der „Alte Patrone" und dort im „Theatersaal" statt. Passender kann ein Ort für diese Veranstaltung nicht benannt sein.

Genauso wie die Anschrift „Am Judensand".

Der „Judensand" in Mainz zählt zu den ältesten jüdischen Begräbnisstätten in Europa wurde nach einer ungesicherten Überlieferung schon im Jahre 1012 angelegt. - Was die Initiatorengruppe heute hier präsentieren will, sind allerdings gesicherte Erkenntnisse.

Schauen wir mal rein, hören wir mal zu.

Mainz – wie es nicht singt und nicht lacht

Ich bin um 7:30 Uhr aufgebrochen. Die Veranstaltung wird um 11 Uhr beginnen. Also habe ich Zeit, jede Art von Geschwindigkeitsbegrenzung zu respektieren. Wenn ich der Routenplanung auf meinem Computer trauen kann, werde ich in einer Stunde und dreißig Minuten in Mainz sein.

Ich muss lächeln, wenn ich daran denke, dass die derzeitige Bundesregierung nun auch noch eine Pkw-Maut für die Nutzung dieser - und anderer - Verkehrsadern erheben will, die an vielen Stellen so wirken wie die verkalkten Adern eines alten Mannes. Auch der ist so infarktgefährdet. - Oder ist eine solche Androhung nur Wahltaktik? - Es gibt nicht nur bald Wahlen in NRW, sondern in 2011 auch in Rheinland-Pfalz.

Natürlich bin ich zu früh in Mainz, habe noch Zeit, mit den später handelnden Personen zu plaudern. Sie haben sich wirklich einen schönen Veranstaltungsort ausgesucht. Wir sitzen unter Bäumen und plaudern. Auch mit Nürburgring-Fans, die den Weg nach Mainz gefunden haben. „Wir wollten bei so einem geradezu historischen Moment dabei sein."

Ich habe den Veranstaltungsort nicht nur ohne Navigationssystem gefunden, sondern auch noch einen freien Parkplatz. Weil es noch früh ist. - Ist es für Rettungsaktionen um den Nürburgring vielleicht schon zu spät?

Die Pressekonferenz beginnt pünktlich um 11 Uhr. Es haben sich so um 35 Personen als Zuhörer, Zuschauer eingefunden. Unter den Besuchern entdeckte ich Persönlichkeiten aus allen Parteien; auch die bedeutenden Zeitungen der Region sind vertreten, genauso wie Kolleginnen und Kollegen der Nachrichtenagenturen.

Ein wenig erstaunt wird – nicht nur von mir - registriert, dass einer der Nürburgring-Experten, Ossi Kragl, am Nürburgring als Inhaber einer Marketing-Agentur ansässig, zunächst darauf verweist, dass er hier als Privatperson auftritt und damit nicht die Interessen eines seiner Kunden, BMW in München, vertritt. - Im Zuschauerraum schaut man sich fragend an. - Was soll das? - Und man erfährt, dass BMW auf dieser Erklärung bestanden hat.

So macht man bei BMW die sonst vielleicht unauffällige Abhängigkeit der „Group" von der Politik deutlich, wirft ein Spotlight auf Hintergründe, die man sonst im Dunkeln hält. Aber wenn man Wert darauf legt – bitte!

Als Lobbyisten beschäftigt der Münchner Konzern z.B. einen Joschka Fischer, ehemals Bundesaußenminister, Vizekanzler und Vorsitzenden der „GRÜNEN". Außerdem zieht in Brüssel seit Mitte 2009 ein Markus Hess an den Fäden für BMW. Nicht nur als deren leitender „europäische" Chef-Lobbyist, sondern auch als Leiter des EU-Grundsatzreferats im Bundeswirtschaftministerium. - Eine interessante Doppelrolle.

Aber das ist hier und heute in Mainz nicht Thema, sondern die Situation am Nürburgring. Die Initiatorengruppe möchte nicht tatenlos zusehen, „wie der Nürburgring in die nächste Katastrophe gesteuert wird". - Sagt man. Und stellt die sechs Personen vor, die an einem langen Tisch vor der großen Leinwand Platz genommen haben.

Die Gruppe der Initiatoren, die um eine aussichtsreiche Zukunft des Nürburgrings bemüht sind, wird repräsentiert durch die Herren Stefan Róta, einem Marketing-Spezialisten und langjährigem leitenden Mitarbeiter der Nürburgring GmbH, Mike Frison, den man im Motorsport-Umfeld auch als Internet-Spezialisten mit seinen Seiten zum Thema Nürburgring, www.20832.com kennt. Außerdem haben Jacques Berndorf, der bekannte Krimi-Autor zum Thema Eifel, der Wirtschaftsprüfer und Steuerberater Klaus Limburg, der Motorsport-Experte Peter Rumpfkeil, sowie der schon benannte Ossi Kragl als Sprecher der Initiative vorne Platz genommen.

„Seit über sechs Monaten arbeitet sich die Gruppe durch die komplexen Details der Nürburgring Geschäftsgrundlagen und es ist ihr gelungen einen erfolgreichen und tragfähigen Businessplan auszuarbeiten, der im

Einklang mit der Region steht", heißt es in der Presseinformation, die durch die Vorträge der einzelnen Fachleute unterfüttert wird.

Da begründet Stefan Róta im Detail, warum Prognosen, die auf verfälschten Zuschauerzahlen basieren niemals erreicht werden können. Und Ossi Kragl (als Privatmann!) vertritt die Ansicht, dass das in der Initiatoren-Gruppe vorhandene Konzept „eine völlig neue Qualität hat" und unterstreicht noch einmal: „Wir sind die Experten!" - Er sagt erklärend auch: „Wir sind eine Gruppe, die genauso vielfältig ist, wie das Thema es von uns fordert und die alle relevanten Berufe abdeckt."

Man muss erfahren, dass sich diese Gruppe irgendwie von der Politik „verschaukelt" vorkommt. In der Presseerklärung heißt es: „Die Berücksichtigung einer alternativen Betreibergesellschaft wurde den Akteuren von offizieller Seite zugesichert, doch bevor die Ergebnisse konkret vorgestellt werden konnten, wird die Öffentlichkeit vor vollendete Tatsachen gestellt und mit der Bekanntgabe eines 20-jährigen Pachtvertrages konfrontiert."

Man bittet um Verständnis dafür, dass man unter diesen Umständen nun keine Details des Konzeptes offenlegen kann. „Wir bieten aber unsere Hilfe an, um ein Desaster abzuwenden", gibt man sich im Interesse einer ganzen Region versöhnlich.

Klaus Limburg, der Wirtschaftsprüfer hat das Konzept im Detail gesehen und erklärt es „nach eingehender Überprüfung" für „profitabel, tragfähig und realisitisch".

Peter Rumpfkeil, ein Mann mit „mehr als 80 Semester Motorsport", wie er sich selber vorstellt, verweist auf die gewachsenen Zusammenhänge im Motorsport. „Ohne Motorsportclubs gibt es keinen Motorsport, ohne Spitzensport keine Zuschauer." Ohne Zuschauer – gleich ob live vor Ort oder vor den Fernsehschirmen gibt es aber auch für die Motorsportler keine Sponsor-Budgets.

Ossi Kragl: „Wir sind eine Gruppe, die genauso vielfältig ist, wie das Thema es von uns fordert und die alle relevanten Berufe abdeckt."

Darum kommt auch Jacques Berndorf zu Wort, der ein wenig von seinen journalistischen Recherchen hin zu seinem neuen Krimi „Nürburg-Papiere" erzählt, der wohl in den ersten Junitagen in den Buchläden zu kaufen sein wird. Er hat dabei eine Realität vorgefunden, die nach seinen Aussagen „jenseits jeder Fiktion" ist.

Dass auf dieser Basis – die keine ist – dann ganz nebenbei ein 300 Mio-Projekt „auf Sand ver-baut" wurde, das macht Stefan Róta deutlich. Für manche überdeutlich, weil er praktisch für einen Teil der Neubauten gleich die „Abrissbirne" empfiehlt.

Mike Frison hat dargestellt, wie „der Nürburgring zu Grabe getragen wird", wie inzwischen der „Beton den Asphalt erstickt", spricht von den „falschen Konzepten", die „nur zur Katastrophe führen können."

Vor Ort ist nicht nur eine Kamera des SWR, sondern es wird auch angekündigt, dass im SWR-Fernsehen (RP) am 19. Mai, von 20:15 – 21:00 Uhr eine Dokumentation über die Vorgänge am Nürburgring zu sehen sein wird. Dokumentation? - Christoph Würzburger wird auch nur Spotlights auf bestimmte Szenen werfen können. Zwar sind 45 min zur besten Sendezeit scheinbar viel, aber viel zu wenig, um das Thema wirklich umfassend zu beleuchten.

Alles was man hier an diesem Vormittag sieht und hört macht begreifbar, was auch in einem Chart zu lesen ist: „Wir sehen nicht tatenlos zu!"

Wenn auch einige Kollegen der Meinung sind, dass diese eindrucksvolle Veranstaltung kaum die Handlungen der Politiker in Zukunft beeinflussen wird, so muss man doch die Feststellung der Initiatoren-Gruppe unterstreichen, die klar sagt:

„Wer immer im Windschatten fährt, kann nicht überholen!"

Am Ende der Ausführungen der Experten kommt es zu dem von Pressekonferenzen bekannten Frage- und Antwortspiel. Niemand nimmt hier ein Blatt vor den Mund.

Natürlich möchten die Journalisten Details zum Konzept erfahren. Aber: Gebrannte Kinder scheuen das Feuer. - Oder in diesem Falle: Von der Politik verschaukelte Nürburgring-Experten haben aus der Erfahrung gelernt.

Sie haben auch gelernt, dass man nicht ehrlich miteinander umgeht, taktiert, hinhält, Figuren ins Spiel bringt, die nichts vom Spiel verstehen.

Darum sagt man jetzt ehrlich: Unter diesen Umständen geben wir die Details zu einem Konzept nicht preis, das in harter, sechsmonatiger Arbeit auf der Basis von echten(!) Zahlen erarbeitet wurde.

Klar wird aber: Niemand von diesen wirklichen Experten gibt dem neuen „Freizeitpark Nürburgring" auch nur den Hauch einer Chance. Zumindest nicht in der erbauten Größenordnung und einer nicht überdachten Zusammenstellung. Konzeptlosigkeit also sowohl „damals", wie auch heute.

Was wichtig ist – nach Ansicht dieser Experten – ist das so genannte „Kerngeschäft". Und da liegt mehr im Argen als der Öffentlichkeit bisher bewusst werden konnte.

Werfen wir darum einmal einen Blick zurück in die Vergangenheit des Nürburgrings.

Ein Schnappschuss in Richtung „damals"

Im Jahre 1927 wurde mit dem Bau der Nordschleife begonnen. Die Region rings um die „Hohe Acht", der höchsten Erhebung im Mittelgebirge der Eifel (747 m) wollte weg von einer Bezeichnung, die ihr aus der Welt der Reichen, Mächtigen und Einfältigen als eine Art Markenzeichen aufgedrückt worden war: Das Sibirien Deutschlands zu sein.

Das gelang. Die Nürburgring Nordschleife wurde schon nach kurzer Zeit zu einer Legende. Sie war schnell als schwierigste, gefährlichste, aber auch schönste Rennstrecke der Welt zum Begriff geworden. Wer wirklich Rennfahrer und nicht nur Darsteller eines Rennfahrers war, musste von den besonderen Qualitäten der Nordschleife als Rennstrecke begeistert sein.

Jahrzehnte später war es Jackie Stewart, der der Nordschleife den alles umfassenden Titel „Grüne Hölle" überstülpte, ein Begriff, der heute auf vielfältige Art missbraucht wird.

Damals, in den Jahren vor dem Zweiten Weltkrieg, zogen die Formel 1-Rennen auf der Nürburgring Nordschleife 100.000 Besucher und mehr in ihren Bann. Fahrfehler waren dort oft tödlich. Nur wer als Rennfahrer wirklich gut war, war auch wirklich schnell. Wer schnell zu sein versuchte ohne dafür eigentlich geeignet zu sein, der stellte sich selber bloß oder machte mit dem Krankenhaus in Adenau Bekanntschaft. - wenn er Glück hatte.

Der Landkreis Ahrweiler war mit seinem damaligen Landrat, Dr. Creutz, nicht nur Initiator beim Bau der Rennstrecke, sondern dann auch später, als das Land Rheinland-Pfalz zum Hauptgesellschafter wurde (90 Prozent Anteil) immer noch mit 10 Prozent beteiligt. Was entsprechend dem Gesellschafter-Vertrag bedeutet: Der Landkreis ist mit je 10 Prozent auch am erwirtschafteten Gewinn oder Verlust beteiligt.

Warum das in der „Neuzeit" nicht mehr unbedingt so sein soll, möchte ich später zu erklären versuchen - Obwohl die aktuell angestrebten Lösungen mehr einer „hohen (und unverständlichen) Politik" entsprechen.

Die Nordschleife führt auf ihrer großen Schleife von 20.832 Metern nicht nur durch den Landkreis Ahrweiler, sondern verläuft teilweise auch durch ein Gebiet, das heute dem Landkreis Mayen-Koblenz zugerechnet werden muss. Ursprünglich führte er überwiegend durch den Landkreis Adenau, den es heute aber nicht mehr gibt. Genauso wenig, wie das Amt Virneburg, das längst in den Landkreis Mayen-Koblenz überging. So erweiterte sich der Landkreis um Adenau auch zum Landkreis Ahrweiler. Das geschah in den 30er Jahren.

Nach dem Zweiten Weltkrieg erlebte die Nordschleife als Rennstrecke einen großen Boom, wurde auch zu einem Zuschauermagneten. An einem Rennwochenende, z.B. zum Großen Preis von Deutschland, da quoll eine unendliche Menschenschlange aus den Zügen am Bahnhof Adenau.

Exakt zur Eröffnung einer neuen Rennstrecke, die die Formel 1 wieder in die Eifel zurückholen sollte, wurde dann dieser Bahnhof geschlossen und – damit man diesen Beschluss nicht mehr rückgängig machen konnte – sofort die Schienen herausgerissen.

Heute ist die nächstgelegene Stadt am Nürburgring, Adenau, ohne jeden Bahnanschluss und ohne Bahnhof. Und das Krankenhaus ist eigentlich kein richtiges Krankenhaus mehr, denn es fehlt z.B. eine Wöchnerinnen-Station. Sie haben das richtig verstanden: Im Krankenaus Adenau kann man derzeit keine Kinder bekommen.

Warum beklagt man sich eigentlich, dass es zu wenig Kinder gibt? -

Und alten Leuten hört man nicht mehr zu.

Der Grand-Prix-Kurs ist keine Nordschleife

Mit dem Neubau des Grand-Prix-Kurses, der 1984 scheinbar abgeschlossen war, versuchte man die Formel 1 wieder in die Eifel zurück zu holen. Nach dem Lauda-Unfall hatte man die Nordschleife als zu gefährlich für die Formel 1 eingestuft. Es sollte keine F1-Rennen mehr geben. Aber die Politik meinte, dass man ohne F1 in der Eifel nicht zurecht kommen würde.

Also wurde der Neubau einer Rennstrecke ins Auge gefasst. Die sollte natürlich den modernsten Sicherheitsanforderungen genügen. Das Konzept wurde von Porsche erstellt. Wie sich herausstellte war es zwar fahrerfreundlich, sicher, aber man hatte die Ansprüche der Zuschauer vergessen.

Außerdem wurden eine Menge Fehler gemacht. So fehlte bei dem zunächst verwendeten Fahrbahnbelag der Gripp, die Curbs waren zu steil, zu hoch, so dass sie für Motorräder praktisch zu Abschussrampen wurden. Aber Kritik kam zunächst nur von mir. Aber wer kannte sich auch sonst auf diesem Gebiet aus?

Andere Medien schwärmten – entsprechend den erhaltenen Pressemitteilungen – von den positiven Eigenschaften dieser modernen Rennstrecke.

Mit dieser Rennstrecke kehrte dann auch die Formel 1 zurück. Und ein gerade neuer Geschäftsführer empfand sich als Retter der Eifel. Auch dann noch, als die Verluste pro Rennen auf rund 10.000.000 Euro (in Worten: zehn Millionen Euro) anstiegen. Er konnte sicher sein, dass solche Differenzen durch die Landesregierung in Mainz ausgeglichen wurden.

Er ließ die alten Boxenanlagen abreißen, ersetzte sie durch neue, schuf eine neue Erlebniswelt, die niemals einen Gewinn einfuhr, war jedenfalls sehr aktiv. Die Umsätze stiegen, unterstrichen das angebliche Können des Machers. - Aber immer zu Lasten der Staatskasse.

Wie es dann zu dem Projekt „Nürburgring 2009" kommen konnte, will ich hier einmal in aller Kürze darstellen.

Nachdem die Formel 1 für den Nürburgring verloren schien, wurde von den Politikern in Mainz schon einmal ein kleines Sicherheitspolster angelegt, weil man die Region um den Ring nicht bei dauerhaftem Verlust in ein tiefes Loch fallen lassen wollte.

Es war aber keinesfalls Dr. Walter Kafitz, der neue Hauptgeschäftsführer mit dem richtigen Parteibuch, der den Herrscher über die F1-Szene dazu bewegte, wieder mit einem Rennen in die Eifel zurückzufinden.

Ein Industriemann, Hugo Emde (Bilstein), stellte die Weichen und ebnete den Kontakt von Ecclestone hin zu Bundespolitikern. Danach kam Dr. Kafitz ins Spiel. Aber eigentlich hat der mit Ecclestone niemals wirklich hart verhandelt, sondern dessen Forderungen mehr oder weniger abgenickt.

So entwickelte sich die Formel 1 in Deutschand – nicht nur hier – zu einem Verlustgeschäft, das aber von den politischen Kräften per Saldo noch als Gewinn dargestellt wurde, wenn man das Ergebnis in seinen Auswirkungen auf die gesamte Region betrachtet - sagt man.

Dr. Kafitz, der Hauptgeschäftsführer der Nürburgring GmbH, wusste, dass der Hauptgesellschafter alle Verluste aus dem Formel 1-Geschäft ausgleichen würde. Warum sollte er sich da um eine Änderung von Voraussetzungen bemühen, die nur zu einer Verärgerung von Ecclestone geführt hätten Also hat er weiter genickt.

Aus den direkten Kontakten in Mainz wusste er aber auch, dass sich dort schon um die 40 Millionen angesammelt hatten, die, wenn es mal mit der Formel 1 nicht geklappt hätte... Nun hatte es geklappt, aber Dr. Walter Kafitz wollte die lagernden 40 Millionen schon noch in die Eifel holen.

So hat er eine neue Erlebniswelt geplant, den „Ausbau" der Geschäftstätigkeit der Nürburgring GmbH vorbereitet. Auch mit eigenen Erkundungsfahrten in die wichtigen Freizeitparks in Deutschland.

Leider ging es ihm wohl weniger darum, selbst zu einer objektiven Beurteilung der angepeilten Situation zu kommen, sondern mehr darum, den nicht auf allen Gebieten gebildeten Politikern kleine „Leckerchen" zu präsentieren, die dazu führen mussten, diese Leute „passend zu machen", sie zu den von ihm gewünschten Entscheidungen finden zu lassen - verantwortungsvoll.

Nur er, Dr. Walter Kafitz, würde keine Verantwortung tragen.

Mit den von ihm geschaffenen Umsatzzuwächsen der GmbH, einer ganzen Reihe von Neugründungen von kleinen Tochter-GmbH's, hatte er eine Basis geschaffen, sich als richtige Besetzung der Position am Nürburgring und erfolgreicher Manager einschätzen zu lassen.

Aber Umsatzzahlen sagen nicht unbedingt etwas über erzielte Gewinne aus. Nur zur „Einstimmung" in die Art der am Nürburgring umgesetzten Geschäftsführungs-Aktionen möchte ich nachfolgend einmal eine „Übersicht Ergebnissituation EWN (= ErlebnisWelt Nürburgring) 1998 – 2000" anführen, wie man sie auch in den Geschäftsunterlagen der Nürburgring GmbH finden müsste:

1998	Minus	651.000
1999	Minus	1.286.000
2000	Minus	1.175.000

In den Original-Unterlagen wird das „Minus" nicht ausgeschrieben, sondern durch ein „-"-Zeichen dargestellt.

Da musste also etwas geschehen. Dachte man. Und handelte so, wie es Dr. Kafitz geschickt vorgab, aber niemals entschied. Er ließ die Politiker in Mainz entscheiden oder den Aufsichtsrat, der offensichtlich auch nichts begriffen hat.

Auch nicht, als Dr. Kafitz den (aus meiner Sicht) „Versuchsballon" BikeWorld Nürburgring GmbH startete.

Wer das normale 1x1 beherrschte und ein wenig von dem Geschäft verstand, der musste eigentlich wissen... -

Nun ja, ich habe das damals so beschrieben, im März 2004. Das ist zwar kein kleiner, aber ein wichtiger Schritt. - Nicht für die Menschheit, aber für die Region um den Nürburgring – und die dortigen Motorrad-Händler.

Die „BikeWorld Nürburgring" schafft Probleme

Katastrophen kündigen sich nicht an. Und die, die sie auslösen, wissen oft nicht was sie tun. Sie tun es oft „unter Druck". Aber wer stand bei BMW in München so unter Druck, dass er den Händlervertrag mit der Firma Zweirad-Schmitz in Adenau kündigen musste?

In dieser Zeit gab es einen BMW-Prospekt, in dem empfohlen wurde: „Vergessen Sie alles, was Sie gelernt haben." Ich war der Meinung: Das könnte BMW so passen! - Sollten wir jetzt zunächst auf die BMW-Schule gehen? -

Wenn man sich einmal aufmerksam umschaute, musste einem das BMW-Selbstverständnis auf die Nerven gehen. Da gab es nicht nur eine Beilage (in Zeitschriften) zum Thema BMW-Motorrad-Fahrerausstattung, in der man provokativ zum Vergessen aufgefordert wurde, da trennte man sich auch von einem guten, eingesessenen BMW_Motorradhändler. - Warum? - Weil es einen neuen BMW-Händler geben sollte? - Warum trennte man sich vom bisherigen Partner? - Und wenn: Warum macht man das nicht offen, klar und unmissverständlich? - Wer da mit Tricks arbeitet, wirkt nicht sehr glaubwürdig. Auch wenn es dafür Gründe geben sollte. -

Sind das politische Gründe, Hintergründe? - Und warum erweckte man den Eindruck von unlauterem Wettbewerb?

Wäre diese Kündigung „einfach so" geschehen, würde man kaum darüber reden. Aber die Art der Vorbereitung dieser Kündigung hat schon ein gewisses „G'schmäckle". Wobei alles natürlich nur zeitlich zufällig geschah. Versteht sich, was dachten Sie denn?

Da werden bei BMW die Grenzen von Verkaufsgebieten verschoben. Wie das auch schon mal in der Politik (lange) vor Wahlen erfolgt. Zufällig! - Da wird Adenau von BMW einem anderen Gebiet zugeordnet. In dieses - neue - Gebiet gehört dann auch dieser bedeutende Ort Meuspath, ganz nahe am Nürburgring. Dort gibt es ein Industriegebiet, das so manche Gemeindeväter schwer atmen lässt. Weil es langsam, gaaaanz langsam anläuft. Und so für die betroffenen Gemeinden eine (finanzielle) Belastung bedeutet.

Natürlich ist die Nürburgring GmbH auch hier beteiligt. Mit 10 Prozent. Einer der Bürgermeister: „Der Anteil ist zwar nur 10 Prozent, aber das sagen hat Kafitz zu 90 Prozent."

So ist es denn auch kein Wunder, dass in diesem Gewerbegebiet die Ansiedlung einer neuen Handelsfirma für Motorräder geplant ist. Von Dr. Kafitz, von der Nürburgring GmbH.

Das heißt: Der Mann der als der Ideengeber für die Öffentlichkeit dargestellt wird, ist Ernst Moser, der Besitzer eines Motorsport-Unternehmens, „Phoenix", der aber keinerlei Erfahrung im Motorradgeschäft hat. Der hatte eigentlich auch einen privaten Sponsor an der Hand, der aber im entscheidenden Moment absprang.

Dr. Kafitz war zu der Zeit gerade in den USA unterwegs. Es mussten schließlich neue Firmen gegründet, für eine internationale Ausweitung des Geschäftes gesorgt werden. So etwas würde Provinzpolitiker besonders beeindrucken.

Derweil ruhten die Motorrad-Pläne ein wenig. Es ging nichts voran. Einer der Phoenix-Mitarbeiter, von mir darauf angesprochen, warum denn jetzt nichts voran geht: „Wir warten auf die Rückkehr von Dr. Kafitz. Wenn der dann für die Nürburgring GmbH unterschrieben hat, dann geht's weiter. - Meinst du, wir wären so verrückt das ohne die GmbH zu machen?"

Das habe ich verstanden. Aber ich habe nicht verstanden, warum man das überhaupt machte.

Aber noch einmal zurück zu der – aus meiner Sicht – unverständlichen BMW-Entscheidung, die umso auffallender war, als dazu einige organisatorische Änderungen vorgenommen werden mussten.

Wenn in einem Gebiet eine Veränderung (bei der Händlerbesetzung) vorgenommen werden soll, wird natürlich - so ist das bei BMW üblich

- der Gebietsleiter dazu gehört, der auch das Ergebnis in diesem Gebiet zu verantworten hat. Nun gehörte Adenau - vor der Neuordnung - zu einem Gebiet, südlich gelegen. Nun gehörte es plötzlich zu Nordrhein-Westfalen. Für BMW. Und der hier zuständige Gebietsleiter wurde - zufällig - befördert. Und sein Nachfolger hatte keine Ahnung. Woher auch?

Also konnte der auch wenig dazu sagen, wenn in München entschieden wurde: der Händlervertrag mit Zweirad-Schmitz in Adenau wird gekündigt. Aber im Industriegebiet von Meuspath (mit anderem Gebietsleiter) wird dafür ein neuer BMW-Motorradhändler eingesetzt.

Ich bin Kunde bei Zweirad-Schmitz. Seit Jahrzehnten. Wenn früher mit einem Testmotorrad etwas nicht funktionierte, dann suchte ich diesen Händler auf. Der führt nicht nur BMW, sondern auch Yamaha und Honda. - Und das ärgerte BMW wohl. Zumal Schmitz auch noch einen Betrieb in Bonn betreibt, wo er Suzuki verkauft. BMW hätte gerne Exklusivhändler. Mit einem eindeutigen CI (Corporate Identity). Es kommt nicht darauf an, ob man als Motorradhändler den Kontakt zu seiner Kundschaft hat, deren Gefallen findet, sondern man muss als BMW-Motorradhändler wie jeder andere BMW-Motorradhändler sein. Ein BMW-Händler muss der BMW-Norm entsprechen. Es hat neben BMW keine anderen Motorräder zu geben. Oder besser: alle anderen Zweiräder sind eigentlich keine Motorräder. Was ein Motorrad ist, bestimmt BMW.

Wie hieß es doch so schön in einer BMW-Beilage zu einer in dieser Zeit aktuellen Motorradzeitschrift aus Stuttgart: „Vergessen Sie alles, was Sie gelernt haben."

Je blöder man ist, desto sympathischer ist man offenbar den BMW-Managern. So ist man besser zu führen.

Aus dem BMW-Prospekt: „Schwarzes Leder heizt sich auf? - Falsch. Denn unser neuer Anzug Black Leather ist da. Seine spezielle Hi-Tech-Veredelung schickt die Hitze sofort zurück zur Sonne." - Toll! Eine

Lederkombi mit Tollcollector. Und in Schwarz.

Ich habe schon vor Jahrzehnten keine schwarze Motorradkleidung getragen. Aus Sicherheitsgründen. Ich trug eine gelbe Kombi, oder eine überwiegend weiße. Natürlich mit ein paar farbigen Akzenten. Damit ich nicht übersehen wurde. Trotz eingeschaltetem Scheinwerfer.

Aber BMW ist die Temperatur wichtig. Nicht die Sicherheit des Fahrers. Oder man bezeichnet die These als „falsch", die sagt: „Ein Helm, der gut schützt, muss auch was wiegen."

Natürlich ist ein 1000 Gramm-Helm angenehm. Aber auch die richtige Wahl für einen Motorradfahrer? - Ich habe (früher) meine Helme immer danach ausgewählt, wie sicher sie waren. Nicht nach deren Gewicht. Wobei ich - und ich habe das zu Beginn einer Motorradsaison immer wieder erlebt - mit einem entsprechend „schweren" Helm auch meine Nackenmuskulatur trainiert habe. Und auf die kommt es „im Falle eines Falles" auch (!) an . Und ein Helm ist nicht so gut wie sein Material, sondern wie seine Passform. In wievielen Größen wird ein Helm hergestellt? Wird eine andere Größe nur durch eine entsprechende „Auskleidung" (innen) erreicht? - Kann man den Helm in geschlossenem Zustand (nach vorne) vom Kopf ziehen? Wie hoch sind die Windgeräusche? Es gibt viele Kriterien zur Beurteilung eines Motorradhelms. Das Gewicht, liebe Freunde in München, ist nicht alles.

Aber man kann alles argumentieren. Nur: die BMW-Argumentation ist die von „Dünnbrettbohrern", an der Mode, am „Stammtischwissen" orientiert, nicht an der Realität.

Ähnlich ist es auch mit der beschriebenen Händlerkündigung. Tatsächlich war schon der Vater des jetzigen Inhabers BMW-Motorradhändler. Ich erinnere mich, dass der ein so fanatisch von dieser Marke überzeugter Händler war, dass er Ernst Leverkus (genannt „Klacks"), Redakteur der Zeitschrift „Motorrad", eine Wettfahrt - es war in den 60ern - über die Nürburgring-Nordschleife anbot, als der irgendein anderes Motorrad als besser als eine BMW bezeichnet hatte. Ich war Zeuge dieser Wettfahrt.

„Klacks" hat gewonnen, weil Vater Schmitz schon in der „Hatzenbach" sich seiner BMW entledigte. Nur leichte Verletzungen.

Wenn jemand überzeugter BMW-Händler war - und ist! - dann der Inhaber von Zweirad-Schmitz in Adenau, inzwischen vom Sohn geführt. Doch nun ist der Vertrag gekündigt. Ende April 2004 ist nach meiner Kenntnis Ende (Ich hatte seit Jahren nicht mehr mit Herrn Schmitz gesprochen!)

Ich war aber am 13. März 2004 bei der Präsentation der R 1200 GS vor Ort - natürlich war Betrieb. Und die Kunden kamen nicht nur aus Adenau. Vor dem Händlerbetrieb parkten Motorräder mit unterschiedlichen Kennzeichen: SU, EU, BM usw. -

Warum waren die Besitzer dieser Motorräder nicht zu ihren nahe gelegenen BMW-Partnern gefahren? Zufall? Wer so denkt, versteht nichts vom Motorradgeschäft.

Statistiken mögen Anhaltspunkte geben, sind aber eigentlich nur eine Argumentation für Dumme. Denn was ist der so genannte Bundesdurchschnitt?

Aber wer denkt heute noch im Motorrad- oder Automobilgeschäft? Vieles ist Routine geworden. Routine macht vieles leicht. Es macht aber Entscheider auch manchmal leichtsinnig.

Wie z.B. mit der Entscheidung, die neue BMW R 1200 GS zunächst (?) nur mit ABS anzubieten. Obwohl sich das Grundpreisangebot auf ein Motorrad ohne ABS bezieht. Aber das ist nicht lieferbar. Wie ich von BMW-Händlern erfuhr: Nicht vor 2005, nicht mehr in 2004.

Meine Herren in München: das ist aus meiner Sicht, nach meinem Gefühl, unlauterer Wettbewerb! -

Nicht nur wegen dem Grundpreis in den Preislisten, sondern auch wegen dem Gewicht in den technischen Daten. Beides ist nicht realistisch!

Ein anderes Beispiel dafür wie sehr BMW an die Rendite denkt, nicht an die eigene Glaubwürdigkeit: da kosten z.B. die Drahtspeichenräder bei der neuen R 1200 GS einen Aufpreis von 340 Euro.

Es gibt andere Modelle, bei denen die Leichtmetallfelge einen Aufpreis kostet, die bei der R 1200 GS eigentlich serienmäßig ist. Nun dürfen Sie raten welchen? - Natürlich 340 Euro.

Was lernen wir daraus? Zubehörverkauf ist eine Leidenschaft von BMW, der so leidenschaftlich betrieben wird, dass man bei der Preisgestaltung eigentlich schon sein Innerstes offenbart. Das ist nicht gesund. Aber die Krankenkasse merkt das nicht. Die würde das evtl. auch nur statistisch sehen. Und die Motorradfahrer? – So lange es gut geht... - Und BMW über eine gewachsene Händlerschaft verfügt, die die Argumentation ihres Herstellers übernimmt, konstruierte „Sprachregelungen" mitübernimmt...-

Übrigens hatte der Inhaber von Zweirad-Schmitz nach der Kündigung des Vertrages durch BMW vor, die im Briefbogen dann enstehende Lücke durch Suzuki zu schließen, deren Händler er schon in seinem Bonner Betrieb ist. Doch Suzuki lehnte ab. Weil man schon eine Zusage dem neuen - noch zu bauenden - Betrieb im Industriegebiet von Meuspath (nahe dem Nürburgring) gemacht hatte. Dort würde man also in Zukunft Suzuki, BMW und Ducati kaufen können.

Dass der bisherige, in Mayen beheimatete Ducati-Händler bei dieser Gelegenheit seinen Händlervertrag verlor, wird meine Leser nun nicht mehr überraschen. Alles Zufall? - In diesem Falle war es so, dass der NEUE (bisher ohne jede Erfahrung im Motorradgeschäft) dem Importeur die Verdopplung der bisherigen Verkaufszahlen in diesem Gebiet zugesagt haben soll.

Der NEUE ist eine Betreibergesellschaft, der auch die Nürburgring GmbH zu fast 50 Prozent angehören wird. Und jetzt wird es politisch: Denn diese GmbH ist nach so manchem Verständnis von Automobil- und Motorradfirmen eine Behörde. Und wird entsprechend behandelt.

Sie erhält z.B. Behördenrabatte für Fahrzeuge ihres Eigenbedarfs. Wobei die Kontakte zu BMW in München besonders eng sind. - In diesen Wochen war der Hauptgeschäftsführer der Nürburgring GmbH gleich zweimal in München.

Seine Besuche galten aber wohl weniger dem gerade – so nebenbei(?) entstehenden neuen Motorradgeschäft als vielmehr der Super-Idee des Herrn Dr. Kafitz aus der defizitären Erlebniswelt des Nürburgrings nun eine Super-Erlebniswelt zu machen.

Natürlich mit dem Geld anderer Leute - von defizitär nun zu super-defizitär?

Aber BMW unterstützt den kommenden BMW-Händler in jeder Hinsicht. So konnte einer (von zweien) der Geschäftführer oder „Berater" der neuen „BikeWorld Nürburgring GmbH" z.B. kostenlos drei Monate eine BMW fahren, damit er sich mit einem solchen Motorrad vertraut machen konnte (Privat fährt der übrigens eine Ducati „Monster"). Der zweite Geschäftsführer kommt übrigens aus der Nürburgring GmbH, ist motorradmäßig „unbeleckt". Dafür gibt es aber einen Berater (mit Beratervertrag), der ehemals bei der Nürburgring GmbH diente, aber eigentlich vom Motorradgeschäft so viel versteht wie fast jeder Redakteur der Zeitschrift MOTORRAD: wenig - vom Geschäft!

Aber das soll kein Hinderungsgrund für einen erfolgreichen Start des neuen Unternehmens sein. Das wächst inzwischen im Jahre 2004 im Meuspather Industriegebiet aus dem Boden:

Obwohl auch hier nicht immer alles so läuft wie geplant. Da stürzt schon mal eine Gerüstwand um (nur ein Verletzter), da meldet eine Baufirma Insolvenz an. Aber: alles „im grünen Bereich". Mit einer anderen Baufirma geht es weiter. -

Von der B 258 betrachtet, wächst er praktisch aus der Tiefe. Erstaunlich - für mich - ist die Größe des Objekts, die auch nicht damit erklärt werden kann, dass praktisch ein Restaurant eingegliedert wird, wo

Motorradfahrer Speis und Trank finden sollen (und möglichst nicht nur die).

Wenn ich die von mir geschätzte Investitionssumme mit dem - auch nach meiner Schätzung - möglichen Umsatz vergleiche, die laufenden Kosten berücksichtige, dann hat diese neue Firma nur eine geringe Überlebenschance. Obwohl sie sicherlich nicht nur von Firmen wie BMW deutlich gestützt werden wird. Schon aus politischen Gründen.

Hier ist eine Geschichte interessant, die bei der Anreise von BMW-Mitarbeitern passierte, als in München das BMW-Engagement schon klar war. Die hatten den Start- und Ziel-Bereich des Nürburgrings aufgesucht um nach der Stelle zu suchen, wo wohl die neue Motorrad-Handelsfirma entstehen sollte. Und zeigten sich überrascht, als ihnen gesagt wurde: die würde im Industriegebiet, ein paar Kilometer unterhalb, angesiedelt.

Ob ihres Erstaunens kam es dann zu der Frage, warum denn BMW eine solche Entscheidung gegen den bisherigen Händler in Adenau und für den NEUEN getroffen habe, wenn noch nicht mal der präzise Standort in München bekannt wäre? Die entschuldigende Antwort: es wäre hier auch politischer Druck im Spiel gewesen! – Von wem eigentlich?

Nun weiß man auch, warum der offizielle Ideengeber zu dieser Firma die Beteiligung der Nürburgring GmbH für richtig hielt. -

Aber es kommt noch schöner: Die Firma, die den Baugrund und das Gebäude verantwortet, die diese Immobilie dann an die Betreibergesellschaft (mit Nürburgring GmbH) vermietet, die brachte die Gelder für den Kauf des Grundstücks nicht so richtig zusammen. Kann ja passieren, dass jemand, der seine Zusage gegeben hatte, plötzlich aussteigt (Dafür wird es Jahre später auch noch Beispiele geben). Nun wäre hier das gesamte Projekt gefährdet gewesen. Und da ist dann die Nürburgring GmbH eben eingestiegen.

Eigentlich hätte darum eine richtige Bauausschreibung - wie bei Behörden vorgeschrieben - erfolgen müssen, aber da es sich hier praktisch um einen „Seiteneinstieg" der Nürburgring GmbH handelt, kann man niemanden einen Vorwurf machen. Verstehen Sie diesen zufälligen Zufall nicht?

Wegen dieser und jenen kleinen „Verzögerungen", aber auch wegen des plötzlich lang werdenden Winters (Tatsache: diese Argumentation gab es auch schon 2004!) sind die Bauarbeiten nicht so verlaufen, dass von der „BikeWorld Nürburgring GmbH" nun das Frühjahrsgeschäft (im Motorradhandel sehr wichtig!) mitgenommen werden konnte. Also hat man - mit Hilfe der Nürburgring GmbH - im neuen Fahrerlager zum GP-Kurs dann ein provisorisches Zuhause gefunden.

Diesse Art der Unterbringung dort entsprach sicherlich nicht dem BMW-CI, sollte aber auch nur eine Notlösung sein. Oben, in einem Großraum, den man als DUNLOP-Lounge kennt, sitzt die „Verwaltung" der neuen Motorrad GmbH, gibt es aber auch Ausstellungsmotorräder zu sehen, während unten zwei Boxen im neuen Fahrerlager als Werkstatt und Lager dienen müssen.

Es ist um diesen Bereich ein Zaun aufgebaut, schon damit der Nürburgring-Fahrerlager- und der „BikeWorld"-Bereich klar getrennt sind. Das ist auch aus versicherungstechnischen Gründen notwendig - und wegen der Kostenberechnung durch die Nürburgring GmbH?

An der B 258, in Höhe der Fahrerlager-Zufahrt, gibt es dann auch offizielle Hinweise auf „Bike World". Interessant, dass sich die „Bike World"-Markette im CI (*Corporate Identity*) der Nürburgring GmbH darstellt.

Neben anderen „Anhängern" (GmbH-Töchtern der Nürburgring GmbH) scheint hier für die Mutter (zu 90 Prozent im Besitz des Landes Rheinland-Pfalz, zu 10 Prozent beim Landkreis Ahrweiler) ein weiterer „Klotz am Bein" zu entstehen. Das ist zu dieser Zeit meine persönliche Einschätzung, die ich nicht nur irgendwie geäußert, sondern auch im Internet unauslöschlich dargestellt habe.

Interessant war aber besonders, dass hier eine „Behörde" (so z.B. die Bewertung von BMW) mit einem Engagement im Motorradhandel, die Existenz von privaten, schon lange bestehenden, Betrieben gefährdete, deren Rentabilität in Frage stellte. -

Wer würde bei der „Bike World Nürburgring GmbH" die Lücken schließen, wenn die entstehen sollten? Die Landesregierung in Mainz? Würde sich die neue Motorrad-GmbH in die Reihe der oft erfolglosen Beteiligungsbetriebe der „Behörden"-Firma Nürburgring GmbH einreihen?

Eigentlich hätte der Landesrechnungshof nun die Aufgabe, einmal in diesem Verbund von „Privatbehörden" mal nach dem rechter zu sehen - dachte ich. – Aber man ist in Speyer wohl der Meinung, dass man erst im Nachhinein... - Weil man lieber Millionen-Verlusten hinterher weint, als sie zu vermeiden?

Ich habe übrigens damals nicht mit dem Inhaber von „Zweirad-Schmitz" persönlich über seine Situation gesprochen. Aber ich habe die Gesamtsituation – leider – richtig eingeschätzt.

Und was sagen die verantwortlichen Politiker zu der Situation? Die werden das nicht wissen, so die Dinge nicht sehen, auch nicht bewerten können. Regierungschef Kurt Beck (von Rheinland-Pfalz) hat das SPD-Parteibuch; Dr. Walter Kafitz hat zufällig das gleiche Parteibuch... - Das genügt. Ist also alles in Ordnung?

Wenn nicht: Dann wird sich keiner erinnern können. An nichts. Denn alles war doch nur gut gemeint.

Zu gut! - Nur: Für wen?

Neue Gründungs-Aktivitäten bei der Nürburgring GmbH

Nun war im Jahre 2004 die „BikeWorld Nürburgring GmbH" nicht die einzige Aktivität des Hauptgeschäftsführers Dr. Walter Kafitz hier in der Region um den Nürburgring. Er wusste, dass Stillstand Rückgang bedeutet. Und dass man in der dieser Zeit positive Zeichen setzen muss. Er weiß auch, dass die Politik auf positive Zeichen angewiesen ist.

Also bietet er den Politikern positive Zeichen an. Aktuell gesetzte. Mit schönen Worten. Mit Expertisen untermauert. Aber eigentlich ohne bedeutenden realen Ansatz. Aber mit Geld lässt es sich richten. Das war schon immer so. Und wer wagt, gewinnt. Und wenn nicht, dann bleibt die Erinnerung an schöne vergangene Jahre.

Dr. Kafitz hat sich schon um Teppichböden bemüht, versucht, Fliesen interessant darzustellen; da wird er auch Automobiles an den Mann (oder Frau) bringen können. Was für Wolfsburg die „Autostadt" wird für die Eifel „Motorland" werden. Oder so etwas ähnliches, oder nicht? - Na, dann eben Golf.

Und sein Verwaltungsgebäude lässt sich so ganz nebenbei wahrscheinlich auch noch realisieren. Und wenn dann auch die Automobilfirmen begriffen haben, dass es eigentlich die Eifel ist... – Also: es wird kein Halten mehr geben. Alles ist machbar. Man muss das nur unternehmerisch sehen. Und unternehmen heißt etwas wagen. -

Her mit dem Wagnis-Kapital! - Immerhin kann Dr. Kafitz schon auf eine Reihe von interessanten Gründungen - mit GmbH-Airbag (Risiko nur so hoch wie das Gründungskapital) – zurückblicken.

Am Anfang war die Nürburgring GmbH. Am Stammkapital von rd. 5,1 Millionen, ist das Land Rheinland-Pfalz mit 4,6, der Landkreis Ahrweiler mit rund 500.000 Euro beteiligt. Also alles fest in öffentlicher Hand. Und damit alles in öffentlichem Interesse. Aber die Bezüge der Geschäftsführung bleiben unter Hinweis auf § 286 Abs. 4 HGB geheim, d.h. es wird auf die Angabe verzichtet.

Aber da ist sicherlich alles in Ordnung. Da wird schon alles angemessen sein.

Leider sind es die Aktivitäten der Nürburgring GmbH, wer immer sie auch veranlasst, nicht unbedingt. Denn eigentlich ist der Gegenstand dieses öffentlichen Unternehmens lt. GmbH-Vertrag:

"Förderung des Kraftfahrzeugwesens und des Motorsports mit dem Ziel, zur Verkehrsertüchtigung der Fahrer, technischen Verbesserung der Fahrzeuge und damit zur Sicherheit auf den öffentlichen Straßen beizutragen. Zugleich soll durch den Betrieb der Rennstrecken ‚Nürburgring' und ihrer Einrichtungen der Fremdenverkehr im Eifelraum gefördert werden. Die Gesellschaft verwaltet die Rennstrecken sowie ihre sonstigen Anlagen und Liegenschaften."

Diese Vorgaben wurden großzügig aufgefasst und im Laufe der Jahre durch mittelbare Beteiligungen des Landes Rheinland-Pfalz von der Nürburgring GmbH an neuen GmbH's großzügig ausgeweitet. Wobei bei einer Reihe dieser Neugründungen der Hauptgeschäftsführer der Nürburgring GmbH auch als (evtl. auch einer der) Geschäftsführer fungiert - und natürlich eine kleine Entlohnung erhält, ein Zubrot.

So gibt es im Jahre 2004 inzwischen:

1. Erlebnispark Nürburgring GmbH & Co KG
2. Event-Marketing Nürburgring GmbH i.L.
3. Fahrsicherheitszentrum am Nürburgring GmbH & Co KG
4. Fahrsicherheitszentrum am Nürburgring Verwaltungs GmbH
5. Motorsport-Akademie Nürburgring GmbH & Co KG
6. Test & Training International GmbH
7. Zakspeed Nürburgring Rennfahrerschule GmbH
8. Veranstaltergemeinschaft Langstreckenpokal GbR
9. ADAC/Nürburgring Veranstaltergemeinschaft GbR

außerdem nach meinen Recherchen noch Beteiligungen (von denen mir zu dieser Zeit keine präzisen Handelsgerichtseintragungen vorliegen) der Nürburgring GmbH an:

10. Scuderia Hanseat
11. BikeWorld Nürburgring Beteiligungsgesellschaft mbH
12. BikeWorld Nürburgring Verwaltungsgesellschaft mbH

Nun muss man wissen, dass das Land Rheinland-Pfalz folgende Gründe für seine Beteiligungen an privatrechtlichen Unternehmungen nennt:
„Das Engagement des Landes in diesen Einrichtungen dient nicht in erster Linie der Betätigung als Unternehmer. Vielmehr ist es ein Instrument der Struktur-, Wirtschaft-, Arbeitsmarkt- und Verkehrspolitik des Landes und ergänzt in diesen Bereichen effektiv die Tätigkeit der Verwaltung, die darauf abzielt, öffentliche Interessen in zentralen Bereichen der öffentlichen Infrastruktur zu sichern."

Betrachten wir doch einmal die o.g. Beteiligungen der öffentlichen Hand etwas näher:

Da werden zur „Erlebniswelt" (1) offiziell 250.000 Besucher jährlich „mit steigender Tendenz" vermeldet. Das sind lächerliche statistische Zahlen, die wahrscheinlich daraus resultieren, dass bei einigen Rennveranstaltungen der Preis für den Eintritt zur „Erlebniswelt" enthalten ist. Natürlich ein „angepasster" Preis. Die Rennveranstalter werden dazu „überredet". Die Rennbesucher besuchen aber diese „Erlebniswelt" gar nicht. Sie ist unter wirtschaftlichen Gesichtspunkten betrachtet ein Flop und damit eine wirtschaftliche Belastung für die Nürburgring GmbH - und den Steuerzahler.

Die Firma unter 2) befindet sich nach Angaben des Landes in Liquidation. Also: abhaken.

Das Fahrsicherheitszentrum (3 + 4) läuft zu diesem Zeitpunkt auch nicht gerade gut. Der vorgenommene Ausbau hat sich eigentlich nach meinen Beobachtungen als überflüssig erwiesen.

Aber eine angedachte Off-Road-Ergänzung wurde nicht durchgeführt, hier - schon abgeschlossene - Verträge nicht erfüllt. (Das wird man Jahre später ändern und dann Ärger mit dem Landesrechnungshof bekommen.)

Die Gesellschafter sind 2004 mit dem Ergebnis unzufrieden, das - so auf der Gesellschafterversammlung gegen Ende letzten Jahres - damit erklärt wird, dass die Außenstände sehr hoch sind und so 3) die 4) nicht bezahlen kann. Hier soll dann dem Vernehmen nach die Nürburgring GmbH mit einem Zwischenkredit eingesprungen sein, um den Ausgleich von Negativzahlen zu ermöglichen. Wieso eigentlich?

Die Motorsport Akademie (5) schreibt Verluste, wurde in ihrer Tätigkeit (zu) deutlich zurückgefahren, steht eigentlich - so oder so - vor der Auflösung. Dr. Kafitz muss es nur noch auf irgend eine Art „seinem Land" verkaufen. „Geiz ist geil"-Aktionen auf dem Formelwagen-Sektor, wo man Angebote weit unter „normalem Marktwert" unterbreitete, haben die Nürburgring-Gründung in Motorsportkreisen nicht gerade sympathischer gemacht.

Über „Test & Training" wurde ein Amerika-Geschäft angeleiert, welches das Land noch auf viele Jahre hin belasten wird. Was das für die Region bringt? - Nichts! Aber Dr. Kafitz wurde so zum Gobal Player. Wird er so schließlich zum „Schrempp der Eifel"?

Warum sich die Nürburgring GmbH an einer Veranstaltergemeinschaft (8) beteiligen muss, also sozusagen auf beiden Seiten des Schreibtisches als der eigene Verhandlungspartner agiert, bedarf sicherlich einer Erklärung. Wie sich zu Beginn des Jahres in verbalen, öffentlichen Auseinandersetzungen verdeutlichte, führt das nur zu atmosphärischen Störungen, die in diesem Falle z.B. die Abwanderung einer ganzen Rennserie zu einer anderen Rennstrecke (im Ausland) nicht ausschließt.

Genauso unsinnig ist die Beteiligung an einer weiteren, schon lange bestehenden Veranstaltergemeinschaft (9).

Die Beteiligung an (10) der Scuderia wurde nach Angaben von Mitgliedern dieser jahrzehntealten Institution von der Nürburgring GmbH praktisch erzwungen. Nach der Beteiligung wurde dann eine Terminverschiebung für die Herbstveranstaltung 2004 durchgesetzt, die der Nürburgring GmbH die Nutzung eines Samstags für Touristenfahrten erlaubt, die sonst nicht möglich gewesen wäre. Welche Auswirkungen das auf die Teilnehmerzahl an dem Fahrerlehrgang der Scuderia hat, muss abgewartet werden. - Aber man wollte über eine Beteiligung Einfluss nehmen.

Die Beteiligung an der BikeWorld Nürburgring (11 + 12) ist unter wirtschaftlichen Gesichtspunkten unverantwortlich, zumal damit auch privatwirtschaftliche Interessen geschädigt wurden. Nach meiner Auffassung sind privatrechtliche Unternehmungen der öffentlichen Hand (und die Nürburgring GmbH ist dazu zu rechnen - meint z.B. auch ein renommierter Automobilhersteller) dann unzulässig, wenn sie keine Zwecke der Daseinsvorsorge verfolgen und von Privaten ebenso gut durchgeführt werden könnten.

In diesem Falle ist es sogar so, dass Private die Aufgaben der Neugründung bisher durchführten, nun aber durch das Engagement der öffentlichen Hand ihre Verträge verloren und in ihrer Existenz bedroht sind. Hier wäre eigentlich die Landesregierung mit einer eindeutigen Stellungnahme zur nun entstandenen Situation gefordert.

Einige der oben genannten Beteiligungsfirmen stehen in direktem Wettbewerb zu zum Zeitpunkt der Beteiligung bereits bestehenden privaten Unternehmen direkt vor Ort. So hat sich die Tätigkeit der Nürburgring GmbH inzwischen weit von dem im GmbH-Vertrag ausgewiesenen Tätigkeitsbereich entfernt, ist eigentlich ein wenig außer Kontrolle geraten. Welche Sicht der Dinge hat da der Aufsichtsrat?

Der besteht aus den Herren:

> Ernst Eggers, Staatssekretär a.D., Landesbetrieb Straßen und Verkehr
> Dr. Ingolf Deubel, Staatssekretär Ministerium der Finanzen

Dr. Jürgen Pföhler, Landrat Kreisverwaltung Bad Neuenahr-Ahrweiler
Klaus Rüter, Staatssekretär Staatskanzlei (a.D.)

Alles sehr honorige Herren, aber sicherlich nicht mit der Erfahrung im Haifischbecken „freie Wirtschaft", die eine reale Einschätzung aller Aktivitäten der Nürburgring GmbH möglich machen.

Nun versucht Dr. Kafitz mit Hilfe dieser Herren einen weiteren Seitensprung, fast einen Dreisprung. Er möchte das „Erlebnis Nürburgring" über weitere Neugründungen - sowohl zum Thema Automobil, wie auch durch einen Golfplatz und ein Hotel mit dreistelliger Bettenzahl - weiter ausweiten.

Partner auf der Seite der Automobilindustrie hat Dr. Kafitz nach meiner Kenntnis trotz vieler intensiver Gespräche für seine „Motorland"-Phantasien noch nicht gefunden, aber offensichtlich ist es ihm gelungen, Politikern die aus dem Gesamtpaket für sie resultierenden Vorteile als ideal darzustellen. Weil hier in einer wirtschaftlich schwachen Region zu einem wirtschaftlich ungünstigen Zeitpunkt positive Zeitzeichen gesetzt werden?

Leider - so meine ich - zum Teil unsinnige. Die nach den mir damals vorliegenden Informationen insgesamt eine relativ hohe zweistellige Millionensumme Euro verschlingen werden. Nach den Vorstellungen des Dr. Kafitz werden die zum großen Teil vom Land aufgebracht werden müssen. Der von ihm angepeilte Etat trägt den Titel „Tourismus".

Und so wird er auch nach meiner Kenntnis zum Termin der Vorstellung seiner Ideen und Planungen - in der nächsten Woche - eine Tourismus-Expertise vorlegen, mit der er dann seinen politischen Ziehvätern der „roten Fraktion" beweisen kann, dass seine Planungen auf „gestützten Erkenntnissen" beruhen - Und die Automobilindustrie wird sicher auch eines Tages begreifen...

Was das alles mit den ursprünglichen Zielen der Nürburgring GmbH zu tun hat? Warum da die öffentliche Hand mit offener Hand gefordert ist? Dr. Kafitz wird auf der von ihm geplanten Pressekonferenz sicher eine Antwort wissen. Und wenn das denn wirklich alles den Zielen der Nürburgring GmbH zuzuordnen ist sei die Frage gestattet: Warum wird auf dem Parkplatz der Erlebniswelt kein Kamelreiten angeboten? Schließlich könnten doch die Kamele von den Parteien gesponsort werden.

Würde die „rote Fraktion" (die mit dem gleichen Parteibuch wie Dr. Kafitz) JA zu den neuen Plänen sagen, wäre der Tourismus-Etat des Landes praktisch geplündert, bliebe für die wirklich förderungswürdigen privatwirtschaftlichen Projekte in diesem Land - auch, aber nicht nur, der Eifel - kein Geld mehr.

Eigentlich ist es zu diesem Zeitpunkt schon zu ersten Differenzen zwischen „Rot" und „Schwarz" in diesem Land gekommen, als der unter Dr. Kafitz arbeitende Geschäftsführer, Arno Elmer, wohl einem Aufsichtsratmitglied in bestimmten Dingen seine Bedenken unterbreitete. Die daraus resultierende interne Diskussion führte dazu, dass man diesem Geschäftsführer wegen „Vertrauensbruch" die „rote Karte" zeigte: Entlassung.

Da traf es sich gut, dass man diesem Mitarbeiter erst Wochen vorher einen neuen, gut dotierten mehrjährigen Vertrag nicht nur angeboten, sondern auch mit ihm abgeschlossen hatte. Das erspart eigentlich einen Abfindungsvertrag. Aber Elmer will wohl doch ein Arbeitsgericht anrufen, was Dr. Kafitz in einem Vier-Augen-Gespräch zu vermeiden suchte - Wie man hörte: misslungen.

Eine öffentliche Auseinandersetzung könnte peinlich werden, da die von Elmer dem Aufsichtsrat zugetragenen Informationen aus begründeter Besorgnis um die wirtschaftliche Zukunft von Landesbeteiligungen erfolgte, Risiken aufzeigte und einen daraus resultierenden öffentlichen Eklat zu vermeiden suchte.

Wie unsicher Dr. Kafitz darum reagierte ist daraus zu entnehmen, dass

.er schon vor Wochen erfolgte Kündigungen von leitenden Mitarbeitern nicht direkt vermeldete. Sie passten nicht in die Situation. Aber die Situation wird nicht besser. Und ist sicherlich auch nicht mit einer „Öffnungs-Offensive" durch Neugründungsvorschläge zu vertuschen, mögen sie auch auf dem Papier noch so gut vorbereitet sein. - Zumindest aus der Sicht von Politikern, die das „normale Leben" eigentlich nur aus der Zeitung kennen.

Würde es Dr. Kafitz gelingen, bekannte Landes-Polit-Größen in der nächsten Woche öffentlich auf seine Seite zu bringen, würde sich zwar nichts an der Situation so mancher Landesbeteiligung ändern, wohl aber an der Situation des jeweiligen Politikers: seine Position wäre auf Sicht gefährdet.

Die Landesregierung sollte auf die „99 Luftballon"-Vorschläge eines gut argumentierenden Marketingmannes nicht hereinfallen, sondern zunächst noch einmal Revue passieren lassen, was aus seinen „alten" Neugründungen wurde. So habe ich in 2004 geschrieben und weiter: Es wird auch in diesem neuen Fall zu viel Luft präsentiert, es gibt zu wenig Ansätze für einen wirtschaftlichen Erfolg, der in Relation zu der Investitionssumme steht.

Warum haben die Automobilfirmen bisher nicht „ihren Teil" abgenickt? Es geht doch um den wirtschaftlichen Erfolg. Für jede einzelne Beteiligung des Landes. Wenn sie schon nicht als „Instrument der Struktur-, Wirtschafts-, Arbeitsmarkt- und Verkehrspolitik des Landes" ausgewiesen werden kann. Kann denn z.B. in diesem neuen Fall (aber auch bei den älteren Neugründungen) auf die bestehende rechtliche Grundlage, „Vorliegen eines wichtigen Landesinteresses und keine bessere und wirtschaftlichere Zweckerreichung auf andere Weise" verwiesen werden?

Es ist sicherlich richtig, dass die Region Nürburgring von der Rennstrecke (den Rennstrecken, GP-Kurs und Nordschleife!) profitiert, aber sicher nicht von den Gründungs-Phantasien eines

„modernen" Hauptgeschäftsführers, der Subventionen, Zuschüsse (am liebsten „verlorene") geradezu spielerisch zu nutzen weiß. - Und die „Futtertröge" kennt.

Hier ist dann auch das Beteiligungscontrolling des Landes gefordert, dessen Zielsetzung u.a. die „Vermeidung wirtschaftlicher und finanzieller Risiken" ist.

Ich möchte in diesem Zusammenhang daran erinnern, dass es eine Reihe von europa- und bundesrechtlichen Regelungen gibt, „die die Beteiligung der öffentlichen Hand, insbesondere unter dem Aspekt der Schaffung von unzulässigen Wettbewerbsvorteilen gegenüber Konkurrenzunternehmen der freien Wirtschaft durch Gewährung von offenen bzw. versteckten Subventionen zu Gegenstand haben" als nicht erwünscht bezeichnen - Um es vorsichtig zu formulieren.

Da fällt dann das „Zukunft gestalten" schon etwas schwerer.

Nach meiner Meinung, damals, im Jahre 2004, war man mit den neuen Plänen auf dem Weg von einer defitären Erlebniswelt hin zu einer fremdfinanzierten Erlebnisregion. Es ist im Internet nachzulesen.

Wer ist eigentlich jener Dr. Walter Kafitz?

Auch hier kann man im Internet aufgeklärt werden. Es gibt Personalberater, bei denen man nach Details suchen kann und – irgendwann – dann auch fündig wird. Damit erhält man zumindest klare „technische Daten", wie man sie etwa auch im Fahrzeugschein eines Automobils findet. Aber was sagen diese Zahlen über Praxiseignung eines Automobils aus?

So muss man dann auch die Daten sehen, mit denen Dr. Walter Kafitz, Unter den Birken 235, 50996 Köln im Angebot war. Inzwischen arbeitet der aber in Abu Dhabi aber dieses Buch schildert die Situation vor Abu Dhabi. Und auch Dr. Walter Kafitz in – und vor – dieser Zeit.

Walter Kafitz wurde am 5. November 1950 in Kaiserlautern geboren, besuchte zwischen 1957 und 1961 auch dort die Volksschule. 1961 erfolgte der Wechsel aufs Gymnasium, ebenfalls in Kaiserslautern.

Im Oktober 1969 begann Kafitz dann ein BWL-Studium in Saarbrücken, das mit dem Abschluss als Diplom-Kaufmann im Mai 1974 endete. Es gibt auch in dieser Zeit einige Nebentätigkeiten zu vermelden: ca. 6 Monate verbrachte Kafitz mit so genannten Praktika bei Banken und im Ausland, war auch rd. ein Jahr lang Geschäftsführer der Studentenschaft.

Drei Jahre danach, bis 1977, verbrachte dann Kafitz mit dem Schreiben seiner Dissertation mit dem Titel, „Über den Einfluss der akustischen Stimulierung durch Musik auf die Werbewirkung" unter der Obhut von Prof. Kroebel-Riel in Saarbrücken, wurde so zum Dr. rer. oec.

Schon am 6. April 1972 hatte Kafitz Brigitte Böller geheiratet. Die Ehe blieb bis heute kinderlos. Frau Kafitz arbeitete während der Zeit der Beschäftigung ihres Mannes am Nürburgring im sozialen Bereich im Kölner Raum.

Bevor Dr. Kafitz an den Nürburgring kam, hatte er den Firmen Jacobs Kaffee, Bremen (Assistant-Product-Manager für Instantkaffee), Henkel

Düsseldorf (Marketing-Assistent für Spezialwaschmittel, Junior-Product-Manager für Universal-Waschmittel), Erdal-Rex (Produkt-Manager für Rex-Autopflege und Sonderaufgaben), Johnson Wax, Haan (Group-Product-Manager für Haushaltspflege, regionaler Key-Account-Manager, Gebietsverkaufsleiter, Verkaufsleiter und nationaler Key-Account-Manager für die Zentralen von Edeka, Rewe, Leibbrand, Spar und COOP, sowie andere Warenhauskonzerne, Baumarkt- und Drogerieketten) gearbeitet.

Von Oktober 1989 bis Februar 1993 war Dr. Kafitz dann Marketingleiter und Mitglied der erweiterten Geschäftsleitung bei Deutschlands größtem Teppichbodenhersteller, Dura Tufting, Fulda.

Von März 1993 durfte er dann bis – offiziell – März 1994 den Geschäftsführer der Contecta, Sinzig, einem Keramik- und Fliesenhersteller darstellen. Ab Oktober 1993 war er dort aber nach meinen Recherchen schon beurlaubt, wurde aber vertragsgemäß noch bis März 1994 bezahlt.

In dieser Phase seiner beruflichen Entwicklung traf es sich gut, dass er a) mit der Familie des Rudolf Scharping befreundet war, b) wie dieser über ein SPD-Parteibuch verfügte. Da zur gleichen Zeit auch eine Auswechselung bei der Geschäftsleitung der Nürburgring GmbH anstand (die politische Landschaft hatte sich in Rheinland-Pfalz verändert), wurde Dr. Kafitz zum Geschäftsführer dieser landeseigenen GmbH berufen.

Natürlich hatte er keine Ahnung vom Rennsport und dem damit verbundenen Geschäft. Kafitz war bei seinem ersten Gespräch oben am Nürburgring gleichzeitig zum ersten Mal in seinem Leben an der berühmtesten Rennstrecke der Welt. Vorher hatte sie ihn nicht interessiert, genauso wenig wie der Motorsport. Er wurde in seinem neuen Beruf eigentlich zu einem deutlich überbezahlten Lehrling - Aber es war ja nicht der Erste.

Aber er hat niemals das Handtuch geschmissen, wenn ein Problem nicht lösbar schien. Er hat einfach neue Lösungen geschaffen. Scheinbar. Denn das von ihm in der Endphase geschaffene Projekt passt nicht in die Realität der Eifel. Weder als Bauwerk, noch als Wirtschaftsbetrieb. - Aber Dr. Kafitz hat seine neuen (scheinbaren) Lösungen immer wieder der politischen Provinz-Elite unseres Landes verkaufen können. Sie wurden vom Aufsichtsrat, von der politischen Spitze in Mainz akzeptiert. Denn eigentlich haben nur Wenige ein wenig Ahnung von dem Geschäft, das der Region hier in der Eifel eine Bedeutung gibt.

Und auch nur Wenige können darum wirklich eingreifen, wenn etwas falsch gelaufen ist. - Man sollte schon etwas davon verstehen.

Dr. Kafitz war für seine politischen Freunde schnell zum Fachmann geworden. Er verkaufte sich entsprechend. Schließlich wusste er aus seinem Studium, welche Musik man wann spielen muss.

Für die Stammmannschaft seiner Firma, z.T. seit Jahrzehnten und in der zweiten Generation vor Ort, war Dr. Kafitz schnell zum „Dr. Kann-nix" geworden. Im Tagesgeschäft ist es ihm nicht gelungen, sein schauspielerisches Talent erfolgreich einzusetzen.

Da kämpfte er – im wahrsten Sinne des Wortes – auch mit anderen Waffen. In einer Reihe von Gesprächen mit Mitarbeitern der Nürburgring GmbH, von mir z.T. nach ihrem Ausscheiden geführt, aber auch mit Leuten, die heute noch dort eine Position bekleiden, hat sich für mich folgendes Bild ergeben:

Es entsprach seiner Art, seinen Mitarbeitern gern große Aufgaben zu übertragen und ehrgeizige Aufgabenstellungen zu formulieren. Damit deligierte er aber auch die Verantwortung in ihre Richtung, brachte sie in eine Position, die man – aus seiner Chefsicht – auch als „Bauernopfer-Position" bezeichnen könnte.

Da seine Aufgabenstellungen oft schwer- bis unlösbar waren, nutzte er das scheinbare Versagen seiner Mitarbeiter zu Schuldzuweisungen. Die sprachen dann schon mal von „Mobbing", das sie erlebten. Überhaupt liebte es der Hauptgeschäftsführer eine Atmosphäre der Unsicherheit zu schaffen.

Es gab in dieser Firma unter seiner Leitung Drohungen, öffentliche Diffamierung, Bloßstellung in Gegenwart von Kollegen, auch persönliche Angriffe durch Anschreien, Beschimpfung, grobe Beleidigungen.

Wer hat sich da schon gewehrt? -

Gleich in der Anfangsphase seiner Arbeit bei der Nürburgring GmbH, als er noch neben dem aktuellen Geschäftsführer, Rainer Mertel, herlaufen konnte, kam es auch zu lautstarken Auseinandersetzungen zwischen diesen beiden „Leitern".

Rainer Mertel hat sich beim Aufsichtsrat nicht nur beschwert, sondern auch deutlich gemacht, dass er Dr. Kafitz für die Position als Geschäftsführer nicht für geeignet hielt. Aber Kafitz hatte das richtige Parteibuch und Rainer Mertel so die falschen Ansprechpartner in Mainz.

Dr. Kafitz ist es in der Folge gelungen, seine Person weitgehend von irgendeiner Verantwortung zu entlasten, die Gesamtverantwortung auf seine Kontrollinstanz, den Aufsichtsrat zu verschieben.

So erfolgte z.B. die Rückholung der Formel 1 an den Ring im Grunde nicht allein durch Dr. Kafitz, aber in der letzten Phase dieser Aktion, als es einfach um Geld und noch mehr Geld ging, da war es Dr. Kafitz, der – in Abstimmung mit Landesvater Kurt Beck – das „um jeden Preis" umsetzte.

Insider halten z.B. dem Promoter-Vertrag mit Bernie Ecclestone in seiner Höhe – und der jeweils „automatischen" Anpassung – für deutlich überzogen. Dr. Kafitz hat nichts getan, um mit einer seriösen Marktuntersuchung auch eine realistische Vorhersage der Auswirkungen bei der Durchführung von F1-Rennen in der Region möglich zu machen. Was bleibt in der Realität von den Ankündigungen über, die von 15.000 zusätzlichen Arbeitsplätzen in der Region sprachen?

Betriebswirtschaftliche Grundsätze fanden sowieso keine Berücksichtigung. Da hat Dr. Kafitz wohl vergessen, was er einmal studiert hatte.

Dabei war die Art mit der die F1 an den Nürburgring zurückgeholt wurde, nur eine Station auf dem Weg in konstant „rote" und immer weiter steigende Zahlen.

Dazu zählte z.B. der Bau der Erlebniswelt 1998. Es wurde mit unrealistischen Besucherzahlen (250.000) operiert. Dr. Kafitz hat mit Erfolg die realen Besucherzahlen (um 90.000) verschleiern können, damit seine Verträge, die unter Vorspiegelung falscher Zahlen zustande gekommen waren, nicht frühzeitig platzten.

Um doch noch die gewünschten Besucherzahlen zu erreichen, kam es zu geradezu überproportionalen Marketingaufwendungen für die Erlebniswelt. Deren Planung durch einen Architekten, der eigentlich vorher nur Rennstrecken, keine Eventstätten entworfen hatten, muss auch zu den Fehlentscheidungen in dieser Zeit gerechnet werden.

So kam es zu Verlusten in zweistelliger Millionenhöhe, die durch eine Aufstockung der Eigenkapitaldecke der Nürburgring GmbH durch das Land Rheinland-Pfalz als Hauptgesellschafter vertuscht wurde.

Der Untersuchungsausschuss in Mainz wird noch lange zu tun haben, bis er alle Fehler und Versäumnisse – nicht des Nürburgring-Geschäftsführers, sondern auch der verantwortlichen Aufsichtsratsmitglieder – aufgedeckt hat.

Da wurden kleine Nebenkriegsschauplätze mit kleinen GmbH's geschaffen und so u.a. Ausgleichsmöglichkeiten durch das Verschieben von Verlustvorträgen geschaffen.

Dr. Kafitz versuchte sich auch stets mit Beratern zu umgeben, die er evtl. auch aus seinem alten Bekanntenkreis rekrutierte. Eine bestimmte Personalagentur wurde sogar mit der Einstellung von Lehrlingen beauftragt. Einen anderen, gerne beschäftigten Berater, kannte Dr. Kafitz aus seiner vorherigen beruflichen Tätigkeit (H. Fröhlich).

Alles zusammen ergab eine Stimmung, die zu einer großen Fluktuation von Führungspersonal führte, was sogar dem Landesrechnungshof auffiel. Das führte aber auch zu einer unnötigen Erhöhung der Personalkosten insgesamt. Und eigentlich war über die Zeit keine kontinuierliche Linie mehr in der Geschäftspolitik erkennbar.

Die Durchsetzung der Pläne zu einer „Erlebnisregion Nürburgring", aus denen dann „Nürburgring 2009" erwuchs, war eigentlich eine Entscheidung, die das traumhafte Vorpreschen eines auch durch den Aufsichtsrat nicht mehr kontrollierten Geschäftsführers verdeutlichte.

Es kam zur Einstellung von leitenden Mitarbeitern, die im Umfeld unter dem Sammelbegriff „Bremer Stadtmusikanten" bekannt wurden. In dieser Phase kam es dann auch zu „Mobbing-Aktionen", die mit dem Ziel durchgeführt wurden, zuverlässige aber kritische Mitarbeiter schnell und kostengünstig zu entsorgen.

Als Beispiele dafür können die Aktionen gegen den Erlebniswelt-Geschäftsführer Oliver Piel und den Marketing-Leiter Jörg Reese dienen. Oliver Piel hat freiwillig das Handtuch geworfen. Im Falle Jörg Reese sind die Urteile in entsprechenden Arbeitsgerichtsprozessen der Beweis für meine obige Darstellung.

Leider hat sich die Richtigkeit der Aussage von Ex-Nürburgring-Geschäftsführer Rainer Mertel, dass ein Dr. Kafitz nicht für die Führung der Nürburgring GmbH geeignet war, im Nachhinein bestätigt. Das „Weghören" des Aufsichtsrats war da nur ein kleiner Fehler.

Die Position des Dr. Kafitz, der nach einer Auskunft des Finanzministeriums in Mainz als Geschäftsführer – nicht als Haupt-Geschäftsführer – unter Vertrag stand, war praktisch unangreifbar, war offenbar durch eine komplette Vernetzung mit einer gewissen politischen Szene perfekt abgesichert. Wer sich gegen Dr. Walter Kafitz erhob, wurde „abgeschossen".

Damit hatte man sich aber schließlich in Mainz selbst in eine Situation gebracht, die ein Durchhalten einer solchen Schutzfunktion unmöglich machte.

So musste Dr. Walter Kafitz gehen. - Dabei hatte der seine Zukunft einmal anders gesehen. Wohl abhängig vom Wohl eines seiner Mäzene.

Auch der hat durch die Ereignisse über die Zeit Schaden genommen. Und kämpft um den Erhalt der einzigen Position von Bedeutung, die ihm noch geblieben ist. - Kurt Beck.

Dessen Verhältnis zu Dr. Walter Kafitz war einmal gut. So gut, dass Dr. Kafitz den Vornamen des Herrn Ministerpräsidenten von Rheinland-Pfalz gerne in Sitzungen, in denen man sich gegen Ende nur noch in Kleinigkeiten nicht einig war verwendete, um zu einem schnellen Schluss zu kommen: „...oder muss ich in der Sache noch Kurt anrufen."

Damit konnte man die Sache dann abhaken.

Und nun?

Auf dem Weg zur einer „Waltergate"-Affäre?

Das war tatsächlich der Titel einer Geschichte, die ich im Januar 2007 veröffentlichte. Ich schilderte dort u.a. die Probleme der Nürburgring GmbH aus der Sicht des Landesrechnungshofes Rheinland-Pfalz, die in deren Bericht bis Ende 2005 dargestellt waren. Daraus ergab sich für mich die Frage: Doch was kommt danach? - Antwort:

So wie der liebe Gott die Erde schuf und damit verantwortet, verantwortet Dr. Walter Kafitz als Hauptgeschäftsführer der Nürburgring GmbH einen großen Teil der Probleme, die längst noch nicht alle in einem aktuellen Bericht des Landesrechnungshofes Rheinland-Pfalz aufgelistet sind. Weil der Rechnungshof immer nur im Nachhinein tätig werden kann. So hat der Ende 2005 den - vorläufigen - Schlussstrich gezogen. Dabei ging das Leben auch danach noch weiter. Es gab - und gibt Veränderungen. Aber eines ist geblieben: das Parteibuch der SPD bei Herrn Dr. Kafitz. Der ist nicht nur - wie man hört - ein Duzfreund von Kurt Beck, Ministerpräsident des Landes Rheinland-Pfalz, sondern kam auch durch die Vermittlung eines anderen SPD-Duzfreundes, Rudolf Scharping, zu seinem Hauptgeschäftsführerposten.

Und ich fasste noch einmal zusammen: Studiert hat Dr. Kafitz Marketing und seine Doktorarbeit über den Einfluss der Musik auf der Kaufverhalten der Menschen geschrieben. Vor seinem Vorstellungsbesuch, damals vor mehr als 10 Jahren, hatte er den Nürburgring noch nie besucht, kannte ihn nur aus Erzählungen. Er wusste nichts vom Motorsport, von den Problemen der Automobilindustrie. Er hatte sich vor seiner Nürburgringzeit mit Teppichen, Auslegware und Fliesen der unterschiedlichsten Art beschäftigt. Nicht unbedingt immer erfolgreich.

Um so erfolgreicher hat er dann die Nürburgring GmbH in Schwung gebracht, eine „Erlebniswelt" geschaffen und versucht sich jetzt an einer „Erlebnisregion". Andere Dinge hat er übersehen, vergessen - nicht gewusst. - Wie sollte er auch? - Aber er macht mit „seinen"

Firmen - die Nürburgring GmbH hat noch eine Reihe von Satelliten - Verluste in einer Höhe, auf die andere Betriebe der Region - wenn es denn Umsatz wäre - stolz sein könnten. Und es geht mit Hilfe von „öffentlichen Geldern" (das können auch Subventionen sein) immer weiter. - Mein Gott Walter!

Im aktuellen Bericht des Landesrechnungshofes - am 3. Januar 2007, 10:30 Uhr veröffentlicht - wird von „Geldverschwendung" gesprochen. In der Vergangenheit. 2004 und 2005 bilanzierte die Nürburgring GmbH je einen Verlust von mehr als 9 Millionen Euro. Für den Hauptgeschäftsführer der GmbH ist das normal: „Für uns steht im Bericht nicht Neues". Die „roten Zahlen" seien absehbar gewesen. Und er - aber auch schon der Rechnungshof - verweisen auf eine „finanzielle Unterdeckung durch die Formel 1".

Warum gab es dann in 2003 keine „roten Zahlen"? Da gab es doch auch schon die Formel 1. Und die 2003er Bilanz weist einen Gewinn von um die 500.000 Euro aus. - Haben sich zwischen 2003 und 2004 die Bedingungen bei der Durchführung eines Formel 1-Rennens so dramatisch verschlechtert?

Da diese Frage bisher niemand gestellt hat, möchte ich nicht versäumen darauf hinzuweisen, dass zumindest ich das nicht verstehe und auch die Hinweise auf „Geldverschwendung" des Landesrechnungshofes - wenn es denn erst in 2004 und 2005 dazu kam - nicht für eine Erklärung der Differenz von um 9 Millionen Euro von einem Jahr zum anderen halte.

Auch andere haben keine Erklärung für den steten Zufluss von öffentlichen Zuwendungen und Subventionen in ein Becken, bei dem man wohl vergessen hat, vorher den Abfluss zu verschließen. Das ist nicht erst seit gestern so.

Auch in Brüssel -. bei der EU - ist man durch andere „Rennstreckenbeispiele" auf die Idee gekommen einmal zu fragen, ob eine solche öffentliche Förderung und spätere stattliche staatliche Betreiberzuschüsse für Projekte, die sehr oft als „touristische Infrastrukturmaßnahme" deklariert werden, eigentlich zulässig sind. Und damit wären wir dann bei den zukünftig notwendigen Zuschüssen für eine von Herrn Dr. Kafitz angedachte „Erlebnis-Region".

Der Hockenheimring - bzw. seine Betreibergesellschaft - ging in der Vergangenheit „über die Wupper", der Lausitzring vermeldete eine Insolvenz. Was den Lausitzring von den Rennstrecken im Badischen und der Eifel unterscheidet: es hat auf dem Lausitzring niemals Formel 1-Rennen gegeben. Aber überall sind immer wieder „öffentliche Gelder" geflossen. Im Interesse einer Region. Oder so. Zur Verbesserung der Infrastruktur. Oder anders. - Wie hätten Sie's denn gern?

Einmal ist es eine strukturschwache Bergbauregion, wo das Land 90 Prozent der Gesamtinvestitionen mit einer dreistelligen Millionensumme unter die Arme greift. Wo sie dann versickern. (s. Bilanz)

Kann es sein, dass Politiker als Unternehmer nicht so erfolgreich sein können wie als Redner? Kann es sein, dass sich im Falle der Rennstrecken ein Unternehmer auf die Kernkompetenzen seiner Firma besinnen würde, wenn sich seine Expansionspläne als der falsche Weg erwiesen haben? Ist Dr. Kafitz ein Unternehmer? - Nein, er ist nach Feststellung des Landesrechnungshofes ein überbezahlter Manager, Angestellter. Aber vielleicht ist er ja auch - ich kenne seinen Vertrag nicht im Detail - inzwischen ein Beamter. Aber das würde an den Realitäten nichts ändern.

Die Firma BMW (München) begründet die Zurverfügungstellung eines Dienstwagens für Herrn Dr. Kafitz damit, dass es sich bei der Nürburgring GmbH nach ihrer Einschätzung praktisch um eine Behörde handeln würde. (90 Prozent Anteil das Land Rheinland-Pfalz, 10 Prozent Anteil der Landkreis Ahrweiler). Und das zur Verfügung gestellte Fahrzeug wäre als Repräsentationsfahrzeug zu betrachten - Für das übrigens der Hauptgeschäftsführer der „Behörde" einen Fahrer beschäftigt, weil, so erklärt man das im Finanzministerium, ein Dr. Kafitz viel zu teuer ist, um selbst ein um 100.000 Euro kostendes Automobil zu lenken. Mit Fahrer kann er seine kostbare Zeit besser nutzen. - So spart man in Mainz. - Das ist da, wo man auch singt und lacht.

Dr. Kafitz muss sich - vom Landesrechnungshof - einige Vorwürfe gefallen lassen: leitende Angestellte der Nürburgring GmbH würden zu viel verdienen, Beratungsleistungen seien ohne Ausschreibungen vergeben worden und, und, und. - Aber der Hauptgeschäftsführer wehrt elegant ab: er habe niemals bestritten, dass durch die Formel 1 Verluste in Millionenhöhe entstanden sind, und weist darauf hin: „Wir treten im internationalen Streckenwettbewerb nicht gegen Unternehmen an, sondern gegen Regierungen." Und ergänzt diesen einprägsamen - und klaren - Vergleich noch gleich mit einem weiteren Vergleich: „Und ich bin nicht der Kronprinz von Bahrain." -

Sachlich richtig. Als Kronprinz von Bahrain würde sich Dr. Kafitz auch sicher nicht mit einem einfachen BMW M5 mit Zehnzylindermotor und nur etwas mehr als 500 PS bescheiden, sondern sicherlich noch andere Modelle und einen Hubschrauber zur Verfügung haben. - Die Eifel ist eben eine arme Region, in der sich Dr. Kafitz mühsam ernährt.

Übrigens möglichst - aus Sparsamkeitsgründen - in einem Lokal, das ihm auch auf seine Speisen und Getränke einen Rabatt gewährt. So spart Dr. Kafitz an allen Ecken und Enden, verzichtet im Interesse seiner Firma auch nicht auf Einnahmen von wenigen Cent. Wenn „seine" GmbH z.B. eine kleine Besuchergruppe zum Essen hinüber ins „Bistro Roadrunner's" (im Rahmen der „BikeWorld Nürburgring" betrieben) schickt, dann erinnert er daran, dass man nicht vergessen solle, ihm - wie abgesprochen - die 10 Prozent (oder waren es mehr?) gutzuschreiben. - Die „BikeWorld Nürburgring" ist eine Tochterfirma der Nürburgring GmbH!

Das Restaurant in dem Dr. Kafitz des öfteren isst, gehört nicht zu seinem Imperium. Obwohl er nicht der Kronprinz von Bahrain ist, hält er jedoch einen Rabatt auf seine Rechnungen für angemessen. - Andere Restaurantbesitzer mit Geschäftssitz in Nürburg lernen Dr. Kafitz kaum kennen. Sie haben auch irgendwann abgelehnt, der Nürburgring GmbH einen Rabatt einzuräumen. „Mit welchem Recht...", erregt sich ein Nürburger Hotelbesitzer, um von mir mit der Frage abgelenkt zu werden, wie denn z.B. im Jahre 2005 seine „Bettenauslastung" gewesen wäre. „Na ja", sagt er. - Ich möchte gerne eine Prozentzahl hören. Kann er mir die auch von der Statistik in einem solchen Falle erfasste Zahl nennen? „Natürlich", sagt er, „die durchschnittliche Auslastung betrug in 2005 ziemlich genau 25 Prozent." - Ich staune und frage: „Und warum plant dann die Nürburgring GmbH z.B. den Bau einer Gruppe von Ferienhäuser und einen Hotelneubau?"

Mein Gesprächspartner ist ganz ruhig. Und sagt dann nach kurzem Überlegen: „Die Nürburgring GmbH macht doch auch die „BikeWorld". - Das ist eine überzeugende Argumentation.

Ich habe der Nürburgring GmbH am 14. Dezember 2006 (exakt: Herrn Cimbal, dem Kommunikationschef der GmbH) ein paar Fragen unter dem Betreff: „geschäftliche Situation der Nürburgring GmbH und ihrer Beteiligungen" gestellt und Herrn Cimbal gebeten, bitte seine Antworten von Herrn Dr. Kafitz autorisieren zu lassen. Ich schrieb unter anderem:

„In den letzten Wochen äußerte sich ein Politiker gegenüber einem Einwohner von Nürburg in einem persönlichen Gespräch über Planungen der Nürburgring GmbH etwas ungehalten, als der das Gespräch mit Bedenken gegenüber der „BikeWorld" begann - *„weil das doch nicht Ihr Thema sein kann"* - um dann einlenkend einzugestehen: *„Die BikeWorld macht uns Sorgen"* - um nach einer kurzen Pause zu präzisieren - *„große Sorgen"*. -

Und ich fragte dann an anderer Stelle in meiner e-mail Herrn Cimbal: „War die vor kurzer Zeit bei der Nürburgring GmbH vorgenommene - relativ hohe - Eigenkapitalerhöhung notwendig, um - wegen hoher Verpflichtungen und Vorleistungen für die „Erlebnisregion" - einer sonst drohenden Insolvenz zu entkommen?

Herr Cimbal antwortet mir darauf - und ich muss davon ausgehen - in Abstimmung mit Herrn Dr. Kafitz: *„Die von den Gesellschaftern beschlossene Erhöhung des Stammkapitals der Nürburgring GmbH dient dazu, die o.g. Expansionsstrategie im Zusammenhang mit der „Erlebnisregion Nürburgring" zu ermöglichen und gleichzeitig die langfristige Durchführung der Formel 1 sicherzustellen. Die Spekulationen Ihres „Informanten" entbehren jeglicher Grundlage."*

Wohl leider nicht. Denn der Landesrechnungshof kommt nach entsprechenden Berechnungen - aufgrund der Erfahrungen der letzten Jahre - in seinem aktuellen Bericht zu der Erkenntnis, dass die Verluste der kommenden Formel 1-Rennen das Eigenkapital der GmbH in einigen Jahren aufgezehrt haben werden. Was nichts anderes als eine - in ein paar Jahren - drohende Insolvenz der „Behörde Nürburgring GmbH" bedeuten würde.

Liest man den Bericht der Landes-Kontrollbehörde (Rechnungshof) aufmerksam, so fällt zumindest mir auf, dass dort „die Verschmelzung" zweier 2003 gegründeter Firmen, nämlich der BikeWorld Nürburgring Besitz-GmbH mit der BikeWorld Nürburgring Betriebs-GmbH schon Ende 2004 zur BikeWorld Nürburgring GmbH nur mit einer Fußnote vermeldet wird.

Mir - wie auch anderen Interessierten - war diese Verschmelzung bisher verborgen geblieben. Aber Herr Cimbal hatte mich schon Ende Dezember 2006 darauf aufmerksam gemacht: *„Eine Trennung in Besitz- und Betriebsgesellschaft besteht seit Anfang 2005 nicht mehr. Die Firmierung lautet BikeWorld Nürburgring GmbH."* - Und die vorgesehenen Maßnahmen bei dieser Firma in 2007 werden wie folgt erklärt: „In der Zeit vom 5. Dezember 2006 bis zum 28. Februar 2007 wird die BikeWorld Nürburgring umgebaut, weil – wie z.B. in Warenhäusern üblich – ein „Shop-in-Shop"-System eingeführt wird. Außerdem mietet die Nürburgring GmbH Büroflächen an, da sie im Rahmen der Expansionsstrategie zusätzliche Räume benötigt. Während dieser Baumaßnahmen bleiben die BikeWorld Nürburgring und das

Bistro „Roadrunner`s" geschlossen. Ab dem 1. März 2007 sind sie wieder geöffnet."

Aber dann wird das Motorrad-Neumaschinenangebot erheblich geschmolzen sein. Herr Cimbal erklärt die Situation zwar so: „Folgende Motorrad-Marken werden in der BikeWorld Nürburgring ab 2007 vertrieben: BMW (mit erweitertem Sortiment), Ducati und KTM. Der Vertrag mit Suzuki läuft Ende 2007 aus." - Aber nach meinen Informationen (aus anderer Quelle) wird man schon im laufenden Jahr 2007 keine Suzuki mehr im Bestandsangebot haben. Und man wird auch wohl auf Ducati verzichten müssen. - So wurde es mir überzeugend von „Insidern" dargelegt.

Als „Shop-in-Shop" wird ausgerechnet ein BMW-Spezialist (Wunderlich, Sinzig) für die BikeWorld Nürburgring als möglicher Mieter vermeldet. Außerdem wird noch von einem Motorrad-Zubehör-Händler in Motorradfahrerkreisen erzählt, dessen „Mitwirkung" aber von Herrn Cimbal in seiner E-mail bestritten wird: „Mit „Polo" besteht keine Geschäftsbeziehung." - Nun es werden weder Wunderlich noch Polo einziehen. - Das Ende der BikeWorld Nürburgring GmbH ist zu diesem Zeitpunkt schon näher, als es sich jeder vorstellen kann.

Aber die Rechnungsabteilung der Nürburgring GmbH wird in Räume bei der BikeWorld einziehen, hört man aus der Nürburgring GmbH. Herr Cimbal erklärt die Notwendigkeit so: „„...da sie im Rahmen der Expansionsstrategie zusätzliche Räume benötigt."

Es wird also wieder Geld von der einen in die andere Tasche gesteckt. Was insgesamt keinen Mehrwert ergibt. Aber den hatte es in den Jahren zuvor schon nicht gegeben. Der Landesrechnungshof spricht in den Jahren 2004 und 2005 von einem Verlust bei der BikeWorld von rund 1,7 Millionen Euro. Damit es weitergehen konnte, gewährte die Nürburgring GmbH - obwohl sie „lediglich 49 Prozent der Gesellschafteranteile hält - ganz alleine - ohne jede Beteiligung des 51 Prozent-Gesellschafters - ein Darlehn von „mehr als 2,6 Millionen Euro".

Es wäre interessant, etwas aus dem Gesellschaftervertrag zu erfahren, der die 49 mit den 51 Prozent verbindet. Wenn ich recht informiert bin, ist danach der 49 Prozent-Gesellschafter nur mit 30 Prozent an eventuellen Gewinnen beteiligt, während der 51 Prozent-Gesellschafter im Falle von Verlusten kein „Darlehn" geben muss. - Wenn das so wäre: ein eigenartiger Vertrag, genau so eigenartig wie das Bemühen des Herrn Dr. Kafitz im Jahre 2003, unbedingt mit der Nürburgring GmbH ins Motorradgeschäft einsteigen zu müssen. Der Landesrechnungshof hat dazu eine eigene Meinung:

„Unabhängig von der wirtschaftlichen Lage des Unternehmens ist ein Landesinteresse für eine mittelbare Beteiligung an einer Gesellschaft, die Handel mit Motorrädern betreibt, nicht erkennbar."

Unverständnis hat diese Entscheidung damals auch erweckt, da dadurch die Existenz bestehender Privatbetriebe auf diesem Gebiet gefährdet wurde. Es kann doch nicht die Aufgabe einer „Behörde" sein, privatwirtschaftliche Betriebe in ihrer Existenz durch eine Neugründung zu gefährden. Das kann auch nicht mit einer strukturellen Verbesserung oder anderen Plattetüden erklärt werden. Hinter vorgehaltener Hand wird in Industriekreisen davon gesprochen, das z.B. der BMW-Händlervertrag „damals" unter politischem Druck (es ist da wohl atmosphärischer Druck gemeint) zustande kam. Vielleicht empfand BMW das ja auch nur so. Wie für die Münchner ja auch die kostenlose Bereitstellung eines Repräsentationswagens für einen „Behördenvertreter" eigentlich ganz normal ist.

Aber was ist in diesem Zusammenhang schon normal?

Ich möchte in diesem „normalen" Zusammenhang einmal drei Fälle von Kundenbesuchen aus dem Monat November 2006 bei der BikeWorld Nürburgring schildern:

1) Da hat ein Motorradfahrer zu seinem Geburtstag einen Gutschein für Motorradbekleidung, einzulösen bei der BikeWorld, erhalten. Als er sich mal für eine Stunde aus seinem Beruf frei machen kann, sucht er nun diese Firma auf. Er erklärt der Dame am Empfang was er möchte. Die bedauert außerordentlich. Er müsse leider noch mal wieder kommen, denn es wäre kein Verkäufer da. Der Kunde sagt, dass er eigentlich keinen Verkäufer brauche, denn wenn sie... - Nein, sagt die nette Dame. Sie habe keine Ahnung. Und er müsse eben noch einmal wieder kommen. Da er nicht so weit weg wohne (man kennt sich), wäre das ja auch kein Problem.

2) Da möchte sich jemand ein Motorrad kaufen. Für nebenbei. Aus Spaß, zum Spaß. Neben seinem Auto. - Und er fragt einen Bekannten: „Was soll ich mir kaufen?" - Der hinterfragt seine Interessen, Neigungen und rät ihm nach einigem Hin und Her zu einer Ducati Monster. „Und wo gibt es die?" - „Geh' mal zur BikeWorld", sagt sein kundiger Berater. Die ist zwar gut 20 Kilometer entfernt, aber... - Und so trudelt dann der Ducati-Interessent zur normalen Geschäftszeit bei der BikeWorld ein. Die Dame am Empfang - das wissen Sie nun schon - ist freundlich. Sie erkundigt sich nach seinen Wünschen. „Ich möchte eine Ducati Monster kaufen", sagt der Interessent. „Oh, das ist schlecht", sagt die nette Dame. „Wieso?", fragt der Kunde, „Ist gerade kein Verkäufer da?". - „Genau", sagt die Dame. „Da muss ich Sie bitten, noch einmal wieder zu kommen." - „Wann ist der Verkäufer denn zurück?", fragt der Kunde, „Dann würde ich noch einmal wieder kommen." - „Heute ist überhaupt kein Verkäufer da", sagt die Dame. „Und es kommt heute auch keiner." - Der Kunde, selbst Geschäftsmann, hat viele Fragezeichen in den Augen, als er - ein wenig fassungslos - den Laden verlässt.

Aber er ist dann am nächsten Tag noch einmal wieder gekommen. Weil er auch nicht wusste, wie man sonst an eine Ducati kommt. Und so wurde er dann doch noch Ducati-Besitzer. - Ein Verkaufserfolg!

3) Ein anderer Kunde, nur 15 Kilometer entfernt wohnend, möchte sich zu seinen Automobilen noch ein Geländemotorrad kaufen. Er hat sich ein wenig schlau gemacht und glaubt, dass eine KTM für ihn das Richtige wäre. Und weil er weiß, dass die BikeWorld KTM verkauft und weil er dann zufällig gerade - an einem normalen Arbeitstag, zu normalen

Ladenzeiten - in der Nähe der BikeWorld vorbei kommt, macht er den kleinen Bogen, um eine KTM zu bestellen. Denn eigentlich ist er ganz sicher, dass so ein Motorrad für seine Ansprüche genau das Richtige ist.

Die Dame am Empfang - Sie kennen das ja schon - ist sehr freundlich. „Ah, Sie möchten eine KTM kaufen, dann gehen Sie doch bitte schon in die erste Etage. Ich schicke Ihnen gleich einen Verkäufer hoch. Sie können sich ja dort schon mal die Motorräder ansehen."

Und „unser Käufer" verschwindet über die Treppe nach oben. Und schaut sich KTM-Motorräder an. Immer und immer wieder. Aber eigentlich weiß er ja genau was er will. Und obwohl es schon interessant ist, sich KTM-Motorräder anzuschauen, verliert er nach einer Viertelstunde doch die Lust. Da ist es gut, dass die nette Dame vom Empfang sich auf der Treppe sehen lässt um zu fragen: „War der Verkäufer noch nicht bei Ihnen?" - „Nein", sagt schon ein wenig unwillig unser KTM-Aspirant. - „Oh, Entschuldigung, ich schaue sofort nach." - Und verschwindet.

Nach weiteren fünf Minuten - da nichts geschieht - hat unser Beinahe-KTM-Käufer die Faxen dicke. Er schreitet ruhig - ganz ruhig - (Bitte bleib' ruhig!) die Treppe herunter. Die Dame sitzt am Empfang. Er schreitet an ihr vorbei, sagt freundlich „Auf Wiedersehen". Und die Dame erwidert freundlich: „Auf Wiedersehen!". - Das war' dann.

Aber unser Beinahe-Kunde hat - wie man so schön sagt - „die Schnauze voll". Er hat heute noch keine KTM, kein Motorrad. Und wenn er eins kauft, dann sicher nicht bei BikeWorld Nürburgring. - Oder man müsste ihm schon sehr, sehr entgegen kommen.

Was eigentlich bei der BikeWorld normal ist. Eigentlich bestimmt der Kunde dort den Preis. Es gibt Ducati-Interessenten, die aus Süddeutschland zum Nürburgring reisen, um dort ihre Ducati abzuholen. Weil es die nirgendwo in Deutschland günstiger, billiger gibt. - Ein toller Laden.

Ab 1. März 2007 wieder für Sie geöffnet. - Sagt die Nürburgring GmbH.

So könnte ich zu dieser oder jener „Tochter" der Nürburgring GmbH eine Reihe von Geschichten erzählen, über die man gequält lachen kann. Aber was ist das alles verglichen mit dem, was uns allen noch unter dem Thema „Nürburgring Erlebnisregion" bevorsteht.

Aber zunächst noch zu einer anderen Episode, die auch noch nicht so richtig die Runde gemacht hat:

Ich hatte Herrn Cimbal - und damit die Nürburgring GmbH - am 14. Dezember 2006 unter anderem auch gefragt: „Können Sie mir - um umlaufende Gerüchte zu bestätigen oder zu entkräften - etwas zum derzeitigen Aufenthaltsort von Peter Zakowski sagen? - Sie müssten in jedem Fall informiert sein, da die Nürburgring GmbH nicht nur an der Rennfahrerschule (Zakspeed Nürburgring Rennfahrerschule) beteiligt ist, sondern Peter Zakowski zusammen mit Dr. Kafitz auch gemeinsam die Motorsport Akademie Nürburgring als Geschäftsführer verantworten. Da wird dann doch der eine Geschäftsführer wissen, was der andere macht."

Herr Cimbal antwortete mir: „Zu Herrn Peter Zakowski kann ich Ihnen mitteilen, dass er sich auf einer Dienstreise befindet und anfang kommender Woche zurück sein wird."

Eigenartig nur, dass Herr Peter Zakowski, zum Zeitpunkt, da meine e-mail die Nürburgring GmbH erreichte (Mitte Dezember 2006), noch in den oben genannten Firmen als Mit-Geschäftsführer genannt war, während schon in den ersten Januartagen (2007) im Internet dann - z.B. für die Motorsport Akademie nur noch Dr. Kafitz (alleine) als Geschäftsführer ausgewiesen ist. Auch mit einem anderen „Lauftext", in dem es bezeichnenderweise heißt: „Die Verfolgung wirtschaftlicher Ziele steht nicht im Vordergrund." - Das ist - leider - wohl bei fast allen Firmen der Fall, die dem „Dunstkreis" der Nürburgring GmbH zugerechnet werden müssen.

Doch nun „zum großen Wurf" des Dr. Kafitz: die „Erlebnisregion Nürburgring". Die ist gegenüber den allerersten Ankündigungen kostenmäßig ein wenig geschrumpft, aber in ihrer Ausdehnung gewachsen. Es gibt sogar schon eine Broschüre, mit der man um Sponsoren, Investoren wirbt. Dort ist im Impressum dummerweise noch ein Mann als „kaufmännischer Geschäftsführer" ausgewiesen, der schnell - nach wenigen Monaten - das Weite gesucht hat, nachdem er (so denke ich) das System und die Situation begriffen hatte. Als Dr. Kafitz das Ausscheiden dieses Mannes seiner überraschten Mannschaft bekannt gab, tauchte natürlich die Frage nach dem „Warum" auf. Und Dr. Kafitz empfand folgende Antwort wohl als richtig gut: „Herrn Hahne wird dazu sicherlich eine nette Geschichte einfallen."

Tut mir leid, Herr Dr. Kafitz. Zu diesem - und auch anderen Vorgängen in Ihrer Firma - fällt mir wirklich nichts mehr ein.

Auch nicht dazu, dass z.B. der Finanzminister des Landes, Ingolf Deubel, gleichzeitig Vorsitzender des Aufsichtsrates ist und jetzt den Prüfern des Landesrechnungshofes (lt. Rhein-Zeitung) jedwede Kenntnis darüber abspricht zu wissen, wie schwierig das weltweite Geschäft mit der Formel 1 ist.

Ingolf Deubel verteidigt also als Finanzminister Dr. Kafitz, weil der sich seine Handlungen natürlich von seinem Aufsichtsratsvorsitzenden - zufällig auch Ingolf Deubel - absegnen ließ. Vorher. Und Kurt Beck wird sich auch nicht damit herausreden können, dass er viele Dinge nicht gewusst habe: einer seiner engen Mitarbeiter (Herr Schumacher) sitzt ebenfalls im Aufsichtsrat und wird ihn doch wohl immer „aus der ersten Reihe" informieren. Und wenn die Entwicklung so weiter läuft - wie zu befürchten - dann stolpert ein guter Politiker auf seinem Weg nach Berlin (Wer zweifelt daran?) über ein paar „Dellen" in der Eifel. Dazu könnte die geplante „Erlebnisregion" gehören.

Der Ort Jammelshofen (exakt: Kaltenborn-Jammelshofen) gehört inzwischen mit zum „Planungsgebiet". Dort ist von Skipisten mit Flutlicht- und Liftbetrieb die Rede. Wo der Schnee herkommen soll?

Natürlich aus Schneekanonen. Dass man die bei Temperaturen wärmer als Minus vier Grad nicht betreiben kann, dass dazu Unmengen an Wasser gebraucht werden (das hier nicht im notwendigen Umfang vorhanden ist) wird nicht bedacht. Aber die Chefs in Nürburg und Mainz rudern konsequent ihrem Planungsziel entgegen.

Dazu will ich eine Geschichte erzählen, die die Art des Vorrobben der „Erlebnisregion"-Vordenker ein wenig verdeutlicht: In der Nähe von Jammelshofen, nahe der Hohen Acht, wohnt seit 1970 - zumindest am Wochenende - ein bekannter Kölner Auto- und Motorradhändler. So um das Jahr 2000 beschloss der seiner Sammlung von Rennmotorrädern - inzwischen auf rd. 150 Stück angewachsen - eine neue Heimat zu geben. Er ließ sich von Leuten beraten, die sich auf diesem Gebiet auskennen und beschloss im Industriegebiet Meuspath eine entsprechende Halle zu bauen. Die Einfahrt zur Nordschleife ist nicht weit, das Industriegebiet relativ gut angebunden - dachte er - und begann mit seinen Grundstücksverhandlungen.

Er hatte die Rechnung ohne den Wirt - Dr. Kafitz - gemacht, der bei der Erschließung dieses Industrieparks auch ein Wörtchen (die GmbH-Beteiligung beträgt nach meiner Kenntnis 10 Prozent) mitzureden hat. Und der blockte ab (Das übrigens nicht zum ersten Mal). Er bot dann aber als - natürlich besseren - Standort das alte Pressezentrum, das zu dieser Zeit leer stand, an. Der Kölner Investor schaute sich das Objekt an, empfand es - wenn es denn mal umgebaut wäre - als gut geeignet und beauftragte einen Architekten mit der Planung, fand auch Sponsoren, aber ... - Der Kölner Händler erklärt das so: „Es scheiterte an einer bestimmten Person der Nürburgring GmbH. Es gibt eben Leute, die sind nur aufs Geld fxiert. - Historie? - Nein - Danke!"

2001 wurde dann in seinem Wohnort, Kaltenborn-Jammelshof eine Schreinerei frei; er ließ sie umbauen und betreibt nun dort ein kleines Classic Race-Museum. Bisher nur Samstags und Sonntags geöffnet. Der Bestand an Ausstellungsstücken ist inzwischen auf 220 Exponate angewachsen.

Von Jahr zu Jahr kommen - nicht nur - immer mehr Besucher in dieses kleine Classic-Museum, sondern es wurde auch bisher mehrmals - wie man mir sagte - „mit immer wechselnden Geschäftsführern der Nürburgring-Erlebniswelt" - von Dr. Kafitz besucht. - Aber nun war ja der Zug für die Nürburgring GmbH abgefahren.

Obwohl immer mehr Besucher den Weg nach Kaltenborn-Jammelshofen ins kleine Classic-Museum finden, waren (und sind) das für den Besitzer dieser vielen mobilen Schmuckstücke aus der Vergangenheit des Motorsports immer noch zu wenig Umsatzbringer (Eintritt, Kaffee und Kuchen) Und er wandte sich an die Behörden und Politiker, um ein paar Hinweisschilder auf der Hauptstraße anbringen zu können. - Abgelehnt! - Nicht zulässig.

Nach vielen vergeblichen Versuchen (und Ablehnungen) griff der Museumsbesitzer zur Selbsthilfe und ließ kleine Hinweisschilder anfertigen, die er dann an der Hauptstraße und der Abzweigung zu seinem Ort, an Bäumen annageln ließ. „Noch niemals zuvor hatten die Behörden so schnell reagiert", sagte er mir. Unter Androhung von hohen Strafen sollte er veranlasst werden, diese Schilder wieder sofort und umgehend zu entfernen.

Da packte unseren Motorradfan die kalte Wut und - er schrieb einen klaren Brief an den Ministerpräsidenten Kurt Beck nach Mainz. Die Reaktion auf seinen Brief ließ unseren Museumsbesitzer an ein Wunder glauben: Nach acht Tagen war die Antwort da. Selbstverständlich würde auf der Hauptstraße von der zuständigen Straßenbauverwaltung ein entsprechendes Hinweisschild angebracht werden.

Und gleichzeitig beschwerten sich Behördenleiter und Politiker beim Museumsbetreiber, warum er denn an Kurt Beck geschrieben habe, denn man hätte doch... - man hätte da ja noch einmal drüber sprechen können... - und überhaupt.

Kurze Zeit später setzte die Straßenbauverwaltung einen neuen Pfosten (in Beton), entfernte dann später das bisherige Schilder-Sammelsurium und brachte ein neues Schild an, auf dem nun auch - ganz offiziell - auf das Classic-Museum hingewiesen wird. Während unser Kölner Museumsbesitzer die Welt nicht mehr versteht, kann ich nur leise lächeln: diese private Beschwerde kam Kurt Beck gerade recht. So konnte er - unter Hinweis auf eine Privatbeschwerde - ein Hinweisschild platzieren, dass (auch) auf das Wintersportgebiet Jammelshofen hinweist. - So einfach ist das.

Und es beweist, dass es den politischen Kräften und Herrn Dr.Kafitz (oder umgekehrt) mit der Absicht ernst ist, aus Jammelshofen (mit allem technischen Aufwand) ein Wintersport-Paradies zu machen.

So muss auch die Drohung, in der angedachten „Erlebnisregion" ein neues Hotel und Ferienhäuser - und anderes - zu bauen, sehr ernst genommen werden. Mit der Erteilung des raumordnerischen Entscheides hat die zuständige Struktur- und Genehmigungsdirektion Nord das Raumordnungsverfahren am 19. Oktober 2006 abgeschlossen. Dabei wurden - und das ist im Hinblick auf evtl. Fördergelder sehr wichtig - auch die „positiven arbeitsmarktpolitischen und regionalwirtschaftlichen Effekte" durch die Bestandteile von Hotel, Motorsportdorf, Boulevard usw. bestätigt.

Einmal wird von um 500 zusätzlichen Arbeitsplätzen gesprochen, die so geschaffen werden sollen, ein anderes mal von 160. Aber in jedem Fall soll der Baubeginn im Herbst 2007 erfolgen. Die Gesamtanlage soll jährlich zu einer Umsatzsteigerung von 50 Millionen Euro führen.

Das ist nicht wenig und es gibt einige - und eigentlich nicht dumme - Leute, die bei den angesagten Baumaßnahmen die Frage stellen: Und wer entsorgt in einigen Jahren dann die herumstehenden Bauruinen?

Aber zunächst wird einmal bei der Nürburgring GmbH gerade - jetzt im Jahr 2007 - im Hinblick auf die stark wachsenden Aufgaben der Personalbestand aufgestockt. Und zur Umsetzung der Pläne in realistische Zahlen sind nun die neuen Geschäftsfelder „Racing",

„Wellness", „Adventure" und „Holiday" eingerichtet worden. Nachbars Hund macht da einfach Rrrrrrrr-WAU. Er meint: **R**rrrrrr-ennen, **W**-ohlbefinden, **A**-benteuer, **U**-rlaub. - Es ist ein deutscher Schäferhund! Das unterscheidet ihn von den „globalen Marketing-Verantwortlichen" der Nürburgring GmbH. Für die gehört Englisch zum guten Ton. Darum mögen die auch nicht, wenn man wirklich Deutsch mit ihnen redet.

Sie schwärmen heute schon von der schnellsten Achterbahn der Welt, die man dann hier in der Eifel auch erleben soll, und stellen die kommende - noch zu schaffende - Erlebnisregion auf eine Ebene mit dem Besuch der „Queen Mary II" im Hamburger Hafen, der Verhüllung des Berliner Reichstages vor einigen Jahren, mit der „Love Parade" in Berlin oder den Wagner-Festspielen in Bayreuth. (Merke: Opern sind Dramen mit Musik!)

Natürlich sollen private Investoren... - Aber die (oder der?) werden erst im Mai dieses Jahres vorgestellt. - Noch alles geheim. - Und im Übrigen soll das alles ja nur 150 - oder waren es 160? - Millionen Euro kosten. Und Mainz leistet welche Zuschüsse? Da hatte es vor vielen Monaten noch geheißen: keine öffentlichen Gelder. Na ja, vielleicht werden es dann eben EU-Subventionen. Und wenn der Landrat des mit 10 Prozent beteiligten Landkreises Ahrweiler nicht nur - ist doch normal - im Aufsichtsrat der Nürburgring GmbH sitzt, sondern auch im Verwaltungsrat der Kreissparkasse Ahrweiler... - und wenn man weiß, dass die Kreissparkasse dann... - also um es kurz zu machen: das mit den EU-Subventionen wird schon klappen. Zumal die „positiven arbeitsmarktpolitischen und regionalwirtschaftlichen Effekte" offiziell bestätigt sind.

Bei „arbeitsmarktpolitischen Effekten" fällt mir eine andere Episode ein, die in diesem Zusammenhang unbedingt geschildert werden muss: die Nürburgring GmbH ist inzwischen - also deutlich vor Baubeginn - auf die Suche nach einem Unternehmen gegangen, welche das „Catering" (die Verpflegung der Besucher mit Nahrungs- und Genussmitteln - Getränke gehören natürlich dazu) übernehmen soll. Die Räume die so verpflegungstechnisch abgedeckt werden sollen, liegen natürlich nur außerhalb der bisherigen Rennstrecke, sind ausschließlich auf die neu zu schaffenden Räume „Boulevard", den „Indoor"-Bereich mit „Science-Center" beschränkt. Aber viele tausend Besucher werden Tag für Tag nach Wurst und Brot schreien, meinen die Nürburgring-Verantwortlichen.

Das brachte natürlich die einheimische Gastronomie auf die Palme. Es sind alles kleine Unternehmer, denen nun - geschickt und unterschwellig - vermittelt wurde, dass bereits ein Angebot eines großen (und bekannten) Münchner Catering-Unternehmens vorliegen würde. Schnell machte sich die Vermutung breit, dass diese Firma ein Angebot in Höhe von.... - und es wurde nur noch geflüstert. Wer die Summe von einer Million in Umlauf gebracht hat, ist nicht festzustellen.

Also taten sich die Gastronomen, Metzger, Hoteliers usw. in der Region zusammen, die jetzt auch das „Infield"-Geschäft auf der Rennstrecke betreiben. Doch der eine oder andere ist dann aus den verschiedensten Gründen abgesprungen. Und die wenigen die dann blieben, waren sich eigentlich einig, dass man so ein Geschäft nur gemeinschaftlich stemmen könne.

Und so gab es einen Termin bei der Nürburgring GmbH. Um nicht zu langweilen, will ich deren Forderungen kurz zusammen fassen: 1,5 Millionen Euro jährlich, dazu 150.000 Euro Miete für entsprechende Räume und rund 400.000 Euro für die entsprechende Ausstattung. - Den Privatunternehmern hat's die Sprache verschlagen. Und ich bin der Meinung: auch so kann man kleine, in der bisherigen Struktur gewachsene Privatunternehmen kaputt machen.

Nun scheinen die Dinge sich aber erledigt zu haben. Die GmbH hat wohl - dem Vernehmen nach - einen erfahrenen Unternehmer aus dem Rheinischen gefunden, der bereit ist, zwar nicht 1,5 Millionen, aber doch 1,2 Millionen Euro auf den Tisch zu legen. - Hört man. - Was für mich überraschend ist, dass die Nürburgring GmbH hier offensichtlich einen Vertrag nicht nur für „Boulevard", „Indoor"- und „Science-Center"-Bereich abgeschlossen hat, sondern dass dieser Vertrag auch das

„Infield" der GP-Strecke betrifft. Hier wird der neue Catering-General-Unternehmer auch die Etage im Start- und Ziel-Gebäude übernehmen, die ursprünglich mal von „Conti" angemietet war und dann - nach deren Kündigung - einem einheimischen Catering-Unternehmen für'n „Appel und en Ei" (verglichen mit den Mietkosten davor) auf's Auge gedrückt wurde.

Damit steht dem neuen Unternehmer (aus dem Düsseldorfer Raum kommend) das Recht zu, an 360 Tagen diese Etage zu bewirtschaften. Eben mit Ausnahme der Formel 1-Tage, wo nach wie vor Mr. Ecclestone das Recht hat... -

Hier ist dann schon wieder eine Auseinandersetzung mit den regionalen Catering-Unternehmen vorgezeichnet, die bisher in diesem Rennstreckenbereich im Geschäft waren. - Wird so die regionale Wirtschaft gefördert, werden so bestehende Strukturen gestärkt?

Natürlich wird das nicht gut gehen. Das wird Ärger geben, wenn auch anderer Art, wie ich ihn z.B. in Verbindung mit der „Grüne Hölle" registriert habe. Und wieder dürfen die offiziellen Beobachter Beifall klatschen, denn wieder scheint es der Nürburgring GmbH gelungen... - Aber warten wir's ab. Erst müssen einmal die Fakten des neuen Vertrages bekannt werden. Bisher wissen die örtlichen, regionalen Catering-Unternehmen von nichts.

Wie es in und um Nürburg um die Bettenkapazität bestellt ist, habe ich oben in diesem Kapitel angedeutet. Wer möchte denn da noch „da oben" zusätzlich ein Hotel betreiben? - Wer ein Feriendorf bauen, wo es doch - gleich daneben - einen Campingplatz gibt, auf dem schon Ferienhäuser geplant sind? Da muss eine bestehende Tribüne abgerissen und neu - und für normale Besucher unbezahlbar - wieder „auf hohem Niveau" aufgebaut werden. Da muss die Hauptwasserleitung auf die andere Seite der B 258 verlegt werden und... - Aber das sind alles Kleinigkeiten, die im Hinblick auf den zu erwartenden strukturpolitischen Fortschritt niemand in Mainz (oder bei der Nürburgring GmbH) interessieren. - Doch diese Entwicklung wird abseits des Motorsport betrieben.

- Bitte? - Abseits des Motorsports, sagte Andreas Bruckner, Leiter der Marketingabteilung Nürburgring GmbH (natürlich brauchte der kein Studium des Marketing abzuschließen, weil doch sein Chef...) , entwickele die GmbH ein für das Unternehmen und die gesamte Region bedeutendes Wirtschafts- und Arbeitsplatzprogramm. -

Was soll denn - lt. GmbH-Vertrag - der Zweck der Nürburgring GmbH eigentlich sein?

Aus dem Beteiligungsbericht des Jahres 2005 (Drucksache 14/4729, Seite 47) zitiert der Landesrechnungshof: „Gegenstand der Nürburgring GmbH ist die Förderung des Kraftfahrzeugwesens und des Motorsports mit dem Ziel, zur Verkehrsertüchtigung der Fahrer, zur technischen Verbesserung der Fahrzeuge und damit zur Sicherheit auf den öffentlichen Straßen beizutragen. Zumal soll durch den Betrieb der Rennstrecke Nürburgring und ihrer Einrichtungen der Fremdenverkehr im Eifelraum gefördert werden."

Wenn man das ernst nimmt, muss man hier davon sprechen, was dann in der jüngsten Vergangenheit von der Nürburgring GmbH versäumt wurde:

Da wurde vor Jahren im Umfeld des Nürburgrings - und auch auf der Nordschleife - die „Deutschland-Rallye" abgewickelt. Dadurch wurde an diesen Tagen der Fremdenverkehr stark gefördert. Die Hoteliers der Region werden bestätigen können, dass so eine Rallye mehr an Umsatz (der Privatwirtschaft!) bringt, als jede angeblich so große Rennveranstaltung, z.B. die DTM. Doch Dr. Kafitz musste für die Nürburgring GmbH auf Einnahmen aus dem Touristenverkehr verzichten. Und die waren ihm wichtiger als das wirtschaftliche Ergebnis für die Region.

Da nicht aus der Branche, nicht mit der Entwicklung im Motorsport vertraut, war ihm auch entgangen, dass die „Deutschland-Rallye" damals auf dem besten Weg war, zu einem Weltmeisterschaftslauf zu werden, noch mehr Fans in die Region zu locken, noch mehr

Übernachtungen zu generieren. Und so hat Kafitz den Veranstalter mit seinen Terminwünschen einfach abblitzen lassen. Und der ist - für immer und tief beleidigt - mit dieser inzwischen mit WM-Plakette versehenen Veranstaltung - dann in die Region Trier abgewandert. Immer noch Rheinland-Pfalz, wird Herr Beck argumentieren. Aber man schaue mal ein paar Zeilen nach oben, was denn der Zweck der Gründung der Nürburgring GmbH war. -

Ein anderes Beispiel: Bei der GmbH ist man stolz darauf, dass die Automobil- und Zuliefererindustrie im direkten Umfeld der „Nordschleife" eine Heimat finden konnte: im Industriegebiet Meuspath (das die betreibenden Gemeinden übrigens auch nur Geld kostet). Und man tut so, als würde man dieser Industrie beste Arbeitsbedingungen schaffen. Dabei weiß man gar nicht, was die Industrie braucht.

Eine Fahrstunde vom „Ring" entfernt, in Nordrhein-Westfalen, wird inzwischen ein „Nasshandling-Kurs" gebaut, dessen Angebot von der Industrie dankbar begrüßt wurde. Heute schon, lange bevor er in Betrieb genommen werden kann, ist diese Prüf- und Teststrecke praktisch ausgebucht. An Regentagen, wenn Versuchsfahrten auf der Nürburgring-Nordschleife nicht immer sinnvoll sind, dann werden in Zukunft ganze Fahrzeug-Gruppen auf dieses neue Testcenter umziehen, wo auch z.B. Filmteams für Stuntszenen hervorragende Voraussetzungen finden. - Chance verpasst, Chance vertan. Das liegt nicht nur am Nichtwissen eines Dr. Kafitz, sofern es sich auf bestimmte Belange der Industrie bezieht, sondern auch daran, dass er sich mit weiteren qualifizierten Nicht-Wissern umgibt. Und seine Berater... - deren Verträge wurden übrigens jetzt Anfang Januar nach den Vorwürfen durch den Landesrechnungshof alle gekündigt.

Natürlich weiß Dr. Kafitz vom neuen Nasshandling-Kurs. Sein Architekt (Tilke, Aachen) hat es ihm gesteckt. Aber da war es zu spät. - Was ist dagegen die schnellste Achterbahn der Welt? - Ist der Nürburgring ein Rummelplatz? - Man lese oben noch einmal über den Sinn und Zweck der GmbH-Gründung - „damals" - nach.

Nach dem oben zitierten raumordnerischen Verfahren hat es noch ein weiteres gegeben, das vor kurzem abgeschlossen wurde. Der Bürgermeister der Verbandsgemeinde Adenau, Hermann-Josef Romes nannte den einstimmigen Beschluss des Planungsverband Nürburgring einen „formalen Beschluss mit erheblicher Wirkung". Damit wurde der bis dahin bestehende - und genehmigte - Bebauungsplan „Grand Prix-Strecke" nun so abgeändert, dass der geplante (Motorsport-) Boulevard und das (Motorsport-) Dorf gebaut werden können. Dieser Beschluss beseitigte die letzte (kleine) Schwelle, machte den Weg frei für den Baubeginn - Wenn jemand das Geld gibt. Verbandsbürgermeister Romes mahnte zur Eile: „Es geht jetzt darum, keine Zeit mehr zu verlieren."

Zeit verlieren ist eine Sache. Geld verlieren eine andere. - Da sollte man eigentlich schon ein wenig abwägen.

Tatsächlich habe ich die vorstehende Geschichte – in der ich zu diesem Buch nur wenig ändern musste – im Januar 2007 im Internet veröffentlicht.

Es gab damals dann erste Hinweise auf mögliche Reaktionen der Betroffenen.

Es gibt erste Warnungen

Ich bin bei den Recherchen zu der folgenden Geschichte - die sich natürlich über viele Monate hinzogen - immer wieder gewarnt worden. Die Rache der Betroffenen würde furchtbar sein. Und dann die Frage: „Was haben Sie denn davon?" -

Diese Frage ist für einen Journalisten ohne Bedeutung (Zumindest sollte es so sein). Ich habe selbst gehört wie ein selbständiger Unternehmer, auch tätig für die Nürburgring GmbH, einem anderen Unternehmer (ebenfalls für die GmbH tätig) die Frage stellte: „Hast du auch den Erpresserbrief erhalten?" -

Nach meinen Recherchen handelt es sich um die alle Jahre wieder bei Lieferanten (oder anderen „Abhängigen") auftauchende Aufforderung, doch als Sponsor für die Motorsport Akademie aufzutreten. Meist erfolgreich, wie man der Liste der Sponsoren und persönlicher Förderer (im Internet einzusehen) entnehmen kann. Mir wurde aber die Herausgabe dieses Briefes (bzw. einer Kopie) von solchen Sponsoren verweigert, „weil ich mir doch nicht den Ast abschneide, auf dem ich sitze" (Oder ähnlich).

Dr. Kafitz ist auch ganz sicher, dass seine Anwendung von „Zuckerbrot und Peitsche" in der Region funktioniert. Und: hinter ihm stehen Millionen. - In Mainz.

Herrn Dr. Walter Kafitz scheint es hier zu gehen, wie vielen Nutzern von Computerspielen. Da ist alles gefahrlos. Selbst bei einem sonst so hervorragend gemachten Spiel wie dem „Gran Turismo 4", das auf einer Sony PS 2 läuft.

Aber lassen Sie mich noch mal kurz abschweifen, aber trotzdem bei Sony und dem Spiel bleiben:

Dafür wurde von den Sony-Mitarbeitern in nächtelanger Arbeit die Nordschleife digital vermessen, „aufgezeichnet". Nächtelang deshalb, weil tagsüber Touristen über den Kurs fuhren oder die Industrie testete.

Dr. Kafitz hatte das wohl vergessen, als er mitten in der Nacht - er war „unten" in „Breidscheid" aufgefahren - auf eine Gruppe arbeitender Männer traf. Und ziemlich aufgebracht hat er gefragt, was sie denn mitten in der Nacht auf der Nordschleife zu tun hätten. Die Leute haben es ihm erklärt, und Dr. Kafitz ist es wieder eingefallen. - Man kann ja nicht immer - und schon gar nicht in dieser Situation - alles im Kopf haben..

Warum Dr. Kafitz nachts auf der „Nordschleife" unterwegs war? - Dazu habe ich keine Erklärung. Aber vielleicht fällt Ihnen, lieber Leser, auch die eine oder andere Möglichkeit ein. - Aber zurück zum Vergleich, zu dem ich oben angesetzt hatte:

Ich habe dieses Spiel selbst noch nie gespielt, aber mit Bewunderung beobachtet, mit welchem Einsatz sich viele Spieler mit ihren Fahrzeugen auf der ihnen nicht immer exakt bekannten Strecke bewegen. Und ich sehe dann schon im Ansatz... - boing, fliegt das Fahrzeug hart in die Leitplanken. Als ich das zum ersten Mal sah war ich davon überzeugt, dass das nun das Ende der Spielrunde war.

Aber dann fuhr der Spieler sein praktisch unbeschädigtes Fahrzeug zurück auf die Strecke. Und weiter ging die Jagd, bis zum nächsten Crash. Und immer wieder, immer wieder... - Mein Gott Walter, habe ich gedacht.

Dr. Kafitz spielt sein Spiel wohl genauso. Neun Millionen Verluste. Das ist nicht ungewöhnlich. Damit war zu rechnen. Zurück auf die Bahn. Neues Spiel. Wieder neun Millionen. - Das muss besser werden. Und er lässt jetzt - erst mal einmalig - 150 Millionen für einen Bereich investieren, der eigentlich lt. GmbH-Vertrag gar nicht vorgesehen war. Darum heißt ein Boulevard jetzt auch auf dem Papier Motorsport-Boulevard und aus einem Feriendorf wird ein Motorsport-Dorf.

Da wollen wir doch mal sehen wer auf der Strecke bleibt. - Der Steuerzahler vielleicht? - Der private Unternehmer, der mit einer inzwischen zurückgefahrenen Infrastruktur zu kämpfen hat? - Dr. Kafitz wird mit neuen Millionen zurück auf Kurs gehen. Bis zum nächsten Crash.

Denn ich kenne keine öffentliche Einrichtung - und das ist die Nürburgring GmbH ja wohl - die jemals in Konkurs gegangen wäre. Aber selbst für diesen Fall hätte man „Sachverständige" in der GmbH selbst. - Da braucht man auch keine Berater „von Außen" mehr. Und die Firmenstruktur ist entsprechend ausgerichtet.

Um diese Geschichte nicht endlos werden zu lassen, dazu abschließend nur ein Beispiel: Da gibt es die Motorsport Akademie Nürburgring GmbH & Co. KG. Die ist beim Amtsgericht Koblenz unter HRA 12880 im Handelsregister eingetragen. Persönlich haftender Gesellschafter dieser GmbH & Co. KG ist die Motorsport Akademie Nürburgring Verwaltungs GmbH, eingetragen beim Amtsgericht Koblenz unter HRB 14173 (Das Geschäftsführer-Drama dieser Firma lassen wir jetzt mal „außen vor").

Diese Firmenkonstruktion beschränkt die Haftung, hatte in der Vergangenheit auch schon mal steuerliche Vorteile, die sich aber inzwischen aufgelöst haben. Was geblieben ist, ist bei solchen Strukturen dann der Einsatz von Notaren und Rechtsanwälten, die ständig Verträge korrigieren, ändern, ergänzen müssen. Denn auf dem Papier muss alles korrekt abgesichert sein. Und so ist es dann - nur als Beispiel - kein Wunder, dass als Sponsoren der Motorsport Akademie Nürburging GmbH & Co. KG auch Rechtsberater unterschiedlicher Ausrichtung auszumachen sind. Mit an Sicherheit grenzender Wahrscheinlichkeit doch nur von dem Geld, dass sie vorher - aufgrund der interessanten Firmenstruktur - verdient haben.

Das alles ist nicht „unnormal", erst recht nicht in der heutigen Zeit. Normal ist auch, dass alles das, was ich oben aufgezeichnet habe, in der heutigen Zeit nicht öffentlich beanstandet wird. In diesem Fall z.B. mit Argumenten wie: „Ich will mich doch nicht unglücklich machen" oder „Solange der mich in Ruhe lässt" oder „Solange wir von der Situation profitieren" oder was es an ähnlichen Argumenten gibt, die immer den persönlichen Vorteil in den Vordergrund stellen.

Als ich einen Journalistenkollegen auf bestimmte Missstände in diesem unserem Land hinweise, winkt der ab. Er war bis 1989 hinter der Mauer und sagt nun, schon 17 Jahre „im Westen" arbeitend und vergleichen könnend: „Herr Hahne, ich weiß. Aber was soll ich machen? Eigentlich hat sich für mich doch nichts geändert. Ich hatte früher auch Träume, damals, als ich „noch drüben" war. Aber was ist davon geblieben? - Nur die Reisefreiheit."

Ich war niemals „drüben", aber man möge mir gestatten, dass ich noch Träume habe. Und darum habe ich mir - auch bei der Recherche zu dieser Geschichte - sehr viel Mühe gegeben, viel Zeit aufgewendet, die anderen Kollegen offensichtlich nicht zur Verfügung steht.

Aber ich habe trotzdem sicher längst nicht alle Aspekte dieses großen Puzzle-Spiels aufzeigen können. - Bitte entschuldigen Sie! -

Gibt es ein Bermuda-Dreieck für Steuergelder in der Vulkaneifel?

Ein paar Monate später, im September 2007, habe ich dann meine Recherche-Ergebnisse für die Monate seit Januar zusammengefasst. Und ich musste aufgrund der aktuellen Entwicklung fragen: Was darf es denn bitte sein, liebe Marketing-Gurus? Erlebnisregion Nürburgring, Erlebnis-Park Nürburgring oder Nürburgring 2009?

Ich musste feststellen: Die Innovation kam mit den gebildeten Ständen. Man hatte es an den Universitäten und Hochschulen gelernt. Nicht in Paris. Aber im Handumdrehen. Und man drückte damit dem Land den Stempel auf. Hinter uns stehen Millionen. Ich habe das früher schon gehört. Heute wird es wieder propagiert. Damit es wirtschaftliche Impulse gibt. Für die Region.

Und wir lernen: wenn der Eine richtig große Verluste macht, dann macht der Andere Gewinne. Oder um präziser zu werden: Wenn die Nürburgring GmbH pro Formel 1-Rennen 10 Millionen Euro Verlust macht, dann profitiert die Region davon ungemein. Und wenn man dann diesen Profit der Region wieder in die Nürburgring GmbH steckt, damit die nicht Pleite geht, dann kann die wieder so große Verluste machen, damit die Region große Gewinne macht. Sagen die Politiker. - Verstehen Sie das nicht? -

Aber die Politiker sichern sich auch ab. Durch externen Sachverstand. Weil man intern keinen hat? - Man spricht da auch von Gutachten. Für Geld bekommt man eben alles.

In Mainz wollen zur Zeit alle Fraktionen aller Parteien dringend neue Impulse für die Ringregion. Aber es fehlt der Finanzplan. Sonst nichts. Und man spricht von Sorgfalt statt Schnellschuss. Oh holde Einfalt! Man will Arbeitsplätze schaffen. Dabei wurden die ersten „billigen" Mitarbeiter nach den Schnellschuss-Terminen der Nürburgring GmbH schon längst entlassen. Dafür hat man dann fähige „Auswärtige", zu „teuren" Gehältern in die Eifel gelockt. Weil die das Niveau haben, auf dem heute Innovationen wachsen. Und Subventionen.

Und man verteufelt die Irritationen, die von verantwortungsbewussten Journalisten ausgingen. So musste man denn die schon vor einer Aufsichtsratsitzung vorbereiteten Presseerklärungen (für danach) nach dieser Sitzung in den Papierkorb werfen. Was das kostet! Aber man wird sich mit dem Stand der Umsetzung dann im Trauzimmer des Rathauses Adenau befassen. Sechs aller Parteien trauen sich. (Natürlich hat das Trauzimmer - wie auch in guten amerikanischen Filmen üblich und bei solchen Treffen eigentlich normal - einen Hinterausgang zum Hinterhof.)

Das wird dort aber keinen Ringkampf geben. Da müsste es schon mit dem Deubel zugehen. So soll die Vorgabe aus Mainz dann möglichst schnell erfüllt - und die Ringregion bis 2009 auf den richtigen Weg gebracht werden.

Weil jetzt gerade so viel von der Erlebnisregion Nürburgring gesprochen und geschrieben wird, lassen Sie mich bitte mit einer anderen Fehlplanung - nachweisbar! - der Nürburgring GmbH unter ihrem Hauptgeschäftsführer, Dr. Walter Kafitz, beginnen. Die BikeWorld Nürburgring GmbH.

Sie winken ab? - Erledigt? - Verkauft? - Stimmt! Aber nur in einer Presseerklärung. Und man war auch sicher guten Glaubens. Weil man externen Sachverstand nicht genutzt hat? In diesem Falle wohl nicht. Eigentlich waren nur Amateure am Werk. Soweit es das Motorrad-Geschäft betrifft.

Aber man wollte immerhin ein Signal setzen. Dazu schuf man zwei Firmen. Eine war die „BikeWorld Nürburgring Besitz GmbH", die andere die „BikeWorld Nürburgring GmbH", die von der erst genannten GmbH die Betriebsstätte pachtete. Gegenstand des Unternehmens der „Besitz GmbH" war: die Errichtung von Gebäuden, die für die Bereitstellung von Dienstleistungen aller Art für Motorradfahrer geeignet sind, sowie die Vermietung und die Verpachtung dieser Gebäude. Die „Vertriebs

GmbH" - nennen wir sie mal so - nannte zum Gegenstand ihres Unternehmens: Der Handel mit, sowie die Veredlung von neuen und gebrauchten Motorrädern, der Verkauf von Zubehör, die Bereitstellung von Dienstleistungen aller Art für Motorradfahrer, die Versorgung von Motorradfahrern und die Durchführung von Veranstaltungen für Motorradfahrer auch unter sportlichen Wettbewerbsbedingungen, einschließlich der Vermietung von Motorrädern, sowie die Förderung des Motorrad-Tourismus in der Region Nürburg/Eifel. - Mehr nicht.

Geschäftsführer - oder Leute in dieser Funktion - gab es seit der Gründung der Firma 2003 bis zum angeblichen Verkauf der Firma Mitte 2007 sehr viele: Arno Stefan Elmer, Ernst Moser, Alexander Asch, Dr. Mathias Bausback, Rolf Marten und Michael Nuss-Kaltenborn. Obwohl man auch die letzte Neuerwerbung, Norbert Brückner dazu zählen muss. Auch der segelt noch unter der Flagge der BikeWorld Nürburgring GmbH.

Und wenn es nicht schon im Vertrag stand, dann wurde es vor der Unterschrift - wie z.B. im Fall des Herrn Norbert Brückner - noch per Hand vom Notar eingefügt: „...und wurde von den Beschränkungen des § 181 BGB befreit". Ein guter Notar verliest eben den vorbereiteten Vertrag vor den künftigen Partnern, korrigiert kleine Fehler, zeichnet sie mit seinem Namen ab - wie das so halt abläuft. - Aber wohl nicht immer. (Darauf komme ich noch.)

Der Verkauf bei der BikeWorld Nürburgring GmbH lief 2003 schlecht an. Ende des Jahres vermeldete man einen „Jahresfehlbetrag" von 12.094,87 Euro. - Geht doch! - Wird schon! - Aber die Verbindlichkeiten beliefen sich auf 499.805,76 Euro. - Na ja, wird schon werden.

Und es wurde. Ende 2004 betrug der „Jahresfehlbetrag" rd. 635.000 Euro; davon waren dann 619.000 Euro durch das Eigenkapital nicht gedeckt. Und so sah man sich dann am 30. August 2005 zu einem so genannten „Verschmelzungsvertrag" (die o.g. Firmen fusionierten) gezwungen. Gleichzeitig wurde das Stammkapital von 25.000 auf

50.000 Euro erhöht.

Das war auch dringend notwendig, denn per Ende 2005 konnte man schon rd. 6 Mio. Euro Verbindlichkeiten aufweisen. Solche Summen erhält man nicht „unverbindlich". Also sind im Grundbuch, wo die Besitzverhältnisse von Grundstück und Gebäuden festgeschrieben sind, auch entsprechende Sicherheiten z.B. eines Kreditinstitutes (Na, welches wohl?) und von Handwerkern zu finden.

Das zwischendurch verschiedene Leute mit Berater-Verträgen bei der „BikeWorld Nürburgring GmbH" auftauchen, ist nicht mit Vernunftargumenten zu erklären, sondern damit, dass - wie im Falle des Herrn Dr. Bausback - (nach meiner persönlichen Einschätzung) Abfindungssummen kaschiert werden sollten.

Dr. Bausback war zu einem Zeitpunkt - für alle Mitarbeiter der Nürburgring GmbH überraschend - ausgeschieden, nach dem er die finanzielle Situation der GmbH und die Machbarkeit, die Umsetzung der Pläne für die (damals) so genannte „Erlebnisregion Nürburgring" als ein wenig zu kritisch empfand. So schied dann Dr. Bausback nach einem offenen Vier-Augen-Gespräch mit Dr. Kafitz, seinem Hauptgeschäftsführer, als Kaufmännischer Geschäftsführer der Nürburgring GmbH aus. Es „knallte" an einem Freitag. Montags wurden die Mitarbeiter durch Herrn Dr. Kafitz informiert.

Auch Dirk Theimann arbeitete z.B. für die BikeWorld Nürburgring GmbH vom 1. Oktober 2003 bis 30. September 2004 als Berater. Was sich leider nicht in positiven Zahlen in der Bilanz ausdrückte. Dabei ist in den Verträgen immer nur von einer Gewinnverteilung die Rede: 42 Prozent gehen an die Phoenix Sport GmbH (Ernst Moser), 58 Prozent an die Nürburgring GmbH. Doch zu so einer Gewinnverteilung ist es bis zum angeblichen Verkauf der Firma, mitte des Jahres 2007, niemals gekommen.

Aber die Nürburgring GmbH hat angefallene Verluste in einer Höhe ausgeglichen, dass es sogar dem Landesrechnungshof des Landes Rheinland-Pfalz zu viel war. Und man gab noch einen Gesellschafterkredit von 2,6 Mio. Euro oben drauf. - Der ist übrigens nicht in irgendeiner Weise abgesichert. Aufmerksame Beobachter rechnen auch mit einem Forderungsverzicht der Nürburgring GmbH. Was aber der Aufsichtsrat - und mit ihm Prof. Deubel - abnicken müsste.

Darum hat es sicherlich einigen Leuten gefallen, dass es „von außen" auf den Landesvater, der zu 90 Prozent sein Land an der Nürburgring GmbH beteiligt hält, Anfang des Jahres 2007 ein wenig Druck gab, sich von der „BikeWorld Nürburgring GmbH" zu trennen. Die Motorradhändler der Region waren auf die Barrikaden gegangen. Und in Mainz gab man scheinbar nach und erklärte: Man wolle sich von dieser Firma trennen. Schon um als „staatliches" Zusatzunternehmen nicht die Existenz von z.T. lange bestehenden privatwirtschaftlichen Unternehmen zu gefährden. Denn unter „politischem Druck" hatte man langjährigen Partner von Motorradherstellern und -Importeuren den Händlervertrag abgejagt. Was den Herstellern keinen Vorteil brachte, sondern nur Ärger. (s. Verbindlichkeiten)

So schien dann die Meldung, die Anfang Juni 2007 von den Medien verbreitet wurde auch glaubhaft. Der SWR berichtete z.B. am 4. Juni 2007 auf seiner Internetseite:

Nürburgring GmbH trennt sich von BikeWorld

Der Nürburgring hat seine umstrittenen Anteile an dem Motorradhandel BikeWorld verkauft. Neuer Inhaber des Handels an der Rennstrecke in der Eifel ist die Firmengruppe Brückner aus Altendiez (Rhein-Lahn-Kreis). Zum Kaufpreis wurden keine Angaben gemacht.

Die Nürburgring GmbH ist Eigentümerin der Rennstrecke. Ihre Gesellschafter sind das Land Rheinland-Pfalz und der Landkreis Ahrweiler. Kritiker hatten angeführt, dass das Land somit indirekt an der BikeWorld beteiligt sei und die Steuerzahler somit die Verluste des Handels tragen müssten.

Das an der Rennstrecke gelegene Geschäft wurde vor fünf Jahren gegründet. Der Landesrechnungshof hatte im Januar kritisiert, dass die Geschäftsziele der BikeWorld nicht erreicht worden seien. Statt der erwarteten positiven Jahresergebnisse für 2004 und für 2005 seien Verluste in Millionenhöhe entstanden.

Wie die Nürburgring GmbH nun mitteilte, will sie das „Event- und Tourismusgeschäft" im Motorradbereich am Ring zusammen mit dem neuen Inhaber der BikeWorld ausbauen. Der Nürburgring will in der Eifel ein Freizeit- und Geschäftszentrum aufbauen, um die Rennstrecke unabhängiger vom Motorsport zu machen. Die BikeWorld bietet neben Motorrädern auch Reparaturen und Fahrer-Bekleidungen an. Zudem gibt es ein Café als „Fahrertreff".

Ähnliche Meldungen gab es überall. Es war darin u.a. auch zu lesen, dass es noch einen weiteren „Mit-Käufer", einen Jörg Jovy aus Wiesbaden, geben würde. Wichtig: zum Kaufpreis wurde Stillschweigen vereinbart. - Und alle waren zufrieden.

Nun wusste ich ein wenig über die Umstände, wie es denn zu dem angeblichen Verkauf gekommen war. Ich könnte Ihnen z.B. erzählen, wie man in der „Rhein-Zeitung" auf Seite 1 und 3 kommt. Wie man auf der einen Seite gegen die „staatliche Einmischung" ins Motorradgeschäft einer Region protestiert, auf der anderen Seite sich beim „unter Druck Gesetzten" anbiedert. - Also irgendwie passen Käufer und Verkäufer schon zusammen. Und offenbar können sie sich auch nicht trennen.

Ich bin in den letzten Tagen - damit alles aktuell ist - nicht nur von Amtsgericht zu Amtsgericht gefahren, sondern habe Telefon, Fax und eine Reihe von persönlichen Besuchen genutzt, um mir ein Bild zu machen. Und bin zu der Erkenntnis gekommen, dass die Nürburgring GmbH (Herr Bruckner) deshalb meine Fragen nicht beantwortet hat , weil er wusste, dass ungenaue Antworten bei mir - per saldo - nicht gut enden würden.

Ich habe z.B. beim Amtsgericht Koblenz mal in die Unterlagen geschaut. Und mir sind da Dinge aufgefallen, die noch nirgendwo erwähnt wurden, weil für meine lieben Kollegen die Sache „BikeWorld" eigentlich abgehakt ist. Auch im Handelsregister ist der Verkauf der „BikeWorld Nürburgring GmbH" dokumentiert. Danach hält Herr Brückner an der „BikeWorld Nürburgring GmbH" insgesamt drei Anteile über insgesamt 32.250 Euro. Sein Rechtsanwalt Jovy (Wiesbaden) hält einen Anteil von... - Und jetzt wird es lustig. Der Notar hat in dem Vertrag dessen Anteil mit 5.000,00,00 Euro notiert. Und das ist ihm auch beim Verlesen nicht aufgefallen. Auch den anderen ist es nicht aufgefallen. Und es ist auch Herrn Dr. Kafitz nicht aufgefallen, dass - wenn man diesen „Tippfehler" mit 5.000 Euro begreift - dann immer noch nicht das normale GmbH-Stammkapital von (wie bisher) 50.000 Euro erreicht hat.

Dem zuständigen Dezernenten beim Amtsgericht Koblenz ist das aber auch schon - etwas später - aufgefallen und er hat am 4. September 2007 den „amtierenden" Notar der Nürburgring GmbH in Adenau schriftlich aufgefordert, innerhalb von vier Wochen diesen „Fehler" zu korrigieren. Nach meiner Auffassung ist mit diesem „Tippfehler" der gesamte Vertrag nicht gültig. Und ich war dann nicht mehr überrascht, aus den verschiedenen Fraktionen des Mainzer Landtags in diesen Tagen zu hören, das man zwar weiß, dass Verträge zum Verkauf der BikeWorld existieren, aber auch, dass die noch keine Gültigkeit haben. - ??? -

Das sind dann die Momente, wo man sich fragt, ob man denn eigentlich der einzige „Vollidiot" auf der Welt ist. Wenn ich dann aber darüber nachdenke, mich an einzelne Passagen der - inzwischen vielen - Verträge erinnere, dann begreife ich schon, dass ich vorher einiges nicht begriffen hatte.

In den unterschiedlichen Gesellschafterverträgen ist immer wieder erwähnt, dass die Bezeichnung „BikeWorld Nürburgring GmbH" nur so lange geführt werden kann und darf, wie die Nürburgring GmbH auch Gesellschafter ist. Sollte sie ausscheiden, ist der Zusatz „Nürburgring" zu streichen oder aber in „BikeWorld **am** Nürburgring" zu ändern (Da die andere Kombination der Nürburgring GmbH geschützt ist).

Diese Bezeichnung ist aber bis heute nicht geändert, so dass man logischerweise davon ausgehen muss, dass die Differenz-Summe zum normalen Gesellschafterkapital von 50.000 Euro noch von der Nürburgring GmbH gehalten wird. Wenn die wirklich ihren Anteil verkauft hätte, müsste auch der Eintrag im Grundbuch entsprechend der genannten vertraglichen Vereinbarung geändert werden. - Und wer übernimmt die im Grundbuch eingetragenen Verbindlichkeiten? (Kreditinstitut, Handwerker.) Gibt es dann auch einen Forderungsverzicht der Nürburgring GmbH auf den Gesellschafterkredit von 2,6 Mio. Euro?

Noch etwas ist mir aufgefallen: Norbert Brückner, geb. 08...., wohnhaft in 6... A...n, S...straße 11, ist so als neuer Geschäftsführer der BikeWorld Nürburgring GmbH eingetragen. Als neuer Mit-Gesellschafter (Käufer?) aber mit einer anderen Anschrift (6... A...z, B...nstraße 2). - Das ist die Anschrift des schon bisher zu seinem Firmenimperium zählenden Motorradgeschäfts (Diese persönlichen Daten sind von jedem Bürger einzusehen, oder per Computerkontakt gegen eine kleine Gebühr zu erhalten. Hier sind sie aus Datenschutzgründen nicht ausgeschrieben).

Also wird die Motorradfirma dieses Herrn unter dieser Adresse wohl der Käufer sein. Sie ist es aber - nach dem Ergebnis meiner Recherchen - noch nicht. Und die Nürburgring GmbH antwortet auf meine Fragen, deren Antworten die Geschehnisse um den Verkauf der BikeWorld für mich begreifbar machen sollen, mit einer gewissen Verärgerung über meine „Frechheit". Aber eben nicht auf meine Fragen.

Es ist nach meinen Recherchen aber unzweifelhaft, dass ein Mann „der ersten Stunde" der BikeWorld Nürburgring GmbH, Ernst Moser, der auch der ausdauerndste Geschäftsführer des Unternehmens war (2003 - 2007) als Teilhaber an dem Unternehmen ausbezahlt wurde. Das wird z.B. durch Aussagen von Insidern bestätigt, die davon sprechen, dass Moser „mit einem blauen Auge davon gekommen" ist. Bestätigt wird diese Annahme auch dadurch, dass Moser inzwischen ein neues Grundstück, anschließend an das seiner Phoenix Sport GmbH erstanden hat. Er hatte zwar schon lange eine Option darauf, hat es offensichtlich aber jetzt erst gekauft. Es existiert aktuell auch eine entsprechende Akte beim Grundbuchamt. Aber wer zahlte Moser in welcher Höhe aus?

Für mich ist klar: die BikeWorld Nürburgring GmbH war bisher eine Geldvernichtungsmaschine von Steuergeldern. Mir ist unklar, was Herr Brückner mit dieser Firma machen will. Wenn er sie denn wirklich gekauft hat. Sein Mitarbeiter sagte einem befreundeten Motorradhändler: Das wäre für Brückner alles kein Problem, das wäre alles sehr gut eingefädelt. Wenn das nicht läuft, braucht Brückner nur den Schlüssel umzudrehen und den Laden abzuschließen. Und hat keinen Verlust. - ??? Da bleiben dann wieder einige Fragen offen - ??? -

Wenn ich meine Rechercheergebnisse ordne, werte, dann wird klar: Andreas Bruckner, Marketing-Guru der Nürburgring GmbH, hat mit mir nur deshalb per E-Mail „Schluss gemacht", weil er keine Antwort auf meine Fragen geben konnte. Oder er hätte an den Fragen vorbei antworten müssen. Was dann früher oder später zu einem „Rückschlag" geführt hätte. Und er baut gerade ein Haus in der Eifel, sieht sich wohl als der legitime Nachfolger eines Dr. Kafitz - Wenn Walter geht.

Aber was ist mit dem Finanzminister von Rheinland-Pfalz, Prof. Ingo Deubel? - Hat er das alles nicht gewusst? - Hat er sich nicht um Gewissheit bemüht? - Wurde die Öffentlichkeit bewusst getäuscht? - Ist es nur eine Nachlässigkeit? - Oder ist es gar eine Vernachlässigung der Aufsichtspflicht?

Natürlich kann er so ein „Versehen" - wenn es denn eins ist - mit Überforderung erklären. Dann wäre ein Rücktritt von seiner Aufsichtsratposition bei der Nürburgring GmbH ein angepasstes Verhalten. Man sollte es ihm empfehlen. - Nach meinen Informationen hatte Prof. Deubel schon in der Vergangenheit versucht, die Verantwortung für die Arbeit der Nürburgring GmbH vom Finanzministerium auf das Wirtschaftsministerium zu verlagern. Er hatte aber keine Zustimmung gefunden. - Wer möchte sich auch schon gerne zu anderen Problemen noch mit diesem Problem belasten?

Und Kurt Beck? - Der hat das sicherlich alles nicht mitbekommen, weil er so sehr auf die Genossen „hinter den Büschen" geachtet hat, denen mal gezeigt hat „wo der Hammer hängt". - Toll! - Aber er möchte die „Erlebnisregion", eine Idee, die ihm nun scheinbar von Journalisten „angehängt" wird, nun endlich verwirklichen. Und die wird wieder Millionen Steuergelder verschlingen. - Nicht zum Nutzen einer Region. - Nicht so toll!

Aber Dr. Kafitz ist nach (dem Erlebnis „BikeWorld) wie vor (der Erlebnisregion Nürburgring) zuversichtlich (was die Umsetzung der Pläne zur Erlebnisregion Nürburgring betrifft), „zumal schon Vorarbeiten eingeleitet wurden", wie einer seiner SPD-Genossen nach einem Gespräch mit ihm schriftlich feststellt.

Wäre es nicht richtig, wenn zunächst einmal die Landesregierung von Rheinland-Pfalz offen legen würde, was die „BikeWorld" mit ihrer amateurhaften Umsetzung den Steuerzahler gekostet hat? - Was die Erlebnisregion verschlingen wird, weiß man erst hinterher. Aber auch hier ist klar, dass man von Seiten der „Vorantreiber", von überzogenen Voraussetzungen ausgeht.

Aber die Politik will so ein „Denkmal", sie braucht es für die nächsten Wahlen. Darum muss der Termin 2009 gehalten werden. Da wird zunächst einmal alles in einen Topf geworfen: Hotel, Motorsportdorf, Golfplatz, Wintersportgebiete, Boulevard, Arena, neue Tribüne, Hubschrauberlandeplatz, Spielbank. Nach dem Motto: Irgendetwas wird sich schon realisieren lassen.

Und man geht von Besucherzahlen (beim bisherigen Angebot) aus, die leider - aus meiner Sicht und meiner Kenntnis – nicht der Realität entsprechen. Und man vergisst auch die Wetterbedingungen, die nun mal das Leben in der Eifel bestimmen. Externer Sachverstand hilft da auch nicht weiter. Die Realität lässt sich nicht schönen.

Jedenfalls wurde schon (!) im Verbandsgemeinderat in Adenau unter Leitung von Bürgermeister Romes am 28. August 2007 (unter Tagesordnungspunkt 8) beschlossen, nun doch mal dass Europäische

Tourismusinstitut in Trier, unter Leitung des Prof. Quack, zu beauftragen, „konkret die besondere Situation des Nürburgring-Angebots bzw. des entstehenden Nürburgring-Angebotes im Verhältnis zu den dezentralen Angeboten des Umlandes zu untersuchen". - Jetzt, wo eigentlich gerade mit dem Abriss von bestehenden Gebäuden, als Vorarbeit zum Neubau der „neuen Zugpferde" begonnen werden sollte! - Hätten solche Untersuchungen - wenn sie denn notwendig sind - nicht im Vorfeld aller Planungen durchgeführt werden sollen? - Müssen?

Nun wird die Untersuchung sicherlich so ausfallen, dass sie die Planungen nicht gefährdet. Das ETI, das Europäische Tourismus-Institut in Trier, ist zu 25 Prozent in der Hand des Landes Rheinland-Pfalz. Das Land hat in der Vergangenheit die „roten Zahlen" auch dort - wie bei der „BikeWorld" - unabhängig von der Höhe der eigenen Beteiligung sehr großzügig ausgeglichen. Der Landesrechnungshof wird das gerne bestätigen.

Übrigens kostet das Gutachten der ETI insgesamt 48.552 Euro. Einschließlich Mehrwertsteuer. Und so wurde es von Herrn Romes, Bürgermeister der Verbandsgemeinde Adenau, auch den Kollegen angeboten, in angepasste Teile gestückelt. Und die haben denn auch entsprechende schriftliche Zusagen zur Beteiligung gegeben. Ich nenne mal die Aufteilung, wie sie sich mir heute darstellt:

20.000 Euro Verbandsgemeinde Adenau
10.000 Euro Land Rheinland-Pfalz
8.552 Euro Nürburgring GmbH
5.000 Euro Verbandsgemeinde Kelberg
5.000 Euro Verbandsgemeinde Vordereifel

Was die „Gemolkenen" nicht begriffen haben: Der die Rechnung insgesamt erhält, zahlt seinen Anteil, abzüglich der ausgewiesenen Mehrwertsteuer, die eigentlich eine Vorsteuer ist. (Aber vielleicht kann man die auch nicht abziehen.) Aber in der Politik rechnet man nicht, man trifft Entscheidungen. Weil Rechnungen in jedem Fall vom Steuerzahler beglichen werden. Und „rote Zahlen" von Staatsbetrieben auch. Jeder kann Politiker werden. Und jeder Politiker kann jede Position ausfüllen.

Manche Politiker wachsen ja auch mit ihren Aufgaben. Das ist auch bei Managern der Industrie so. - Aber manche verkümmern auch. In der Politik. Und in der Industrie.

Und manche Manager auch in Staats-Monopol-Betrieben. Wie der Nürburgring GmbH. Sie sind um Profilierung bemüht. Die persönliche. Und vergessen darüber ihre eigentlich Aufgabe: einen wirtschaftlichen Betrieb der von ihnen verantworteten Firma sicher zu stellen.

Nehmen wir die Nürburgring GmbH, die sich jetzt - zu Lasten der Steuerzahler - mit einer „Erlebnisregion" zu profilieren sucht. Dabei wäre es sicherlich aussichtsreicher, sich auf das Kerngeschäft zu konzentrieren. Manchmal konzentriert es sich ein wenig selber. Wenn man z.B. die Nutzung der Nordschleife durch Privatfahrer betrachtet, dann fällt mir z.B. auf, dass der Anteil der ausländischen Besucher/Fahrer deutlich gestiegen ist. Engländer dominieren an manchen Tagen. Aber für rechts gelenkte Fahrzeuge gibt es z.B. zu wenig Automaten an der Nordschleifen-Einfahrt.

Wenn ich die Nordschleifen-Nutzung des Jahres 2007 in Relation zu der des Jahres 2006 betrachte, so registriere ich aus persönlicher Beobachtung und Befragung eine Steigerung von um gut 20 Prozent gegenüber dem Vorjahr. Aber ich sehe auch, wo es klemmt. - Warum? - Man kümmert sich nicht um das Basisgeschäft, jagt Illusionen nach, versucht die Träume der Politiker zu realisieren, die - leider - ein wenig den Boden unter den Füßen verloren haben. - Es scheint zumindest so. - Und man stockt im Vorgriff auf kommende Aufgaben schon mal personell auf. - Deutlich.

Müsste ich heute Herrn Kurt Beck, Ministerpräsident von Rheinland-Pfalz, einen „offenen Brief" schreiben, den er nach den bisherigen Aussagen seiner Mitarbeiter niemals beantworten würde, so würde der - aus meiner Feder geflossen - so lauten:

Betreff: vom Regierungsprogramm zum Verkauf der BikeWorld, bis hin zu „Nürburgring 2009" - oder „Erlebnisregion

Sehr geehrter Genosse Kurt Beck,

ich bin vor einiger Zeit mal eine Reihe von Kilometern gefahren, um Sie „live" zu erleben, mir - unabhängig von allem Angelesenen – ein direktes Bild von Ihnen zu machen. Ich habe Sie nach einer kleinen Rede, die Sie perfekt – dem Thema angepasst - angelegt hatten, dann im Gespräch mit den unterschiedlichsten Besuchern dieser Veranstaltung erlebt. Und ich habe bei mir gedacht: Wäre ich noch Verkaufsleiter einer Automobilhandelsfirma (der ich einige Jahre war), würde ich Sie sofort als Verkäufer unter Vertrag nehmen. Es war die Art, mit der Sie die Argumente der Leute aufgenommen und in Ihren Antworten dann evtl. einfühlsam so umgeformt haben, dass die Gesprächspartner den Eindruck haben mussten, Sie hätten ihre Argumente aufgenommen.

Aber oft war es auch nur ein Austausch von Nettigkeiten. Wer sollte sich einem netten Gesprächspartner gegenüber auch böse verhalten?

Auch in einer anderen Sache hatten Sie es sicherlich ausgesprochen „nett" geplant. Zumal Sie sicherlich von anderer Seite in Ihrer Meinung bestätigt worden sind. Und so ist denn auch in Ihrem Regierungsprogramm 2006 – 2011 zu lesen:

> **„Die einmalige Chance der Fußball-WM werden wir aktiv mit attraktiven Angeboten für unsere Gäste aus aller Welt nutzen sowie Kooperationen von Tourismus und Sport - wie bei der Erlebnisregion Nürburgring**

mit dem Freizeit- und Businesszentrum – fördern. Wir setzen uns für den Erhalt der Formel 1 zu vertretbaren Bedingungen ein."

Sie haben darin die „Erlebnisregion Nürburgring" als beispielhaft für andere Entwicklungen ähnlicher Art aufgeführt. Das hat eine Reihe von Leuten, die sich offenbar von Ihrem Wohlwollen abhängig fühlen, dazu gebracht, Ihre Grundplanung mit allen Mitteln umzusetzen.

Ich bin mir nicht sicher, ob Ihnen – im Moment - klar ist, in welche Situation Sie damit eine ganze Region gebracht haben. Die Ihnen vielleicht von anderen jetzt vorgegaukelte Situation „Friede, Freude, Eierkuchen" gibt es nicht. Und aus der „Erlebnisregion Nürburgring" ist inzwischen (s. z.B. Mitarbeiterzeitung der Nürburgring GmbH 3/07) „Nürburgring 2009" geworden.

Sie kennen das Thema „BikeWorld" zu genau und Sie wissen, dass es durch einen Verkauf aus dem Wege geräumt werden musste. Ich habe meine Bedenken, ob Sie in dieser Sache von allen Beteiligten in allen Details informiert wurden. Ich jedenfalls habe in dieser Sache – die für mich immer noch zum Komplex „Erlebnisregion Nürburgring" zu zählen ist – vor kurzer Zeit dem Marketingchef der Nürburgring GmbH folgende Fragen gestellt:

- *Im Handelsregister ist der angebliche Käufer der BikeWorld als alleiniger Geschäftsführer eingetragen. Ist er neben Herrn Jovy der einzige Teilhaber?*

- *Wenn JA: Warum ist das GmbH-Kapital durch diese zwei Gesellschafter noch nicht voll aufgefüllt?*

- *Wer deckt die Differenz zu 50.000 € ab?*

- *Wenn der Aufsichtsrat am 4. September 2007 in nichtöffentlicher Sitzung getagt hat, stand dann u.a. ein Forderungsverzicht der Nürburgring GmbH gegenüber der BikeWorld in Höhe des eingeräumten Kredits von 2,6 Mio. € auf der Tagesordnung?*

- *Warum sind - wenn denn ein Verkauf der BikeWorld abgewickelt wurde - noch keine Veränderungen im Grundbuch eingetragen? Weil das doch - entsprechend dem Vertrag - so sein sollte.*

- *Warum musste das zuständige Amtsgericht den für die Nürburgring GmbH tätigen Notar anmahnen, nun endlich die (absichtlich?) gemachten Fehler zu korrigieren?*

- *Nach meiner Kenntnis geht aber aus den Unterlagen des Grundbuches aktuell nur ganz eindeutig hervor, dass die Immobilie BikeWorld zur Zeit noch sehr hoch belastet ist?*

- *Wodurch?* · *Wird sich das erst durch das Sitzungsergebnis des Aufsichtsrates am 4. September 2007 ändern können?*

- *Wer hat Herrn Moser (Inhaber der Phoenix Motorsport GmbH, einen der bisherigen Gesellschafter der BikeWorld) wann und in welcher Höhe ausbezahlt?*

- *Warum wird **nach der Sitzung** des Aufsichtsrates und einer Entscheidung über das Projekt „Erlebnisregion Nürburgring" (der Sie intern jetzt plötzlich den Mantel „Nürburgring 2009" verpasst haben!) also erst nach dem 4. September 2007 durch die Verbandsgemeinden* *ein Gutachten in Auftrag gegeben (Gesamtkosten 48.552 €), in dem „...konkret die besondere Situation des Nürburgring-Angebotes ... im Verhältnis zu den dezentralen Angeboten des Umlandes" untersucht werden?*

· *Hätte das nicht sinnvoller Weise **vorher** geschehen müssen?*

· *Warum wurde die Ausschreibung für die notwendigen Erdbewegungen - im Falle einer baulichen Umsetzung des Gesamtprojekts - wenige Tage vor der Sitzung des Aufsichtsrates zurück gezogen, wenn man den Ausgang der Aufsichtsratsitzung noch nicht kannte.*

Gerade durch die Entscheidung des Aufsichtsrates der Nürburgring GmbH wird die Entwicklung um die BikeWorld wieder Teil der von Ihnen als beispielhaft bezeichneten „Erlebnisregion Nürburgring". Meine ich.

Sicherlich wurde auf dem Weg zur jetzigen Situation Ihnen manches verschwiegen, Ihnen manche Halbwahrheit aufgetischt; denn allen Leuten in Ihrem Umfeld ist klar: die „Erlebnisregion Nürburgring" ist für Sie politisch ein wichtiges Projekt. Folglich wird vieles passend gemacht. – Aber welchen Eindruck macht das auf die so genannte „Öffentlichkeit"?

Zu den Verträgen um den (angeblichen) Verkauf der BikeWorld wurde Stillschweigen vereinbart. Wo Millionen von Euro an Steuergeldern dann verschwinden, hat doch „das dumme Volk" nicht zu interessieren. - Finden Sie das richtig und gut?

Auch den „Fall Broich" (ich denke dabei an den Vertrag mit diesem Düsseldorfer Event- und Verpflegungsunternehmer) scheint man in Mainz als „normal" hinzunehmen. - Was ist mit den vorhandenen heimischen Firmen?

Am 4. September hat man in Sachen „Erlebnisregion Nürburgring" (s. Regierungserklärung 2006 - 2011 des Genossen Kurt Beck) in einer Sitzung des Aufsichtsrates der Nürburgring GmbH unter Leitung des Herrn RLP-Finanzminister Prof. Deubel (nicht öffentlich!) so entschieden, dass man nun „externen Sachverstand" einsetzen wird. (Was tief blicken lässt!)

Und das ETI in Trier (Prof. Quack) wird für 48.552 Euro „die besondere Situation ... des entstehenden Nürburgring-Angebotes im Verhältnis zu den dezentralen Angeboten des Umlandes" untersuchen. **Nach (!)** *der Entscheidung des Aufsichtsrates. (Natürlich ist das Land RLP Gesellschafter bei der ETI. - Da kann dann wenig schief gehen.)*

Und einer der möglichen Betreiber für das noch zu bauende Hotel (ohne Zuschuss des Landes?) sagte mir, dass ihn die Hotelbaukosten nicht interessieren, sondern nur die Konditionen, zu denen er das Hotel übernehmen kann. Und in mein Schweigen hinein erklärt er: „Das Interessante an diesem Projekt ist ja, dass es politisch gewollt ist." - Wer denkt denn bei solch' treffenden Aussagen an Subventionen?

Auch der Abriss bestehender Gebäude wurde nach der Aufsichtsratssitzung verschoben . - Zumindest gab es aber zunächst im Vorfeld eine Reihe von neuen Arbeitslosen. Die haben die Kündigung schon erhalten. Und werden nach der neuesten Entscheidung nun (evtl.) neu eingestellt.

Das sollen nur ein paar Anmerkungen sein. Es gäbe noch viele andere. Um es bei dieser Gelegenheit klar zu sagen: Ich persönlich habe nichts gegen die Entwicklung einer „Erlebnisregion Nürburgring" die vernünftig, der Situation und absehbaren zukünftigen Entwicklung angepasst, geplant und durchgeführt wird, sich auch am Basisgeschäft der Nürburgring GmbH orientiert.

Hier aber sind schon bisher – s. Beispiel BikeWorld – viele Millionen Euro Steuergelder „in den Sand gesetzt worden". Das war vorhersehbar. Diese Situation soll jetzt vor der Öffentlichkeit – die sich ja auch aus Wählern der SPD zusammensetzt – kaschiert werden.

Da endet mein Verständnis. Als Bürger, als Betroffener in der Region und als Journalist. Ich wollte Ihnen das zumindest vermitteln haben. Nun in einem „offenen Brief", aber auch mit offenen Worten.

Herzliche Grüße aus der Eifel

wo die Durchschnittstemperatur –
über das Jahr betrachtet –
nach einem alten Gutachten für
die Nürburgring GmbH
das noch in deren Keller-Archiv zu finden sein muss,
unter 7 Grad Celsius liegt

Wilhelm Hahne

Meinen Lesern, nicht dem Genossen Beck, muss ich noch die „Friede, Freude, Eierkuchen"-Passage in meinem Brief oben erklären. Da gab es am 3. August 2007 eine Pressemitteilung der Nürburgring GmbH, in der u.a. folgende Passage die Kollegen der Presse informierte:

„...Die im Planungsverband Nürburgring organisierten Gemeinden Nürburg und Müllenbach sowie die Verbandsgemeinde Adenau haben am Abend des 30. Juli 2007 in öffentlicher Sitzung einstimmig für den Ausbau des Nürburgrings zum Freizeit- und Businesszentrum votiert.

Als Ergebnis kommen nun im Wesentlichen ein städtebaulicher Vertrag zur

Realisierung des Bauvorhabens und einzelne ergänzende Vereinbarungen z.B. über landespflegerische Kompensationsmaßnahmen zur Geltung.

Im konstruktiven Dialog haben das Management der Nürburgring GmbH und die Interessenvertreter der Gemeinden Nürburg und Müllenbach sowie die teilweise in Personalunion engagierten Vertreter der ortsansässigen Bürgerinitiative Missverständnisse, Sorgen und Ängste ausräumen können, die im Frühjahr dieses Jahres auch öffentlich geäußert worden waren. Gemeinsam wurden sowohl das Konzept des Ausbaus als auch dessen Umsetzung, Vermarktung und die Möglichkeiten der Beteiligung insbesondere der ansässigen Hoteliers und Gastronomen erörtert. Die Zustimmung ist auch Ausdruck der Erkenntnis, dass der Ausbau des Nürburgrings professionell geplant, umgesetzt und vermarktet wird und die Region in hohem Maße davon profitiert.

Die jetzt einstimmig gefassten Beschlüsse regeln... usw., usw."

Das Auffallende am Inhalt dieser Presseerklärung ist, dass man sie sachlich nicht bestanden kann, obwohl sie sich eigentlich nicht an den Realitäten orientiert, sondern an Gesetzmäßigkeiten. So wurde elegant den Lesern dieser Information eine Situation vorgegaukelt, die eigentlich nur in den Träumen der Verantwortlichen besteht. - Ich will diese - scheinbaren - Widersprüche gerne nachstehend für meine Leser auflösen.

Ich beginne mal beim Gemeinderat von Nürburg. Der hat eigentlich sieben Mitglieder, von denen aber ein Mitglied bei den Sitzungen praktisch nie vor Ort ist. Der Mann arbeitet in Berlin, kommt dann schon mal zum Wochenende in die Eifel und lässt sich erklären, was so passiert. Entweder nickt er dann mit dem Kopf oder er schüttelt ihn. Manchmal ist der dann auch gerührt. - Wie der Martini in „007".

Aber die anderen Sechs, die müssen schon ran. Und die wissen auch was „konstruktiver Dialog" heißt. Weil die in der „vorbereitenden Phase" der Entscheidungen z.B. von Verbandsbürgermeister Romes (Adenau und CDU) und seinen Fachleuten beraten wurden. Als z.B. das Treffen der Nürburger Gemeinderäte begann, gab es sechs davon die gegen das Projekt Erlebnisregion Nürburgring in der bisher vorgestellten Form waren. Aber Romes klopfte sie weich. Und einige ließen sich beeindrucken, schwankten und wankten. Zwischen Ablehnung und Zustimmung. Und dann setzte Romes den Hammer an und machte deutlich: wenn der Gemeinderat überwiegend bei seiner bisherigen Einstellung bleibt, dann würde es ihm auch in Sachen Hotel- und Feriendorfneubau so ergehen, wie das jetzt schon mit dem Golfplatz geschehen sei. Der werde nun in Welcherath gebaut. Und wenn sich die Grundeinstellung in Nürburg nicht ändern würde, dann gingen auch Hotel und Feriendorf nach Welcherath. Dann würden sie - weil Welcherath nur einen Katzensprung entfernt liegt, zwar die Auswirkungen auf das eigene Geschäft negativ spüren, aber geschäftlich - positiv also - gar nichts mehr von dem Projekt haben. Und er erinnerte die Gemeinderäte daran, dass Welcherath durch Kelberg verwaltet würde, dass Kelberg zu Daun gehöre und dass man ja aus Erfahrung wisse, dass dort keine Hemmschwellen bestehen würden, wenn es um die so genannte „Wirtschaftsförderung" geht. - Dann wird eben da unten gebaut, weil es dort keinerlei Widerstände in der Bevölkerung gibt. - Verstanden? -

Daraufhin haben vier der sechs Gemeinderatsmitglieder ihre Meinung geändert. Nur zwei haben ihre Einstellung zum Projekt Erlebnisregion Nürburgring nicht verändert. - Natürlich ist das alles geheim, steht in keiner Pressemitteilung. - Das war die eine Sitzung.

Nun zur anderen, der Sitzung von oben erwähnten „Interessenvertreter der Gemeinden Nürburg und Müllenbach sowie die teilweise in Personalunion engagierten Vertreter der ortsansässigen Bürgerinitiative": die wurden auch in Vorgesprächen eingestimmt, auf Details hingewiesen und auch darauf, dass sie sich nun am 30. Juli in einer Sitzung entscheiden müssten. Das betraf also die Dame und die Herren des so genannten Planungsverband Nürburgring. Dieser Verband setzt sich aus je drei Vertretern der Gemeinden Müllenbach und Nürburg zusammen. Zwei der Vertreter aus Nürburg machten darauf aufmerksam, dass sie zum Zeitpunkt der Sitzung leider ihren Urlaub geplant hätten und nicht vor Ort wären. Was den zeitlichen Ablauf aber nicht veränderte. Offenbar war er - weil das Horoskop an diesem Tag so günstig war - nicht zu verlegen. Schließlich war der Abriss der ersten Gebäude für den 4. Oktober 2007 geplant. Da konnte man keinen zeitlichen Verzug in Kauf nehmen.

Also traf man sich, wie „von oben" geplant, am 30. Juli 2007 um 20 Uhr. Anwesend waren die drei Vertreter der Gemeinde Müllenbach, deren JA zum Projekt eigentlich schon vorher feststand. Es fehlten zwei der „ordentlichen" Vertreter von Nürburg, die auch in der Bürgerinitiative gegen das Projekt eine Rolle spielen. Einer der Urlauber hatte seinen Vertreter entsandt, der zwar zum Projekt eine Meinung hat, aber die den jeweils herrschenden Bedingungen entsprechend variiert. Ein weiterer Stuhl blieb leer. Kein Mitglied (da in Urlaub), aber auch kein Vertreter. Natürlich waren die Herren der Verbandsgemeinde Adenau, wie z.B. Herr Romes, anwesend, der auch einen Fachbeistand aus seiner Bauverwaltung mitgebracht hatte.

Die Abstimmung fand öffentlich in der Gemeindehalle von Nürburg statt. Als Zuhörer hatte ein zugezogenes Ehepaar aus dem angrenzenden Balkhausen Platz genommen. Andere, z.B. die vielen Nürburger Bürger, die eigentlich Interesse an einer solchen Abstimmung haben sollten, wollten wohl „das Elend nicht sehen". Und so nahm das Unglück seinen Lauf. In jedem Fall war an dem JA zum Projekt durch die Müllenbacher Bürger nicht zu zweifeln. Diesen drei JA hätten also bestenfalls zwei NEIN gegenüber gestanden. Damit wäre das Projekt dann durch den Planungsauschuss abgenickt worden. Das eine Stimme fehlte, weil sein „Inhaber" in Urlaub war, hätte keine Auswirkungen gehabt, da mehr als 50 Prozent der geladenen Mitglieder zur Abstimmung erschienen waren. Selbst eine Stimmenthaltung hätte bei drei JA-Stimmen (aus Müllenbach) nicht das Ergebnis beeinflusst.

Ab er es kam noch schlimmer: beide anwesenden Nürburger Vertreter stimmten mit JA. Einer, weil er meistens so stimmt, wie ihm gerade ist und der andere... - Ich habe ihn befragt. Seine Meinung: „Sollte ich der

Idiot sein, der mit NEIN stimmt?" - Nun kenne ich seine persönlich Meinung zum Projekt und habe noch einmal nachgefragt: „Hat sich etwas in deiner Einstellung verändert?" - „Nein, ich finde das Projekt immer noch blöd- und größenwahnsinnig. Aber sollte ich als Einziger mit NEIN stimmen und dann hinterher mit dem Finger auf mich zeigen lassen?"

Und so stimmt, was in der Pressemitteilung der Nürburgring GmbH steht. Aber es stimmt nicht dass man - wie zu lesen - „Missverständnisse, Sorgen und Ängste ausräumen können, die im Frühjahr dieses Jahres auch öffentlich geäußert worden waren".

Die Wähler des Landrates des Bezirks Ahrweiler hätten z.B. auch vor Wochen ein Zeichen setzen können, wenn sie den bisherigen Landrat Pföhler (CDU) abgewählt hätten. Daran waren alle anderen Parteien interessiert. Darum hatte man sich auch auf einen einzigen Gegenkandidaten verständigt, der übrigens der FDP angehört. Aber die Wähler machten durch ihr Nichterscheinen an der Wahlurne ihre Parteienverdrossenheit deutlich, setzten um, was einzelne Bürger mir in persönlichen Gesprächen vorher gesagt hatten: „Das hat doch sowieso keinen Zweck. Die machen doch was sie wollen." - Und so blieb Pföhler (mit einem ganz knappen Wählervorsprung) Landrat des Kreises, der mit 10 Prozent Anteil Gesellschafter bei der Nürburgring GmbH ist.

Und die Gesamtkosten des Projekts Erlebnisregion Nürburgring steigen nun plötzlich wieder. Waren es zu Beginn der offiziellen Vorstellung (2003) noch 200 Millionen Euro, sackte dieser Betrag dann auf 150 Millionen ab. Sprach man zunächst davon, dass keine öffentlichen Gelder in das Projekt fließen würden, alles von privaten Investoren getragen würde, soll nun der „öffentliche Zuschuss" maximal 50 Prozent betragen. Aber man findet keine passenden Betreiber, keine Investoren, die das Projekt mit tragen könnten. Und nachdem er öffentlich an seine Verantwortung erinnert wurde, hat Prof. Deubel dann als Vorsitzender des Aufsichtsrates am 4. September 2007 die „Notbremse" gezogen.

Einer Meldung, die in unterschiedlichen Tageszeitungen erschien, war zu entnehmen, dass Prof. Deubel gesagt hatte: „Es konnte gestern Abend kein Startschuss gegeben werden, weil die Finanzierung nicht abschließend geklärt ist." Er sagte auch, dass es mögliche Investoren gibt, die sich wiederum Geld bei Banken leihen wollen. - Toll!

Eigentlich sollten die privaten Geldgeber bereits vor Wochen - im Sommer - präsentiert werden. Sie sollen mindestens 50 Prozent des mit mindestens 150 Millionen Euro veranschlagten Projekts tragen. Dabei sei geplant - wird nun gesagt - dass ein Hotel und ein Motorsportdorf zu 100 Prozent fremd finanziert werden. Dr. Kafitz, Hauptgeschäftsführer der Nürburgring GmbH sagte dazu, mit möglichen Investoren für diese beiden Projekte gebe es Absichtserklärungen, aber noch keinen Vertrag. - Ich habe zumindest mit einem der „möglichen Investoren" gesprochen. Der möchte aber - wenn überhaupt - nur als „Betreiber" auftreten, hat aber auch dazu noch keine Absichtserklärung abgegeben, kann noch nicht einmal sagen, wann er seine Überlegungen - ob JA oder NEIN - abgeschlossen hat. Er wollte - und konnte - mir vor kurzer Zeit noch keinen Zeitpunkt nennen.

Nach Angaben von Prof. Deubel sind die Kosten für Hotel und Motorsportdorf nicht in den 150 Millionen Euro enthalten. Unterm Strich sei somit die Summe, die am Ring investiert werden solle, „deutlich" größer. In Medien genannte Zahlen von 200 bis 220 Millionen wollte Deubel aber nicht dementieren, aber auch keinen exakten Betrag nennen.

Ich möchte die Herren daran erinnern, dass das Gesamtprojekt in einem Raumordnungsverfahren genehmigt wurde, dessen Teil II den geplanten Golfplatz betraf. Im Zusammenhang mit dieser Genehmigung wurde von der Behörde verbreitet:

„Die Struktur- und Genehmigungsdirektion Nord hat als Obere Landesplanungsbehörde zwischenzeitlich das Raumordnungsverfahren für die geplante „Erlebnisregion Nürburgring" mit positivem Entscheid vom 20.07.2007 abgeschlossen. Dabei hat sie ihrer Aufgabe als Bündelungsbehörde wiederum in besonderer Weise Rechnung getragen.

Der in Abstimmung mit der Obersten Landesplanungsbehörde, dem Ministerium des Innern und für Sport, ergangene Raumordnerische Entscheid bezieht sich in seinem zweiten Teil auf den Vorhabensbestandteil Golfplatzplanung mit zwei potentiellen Standorten in der Verbandsgemeinde Adenau, Landkreis Ahrweiler sowie in der Verbandsgemeinde Kelberg, Landkreis Vulkaneifel.

Die Nürburgring GmbH beabsichtigt, durch diese verschiedenen Entwicklungszonen die Anziehungskraft des Nürburgrings weiter zu steigern und auch auf die Wintermonate auszudehnen. Dadurch sollen der Wirtschaftsfaktor Nürburgring in der Eifelregion gestärkt, Arbeitsplätze nachhaltig gesichert und neue Arbeitsplätze geschaffen werden. Neben der Formel Eins und den Motorsportveranstaltungen sollen weitere Umsatz- und Ertragsquellen erschlossen werden.

In dem Raumordnungsverfahren sind die jeweiligen Belange und zu vertretenden Schutzgüter der berührten kommunalen Gebietskörperschaften, Planungsträger und anerkannten Naturschutzverbände gegenüber gestellt worden. Außerdem wurden die Äußerungen aus der Öffentlichkeit in die Würdigung einbezogen. Als Ergebnis der raumordnerischen Bewertung und Abwägung wurde von der SGD Nord festgestellt, dass der Alternativstandort Welcherath / Kirsbach / Brücktal die raumverträglichste Lösung darstellt.

Die Maßgaben betreffen unter anderem naturschutzfachliche Vorgaben, immissionsschutzrechtliche Aspekte, wasserwirtschaftliche Erfordernisse sowie landwirtschaftliche Gesichtspunkte. Diese sind im Rahmen der sich anschließenden Bauleitplanung bzw. öffentlich-rechtlichen Zulassungsverfahren umzusetzen."

Das ist nur ein Teil der Information, aber ein wichtiger. Was man auch wissen sollte: die bisher abgenickten Genehmigungsverfahren sind nur dann gültig, wenn alle geplanten Vorhaben umgesetzt werden. Sonst müsste ein neues Genehmigungsverfahren in Gang gesetzt werden. Aber schon heute verbreitet man durch Mitarbeiter der Nürburgring GmbH, dass man auf den Bau des Golfplatzes wohl verzichten würde. Und auch die Wintersport-Plätze sollen wohl nicht - wie geplant - umgesetzt werden. Obwohl, wie zu hören, sogar eine Firma existieren soll, die angeboten hat, in den Gebieten Nürburg und Jammelshofen kostenlos (!) Schneekanonen aufzustellen.

Klar ist also im Moment, dass eigentlich gar nichts klar ist. Dr. Kafitz spricht in einem „Editorial" in einer vor kurzem erschienenen Mitarbeiterzeitung von „unserem Projekt ‚Nürburgring 2009". Andere sprechen von einem „Erlebnis-Park", wieder andere - wie bisher - von der Erlebnis-Region. Und in der o.g. Mitarbeiterzeitung der Nürburgring GmbH ist auf Seite 7 zu lesen: „Den Bauprozess begleiten wir nun in jeder Ausgabe."

Welchen Bauprozess?

Sie merken: es gibt sicherlich noch eine Menge zu dem entstehenden „Bermuda-Dreieck" in der Eifel zu sagen. Ich werde das auch in den nächsten Monaten tun. Nach neuesten Eindrücken, Erkenntnissen, Recherchen. - Ich bin nicht „gegen etwas". Ich bin für alles, was per saldo gut ist. Für die Region, den Steuerzahler, die Betroffenen.

Leider sieht aber alles in der Sache „Erlebnisregion" zunächst nach „Bermuda-Dreieck" aus. Viele Millionen Steuergelder werden dort verschwinden, sind bereits verschwunden. - Warum? - Wofür? - Weil Millionen andere Millionen generieren, die dann wieder gebraucht werden, um die Millionen zu ergänzen, die vorher irgendwo verschwunden sind? Weil es irgendeinem Politiker so passte. - Und nicht nur die Nürburger Bürger fragen sich: Warum geht man eigentlich noch zur Wahl, wenn „die da oben" doch machen was sie wollen?

Sie sollten sich nicht entmutigen lassen. Die Landratswahlen - und ihr Ergebnis - in diesem Jahr sollten eine Warnung sein. Und wir alle sollten positiv in die Bundestagswahlen des Jahres 2009 gehen. Wichtig ist, dass möglichst viele Bürger zur Wahlurne gehen und mit ihrer Wahlentscheidung evtl. etwas abgehobene Politiker auf den Boden der

Tatsachen zurück holen.

Wie hat es der Genosse Kurt Beck gemacht? - Er hat den anderen Genossen mal gezeigt „wo der Hammer hängt". - Boing! - Und damit gleichzeitig davon abgelenkt, was anderswo in seinem Auftrag geschieht? - In der Vulkaneifel zum Beispiel.

Über Heldendenkmäler – und wie es am Nürburgring weiter ging

Anfang Juli 2007 hatte ich allen Anlass, mir ein paar Gedanken über Heldendenkmäler zu machen und darüber nachzudenken, wann denn nun ein Dr. Walter Kafitz so überzogen hätte, dass er als Geschäftsführer einer landeseigenen GmbH nicht mehr haltbar wäre.

Ein Heldendenkmal ist - wenn das Denkmal ein Denkmal ist - auch gleichzeitig eine vortreffliche Sonnenuhr. „Man sieht es ihm an, welche Stunde geschlagen hat", sagte mal Stanislaw Jerzy Lec. Das war ein polnischer Satiriker (er starb 1966). Aber nicht dem soll hier ein Denkmal gesetzt werden, sondern dem Hauptgeschäftsführer der Nürburgring GmbH, Dr. Walter Kafitz. Der ist kein Satiriker, hat aber Marketing studiert, was keine schlechte Voraussetzung ist.

Stanislaw Jerzy Lec hat seinerzeit ein Staatsbegräbnis mit Militärischen Ehren in Polen erhalten. Aber soweit sind wir in der Eifel noch nicht. Obwohl diese Region durch heldenhafte Aktivitäten besonders einsatzfreudiger Akteure inzwischen schon zu einer Erlebnisregion heran gereift ist. Hier in der Eifel wird zwar in der Zukunft nicht Milch und Honig fließen, aber es wird eine Menge Dinge geben, die überflüssig sind. Meine ich. Andere empfinden das anders.

Dieses „Andere" werde ich einmal versuchen nachzuempfinden. Durch folgende Detailschilderungen. Und auch dadurch, dass ich diese „eine Geschichte" nicht in viele Einzelgeschichten zerfallen lasse, sondern aus den vielen Puzzle-Stücken eine Geschichte webe.

Es wird Leser geben, die am Ende der Meinung sein werden, dass ich falsche Farben verwendet hätte. Kann sein. Aber „Fehlfarben" z.B. bei einer Zigarre muss nicht bedeuten, dass der Genuss darunter leidet. - Was ich aber vermeiden muss, ist das Einschieben von englisch/amerikanisch gefärbten Begriffen. Das wurde mir schon mal von einigen Lesern - aber lächelnd - vorgehalten.

Ich fand Anfang Juli 2007 zu einem klaren Titel, den ich so umschrieb:

Wenn der Titel auch dieses Mal trotzdem so klingt (wie er nicht klingen soll) so liegt das daran, dass ich das Ende der Geschichte mit dem Titel vorweg nehmen wollte. - Und irgendwann - darauf können Sie sich verlassen - wird er stimmen: „Walter geht"

Eigentlich war es ein Zufall, dass sich nach meiner Geschichte am 18. Januar 2007 hier im kleinen Eifelort Nürburg eine Interessengemeinschaft bildete, die sich praktisch als Filter für die Gedanken versteht, die von „den Machern" im politischen Umfeld der Nürburgring GmbH als richtig empfunden werden. Und es wird viel Politik gemacht. Hier wie da.

Aber ohne die Politik wäre auch alles nicht so weit gekommen. Da spielte z.B. Herr Scharping (Sie erinnern sich? Das war der mit der „Gräfin".) eine Rolle. Auch seine (inzwischen Ex-) Frau. Denn Herr Dr. Kafitz pflegte zu dieser Familie freundschaftliche Beziehungen. Scharping war immer - wie Sie wissen - im Besitz des SPD-Parteibuches. Dr. Walter Kafitz kann auch dieses Parteibuch nachweisen. Außerdem sind sowohl Scharping, wie Kafitz Radfahrer. Und das Land Rheinland-Pfalz wird von der SPD regiert. Diesem Land gehören zufällig auch 90 Prozent Anteile an der Nürburgring GmbH. Da ist es dann wirklich kein Zufall, wenn Dr. Walter Kafitz s.Zt. zum neuen Hauptgeschäftsführer ernannt wurde.

Kafitz brachte hervorragende Voraussetzungen mit: er hatte Marketing studiert, eine entsprechende Doktorarbeit geschrieben, sich beruflich nicht nur mit Teppichen, sondern auch mit Fliesen befasst, aber zu letzteren - wie man bei seinem damaligen Arbeitgeber meinte - keine so richtig gute Beziehung herstellen können. - Und so war er zufällig zum damaligen Zeitpunkt, da der alte Geschäftsführer ging, nicht nur frei, sondern auch frei von jeden Vorurteilen gegenüber dem Motorsport, dem Nürburgring usw. - Dr. Walter Kafitz war bis zu seinen ersten Gesprächen „vor Ort" niemals vorher an der Nordschleife gewesen, kannte den Nürburgring nicht persönlich.

Das sind für mich alles keine neuen Erkenntnisse, nur solche, die – außer auf meinen Internetseiten – im Zusammenhang noch nicht veröffentlicht wurden. Dr. Kafitz sind meine Recherche-Ergebnisse aber alle bekannt, da ich sie schon vor Jahren ihm persönlich gegenüber geäußert habe. Eine solche Recherche gehört für mich seit vielen Jahren zum „normalen Programm", nachdem mir auffiel, dass bei der Nürburgring GmbH, zunächst im Besitz des Bundes, dann eine Firma von Land und Kreis, bestimmte Positionen gerne von der politischen Ebene als Parkplatz benutzt wurden. So war auch in der Vergangenheit bei der GmbH auch ein NS-Schnellrichter als Chef zu finden. - Wie meine Leser wissen.

Aber bei Dr. Kafitz war alles OK. So wurde er dann sicherlich zum teuersten Lehrling den die GmbH je gehabt hat. Seine Einstellung erfolgte auf einem Gehaltniveau, das weit oberhalb von dem lag, zu dem sein Vorgänger vorher erfolgreich (!) tätig gewesen war. Dr. Kafitz hat es auch geschafft, ohne seinen Arbeitgeber mit irgendwelchen Gehaltsforderungen zu nerven, sein aktuelles Gehalt in Euro in die Nähe der Zahl zu bringen, die ihm einmal in DM zugestanden worden war. Das war zwar ein umständlicher Weg, der seine „Regierung" auch richtig Geld gekostet hat, aber... - Wir sind alle Brüder, Genossen!

Natürlich ist Walter mit Kurt (Landesvater und SPD-Chef) per Du. Das macht vieles leichter. Der eine unterstützt die Absichten und Ziele des anderen. Und umgekehrt. Beide sind gefällig im Ton, aber uneinsichtig, soweit das die Kritik an ihren Handlungen betrifft. Denn ein wenig unklar bleiben die Ziele - oder um es anders zu formulieren - die Endlösung.

Sicher wird die eines Tages so sein, wie von mir im Titel notiert. Der früheste Termin dafür dürfte dann aber im Jahre 2010 liegen. Vorher müssten durch Kurt Beck bestimmte Wahlen gewonnen werden... - Na ja, nach meinen Vorstellungen würde Dr. Kafitz dann in Richtung Berlin entschwinden. Und zurück bleibt dann das, was man jetzt bis 2009 zu schaffen versucht. Und einem Nachfolger würde man dann den Vorwurf machen können, dass er nicht die Auslastung der Hallen schafft - Usw., usw. - Aber die Bauruinen... - das ist Zukunft.

Diese Vorhersage entsprach im Juli 2007 meinem Wissensstand. Nicht wissen konnte ich „damals", dass Kurt Beck von der Bundes-SPD „abgesägt werden würde", dass sich so die möglichen Einflussgrößen des rheinland-pfälzischen Landesvaters ein wenig verändern würden

In der Gegenwart – Juli 2007 - präsentierte sich Dr. Walter Kafitz als der große Macher. Das heißt: genau genommen lässt er sich so darstellen. Man muss ja nicht sein, als was man gilt. Wenn man Marketing studiert hat, weiß man, wie man Produkte, Sachen, Ideen - aber auch sich selbst - optimal vermarkten sollte. Das funktioniert auch ausgezeichnet. So gilt Dr. Kafitz - nach dem was in der Presse über ihn zu lesen ist - als der große Formel 1-Macher. Er hat z.B. die Formel 1 zurück in die Eifel geholt. - Dr. Kafitz widerspricht nicht. Warum auch?

> Tatsächlich kam der Anstoß zur Rückkehr der F1 in die Eifel über den Bilstein-Manager, Hugo Emde, der „damals" auch die Kontakte zwischen Bernie Ecclestone und den (damals) Großen der deutschen Politik herstellte. Dr. Kafitz stieß erst in der allerletzten Phase der „Rückholung" der F1 zum Team. So nahm ihn der damalige Hauptgeschäftsführer Mertel dann in der „Einarbeitungszeit" mit auf seine Reisen zu Industriefirmen, bei denen deren Zustimmung zur Beseitigung ihrer Werbung für die Zeit eines GP-Wochenendes vereinbart wurde, u.a.m. - In der „Dr. Kafitz-Zeit" fand dann allerdings tatsächlich das erste F1-Rennen wieder in der Eifel statt. Nur verdankt das die Eifel nicht Dr. Kafitz. Oder doch? - Weil er in Verhandlungen mit Ecclestone nicht verhandelte, sondern zusagte was gefordert wurde?

Die Zuordnung von Erfolgen auf die Person des Herrn Dr. Kafitz ist kein Einzelfall, sodass z.B. ich davon ausgehen kann, dass hier mit System gearbeitet wird. Viele Wenig geben ein Viel. - Ich habe es auch in meinem Kapitel über die Person Dr. Kafitz darzustellen versucht.

Im Jahre 2004 stellte Ford Köln z.B. das neue Modell Focus in der Eifel vor. Ford hatte zu diesem Zweck für die notwendigen Zeiten die Nordschleife angemietet, das Fahrsicherheitszentrum gebucht.

Das Dorint-Hotel am Nürburgring erwartete 21.000 Übernachtungen, bereitete sich auf die Ausgabe von insgesamt 65.000 Mahlzeiten vor.

Da wurde von den Bewohnern der Eifelregion das, was z.B. am 8. September 2004 im „Mayener Wochenspiegel" zu lesen war, für „bare Münze" genommen. Titel der Geschichte:

„Ringdoktor" Kafitz landet neuen Coup

Und im „Vorspann", zum Einstieg in die eigentliche Geschichte stand geschrieben:

„Irgendwann im Rückblick könnte es geschehen, dass man den Mann >Walter den Großen < nennt. Nach der Rückkehr des Formel-Eins-Zirkusses an den Ring gelingt Dr. Walter Kafitz, dem Geschäftsführer der Nürburgring GmbH, ein weiteres Husarenstück."

Natürlich hat Dr. Walter Kafitz niemals behauptet... und überhaupt... und ist diese Art der Darstellung im Übrigen ein Beweis für die nachlässige Recherche der Journalisten von heute. - Ich habe mit diesem Satz (vor diesem) nur einmal versucht darzustellen, was man wahrscheinlich hören wird, wenn man jetzt Dr. Kafitz mit den „Tatsachen von damals" konfrontiert und die eigentliche Realität gegenüber stellt.

Denn es waren in letzter Zeit immer wieder die Journalisten, die ungenau gearbeitet hatten, nicht genau zugehört oder Interviewbeiträge an unpassenden Stellen gekürzt hatten. Was denn zu einer so genannten „irrigen Darstellung" der eigentlichen Situation führt. - So ähnlich war in letzter Zeit immer die Argumentation. Auch mir gegenüber von Nürburgring-Mitarbeitern so geäußert, die damit auch die Meinung ihres Chefs wiedergaben. - Wie man solche „Ungenauigkeiten" bewusst nutzte, erzähle ich Ihnen später. Zunächst noch etwas zu den Realitäten des „neuen Coup" vom „Ringdoktor":

Der hatte zunächst gar nichts damit zu tun. Es war der Direktor des „Dorint-Hotel", Josef Moré, der die ersten Kontakte zu einem Gast knüpfte, den er von seiner Bedeutung nicht zuordnen konnte. Er tat es auf seine Art. Und er kümmerte sich dann auch um die Details. Der

Chef einer englischen Agentur war auf der Suche, war bereits in Ungarn gewesen und... - Josef Moré machte ihm klar, dass die Region um den Nürburgring die Vorstellungen von ihm und Ford optimal erfüllen konnte. Da er nicht alle Übernachtungswünsche über sein Hotel erfüllen konnte, war er dann später z.B. mit Leuten der beauftragten Agentur zu Kollegen unterwegs, vermittelte auch z.B. die Vermietung der Nordschleife an die Nürburgring GmbH.

Nachdem alle Vorarbeiten geleistet waren, trafen sich die Beteiligten (von Agentur und Vermieter) zur einer Schlussbesprechung im Dorint-Hotel. Wo dann - weil noch irgendein Termin drängte - Dr. Walter Kafitz aufstand um noch einmal kurz den Auftrag an ihn, an die Nürburgring GmbH, zusammen zu fassen: ...erhalten wir dann für die Vermietung der Nordschleife Euro ... - Der Hotel-Direktor unterbrach ihn knapp: Walter, so geht das nicht. Du erhältst entsprechend unserer Vereinbarung den Betrag abzüglich der uns zustehenden Provision von... -

Nachdem ich das alles in vielen Details recherchiert hatte, habe ich noch einmal den Hotel-Direktor aufgesucht um ihn zu fragen, ob das so sei, wie ich es recherchiert hätte - oder ob z.B. die Aussage des „Mayener Wochenspiegel" stimmen würde? - Nein, das im „Wochenspiegel" würde nicht stimmen. Er habe... - Meine Frage: „Und warum haben Sie das nicht richtig gestellt?" - Antwort: „Das bringt doch nichts. Gedruckt ist gedruckt."

Dr. Walter Kafitz hat sich so im Laufe der Zeit von einem Nimbus umgeben lassen, der ihn als Macher erscheinen lässt. Dabei ist dieser Eindruck eher Ausdruck einer guten Marketing-Leistung. Zum eigenen Vorteil.

Dr. Kafitz nutzt seine Marketing-Strategien natürlich auf allen Ebenen. Und lässt an den richtigen Stellen stets das Richtige sagen. Selbst wenn es eigentlich falsch ist, wird er es nicht korrigieren. So sind mir z.B. schon lange seine „Zahlenspielereien" aufgefallen. Schließlich wurden sie aber zur Basis seiner Berechnungen um die von ihm geplante

„Erlebnisregion". Die musste in jedem Fall rentabel gerechnet werden, wenn er die Unterstützung der Politik haben wollte.

Kurt Beck sagte in seinem Regierungsprogramm 2006 - 2011:
„Die einmalige Chance der Fußball-WM werden wir aktiv mit attraktiven Angeboten für unsere Gäste aus aller Welt nutzen sowie Kooperationen von Tourismus und Sport - wie bei der Erlebnisregion Nürburgring - mit dem Freizeit- und Businesszentrum – fördern. Wir setzen uns für den Erhalt der Formel 1 zu vertretbaren Bedingungen ein."

Für Kurt Beck, die SPD und die Landesregierung Rheinland-Pfalz hat also die so genannte „Erlebnisregion" Beispielcharakter. Da wird verständlich, wenn irgendein anderer, kleiner(er) Politiker seine Meinung zum Genehmigungspoker um die Erlebnisregion so formulierte: „Wenn Dr. K. das nicht schafft, dann ist er weg vom Fenster." - Und man versteht, dass Dr. K. (um bei dieser Bezeichnung zu bleiben) nun praktisch mit allen Mitteln um die Durchsetzung der ursprünglichen Pläne ringt.

Da werden inzwischen z.B. schon die Hauptleitungen von der einen Straßenseite der B 258 auf die andere verlegt. Weil sie auf dem neu zu bebauenden Teil des Grundstücks nicht liegen bleiben können. Argumentiert man bei der Nürburgring GmbH. Weil sie sowieso erneuert werden mussten, sagen Fachleute, die auch von Störungen sprechen, zu denen es bei „dem alten Rohrsystem" immer wieder kam und weiter gekommen wäre.

Dr. Kafitz macht also mit den Kosten, die - aus seiner Sicht - im Vorfeld der Bauvorhaben zur Erlebnisregion anfallen, Druck auf alle möglichen Institutionen. - Marketing! - Wobei die Gesamtkosten in der aktuellen Diskussion immer bei 150 Millionen Euro liegen. - Auch diese Zahl hat sich entwickelt. Zurück. Und wird sich im Falle der Realisierung der Pläne noch mal entwickeln. Nach oben. (Das ist zu diesem Zeitpunkt meine Meinung.)

Werfen wir noch einmal ein Blick zurück. Es war am 5. Oktober 2005, da wurde sogar schon vom zweiten Schritt - nach der Realisierung der Erlebnisregion - gesprochen: „*Von der Erlebnisregion Nürburgring zum Innovationspark Rheinland*" war auf der „Expo-Real" in München (einer Immobilienmesse) die Rede. Es äußerten sich dazu: Dr. Jürgen Pföhler, Landrat Kreis Ahrweiler (10 Prozent-Anteilseigner an der Nürburgring GmbH), Dr. Walter Kafitz, Hauptgeschäftsführer Nürburgring GmbH und Dr. Michael Gramm, Innovationspark Rheinland.

Dr. Kafitz betonte in seinen Statements (2004 in München) die enorme Bedeutung der geplanten „Erlebnisregion Nürburgring" sowie die touristische und strukturpolitische Aufwertung der Eifelregion mit der Realisierung des Freizeit- und Businesszentrum für 200 Millionen Euro. Landrat Dr. Pföhler stellte den herausragenden Status des Wirtschaftsstandortes Nürburgring für den Kreis Ahrweiler und die umliegende Region. Mehr als 2 Millionen Gäste im Jahr seien der beste Beweis für die Attraktivität des Nürburgrings als einer der wichtigsten Rennsport- und Freizeiteinrichtungen Deutschlands. „Der Ring ist ein Magnet, der die Massen nach wie vor anzieht".

Dieser Absatz ist deshalb *kursiv* dargestellt, weil er (ohne die in Klammer gesetzte Information) einer Original-Pressemitteilung „von damals" entnommen ist. Da ist dann von 200 Millionen Euro (als Baukosten) die Rede. „Damals" sollten auch keine öffentlichen Gelder verwendet werden. Alle diese ursprünglichen Aussagen wurden längst „modifiziert", so angepasst, dass sie nun nicht nur durchsetzungsfähig, sondern auch umsetzungsfähig erscheinen.

In dem oben dargestellten Ausschnitt einer Presseinformation wird auch von „2 Millionen Gästen im Jahr" gesprochen, die der Nürburgring bisher (ohne die Erlebnisregion) angezogen hätte. Auch diese Zahl ist inzwischen ein wenig anders zu werten. - Man merkt die Absicht und man ist - als Steuerzahler - verstimmt.

Nachdem mir bei Recherchen zu der Basis dieser Zahlen einige Bedenken kamen, habe ich die Nürburgring GmbH - um präzise zu sein, deren aktuellen Pressechef - im Februar dieses Jahres um eine Auskunft gebeten:

Sehr geehrter Herr Cimbal,

in den unterschiedlichsten Berichten zum Thema Erlebnisregion tauchen bestimmte Zahlen und Feststellungen in gleicher oder ähnlicher Größenordnung immer wieder auf:

> *A) Der Nürburgring ist mit bisher zwei Millionen Gästen pro Jahr die meist besuchte Rennstrecke der Welt.*
> *B) Diese Besucherzahl soll durch Schaffung der Erlebnisregion mit dann anvisierten 4,1 Millionen Besuchern praktisch verdoppelt werden.*

Die Attraktivität der neuen Erlebnisregion wird so durch die Planer und Gutachter eindeutig bewertet. Es kann sich trotzdem nur - nach meiner Auffassung - um eine subjetive Einschätzung und Wertung handeln. - Soviel zu „B".

Die „A"-Zahlen sind da von größerer Bedeutung, da sie die Ausgangsbasis aller „Berechnungen" darstellen. Trotzdem werden sie von den Verantwortlichen der Nürburgring GmbH (Dr. Kafitz, Herrn Bruckner) immer nur pauschal in den Raum gestellt.

*Im Interesse einer besseren Bewertung möchte ich Sie bitten, mir **diese Zahl von 2 - 2,1 Millionen Gästen pro Jahr** doch einmal spezifiziert auf die einzelnen Rennveranstaltungen bzw. Events (wie z.B. Rock am Ring) darzustellen.*

Also aufgelistet nach F1-Besucher, VLN-Besucher, Truck-GP-Besucher, DTM-Besucher, usw., usw. -

In diesem Zusammenhang wäre es auch interessant zu erfahren, wie die Nürburgring GmbH diese Zahlen statistisch ermittelt.

1) Werden z.B. zahlende Rennbesucher einmal gezählt oder wird z.B. ein Rennbesucher, wenn er die entsprechende Veranstaltung, die Nordschleife, die Erlebniswelt und die Kartbahn (nur als Beispiel) besucht jeweils mehrfach erfasst?
*2) Anders gefragt: handelt es sich bei den „Gäste"-Zahlen um exakte **Besucherzahlen** oder um Zahlen von registrierten **Besuchen**?*
3) Wie werden z.B. Rennbesucher gezählt, bei denen ein kostenloser Besuch der „Erlebniswelt" im Eintrittspreis enthalten ist?

Ich wäre Ihnen für eine schnelle Beantwortung meiner Fragen dankbar, die aber auch einfach möglich sein müsste, da Ihnen die exakten Zahlen z.B. aus dem Jahre 2005 lange vorliegen. Sie dienten ja auch schon dem Landesrechnungshof in Speyer als Basis. Diese exakten 2005er Zahlen würden mir - dann aber bitte spezifiziert - ebenfalls reichen.

Mit freundlichen Grüßen

Ich habe keine Antwort erhalten und etwas später noch einmal erinnert. Als ich daraufhin auch keine Antwort erhielt, habe ich am 1. März 2007 noch einmal deutlicher nachgefasst:

Sehr geehrter Herr Cimbal,

gemäß Artikel 5, Abs. 1 GG, hat jeder das Recht, sich aus allgemein zugänglichen Quellen ungehindert zu unterrichten.

Ich weiß natürlich auch, dass es Behörden von Verfassung wegen grundsätzlich freigestellt ist, ihrerseits über die Allgemeinzugänglichkeit einer Information zu entscheiden.

Die Nürburgring GmbH, mit einer Beteiligung des Landes

Rheinland-Pfalz von 90 und einer des Landkreises Ahrweiler von 10 Prozent, gilt - z.B. nach Auffassung der BMW AG, München, dargestellt in einer Äußerung des Ex-Pressechefs Richard Gaul mir gegenüber - als Behörde. Derjenige in dieser Behörde, der über die Allgemeinzugänglichkeit von Daten entscheidet, legt damit auch den Umfang der Informationsfreiheit fest.

Die Herren Dr. Kafitz und Bruckner, schon durch die Höhe ihrer Bezüge als leitende (und verantwortliche) Mitarbeiter der Behörde Nürburgring GmbH ausgewiesen, arbeiten in ihrer Argumentation gegenüber der Öffentlichkeit mit Zahlen, die der Umsetzung ihrer Interessen dienen, die sie aber (bisher!) nicht in ihrer Basis begründen, bzw. spezifizieren wollen.

Damit sind diese bisher genannten Zahlen für die Öffentlichkeit unglaubwürdig und müssen als Versuch gewertet werden, die Öffentlichkeit bewusst zu täuschen.

Unter diesem Gesichtspunkt, lieber Herr Cimbal, sollten Sie Ihr bisheriges Verhalten als Kommunikationschef der Nürburgring GmbH auf meine Anfrage vom 22.02.07 (Erinnerung vom 27.02.07) einordnen. - Auch bei einer internen Betrachtung.

Ich gehe aber davon aus, dass sich Ihre Antwort - aus welchen Gründen auch immer - nur etwas verspätet. Wie Ihnen bereits mitgeteilt, erwarte ich sie aber - bzw. Ihren Kommentar zu meiner Anfrage - bis spätestens zum Ende dieses Arbeitstages.

Mit freundlichen Grüßen

Ich habe wiederum keine direkte Antwort erhalten, aber stattdessen etwas später die Einladung zu einer *„Podiumsdiskussion Erlebnisregion Nürburgring"* am 30. März 2007 um 18:30 Uhr. - Ich musste schon lächeln, als ich den Termin prüfte: das war der Freitag vor einem Langstreckenrennen, wo also viele der direkt von diesem Thema

Betroffenen nicht in der Lage sein würden zu kommen, da zu diesem Termin die Gäste anreisen und man als Dienstleister fungieren muss.

Dann gab es später noch einmal eine kleine Korrektur, als nun sogar der Chefredakteur (einer von Zweien) der „Rhein-Zeitung" als Moderator der Diskussion angekündigt wurde. - Klar, dass der eine Funktion haben würde.

Hatte er auch. Er wurde genau im Sinne der Nürburgring GmbH tätig.

Und Dr. Kafitz sagte nun auch etwas zu den Zahlen, die er bisher verkündet hatte. Was er wohl - wie selbstverständlich - als eine Antwort auf meine Anfrage begriff. Er machte auf den Unterschied zwischen **Besucher** und **Besuche** aufmerksam. Und natürlich hatte er immer von Besuchen, nicht von Besuchern gesprochen. Wenn ein Besucher eine Renn-Veranstaltung besucht, dann ist das **ein** Besuch. Wenn er Mittags irgendwo zum Essen geht, ist das der **zweite** der Besuche. Wenn er dann am Kiok der Erlebniswelt etwas kauft, ist das der **dritte** der Besuche. Und immer weiter so.

Wenn ich das richtig verstanden habe, liegt es ganz bei den Verantwortlichen, wie viel Besuche sie aus Besuchern machen. Wenn jetzt - aktuell beim Truck-GP - z.B. von der „Rhein-Zeitung" 190.000 Besucher vermeldet werden, dann ist das im Sinne der GmbH. - Einen im „Geschäft" erfahrenen Eifelaner nach seiner persönlichen Schätzzahl der Besucher bei dieser Veranstaltung angesprochen: „Um 20.000". - So ist das . - So geht das, so wird das gehandhabt..

Aber der Diskussionsabend war noch in anderer Hinsicht eindrucksvoll. Ich konnte beobachten, dass Rainer Mertel, der Vorgänger von Dr. Kafitz sich eine Viertelstunde nach Beginn hinten irgendwo im Raum platzierte, dass Frau Mintgen, eine Mitarbeiterin von Frau Nahles, SPD, anwesend; dass ein Mitglied der Chefredaktion des SWR angereist war, ich sichtete auch zwei Motorradhändler aus der Region.

Der Moderator erfüllte seine Aufgabe vorbildlich. Als Moderator. Er steuerte das Ergebnis. So wurde z.B. eine im Ansatz zu erkennende

Frage nach der BikeWorld (und dann noch von einem „betroffenen" Motorradhändler) sofort abgewürgt. Und damit die Veranstaltung einen „guten Abschluss" erhielt, kamen zum Schluss drei Personen „zum Einsatz", die die Erlebnisregion und alles was damit im Zusammenhang steht mit kräftigem Beifall begrüßten.

Ich habe dann noch mit dem Motorradhändler gesprochen, der mir sagte, dass er eigentlich nur fragen wollte, ob nun Dr. Kafitz - und damit die Nürburgring GmbH - etwas aus dem Negativbeispiel BikeWorld für das Projekt Erlebnisregion gelernt habe.

Mir fiel auch auf, dass der Assistent des Chefs eines Tourismus-Instituts aus Trier diesen Chef wegen einer Äußerung in einem SWR-Interview verteidigte und darstellte, dass der Interview-Ausschnitt aus dem Zusammenhang gerissen wäre und sein Chef - ...bla...bla...bla.

Auch sonst war die Zusammensetzung der sogenannten Diskussionsrunde auf dem Podium sehr gut gewählt. Und ich fand es schon spannend, wenn der südliche Schwarzwald (schon klimatisch unvergleichlich) dann mit der Eifel verglichen wurde; der „Europapark", von einer über viele Jahrzehnte (seit 1780!) gewachsenen Unternehmerfamilie entwickelt, mit der „Behördenplanung" hier in der Eifel. - Dabei wollen wir noch nicht einmal von den unterschiedlichen Voraussetzungen der Verkehrsanbindung (Europa-Park mit Flughafen / Adenau ohne Bahnhof) sprechen.

So wie bei Mack (Eigner des „Europaparks") eine große Erfahrung im Schaustellergeschäft besteht, so wurde übrigens auch „Phantasialand" in Brühl von einem Spross der (wirklich großen) Schaustellerfamilie Löffelhardt (ursprünglich Hamburg) entwickelt. - Aber wer weiß so etwas schon? - Davon wurde dann auch nicht geredet. Und wer weiß denn schon, in wie viel anderen „Parks" so genannte „Fahrgeschäfte" der Familie Mack im Einsatz sind?

Als „Gegensatz" habe ich dann Dr. Walter Kafitz empfunden. Welchen persönlichen Hintergrund, welche Erfahrungen hat er im

Motorsportbereich? - Und welche Erfahrungen im Schaustellerbereich? - Nur mit guten Verbindungen in der Politik reicht das einfach nur, selbst gute Anlagen (z.B. beim Nürburgring durch die „Nordschleife") zu Geldvernichtungsmaschinen umzufunktionieren. Darin haben dann seine Mitarbeiter in der GmbH auch Erfahrung. Siehe: Space-Park, Bremen. Mitarbeiter dieser Pleitefirma sind heute in leitender Stellung bei der Nürburgring GmbH beschäftigt. (SPIEGELonline war das zu diesem Zeitpunkt auch bereits aufgefallen.)

Und so „entblättern" sich dann eigentlich auch die „Fachleute" der bekannten, großen norddeutschen PR-Agentur bei der Podiumsdiskussion, die mit wissenschaftlichen Erklärungen (die es auch schon im Falle „Space-Park" in Bremen durch sie gab) den künftigen Erfolg der „Erlebnisregion Nürburgring" prognostizierten. -

Alle Schwächen wurden geschickt kaschiert, mit Worten zugedeckt. Wie man auch Dr. Kafitz bescheinigen muss, eigentlich mehr ein Mann der geschickt gewählten Worte, nicht ein Mann der geschickten unternehmerischen Handlungen zu sein. Also eigentlich mehr ein „Beamter", die er aber - wie an diesem Abend deutlich von ihm zu hören (in Verbindung mit Bemerkungen zu Einschätzungen des Landesrechnungshofs) - sehr gering schätzt.

Da ich im Zeitrahmen April/Mai mehrfach informiert worden war, dass Herr Dr. Kafitz vor ca. 4 Jahren den Beamtenstatus erhalten hätte und die Informationen sich - sogar in Details - exakt ähnelten, habe ich diese Darstellung hinterfragt. Wie kann ein Dr. Kafitz Beamte gering schätzen, dies öffentlich sehr klar und deutlich aussprechen und dann selber Beamter sein? Eine Anfrage beim Finanzministerium schuf Sicherheit: Dr. Kafitz ist kein Beamter. Weder vor vier Jahren geworden noch jetzt. Das Finanzministerium Rheinland-Pfalz in Mainz schreibt mir auf eine entsprechende Anfrage, kurz und knapp:

„Vielen Dank für Ihre Anfrage. Herr Dr. Kafitz ist angestellt, als Geschäftsführer."

Das wäre dann auch geklärt. Wären nicht die Hinweise auf den Beamtenstatus so verblüffend ähnlich gewesen, wäre ich vielleicht auf diese Mehrfachinformationen herein gefallen. Man sollte nur festhalten: Dr. Kafitz ist als Geschäftsführer, nicht als Hauptgeschäftsführer angestellt. Bei einer GmbH. Und da gilt das GmbH-Recht.

Dabei - bzw. darum? - leistete sich Dr. Kafitz gerne im Unternehmen einen weiteren Geschäftsführer, der dann bevorzugt als kaufmännischer Geschäftsführer deklariert wurde. So gab es dann in 2006 auch das kurze - für mich sehr interessante - Gastspiel eines Dr. Mathias Bausback, der nach wenigen Monaten der Einarbeitung dann auch wieder verschwand. Selbst enge Mitarbeiter des Herrn Dr. Kafitz waren überrascht, als der ihnen an einem Montag das überraschende Ausscheiden des neuen kaufmännischen Geschäftsführers verkündete. Am Freitag war - scheinbar - noch alles in Ordnung gewesen... - Was war passiert?

Soweit ich diesen Fall recherchieren konnte, gab es von Seiten des Herrn Dr. Kafitz (auch) persönliche Aversionen. Teure Schuhe (rahmengenäht), teure Uhren, einen teuren Dienstwagen (den in diesem Fall BMW „billig" stellte) sind Details, die nur einen Hauptgeschäftsführer auszeichnen sollten. Das war mein Eindruck als Beobachter der Szene. Dr. Bausback hingegen nahm auf solche Standesunterschiede keine Rücksicht, war auch als „normaler" Geschäftsführer immer gut gekleidet. Teuer.

Aber das war nicht der Grund für eine so kurzfristige Trennung. Nachdem Dr. Bausback die finanzielle Situation der GmbH und die sich abzeichnende qualvolle Finanzierung des Projekts Erlebnisregion begriffen hatte, war er nicht mehr bereit, weiter das GmbH-Risiko eines kaufmännischen Geschäftsführers zu tragen.

Nach meinen Informationen hat Dr. Kafitz dann seine kaufmännische Nr.1 sofort beurlaubt, nachdem der seine Bedenken ihm gegenüber geäußert hatte und - damit auch alles dicht blieb, wohl mit seinem (nun) „Ex-" einen Beratervertrag abgeschlossen hat, der dann auch wegen seiner Höhe unangenehm auffiel.

Das wurde von Dr. Bausback mir gegenüber später energisch bestritten. - Ob und wie lange er noch seine alten Bezüge weiter erhalten hat... - Darüber wollte er nicht sprechen. Meine Meinung ist, dass sich die Nürburgring GmbH gegenüber ihrem ausgeschiedenen Mitarbeiter großzügig verhalten hat.

So ersparte sich Dr. Kafitz jede Art von Abfindungsdiskussionen oder - noch schlimmer - öffentliche Diskussionen, bei denen das Projekt Erlebnisregion dann Kratzer abbekommen hätte. Schließlich war eigentlich die „unmögliche Finanzierung" (aus der Sicht eines Fachmannes!) der Grund für das Ausscheiden eines guten (!) kaufmännischen Geschäftsführers.

Ich bin davon überzeugt, dass der Aufsichtsrat nicht über die realen Gründe für das Ausscheiden dieses Geschäftsführers informiert wurde.

Der Aufsichtsrat bleibt bei manchen Dingen „außen vor", so mein Eindruck, da ich nach meinen Beobachtungen mir nicht vorstellen kann, dass ein Finanzminister Deubel mit einem Herrn Dr. Kafitz dann gemeinsame Sache macht, wenn es „um die Sache geht". Wobei sowieso bemerkenswert ist, dass einer GmbH ein „Aufsichtsrat" vorgeordnet ist.

Das ist das Bild, das ich von dieser „Facette" durch vielerlei Eindrücke und Aussagen von (irgendwie) Beteiligten gewinnen konnte und das sich zu dem obigen Bild formte..

So wird jetzt aktuell bestimmt auch wieder ein Klärungsbedarf mit dem Aufsichtsrat bestehen, nachdem in diesen Wochen auch über den Wert eines Vertrages mit einem Premium-Caterer (Broich, Düsseldorf) Details in die Öffentlichkeit gedrungen sind, die ganz klar - wie damals auch im Falle BikeWorld - auf eine Wettbewerbsverzerrung durch ein Unternehmen in öffentlicher Hand hinweisen. Hier wurden von Dr. Kafitz offensichtlich Fakten geschaffen, die dann - über den Umweg der „gesteuerten" Gerüchteküche - zu einem Deal aufgebauscht wurden, der von seinem Zahlenwerk her ungefähr dem Zahlenwerk entsprach, dass damals auch einer Gruppe von einheimischen Caterern als Angebot gemacht worden, aber von denen als „kaufmännisch nicht vertretbar" abgelehnt worden war.

Doch jetzt hat der Chef dieses Düsseldorfer Catering-Unternehmens einer Spezialzeitschrift ein Interview gewährt, dem die wesentlichen Fakten zum mit der Nürburgring GmbH abgeschlossenen Vertrag zu entnehmen sind. Und die sind meilenweit von dem entfernt, was Dr. Kafitz von den Catering-Unternehmen der Region verlangt, gefordert hatte.

Die „schnelle Lösung" des Catering-Problems für die Neubauten der Erlebnisregion musste wohl deshalb her, weil damit auch wieder ein wenig Druck für die Durchsetzung der Pläne insgesamt entsteht. Und so kam die Firma Broich, Düsseldorf (das ist das Catering-Unternehmen) an einen 10-Jahresvertrag, mit einer Option für weitere 10 Jahre, zu Bedingungen wie im Märchenfilm, oder anders: wie „die Jungfrau zum Kind".

Auf Nachfrage bestätigte die das Interview führende Journalistin noch einmal, dass alles genau so von Herrn Broich gesagt wurde, wie es dann später auch in der Fachzeitung zu lesen war.

Und das ist der Kern des Interviews:

Die Journalistin, Sabine Romeis, für die Spezialzeitschrift „Catering inside" arbeitend, beginnt das Interview mit ihrer Feststellung:

„Mit dem Großauftrag für die Exklusiv-Bewirtung der bis 2009 neu entstehenden Hospitality-Bereiche am Nürburgring macht Broich Premium Catering von sich reden."

Und dann liest man von folgenden Bedingungen und wie es dazu kommen konnte (ich habe einen Extrakt zusammen gestellt):

Broich hatte gehört, dass am „Ring" etwas Neues entsteht und wollte mal sehen, ob da etwas für ihn drin ist.
Er war dann überrascht, als er gefragt wurde, ob er sich vorstellen könne „hier oben" tätig zu sein.

Es ging alles ganz schnell. Der Vertrag läuft nun über 10 + 10 Jahre.
Broich macht grundsätzlich keine Pachtverträge mehr, nur noch Managementverträge.
Vorteil: keine fixen monatlichen Belastungen.
Broich bezahlt nur dann, wenn auch Events gemacht werden.
Die Cateringfirma erhält darüber hinaus eine „Management-Fee" für die Vermarktung.
Der Projektleiter „Nürburgring" bei Broich plant 30 Festangestellte und bis zu 200 Aushilfen.
Vorteil für Broich am Nürburgring: das Geschäft dort fällt in das Catering-Sommerloch des normalen Geschäfts.
Es geht nicht nur ums Catering, sondern auch um die vertriebliche Unterstützung der Nürburgring GmbH.
Broich hat mit seinem Vertrag drei Mitbewerber aus dem Rennen geschlagen, darunter zwei Regionalanbieter.

Ich würde gerne wissen, was Dr. Kafitz dem Finanzminister, seinem Aufsichtsratvorsitzenden, zu diesem Vertrag erzählt hat. Hier wird kolportiert, dass Dr. Kafitz wieder seine Schallplatte von „Journalistengeschwätz" abspielt.

Während man bei der Nürburgring GmbH also versucht, nun Pfähle in den Boden zu rammen, an dem man dann das eigentliche Projekt festzurren kann, ist da eigentlich noch Vieles im Unklaren. Alle Baugeschichten gehen eben nicht ohne Genehmigungen. Da sieht es nach meinen Recherchen derzeit so aus:

Flächennutzungsplan:
Ist in diesem Falle abgehakt und erledigt.
Raumordnungsentscheid:
Ist von der Obersten Bauaufsichtsbehörde abgenickt. (Okt. 2006 durch die Struktur- und Genehmigungsdirektion Nord, Koblenz)
Bebauungsplan:
Hier liegt der eigentliche Knackpunkt. Es gibt nach meiner Kenntnis noch keine genehmigte Version.

Baugenehmigungsverfahren:
Erledigt sich in der Hauptsache durch den Bebauungsplan, aber nicht in den Details (z.B. in feuerpolizeilicher Hinsicht), die auch noch nicht feststehen, feststehen können.

Wir befinden uns jetzt im Juli. Es ist praktisch Ende Juli, und am 4. Oktober 2007 soll nach letzten Planungen der Nürburgring GmbH mit dem Abriss der „im Weg stehenden" Gebäude begonnen werden. - Ohne Genehmigung?

Die „Racing-Bar" war einfach für einen Abriss zu „überreden": man hatte Anfang des Jahres Konkurs anmelden müssen, nachdem die KSK die Kredite gekündigt hat. Dass der Landrat des Kreises Ahrweiler bei der KSK (Aufsichtsrat o.ä.) evtl. auch Einfluss hatte, ist nur einer der dummen Zufälle. - Wie das Leben so spielt.

Die Halle 3 der Erlebniswelt kann auch fallen, da BMW keinen Widerstand leistete, obwohl der Vertrag noch bis Ende 2008 läuft. Aber BMW ist halt - s. BikeWorld - nur ein obrigkeitshöriger Mitläufer. - Nur keine Fehler machen, nur nicht anecken. Bei einer GmbH mit Behörden-Charakter.

Die Kartbahn wurde rechtzeitig gekündigt, wobei deren Chef davon später erfuhr als seine Mitarbeiter. (Wie das in der Eifel so läuft.)

Wer mit seinen Einsprüchen im Genehmigungsverfahren zum Bebauungsplan stört, sind nach meiner Kenntnis z.B. die Vertreter der Gemeinde Nürburg, aber wohl auch die der Verbandsgemeinde Adenau. Die möchten die Zimmeranzahl für das zu bauende Hotel halbiert wissen und wollen vom Bau eines „Motorsport-Dorfs" überhaupt nichts wissen.

Dieses Dorf ist auch bei „der anderen Seite", der Nürburgring GmbH, zum Problemfall geworden, weil die dort zur Genehmigung vorliegende Anzahl der Häuser (Betten) nicht für einen wirtschaftlichen Betrieb einer solchen Siedlung ausreicht. Sagen Interessenten.

So kommt es auch, dass der Professor eines Tourismus-Instituts in Trier sich nicht nur bei öffentlichen Auftritten selten gemacht hat, sondern auch durch seinen Assistenten verbreiten lässt, dass seine Aussagen (z.B. durch den SWR verbreitet) durch eine journalistisch nachlässige Kürzung (Schnitt) in der Sache verfälscht worden wären.

Tatsächlich ist es aber wohl so, dass der liebe Prof. ein wenig Druck erhalten hat. Wahrscheinlich atmosphärischer Druck. Von außen. Oder so. Dieser Professor ist jener Mann, der mir aufgrund folgender Anfrage nahe gelegt hat, erst einmal „mitteleuropäische Umgangformen" anzunehmen. - Hier meine Anfrage bei der ETI, dem europäischen Tourismus-Institut in Trier, bzw. an dessen Geschäftsführer:

> *Betreff: die geplante Erlebnisregion Nürburgring:*
> *Sehr geehrter Herr Prof. Quack,*
>
> *am Dienstag vor Ostern konnte ich Sie wegen Ihres schon angetretenen Urlaubs nicht erreichen; gestern Vormittag waren Sie in einem Meeting; zum mir genannten günstigsten Anruftermin („früher Nachmittag") bin ich nach einiger Wartezeit („Unsere Telefonzentrale ist überlastet .... Bitte warten Sie ... Please hold the line ... Bitte warten Sie" ... usw.) und GEMA-freier Musik dann schließlich im AUS gelandet.*
> *- Ich erlaube mir darum diese schriftliche Anfrage zu o.g. Thema.*
>
> *Sie haben zum Thema „Erlebnisregion Nürburgring" im Januar 2007 klare Aussagen gemacht. Aber Januar ist nicht April. Darum meine Fragen:*
>
> - ***Stehen Sie heute noch zu Ihren Januar-Aussagen?***
>   *(Planungen und Konzept fachlich nicht überzeugend, Fehlen der klaren Zielgruppendefinition)*
>
> *Wenn sich etwas geändert hat, können Sie es mir sicherlich auch durch Darstellung des **WARUM** erläutern.*

> Da Sie den damals durch den SWR gesendeten Beitrag sicherlich kennen:
>
> - **Wie beurteilen Sie die Aussage des Herrn Dr. Kafitz, der in der Zahl von den insgesamt erwarteten 4,1 Millionen Besuchern „kein Problem" sieht?**
>
> Damit Sie nicht Zeit mit dem Heraussuchen von Unterlagen aufwenden müssen, hänge ich Ihnen eine WAV-Datei des SWR-Beitrags an. - Und dann wüsste ich noch gerne:
>
> - **Wie hoch ist die Beteiligung des Landes Rheinland-Pfalz an der ETI GmbH?** *(in Prozenten ausgedrückt)*
>
> Es wäre schön, wenn Ihnen eine kurzfristige, schnelle Beantwortung meiner Fragen per e-mail möglich wäre.
>
> Mit freundlichen Grüßen

Ich finde – und fand - den Ton normal, die Art klar und unmissverständlich. Da ich wusste wo die Dame sitzt, die die Zentrale spielt (sie hatte mir vorher - nach Blättern in einem Terminkalender - gesagt, wann ich wieder anrufen sollte) musste ich davon ausgehen, dass dem ´Herrn Professor ein Telefongespräch mit mir nicht passte. Ihm passte aber auch die Art meiner schriftlich gestellten Fragen wohl nicht. Und so schrieb er mir zurück:

> *Guten Tag Herr Hahne,*
>
> *der Anteil des Landes an der ETI GmbH beträgt 25%. Dies bezieht sich auf den Gesellschafteranteil. Das Institut hat sich selbst zu finanzieren.*
>
> *Vielen Dank auch für die Datei; den Mitschnitt kannte ich nicht. Ich stelle fest, dass ich hier sinnentstellend zitiert wurde. Die geringe journalistische Qualität drückt sich für mich allein schon in der falschen Nennung meines Namens aus.*
>
> *Nun zu Ihrer Email: Sofern es Ihnen gelingt, die zwischen*

Mitteleuropäern üblichen Umgangsformen einzuhalten und mir Ihre Fragen im entsprechenden Stil vorzutragen, stehe ich Ihnen grundsätzlich gerne zur Verfügung.

Mit freundlichem Gruß,

Prof. Dr. Heinz-Dieter Quack

*Europäisches Tourismus Institut
an der Universität Trier GmbH (ETI)*

Na klar, die Melodie mit „sinnentstellend zitiert" kannte ich schon von seinem Assistenten. Sehr informativ auch seine Anmerkungen zum Thema „Umgangsformen", denen ich entnehmen konnte, dass es sich bei ihm um einen Mitteleuropäer handelt. Dem ich natürlich dann auch sofort geantwortet habe:

Sehr geehrter Herr Prof. Quack,

bitte entschuldigen Sie, dass beim SWR 3 in der Anmoderation aus Quack Quark wurde. Als Mitteleuropäer muss ich mich zwar nicht für diese Fehlleistung entschuldigen - denn es ist tatsächlich eine; aber die macht aus Ihren klaren Quack-Aussagen schließlich keinen Quark. Und das ist wichtig.

Entschuldigen Sie bitte auch, dass ich in meiner Art nicht den von Ihnen gewohnten Umgangsformen anderer Mitteleuropäer - Sie denken dabei wohl an Politiker - entspreche. Ich bin Journalist, habe mich um Kontakt zu Ihnen bemüht, habe begriffen, dass der nicht erwünscht war; und finde meinen Eindruck durch Ihr e-mail bestätigt.

Wie sollen Sie auch eine Kehrtwendung zwischen Januar und April so erklären, dass sie von einem Mitteleuropäer verstanden wird?

Ich bedaure außerordentlich, dass ich bei meinen Recherchen zu dem Thema Erlebnisregion Nürburgring sehr häufig auf Leute treffe, die in ihrem Verhalten wohl Fremdeinflüssen unterliegen, in ihrer zum Ausdruck gebrachten Meinung nicht unbedingt unabhängig scheinen. Das ist mein Eindruck. Weil ich mich an Fakten orientiere, nicht an Stimmungen.

Meine schriftliche Anfrage bei Ihnen ist ein Fakt. Ihre Antwort auch. Mir genügt das zur Darstellung der derzeitigen Situation - und der Stimmung. In Politik und Wirtschaft.

Schöner als Sie, hätte man das nicht zum Ausdruck bringen können. Und dann noch: ohne es wirklich auszusprechen. Sozusagen: mitteleuropäisch.

Herzliche Grüße nach Trier
Wilhelm Hahne

Damit war die Sache für mich aber nicht abgeschlossen. Mich hat schon interessiert, wie das mit dem Anteil des Landes Rheinland-Pfalz an diesem unabhängigen (?) Institut aussieht.

Am Ende der Recherche habe ich es mir nicht verkneifen können, noch eine e-mail zu senden. Damit der Herr Professor begreift, dass für einen Journalisten eine NICHT-Auskunft sehr schnell zu einer guten Auskunft werden kann, wenn er sich weiter bemüht. Und ich habe unter Betreff auf den guten Namen eines mitteleuropäischen Journalisten, „Horst Schlämmer", (Grevenbroich) zurück gegriffen und geschrieben:

Betreff: Weisse Bescheid?" (Horst Schlämmer)

Sehr geehrter Herr Prof. Quack,

Sie werden mir nachsehen, dass ich mal nachsehe. Auch auf „Ihren" Internetseiten, den Seiten der ETI. Dort lassen Sie - wenn ich das richtig verstehe - eine Kommunikations-Agentur, die Zahlen der ETI vermeldet, noch einmal zitieren. Ich habe den entsprechenden Abschnitt mal für Sie kopiert:

> *Experten des Europäischen Tourismus Instituts in Trier (ETI) seien in ihrer kürzlich vorgelegten Studie zum dem Schluss gekommen, dass in der Tourismusbranche in Rheinland-Pfalz ein jährlicher Netto-Umsatz von rund 6,2 Milliarden Euro erwirtschaftet*

werde. Davon entfallen 4,63 Milliarden Euro auf die Tages- und 1,56 Milliarden Euro auf Übernachtungsgäste. Erfreulich sei auch die Entwicklung der Gästezahlen. **Im vergangenen Jahr konnte die rheinland-pfälzische Tourismusbranche mit mehr als 7,4 Millionen Gästen das Rekordergebnis des Vorjahres leicht übertreffen** und die positive Entwicklung fortsetzen.

Nun bin ich kein Tourismusexperte wie Sie, auch kein Professor, aber ich kann Zahlen addieren. Wenn ich das richtig sehe, stimmt die von Ihnen ermittelte - und dann wieder von Ihnen zitierte - Zahl nicht. - Aber selbst wenn die Zahlen nicht von Ihnen ermittelt wären, sollten Sie keine falschen Zahlen durch zitieren auf den Seiten der ETI mit dem Glanz von wissenschaftlicher Gründlichkeit versehen.

Tatsächlich gab es - nach meinen Recherchen **- im Jahre 2006 in Beherbungsbetrieben des Landes Rheinland-Pfalz 7.406.000 Übernachtungen. Aber es übernachteten im gleichen Jahr auf Campingplätzen 938.963 Gäste. Insgesamt ergibt das für einen normalen Mitteleuropäer die Gesamtzahl von 8.344.963 Gäste.**

Kann ja sein, dass man bei der ETI die Gäste auf Campingplätzen nicht erfasst, da sie nicht deren mitteleuropäischen Ansprüchen genügen (fehlende Umgangsformen z.B.). Aber vielleicht haben Sie auch gar nicht so weit gedacht. Und es kommt wohl auch gar nicht auf ein paar Millionen an. Man achte doch nur mal darauf, wie Herr Dr. Kafitz mit Begriffen wie **Besucher** und **Besuche** auf allerfeinste mitteleuropäische Art jongliert. Bisher gab es 2 Millionen am Nürburgring, durch die Erlebnisregion kommen 2,1 Millionen hinzu. Da sind 4,1 Millionen doch kein Problem. (Sie haben die WAV-Datei vorliegen.)

Wenn man diese Zahlen allerdings in Relation zu den von Ihnen genannten 7,4 Millionen setzt... - Na ja, man muss nur rechtzeitig die Begriffe austauschen. Mal was hinzu rechnen, mal was vergessen.

Und ein wenig Schwund ist überall. - Abgesehen davon, dass alle entsprechenden Statistiken nicht stimmen, „gefälscht sind". Das sagten Tourismus-Experten vor Wochen am Nürburgring. - Fragen Sie mal Ihren Mitarbeiter, der in Ihrem Auftrag anwesend war und nicht widersprach. - Dumme Frage von mir: Warum arbeiten Sie dann mit solchen Statistiken?

Wenn ich mal genug Erfahrung habe, dann gründe ich wie Sie eine „Zweigstelle" in China, oder wie Dr. Kafitz einen Betrieb in den USA und lasse „öffentliche Gelder" fließen. Auch im Falle Ihres Instituts sehe ich viel „Rot". Das verbindet Sie mit der Nürburgring GmbH. - Und schon sind Ihre Januar-Aussagen im SWR-Beitrag „sinnentstellend zitiert" und drückt schon „die falsche Nennung meines Namens" (Zitat Prof. Quack) „die geringe journalistische Qualität ... aus" (Zitat Prof. Quack). - Und wofür stehen falsche Zahlen auf den Internetseiten der ETI?

Sie haben natürlich Recht wenn Sie in Ihrer e-mail an mich schreiben: „...der Anteil des Landes an der ETI GmbH beträgt 25%. Dies bezieht sich auf den Gesellschafteranteil...." - Richtig! - Tatsächlich hat das Land - wie der Landesrechnungshof ermittelte - in der Vergangenheit höhere „Zuschüsse" zum Ausgleich von Verlusten der ETI gezahlt, als es aufgrund der prozentualen Beteiligung notwendig gewesen wäre. (Das kenne ich übrigens auch von der „BikeWorld" am Nürburgring.)

Wenn Sie gegen meine obige Darstellung irgendwelche Einwände haben sollten, wenn Sie an meinen Zahlenbeispielen etwas stört: ich lese gerne von Ihnen. Und mich stören auch keine mitteleuropäischen Umgangsformen. - „Weisse Bescheid?"

Mit freundlichen Grüßen

Ich habe danach nichts mehr gehört, so dass Sie jetzt, lieber Leser, auch über zuverlässige Informationen verfügen. Aber Sie verstehen jetzt auch sicherlich, dass ich bei meinem Rechercheaufwand zum Gesamtobjekt Erlebnisregion schon einige Monate benötigt habe. Zumal ich noch ein paar andere Themen bearbeitet habe.

Das inzwischen – im Jahre 2010 – das Europäische Tourismus-Institut aufgelöst wurde und Herr Prof. Quack an eine Universität verschwunden ist, das ist zwar kein Zufall, aber zufällig Realität.

Nachdem ich nun – im Jahre 2007 - die Äußerungen des Herrn Prof. Quack aufgrund der Kenntnis von Zusammenhängen besser durchblicken konnte, habe ich zur Sicherheit mal beim Wirtschaftministerium in Mainz angefragt, ob man nicht doch noch mal ein Gutachten zum „Motorsportdorf" bei einem angesehenen Tourismus-Institut in Auftrag geben wolle. - Und das Ministerium hat mir bestätigt, dass dazu keinerlei Anlass besteht, weil im Vorfeld bereits alles klar ist.

Damit war dem Herrn Professor in Trier ein weiterer Auftrag, den er gerne noch - ganz im Sinne der Nürburgring GmbH - ausgeführt hätte, nun eigentlich blockiert. Und Dr. Kafitz musste sich nach einer anderen Lösung umsehen.

Die scheint jetzt gefunden, da er einen Investor gefunden hat, der für ein „Dorf" nicht nur investieren, sondern der es auch betreiben will. Aber nicht dort, wo es bisher geplant war, sondern in Drees. Dieser Investor will gleichzeitig auch gleichzeitig eine Hotelgruppe, für die er arbeitet, dazu bringen, in das geplante Hotel nicht nur zu investieren, sondern es auch zu betreiben. Doch der Namensgeber dieser nicht kleinen Gruppe sagte noch vor kurzer Zeit einem Geschäftsfreund, der ihn in dieser Sache ansprach, dass er am Nürburgring nichts plane und dort auch nichts machen wolle.

Dabei ist - verbunden mit dem Namen des eventuellen Investor und Betreibers - noch eine Veränderung in der Planung des „Motorsportdorfes" geplant. Jedenfalls, so das Gerücht, das nicht nur aus einer Quelle wabert: die Häuser dieses Dorfes sollen praktisch zu einem „Event-Boulevard" werden, in dem dort Kegelbahnen, Discosund andere Etablissements z.B. für Kegelklubs bei ihren alljährlichen Touren zu einer ganz auf sie ausgerichteten Anlaufstelle werden. Aus „Motorsport-Dorf" würde dann ein „Eifel-Dorf" werden. - Der unbekannte Bekannte, der geheimnisvolle Investor/Betreiber macht mit einem ähnlichen Konzept (speziell für Kegelklubs usw.) ein gutes Geschäft.

Die Nürburgring GmbH, darauf angesprochen, will - und kann (?) das noch nicht kommentieren, nimmt aber eindeutig zu den Gerüchten Stellung, nach denen im o.g. Zusammenhang auch das Hotel nun auf die andere Seite der B 258 wandert. Auf eine entsprechende Frage von mir, erhalte ich von Herrn Mathias Bruckner, Direktor Marketing & Vertrieb, am 28. Juni folgende Antwort:

„Egal welcher Partner es wird, der Standort des Hotels wird hinter der Bilstein Tribüne sein."

Bruckner sagt zum Bebauungsplan:

„Der Bebauungsplan wird in der eingereichten Fassung im bereits laufenden Verfahren beibehalten. Gegebenenfalls würde dann das jeweils anzuwendende Verfahren zu einem späteren Zeitpunkt angestoßen."

Es gibt Leute, die das Leugnen irgendwelcher Absichten zum Bau und Betreiben eines Hotels oder „Dorfes" (was immer das sein wird) eines „potentiellen Interessenten" für die übliche Abwehrhaltung von Geschäftsleuten halten, die so lange am liebsten alles „unter der Decke halten", bis dass das Geschäft perfekt ist. Schon um die Konkurrenz nicht wach zu machen.

Aber auch der so genannte „Vermittler" hatte vor kurzer Zeit wohl noch keinen Vertrag. Das alles wirkt nicht gerade überzeugend. Aber die Nürburgring GmbH arbeitet schon mit dem Namen der Hotelgruppe: Lindner. Danach soll bei denen im August die Entscheidung fallen, wie mir der Marketingchef der Nürburgring GmbH, Herr Bruckner, vor kurzer Zeit schrieb:

„Einer der potenziellen Investoren hat die Lindner-Gruppe als Betreiber vorgeschlagen und führt entsprechende Gespräche. Diese sollen bis August abgeschlossen sein."

Wir sind dem August jetzt nahe. Und nachdem zu diesem Thema schon viel gesagt - und viel verschwiegen - wurde, darf man in den nächsten Wochen mit einer Auflösung der Hotel- und „Motorsport-Dorf"-Frage rechnen. Aber auch hier - das ist dann eine Vorhersage von mir - ist das letzte Wort noch nicht gesprochen, auch wenn vielleicht schon die ersten Vorverträge (!) präsentiert werden. Auch die dienen nur dazu, weiter Druck aufzubauen. - Und dann wird nachverhandelt. - Vielleicht kommt dann auch noch einmal der Herr Professor aus Trier ins Spiel.

Lassen Sie mich aber noch schnell eine kleine Korrektur zu Herrn Andreas Bruckner, Direktor Marketing & Vertrieb der Nürburgring GmbH einschieben: im Januar hatte ich in meiner Geschichte anklingen lassen, dass Bruckner kein Marketing-Studium nachweisen könne. In einem persönlichen Gespräch hat er mir gegenüber erklärt: „Ich habe Betriebswirtschaft, Ausrichtung Marketing, studiert." - Ich möchte ihm hier bestätigen: er verhält sich in der Sache Erlebnisregion Nürburgring wirklich marketinggerecht.

Man muss eben von Seiten der GmbH auf allen Ebenen „gegen halten", ein wenig Positiv-Stimmung machen, indem man z.B. verkündet, dass man nun einen ersten Mieter (Krupp Bilstein Tuning GmbH) für die Erlebnismeile „Boulevard" unter Vertrag habe. Schon um wieder ein wenig Druck zu machen. Druck hier, Druck da.

Und Landrat Jürgen Pföhler verkündet, dass das Land und der Kreis gerade wieder - in den nächsten drei Jahren - 30 Millionen Euro in den Nürburgring investieren wird. Diese Zahlen sind aber schon länger bekannt: 10 Millionen werden das Eigenkapital der GmbH erhöhen, schon damit die das nächste F1-Rennen übersteht ohne in Konkursnähe zu kommen, weitere 20 Millionen sind als Kredit geplant.

Inzwischen sind auch die offiziellen Zahlen (4,1 Mio pro Jahr) ein wenig korrigiert: 2 Millionen Gäste hat man schon (sagt man), 500.000 kommen neu hinzu; und die insgesamt **2,5 Millionen Besucher** sollen dann im neuen Freizeitparadies **4,1 Millionen Besuche** generieren.

Nach meinen Recherchen sind aber die 2,0 Millionen als Basiszahl eine „Luftnummer". Wenn ich versuche die „ehrlichen Besucherzahlen" des Jahres 2006 festzustellen, gelingt mir selbst bei großzügigster Addition nur eine Gesamtzahl die um 1,0 Millionen (+/- 300.000) liegt. Die Angst um „Bau-Ruinen", die die Mitglieder der Bürgerinitiative „Rettet den Nürburgring" hegt, sind durchaus nachvollziehbar. Zumal aufgrund der bisher gemachten Erfahrungen aller Grund besteht, am Können des derzeitigen Managements zu zweifeln. Mitglieder der Geschäftsleitung haben aber durchaus schon Erfahrung mit Pleiten, die z.B. mit dem Space Park im Stadtstaat Bremen große Wunden geschlagen haben.

Um sich einen Eindruck vom Ausmaß der Bauten, der aktuellen Situation in Bremen zu machen, hat sich sogar der Nürburger Bürgermeister auf den Weg in den Norden gemacht, um die Verluste in Bremen („Space Park") von vielen hundert Millionen begreifen zu können. Und vielleicht eine Ahnung zu bekommen, was seinen Bürgern (und Steuerzahlern) in Nürburg blüht.

Was er an einem ganz normalen Werktag dort vorfindet sind: leere Parkplätze. Wohin er auch in Bremen schaut: Es macht ihn nicht hoffnungsfroher. Er trifft auf Hinweisschilder, wie er sie später dann mal in seinem Umfeld finden wird.

Alles wirkt schon ein wenig „abgegriffen", obwohl für nichts was hier steht ein wirklicher Bedarf besteht. Beim Kino war ein wenig Betrieb, weil eine Schulklasse mit einem Bus gekommen war. Und ein Hotel gibt es auch. So, wie es am Nürburgring mal eins geben soll. Doch als der Bürgermeister zwei Besucher dieser (z.Zt.) Bauruinen fragt (sie kommen aus der Nähe), ob man denn da gut essen könne, da sagen die: „Zum Essen fahren Sie besser nach Hamburg." - Und lachen.

Und der Bürgermeister muss an das Ausmaß der Baumaßnahmen denken, wie sie nun in der Eifel geplant sind:

In der Eifel wird in diesem Moment davon gesprochen, dass das dort so um 150 (oder doch 200?) Millionen Euro kosten soll.

Kafitz präsentiert dazu gerne seine Modelle. - Man stelle zu den neuen Euro-Zahlen, die am Nürburgring in den nächsten zwei verbaut werden sollen doch nur einmal die Gesamtinvestitionen der letzten 13 Jahre. - Eindrucksvoll! - Aber für wen?

Und wenn man einmal - in diesem Falle auch durch Herrn Dr. Kafitz - daran erinnert wird, was „in seiner Zeit" alles geschaffen wurde... -

...dann wird einem auch bewusst, dass nur wenige dieser „Angebote" wirklich zu einem Geschäft geworden sind. Soll man in naher Zukunft nun noch mehr Aufwand für noch mehr Verwaltung und noch weniger Geschäft schaffen? -

Es wird immer wieder von Arbeitsplätzen gesprochen, die neu geschaffen werden. Zunächst spreche ich aber jetzt mehr mit Leuten, die gerade ihre Jobs - natürlich vorüber gehend - verloren haben. Eine Kartbahn die nicht betrieben, eine Erlebniswelt die abgerissen, ein Lokal das schließen muss... - überall werden zunächst mal einmal Leute arbeitslos.

Und die BikeWorld... -

...ist jetzt verkauft. Sagt man. Ich habe gerade mal nachgefragt und am 28. Juni zu den Verträgen folgende Antwort erhalten:
Die Verträge sind von den Vertragsparteien unterschrieben und notariell beglaubigt. Die Umschreibung erfolgt in Kürze.

Was mich ein wenig stutzig macht: der neue Geschäftsführer (und Käufer) ist bereits auf der Internetseite eingetragen. Und aus den Kreisen der Motorradindustrie (denken Sie mal nach!) da höre ich, dass sich der neue Besitzer der BikeWorld weigert, die Verträge zur Einsicht vorzulegen. Laut den Händlerverträgen ist der Händler - auch schon bei Auswechseln nur des Geschäftsführers - aber verpflichtet, die Verträge offen zu legen, will er nicht seinen Händlervertrag in Frage stellen.

Wie überhaupt dieser ganze Verkauf einen eigenartigen Hintergrund dann erhält, wenn man kleine Details kennt, die andere vielleicht auch gesehen, aber nicht wahrgenommen haben. Da sagt jemand, den man der politischen Szene zurechnen muss, schon Wochen vor dem bekannt gemachten Verkauf: „Mit diesem Fall beschäftige ich mich nicht mehr. Der ist im Juni erledigt." - Und zerreißt ein entsprechendes Papier in der Luft. - Woher konnte diese Person wissen, was Wochen später passierte?

Ganz einfach. Diese Person wusste, was Kurt Beck seinem Genossen Kafitz dringend empfohlen hatte. - Wurde hier auch wieder ein Vertrag „um jeden Preis" gemacht? (s. Broich) Über die Vertragsinhalte wurde Stillschweigen vereinbart, sagen beide Vertragspartner und gewähren noch nicht einmal anderen Vertragspartnern Einsicht. - Eigenartig, dass ein öffentliches Unternehmen öffentliche Gelder verschleudern kann, ohne dafür beweis- und offenlegungspflichtig zu sein.

Wie man hört, lässt die Nürburgring GmbH derzeit an einem Gutachten arbeiten, das Dr.Kafitz und den Genossen Kurt Beck gegenüber der Öffentlichkeit absichern soll. - Vorstellbar. - Verständlich? - Verständlich!

Unverständlich ist mir noch „ein für die GmbH wichtiger Termin", der im März 2008 dann offenbar unwichtig wird. Ist die BikeWorld derzeit überhaupt definitiv verkauft? - Gibt es eine „Probezeit"? - Ist der Verkauf nur eine „Schutzbehauptung" um Ruhe in diesen Fall zu bringen? - Was viele Leute bei der Gesamtsituation um all' diese Projekte besonders beunruhigt, ist der „Parteienklüngel", den man überall zu verspüren meint.

Das führt auch zu Parteienverdrossenheit. Wie die letzten Landratswahlen beweisen. Selbst da, wo der Wahlgang eigentlich aufgrund der derzeitigen Situation dringend notwendig gewesen wäre, ist man lieber zu Hause geblieben. Nach dem Motto: Wir können ja doch nichts ändern. - Resignation!

Die Parteien, gleich welche, schaffen sich mit einer unentschlossenen Einstellung zum Projekt der SPD (s. Kurt Beck und sein

Regierungsprogramm) selber die Probleme. Es sind 150 Millionen-Euro-Probleme. In diesem Moment. Sie werden sich noch bedeutend verändern. Aber selbst die zu diesem Zeitpunkt aktuell genannten Millionenbeträge beseitigt man nicht durch ein Aussitzen.

Und man lasse noch einmal die aktuell beteiligten Personen Revue passieren: Beck, Deubel, Kafitz, Bruckner, Cimbal, Pföhler. Von wem würden Sie einen Gebrauchtwagen kaufen, wenn Sie das bisherige Verhalten dieser Personengruppe berücksichtigen, beurteilen, bewerten? - Das habe ich im Juli 2007 geschrieben!

Ach ja, eigentlich müsste man noch Peter Zakowski hinzu rechnen. Der wurde erst zu Anfang des Jahres ausgemustert. Und es wurde mir - wie in meiner Geschichte vom Januar 2007 zu lesen - auf meine Frage nach ihm geantwortet, dass er sich auf einer Geschäftsreise befinden würde. Die hat ihn dann aus dem Handelsregister der Nürburgring-Firmen verschwinden lassen, in denen er bis dahin als (Mit-)Geschäftsführer geführt wurde.

Es gibt derzeit nur den Vorwurf (noch nicht bewiesen) der Insolvenzverschleppung, es läuft ein Privatinsolvenzverfahren. Wegen einer fehlgeschlagenen Geschäftsidee in den USA.

Ach, hatte Dr. Kafitz nicht auch eine tolle Geschäftsidee in den USA zu realisieren versucht? - Was ist eigentlich daraus geworden?

Ist er eigentlich seiner Aufsichtspflicht bei einer der Nürburgring-Beteiligungen, der Zakspeed-Nürburgring Rennfahrerschule, nachgekommen? Die hatte in der Vergangenheit oftmals die unterschiedlichen Rennstrecken angemietet, untervermietet, bezahlt bekommen, aber die Rechnungen der Mutter-GmbH nicht beglichen. So hört man. - Da ist dann einiges zusammen gekommen. - Und wer soll jetzt bezahlen? - Peter Zakowski? - Oder gleicht das Land - mal wieder - mit weit geöffneter Hand aus?

Auch über diese Informationen, die im Moment aus allen Ritzen der

GmbH wabern, sind keine Details zu erfahren. Mathias Bruckner wollte mir gegenüber in einem persönlichen Gespräch die Angelegenheit wohl nicht direkt dementieren, vermied aber auch eine Bestätigung. In diesem Zusammenhang ist interessant, dass in der letzten Zeit gerade eine kaufmännische „normale Überprüfung" - so einer der „Prüfer" - der GmbH-Geschäfte durch die Wirtschaftsprüfungsgesellschaft KPMG vorgenommen wurde. Nur hat diese Prüfung relativ lange gedauert (für eine Routine-Überprüfung), was u.a. von den Prüfern gegenüber einem Nürburger Bürger damit erklärt wurde, dass ihnen von der GmbH in einigen Fällen der Einblick in die entsprechenden Vorgänge (Akten) verwehrt wurde.

Diese Geschichte müsst eigentlich nun noch ergänzt werden mit der Schilderung der Abläufe bei der Auftragsvergabe für 13,2 Kilometer FIA-Zaun an der Nordschleife, wo - zumindest bei mir - noch ein paar Fragen auftauchen und offen sind. Und warum musste man einen BMW-F1 über die Nordschleife fahren lassen? (Vielleicht schreibe ich noch einmal später eine Geschichte zu diesem Thema, weil sie Einblicke in die Denkweise einiger Offiziellen zulässt.) -

Nach dieser F1-Demonstrationsfahrt (BMW nennt sie so) setzten die umliegenden Gemeinden, die um den Ring herum und „im Ring" liegen, eine Überprüfung der Lärm-Emissionen durch. Warum beteiligt sich die Nürburgring GmbH jetzt an diesen Kosten für ein Lärmkataster, also anteilig mit wahrscheinlich um 25.000 Euro, wenn sie das vorher immer abgelehnt hatte? -. Warum, warum, warum? - Schließlich hat die Nürburgring GmbH das Gutachten sogar ganz bezahlt, weil sie damit als alleiniger Auftraggeber alle Details des Gutachtens unter Verschluss halten konnte.

Man darf tatsächlich nicht nur einen Aspekt der Tätigkeiten der Nürburgring GmbH betrachten, sondern muss alles im Zusammenhang sehen. Tatsächlich wird in der Öffentlichkeit immer nur mit dem Finger mal auf diese oder jene Schwachstelle gezeigt. Die Beobachter, die zumindest ein wenig den Überblick haben, die werden nicht ernst genommen. Andere, die eigentlich gar nicht in Zusammenhängen denken können, weil sie die einzelnen Puzzlestücke nicht kennen, die propagieren die Aussagen des Hauptgeschäftsführers der Nürburgring GmbH ohne einen Zweifel zu haben.

Wie z.B. die „Rhein-Zeitung", die am 2. April 2007 auf Seite drei noch einmal die geplanten „Investitionen in Höhe von 150 Millionen Euro" vermeldet und wenige Sätze weiter das schreibt, was sie hier wohl einer Aussage von Herrn Dr. Kafitz zuordnet: „Die öffentliche Hand werde keine direkten Zuschüsse für das Projekt geben."

Da wundert es mich nicht, wenn es unter *„Was wir nicht wollen"* in einem internen Papier der Bürgerinitiative „Rettet den Nürburgring" heißt:
„Das derzeitige Management und Beratungspaket
der Nürburgring GmbH."

Das Vertrauen in das derzeitige Management ist zum Zeitpunkt Mitte 2007 verloren gegangen. Auch durch den so genannten „Parteiklüngel", wie ich weiter oben schon einmal versucht habe darzustellen. - Aber ich habe ja auch schon eingangs hoffentlich alle Leser mit dem Satz beruhigen können: „Walter geht".

Irgendwann.

„Ausbau des Nürburgrings einstimmig bestätigt"

So beginnt eine Pressemitteilung, die am 3. August 2007 von der Nürburgring GmbH über die von ihr beauftragte PR-Agentur versendet wird. Diese Agentur versteht sich als Agentur für Öffentlichkeitsarbeit (DEDERICHS REINECKE & PARTNER, Schulterblatt 58, 20357 Hamburg) und – wie man deren Internetseiten entnehmen kann – als ein Spezialist für „Krisenkommunikation". Der Internetpräsentation (www.dr-p.de) ist zu entnehmen:

„Etwa 30% aller Unternehmenskrisen basieren auf Medienberichterstattungen bzw. Aktivitäten von Bürgerinitiativen. Weitere 20% auf unmittelbaren Ereignissen wie zum Beispiel Störungen im Produktionsprozess. Der Schaden, der dabei entsteht, ist in allen Fällen derselbe: Vertrauensverlust, meist verbunden mit erheblichen finanziellen Folgen.

Wir begleiten Sie in allen Phasen der Krisenkommunikation, egal ob potenzielle oder latente Krisen- oder Nachkrisenphase. Dabei beherrschen wir die Instrumente der Krisen-PR aus dem Effeff. Wir reagieren gemeinsam mit Ihnen proaktiv, schnell, offen und zuverlässig.

Damit können auch wir leider nicht immer die Krise selbst verhindern, aber ganz sicher den zu erwartenden Schaden reduzieren."

So werden wir also noch in der Folge eine Menge aus Richtung Hamburg zu hören bekommen. Jetzt jedoch will ich mich einmal speziell mit dem Inhalt der oben genannten Presseinformation vom 3. August 2007 beschäftigen und einmal aufzeigen, wieviel vorbereitende Arbeit in jeder meiner damals erschienenen Geschichten steckt. Nichts wird „mal einfach so" notiert, sondern alles exakt abgeklopft. Diese Arbeit ist in den folgenden Geschichten oft nicht zu spüren, sie scheinen „leicht hingeschrieben".

Das meint man übrigens auch bei einer der großen Regional-Zeitungen, wo das in Antworten auf Leserbriefe deutlich wird, die der Redaktion einen Blick auf meine Internetseiten empfehlen.

Beginnen wir einmal mit dem Titel zu der Presseinformation aus Hamburg:

> *„Ausbau des Nürburgrings einstimmig bestätigt"*

„Einstimmig" bedeutet nach meinen Feststellungen, dass der Beschluss mit keiner Gegenstimme zustande kam. Selbst wenn es eine Stimmenthaltung gegeben hätte, hätte die Abstimmung als "einstimmig" gegolten.

> *„Die finalen genehmigungsrechtlichen Grundlagen für den Bau von Boulevard, Hotel, Motorsport-Dorf, Golf-Platz und Indoor-Attraktion sind nach den letztjährigen Prüfungen auf Landesebene auch auf regionaler Ebene in die Wege geleitet worden."*

Inzwischen (lt. öffentlicher Darstellung von Kai Richter) wurde aus dem „Motorsport-Dorf" ein „Eifel-Dorf", neben dem Hotel wird es ein „Spielcasino" geben und zum Hotel kommt ein „Hubschrauberlandeplatz". Wie verändert das diese Beschlussfassung? Diese Frage habe ich am Freitag, dem 10. August dem Leiter eines regionalen Bauamtes gestellt. Der sagte mir: „Dann muss das Genehmigungsverfahren noch einmal neu anlaufen, weil die neuen Pläne - nach Kai Richter - ganz anders aussehen als das, was jetzt zur Genehmigung ansteht."

> *„Die im Planungsverband Nürburgring organisierten Gemeinden Nürburg und Müllenbach sowie die Verbandsgemeinde Adenau haben am Abend des 30. Juli 2007 in öffentlicher Sitzung einstimmig für den Ausbau des Nürburgrings zum Freizeit-und Businesszentrum votiert."*

Zu „einstimmig" habe ich oben bereits etwas gesagt. Ein Mitglied des Planungsausschusses sagte mir in einem persönlichen Gespräch, dass er selbstverständlich die Planungen für überzogen und realitätsfern halten würde. Eigentlich hätte er dagegen gestimmt, aber als er sah, dass er der einzige des Planungsausschusses sein würde, der "dagegen" ist, wollte er sich nicht zum Idioten machen lassen. Und er hat dafür gestimmt.

Von 6 Mitgliedern des Planungsausschusses (3 Müllenbach, 3 Nürburg) fehlten 2 Nürburger Mitglieder. War der Ausschuss mit einer um 33 Prozent geringeren Besetzung (als normal vorgesehen) überhaupt beschlussfähig? Das war meine Frage an einen Leiter des Bauamtes. Der meint: Er war beschlussfähig, da entsprechend den Bestimmungen eine Anwesenheit von 50 Prozent der Ausschussmitglieder genügen. Die zwei fehlenden Nürburger Ausschussmitglieder fehlten "wegen Urlaub". Und das, obwohl der Termin rund drei Wochen vorher bekanntgegeben worden war. In den Wochen vorher hatte es auch Vorgespräche zum Thema Planung mit allen Mitgliedern (auch den "Ersatzmitgliedern" des Ausschusses gegeben. Ein fehlendes Mitglied hatte auch ein Ersatzmitglied gestellt, das aber ebenfalls bei der Abstimmung "dafür" war. Ein weiteres fehlendes Mitglied war nicht "ersetzt" worden. - Überraschend in Urlaub? -

Wie oben bereits gesagt: beide fehlenden Mitglieder waren Nürburger Bürger, die bei der Bürgerinitiative gegen die zur Abstimmung stehende Planung votiert hatten. Normalerweise hätten sie auch hier dagegen stimmen müssen. Aus welchen Gründen auch immer, haben sie sich dann für "Urlaub" entschieden.

> *„Als Ergebnis kommen nun im Wesentlichen ein städtebaulicher Vertrag zur Realisierung des Bauvorhabens und einzelne ergänzende Vereinbarungen z.B. über landespflegerische Kompensationsmaßnahmen zur Geltung.*
>
> *Im konstruktiven Dialog haben das Management der Nürburgring GmbH und die Interessenvertreter der Gemeinden Nürburg und Müllenbach sowie die teilweise in Personalunion engagierten Vertreter der ortsansässigen Bürgerinitiative Missverständnisse, Sorgen und Ängste ausräumen können, die im Frühjahr dieses Jahres auch öffentlich geäußert worden waren. Gemeinsam wurden sowohl das Konzept des Ausbaus als auch dessen Umsetzung, Vermarktung und die Möglichkeiten der Beteiligung insbesondere der ansässigen*

> *Hoteliers und Gastronomen erörtert. Die Zustimmung ist auch Ausdruck der Erkenntnis, dass der Ausbau des Nürburgrings professionell geplant, umgesetzt und vermarktet wird und die Region in hohem Maße davon profitiert."*

Das ist eine stark von der Realität abweichende Formulierung, denn „die teilweise in Personalunion engagierten Vertreter der ortsansässigen Bürgerinitiative" (s.o. zwei Mitglieder fehlten) waren gar nicht anwesend. Diese Formulierung dient praktisch nur der Beruhigung der politischen Gemüter in Mainz.

> *„Die jetzt einstimmig gefassten Beschlüsse regeln neben der Zustimmung zu den Ausbauplänen im Detail u.a. auch die Ansiedlung von großflächigem Einzelhandel und die prozentualen Anteile für themenbezogene Merchandising-Produkte und Sortimente vorrangig u.a. aus den Bereichen Motorsport, Autozubehör und Car-Hifi. Die Bettenzahl von Hotel und Motorsport-Dorf ist auf die ursprünglich beantragte und auch bereits raumordnerisch genehmigte Menge festgelegt worden: 255 Zimmer bzw. 510 Betten für das Hotel sowie 360 Betten für das Motorsport-Dorf."*

Wie verändert sich die Bettenanzahl, wenn nun aus dem „Motorsport-Dorf" ein „Eifel-Dorf" mit Eventcharakter wird? - Laut Aussagen eines Baufachmanns haben dann die bisherigen Genehmigungen keinen Wert mehr und die gesamten Genehmigungsverfahren müssen neu anlaufen.

> *„Die Verbandsgemeinde Adenau und der Planungsverband Nürburgring verpflichten sich, die vertraglichen Festlegungen im Rahmen ihrer vorbereitenden und verbindlichen Bauleitplanung umzusetzen.*
>
> *Das von der Obersten Landesplanungsbehörde eingeleitete und von der Struktur-und Genehmigungsdirektion Nord durchgeführte Raumordnungsverfahren war bereits mit dem Raumordnerischen Entscheid vom 19.10.2006 abgeschlossen worden. Als potenzieller Standort des Golfplatzes wurde die Gemeinde Welcherath (Verbandsgemeinde Kelberg) in einem*

losgelösten Verfahren mit einem weiteren Raumordnerischen Entscheid vom 20.07.2007 genehmigt."

Wenn - wie von Herrn Kai Richter ausgeführt - in Drees ein Feriendorf errichtet wird, weil ein "Motorsport-Dorf" nicht in der bekannten Form realisiert wird, lässt das auch die bisherigen Genehmigungen auf allen Ebenen unwirksam werden.

> *„Das im Mai 2004 erstmals öffentlich unter dem Namen „Erlebnisregion Nürburgring" vorgestellte Projekt ist für den Nürburgring der größte und nachhaltigste Entwicklungsschritt seit dem Bau der Nordschleife 1927 und dem Bau der modernen Grand-Prix-Strecke und Infrastruktur 1984. Die Planungen für den Nürburgring 2009 als ganzjähriges Freizeit-und Businesszentrum umfassen Angebote und zusätzliche Infrastruktur, um die Besucherzahl am Nürburgring und in der Region zu erhöhen und gleichzeitig die Wertschöpfungskette zu verlängern."*

Hier werden dann - entgegen den bisherigen Gepflogenheiten - keine „Basiszahlen" von Nürburgring-Besuchern mehr genannt.

> *„Angebote für Firmenkunden wie z.B. das neue Business-Hotel, die Eventhalle und die Arena werden heute bereits stark nachgefragt, stehen aber noch nicht zur Verfügung. Touristische Angebote wie etwa die neue Indoor-Attraktion, die Mountainbikestrecke und der Nordic-Walking-Parcours rund um die Nordschleife oder die Vernetzung vieler bestehender touristischer Leistungsträger sind attraktiv für viele Zielgruppen. Die Saison, die bisher auf den Zeitraum März bis Oktober begrenzt gewesen ist, wird verlängert. Das heute schon ausgewiesene Wintersportgebiet Nürburg und die in der Region bereits vorhandenen Skipisten und -lifte werden ebenso Teil der Gesamt-Vermarktung wie bestehende Golfplätze oder „Wohlfühl-Hotels" in der Region."*

Wie können „Firmenkunden" im Hinblick auf ein noch zu bauendes Hotel „stark nachfragen", wenn die Auslastung des vorhandenen Dorint-Hotels (auch mit allen „Business"-Einrichtungen) derzeit bei wenig über 50 Prozent liegt?

> *„Der Nürburgring ist bereits seit Baubeginn im Herbst 1925 untrennbar mit den*
> *Menschen dieser Region und ihren Bedürfnissen verbunden. Der Ring steht hier für Wirtschaftskraft, Arbeitsplätze und - nicht zu vergessen - auch ein großes touristisches Highlight. Eine Bestätigung unseres Bauvorhabens durch unsere direkten Nachbarn ist gerade deshalb für uns ein wichtiger Schritt, denn vom Ausbau des Nürburgrings wird die gesamte Region profitieren", freut sich Nürburgring-Hauptgeschäftsführer Dr. Walter Kafitz."*

Wenn die Besetzung des Planungsausschusses nicht komplett war, wenn zwei von drei Nürburger Bürgern fehlten, wie kann man dann von einer „Bestätigung unseres Bauvorhabens durch unsere direkten Nachbarn" sprechen?

> *Baubeginn auf dem Gelände der Nürburgring GmbH wird im Oktober 2007 sein. Die Inbetriebnahme der neuen Gebäude mit Boulevard, Hotel und Indoor-Attraktion wird im Frühjahr 2009 stattfinden. Die neue Haupttribüne an der Start- und Zielgeraden wird bereits für einzelne Motorsport-Veranstaltungen in der Saison 2008 nutzbar sein.*

Soweit die Pressemitteilung zu diesem Termin und meine Gedanken und Feststellungen dazu. - Aber die Umsetzung der Pläne geht weiter. Und am Nürburgring arbeiten gerade „die Neuen" stark und geschickt mit. - Man hat Erfahrung.
Die darf man z.B. auch von einem Herrn Andreas Bruckner erwarten, der den Marketing-Part bei der Nürburgring GmbH übernommen hat.

Das Selbst zwischen Philosophie, Erlebnisregion, Nürburgring + Bruckner_

Nein, dieser Bruckner aus der Titel-Zeile macht keine Musik. Es ist kein Anton, sondern ein Andreas. Der hat keine Erfahrung mit alten Orgeln, sondern mehr mit neuen Erlebniswelten. Trainiert hat er in Bremen, vorher studiert, noch weiter vorher eine Lehre gemacht, hat Auslandserfahrung, ist wohl nach Auffassung seines Chefs, Dr. Walter Kafitz, zu dieser Zeit – besser noch: in diesem Moment - die Idealbesetzung für die Umsetzung einer Idee, die ihren Niederschlag in der Regierungserklärung (2006 - 2011) des Ministerpräsidenten von Rheinland-Pfalz, Kurt Beck, gleichzeitig Parteivorsitzender der SPD, gefunden hat.

Bruckner sieht sich als „Werkzeug" der „Oberen" und setzt deren Vorstellungen nach seinen Vorstellungen um. Zum Vorteil der Region. Meint er. Bei all' denen die in der Sache „Erlebnisregion", ein 150 Millionen €-Projekt, Kontakt mit ihm hatten, bleibt - zurückblickend - ein schales Gefühl zurück. -

Mich hat das alles im Liegen beschäftigt. Die „Sommergrippe" hatte mich überfallen. Plötzlich und unerwartet. Und die nimmt sich ihre Zeit. Der Aufsichtsrat der Nürburgring GmbH nimmt darauf keine Rücksicht. Der hatte den Termin für eine Entscheidung über den Umfang der Umsetzung des Projekts „Erlebnisregion Nürburgring" definitiv auf den 4. September 2007 festgesetzt. Und mich quälten im Vorfeld zu dieser Entscheidung noch viele Fragen.

Also bin ich dann irgendwann mal aufgesprungen, habe den Computer eingeschaltet... - Aber da war vorher schon ein E-mail-Austausch gewesen, der mich natürlich auch in diesem Zusammenhang beschäftigte. - Immerhin konnte ich mich in meiner Situation damit trösten: Ich denke, also bin ich! - Oder sollte man besser sagen: Ich bin, also denke ich?

Lassen Sie mich mit dem beginnen, was ich als „Vorspiel" bezeichnen würde. Da bot mir Herr Andreas Bruckner, Marketing-Chef der Nürburgring GmbH (der wievielte eigentlich in den letzten Jahren?) auf der 80 Jahrfeier des Nürburgrings einen Adressenaustausch an, damit ich schnell und unkompliziert kompetente Antworten auf meine evtl. noch auftauchenden Fragen zum Problemkomplex „Erlebnisregion Nürburgring" von ihm bekommen könne. - Ich habe gerne von dem Angebot Gebrauch gemacht, denn die bisherigen Kontaktaufnahmen mit der Nürburgring GmbH verliefen bisher immer ziemlich zäh.

So habe ich dann Herrn Bruckner am 17. August 2007, um 17:44 Uhr folgendes E-mail geschickt:

Sehr geehrter Herr Bruckner,

Sie schrieben mir am 28. Juni 2007 zum Verkauf der BikeWorld auf eine Anfrage von mir, nachdem in den Medien bereits am 4. Juni 2007 der Verkauf der BikeWorld vermeldet worden war:

> *„Die Verträge sind von den Vertragsparteien unterschrieben und notariell beglaubigt. Die Umschreibung erfolgt in Kürze."*

Aber ich kann auch in diesen Tagen, rd. elf Wochen (fast drei Monate) nach dem vermeldeten Verkauf noch keine „amtliche Bestätigung" z.B. durch eine entsprechende Eintragung im Handelsregister finden. Es fällt mir nur auf, dass die Ex-Geschäftsführer Dr. Bausback und Asch erst Ende Mai dieses Jahres als ausgeschieden vermeldet werden (was zu diesem Termin unrealistisch ist), dass aber wohl nun ein Herr Brückner offiziell als neuer Geschäftsführer genannt wird (wie man auch den Internetseiten entnehmen kann). Aber keine Spur von einer Besitzveränderung, eine Veränderung unter den bisherigen Gesellschaftern.

Eigentlich sollte z.B. ein Geschäftsführer-Austausch in einer amtlichen Unterlage schneller angezeigt werden, als das in dem oben geschilderten Fall geschehen ist. Meine ich.

Da ich nirgendwo eine Besitzumschreibung feststellen kann, muss ich den von Ihnen vermeldeten Verkauf der BikeWorld in Frage stellen. Zumal von der BikeWorld den interessierten Motorradherstellern die Einsicht in die in einem solchen Fall vorliegenden Verträge verwehrt wird. Wie ich höre. Aus dieser Situation - die ich zur Zeit leider anders nicht sehen kann - ergeben sich meine folgenden Fragen:

> ***Ist etwas Außergewöhnliches,***
> ***Unvorhergesehenes passiert?***
> ***Ist die BikeWorld definitiv verkauft?***
> ***Wo kann ich die amtliche Umschreibung***
> ***einsehen?***

Ich werde der Ordnung halber dem Finanzministerium, dessen leitender Minister gleichzeitig Ihr Aufsichtsratsvorsitzender ist, eine Kopie dieser Anfrage zukommen lassen, damit er zumindest Kenntnis von der Situation hat, wie ich sie zur Zeit sehe.

Herzliche Grüße
Wilhelm Hahne

Dass ich nicht umgehend eine Antwort bekam, hat mich nicht gestört. Auch nicht, dass sich der Finanzminister nicht bei mir gemeldet hat. Mir ging es nur darum, dass die Aufsichtsratsspitze der Nürburgring GmbH nicht etwa eines Tages sagen kann: *Aber davon habe ich doch gar nichts gewusst!*

Nun weiß er es - und ich warte auf die Antwort des Herrn Andreas Bruckner, die dann am 23. August 2007, 18:13 Uhr, bei mir einging:

> Sehr geehrter Herr Hahne,
>
> wie gewohnt kurz und knapp:
>
> zur 1.Frage: Nein
> zur 2.Frage: Ja
> zur 3. Frage: Die Bike World Nürburgring GmbH ist eine Kapitalgesellschaft. Gesellschafter von Kapitalgesellschaften werden nicht im Handelsregister eingetragen.

Mit freundlichen Grüßen
Andreas Bruckner

Direktor Marketing & Vertrieb / Director Marketing & Sales

So ein Mann ist natürlich toll beschäftigt. Und obwohl durch Auslandserfahrung geprägt, ist ihm bisher entgangen, dass ein Director eigentlich kein Direktor ist. - Na ja. Schwamm drüber. Jugend forscht.

Immerhin habe ich ihm aber noch am gleichen Tag, exakt um 20:06 ein Echo auf sein E-mail zukommen lassen:

Sehr geehrter Herr Bruckner,

seit wann hat sich der „Charakter" der BikeWorld denn geändert? - Dumm, dass jetzt - in diesen Tagen(!!!) - immer noch Phoenix und die Nürburgring GmbH als Gesellschafter im Handelsregister ausgewiesen sind. Warum? - Wer täuscht da wen?

Herzliche Grüße
Wilhelm Hahne

Daraufhin habe ich natürlich keine Antwort bekomme. - Aber nun, während ich mich mit einer „Sommergrippe" unruhig im Bett wälzte, fiel mir ein, welche Fragen noch alle offen waren, und dass man eigentlich noch viele Dinge vor dem 4. September klären müsse. Manchmal kann man eben keine Rücksicht auf persönliche Unpässlichkeiten nehmen. Ich bin aus dem Bett gehüpft, habe meinen Computer gestartet und mal schnell in die Tastatur getippt - es war der 27. August, 17:50 Uhr:

Betreff: BikeWorld-Verkauf durch die Nürburgring GmbH im Sinne der Landesregierung Rheinland-Pfalz
Sehr geehrter Herr Bruckner,

ich versuche, Sie trotz der etwas einfältigen Antworten in Ihrer e-mail vom 23. August ernst zu nehmen. Mir gegenüber haben Sie erklärt:

„Ich habe Betriebswirtschaft studiert." - Nach Ihren Antworten muss ich mich fragen (ich frage nicht Sie!): wie viele Tage eigentlich?

Aber nun kommen Fragen, die ich Ihnen als Marketingchef der Nürburgring GmbH stelle:

- Im Handelsregister ist der angebliche Käufer der BikeWorld als alleiniger Geschäftsführer eingetragen. Ist er neben Herrn Jovi der einzige Teilhaber?
- Wenn JA: Warum ist das GmbH-Kapital durch diese zwei Gesellschaftern noch nicht voll aufgefüllt?
- Wer deckt die Differenz zu 50.000 € ab?
- Wenn der Aufsichtsrat am 4. September 2007 in nichtöffentlicher Sitzung (!) tagt, steht dann u.a. ein Forderungsverzicht der Nürburgring GmbH gegenüber der BikeWorld in Höhe des eingeräumten Kredits von 2,6 Mio € auf der Tagesordnung?
- Warum sind - wenn denn ein Verkauf der BikeWorld abgewickelt wurde - noch keine Veränderungen im Grundbuch eingetragen?
- Warum musste das zuständige Amtsgericht den für die Nürburgring GmbH tätigen Notar noch am 10. August 2007 anmahnen, nun endlich die notwendigen Unterlagen beizubringen?
- Nach meiner Kenntnis geht aber aus den Unterlagen des Grundbuches

aktuell nur ganz eindeutig hervor, dass die Immobilie BikeWorld zur Zeit noch sehr hoch belastet ist?
- *Wodurch?*
- *Wird sich das erst nach der Sitzung des Aufsichtsrates am 4. September 2007 ändern?*
- *Wer hat Herrn Moser (Inhaber von Phönix Motorsport, einen der bisherigen Gesellschafter der BikeWorld) wann und in welcher Höhe ausbezahlt?*
- *Warum wird **nach der Sitzung** des Aufsichtsrates und einer Entscheidung über das Projekt „Erlebnisregion Nürburgring" (der Sie intern jetzt plötzlich den Mantel „Nürburgring 2009" verpasst haben!) also erst nach dem 4. September 2007 durch die Verbandsgemeinden ein Gutachten in Auftrag gegeben (Gesamtkosten 48.552 €), in dem „...konkret die besondere Situation des Nürburgring-Angebotes ... im Verhältnis zu den dezentralen Angeboten des Umlandes" untersucht werden?*
- *Hätte das nicht sinnvoller Weise **vorher** geschehen müssen?*
- *Warum wurde bereits der Auftrag für die notwendigen Erdbewegungen - im Falle einer baulichen Umsetzung des Gesamtprojekts - vergeben, wenn man den Umfang noch nicht kennt?*

Ich lasse es bei diesen dreizehn Fragen. Wäre

ich in Ihrer Position, ich könnte sie aus dem Handgelenk beantworten. Aus den Rundenzeiten eines Fahrers auf der Nordschleife kann man auf seine fahrerische Qualifikation schließen... - Aber lassen wir das.

Ich würde mich freuen, bei Ihnen eine kurze Antwortzeit registrieren zu können.

Herzliche Grüße
aus der Verbandsgemeinde Vordereifel,
die sich an den Gutachtenkosten für die ETI,
Trier mit 5.000 € beteiligt
(lt. schriftlicher Zusage vom 15. August 2007 an Herrn Romes)
Die Finanzierung des Gutachtens erfolgt aus den Mitteln des Tourismus.
Die Zuordnung erfolgt im Unterabschnitt „790 – Fremdenverkehr" im Haushaltsplan 2007

Wilhelm Hahne

Am Tag darauf habe ich empfunden, dass man zumindest die Fragen mit ein paar Anmerkungen dem wichtigsten Amtsträger in Mainz mitteilen sollte. - So habe ich es dann auch gemacht.

Wieder einen Tag später habe ich empfunden, dass man schon Herrn Andreas Bruckner sagen sollte, dass ich auch „Mainz" in Kenntnis gesetzt habe. Er sollte auf keinen Fall den Eindruck gewinnen, dass ich evtl. hinter seinem Rücken... - Und so habe ich dann am 29. August um 7:33 Uhr folgendes e-mail verfasst:

Betreff: Meine e-mail-Anfrage vom 27.08.07

Sehr geehrter Herr Bruckner,

ich verkenne durchaus nicht die Situation

in der Sie stecken und verstehe, dass Sie in jüngerer Zeit gegenüber Gesprächspartnern schon mal äußerten, dass Sie - mit dem was Sie tun - nicht unbedingt persönliche Absichten umsetzen, sondern das, was „Ganz Oben" von Ihnen erwartet wird.

Ich habe „Ganz Oben" gestern darüber informiert, welche Fragen ich Ihnen gestellt habe. Wenn noch kein Kontakt zwischen „Ganz Oben" und „Oben" stattgefunden hat, wäre es vielleicht nicht unklug, wenn mal ein paar Informationen den Berg hinauf fließen, damit Sie hinterher nicht die Sache „Ganz Unten" ausbaden müssen.

Mir wird die Zeit auch ein wenig knapp, da ich z.Zt. mit einer „Sommergrippe" seit letzten Freitag das Bett hüte. Wobei es mich da natürlich nicht immer dort hält. Weil ich dann mal schnell zum Arzt bin, dann mal schnell noch ein e-mail schreibe; usw.

Sie werden meine letzte Anfrage nicht „mitteleuropäisch" (verlogen) empfunden haben. Richtig. Sie war ehrlich.
Eine Eigenschaft, die oftmals gerade Marketingleuten (aber auch Konzernlenkern mit dem Zwang zu guten Quartalsergebnissen) verloren gegangen ist. Man argumentiert dann gerne, dass das „im Dienste der Sache" geschehe. - Als Kinder nannten wir das „Notlügen".

Auch ich musste mir in den letzten Tagen z.B.

"hämisch wirkende Anrufe" gefallen lassen, wo ich gefragt wurde, ob ich denn auch von Ihnen zum Richtfest eingeladen sei. Ich habe NEIN sagen müssen und den Hintergrund hinterfragt. - Ich sei beobachtet worden, wie ich mit Ihnen während der „80-Jahr-Feier" ein langes und intensives Gespräch geführt hätte. Da sei ich doch sicher - wie andere auch - von Ihnen „eingewickelt worden".

Ich gratuliere Ihnen also zur Platzwahl. (Bei der „80-Jahr-Feier") Und kann mit den Vorurteilen meiner Mitmenschen leben. Viele davon aber leider nicht mit einer meiner Grundeigenschaften, immer das zu sagen (und zu schreiben) was ich denke, festgestellt, recherchiert habe. - Vor dem 4. September und nach dem 4. September 2007. - Ich bin eben kein Politiker, sondern ein Journalist, der seine (selbst gestellte) Aufgabe im öffentlichen Interesse ernst nimmt..

Es wäre aber nett, wenn Sie mir meine letzten Fragen noch vor dem 4. September 2007 beantworten würden. Zumindest bei mir wird erst nach dem 4. September eine Geschichte erscheinen. Zumindest ein Teil der Fragen werden dann durch die Entscheidungen des Aufsichtsrates auch beantwortet sein. Was meinen Fragen vom 27. August an Sie dann eine besondere Schärfe geben könnte (wenn sie vorher ohne Antwort bleiben), zumal sie dann noch bestimmt durch weitere Rechercheergebnisse ergänzt werden können.

Ich wünsche Ihnen noch einen Schönen Tag
Wilhelm Hahne

PS: ... weil mich gestern einer meiner Leser an eine meiner „alten Geschichten" erinnerte (und weil Sie zu dem Zeitpunkt noch nicht „vor Ort" arbeiteten): Klicken Sie mal <http://www.motor-kritik.de/common/04052703.HTM> *an. Wie die Zahl klar macht: sie ist vom 27. Mai 2004, also mehr als drei Jahre alt.*

Nun ist der Marketing- und Sales-Manager der Nürburgring GmbH sicherlich stark belastbar, aber alles hat seine Grenzen. Und die waren nun wohl bei ihm erreicht. Nur Stunden nach dieser E-mail, antwortete er mir um 11:20 Uhr:

> *Sehr geehrter Herr Hahne,*
>
> *Arroganz, Androhungen und Zynismus sind aus meiner Sicht keine gute Grundlage für vertrauensvolle Zusammenarbeit.*
>
> *Schreiben Sie wie angekündigt und immer praktiziert, dass was Sie wollen und für das Richtige halten.*
>
> *Mein Vorname ist übrigens Andreas!*
>
> *Für Ihren restlichen Lebensweg wünsche ich Ihnen alles Gute und viel Erfolg.*
>
> *Mit freundlichen Grüßen*
>
> *Andreas Bruckner*
>
> *Direktor Marketing & Vertrieb / Director Marketing & Sales*

Hm, auf diese kurze, knackige Antwort, musste ich ihm als erfahrener, alter Mann (s. auch seine entsprechende

Bemerkung) schon nett zurück schreiben. Das habe ich dann noch am gleichen Tag, um 14:54 Uhr getan:

Sehr geehrter Herr Andreas Bruckner,

ich hatte versucht, Ihnen mit meiner e-mail von heute vormittag (7:33 Uhr), eine Brücke zu bauen. Sie haben sie genutzt. Zur Flucht.

Jeder Pädagoge könnte daraus sicherlich seine Schlüsse ziehen. Ich bin kein Pädagoge. Aber ich halte die Nutzung dieser Möglichkeit durch Sie, in Ihrer Situation, für eine intelligente Lösung.

Mit dem Hinweis auf Ihren Vornamen haben Sie mich etwas irritiert. Was will mir der Schreiber damit eigentlich sagen? - Denn eigentlich sind Sie auch ohne Vornamen in Ihrer Funktion bei der Nürburgring GmbH unverwechselbar und inzwischen jedem der mit Ihnen Kontakt hatte ein Begriff.

Ich bin fasziniert von Ihrer Fähigkeit, aus 13 Fragen (Na ja, 13 ist eine Unglückszahl!) Arroganz, Androhung und Zynismus heraus gelesen zu haben. Das spricht für ein Feingefühl, eine Übersensibilität, die man Ihnen sonst wirklich nicht anmerkt. Und Sie erschrecken mich insofern, als ich einfach nur offen und ehrlich sein wollte. (Die Grundvoraussetzung für eine vertrauensvolle Zusammenarbeit.)

Entsprechend Ihrer Empfehlung werde

ich meine kommende Geschichte an den Veränderungen in Handelsregister und Grundbuch nach dem 4. September 2007 fest machen. Das sind wahrlich Grundpfeiler, an den selbst Sie nicht rütteln können. - Wie Ihre aktuelle Reaktion auf meine Fragen zeigt.

Mit freundlichen Grüßen
Wilhelm Hahne

***PS:** ...darf ich bei den anstehenden Veränderungen in der Zak-Rennfahrerschule demnächst mit einer Pressemitteilung rechnen? - (Damit ich die offizielle Version kenne.) Merke: die Erlebnisregion Nürburgring lebt!*

Jetzt ist natürlich Funkstille. Wobei sich übrigens „Mainz" bis heute auch noch nicht bei mir gemeldet hat. Aber da mein Kontakt über die Kontaktseite eines kontaktfreudigen Herrn zustande kam, bin ich immerhin sicher, dass der auch in naher Zukunft niemals sagen kann: *Aber das habe ich doch alles gar nicht gewusst!* - Sonst müsste ich ihm meine E-mail vorhalten. (Ich hatte mir zur Sicherheit eine Kopie gemacht.)

Sie merken, lieber Leser, so eine „Sommergrippe" in der Eifel kann ganz schön aufregend sein. So läuft das dann eben ab, das Selbst zwischen Philosophie, Erlebnisregion, Nürburgring und Bruckner - eben der Realität.

BikeWorld Nürburgring bietet Stoff für einen Eifel-Krimi

Es ist Herbst geworden in der Eifel. Wir schreiben den Monat Oktober 2007. Ich darf feststellen, dass ich nicht zu den Leuten gehöre, die immer hinterher – wenn alles passiert ist – genau gewusst haben wollen was abging. Ich habe es immer vorhergesagt.

Meine vor Jahren geschriebenen Geschichten beweisen es. Wobei ich nicht immer alles geschrieben habe was ich wusste, mit bekam, recherchieren konnte. Meine langen, langen Geschichten wären sonst noch länger geworden. Nach dem nun langsam zu dem Thema das letzte Kapitel auch bei der BikeWorldNürburgring GmbH geschrieben wird (es gibt aktuell auch Kündigungen), möchte ich meine letzten Erkenntnisse, gewonnen (u.a.) beim Amtsgericht Koblenz, in folgender Geschichte zusammen fassen, die auch einmal die Anfangssituation der Gründung noch ein wenig deutlicher beleuchtet, aber auch andere Ungereimtheiten „aufhellt". Insgesamt dürfte aber allen Beobachtern - mit Ausnahme von bestimmten Politikern - klar sein: Die Geschichte der BikeWorld Nürburgring GmbH stellt sich heute schon wie eine kleine Fingerübung im Hinblick auf das Projekt „Nürburgring 2009" dar. - Dabei schreiben wir erst 2007. Aber ich muss noch einen kleinen Schritt zurück – noch weiter zurück – nach 2003 machen:

Wer im Frühjahr des Jahres 2003 an der Tankstelle Döttinger Höhe eine dort ausliegende Zeitschrift mit dem Titel „Nürburgring 2003" kaufte, der musste einen ersten Eindruck von dem erhalten, was von so genannten Fachleuten der Nürburgring GmbH im Industriegebiet von Meuspath geplant war.

„Nürburgring 2003" nannte sich schlicht eine Zeitschrift, die sich wie ein Magazin anfühlte, auch stolze 5 Euro (= 10 DM) kostete, im Innern auch den Charme einer vergangenen Epoche ausstrahlte. Aber das ist vielleicht auch die Welt, in der sich die Mitarbeiter der Nürburgring GmbH heute noch bewegen. Jetzt mit „globalem Charme". Auch Hanns-Martin Fraas, im Impressum des „Magazin" als „V.I.S.d.H/P.

Leiter Marketing/Vertrieb" ausgewiesen, gehörte sicherlich „damals" zu den Weltverbesserern. (Natürlich gibt es ihn schon nicht mehr bei der GmH.)

Wer in dem genannten Heft Fehler suchte, wurde schnell fündig, wer einen besonderen Lesestoff suchte, auch. So konnte der überraschte Leser registrieren: *„Ein Kompetenz- und Service-Zentrum für Motorradfahrer entsteht bis Januar 2004 im Gewerbepark am Nürburgring. In der BikeWord Nürburgring wird auf rund 2.500 Quadratmetern alles zu haben sein, was das Motorradfahrer-Herz begehrt."*

Als Journalist macht das neugierig. Vor Ort unterwegs, machte man eine große Fläche Land neben dem Motorsport-Unternehmen „Phoenix" aus. Tatsächlich waren auch Mitarbeiter dieser Firma am zukünftigen Entstehen des neuen „Kompetenz-Zentrums" (was sonst?) beteiligt. Zunächst wurde also einmal dieser Flecken Land erstanden. - Denkt man.

Zwar waren die Verträge längst unterzeichnet, aber bisher war dann - wie ich feststellen konnte - bei den Verkäufern (eine Gemeinde, eine Personengruppe) noch kein Geld eingegangen. Die Gemeinde konnte ruhig gestellt werden, weil man dort schon ein wenig zuckte, als man erfuhr, dass sich an diesem neuen Bauvorhaben auch die Nürburgring GmbH beteiligen wird. - Das Land wird es schon richten, denkt sich in einem solchen Fall so mancher Eifel-Insider.

Jedenfalls versteht man, warum im Magazin „Nürburgring 2003" als Geschäftsführer der neuen BikeWorld Nürburgring jener Hanns-Martin Fraas genannt ist, der auch für den Inhalt dieses Hochglanzprodukts verantwortlich ist. - Wer vielleicht das eine nicht kann, wird vielleicht das andere können. Oder umgekehrt.

Die Gemeindeverwaltung wollte sich also - damals - im Moment damit bescheiden, für das Grundstück kein Geld sofort zu erhalten. Sondern erst später. Natürlich dann mit Verzugszinsen. Die andere Verkäufergruppe wurde auch hingehalten. Es wurden Zahlungen versprochen, die nicht ankamen. Man präsentierte (per Fax!) einen Scheck, den man dann irrtümlicherweise (!!!) einem Notar vorlegte, obwohl im Vertrag stand... - Entschuldigung! - Na klar, der Betrag wird sofort angewiesen. - Und das war's dann. - Ohne dass etwas weiter geschah.

Dann war die Geduld dieser Verkäufergruppe am Ende. In nächster Zeit sollte der Gerichtsvollzieher antraben. Und wenn der Eine (mit 51 Prozent am Grundstückskauf beteiligt) nicht zahlen kann, dann würde wohl der Andere (mit 49 Prozent Anteil) tief in die Tasche greifen müssen; denn beide haften gesamtschuldnerisch. So glaubte man zu wissen.

Und ich dachte mir: Hoffentlich zerfällt Phoenix nicht zu Asche. Wahrscheinlich würden die Motorradfahrer noch lange auf das neue Kompetenzzentrum BikeWorld warten müssen. Habe ich gedacht. Denn wer noch nicht einmal das Geld für ein Grundstück hat, wie will der die Kosten für die rund 2,5 Millionen Euro (oder mehr) Baukosten und notwendigen Investitionen aufbringen? Oder sollte das Dr. Kafitz, der oberste aller Geschäftsführer der Nürburgring GmbH richten? - Mit dem Geld des Landes? - Oder würde der Landkreis..., oder eine engagierte Kreissparkasse...? Ob die Landesregierung in Mainz - und der Aufsichtsratsvorsitzende Prof. Deubel - nicht vielleicht doch irgendwann feststellen würden, dass man in der Eifel ein wenig mehr nach dem Rechten sehen müsste? -

Schließlich hatte schon der Landesrechnungshof vor einiger Zeit auf eine Reihe von Schwachstellen („Löcher", durch die Gewinne versickerten) hingewiesen. Aber vielleicht wollte Ministerpräsident Kurt Beck auch nur Stoff für einen neuen Eifel-Krimi liefern, weil ihn die bisherigen schon so begeistert haben. Wie er vor einiger Zeit mal (im Dorint, Daun) zum Ausdruck brachte.

Aber dann wurde das Geld für die Grundstücke gezahlt und - weil man so eine Bau-Ausschreibung sparte - erfolgte die Beteiligung der Nürburgring GmbH für die Öffentlichkeit praktisch als „Seiteneinstieg", obwohl mir vorher schon versichert wurde, dass die BikeWorld Nürburgring niemals ohne Beteiligung der Nürburgring GmbH ins Leben gerufen würde. (Aber so konnte man immerhin eine Ausschreibungspflicht umgehen.)

Es verzögerte sich auch der Baubeginn, weil Dr. Kafitz, der Herrscher über Landesgelder, zu dieser Zeit gerade mal wieder in den USA weilte, um seine Position als „globaler Player" (was immer das auch sein soll) mit einer Firmen-Neugründung zu verdeutlichen. „Wir müssen warten, bis der Doktor aus den USA zurück ist", hörte ich, als ich - immer noch ein wenig ungläubig - nach dem Baubeginn fragte. „Ohne den machen wir das nicht."

Aber warum überhaupt? - Ich habe das nicht verstanden. Auch nicht, als man glaubte billiger bauen zu können, wenn man den eigentlich für einen Generalunternehmer bestimmten Gesamtauftrag mit - eigenem (abgeworbenen) Architekten dann in eine Reihe von Einzelaufträgen aufbröselte, womit dann auch bei evtl. notwendigen „Nachbesserungen" nicht mehr nur ein einziger, sondern evtl. viele Ansprechpartner notwendig wurden. - Aber dann war wohl doch jemand als Generalunternehmer zuständig, der vorher schon auch die Hallen für die Phoenix GmbH erstellt hat und auch aktuell gerade wieder für Phoenix baut.

So nahm das Unglück dann seinen Lauf. Das dann noch von „politisch geschicktem Verhalten" z.B. von BMW begleitet wurde. Guter Kontakt „zur Politik" schien denen in München immer wichtig. Wie z.B. die Gestellung von Premium-Limousinen gegen Spenden-Quittung an bestimmte Parteien in der Vergangenheit verdeutlicht. - „Man weiß ja nie, wofür man die noch braucht." (Sagte meine Großmutter immer.)

So wurde die BikeWorld Nürburgring GmbH dann auch z.B. BMW-Vertragshändler. (Aber darüber habe ich bereits vor Jahren geschrieben.) Und Mitte dieses Jahres verkauft. „Über die Kaufsumme wurde Stillschweigen vereinbart".

Über Unklarheiten, die sich aus den Handelsregistereintragungen ergaben, habe ich ihm bereits geschrieben. Aber ich habe nicht nur telefonisch noch einmal nachgehakt, sondern auch „vor Ort" (Amtsgericht Koblenz) folgende Feststellungen machen können:

Am 21. September 2007 habe ich beim Amtsgericht Koblenz

telefonisch nachgefragt: Ja, die Änderung im Handelsregister, bzw. die jetzt komplette Auflistung der Gesellschafter sei eingetroffen. Sie war aber noch nicht im Computersystem eingescannt. Auch die Akte war nicht auffindbar. Offenbar lag sie bei einer Rechtspflegerin, die aber an diesem Tag nicht im Büro war.

Ich habe es dann am 24. September 2007 wieder versucht: Die Seite war immer noch nicht eingescannt, die Akte wieder nicht auffindbar. Die Nachfrage des von mir angesprochenen Mitarbeiters bei einem Kollegen, ob ihm die Unterlagen zum Einscannen vorliegen würden, wurde verneint.

Ich erhielt aber die Zusage, dass sich der zuständige Sachbearbeiter auf die Suche nach der Akte machen würde. Er wollte sich dann wenige Stunden später melden und vom Ergebnis seiner Suche berichten.

Die Suche war dann auch - lt. Auskunft kurz nach 11 Uhr - ergebnislos. Aber es wären zwei Richter nicht da - und es wäre möglich... - Der Mitarbeiter der Registerabteilung ließ sich meine E-mail-Anschrift geben und versprach, mir die Seite sofort nach dem Einscannen zusenden zu lassen.

Das passierte dann zu meiner Überraschung noch am gleichen Nachmittag. Die Seite trug aber einen Dateinamen, der auf ein Einscanndatum am 7. September 2007 hinwies.

Nicht nur aus diesem Grund bin ich dann am nächsten Tag (25. September) noch mal nach Koblenz gefahren. Die Akte war körperlich dort, wo sie auch bei meinem ersten Besuch (7. September) gelegen hatte. Das im Dateinamen ausgewiesene Datum wurde mit „Irrtum" erklärt. Die Unterschrift auf dem vom Notar zugesandten Papier erwies sich als die des Herrn Brückner, die an anderer Stelle in der Akte notariell beglaubigt wurde.

Der Notar der Nürburgring GmbH war nach meinen Feststellungen vom Amtsgericht Koblenz am 4. September auf den von mir auch in meiner

Internetgeschichte erwähnten anderen „Irrtum" aufmerksam gemacht worden, der also nicht nur mir aufgefallen war. Lt. Eingangsbestätigung hat er dieses amtliche Schreiben am 5. September erhalten. Seine Korrektur ging dann dem Amtsgericht in der vorletzten Septemberwoche zu, mit der Anmerkung des Notars, dass man bitte den „redaktionellen Fehler" entschuldigen möge. (das AR hat 20 € zusätzliche Gebühr berechnet.) Nach der neuen Gesellschafterliste ist Herr Brückner zu 90 Prozent Anteilseigner der BikeWorld Nürburgring GmbH (s. auch Kopf des Anhangs). Obwohl Meuspath Sitz des Unternehmens ist, unterschreibt er „Nürburg, den"... -

Diese Gesellschafterliste gibt also Aufschluss über die Besitzverhältnisse. Aber - zumindest für mich - sind noch einige Dinge ungeklärt: nach meiner Recherche beim Amtsgericht Ahrweiler gibt es z.B. noch hohe Belastungen (Geldinstitut, Handwerker) auf Grundstück und Immobilie des verkauften Unternehmens. Und wenn ich nun daran denke, dass lt. Landesrechnungshof bis zum Verkauf Verluste in Millionenhöhe entstanden, die von der Nürburgring GmbH ausgeglichen wurden, dass ein Gesellschafterkredit, ebenfalls in Millionenhöhe, gewährt wurde, der offiziell (zumindest wurde die Öffentlichkeit nie anders informiert) noch besteht; dann dürfte sich schon aus der Addition dieser wenigen (und bekannten) Zahlen ergeben, dass beim Verkauf der BikeWorld Nürburgring GmbH gleichzeitig ein Millionen-Grab von Steuergeldern entstanden ist. - Für die die Landesregierung keine Rechenschaft ablegen muss? (Weil doch sicherlich der „Kaufpreis" entsprechend ausgerichtet wurde.)

Das Amtsgericht kontrolliert übrigens die Angaben des nun einzigen Geschäftsführers nicht weiter. Nicht in diesem Falle, nicht in anderen. Die erwähnte Liste ist der Teil des Handelsregisters, der meist von Banken angefordert und dann vom Amtsgericht zugesendet wird. So, wie ich ihn auch erhalten habe.

Das sind meine letzten Erkenntnisse in Sachen BikeWorld Nürburgring GmbH. - Wobei ich noch darauf aufmerksam machen möchte, dass bis zu dieser „Klärung" von Ungereimtheiten dann inzwischen gut drei Monate nach dem offiziell verkündeten Verkauf der BikeWorld Nürburgring GmbH vergangen sind. Und diese BikeWorld trägt immer noch den gleichen, unveränderten Namen (s.o.) Obwohl sie das - entsprechend der auch beim AR, Koblenz einzusehenden Verträge - eigentlich nicht dürfte. - Ist das ein (weiteres) Zugeständnis an den „Käufer"? - Kann die Landesregierung in einem solchen Fall eigentlich „Stillschweigen" über den Inhalt des Kaufvertrages, über die Höhe des Kaufpreises verhängen? - Hier wurden offensichtlich Steuergelder vernichtet! - Oder sehen Sie das anders, Herr Prof. Deubel?

Nach der Aufsichtsratssitzung der Nürburgring GmbH gab es übrigens am 7. September einen Betriebsausflug der Betriebsangehörigen. Nicht nur zum Frankfurter Flughafen, sondern es ging auch „zünftig" zu „Maximillians Brauwiesen" nach Lahnstein. Die Herren der Geschäftsleitung waren zum gleichen Termin per Flugzeug nach London unterwegs. Wie man hört, unter Aufsicht des Aufsichtsrates. Über diese „globalen Tätigkeiten" hat aber wohl nur die Buchhaltung der Nürburgring GmbH (per Spesenquittungen) etwas erfahren. - Top secret! - Wie immer.

So war auch die Begehung des Fahrsicherheitszentrum I und II am 17. September eigentlich geheim. Es ging wohl darum, per Gutachten die Absicherung eines (neuen) Kredits eines nicht unbekannten Geldinstituts (im Landkreis Ahrweiler) sicher zu stellen. Der Kredit soll - wie zu hören - mit zu einem Finanzierungsplan gehören, der Detailaktivitäten beim Bau der neuen Erlebnisregion Nürburgring sicher stellen soll.

Natürlich ging es bei diesem Gutachten nur um Grund und Boden und den Wert der reinen Immobilien. Da tat es dann schon ein wenig weh, wenn bei dieser gutachterlichen Begehung festgestellt werden musste, dass das Gebäude im Fahrsicherheitszentrum II wohl mit Formaldehyd belastet ist und darum - entsprechend den heute geltenden Grenzwerten - für eine normale Nutzung evtl. kaum tragbar ist. Aber - so ganz unter uns: man einigte sich wohl darauf, keine Messungen o.ä. vorzunehmen. Und so wird in dem Gutachten, das übrigens vom Fahrsicherheitszentrum bezahlt werden muss (obwohl eigentlich

Dr. Kafitz als Hauptgeschäftsführer der Nürburgring GmbH der Auftraggeber ist), nur so - oder ähnlich - zu lesen sein: Wahrscheinlich ist das Gebäude belastet. (was immer das heißen mag).

Denn Dr. Kafitz möchte den Wunsch des Herrn Ministerpräsidenten Kurt Beck nach Schaffung einer Erlebniswelt Nürburgring bis 2009 auf jeden Fall erfüllen.

So wurde schon verschiedenen Bauunternehmen klar gemacht, dass sich nach der Aufsichtsratssitzung zwar der Baubeginn zur Erlebnisregion Nürburgring verschieben wird, nicht aber der Endtermin. Und es wird „Druck" gemacht. Indem man z.B. „Vorlaufkosten" entstehen lässt. Nach meinen Schätzungen liegen die derzeit einschl. aller Pläne- und Modell-Gestaltungen, Ausstellungskosten usw. bei 30 Mio Euro. Und man schreckt auch nicht davor zurück, z.B. schon mal einen Bagger demonstrativ anfahren zu lassen, der dann zwar nur einen Tag arbeitet, aber so, dass es allen Leuten auffällt. Über den Sinn solcher Aktionen mag man geteilter Meinung sein, aber der Grund für solchen (ich nenne ihn) „Unsinn" ist klar: Man möchte verdeutlichen, dass es weiter geht, dass auch Aufsichtsratsbeschlüsse nicht bremsen, höchstens verzögern können. - Aber (s.o.) nicht den „Endtermin" verschieben.

Darum geht hinter den Kulissen die Arbeit an der „Endlösung" weiter. Vor allen Dingen müssen „Zwischenlösungen" realisiert werden, die - wenn nicht durchgeführt - beim nächsten Formel 1-Termin in 2009 Probleme schaffen würden. So hat Bernie Ecclestone klar gemacht, dass es in Zukunft nicht mehr geht, dass „Goldkarten" für eine Tribüne verkauft werden, die nicht überdacht ist. Also muss die GmbH die geplante neue Tribüne als erstes bauen. Auch wenn die anderen Hallen, Tiefgaragen und Boulevards, in deren Umfeld dann der Tribünenneubau fast untergegangen wäre, zur Zeit nicht realisierbar erscheinen.

Aber nun lässt man zunächst mal die Tribüne abreißen. Nach meiner Kenntnis ist der Auftrag zum Abriss in diesen Tagen an eine saarländische Bauunternehmung ergangen. Vielleicht dient der oben erwähnte neue

Kredit (mit seiner Absicherung über das Fahrsicherheitszentrum) auch dieser Abrissaktion, mit der sich dann die Nürburgring GmbH auch wieder auf ihre ureigenste Aufgabe besinnt. - Hier kann der Fertigstellungstermin auch nicht verschoben werden.

Obwohl der in einem anderen Beispiel, das wirklich beispielhaft für die Art der Geschäftsführung der Nürburgring GmbH ist, doch ein wenig verschoben wurde. Das betrifft den Fall des kaufmännischen Geschäftsführers der Nürburgring GmbH, Matthias Bausback. Ich habe darüber an anderer Stelle schon meine Meinung kund getan. Sie hat Herrn Bausback nicht gefallen. Er hat mir geschrieben, wir haben telefoniert. Und er hat mir zugestanden, dass ich aufgrund der genannten Tatsachen zu keinem anderen Schluss kommen konnte, wie ich ihn dann auch so beschrieben habe.

Doch Dr. Bausback korrigiert die bekannt gewordenen, als Tatsachen verkündeten Wahrheiten dann zu den „üblichen Gepflogenheiten", mit denen die Nürburgring GmbH (Dr. Kafitz) dann Tatsachen in einer Art „frisiert", dass sie einer Täuschung der Öffentlichkeit nahe kommen. - Bleiben wir einmal beim Beispiel Dr. Bausback:

Der trat im Januar 2006 seine Stelle als kaufmännischer Geschäftsführer der Nürburgring GmbH an. Es braucht natürlich einige Zeit, bis dass man sich ein Bild gemacht hat. Auch z.B. von der Art, mit der ein Hauptgeschäftsführer sich selbst und sein Unternehmen darstellt, wie Planungen und Finanzierungen vorgenommen und abgewickelt wurden. Nach weniger als acht Monaten hatte Dr. Bausback die Übersicht die er brauchte, um für sich eine Entscheidung zu treffen. Es ging dabei nicht um einzelne Entscheidungen, über die man sich immer streiten kann, sondern um Grundsätzliches. Wie er mir bestätigte.

Und so hat er dann im August 2006 seinem Hauptgeschäftsführer erklärt, wie er die Situation - auch z.B. die der Finanzierung der Erlebnisregion Nürburgring - sieht und dass er keine Idee hat, wie er unter den erkannten Voraussetzungen noch seine eigentlichen Aufgaben wahrnehmen kann, ohne seine Persönlichkeit aufzugeben, selbst zu einer Marionette zu werden. - Gut, der Mann!

Und so hat man sich dann auf die Formulierung von „einvernehmlicher Trennung" geeinigt. Und „dass Dr. Bausback dem Unternehmen weiterhin beratend verbunden bleibt" (So hat es mir Herr Dr. Bausback auch in einem Telefongespräch vor wenigen Tagen bestätigt).

Leider hat dann Dr. Kafitz die Öffentlichkeit - mal wieder! - getäuscht, indem er Dr. Bausback auch nach seinem Ausscheiden per 31. August 2006 weiter als „einzelvertretungsberechtigt" im Handelsregister als Geschäftsführer der BikeWorld Nürburgring GmbH beim Amtsgericht Koblenz führen ließ. Und das bis zum 24. Mai 2007! Das sind rund neun Monate nach seinem tatsächlichen körperlichen, faktischen Ausscheiden. Ich betrachte das als eine bewusste Täuschung der Öffentlichkeit, da ich das Dokument im Handelsregister als ein amtliches Dokument werte und seine Eintragungen ernst nehmen muss. Wie das übrigens auch die Banken tun.

Wäre ich Prof. Deubel, Aufsichtsratsvorsitzender der Nürburgring GmbH, würde ich allein ein solches Verhalten meines Hauptgeschäftsführers zum Anlass nehmen, mich fristlos von ihm zu trennen. - Aber Prof. Deubel hat dieses Verhalten offenbar bis heute nicht mit bekommen. Wie sollte man ihm einen Vorwurf machen? - Und die Lieferanten der BikeWorld Nürburgring GmbH haben auch niemals mitbekommen, dass es einen Geschäftsführer namens Dr. Bausback gab, weil die ihn nie in dieser Funktion erlebt haben.

Hier die E-mail des Herrn Dr. Bausback auf meine Erklärung zur Meinungsbildung in meiner September-Geschichte auf meinen Internetseiten mit dem Titel Motor-KRITIK:

> Sehr geehrter Herr Hahne
>
> Vielen Dank für die Info. Wenn das so im HR Auszug steht, muss das wohl seine Richtigkeit haben, ist dann jedoch auf eine Nachlässigkeit des Rings zurück zuführen:

1) Mein Geschäftsführervertrag wurde per Aufhebungsvertrag auf den 31. August 2006 beendet.

2) Neben dem Geschäftsführervertrag und dem dazugehörigen Aufhebungsvertrag bestehen keine weiteren Verträge zwischen der Nürburgring Gruppe und meiner Person.

3) Nach dem 31. August 2006 habe ich keine weiteren Zahlungen der Nürburgring Gruppe
erhalten.

4) Dieser Sachverhalt kann den Aufsichtsratsprotokollen entnommen werden.

5) Zu keinem Zeitpunkt war ich externer Berater (die ergänzende Information würde mich schon interessieren :-))

Morgen habe ich Zugang zu einem Fax und würde mich freuen, wenn Sie mir den Auszug zukommen lassen könnten.

Grüsse
Mathias Bausback

Natürlich hätte Herr Dr. Bausback das Fax von mir auf die von ihm in einer weiteren Information angegebenen Fax-Adresse erhalten. Wenn er sich noch einmal gemeldet hätte. - Leider nicht. - Will er Dr. Kafitz nicht wehe tun? - Das wäre falsch verstandene Rücksichtnahme.

Will Prof. Deubel jetzt meine Darstellung negieren? - Jeder Eifel-Krimi braucht einen Täter. Manchmal sollte man ihn stellen, bevor das „Opfer" tot ist. Dr. Kafitz sollte man in die Reihe der Serientäter einordnen. - Vom SPD-Vorsitzenden und Ministerpräsidenten von Rheinland-Pfalz, Kurt Beck, können wir wohl nichts erwarten; von Prof. Deubel, als dem Aufsichtsratsvorsitzenden der Nürburgring GmbH, müssen wir es. - Oder er disqualifiziert sich selber. -

Inzwischen wurden durch den neuen Käufer der BikeWorld Nürburgring GmbH zwei bisher dort beschäftigten Mitarbeitern Anfang Oktober zum nächst möglichen Termin gekündigt. Der Werkstattmeister und ein Verkäufer erhielten die Kündigung. Mit der Zusage, im Frühjahr 2008 wieder eingestellt zu werden. In der Zwischenzeit sollen die Aufgaben dieser Leute vom Personal der schon bestehenden Motorradfirma in Altendiez wahrgenommen werden. - Wie das gehen soll? - Keine Ahnung. Die zwei ausscheidenden Mitarbeiter werden dann über den langen Eifel-Winter via Arbeitsamt bezahlt. Vom Steuerzahler. (Derzeit sind sie noch „vor Ort".)

Die Werkstatt im „Kompetenzzentrum" muss dann in nächster Zeit eben ohne Meister direkt vor Ort auskommen. Und zwei Lehrlinge sind immer noch vorhanden. Doch auch „mit Meister" ist nicht alles immer so verlaufen wie sich das z.B. BMW-Kunden von einem BMW-Servicebetrieb erhoffen auch erwarten können. (Würde man bestimmt auch bei BMW sagen).

Da bleibt z.B. der Besitzer eines BMW-Motorrades (mit Kardanantrieb) bei der Anfahrt in dieser Region liegen, weil sich im Bereich des Hinterradantriebs eine Störung zeigt. Die Maschine wird eingeschleppt und ein Radlagerschaden hinten diagnostiziert. Das Radlager wird erneuert (Kosten um 700 Euro) und der BMW-Fahrer macht sich nur kurze Zeit später auf eine Fahrt in die Alpen. Dort kracht es dann etwas heftiger hinten im Antrieb, aus dem Antriebsgehäuse fließt Öl. - Ungewollter Stopp in einer Öllache. - Und der dortige BMW-Motorradhändler stellt (wieder!) einen Radlagerschaden hinten fest. Das am Nürburgring verbaute Radlager ist nun gerade 3 Wochen verbaut. - Das müsste auf Werkstatt-Garantie zu regeln sein, ist meine Feststellung, als mir dieser Fall bekannt wird. - Dem ist aber nicht so. Das BMW-Kompetenzzentrum, BikeWorld Nürburgring GmbH, stellt sich auf die Hinterbeine. Da wird nun diese Angelegenheit wohl durch Rechtsanwälte und Gerichte geklärt werden müssen.

Ich habe in der Vergangenheit schon mal über Details aus der Verkaufsabteilung dieses Unternehmens berichtet, sodass es mir nun richtig schien, aus gegebenem Anlass mal etwas über die Werkstatt-Arbeit dieser Firma zu berichten.

Wie man feststellen muss, hat der Verkauf des Unternehmens nichts an der Situation der Firma geändert. Auch die Marktsituation hat sich nicht verbessert. Die Landesregierung Rheinland-Pfalz wird sich nicht betroffen fühlen, weil die aktuellen Kündigungen ja nicht von „Ihrer" Nürburgring GmbH ausgesprochen wurde. Aber, die Frage muss immer deutlicher gestellt werden:

Wie viel Millionen Steuergelder wurden in dieser Motorradfirma verschleudert?

Warum trägt die BikeWorld Nürburgring GmbH auch nach dem Verkauf immer noch den gleichen Namen?

Wenn kleine Bankräuber und ihre primitive Art von Überfällen als Basis für einen Krimi reichen, dann müsste das, was sich hier als komplizierte Vernichtung von vielen Millionen Steuergeldern darstellt, sicherlich Stoff für eine ganze Krimi-Serie bieten. Zumal die Hauptdarsteller auch noch prominent sind und die Politik eine dramatische Kulisse bildet.

Der Landesrechnungshof hat übrigens dann später festgestellt, dass per saldo bei der BikeWorld Nürburgring GmbH ein Verlust von 4,8 Mio entstanden ist. -

Nicht mehr. - Eine geradezu lächerliche Summe, wenn man die Summen bedenkt, die man in den nächsten Jahren – nach 2010 - verlieren wird.

Aber man ist ja schon wieder dabei, die Verantwortung dazu zu deligieren. Von „staatlicher" Verantwortung auf einen „privaten Betreiber".

Es gibt mal wieder eine neue Baustelle. An der Nordschleife.

„Die Sicherheitsvorkehrungen an der Nordschleife haben sich seit der Eröffnung 1927 permanent weiter entwickelt. Bis heute wurden rund 33 Kilometer Dreifach-Schutzleitplanke an der Strecke installiert, in der Wintersaison werden kontinuierlich immer wieder Streckenabschnitte ausgebessert und neu asphaltiert. Auch in den nächsten drei Jahren wird weiter in die Sicherheit investiert. Während der noch laufenden Saison werden zusätzliche Zäune angebracht, die größtenteils von außerhalb der Rennstrecke installiert werden können. Von Dezember bis März erfolgen dann die Arbeiten direkt auf der Nordschleife. Bereits zur Motorsport-Saison 2008 sollen diese Bauarbeiten fertig sein. „Wir machen hier einen notwendigen Schritt, um die Nordschleife als permanente Rennstrecke für den Motorsport und als Teststrecke für die Industrie auch in Zukunft so nutzen zu können", erklärt Hauptgeschäftsführer Dr. Walter Kafitz. „Wichtig ist, dass auch Bereiche durch Zäune gesichert werden, in denen sich Dritte - also Fans, Zuschauer, Wanderer und Mountainbiker sowie Verkehrsteilnehmer auf den angrenzenden Bundes- und Kreisstraßen aufhalten. „ Dabei geht es nicht nur um verunfallte Fahrzeuge, sondern vielmehr auch um Fahrzeugteile, die von der Strecke geschleudert werden könnten. Darüber hinaus werden neue Dreifach-Leitplanken installiert und aufgestockt. Es ist sowohl für Rennfahrer als auch für Testfahrer aus der Industrie im Falle eines Unfalls besser, direkt an der Piste in die Leitplanke zu kommen und dort „geführt abgebremst" zu werden, anstatt etwa auf Gras ins Schleudern zu geraten und dann unkontrolliert mit der Leitplanke zu kollidieren. Die Fangzäune werden so installiert, dass sie möglichst nicht das Blickfeld der Zuschauer beeinflussen, in dem z.B. die Topographie ausgenutzt wird. „Trotzdem müssen wir im Sinne der Sicherheit handeln, denn die geht vor", erklärt Kafitz. „In den Streckenabschnitten Wehrseifen und Ex-Mühle haben wir zum Beispiel keine andere Möglichkeit, als die Zäune so zu errichten, dass sie auf Augenhöhe mit den Zuschauern stehen und diese zukünftig dahinter stehen." Trotzdem wurde in den

Bereichen Hatzenbach, Brünnchen und Pflanzgarten auf Grund des dortigen starken Besucheraufkommens eine Lösung gefunden, die für Zuschauer sowohl Sicherheit als auch Komfort bietet. Hier können die Zäune so aufgestellt werden, dass die Zuschauer weiterhin freie Sicht auf die Strecke haben. Insgesamt werden rund um die Nordschleife rund 13 Kilometer Dreifach-Leitplanken und rund 14 Kilometer Sicherheitszäune neu errichtet bzw. aufgestockt. Die Kosten in Höhe von rund drei Millionen Euro bringt zur Hälfte die Nürburgring GmbH auf. Für die andere Hälfte setzte sich der Verein „Ja zum Nürburgring" ein, der den Betrag durch Spendensammlungen akquirierte."

Das ist die Wiedergabe einer Pressemitteilung der Nürburgring GmbH. Das Thema ist die Nordschleife. Hinter den Kulissen hatte man sich schon lange formiert. Diese Pressemitteilung der Nürburgring GmbH erscheint zu diesem Zeitpunkt wie das notwendige Echo auf Zuschauer-Reaktionen, die in bestimmten Foren des Internets bereits zu finden sind. Da war schon in den letzten Wochen, Anfang August, zu lesen:

„*Die Nordschleife verliert ihr Gesicht - die neuen FIA Zäune
So langsam wird dem Zuschauer klar, wie die 1,3 Millionen Euro an der Nordschleife investiert werden. Hohe Zäune werden rund um die Nordschleife errichtet und ändern das Erscheinungsbild der historischen Strecke massiv."*

Ein anderer Nordschleifen-Fan fühlt sich durch die neuen FIA-Zäune an ähnliche Zäune im Zoo erinnert. Darum hat man sich wohl bei der Nürburgring GmbH zu einem Schritt nach vorne veranlasst gesehen und eine Hamburger PR-Agentur beauftragt, mal die Öffentlichkeit zu informieren.

Prompt kommt aus der „Öffentlichkeit" die Frage:
„*...warum Pressemeldungen vom Nürburgring aus Hamburg kommen. Meines Wissens ist der Geschäftszweck aus der Satzung der Nürburgring GmbH die Förderung der Eifelregion und nicht die der Hansestadt Hamburg. Seltsam."*

Die Antwort auf diese Frage findet man dann unter „Referenzen" der Hamburger PR-Agentur, wo zu lesen ist:

„Nürburgring
Ständige Mitarbeit bei der Entwicklung der PR-Strategie
zur Neupositionierung des Nürburgring als ***Entertainment-***
Ganzjahresdestination. *Beratung und Realisation versch. Maßnahmen im Bereich „interne Kommunikation" (z.B. Mitarbeiterzeitung) Event PR zu verschiedenen Veranstaltungen u.a. Formel 1 und DTM."*

Es geht also um die „Entertainment-Ganzjahresdestination". - Na, dann muss man natürlich auch etwas zum Zuschauerschutz unternehmen. Denn davon sollen ja mehr und mehr kommen. Wenn - wie bisher - nicht in die „Erlebniswelt", dann eben später - ab 2009 - in die „Erlebnisregion". In der wird die Nürburgring-Nordschleife immer eine besondere Bedeutung haben. Für die Zuschauer. Die müssen darum geschützt werden. Weil die Nürburgring GmbH auf jeden angewiesen ist. Zwar erlaubt der DMSB, das ist die Oberste Nationale Motorsportbehörde, (die sich früher auch als ONS bezeichnete), dem BMW Formel 1-Team mit einem modernen Formel 1 über die Nordschleife ohne besondere Sicherheitsvorkehrungen zu fahren. Aber das war dann nur eine Demonstrationsfahrt, für die andere Gesetze gelten. - Wie hätten Sie's denn gerne?

Jetzt geht es also um „Zukunftssicherung", wobei der Eindruck erweckt wird, als würden Dreifach-Leitplanken und FIA Sicherheitszäune Körperschäden bei Fahrern und Zuschauern mindern oder gar vermeiden. Das ist nicht so, wie jeder der den Rennsport über längere Zeit verfolgt, durch Beispiele zu belegen.

Ich erinnere mich spontan an den Motorschaden eines VLN-Rennfahrzeugs vor einigen Jahren. Im Start- und Zielbereich waren längst die FIA-Zäune aufgestellt. Und dann platzt bei einem vorbei fahrenden Rennfahrzeug der Motor. Die Schwungmassen an der Kurbelwelle werden abgerissen, durchschlagen alle Guss- und Blechteile des Fahrzeuges, fliegen über den FIA-Zaun, durchschlagen in der Opel-Lounge die große Frontscheibe und landen auf einem der dort aufgestellten Ledersessel, der nur zufällig gerade nicht besetzt ist. Natürlich reißt der Lederbezug auf. Das war schon krass. Hätte das „Stahlgeschoss" einen Menschen getroffen... -

Ein FIA-Zaun ist kein Allheilmittel, auch nicht Dreifach-Leitplanken, selbst wenn sie direkt an der Strecke stehen. Woher die „Fachleute" der Nürburgring GmbH die Gewissheit nehmen, dass es für Renn- und Testfahrer besser ist, direkt am Streckenrand in die Leitplanken zu fliegen, als über eine größere Wegstrecke, die dann z.B. über eine Wiesenfläche führen kann, wo dann auch Energie abgebaut werden kann, kann ich nicht abschätzen. Weil es eigentlich keinen Standardunfall gibt. Ich kann nur aus eigener Erfahrung sagen, dass Leitplanken, die ein verunfalltes Fahrzeug wieder unkontrolliert auf die Strecke katapultieren, zu dem Gefährlichsten gehören, was einem Rennfahrer - meist im Pulk unterwegs (oder beim 24-Stunden-Rennen z.B. im Dunkel der Nacht!) - passieren kann. Ist sein Horoskop gut, na denn... - Im anderen Falle liegt er dann - mit anderen Beteiligten - im Krankenhaus. Oder es kommt noch schlimmer. Aber der DMSB oder die Nürburgring GmbH werden sicherlich eine neue Norm geschaffen haben, nach der ein Unfall in Zukunft zu erfolgen hat. - Sonst gibt es dann eine Sportstrafe. - Wie das heute so üblich geworden ist. - Der Sport definiert sich durch entsprechende Strafen.

Aber mal ganz ernsthaft: „Geführt abgebremst werden" kann man wohl nur bei einer gezielt gesteuerten Computer-Animation. Und ich würde gerne den Testfahrer (mit Erfahrung!) kennen lernen, der sich der in der Pressemitteilung der Nürburgring GmbH geäußerten Meinung anschließt.

Aber dieses „Sichermachen" der Nordschleife ist ein Drei-Millionen-Geschäft, das auch in der Region bleibt. Denn mit der Durchführung wurde ein heimischer Unternehmer beauftragt. Zur Überraschung einiger Beobachter, die den Auftrag schon in der Hand eines süddeutschen Anbieters sahen. Wie es dann zu der „geführten Abbremsung" in Richtung Meuspath kam, kann ich derzeit noch nicht genau erklären. Jedenfalls ist dort Erfahrung beim Aufbau von Leitplanken und FIA-

Zäunen vorhanden.

Nun sind drei Millionen kein Pappenstiel. Auch wenn die Nordschleife mit dem vorhandenen großen Publikumsverkehr sicherlich zur eigentlichen „Melkkuh" der GmbH gehört. Gerade das Jahr 2007 dürfte einen neuen Rekord einfahren. Auch durch die Nutzung der Nordschleife durch engagierte Motorradfahrer. Die hat man offensichtlich bei der Argumentation mit „geführt abgebremst werden" vergessen. - Nun ja, man kann auch schließlich nicht an alles denken. - Aber man kann so tun... -

Man kann auch so tun, als würde es eine andere Lösung nicht geben. Und dass man als Besitzer einer Rennstrecke eben zu solchen Maßnahmen gezwungen ist, sie gar nicht beeinflussen kann.

Da wäre z.B. die Sportbehörde DMSB. Dort ist man sich auch in vielen Dingen nicht einig. Darum wurde gerade deren bisheriger Chef geopfert. Natürlich trennt man sich in beiderseitigem Einverständnis. Und neuer Chef wird jetzt ein Mann, der mich in einer E-mail in Sachen „BMW Formel 1 auf der Nordschleife" (im Jahre 2007) dann - wegen meiner Fragen ein wenig verunsichert fragte:

„...Was ist denn eigentlich Ihr Anliegen? Ich finde grundsätzlich mal erst alles gut, was Werbung für unseren Sport macht und ich halte sowohl BMW und die VLN für kompetent und sicherheitsbewusst. ..."

Wahrscheinlich hatte dieser Mann vorher noch keinen Kontakt zu Journalisten gehabt. Darum habe ich ihn dann ein wenig aufgeklärt:

„...Erstaunt bin ich über Ihre Frage: „Was ist denn eigentlich Ihr Anliegen?"

Sie kennen mich als Journalisten, meine Basisanfrage ließ daran sicherlich auch keinen Zweifel. Und die Aufgaben eines Journalisten sind eigentlich in der Vergangenheit immer wieder klar dargestellt worden. - Dass sie in unserer „modernen Zeit" von vielen Mitläufern anders empfunden werden, ändert nichts an der Richtigkeit der ursprünglichen Interpretation:

Im Pressekodex ist zu „Journalisten" ausgeführt: „Sie nehmen ihre publizistische Aufgabe fair, nach bestem Wissen und Gewissen, unbeeinflusst von persönlichen Interessen und sachfremden Beweggründen wahr."

Wolf Schneider und Paul Josef Raue sehen die Aufgabe des Journalismus so: „Durch den Dschungel der irdischen Verhältnisse eine Schneise der Information zu schlagen - und den Inhabern der Macht auf die Finger zu sehen."

Anderswo ist die Aufgabe eines Journalisten ganz sachlich so definiert: „Im Kern gehören zu den Aufgaben eines Journalisten die Recherche zu einem bestimmten Thema oder Sachgebiet, die Faktenzusammentragung, Überprüfung herangezogener Quellen und natürlich das Verfassen von Texten, die eine Sache gewissenhaft beleuchtet, dem Leser eine Meinung eröffnet oder im besten Fall dem Leser strukturierte Informationen zuführt, die ihn bei der eigenen Meinungsbildung unterstützt."

Oder ganz kurz - in einem Leserbrief in diesen Tagen - auf FAZ-Seiten so definiert: „Es ist die Aufgabe von Journalisten, nicht zu schweigen."

Ich werde durch meine jahrzehntelange Tätigkeit allgemein als Motor-Journalist bezeichnet. Da ergibt es sich, dass ich Fragen zu diesem Fachgebiet stelle...."

Denn dieser Mann - inzwischen praktisch Chef des DMSB - kennt die Probleme der Nordschleife ganz genau. Er kennt auch alle Beteiligten und deren persönliche Meinung zu dieser Sache. So ist er auch ein profunder Kenner des „Drei-Millionen-Euro-Dings" um Leitplanken und FIA-Zäunen rings um die Nürburgring-Nordschleife. Bereits im September 2005 hatten er und Dr. Kafitz (neben anderen „Begleitern") eine erste Begehung der Nürburgring Nordschleife durchgeführt.

Daraus ergab sich dann - nach einem Meinungsaustausch unter den Beteiligten - ein „Meeting", das am 8. August 2006 in Köln stattfand. Dabei waren Mitarbeiter des ADAC Nordrhein, denen es bei diesem Thema im Wesentlichen um das 24-Stunden-Rennen geht, solche des DMSB und solcher vom Verein „Ja zum Nürburgring". Es ging vor allen Dingen darum, wie man an anderer Leute Geld kommt.

Dabei wurde beschlossen, den Verein „Ja zum Nürburgring" als Zugpferd zu nutzen. Der hat dann auch als erste Maßnahme Kontakt zu „betroffenen" Regionalclubs und den Zentralen von AvD und ADAC hergestellt.

Der ADAC-Nordrhein hat dann schon im Oktober 2006 reagiert, ist mit gutem Beispiel voran gegangen (weil auch ein direktes Interesse bestand) und eine finanzielle Unterstützung des geplanten (?) Projekts „Erhalt der Nordschleife" in Höhe von 500.000 Euro beschlossen.

Im übrigen hat dieser „Regionalclub" dann mit Schreiben vom 28. November 2006 einen Antrag an den Sportstättenförderungsfonds des ADAC e.V. in München gestellt. - Hätten Sie gewusst dass es so etwas gibt?

Als die interessierten Herren sich dann wieder zu einem weiteren Gespräch am 4. Dezember 2006 in Haus B der Nürburgring GmbH trafen, da hatte man auf den Ebenen des ADAC schon rund 1,2 Millionen Euro zusammengekratzt. Ein paar Euro davon waren zwar noch fraglich, ... - Aber man wollte schon auf 1,5 Millionen kommen, da die Gesamtkosten für Leitplanken und FIA-Zäune grob auf 1,5 Millionen geschätzt war. - Von wem eigentlich? - Egal, man hatte jedenfalls mit 50 Prozent der geschätzten Gesamtsumme von drei Millionen, also 1,5 Millionen „Zuschuss" - egal von wem - ein Ziel.

Und so überlegten dann die Herren, die sich an diesem Montag um 17 Uhr in der Eifel versammelt hatten, wie man die Sache weiter betreiben sollte. **Dr. Kafitz**, der Hauptgeschäftsführer der Nürburgring GmbH hatte neben Herrn **Carsten Paas**, den er als Assistent der Geschäftsleitung vorstellte, folgende Herren um sich versammelt:

Hans Schnock, *Sportleiter des ADAC Gau Nordrhein, auch als Rennleiter des 24-Stunden-Rennens bekannt;*

Peter Geishecker, *der hier als Wagenreferent des ADAC Gau Nordrhein erschienen war (auch als Chef von WIGE bekannt und Inhaber der Marketingrechte am 24-Stunden-Rennen);*

Jürgen Sarner, *der Leiter des Bereich Sport beim ADAC Gau Nordrhein;*

Otto Flimm, *Vorsitzender des Vereins „Ja zum Nürburgring" (auch als Ex-Chef des ADAC von Bedeutung und als Hersteller von „Kabänes");*

und **Herr Hellemann**, *der als Assistent der Geschäftsführung der WIGE MEDIA AG (Chef: Peter Geishecker) erschienen war.*

Man war sich schon im August 2006 darüber einig gewesen, dass es darauf ankam, noch einige Industriefirmen für „eine finanzielle Unterstützung" zu gewinnen. Am leichtesten würde es sein - so dachte man - jene Industrieunternehmen dafür zu gewinnen, die die Nürburgring-Nordschleife schon zu Testzwecken nutzen. So sollten diese Firmen u.a. angeschrieben werden. Dabei gab es auch die Absprache, dass hier nicht etwa die Nürburgring GmbH „um eine milde Gabe" bittet, sondern dass das entsprechende Schreiben an die Unternehmen der Automobilindustrie von Herrn Otto Flimm als Vorsitzender des Vereins „Ja zum Nürburgring" (aber auch unter Einbeziehung seiner sonstigen Titel) sowie von Herrn Tomczyk unterzeichnet wird. Der dann in seiner Eigenschaft als Präsident des DMSB zeichnen sollte.

Schon am 13. November wurde den an dieser „Sammelaktion" Beteiligten ein erster Entwurf zu diesem Schreiben zugestellt. Der ADAC-Nordrhein hatte nun zum genannten Dezember-Treffen die „End-Fassung" des Briefes vorgelegt. Und sie fand die Zustimmung aller Beteiligten. Bis auf die kleine Ergänzung - auf die man sich dann noch einigte - dass die Umsetzung der geplanten Maßnahmen erst zwischen der Saison 2007/2008 in Angriff genommen werden könnte.

Dieser Brief wurde dann am 15. Januar 2007 an alle „interessierten" Industriefirmen versendet. Dieser Termin wurde auf der Dezember-Sitzung als besonders günstig empfunden, weil die Beteiligten an dieser Sitzung so die Möglichkeit hatten, die Industrie-Vertreter in der Sache noch einmal am 31. Januar 2007 in Stuttgart, bei der Ehrung irgendwelcher „besten Fahrzeuge", direkt zu dem Thema persönlich - Auge in Auge - anzusprechen.

Damit nicht zufällig mehrere Leute über die gleichen Industrievertreter herfielen, wurde schon am 4. Dezember 2006 festgelegt, wer bei der so genannten „Nachfassaktion" dann welche Firmen bearbeiten sollte:

Adam Opel GmbH: *Dr. Walter Kafitz*
Audi AG: *Dr. Walter Kafitz*
BMW AG: *Dr. Walter Kafitz (evtl. auch - nach Abstimmung - Herr Tomczyk)*
DaimlerChrysler AG: *Dr. Walter Kafitz (evtl. auch hier - dann auf anderer Ebene - Herr Tomczyk)*
Ford Werke GmbH: *Otto Flimm*
Toyota Deutschland GmbH: *Peter Geishecker*
Yokohama Reifen GmbH: *Peter Geishecker*

Andere Firmen, wie:
Jaguar *Deutschland GmbH,*
Porsche *AG,*
Bridgestone *Deutschland GmbH,*
Continental *AG,*
Dunlop *Goodyear Tires Germany,*
Michelin *Reifenwerke KGaA,*
Pirelli *Reifenwerke GmbH,*

wollte man zunächst nur anschreiben. Über die „Nachbehandlung" wäre man sich schon einig geworden.

Zu diesem Zeitpunkt lagen aber weder vom DMSB, noch von der FIA definitive Zusagen vor, dass nach Durchführung der geplanten „Sicherheitsmaßnahmen" eine dauerhafte Durchführung z.B. von internationalen Veranstaltungen (zu denen eine FIA-Genehmigung vorliegen muss) auch gewährleistet ist. Darum wurde noch im Dezember 2006 beschlossen, dass man den (damals) stellvertretenden Generalsekretär des DMSB, Herrn Christian Schacht, für die Umsetzung der Pläne in die Realität gewinnen muss.

Klar war: es müsse dann eine weitere Begehung der Nürburgring-Nordschleife erfolgen. - Was inzwischen auch passiert ist, nachdem u.a. Dr. Kafitz am 8. Dezember 2006 in Monte Carlo mit Herrn Schacht (unter Einbeziehung des Herrn Tomczyk) auf der Sitzung des FIA World Council die weitere Vorgehensweise in Richtung FIA besprochen hatte.

Die Teilnehmer an diesem „Dezember-Circle" des Jahres 2006 waren in der Folgezeit erstaunt, wie schwer es war, die Industrie für weitere Zahlungen zur Erhöhung der Sicherheit auf der Nordschleife zu begeistern. Es gab mehrheitlich Absagen. Natürlich gab es auch schon mal - trotz vorheriger Absprache - eine „Doppelansprache" wegen einer „kleinen Spende". Aber die Industrie ist insgesamt nicht so besonders gut auf Herrn Dr. Kafitz und die durch ihn in den letzten Jahren vorgenommenen Preiserhöhungen zur Nutzung der Nordschleife bei Tests zu sprechen. - Ja, der Industrie wurde schon immer kräftig in die Tasche gegriffen. Da war man zu einer Zusatzspende nicht bereit. - Bis auf eine Firma. Und das ist Porsche.

Zur Überraschung aller Beteiligten war es die Porsche AG, die in ihre prall gefüllte Portokasse griff, und den wohlfeilen Betrag von 250.000 Euro beisteuerte. Und plötzlich war 1 + 1 nicht mehr 2, sondern der schon in 2006 - angeblich - angelaufene Betrag (s.o.) reduzierte sich trotz des Porsche-Beitrags dann zum Termin des „Großen Preis von Europa", des Formel 1-Events auf dem Nürburgring auf insgesamt 1,3 Millionen Euro.

Als Spender präsentierten sich zu diesem Termin mit einem entsprechenden Scheck der Verein „Ja zum Nürburgring", der ADAC München, der ADAC Nordrhein, der ADAC Mittelrhein, sowie die Porsche AG.

Wolfgang Dürheimer, Forschungs- und Entwicklungs-Vorstand der Dr. Ing. h.c. F. Porsche AG begründet den Vorstandsbeschluss seines Unternehmens bei der Scheckübergabe so:

„Die weltweite Einzigartigkeit des Nürburgrings, seine Tradition wie auch die Tatsache, dass die Nordschleife nach wie vor die ultimative Teststrecke für Porsche-Sportwagen ist, hat uns bewogen, dieses Projekt zu fördern. Die Erhöhung der Sicherheit dieser Strecke ist sehr in unserem Sinne und setzt ein wichtiges Zeichen für den Motorsport in Deutschland. Das Ziel der Zertifizierung durch die FIA ist aus unserer Sicht ein richtungweisender Schritt für diese imposante Strecke."

Aber diese Spendenfreudigkeit hat sicher einen weiter reichenden Hintergrund. Denn schon lange, lange hatte die Porsche AG keinen Termin mehr für die Durchführung von Fahrtraining-Veranstaltungen auf dem GP-Kurs des Nürburgrings erhalten. - Warum? - Weil die Nürburgring GmbH nicht wollte.

Nun wird sie wieder wollen müssen. Ich bin jedenfalls davon überzeugt.

Und der ADAC-Sportpräsident Hermann Tomczyk sagte:

„Die Nordschleife ist ein wichtiger motorsportlicher Eckpfeiler für den Breitensport in Deutschland. Die ernormen Teilnehmerzahlen an der Langstreckenmeisterschaft sind bestes Bespiel dafür. Deshalb hat sich der ADAC München auch spontan bereit erklärt, zu helfen."

Otto Flimm hat zu diesem Termin, bei der Scheckübergabe an den Herrn Hauptgeschäftsführer der Nürburgring GmbH auch gesprochen:

„Unser Verein schaffte es vor mehr als 20 Jahren, den Nürburgring als Formel-1-Rennstrecke zu erhalten. Nun können wir auch beruhigt auf die Zukunft der legendären Nordschleife blicken. Dank einer wirklich großzügigen Unterstützung durch die Spender können die Arbeiten in Angriff genommen werden. Ich hoffe, dass wir die bestehende Deckungslücke von circa 200 000 Euro durch weitere Spenden noch schließen können".

Und als Mitglied des ADAC Nordrhein schilderte er clubinterne Aspekte so:

"Unser Regionalclub ist unter anderem Veranstalter des 24-h-Rennens auf der Nordschleife und es freut mich, dass wir künftig den Teilnehmern dort einen weitaus verbesserten Sicherheitsstandard bieten können. Dafür haben wir gerne auch mal tiefer in unsere Geldbörse gegriffen."

Nun sind, wie die Nürburgring GmbH durch ihre Hamburger PR-Agentur mitteilen ließ, „Motorsport und Industrietestfahrten langfristig gesichert". Auf der Nürburgring-Nordschleife. - Ohne die die andere Rennstrecke der Nürburgring GmbH, der sogenannte GP-Kurs, ein Nichts wäre.

Die Nordschleife ist noch eine der wenigen Natur-Rennstrecken auf der Welt. Während andere „Denkmäler" unter Denkmalschutz gestellt werden, wird diese Rennstrecke immer weiter „verschandelt", wirkt nach den - aus Sicherheitsgründen - vorgenommenen Umbaumaßnahmen dann wie ein Fremdkörper in der Landschaft der Eifel. Wo seltene Vögel, Gräser und Bauten geschützt werden.

Dr. Kafitz betrachtet die Baumaßnahmen als „Investitionen in Motorsport und Industrie". Nun ja, die Baufirma die inzwischen den Auftrag zur Durchführung der Arbeiten (Leitplanken, FIA-Zaun) erhalten konnte, hat inzwischen auch einen neuen Mercedes Unimog bestellt. (Oder doch nur geliehen?) Und Zäune werden zur Zeit schon außerhalb der Strecke errichtet. Zum Teil in einer Art, die darauf schließen lässt, dass man den Wald schützen möchte.

Und auf der Internetseite www.20832.com wurde inzwischen eine neue Diskussionsseite eingerichtet, die unter dem Titel steht:

„Die Nordschleife verliert ihr Gesicht - die neuen FIA Zäune"

Damit die Diskussionsteilnehmer eine bessere Kenntnis der Geschehnisse auf dem Weg dahin haben, darum wurden hier viele Details genannt. Wer kennt die auch sonst schon? - Man solle schon wissen ...wie es dazu kommen konnte.

Langsam wird die Nordschleife zu einer richtig deutschen Rennstrecke. Wo sich dann auch „Erlkönige" besser hinter den Zäunen verstecken können.

Das wird dann die Industrie sicher einen kleinen Aufschlag kosten. - Denke ich.

Millionen für Visionen

Im November 2007, bezeichnenderweise einen Tag nach dem „Volkstrauertag", stellt sich den interessierten Wählern aller Parteien die Frage:

Wird das private Unternehmertum in der Eifelregion um den Nürburgring durch politische Fehlentscheidungen von einer „Behördenfirma", der Nürburgring GmbH (90 im Besitz des Landes Rheinland-Pfalz), nun ins Abseits und Aus gedrängt?

„Am Ende bleiben uns die Bauruinen", sagt der alte Mann an der Theke der einfachen Eifel-Gaststube. Und sein Nachbar, um etwa dreißig Jahre jünger, fragt: „Aber wie willst du das aufhalten?" - Um dann selbst - ein wenig resigniert - zu der Feststellung zu gelangen: „Die da oben machen ja doch was sie wollen!" -

Eine ganze Eifelregion scheint vor politischen Entscheidungen, wie sie jetzt z.B. am 19. November 2007 in Mainz auf der Aufsichtsratssitzung der Nürburgring GmbH fallen sollen, zu resignieren. Und das Parlament des Landtages Rheinland-Pfalz soll mit in die Entscheidung eingebunden werden. Das sagte am 25. Oktober 2007 der Herr Minister Hendrik Hering vor Abgeordneten des Landtages. - Wann denn? - Nach dem Abriss schon bestehender Bauwerke, dann, wenn ein endgültiger Stopp der bisherigen Pläne sinnlos erscheint?

Wie „Hütchenspieler" tauscht und schiebt man Begriffe - und nicht nur die, wie Sie lesen werden - hin und her. Bezeichnungen wie „Eifelregion Nürburgring", Nürburgring 2009" oder „Erlebnispark Nürburgring" versuchen zu vertuschen, dass z.B. aus einem geplanten Feriendorf „Motorsportdorf" inzwischen zwei geworden sind. Aus 870 scheinbar genehmigten Betten (360 „Dorf", 510 neues Hotel) sind so fast lautlos 1.470 Betten geworden. Zusätzlich zum bestehenden Bettenangebot der „Region", das bisher noch in keinem Jahr auch nur annähernd genutzt, gebraucht wurde. Unter der gleichen Bezeichnung laufen bei unterschiedlichen Bauämtern derzeit für zwei „Motorsportdörfer" die

Genehmigungsverfahren. Und die übergeordnete Behörde weiß darum. - Wird sie ihre bisher gültige Entscheidung - nach Einsprüchen von Betroffenen - für eine Begrenzung der Bettenzahl nun unter dem Druck von oben nach oben verändern? - Aus Gesamtkosten um 250 Mio Euro, die 2005 für das Gesamtprojekt genannt wurden - ohne jede Beteiligung von Landesgeldern! - waren unter dem Druck der öffentlichen Meinung erst 150 Millionen Euro geworden, bei einem nun plötzlichen Zuschuss von öffentlichen Geldern (Steuergelder!) von 50 Prozent. - Die Grundsatzentscheidungen zu notwendigen Genehmigungsverfahren sind noch nicht abgeschlossen, wenn am 19. November 2007 die Entscheidung des Aufsichtsrates der Nürburgring GmbH in Mainz für oder gegen die Realisierung der Pläne (welcher Pläne eigentlich?) fallen soll. Und wann befindet das Landesparlament über die Pläne? - Nach dem Abriss schon bestehender Bauwerke? -

RLP-Finanzminister Prof. Deubel hat im September 2007 plötzlich auch wieder von einer Bausumme um 200 Millionen Euro gesprochen. Nürburgring-Geschäftsführer Dr. Walter Kafitz nennt in offiziell gewordenen Gesprächen mit Medienvertretern aktuell jetzt 210 Millionen Euro als Baukosten. - Was denn nun? - Mit Achterbahn? - Ohne Achterbahn? - Die kam jetzt neu ins Verwirrspiel. Politik und Marketing-Fachleute spielen mit der Öffentlichkeit, führen eine parlamentarische Demokratie ad absurdum. - Ein Verwirrspiel! - Aber erfahrenen Beobachtern ist lange klar was hier abgeht, verschwinden, sich auflösen wird. - Millionen werden sich auflösen. Nachdem es vorher immer mehr und mehr Millionen geworden sind.

Die Herren Politiker und jene, die von ihnen profitieren, reden über Millionen, wie andere Leute über zwanzig oder dreißig Euro, wenn sie an der Kasse von Aldi stehen. Aber da sind die Fronten auch klar: Aldi ist der Verkäufer, der Kunde der Käufer, der das Geld das er hier ausgibt selbst erarbeiten muss. Und der rechnet heute mit jedem Cent, weil alles teurer wird und er nicht durch eine Diätenerhöhung - wie sie demnächst eine kleine Gruppe von politisch Priviligierten erfährt - nun vom Boden der Realität abheben kann.

Politiker scheinen das Gefühl für Wertigkeiten verloren zu haben. Sind sie die Diäten in der Höhe wert, die sie demnächst (+ steuerfreie Kostenpauschale) erhalten? Kurt Beck verdient sicherlich deutlich mehr als 100.000 Euro im Jahr, da ist für ihn eine Million eine greifbare Zahl. Hundert Millionen unterscheiden sich von zehn Millionen nur durch eine Null. Warum soll man da dann nicht einfach eine Zwei vorsetzen? 200 Millionen Baukosten für ein Projekt das eine ganze Region verändert? - Wo ist das Problem?

Was will denn Kurt Beck für sein Land Rheinland-Pfalz, für die Eifelregion erreichen? Mehr Arbeitsplätze, eine bessere Auslastung bestehender Objekte, mehr Unabhängigkeit von der im Gründungsvertrag der Nürburgring GmbH festgeschriebenen Motorsportabhängigkeit?

Das Ganze für 200 oder 210 Millionen Euro? Werfen wir doch mal einen Blick auf die realistischen Bilanzzahlen der Nürburgring GmbH in den letzten Jahren, schaffen wir mal eine Ausgangsbasis für ein Nachempfinden der Politikerträume, indem wir uns die Entwicklung der Zahlen aus der Gewinn- und Verlustrechnung der Nürburgring GmbH in den Jahren 2000 - 2005 vor Augen führen:

2000   116.000 Euro Überschuss
2001   241.000 Euro Überschuss
2002   503.000 Euro Verlust
2003   528.000 Euro Überschuss
2004   9.581.000 Euro Verlust
2005   9.672.000 Euro Verlust

Und der Landesrechnungshof des Landes Rheinland-Pfalz kommt in seinem Jahresbericht 2006 zu der Erkenntnis:

„Die wirtschaftliche Lage der Nürburgring GmbH ist äußerst angespannt. Die Gesellschaft erlitt seit 2004 insbesondere aufgrund hoher Kosten für die Veranstaltung der Formel 1-Rennen erhebliche Verluste. Selbst wenn die Rennen künftig abwechselnd mit der Hockenheimring GmbH ausgetragen werden, ist zu erwarten, dass das Ende 2005 vorhandene Eigenkapital bis 2009 durch Verluste aufgebraucht sein wird."

Schauen wir uns doch einmal an, welche Zahlen in der Gewinn- und Verlustrechnung des Jahres 2005 z.B. ein wenig aus der Reihe schlagen:

Umsatzerlöse	*27.133.000 Euro*
sonst. betriebl. Erträge	*2.064.000 Euro*
Beteiligungs- + Zinsertrg.	*543.000 Euro*
Material- + Veranstaltgsaufw.	*12.461.000 Euro*
Personalaufwand	*3.700.000 Euro*
Abschreibungen	*2.849.000 Euro*
Sonstige Aufwendungen	*20.402.000 Euro*
Verlust	*9.672.000 Euro*

Die „Sonstigen Aufwendungen" stehen eigentlich nicht so recht in einem vernünftigen Verhältnis zum Umsatz. - Aber wen interessiert das schon?

Das ursprüngliche Stammkapital der Nürburgring GmbH betrug einmal 10 Millionen Euro. Die Gesellschaft wäre längst pleite, hätte man das Stammkapital nicht bis Ende 2005 dann auf 27,6 Mio Euro erhöht. Da wurden Gesellschafterkredite in Eigenkapital umgewandelt, nachdem man vorher schon auf Zinszahlungen verzichtet hatte. Und nun gibt es noch einmal eine Erhöhung des Eigenkapitals um 10 Millionen und einen Gesellschafterkredit von 20 Millionen Euro. -

Ein Taschengeld, wenn man an die Bausumme denkt, die jetzt für die Realisierung eines Projekts mit dem Titel „Erlebnisregion Nürburgring" freigestellt werden soll. Durch einem Beschluss des Aufsichtsrats der Nürburgring GmbH, der am 19. November 2007 in Mainz tagen wird. Da geht es dann um 200 oder 210 Millionen - wer weiß das schon so genau? Und es kommt auch auf ein paar Millionen gar nicht an. Es ist ja für einen guten Zweck. - Sagt man. Dieser Investitionsaufwand soll einer ganzen Region, der Eifelregion helfen. Mit welchen Maßnahmen?

Die erklärt die Struktur und Genehmigungsdirektion Nord in Koblenz in einem E-mail an Motor-KRITIK so:

„Für das raumbedeutsame und überörtliche Projekt „Erlebnisregion Nürburgring" hat die Nürburgring GmbH bei dem Ministerium des Innern und für Sport - Oberste Landesplanungsbehörde - im Februar 2006 die Durchführung eines Raumordnungsverfahrens beantragt. Mit Schreiben vom 09.03.2006 hat das Ministerium des Innern und für Sport das Raumordnungsverfahren eingeleitet und die Struktur- und Genehmigungsdirektion Nord - Obere Landesplanungsbehörde - mit der Durchführung beauftragt. Zu dem Projekt ist schließlich seitens der Struktur- und Genehmigungsdirektion Nord in Abstimmung mit dem Ministerium des Innern und für Sport ein Raumordnerischer Entscheid ergangen:

> *- Teil I am 19.10.2006 mit den Vorhabensbestandteilen Boulevard, Hotel, Village -Motorsportdorf- und Aktiv-, d.h. Wintersport, Verbandsgemeinde Adenau, Landkreis Ahrweiler;*

> *- Teil II am 20.07.2007 mit dem Vorhabensbestandteil Golfplatzplanung, Verbandsgemeinde Adenau, Landkreis Ahrweiler, und Verbandsgemeinde Kelberg, Landkreis Vulkaneifel.*

Über das Ergebnis des Raumordnungsverfahrens ist die Öffentlichkeit unterrichtet worden.

Uns ist bekannt, dass derzeit Projektänderungen vor Ort überlegt werden. Sofern diese raumbedeutsam sind und überörtliche Bedeutung haben sind entsprechende ergänzende und/oder neue Verfahrensschritte vorzunehmen. Hierüber sind die entsprechenden Akteure informiert. Ein behördeninternes Informationsgespräch wird hierzu auch in Kürze stattfinden. Weitere Entscheidungen ergehen in Abstimmung mit dem Ministerium des Innern und für Sport."

Aha, den übergeordneten Herrschaften ist also bekannt, dass „Projektänderungen" geplant sind. In jedem Falle ist eine der jetzt schon nachweisbaren Veränderungen gegenüber der „Grundplanung", wie sie oben dargestellt ist: es soll ein zweites „Motorsportdorf" unter dem gleichen Titel (auch: „Motorsportdorf") geben. Der Bürgermeister der Verbandsgemeinde Adenau ist darüber „sauer". Er hat von dieser vorgesehenen Änderung eigentlich als Letzter erfahren. Dr. Kafitz, der verantwortliche Geschäftsführer der Nürburgring GmbH, hat ihm so nebenbei davon zum Zeitpunkt von „Rock am Ring" erzählt.

Und nun geht alles seinen Gang. Im Falle des zweiten „Motorsportdorfes": bei der Verbandsgemeinde Kelberg, die eine entsprechende Änderung des Flächennutzungsplans in einem Beteiligungsverfahren (es werden die umliegenden Gemeinden informiert) vornehmen wird. Dieses Verfahren wird in Kelberg gegen Ende des Monats (erst!) abgeschlossen sein. - Und wann findet das oben angekündigte „behördeninterne Informationsgespräch" statt?

In der 45. Kalenderwoche war die „Flächennutzungsplanänderung der Verbandsgemeinde Kelberg für den Bereich ‚Feriendorf/Motorsportdorf' in der Ortsgemeinde Drees" noch ohne jeden Genehmigungsvermerk. Es gab keinen Änderungsbeschluss (gem. §2 (1) BauGB) vom Rat der Verbandsgemeinde. Es gab keine Bestätigung über die Beteiligung der Öffentlichkeit gem. §3 (1) BauGB und Beteiligung der Behörden gem. §4 (1) BauGB. Der endgültige Beschluss über die Flächennutzungsplanänderung (Feststellungsbeschluss) lag auch noch nicht vor. Es fehlte die Zustimmung der vom Projekt berührten bzw. benachbarten Ortsgemeinden gem. §67 (2) GemO RLP. Auch die Kreisverwaltung Daun hatte noch nicht bestätigt, dass durch die Flächennutzungsplanänderung die Rechtsvorschriften i.S. des §6 (1) BauGB nicht verletzt worden sind. Und die SGD-Nord in Koblenz: s.o.

Doch schon jetzt, am 19. November 2007, soll bereits der Aufsichtsrat der Nürburgring GmbH das Gesamtpaket „abnicken", als genehmigt verabschieden, das man jetzt - damit die Öffentlichkeit auch wirklich die Übersicht verliert - „Nürburgring 2009" nennt. Dr. Kafitz spricht gegenüber den Medien noch von einer in diesem Zusammenhang entstehenden Achterbahn, die ohne jedes Beispiel auf der Welt sein soll. Er nennt (lt. Medienberichten) erreichbare Top-Geschwindigkeiten mit über 200 km/h dieser Achterbahn, die kaum realisierbar sind (das sage ich), spricht von einer in Kurven auftretenden Querbeschleunigung von 4,5 g, wenn ich den Medienberichten glauben darf, die dann wohl ständig die Anwesenheit eines Arztes und auch Sanitäters vor Ort erforderlich machen würden. Und man müsste Mindestgröße, ein Mindestalter, eine Maximalgröße und ein Maximalgewicht der Fahrgäste vorschreiben. Wohl auch ein Höchstalter für Achterbahn-Nutzer festsetzen.

Was man nicht kann: Besucher zum Mitfahren in die Eifel zwingen. Dabei wäre, um so eine Achterbahn wirtschaftlich zu betreiben, sicherlich eine Mitfahrer-Frequenz von 600 - 800 Personen/Stunde notwendig. Meine lieben Presse-Kollegen interessiert so etwas nicht, denen genügen Zahlen die eine Sensation bedeuten. - Dabei ist die eigentliche Sensation ein Dr. Kafitz, der seine Pläne so verkauft, dass sie nicht hinterfragt werden.

Und am 19. November 2007 wird in Mainz auch nur abgenickt?

Wie man meinen Zeilen entnehmen kann: dazu braucht ein Dr. Kafitz keine Achterbahn, um eine Öffentlichkeit abzulenken, zu verwirren. Da war im „Raumordnungsverfahren" (Teil I), aber auch in einem „Städtebaulichen Vertrag" zwischen der Verbandsgemeinde Adenau und der Nürburgring GmbH z.B. festgelegt worden, dass zwar ein „Motorsportdorf" entstehen darf, aber nur unter der Voraussetzung, dass damit nicht mehr als 360 Betten geschaffen werden.

Aber aus Plänen, die ich auf Bauämtern eingesehen habe, ist etwas anderes zu entnehmen.

Daraus ergibt sich eine maximale zusätzliche Zahl (einschl. Hotel-Neubau) von 870 Betten, die auch so im Raumordnungsentscheid genannt ist. Diese Zahl wird jedoch jetzt mit einem zweiten „Motorsportdorf" in Drees, nur wenige Kilometer von Nürburg entfernt, um 600 Betten erhöht.

Und nun - wird es in Kombination (Adenau-Pläne + Kelberg-Pläne) - 1470 neue Betten geben. Dabei ist das „Dorint" (direkt am Nürburgring gelegen) z.B. im Jahr bestenfalls mit seiner Bettenkapazität um etwas mehr als 50 Prozent ausgelastet. Im Durchschnitt. Andere Hotels nennen mir Durchschnitts-Belegungszahlen von um 25 Prozent im Jahresdurchschnitt. -

Da lächeln Tourismus-Fachleute: „Diese Statistiken entsprechen doch nicht der Realität." - Wenn ich dann nachfrage, warum sie dann in ihren Gutachten mit genau diesen statistischen Zahlen arbeiten, dann fehlen ihnen die Worte.

Oder aber: Sie antworten mir nicht. Wegen meines „flegelhaften" Verhaltens. Man hinterfragt als „gut erzogener" (angepasster) Journalist eben keine Angaben von Fachleuten. Wo kommen wir denn da hin? Wo die doch so exakt passende Gutachten erarbeitet haben, die sicherlich ihr Geld wert sind. Und im richtigen Moment sind immer die richtigen Leute am richtigen Ort. - Das fällt mir gerade so ein.

Dazu mal ein Beispiel aus meinen letzten Recherchen:

Ich habe mir, um nicht unnötige Zeit zu verlieren, mal den Namen des Sachbearbeiters und seine Durchwahl bei der SGD, der Struktur- und Genehmigungsdirektion Nord, in Koblenz besorgt. Das ist die Behörde, die auf Grundlage des Flächennutzungsplanes für den Raumordnungsentscheid verantwortlich ist. Da habe ich dann angerufen. Vor Tagen (45. Kalenderwoche). Ich wurde bei meinem Telefonat mit dieser Behörde dann - nach Äußerung meiner Wünsche - sofort gebeten, meine Fragen über die Abteilung Öffentlichkeitsarbeit zu stellen, die dann auch schnellstens beantwortet würden, nachdem die Antworten - vom zuständigen Sachbearbeiter in der Sache vorgegeben - dann durch die „politische Führung" freigegeben worden sind. Direkte Auskünfte am Telefon dürfe man leider nicht erteilen. - Aber es war nicht der Sachbearbeiter (Koordinator) am Telefon, der mir als zuständig und wirklich „sachverständig" geschildert worden war. Also habe ich nach dem gefragt.

So ließ sich die weitere Auskunft am Telefon nicht vermeiden: Ich erfuhr, dass der mir von einem Bauamt benannte Mitarbeiter, der das oben genauer bezeichnete Projekt und sein Genehmigungsverfahren exakt kennt, sozusagen als Koordinator in einer für einen Laien relativ unübersichtlichen Behörde arbeitet, recht kurzfristig einen Urlaub von zwei Jahren genommen hat, um für eine Hilfsorganisation in Südamerika (Brasilien) tätig zu werden.

Ich habe laut gelacht (Mein Gesprächspartner in der Behörde wird das bestätigen können). - Ich kenne eben ähnliche Fälle. Zufällig. Und sie sind sich wirklich ähnlich. Zufällig (Das Bauamt war z.B. auch am Morgen nach meinem Anruf bei der SGD noch nicht über die personelle Veränderung in dieser übergeordneten Behörde informiert).

Ich habe nach meinem Telefongespräch mit der SGD aber dieser Behörde dann in einer E-mail meine Sicht der Dinge auf dieses Projekt vermittelt, in dem u.a. dargestellt ist:

Der verantwortliche Geschäftsführer der Nürburgring GmbH hat erfahren müssen, dass man für ein Feriendorf der zunächst geplanten Größe von 360 Betten (und in dieser Lage nahe einer Rennstrecke) weder Investor noch Betreiber finden kann. Das hat ihm aber nicht die Unsinnigkeit der Pläne verdeutlicht. Er hat versucht die Zahl zu korrigieren. Das war aber nicht ohne weiteres durchsetzbar, weil z.B. im Mainzer Wirtschaftsministerium der Fall klar und nicht mehr korrekturfähig war.

Der Geschäftsführer der Nürburgring GmbH hat darum versucht, an der Verbandsgemeinde Adenau und ihrem Verbandsbürgermeister Romes vorbei, eine andere Lösung zu realisieren, da das Gesamtkonzept „politische gewollt ist" (Einschätzung eines eventuellen Betreibers) und er sonst seine Position gefährdet sieht (Einschätzung eines Politikers: „Sonst ist der weg.") So ist dann ein „Motorsportdorf" zusätzlich in der Gemeinde Drees (bis jetzt zunächst planerisch, s.o.) entstanden, wo dann die zuständige Verbandsgemeinde Kelberg jetzt aktuell eine Änderung des Flächennutzungsplanes durchführt.

Dort sind nun - so die Auffassung der Initiatoren - die 600 Betten realisierbar, die einem Investor, aber auch einem Betreiber, als die richtige, wirtschaftlich notwendige Größe, erscheinen.

Bei der Struktur- und Genehmigungsdirektion Nord in Koblenz, liegt es nun, diese (inzwischen) zwei Flächennutzungspläne mit einem neuen, nun modifizierten Raumordnungsentscheid einer sinnvollen, realistischen Umsetzung zuzuführen. Aber es gibt Einwände - nicht nur - von Nürburger Bürgern und Geschäftsleuten, sondern auch von Bürgermeister und Gemeinderat, die sich gegen eine unsinnige (weil unrealistische) Ausweitung von Bettenkapazitäten im Umfeld der Rennstrecke Nürburgring wenden. Mit Recht.

Auf meine schriftlichen Fragen dazu hat übrigens die Behörde nicht mit entsprechenden Antworten reagiert, sondern mit einer „globalen" Darstellung der Situation, die zum Teil oben dargestellt ist.

Aber es gibt andere Antworten, die man evtl. den Medien entnehmen kann. Dr. Kafitz prescht vor, informiert primär Medien, die seine Darstellungen nicht hinterfragen. So soll nach den neuen Plänen (!) mit einem „Eifeldorf" (oder „Dorf Eifel") eine Erlebnisgastronomie im Stile der bekannten Ausflugsziele von z.B. Kegelvereinen, wie „Dorf Münsterland" und „Sauerlandstern" an der B 258 entstehen, wo das erste „Motorsportdorf" geplant und auch genehmigt war. Die neue Version könnte dann (evtl. nach einem noch abzuschließenden Zusatzvertrag zwischen Nürburgring GmbH und Warsteiner Brauerei?) von dieser Warsteiner Brauerei betrieben werden. So wird an einigen Stellen laut gedacht..

Warsteiner sagt dazu nichts, aber nach meinen Informationen beinhaltet der neue Sponsorvertrag nicht die Zusage von Warsteiner, ein „Dorf Eifel" zu betreiben. Zumal auch das zuständige Bauamt darüber nicht informiert ist. Aber die BIT-Brauerei, viele Jahrzehnte (nach meinen Recherchen: mit kleinen Unterbrechungen) Partner der Nürburgring GmbH, wurde nun ausgeschaltet. Und Dr. Kafitz, der Nürburgring-

Geschäftsführer ist ganz stolz auf die Leistung seiner Mitarbeiter. Intern verbreitete er einen Tag nach der Verkündung eines neuen Sponsorvertrages mit Warsteiner (statt Bitburger):

„Liebe Mitarbeiterinnen und Mitarbeiter,

ich freue mich sehr, Ihnen heute einen weiteren Partner für den Nürburgring 2009 vorzustellen. Die Warsteiner Brauerei hat gestern auf der Lebensmittelmesse „Anuga" in Köln unsere zukünftige Partnerschaft bekannt gegeben (s. nachfolgende Pressemitteilung). Für uns ist das einer der größten und wichtigsten Verträge, der sowohl kaufmännisch als auch inhaltlich einen wichtigen Meilenstein für Nürburgring 2009 und einen tollen Verhandlungserfolg unseres Teams darstellt."

Dr. Kafitz hat sicherlich nicht gegenüber der Warsteiner Brauerei die Karten offen auf den Tisch gelegt. Das wäre in dieser Phase des Projekts unter Marketinggesichtspunkten auch unklug gewesen. So ist dann in der Pressemitteilung der Warsteiner Brauerei vom 14. Oktober 2007 zu lesen:

„...Vertrag unterzeichnet, Partnerschaft perfekt – die Warsteiner Brauerei und die Betreibergesellschaft des Nürburgrings, die Nürburgring GmbH, gehen gemeinsame Wege. Ab 2009 startet das Engagement der westfälischen Privatbrauerei bei der wohl traditionsreichsten Rennstrecke der Welt, die sich in den kommenden Jahren zu einem ganzjährigen Freizeit- und Businesszentrum entwickeln soll.

Formel 1 und DTM, Truck- und Oldtimer-Grand-Prix, Motorradrennen und Fahrertrainings – die Faszination für den Motorsport ist auch nach der Ära „Schumi" ungebrochen. Epizentrum des deutschen Motorsports ist mit rund zwei Millionen Besuchern pro Jahr der Nürburgring. Bereits im Jahr 1927 eröffnet kann die Rennstrecke auf eine bewegte und bewegende Vergangenheit zurückblicken. Doch auch für die Zukunft ist der Nürburgring gerüstet und entwickelt sich von der reinen Rennstrecke zu einem weltweit einmaligen Ort für Freizeit und Business rund um den Motorsport.

„Der Nürburgring ist in der Mitte der beiden bevölkerungsstärksten Ballungszentren Europas, Rhein-Main und Ruhrgebiet, innerhalb von 120 Autominuten von rund 28 Millionen Menschen zu erreichen. Dieses Potenzial wollen wir zukünftig noch stärker abschöpfen, indem wir die Marke Nürburgring mit neuen Angeboten auch für neue Zielgruppen interessant machen", erklärt Dr. Walter Kafitz, Hauptgeschäftsführer der Nürburgring GmbH. Mit der Strategie, das Portfolio des Nürburgrings in vier Geschäftsfelder zu bündeln – Adventure, Holiday, Business und traditionell Racing – rüstet sich der Nürburgring für die Zukunft. Denn neben dem klassischen Racing werden ganzjährig nutzbare Angebote wie ein überdachter Boulevard mit Markenwelten der Automobil- und Zulieferindustrie, ein Indoor-Themenpark rund um den Mythos Nürburgring, neue Gastronomie und Hotellerie sowie eine Indoor-Event-Arena mit 4.000 Sitzplätzen sowie eine neue Haupttribüne mit einer Business-Lounge entstehen. ..."

Dr. Kafitz hat Marketing studiert. Und er spürt den politischen Druck. - Was sollte er machen? - Warsteiner sagen, dass eigentlich noch keine Genehmigung für seine Pläne (Visionen) vorliegen? - Am 25. Oktober, also nach der Warsteiner-Info sagte RLP-Minister Hendrik Hering im Mainzer Landtag, auf einer Sitzung des Wirtschafts- und Verkehrsausschusses - hier kurz zusammen gefasst:

- Die Ergebnisse von Gutachten zum Konzept und insbesondere zur Finanzierung liegen noch nicht vor.
- Das Land wird seinen Finanzierungsanteil von 50% nicht erhöhen.
- Noch in diesem Jahr ist mit einer endgültigen Entscheidung des Aufsichtsrates zu rechnen.
- Das Parlament soll eingebunden werden.

Und am 19. November dieses Jahres soll nun die Entscheidung des Aufsichtsrates der Nürburgring GmbH fallen. Ein Entscheidung die vom Ergebnis her Dr. Kafitz lange kennt? - War es vielleicht so?

Ich möchte in diesem Zusammenhang auf eine Entwicklung aufmerksam machen, die aus meiner Sicht - gerade zu diesem Zeitpunkt! - von besonderer Bedeutung ist. Auch hier scheinen „Hütchenspieler" am Werk:

Das Projekt „Erlebnisregion Nürburgring" wurde bisher von Wirtschaftsministerium in Mainz betreut. Darum auch die Aussage des dort verantwortlichen Ministers, Hendrik Hering (exakter Titel: Staatsminister für Wirtschaft, Verkehr, Landwirtschaft und Weinbau), vor dem Wirtschafts- und Verkehrsausschuss in Mainz am 25. Oktober (s.o.). Wie ich nun aus dem Mainzer Umfeld erfahre, wurde die Verantwortung für dieses Projekt (Erlebnisregion Nürburgring) jetzt aber kurzfristig in das Finanzministerium verlagert. Das wird - welch ein Zufall! - vom Aufsichtsratsvorsitzenden der Nürburgring GmbH, Herrn Finanzminister Prof. Dr. Ingolf Deubel geleitet. Der hat für die Umsetzung des politisch gewollten Projekts nun auch einen (nennen wir es) „Etat" (oder besser: Sonderfonds?) zur Verfügung, mit dem er aber auch auskommen muss. So die interne Vorgabe. - Da die Kontakte zwischen einem Aufsichtsratsvorsitzenden und einem Geschäftsführer praxisgerecht immer sehr eng sind... -

Wie wären sonst die Zusagen eines Dr. Kafitz gegenüber der Warsteiner Brauerei (s. Presse-Info oben) zu erklären? - Natürlich habe ich auch hier in Westfalen der Ordnung halber nachgefragt und als Antwort erhalten:

„...Als Antwort auf Ihre Fragen möchte ich Ihnen mitteilen, dass wir grundsätzliche keine Auskunft über Vertragsdetails geben. Wir fühlen uns zudem bei der Nürburgring GmbH gut aufgehoben und betreut..."

Dr Kafitz hat der Warsteiner - nach entsprechender Rückfrage - sicherlich zu dieser Antwort geraten. Nachdem ich dann darauf aufmerksam machte, dass sich nicht alle meine Fragen auf den Vertrag bezogen, bekam ich als - kurze - Antwort:

„Zu den Punkten gibt es nichts zu sagen."

Aussagekräftiger ist da sicherlich ein Pressefoto aus dem Archiv der Warsteiner Brauerei, das über die Internetseiten dieser westfälischen Brauerei zu erhalten war und auch veröffentlicht werden darf, wenn ausdrücklich auf die Herkunft hingewiesen ist.

Auf meinen Internetseiten ist es erschienen. Danach aber auf den Internetseiten von Warsteiner verschwunden. - Man sah darauf Dr. Kafitz, eingerahmt von seinen Vertragspartnern, den Herren Rainer Cox und Thorsten Terlohr von der Warsteiner Brauerei, mit einem Glas guten westfälischen Biers. - Prost! - Die Herren werden den Kelch bis zur bitteren Neige austrinken müssen.

Diese Art, Vertragsinhalte, die noch nicht genehmigt - noch Visionen - sind, zu barem Geld durch entsprechende Zusagen gegenüber dem Sponsor zu machen, wird durch Dr. Kafitz auch noch mit anderen Kleinigkeiten unterstrichen. So wird zur Zeit schon in der „Erlebniswelt" des Nürburgrings geräumt, das entsprechende Bauwerk für den schnellen Abriss vorbereitet. Den Besuchern wird aber immer noch der gleiche Eintrittspreis abgeknöpft, als wäre die Ausstellung komplett.

Einer anderen Information zufolge hat die Nürburgring GmbH auch schon (unter Vorbehalt?) einer Baufirma aus dem Geburtsort des Nürburgring-Geschäftsführers den Abrissauftrag erteilt. So wird „hinter vorgehaltener Hand" verbreitet. Auch, dass sich natürlich diese Baufirma an die in der Eifel durch die Nürburgring GmbH eingeführten Gepflogenheiten zu halten habe: Es wird ein „kleiner Zuschuss" für irgendeine der Satellitenfirmen der GmbH erwartet. Für die „Motorsport Akademie" zum Beispiel?

Vor Jahren gab es da erstmals einen Brief an Lieferanten (u.a. Baufirmen u.ä.), die regelmäßig für die Nürburgring GmbH arbeiten, wo um eine kleine Spende gebeten wurde. Erwartet wurde natürlich, dass diese Spende schon in Relation zur Größe der bisher durchgeführten Aufträge stand. Inzwischen - so ein „Betroffener" - ist so ein Schreiben „nicht mehr Jahr für Jahr notwendig". „Das ist ein Selbstläufer geworden", sagt er. „Da wird inzwischen unaufgefordert gezahlt." - Und auf meinen fragenden Blick hin erklärt mein Gesprächspartner lachend: „Was die >XXX< für Italien, ist die Nürburgring GmbH für die Eifel". - Das sollte natürlich ein Scherz sein (darum habe ich auch den Namen ge-X-st), über den ich aber leider nicht lachen kann. - Aber je länger man darüber nachdenkt... -

Zurück zu den - zumindest offiziell - noch fehlenden Genehmigungen. Sowohl den behördlichen, als auch der des Aufsichtsrates: drei der Mitglieder davon kommen aus der Landesregierung Mainz, einer aus dem Kreistag des Landkreises Ahrweiler; entsprechend der finanziellen Beteiligung dieser politischen Organisationen. - Aber Dr. Kafitz scheint - lässt man die Ereignisabfolge (s.o.) Revue passieren - schon über das Ergebnis vorab informiert zu sein. Und taktiert entsprechend.

Da ist der Bürgermeister von Drees, wo das „zweite Motorsportdorf" entstehen soll, einfacher gestrickt. Wenn er aus der Bevölkerung gefragt wird, was denn geschehen soll, wenn die „Absicht" (die mit den zwei Motorsportdörfern) auffällt und man die Planung zusammenstreichen muss. Der antwortet dann: „Wir bauen in jedem Fall. Auch ohne Genehmigung. Das ist Wirtschaftsförderung."

Man glaubt in gewissen Kreisen wohl daran, dass „politischer Druck" auch „Berge versetzen kann".

Um hier diese Meinung durch meine persönliche zu ergänzen: das Wintersportgebiet Jammelshofen wird es in der geplanten Version wohl nicht geben und man wird wohl auch auf einen Golfplatz verzichten (müssen). Der Investor für das zweite „Motorsportdorf" hat im Gebiet des geplanten Golfplatzes die Grundstückspreise verdorben. Aber auch aus anderen Gründen (z.B. auch rein wirtschaftlichen) ist die Anlage eines Golfplatzes im Nürburgring-Umfeld eine Utopie. - Oder soll „Brüssel" angezapft" werden?

Ich möchte noch einmal - aus meiner Sicht - die gewaltigen Zahlen in Euro für das Projekt „Nürburgring 2009" (oder doch „Erlebnisregion Nürburgring"?) ein wenig relativieren. Und ich habe (lange) nach einem Vergleich gesucht, an dem ich die Dinge verdeutlichen kann. Ich möchte das Ihnen so erklären:

Nürburg, das ist ein Dorf, in dem rd. 170 Einwohner polizeilich registriert sind. Die Bevölkerungsdichte in dieser „Region" beträgt 45 Einwohner pro Quadratkilometer. Die nächste Stadt ist Adenau. Die hat keinen Bahnhof (mehr). Der nächste Flugplatz ist Köln-Bonn und um die 1,5 Auto-Fahrstunden entfernt. In dieser Region sollen nun um 200 Millionen Euro investiert werden von denen man - aufgrund der bisherigen Erfahrungen mit dem aktuellen Management der Nürburgring GmbH - nur sagen kann: sie werden nicht auf fruchtbaren Boden fallen.

Nun zu einem anderen, wirklich entfernt liegenden Vergleichsort:

Oita, ist die Haupt- und Hafenstadt auf der japanischen Insel Kyushu. Die hat 470.000 Einwohner und die Bevölkerungsdichte in dieser Region beträgt 993 Einwohner pro Quadratkilometer. Hier wird gerade - auch - investiert.

In Nürburg für eine Achterbahn, Boulevard, Hotel, zwei Motorsportdörfer und ein Wintersportgelände in Jammelshofen, zusätzlich in einen Golfplatz. - Man setzt dafür insgesamt ca. 200 Millionen Euro ein. (Es kommt ja auf „ein paar Millionen" nicht an).

In Oita, Japan, wendet man um 150.000 Millionen Euro für eine neue Automobilfabrik des Herstellers Daihatsu auf, der seit Jahren zu 100 Prozent im Besitz von Toyota ist. Und bei Toyota ist man den sinnvollen Einsatz von Investitionsgeldern gewohnt.

Dazu noch eine (jedenfalls für mich) interessante Informations-Ergänzung: In Oita gibt es in der Stadtmitte das 4-Sterne-Hotel „Oita Toyo", das ein Einzelzimmer (umgerechnet) für 75 Euro anbietet. Einschließlich Frühstück, einer Servicegebühr von 10 Prozent und der Mehrwertsteuer von 5 Prozent.

Das „Dorint" am Nürburgring bietet ein Einzelzimmer für 135

Euro an, zur Rennstrecke hin gelegen für 143 Euro. Natürlich auch einschließlich aller Nebenkosten (wo bei in Deutschland - nicht nur - die Mehrwertsteuer deutlich höher liegt).

Das „Dorint" hat 207 Zimmer, das „Oita Toyo-Hotel" 144 Zimmer. Aber das „Dorint" erhält jetzt - zu der bereits bestehenden Konkurrenz, nun weitere 1.470 Zimmer (im Umfeld eines 170 Einwohner-Dorfes) hinzu. In Oita hat man 10 Minuten bis zum Bahnhof. Zu Fuß. In Nürburg eine halbe Stunde mit dem Automobil bis Mayen (Aber bitte warten Sie nicht auf den Bus). Ab Mayen erreicht man Koblenz erst über einen Umweg, ist aber von dort dann wirklich ins Schienennetz der Deutschen Bundesbahn eingebunden (Wenn nicht gerade gestreikt wird).

Auch der rheinland-pfälzische Landesvater Kurt Beck (SPD) wird aus Nürburg kein Oita machen. In der Eifel ist nicht die Infrastruktur vorhanden, auch z.B. die Verkehrsanbindung (im Gegensatz zu der beim „Europapark" in Rust z.B.) ist nicht ausreichend. - Übrigens: Oita ist eine Hafenstadt, also eigentlich wirklich mit Nürburg nicht vergleichbar. Darum sind es aber doch die Investitionssummen. Und was man damit - und daraus - macht. Da - in Japan - wie hier - in der Eifel.

Da nutzt es wenig, wenn man einer westfälischen Brauerei viel Geld aus der Kasse zieht, oder künftigen Investoren und Betreibern eine Situation vorgaukelt, die auch nach Jahren in dieser Region nicht zu erreichen ist. Fortschritt - gleichmäßig, beständige, regelmäßige Schritte in die richtige Richtung wäre ein Rezept. Mit dem man auch auf das vorhandene Umfeld eingehen sollte.

Dazu gehört die Wettersituation, die sich grundsätzlich nicht ändern wird, dazu gehört das gewachsene Umfeld von Handwerkern, Händlern, Firmen, die man ins Wachstum einbinden sollte. Das geht nicht, indem man Visionen hat. Man sollte der Realität verbunden bleiben, die in einer Weise beeinflussen, dass die Eifel-Region gestärkt wird, nicht verändert. Das geht nicht mit 4.000 Personen fassenden Hallen (in einem 170 Einwohner-Dorf!), die bestenfalls zweimal im Jahr (fast) gefüllt werden, das geht auch nicht mit einem Bettenangebot, für das kein Bedarf in dieser Größenordnung besteht. - Selbst in Oita nicht.

Die Faszination des Nürburgrings - und das müsste der Ausgangspunkt für alle Überlegungen sein - beruht auf dem Image der Nürburgring-"Nordschleife". Und das wird gerade zerstört.

Aber das ist wieder eine andere - traurige - Geschichte. Auf Internetseiten wird inzwischen von Fans der berühmt-berüchtigten „Grünen Hölle" die „Neufassung" (mit so genannten FIA-Zäunen) als „Hochsicherheitstrakt Nordschleife" gesprochen.

Vom „Nürburgring 2009" (oder „Erlebnisregion Nürburgring") der lt. „Spiegel Online" zu einer Art „Disneyland" mutieren soll, spricht man inzwischen als „Desaster-Park".

Nach dem 19. November 2007 kennen wir dann die Sicht der Politiker auf das Projekt, das uns nach den Negativ-Erfahrungen mit der „BikeWorld Nürburgring" dann vielleicht einem neuen „Höhepunkt" (von Verlusten!) zuführt. Wir - als Wähler - können uns dann spätestens bei den vor uns liegenden Wahlen erkenntlich zeigen.

Es ist sicherlich kein Zufall (s. die oben genannten Zahlen), wenn in diesen Tagen zwei Buchhalterinnen die Nürburgring GmbH verlassen. Wir werden Jahre später wieder auf diese Damen aufmerksam werden. Dabei werden wir auf eine geradezu groteske Geschichte stoßen, die dann – wenn sie denn bekannt wird – verdeutlichen wird, dass wir eigentlich schon in einer „Bananenrepublik" leben.

Aber in Verbindung mit dieser Entwicklung wurde ich von einem Insider darauf aufmerksam gemacht, dass das doch eigentlich alles nichts besonderes wäre. - „Das ist doch ein ganz normales politisches Tagesgeschäft."

Gut zu wissen!

Über Zäune und Zahlen

Im Dezember 2007 habe ich nicht nur vorher gesagt, dass die Zuschauerzahlen am Nürburgring in 2008 sinken werden, sondern ich habe es auch begründet. Schon wegen der gerade entstehenden FIA-Zäune rings um die Nürburgring-Nordschleife.

Andere Zahlen, die von Investitionen, werden deutlich steigen. Das habe ich auch vorhergesagt und hinzu gefügt: Deutlich höher als geplant. Wobei Zahlen und Zahlen, die, welche über den gleichen Bereich informieren, ihn sozusagen plastisch darstellen sollen, nicht immer unbedingt gleich sind. Auch Zahlen werden heute marketinggerecht gestaltet. So wie man sie braucht. Mal hoch, mal niedrig. - Wie hätten Sie's denn gerne?

Wenn man sich einmal Stunden, Tage mit den offiziell vermeldeten Zuschauerzahlen am Nürburgring auseinandersetzt, kann man schon verzweifeln. Weil es eigentlich nur eine Zahl gibt, die beständig wie eine Mauer von Politikern und anderen „Durchsetzern" vor sich her geschoben wird: der Nürburgring soll durch seine Veranstaltungen - und sein Vorhandensein überhaupt - in den letzten Jahren um 2.000.000 (in Worten: zwei Millionen) Zuschauer jährlich in die Eifel gebracht haben. Diese Zahlen werden durch die Verantwortlichen dann etwa so ergänzt: sie sollen durch die jetzt vorzunehmenden Investitionen um 500.000 (in Worten: fünfhunderttausend) pro Jahr gesteigert werden. (Übrigens: der Investitonsaufwand für 500.000 Besucher mehr soll 215 Millionen Euro betragen. - Wenn's reicht!) -

Aber ich kann rechnen wie ich will: ich erreiche die Ausgangsbasis aller Berechnungen von zwei Millionen Besuchern bisher jährlich am Nürburgring nicht. Aber auch die bisher (von mir) errechnete weit niedrigere Zahl wird in 2008 weiter absinken. Wegen der so genannten FIA-Zäune, die die Nordschleife des „Rings" für Besucher unattraktiver werden lässt. Das wird auch kein „Race-Coaster", eine High-Speed-Achterbahn ausgleichen können, die so vielleicht (schnell) zu einer schnellen Geisterbahn wird. -

Nachstehend will ich einmal einen Teil meiner Leser mit Zahlen langweilen, die einen anderen Teil bestimmt aufregen werden. - Und das mit der Auswirkung der Zäune auf das Verhalten von potentiellen Zuschauern will ich gerne begründen. Auch mit dem Leser-Echo auf meine Geschichten auf meinen Internetseiten bei Motor-KRITIK.

Ich weiß natürlich, dass im Jahre 2004 der Zaunkönig zum „Vogel des Jahres" gekürt wurde. Da sollte man also nichts durcheinander bringen. Ich suche nicht den „Vogel des Jahres", sondern den „Zaunkönig des Jahres".

Da bietet sich natürlich das Umfeld des Nürburgrings an, das z.T. auch als Vogelschutzgebiet ausgewiesen ist. Achten Sie mal als Besucher auf die Beschilderung. Und wenn Sie aufmerksam um die Nordschleife des Nürburgrings wandern, dann lernen Sie auch, dass die „Nordschleifen-Region" eigentlich überwiegend ein Naturschutzgebiet ist.

Ahnen Sie jetzt, warum z.B. bei den Läufen zur BFGoodrich-Langstreckenmeisterschaft (jawohl, im Gegensatz zur DTM ist das eine richtige Meisterschaft!) an den Zuschauerplätzen der Nordschleife kein Eintritt kassiert wird? - Naturschutzgebiet wird so zum „Eintrittsgeld-Schutzgebiet" für Zuschauer.

Denn ganz realistisch liegen die Dinge so: Im Zuge von Kompensationsmaßnahmen - für den Eingriff in die Natur beim 24h-Rennen - wurden z.B. Zuschauerplatz und Parkplätze am Streckenabschnitt „Flugplatz" Ende September/Anfang Oktober 2007 zum Naturschutzgebiet Quiddelbacher Höhe/Nürburgring" erklärt. Nahezu die komplette Nordschleife liegt damit in einem Landschaftsschutzgebiet und wird für Zuschauer offiziell nur für die Woche beim 24h-Rennen freigegeben. (Außerdem - nach meinen Feststellungen - als Zelt- und Parkplatz bei „Rock am Ring" genutzt.)

Aus dieser Formulierung „offiziell nur … freigegeben" ergibt sich klar, dass sich die Zuschauer z.B. bei den VLN-Veranstaltungen geduldeter

Weise in diesem Landschaftsschutzgebiet aufhalten. Darum wird auch – offiziell – kein Eintritt erhoben (nur beim Betreten des Fahrerlagers), aber es werden offiziell Besucherzahlen verkündet, die nichts mit der realen Zuschauermenge bei einem VLN-Lauf zu tun haben. Weil solche Zahlen von den Sponsoren immer gerne gehört werden (Auch die so genannten „Media-Daten" im Fernsehbereich glänzen vor Wiederholungsdaten, was in der Addition hohe Zahlen ergibt).

Durch die „Aufrundung" von Zuschauerzahlen, z.B. für die Presse nach Rennveranstaltungen ergibt sich eigentlich ein verschobenes Bild. - In welcher Relation stehen eigentlich die Zahlen für den Wildbestand in diesem Gebiet und die realistischen Zuschauerzahlen zueinander? -

Die - wie ich meine - deutlich überhöhten Zahlen, mit denen die Nürburgring GmbH dann ihre Gesamtbesucherzahlen pro Jahr – z.B. für den Bau von „Nürburgring 2009" argumentiert, und die als eigentlich nicht realistischer Ausgangspunkt für Gutachten aller Art genutzt werden, sind dann wiederum der Grund dafür, einen FIA-Zaun zu bauen, um die Zuschauer, die in der Masse gar nicht vorhanden sind, zu schützen.

Um diesen Schutz für nicht vorhandene Zuschauer realisieren zu können, verstößt die Nürburgring GmbH dann (nicht zum ersten Mal) gegen die Landesbauordnung des Landes Rheinland-Pfalz und lässt in diesem Fall einen FIA-Zaun errichten, für den im so genannten „Außenbereich" eine Baugenehmigung erforderlich wäre. Nach dem Motto des Landes: „Wir machen's einfach." - Man muss diesen Satz nur richtig betonen. Oder - wie Dr. Kafitz, der Geschäftsführer der Nürburgring GmbH - in seiner Rede zum „Ersten Spatenstich" zu „Nürburgring 2009" verständlich anpassen: „Wir tun's einfach."

Jetzt, da der Bau des neuen FIA-Zaunes seit Oktober mit Hochdruck betrieben wurde, exakt zu diesem Zeitpunkt – Ende November 2007 – wurden an einer anderen Stelle der Eifel, keine 30 Kilometer vom „Ring" entfernt, rund 100 Bürger der Stadt Obermendig darauf aufmerksam gemacht, dass sie ihre am Stadtrand selbst geschaffene „Freizeitoasen" abzureißen haben, da für den Bau niemals eine Genehmigung erteilt wurde. Und der Stadtbürgermeister, Achim Dienstberg, erklärte auf einer Bürgerversammlung: „Über Jahrzehnte sind hier Dinge entstanden, die nicht genehmigt wurden. Damit sind diese Anlagen – zu denen auch die Einzäunungen der Grundstücke gehören – rechtswidrig" (Nachzulesen in der „Rhein-Zeitung" Nr. 276 vom 28. November 2007).

Zu diesem Zeitpunkt hatte ich gerade tagelang in der Landesbauordnung gelesen und empfand die Aussage des Bürgermeisters nach meinen bisherigen Feststellungen als sachlich richtig. Betrifft das aber dann nicht auch den Bereich der Nordschleife des Nürburgrings, da hier die gleiche Landes-Bauordnung (nämlich die von Rheinland-Pfalz) wie in Obermendig gilt?

Ich hatte aber bereits am 19. November 2007 bei der Presseabteilung des Kreises Ahrweiler, zur der die Nordschleife zählt, eine Anfrage per E-mail in dieser Sache gestellt und war-Tage - danach - noch ohne Antwort. Ich habe in netter Form erinnert. - Und blieb ohne Antwort. Da hatte ich dann - zum Zeitpunkt der Bürgerversammlung in Obermendig - „die Schnauze voll", wie man so schön sagt. Und ich bin deutlich geworden, habe - wie das Prof. Quack von der ETI in Trier mal (nicht berechtigt - wie ich meine) formulierte - „mitteleuropäische Umgangsformen" vermissen lassen:

Sehr geehrter Herr XXX,

was ich gerade erst (weil ich so früh leider nicht dazu kam) der aktuellen Ausgabe der „Rhein-Zeitung" entnehme, ist von Ihnen sicherlich auch nicht überlesen worden: **in Obermendig müssen „außerhalb" auch Zäune abgerissen werden, weil es dafür keine Baugenehmigung gibt.** *Sagt der Ortsbürgermeister. Weil es wohl auch die Baubehörde so sagt. Weil das wohl auch die Landes-Bau-Ordnung so vorschreibt.*

Nun mag das ja dann anders sein, wenn eine Behörde für eine Behördenfirma (Nürburgring GmbH zu 90 Prozent im Besitz des

Landes Rheinland-Pfalz, 10 Prozent Kreis Ahrweiler) eine Zaun-Entscheidung treffen soll. - Mag sein. - Oder nicht?

Leider höre ich auf **meine Anfrage vom 19.11.07, 17:55 Uhr**, bei Ihnen bis heute nichts. Obwohl ich **noch einmal am 26.11.07, 06:27 Uhr, erinnert** hatte. Ihr Chef, Landrat Pföhler, prahlte beim „Ersten Spatenstich" zu „Nürburgring 2009" am 22. November 2007, mit der Schnelligkeit seiner Verwaltung: **am 19. November 2007 sei in Mainz die Entscheidung pro „Nürburgring 2009" gefallen, am 22. November 2007 liege schon die Abbruchgenehmigung für die Tribüne von seiner Baubehörde vor.** - Für eine Behörden-Firma.

Ist das nicht toll? - Oder ist Ihr Landrat ein Schwätzer? (Ich werde seine Aussage noch einmal „aus gegebenem Anlass" nachrecherchieren.) - Welchen Rekord wollen Sie jetzt aufstellen?

Als Kinder haben wir immer gespielt: Wer am längsten ernst bleiben kann. - Sagen Sie mir doch mal, welches Spiel Sie jetzt versuchen. - Ich spiele mit.

Dabei muss ich natürlich erklärend sagen, dass ich eigentlich geglaubt habe, mit meiner Anfrage eine Presseabteilung erreicht zu haben, die aus Erfahrung weiß, wie Journalisten arbeiten. - Aber vielleicht arbeite ich auch anders (und ein wenig länger) als die, die Sie bisher kennen.

Oder soll ich in Zukunft so tun, als gäbe es Sie gar nicht?

Es wäre nett, jetzt von Ihnen zu hören. - Bitte!

Herzliche Grüße aus der Eifel
Wilhelm Hahne

...natürlich auch an Herrn Landrat Pföhler!

Ziemlich genau 24 Stunden später hatte ich eine - sehr höfliche - Antwort. Eigentlich war auch nur so eine Stellungnahme - so weit ich mich kundig gemacht hatte - zu erwarten. Der darin wichtigste Satz: „Für die Errichtung ist eine Baugenehmigung erforderlich.". - Aber lesen Sie selbst:

Sehr geehrter Herr Hahne,

zu Ihrer Anfrage erhalten Sie folgende Stellungnahme der Kreisverwaltung Ahrweiler.

Mit besten Grüßen
XXX

Kreisverwaltung Ahrweiler

xxxxxxx

Wilhelmstraße 24 - 30, 53474 Bad Neuenahr-Ahrweiler
☎ (02641) 9xxxxx
🖷 (02641) 9xxxxx
🌐 http://www.xxxxx

Die Zäune dienen der Sicherheit der Menschen, nämlich Fahrer, Besucher und Wanderer. Für die Errichtung ist eine Baugenehmigung erforderlich. Der entsprechende Antrag befindet sich derzeit im Verfahren. Die Voraussetzungen für die Erteilung der Baugenehmigung liegen nach einer ersten Prüfung vor. Bis zur endgültigen Erteilung ruhen die Bauarbeiten.

Ich habe den Namen des Mitarbeiters der Behörde unkenntlich gemacht (wie auch andere auf ihn hinweisende Daten), weil dieser Mann nicht für die Abläufe innerhalb dieser Behörde verantwortlich zu machen ist. Den Namen des Landrats habe ich stehen lassen, weil ich inzwischen auch recherchieren konnte, dass der Antrag zum Abriss der „alten Tribüne" (T3) lange gestellt war. Theoretisch hätte er auch schon direkt nach dem Neubau der Tribüne - damals 1984 - gestellt werden können.

Jedenfalls wurde in die - bereits lange vorliegende - Abbruchgenehmigung erst nach der Entscheidung des Aufsichtsrates der Nürburgring GmbH - unter Leitung des Herrn Finanzministers von Rheinland-Pfalz, Prof.

Dr. Ingolf Deubel, im Bauamt das Datum vom 19. November 2007 als Ausstellungsdatum eingesetzt und der Nürburgring GmbH zugestellt. - So ein Genehmigungsverfahren dauert im Normalfall ca. 6 Wochen. Wie ich bei unbeteiligten Bauämtern erfragen konnte.

Anders ist es jetzt aber bei der Erteilung einer Baugenehmigung für den Zaunbau im Außenbereich. Das ist - normalerweise - ein sehr zeitaufwändiges Verfahren, da hier die Stellungsnahmen der unterschiedlichsten Fachbehörden (Landespflege, Forstbehörde, und, und, und...) einzuholen sind. Und das dauert... - Zumindest für normale Antragsteller.

Aber wahrscheinlich wird das im Falle der Nürburgring GmbH richtig schnell gehen. Hier hat der Antragsteller einen besonderen Status, einen „Behördenstatus". Tatsache ist aber, dass die Bauarbeiten zunächst einmal tatsächlich ab Montag, den 3. Dezember 2007 eingestellt waren.

Jeder Privatmann, der ohne Baugenehmigung einen Bau beginnt - auch eines Zaun im Außenbereich - muss mit einem Ordnungswidrigkeitsverfahren, und darum mit einer „gepfefferten" Strafe rechnen. Im Falle der Nürburgring GmbH ist man mit Rücksicht auf die Herren Kurt Beck, Prof. Dr. Ingolf Deubel und Dr. Walter Kafitz sicherlich etwas rücksichtsvoller. Denn Jeder in jeder Genehmigungsbehörde weiß: Alles was im Auftrag der Nürburgring GmbH geschieht „ist politisch gewollt". Da werden dann auch (evtl.) Richtlinien und Gesetze die da im Wege sind, ein wenig verbogen, Verfahren beschleunigt, versucht, Genehmigungsziele „auf dem kurzen Weg zu erreichen". - Es wird schon nicht auffallen. - Dieses Mal doch.

Die Positionierung des FIA-Zauns an der Nordschleife - so er jetzt schon steht - verwundert alle kenntnisreichen Betrachter. Ich finde, man könnte die Konfrontation von Draht, gespannten Drahtseilen, mit swingenden Zweigen und wiegenden Bäumen fast als ein Kunstobjekt darbieten.

Ich habe mich z.B. auch mal an einen Lieblingsstandort der Zuschauer, dem „Adenauer Forst" gestellt und entgegen der Fahrtrichtung gehend, einen Blick hinunter in Richtung „Fuchsröhre" geworfen. Auch da stehen die neue FIA-Zäune. Zur Sicherheit der Zuschauer auch an einer einer Stelle, an der niemals Zuschauer stehen. Aber es führt wohl ein Waldweg vorbei, auf dem ab und an mal Radfahrer radeln. - Sagt man.

Zu der Seite hin, wo nicht perfekt gefahrene Automobile über die Leitplanken, tief hinunter in den Wald fliegen können, da steht kein FIA-Zaun.

So ist auch die Situation an anderen Stellen der Nordschleife. Da schützen FIA-Zäune Bäume. Die neuen FIA-Zäune, in Beton aufgestellt, scheinen darauf zu warten, dass sich niemand in ihnen verfängt. - Na ja, vielleicht Blätter.

Frage: kann man Sicherheitszäune sinnloser aufstellen? - Wenn das Aufstellen z.B. an dieser Stelle aber bewusst geschah, dann kann das nur mit der Absicht geschehen sein, den Nagel-Kunstwerken eines Günther Uecker hier das Drahtkunstwerk einer bisher unbekannten Künstlerformation gegenüber zu stellen, die wohl in der „Grünen Hölle" lebt und darum „höllisch" denkt. - Dieses GmbH-Kunstwerk schafft quasi einen spirituellen Ruheraum, lässt den Betrachter in sich gekehrt verharren. - Und niemals kehrt er wieder.

Aus einem Echo von Motor-KRITIK-Lesern (meine Internetseiten) zu den neuen Drahtschöpfungen an der Nürburgring-Nordschleife:

Die Thematik der Sicherheitszäune haben wieder zum weiteren Nachdenken angeregt. Ich bin zwar auch für mehr Sicherheit für Zuschauer und Rennfahrer, aber garantiert wurde bei den neuen Sicherheitszäunen alles überstürzt geplant und die Aufträge erteilt ohne sich mehr Gedanken zum Thema sinnvoller Platzierung zu machen. Teilweise sind die Zäune an Stellen platziert wo sie z.B. auf der gegenüberliegenden Seite mehr Sinn gemacht hätten. Z.B. Kallenhard: Wieso stehen innen an der fast 5-10 Meter hohen Böschung die Zäune, während auf der Außenseite (wo man bei Bremsenversagen als Fahrer seinen Weg antritt) dagegen es hinter der Leitplanke erstmal den Hang runter geht bis man beim Aldi auf dem Parkplatz steht ?

Ein anderer Leser hat die VLN angeschrieben und um Auskunft gebeten. Hier seine Anfrage:

Sehr geehrtes VLN-Team,

mit Schrecken musste ich feststellen, dass durch den Umbau des N´Ringes der Ring viel von seiner Faszination verloren hat. Der jetzige Verlauf der Zäune (Eschbach, Karussel, Schwalbenschwanz etc.) macht aus Sicherheitsgründen nur bedingt Sinn (Kurveninnenseite, gerade Strecken, Zuschauerplätze weit über der Strecke).
Die Situation für VLN-Zuschauer hat sich dermaßen verschlechtert, dass sich viele mit dem Gedanken tragen den Rennen öfters fern zu bleiben. Dieses ist in vielen Foren und Diskussionen zu hören/lesen. Der hohe Zuschauerschnitt und die Akzeptanz der Rennserie liegt in großen Teilen an der Verbindung zwischen tollem Sport, der Nähe zur Rennstrecke und der einmaligen Nürburgring Topographie.
Diese Verbindung wird durch den Umbau nachhaltig gestört, wie steht die Organisation der VLN dazu ?

Mit freundlichen Grüssen,

Und die Antwort der VLN-Veranstaltergemeinschaft:
Hallo Herr XXX,

Vielen Dank für Ihr Interesse an der BFGoodrich Langstreckenmeisterschaft Nürburgring. Die Zäune rund um die Nordschleife werden von der Nürburgring GmbH zur Erhöhung der Sicherheit für Zuschauer, Helfer und Teilnehmer errichtet, um die Richtlinien des DMSB und der FIA zu erfüllen. Die Maßnahme dient also dem langfristigen Ziel, den Fortbestand des Motorsports auf der Nordschleife auch weiterhin zu gewährleisten.

Über den Sinn oder Unsinn dieser Maßnahme lässt sich nicht streiten, denn von der Nürburgring GmbH werden lediglich Vorgaben der Motorsportverbände umgesetzt. Wir glauben an die Vernunft unserer Fans - es sollte auch in Ihrem Sinne sein, dass der Fortbestand des Sports auf der Nordschleife im Vordergrund steht. Die Zuschauer werden sicherlich bereit sein, dafür und für die Sicherheit aller Beteiligten Kompromisse einzugehen.

mfg.

Patrik Koziolek

Nach dieser „Einführung" in die neu geschaffenen „Zaun-Probleme", die Stimmen weiterer Leser. Subjektiv, emotional:

Danke, Herr Hahne!

Ihre Berichte über das getriebene Unwesen, speziell am Nürburgring und der Nordschleife, sind hervorragend und sprechen mir aus der Seele!

Das Bedrückende daran ist die Tatsache, dass weder ihre berechtigte Kritik aus dem Journalisten-Lager noch die der Nordschleifen-Freunde und Motorsport-Fans Gehör bei den entscheidenden Stellen findet.
Es scheint wirklich so, als sollten die Nordschleife mit zuschauerunfreundlichen Maßnahmen wie Zaun und Preisen als auch das gesamte Paket Nürburgring durch die geplante Erlebnisregion so langsam ins Sterbebett danieder gelegt werden -

anders sind die bereits ergriffenen und noch ausstehenden (Bau-) Maßnahmen nicht zu erklären.

Sie wissen nicht zufällig ein Patentrezept, um den Bau der „Erlebnisregion" noch zu verhindern?
Wir trauern um die einst schönste Rennstrecke der Welt...

Mit traurigen Grüßen aus der Pfalz,

Und weitere Meinungen:

Hallo Herr Hahne!
Ich halte mich kurz, da ich weiß, dass sie wahrscheinlich noch viele Reaktionen auf den Text erreichen werden:
Sie beschreiben das Problem GENAU so, wie es ein jeder sieht, der auch nur ein bisschen Benzin im Blut hat. Ich bin sehr froh, dass genau dieses Thema die Presse erreicht hat und werde weiterhin das Thema verfolgen.

VIELEN VIELEN DANK!!

> Hallo Herr Hahne
> Ihr Beitrag hat mir aus der Seele gesprochen.
> Die Zäune werden deswegen aber leider nicht mehr fallen.

Hallo Herr Hahne,
sie sprechen mir und meinem Vater aus der Seele. Wir beide sind große Motorsport- und Nürburgring Fans. Haben in den letzten Jahren kaum ein VLN-Rennen verpasst und ich fotografiere auch sehr viel am Ring. Durch die Zäune wird es wohl nächstes Jahr weniger werden und die Fotoausrüstung kann zu hause bleiben. Schade um die schöne Nordschleife. Wir werden sie vermissen.

> 100% Zustimmung!
> Du sprichst mir aus der Seele.

Toller Beitrag
Habe mit großer Freude/Trauer gelesen das auch andere die Entwicklung am Ring so oder ähnlich sehen.
Es ist wie überall - sobald das große Geld im Spiel ist geht alles den Bach runter.
Ich frage mich was all diese Bürgermeister und Gemeinderäte der Eifel zu diesem Zaun und zu diesen Machenschaften gegen die Zuschauer/Fans sagen. Deren Meinung dazu würde mich brennend interessieren.
Und ich bin sicher die Bürger (viele vermutlich Motorsportfans) dieser Kommunen ebenfalls.
Wenn die obere Klasse „ihre" Autorennen lieber hinter geschlossenen Türen

veranstalten möchte - gerne. Ich bin gespannt wie lange die das durchhalten - war doch bis jetzt die Naturrennstrecke Nürburgring ihr größter Vorteil. Ich frage mich wie dusselig ein Management sein kann wenn es zu solchen Mitteln greift um mehr Zuschauer an die „Bezahl-Plätze" zu locken. Und wer zur „Grünen Hölle" will, dann bitte Achterbahn fahren. - Wenn ich Achterbahn fahren will, geh ich ins Phantasialand. Das ganze Drumherum stimmt doch im Moment nicht.

Hallo!

Ich habe den Beitrag zur Nordschleife gelesen und bin begeistert!! Sie bringen alles genau auf den Punkt. Vor allem die Sache mit dem Fahrerschutz....aber an so was denken ja die Leute die einen solchen Zaun beschließen nicht.
Ich fahre jetzt einige Jahre zum Ring und habe noch nie erlebt dass etwas über den Zaun bis zu den Zuschauern geflogen ist. Und wenn wirklich mal was anfliegen sollte, wird sich jeder normale Mensch ducken und da haben die alten Zäune vollkommen ausgereicht.
Wenn ich schon sehe wie hier die „Dorfrallyes" gefahren werden.... die Zuschauer stehen 5m von den Autos entfernt bestenfalls mit paar Strohballen abgesichert. Gut, dort werden auch nicht solche Geschwindigkeiten erreicht, aber ein normales VLN Auto wird seine meiste Energie auch erstmal in der Leitplanke abbauen.
Aber was redet man sich den Mund fusselig, diese Millioneninvestition wird sowieso nicht mehr abgerissen, wenn höchstens von den Fans. Hätten die Herren vorher mal drüber nachdenken sollen, wie sie den Ring damit kaputt machen. Ein Zitat aus einem Forum: „Ein Denkmal wie die Nordschleife zu zerstören ist denkbar einfach, doch ein solches in der heutigen Zeit zu erbauen ist fast unmöglich!!"

Hallo Herr Hahne,
Ihre Berichte über die Zäune an der Nordschleife und den geplanten „Erlebnispark" waren großartig.
Ich bin seit 1967 (damals noch mit meinem Vater) regelmäßiger Besucher der Nordschleife. Auf dem GP-Kurs war ich vielleicht 5mal. Da

jetzt die Käfighaltung angebrochen zu sein scheint, bleibe ich lieber in Koblenz und höre die Berichterstattung über die VLN im Internet. Wenn ich durch Zäune schauen will, gehe ich nach Neuwied in den Zoo.
Übrigens Spa ist auch nicht mehr so toll. Diese tolle Strecke wird durch die FIA Mafia ebenfalls nach und nach zerstört.
Ich glaube richtige Strecken gibt es nur noch in England und Australien. Hier fahren noch Rennfahrer die nicht vor Angst in die Hosen machen (Rallef Schumi).
Die völlig losgelösten Pläne der GmbH für ihren Park sind komplett lächerlich. Übrigens wo sollen den die GP-Kurs-Zuschauer nächstes Jahr parken. Ups - die „normalen" Zuschauer können ja etwas laufen. Die „Fans" mit Heli sind natürlich sehr willkommen.
Viele Grüße aus Koblenz

Hallo Herr Hahne,
finde Ihre Berichte zum Teil einfach toll und auf den Punkt gebracht. Teilweise sind ihre Ausführungen
für den reinen Nordchleifenfan aber etwas zu tiefgründig. Weniger wäre hier vielleicht mehr.
Ich habe in den letzten Monaten auch so einige tolle Erfahrungen mit der Nürburgring GmbH und angrenzenden
„Mafiaunterabteilungen" machen dürfen ,die ... vielleicht interessant sein könnten. Ich traue mich aber
nicht sie öffentlich zu äußern, da gewisse Abhängigkeiten... (kleine „punktuelle" Auslassungen als „Schutz" durch MK)

```
Als Motorsportfan und Hobbyfotograf bin ich
geschockt wie man unsere geliebte Nordschleife
so verschandeln
kann. Ich werde mir den 1000km trip zu den vln
und 24h rennen wohl in Zukunft sparen. Warum
sollte ich soweit
fahren, wenn man mittlerweile kaum noch was
besonderes zu sehen bekommt. Vermutlich ist es
das Ziel der
Nürburgring GmbH die Leute von der Nordschleife
fernzuhalten. Und dann der Sicht wegen auf die
GP Strecke
zu wechseln? - Aber nicht mit mir….
```

Das war ein Stimmungsbild, das die Realität in der Saison 2008 mehr als erahnen lässt: es wird weniger Zuschauer geben. Aber diese Zuschauer werden sehr gefährdet sein.

Denn das Bild, das sich dann an der Nordschleife dem geneigten Betrachter in 2008 bieten wird, wird dem in Spa von 2007 sehr ähneln, wo auch an einigen Stellen ein FIA-Zaun errichtet wurde. Aber dort nur an den Stellen, von denen wirklich eine Gefährdung für den Zuschauer ausgeht. Wie z.B. an der „Eau Rouge":

Dort stehen dann die Zuschauer auf Leitern. Vielleicht kann die Nürburgring GmbH daraus einen profitablen Leiterverleih entstehen lassen. Dann wäre man auch nicht mehr so sehr von einer Achterbahn abhängig.

Aber wahrscheinlich ist auch, dass der neue Zaun an der Nordschleife zu mehr Verletzungen führen wird, als die ganzen letzten Jahre ohne diesen Sicherheitszaun: denn es werden sicherlich einige Leute im Laufe des Jahres von der Leiter fallen.

Vielleicht sollte der DMSB hier eine Anbindung der Zuschauer durch Sicherheitsgurte an den Zaun zwingend vorschreiben. (Natürlich nur ein bestimmtes Fabrikat von Sicherheitsgurten, die vom TÜV, DMSB und der FIA dafür exklusiv freigegeben wurden.) - Wie übrigens ein solcher Zaun (an der Nordschleife) ein 24-Stunden-Rennen überstehen soll, darauf bin ich sehr gespannt.

Klar - für mich und jeden Fan: wir werden einen Zuschauerschwund an der Nordschleife erleben. Zwei Millionen Zuschauer hat es bisher bei allen Veranstaltungen der Nürburgring GmbH nicht gegeben, aber nun werden es noch weniger sein. Damit wird auch die Chance noch (!) geringer werden, dass die neu zu schaffenden Bauwerke zu „Nürburgring 2009" zu einem Erfolg werden.

Wir dürfen nicht vergessen: In allen Gutachten zu „Nürburgring 2009" sind die von der Nürburgring GmbH immer wieder genannten Zahlen von zwei Millionen die Ausgangsbasis für alle Berechnungen. Kein Gutachter, kein Berater hat zu den Besucherzahlen eigene Untersuchungen angestellt. Zwei Millionen + 500.000 durch „Nürburgring 2009", dass sind die Zahlen mit den gearbeitet wird. - Stimmen diese Zahlen?

Lassen Sie mich einmal auflisten, welche Rennen und Veranstaltungen ich zu einer Zahlenbilanz herangezogen habe:

01)	ADAC-Gleichmäßigkeitsprüfungen	7 Veranstaltungen
02)	Motorrad-Einstellf. MSC Porz	7 Veranstaltungen
03)	Kölner Kurs f. histor. Motorr.	
04)	BFGoodrich Langstreckenm.	10 Veranstaltungen
05)	AvD Racemeeting	
06)	ADAC-Sauerland-Motorrad-SP	
07)	World Series Renault	
08)	Intern. Sportfahrerlehrgang	2 Veranstaltungen
09)	ADAC-Reinoldusfahrt S.-M.	2 Veranstaltungen
10)	ADAC-24-Std.-Rennen	
11)	ADAC Nürburgring Classic	
12)	DAMC-Oldtimer-Festival	
13)	IDM Intern.Dt.Motorradmeistersch.	
14)	Modena Trackdays	
15)	ADAC 1000-km-Rennen	
16)	Int. ADAC Truck GP	
17)	F1- GP von Deutschland	
18)	Recaro Days	
19)	Rad + Run am Ring	
20)	BMW Fahrerlehrgang	
21)	ADAC Dacia Logan-Cup	
22)	VLN-Einstellfahrten	10 Veranstaltungen
23)	AvD Oldtimer GP	
24)	Top Ten ACV Sprintmeeting	
25)	ADAC Rundstr.-Challenge	7 Veranstaltungen
26)	ADAC Ruhrtal Motorrad S.P.	
27)	RGB/ADAC Rundstr.-Rennen	
28)	Rock am Ring	
29)	ADAC-Westf.-Trophy	
30)	Fahrerlehrg. MSF-Solingen	
31)	Motorrad-Sicherheitstraining	

001) Nordschleifen-Nutzer + -Fahrer
(wenn frei)
002) Testfahrten der Industrie (Industriewochen)

Insgesamt habe ich also 72 Veranstaltungen plus 001 und 002 erfasst. Nach meinen Recherchen ergibt das dann insgesamt, plus einem Zuschlag von 15 Prozent (ich bin nicht kleinlich) und einer kleinen Aufrundung die Zahl von **750.000 Besuchern jährlich**.

Das ist sehr weit von den immer wieder genannten 2.000.000 Besuchern entfernt. Wobei man berücksichtigen sollte, dass Geschäftsführer Dr. Kafitz gerne von Besuchen spricht, wenn er „große Zahlen" für seine Argumentation benötigt. Besucher sind etwas anderes. Damit Sie, liebe Leser, meine Zahlen an Ihren Schätzungen messen können, werde ich jetzt noch einmal die von mir ermittelten Besucherzahlen auflisten. Ich schreibe hinter die Nummer der Veranstaltung (s.o.) dann die Zahl, so dass Sie – wenn Sie wollen – noch einmal meine Recherche-Ergebnisse mit Ihren Eindrücken abgleichen können:

01)	ADAC-Gleichmäßigkeitsprüfungen	5.000
02)	Motorrad-Einstellf. MSC Porz	1.000
03)	Kölner Kurs f. histor. Motorr.	2.000
04)	BFGoodrich Langstreckenm.	120.000
05)	AvD Racemeeting	3.000
06)	ADAC-Sauerland-Motorrad-SP	500
07)	World Series Renault	40.000
08)	Intern. Sportfahrerlehrgang	1.000
09)	ADAC-Reinoldusfahrt S.-M.	700
10)	ADAC-24-Std.-Rennen	120.000
11)	ADAC Nürburgring Classic	3.000
12)	DAMC-Oldtimer-Festival	10.000
13)	IDM Intern.Dt.Motorradmeistersch.	10.000
14)	Modena Trackdays	2.000
15)	ADAC 1000-km-Rennen	3.000
16)	Int. ADAC Truck GP	50.000
17)	F1- GP von Deutschland	80.000
18)	Recaro Days	10.000
19)	Rad + Run am Ring	20.000
20)	BMW Fahrerlehrgang	500

21)	ADAC Dacia Logan-Cup	500
22)	VLN-Einstellfahrten	5.000
23)	AvD Oldtimer GP	40.000
24)	Top Ten ACV Sprintmeeting	3.000
25)	ADAC Rundstr.-Challenge	5.000
26)	ADAC Ruhrtal Motorrad S.P.	500
27)	RGB/ADAC Rundstr.-Rennen	5.000
28)	Rock am Ring	80.000
29)	ADAC-Westf.-Trophy	500
30)	Fahrerlehrg. MSF-Solingen	200
31)	Motorrad-Sicherheitstraining	1.000
001)	Nordschleifen-Nutzer + -Fahrer (wenn frei)	15.000
002)	Testfahrten der Industrie (Industriewochen)	5.000
	insgesamt:	**642.000**
	+ 15 %	96.360
	Besucher jährl.	**738.760**
	= rund	**750.000**

Zu meiner Absicherung hat auch eine andere Redaktion beim SWR die gleichen Veranstaltungen zuschauermäßig bewertet. Auch hier erfolgten eine Reihe von Telefongesprächen, es wurde das Archiv bemüht. Man hat dann dort Zahlen entdeckt, die sich z.T. deutlich von meinen unterscheiden. Jedenfalls ist das „fremde" Ergebnis, ermittelt von Leuten, die keinen Bezug zur Sache (Nürburgring, Motorsport) haben: **1.350.000 Besucher**. - Aber selbst diese Zahl ist weit von den **2.000.000 Besuchern in der Argumentation der Nürburgring GmbH** entfernt.

Natürlich habe ich versucht, eine Erklärung für die Differenz zwischen „meinen" und den „fremden" Zahlen zu finden. Da wäre z.B. das Formel 1- Rennen, der „Große Preis von Deutschland" (oder Europa), der bei mir mit 80.000 Besuchern bewertet wird, der aber bei meinen Kollegen mit der Zahl 300.000 und dem Zusatz „maximal" glänzt. - Bei einer einzigen Veranstaltung also eine Differenz von 220.000 Besuchern!

Nach einigem Suchen und langem Überlegen glaube ich Ihnen für die Richtigkeit meiner Zahlen - z.B. in diesem Fall für die

Formel 1-Veranstaltung - eine Erklärung liefern zu können: Im Jahresbericht des Landesrechnungshofes Rheinland-Pfalz von 2006 ist nicht nur der von der Nürburgring GmbH ausgewiesene Verlust im Jahre 2005 mit exakt 9,672 Mio Euro dargestellt, sondern auch so erklärt:

Die Zahl der F1-Besucher wäre von 2003 - 2006 um 27 Prozent zurück gegangen. Außerdem wäre der Durchschnittspreis je verkaufter Karte um 18 Prozent gesunken. In 2005 wurde danach „jeder zahlende F1-Zuschauer" mit genau 133 Euro subventioniert. Der Verlust von rd. 10 Millionen in 2005 wird in der Darstellung des Landesrechnungshofes voll und ganz der F1-Veranstaltung zugerechnet und ganz richtig festgestellt, dass damit auch der in einem Gutachten erwähnte „volkswirtschaftliche Nutzen" eines Formel 1-Laufs am Nürburgring, in diesem Gutachten mit rd. 10 Millionen beziffert, so praktisch aufgezehrt würde. - Was etwas über die Sinnhaftigkeit eines Formel 1-Laufs am Nürburgring eigentlich eine Menge aussagt. - Wenn man einmal nur den wirtschaftlichen Aspekt betrachtet. Lässt man die Zahlen und Aussagen des Landesrechnungshofes noch einmal Revue passieren, so ergibt sich logischerweise, dass der 10 Millionen- Verlust der GmbH sich aus den Subventionen für die F1-Zuschauer ergibt. Und die betrugen 133 Euro pro Zuschauer. - Wenn man jetzt - ganz großzügig gerechnet - die 10 Millionen Euro Verlust durch 130 Euro teilt, **ergibt das 76.923 Zuschauer**, für die in dem einem Jahr, im Jahre 2005, Subventionen gezahlt wurden. - Ich bin da mit meiner Zahl von **80.000 Zuschauern** nicht weit entfernt. - Die Zahl 300.000 hat die Aussagen von „Öffentlichkeitsarbeitern" als Grundlage. Meine 80.000 scheinen da die realistischere Zahl zu sein.

Ich dachte damals – 2007 - , dass ich damit das Thema „Zaun und Zahlen" erschöpfend abgehandelt hätte. Aber ich habe Tage später noch einen Nachtrag machen müssen, da ich beim Abschreiben meiner Notizen ein Fehler gemacht hatte:

Die „Deutsche Tourenwagen Masters" (die DTM ist - was manchen Kollegen noch nicht aufgefallen ist - **keine** Meisterschaft!) wurde in meiner Ursprungsliste mit 40.000 Besuchern bewertet, aber leider bei der Übertragung in die Liste fürs Internet übersehen. Da ich dort aber schon eine Toleranz von 15 Prozent = 96.360 Besuchern eingerechnet habe, muss ich diese Zahl um die 40.000 DTM-Besucher nicht nach oben verändern. **Meine Zahl von 750.000 Besuchern jährlich - wie oben zu lesen - bleibt unverändert.** - Aber mein Fehler hat mich schon geärgert. Und weil es Leser geben wird, die der DTM am „Ring" 80.000 Besucher (und mehr!) unterstellen, denen möchte ich hier dann die (natürlich „geheimen") Zahlen aus dem Ticketverkauf nennen (ich wollte es jetzt auch wirklich genau wissen!): **35.836 Karten wurden verkauft**. - Die DTM ist schon eine gute „Marketingveranstaltung", aber eigentlich - wie ein Leser mal schrieb - „ohne sportlichen Wert". - Aber hier - in dieser Geschichte - geht es um Besucherzahlen am „Ring". Und da gehört die DTM schon dazu. - Entschuldigung für einen Fehler, der - zum Glück für mich - nicht zu einer Verfälschung von Endzahlen führte. -

Aus meiner Sicht gehören also die „offiziellen Angaben" der Nürburgring GmbH mit zwei Millionen Besuchern jährlich, die Ausgangspunkt für alle möglichen Berechnungen sind, schon ins Land der Phantasie. -

Eine Annahme, die sich dann später auch in vielen Details bestätigt hat. - Die Öffentlichkeit wurde bewusst in die Irre geführt. - Wahrscheinlich auch die Herren der Politik in Mainz. - Was nicht für die Qualitäten und Cleverness dieser Herren spricht.

Der erste Spatenstich: Worte, Worthülsen, Versprechen, Versprecher

Spatenstich zu „Nürburgring 2009": Start zu „einzigartigen Angeboten... mit einer Mischung aus Motorsport, Events und Entertainment" - die „alte und neue Zielgruppen begeistern werden"? -

Steht jedenfalls so in der Einladung. - Ohne Fragezeichen.

In einer Aufsichtsratsitzung der Nürburgring GmbH in Mainz wurde der Start zu dem neuen Projekt (das nun auch einen neuen Namen trägt) am 19. November 2007 beschlossen. Am 22. November 2007 erfolgte der „Erste Spatenstich". Am 7. Dezember 2007 begann man mit den Abrissarbeiten von bisher funktionsfähigen Hallen und Tribünen.

Tatsächlich gibt es für diese Abrissarbeiten auch eine Genehmigung. An eine Baugenehmigung für das, was „alte und neue Zielgruppen begeistern" soll, für den Neubau, ist in den nächsten Wochen (Monaten?) nicht zu denken. Wer etwas anderes sagt, der schaut eben über den eigenen Tellerrand nicht hinaus.

Muss er auch nicht, wenn er z.B. der Bürgermeister der Verbandsgemeinde Adenau ist. Was für die Gemeinde Nürburg von großer Bedeutung ist, interessiert den Verbandsbürgermeister nicht, da das offiziell eine andere Verwaltungskette (Kelberg - Daun - Koblenz) betrifft.

Für Herrn Romes ist die Welt in Ordnung. Und er weist mir gegenüber ausdrücklich darauf hin, dass ein „Erster Spatenstich" unabhängig von jeder Baugenehmigung ist. Wörtlich: „"...könnte ein ohnehin lediglich symbolischer Spatenstich zudem auch ohne Baugenehmigung erfolgen." - So muss man dann auch den „Start zu einzigartigen Angeboten" (Einladung der GmbH) sehen:

Ich hätte auch gerne so eine schöne Geschichte zu dem Thema geschrieben, wie ich sie in „auto motor und sport", Heft 26/2007, auf Seite 172 gelesen habe. „Kapital-Anlage". - Woher man das in Stuttgart weiß? - Vielleicht hatte man dort eine Pressemappe zum Abschreiben zur Verfügung.

Als ich die Veranstaltung kurz vor 13 Uhr verlassen wollte, waren alle Pressemappen vergriffen. Ich habe dann eine Gruppe von verantwortlichen Mitarbeiterinnen der Nürburgring GmbH angesprochen: „Wir haben noch Pressemappen in der Verwaltung. Geben Sie uns Ihre Adresse und werden senden sie Ihnen umgehend zu."

Beim Erscheinen dieser Geschichte auf meinen Internetseiten sind nun knapp drei Wochen vergangen und die Pressemappe hat immer noch nicht ihren 13 Kilometer langen Weg von Nürburg nach Virneburg gefunden. Ich habe wahrscheinlich auch einen Fehler gemacht. Ich habe meine Visitenkarte abgegeben.

Über die kann man zwar lachen - dachte ich. Aber bei der Nürburgring GmbH konnte man wohl nicht über meinen Namen lachen. Oder die Damen trauen sich nicht. Ich bin vielleicht das Porto nicht wert.

Ich habe mich aber getraut. Hin zum „Ersten Spatenstich". Ich bin den Hinweisschildern gefolgt. Und es waren wirklich viele Leute gekommen. Nicht alles Journalisten. Aber in jedem Falle Interessierte. Wie z.B. ein Gemeinderats-Mitglied aus Müllenbach.

Kurz vor 11 „strömte" es förmlich in die Halle, die nun Wochen später abgerissen werden soll. Wobei wohl niemand - außer mir - die „passende" Beschriftung auf der Eingangstür aufgefallen ist:"Nur im Notfall öffnen".

Dieser „Notfall" war wohl jetzt eingetreten. Aber insgesamt machte dann die gefüllte Halle einen guten Eindruck. Und wenn man noch mal einen Blick auf die Bausubstanz dieser Halle warf... - „Die wäre für die nächsten hundert Jahres gut gewesen", sagte ein zufälliger Nachbar, den ich nach seiner Meinung fragte.

Vorne saßen die Leute, die dann referieren mussten:

Nicht jeder kam vor, manche erst nach dem Ersten Spatenstich zu Wort. Ich sah Dr. Pföhler, Landrat und Aufsichtsratmitglied, dann Prof. Dr. Ingolf Deubel, Finanzminister und Aufsichtsratsvorsitzender und dann Dr. Walter Kafitz, sozusagen als Projekt-Eckpunkt. Kafitz war dann auch der erste Redner. Wie immer, hatte Dr. Kafitz mit nichts irgendwelche Probleme. Der traut sich. Alles. Der hat mich vor Monaten - bei einem zufälligen Zusammentreffen - sogar mit Handschlag und dem Kommentar begrüßt: „Ich habe keine Berührungsängste." -

Er hatte jetzt auch keine Probleme zu wunderbaren Worthülsen in seiner Rede zum ersten Spatenstich. Moderator Michael Kramp hatte eine „Zeitreise in die Zukunft" versprochen. Und Dr. Kafitz erläuterte nun die „historischen Momente" auf dem Weg bis zum 22. November 2007. Und machte den Slogan des Landes Rheinland-Pfalz - in ein wenig abgeänderter Form - zum Motto seines Handelns: „Wir tun's einfach!"

Erstaunlich seine Feststellung: „Wir haben mit der Formel 1 Millionen verdient." - Er muss es wissen. Er sollte das auch mal dem Landesrechnungshof verraten. Und man hörte von ihm, was die Besucher des Nürburgrings wünschen: „Mehr Übernachtungsmöglichkeiten." - Wo denn? - Warum denn? - Wenn im Jahresdurchschnitt mehr Betten nicht belegt sind als belegt?

Und ich hörte, dass das „Unterhaltungsangebot" erweitert werden muss. Um Golf zum Beispiel. - Aha! - Und dass man sehr gute Erfahrungen mit der „Erlebniswelt" gemacht hat. - Klar, wenn einen Erfahrungen weiter bringen, sind es immer gute Erfahrungen. - In der „Erlebniswelt" wurden konstant „rote Zahlen" geschrieben. Ich halte fest: man hat daraus gelernt. Die Vertragspartner hat man belogen.

Der TÜV Rheinland ist der wichtigste Partner. Sagt Dr. Kafitz. - Das hätte ich nicht gedacht. - In München, bei BMW, träumt man derweil noch einen anderen Traum. -

Und dann dankt Dr. Kafitz dem Aufsichtsrat für seine kluge Entscheidung, ohne dabei Landrat Pföhler zu erwähnen. Das ist sicherlich wohl überlegt. Und er dankt, dankt, dankt. Er bedankt sich sogar „für die kritische Begleitung" des Projekts, es „auf sinnvolle Art und Weise zu hinterfragen". - Diesen Kritikern „gilt mein demokratischer Dank." Sagt Dr. Kafitz. Er spricht einen „demokratischen Dank" aus. Diese Wortkombination höre ich zum ersten Mal in meinem Leben.

Natürlich macht er auch eine nachdenkliche Bemerkung: „Probleme sind dazu da, gelöst zu werden." - Wie recht doch Dr. Kafitz hat. Insgesamt ein guter Vortrag, der zeigt, dass er verbal über Stärken verfügt. Rhetorisch eben.

Dann redet Finanzminister Prof. Dr. Ingolf Deubel. Rhetorisch zwei Klassen schlechter. Er sieht in der Besetzung der 120 (?) Stühle, einen Beweis für die Verankerung des Projekts „Nürburgring 2009" in der Region. Er findet: „Rennen reichen nicht" und gut, „gegen allen Widerstände" den Bau des Projekts durchgesetzt zu haben. - Aber lieber Herr Prof. Deubel: Es gibt noch keine Baugenehmigung! - Aber hier merkt man, was mir immer wieder in den letzten Monaten als überzeugendstes Argument für eine Durchsetzung genannt wurde: „Das Projekt ist politisch gewollt!" Die Herren interessiert nicht der „Ist-Zustand", sondern sie wissen, dass sie es wollen. Und niemand wird sich ihnen in den Weg stellen.

Da ich gerade das Buch von Jürgen Roth „Der Deutschland Clan" gelesen habe und es noch neben mir auf einem Stapel Zeitschriften liegt, möchte ich - auch wenn es nicht richtig passt - hier den Text von der Rückseite des Buchumschlags abschreiben:

„Deutschland heute - das ist ein engmaschiges Netzwerk aus hochrangigen Politikern, führenden Konzernchefs und toleranten Justizbehörden, die systematisch und übergreifend mit kriminellen Methoden den Rechtsstaat aushöhlen, Gemeinsinn durch puren Egoismus und Gesetze durch die Macht des Kapitals ersetzen."

In der Eifel ist das weniger kompliziert: Es genügt, wenn ein Projekt politisch gewollt ist. Und niemand möchte der Buhmann sein, es sich mit jemand, der von sich glaubt wichtig zu sein, verscherzen. Ich denke. - Aber Prof. Deubel kommt nun beim Reden ins Träumen: Man hätte „Externe" beauftragt, kritisch die Zahlen abzuklopfen. Es galt zu überprüfen, „ob Private die Risiken und Chancen genau so sehen". - Und Deubel steigert sich: Die Finanzierung des Projekts wäre auch zu 100 Prozent privat möglich gewesen. Aber dann hätte die Nürburgring GmbH auch weniger davon gehabt. -Finanzminister Deubel ist ein guter Mensch. - Er sagt das alles so, als würde er selber daran glauben.

Ich suche verzweifelt nach einem Taschentuch. In der einen Hand Schreibblock und Kugelschreiber, die Kamera am Handgelenk hängend... -. Da entschließe ich mich - nicht zu weinen. Obwohl die Deubel-Aussagen wirklich rührend sind. Man hat - nach seiner Darstellung - auch schon viele „Letter of Intents" und einige Verträge. (Warum hat er eigentlich statt „Letter of Intents" nicht „Absichtserklärungen" gesagt?) - Wie toll! - Und das Risiko der Nürburgring GmbH liege heute unter 50 Prozent. - Wahnsinn!

Und dann stellt er den 80 Millionen Euro-Investor vor: eine GmbH, im Jahre 2007 gegründet, des Jagdpächters von Kirsbach, Kai Richter. Und ich muss lernen: die Nürburgring GmbH ist eine „Wirtschaftsförderungsgesellschaft". - Wie wahr, lieber Herr Deubel! - Ob er wirklich weiß, was er da gerade gesagt hat?

Dann stellt sich Dr. Jürgen Pföhler hinter das Rednerpult.

Er ist nicht nur Landrat des Kreises Ahrweiler - ganz knapp gewählt - er ist auch stellvertretender Aufsichtsratsvorsitzender der Nürburgring GmbH, da sein Landkreis eine Beteiligung von 10 Prozent an der Gesellschaft hat. Und er spricht die bedeutungsvollen Worte: „Eine Vision ist Wirklichkeit geworden!"

Dieser Mann hat Visionen. Aber er weiß wenig über die Wirklichkeit: Es gibt zu diesem Zeitpunkt keine Baugenehmigung. Aber wer weiß das schon auf den voll besetzten Stühlen und bei den dicht umringten Stehtischen. - Und Dr. Pföhler schwafelt vom „gnadenlosen Wettbewerb auf den Rennstrecken der Welt", erwähnt, dass man heute schon für 10

Euro nach Paris - und nach Schottland zum Whisky-Kauf fliegen kann.
-

Weiß der stellvertretende Aufsichtsratsvorsitzende der Nürburgring GmbH eigentlich, was eine Touristen-Runde Nürburgring-Nordschleife im Jahre 2008 kosten wird? - Das sind exakt 20.832 Meter. Die gibt es dann für 21 Euro. Dafür kann man nach der Pföhler-Rechnung nach Schottland hin und zurück fliegen. Um die Zahlen aber auch anderen „Gobal Playern" zu verdeutlichen: 21 Euro bedeuten für einen US-Amerikaner heute 30 US-Dollar.

Ach ja, ich vergaß: Dr. Pföhler hat noch niemals für eine Runde Nürburgring gezahlt. Als stellvertretender Aufsichtsratsvorsitzender muss er das auch nicht. Und viele andere aus Politik und Wirtschaft haben auch noch niemals gezahlt. Sie erhalten jedes Jahr kostenlos eine Jahreskarte. Eine kleine Aufmerksamkeit der GmbH. In 2008 in einem Wert von 975 Euro. - Kleine 1.000 Euro-Geschenke erhalten die Freundschaft. Wer denkt dabei an Bestechung, Korruption oder Schlimmeres? - Das ist nun mal heute so in Deutschland: keine Leistung ohne Gegenleistung. - Aber zurück zur Rede:

Ich notiere auch: Die Nürburgring GmbH ist für die gesamte Region verantwortlich. - Und was wäre die GmbH ohne die Region? In den Jahren 2004 und 2005 um 10 Millionen Verlust pro Jahr, im Jahr 2006 dann 40 Millionen. Das sind Steuergelder, die auch in der Region erwirtschaftet wurden. Nicht durch die Formel 1.

Dr. Pföhler sollte einmal in den Berichten des Landesrechnungshofes nachschlagen, was man da zu den wirtschaftlichen Auswirkungen eines Formel 1-Rennens auf die Region sagt. Aber Prof. Dr. Deubel hatte ja schon erwähnt, dass man „die immer wieder neuen Ideen" (des Herrn Dr. Kafitz) auch „auf der wirtschaftlichen Seite untersucht habe". - Was dabei herausgekommen ist, auf welchen Basiszahlen, auf welchen Erwartungen ein evtl. Erfolg beruht, das wurde nicht gesagt. Weder von Herrn Dr. Kafitz, noch von Herrn Prof. Dr. Deubel, noch von Herrn Landrat Pföhler.

Der lobt dann in seiner Rede das neue Projekt „Nürburgring 2000" (er hat nicht gemerkt, dass er sich hier versprochen hat). Aber was merkt Dr. Pföhler überhaupt noch? - Er spricht von 29 Millionen „Kapitalaufstockung" die nun in die GmbH investiert werden. - Ich bin starr. Bisher hatte ich nur von einer Kapitalaufstockung von 9 Millionen gehört, während weitere 20 Millionen als „Gesellschafterkredit" aufs Konto der GmbH kommen sollten. - Kleine Veränderung, kleine Verschiebung? - Echt? - Ein Versprecher? - Man weiß es nicht. - Vielleicht hat er es auch nur symbolisch gemeint. - Der Beifall der Anwesenden reißt mich aus meinen Gedanken.

Nun geht es zum „ersten Spatenstich". Aber zunächst wird die Bautafel enthüllt:

Und jetzt kommt er wirklich, der „Erste Spatenstich":

Ich registriere: Dr. Saftig, der Bürgermeister der Verbandsgemeinde Vordereifel ist nicht persönlich gekommen, sondern hat einen Vertreter geschickt. Dr. Saftig ist genau so klug wie die Herren Kurt Beck (Ministerpräsident des Landes) oder Hendrik Hering (Wirtschaftsminister des Landes Rheinland-Pfalz), die auch davon abgesehen haben, beim symbolischen Spatenstich für ein fragwürdiges Millionenprojekt auf den Speichereinheiten vieler Digitalkameras und auf dem Material vieler Filmkameras verewigt zu werden. Man könnte ihnen diese „Beweise" später mal unter die Nase halten. -

Darum die klare Entscheidung: ohne mich! - Aber Kurt Beck hat das Ding angeleiert, hat überall den Eindruck vermittelt: dieses Projekt „ist politisch gewollt". Jetzt rollt „das Ding" und der Fahrer steigt aus. - Läuft doch!

Ich denke, während um mich herum die Kameras klicken: So sieht also ein „Millionengrab" aus. Ich fotografiere zwar auch die „Spatenstecher". Aber nachher auch diese Stelle „ohne alles".

In einigen Internet-Foren wird es tatsächlich heute schon als „Millionen-Grab" bezeichnet. Schön gemacht. - Dann wollen wir mal schauen, was uns auf der eigentlichen Pressekonferenz präsentiert wird.

Zunächst einmal der 80-Millionen-Investor: Dieser Mann steht also für 80 Millionen Investitionen. Für ein Hotel, ein Erlebnisdorf („Eifel-Dorf") und - das ist neu - ein „Motorsport-Village" in der Ortslage von Drees, ganz nahe am „Ring".

Die Darstellung des „Motorsport-Village", auf eine Leinwand geworfen, wird auch sofort von einem Kameramann gefilmt. Die Lage ist übrigens sehr gut. Ich habe mir das „vor Ort" angesehen. Im Zusammenhang mit dem „Eifel-Dorf" und dem neuen Hotel gibt es allerdings Probleme. Denn hier sollen zusätzlich 600 Betten in 100 Ferienhäusern geschaffen werden. In einem anderen Genehmigungsverfahren. So sehe ich das.

Und dann soll noch ein „Bettenhaus" in Adenau geschaffen werden. Investor ebenfalls der Mann oben auf dem Foto mit seiner MediInvest GmbH.

Als dieser „Investor" (sagt Minister Deubel) zu Beginn neben ihm saß, da habe ich ausmachen können, dass Kai Richter – so heißt dieser „Investor" von Deubels Gnaden – offenbar einen neuen Anzug trägt. An seinem rechten Ärmel, ganz unten, ist noch der Name des Herstellers (Desginers?) aufgenäht. - Hat diesem „Weltmann" denn niemand gesagt...? - Als er später, nach dem ersten Spatenstich dann wieder neben Deubel sitzt, da ist der Aufnäher entfernt. - Kai Richter lernt schnell.

Und wir dürfen nun auch einen Blick auf das so genannte „Eifeldorf", „ein Erlebnisdorf" werfen, in dem man nicht nur eine Disco (für 800 Personen) finden kann, sondern auch sonst noch alle möglichen Vergnügungsstätten. Auch hier wird es Übernachtungsmöglichkeiten geben. Nicht nur im neuen Hotel, in dem man allerdings die Planzahlen für die Betten etwas abgesenkt hat. - Aber per saldo... -

Aber wer merkt schon, dass nun die erste Planung nicht mehr stimmt? - Wer merkt, - hat gemerkt - dass wir hier alle auf dieser Veranstaltung quasi als „Claqueure bei einem Showtanzen der Paare" missbraucht wurden?

- Ich verlasse diese Informationsveranstaltung sehr nachdenklich.

Was passiert jetzt als Nächstes auf dem Weg zum „politisch gewollten" Projekt „Nürburgring 2009"? -

Die Fortsetzung wird folgen. - Sie wird auch nicht ohne Folgen für Herrn Deubel bleiben können. Er hat hier – erstmals – einen privaten Investor präsentiert.

Vor dem Neubau kommt der Abbruch

Wir, die Bewohner der Region und auch deren Journalisten, haben schon eine Reihe von Zwischenschritten erlebt. Von 150 Millionen auf 250 Millionen. Dann Stopp des Projekts. Jetzt – wir schreiben Dezember 2007 - Neustart mit 215 Millionen.

Zunächst alles ohne jeden Zuschuss von öffentlichen Geldern. Dann mit Beteiligung der öffentlichen Hand. Dann mit einer Begrenzung auf 50 Prozent. Nun liegt man unter 50 Prozent. Sagt man. Aber bei vollem Risiko der Nürburgring GmbH?

Da gab es Genehmigungen, die heute keine mehr sind. Es gibt also z.Zt. keine gültige Baugenehmigung. Für die „Erlebnisregion Nürburgring"? - Ach, auch das hat sich längst geändert. Fast unauffällig. Irgendwer hat die Hütchen geschickt verschoben. Nun steckt „Nürburgring 2009" darunter.

Aber unter normalen Umständen kann das Projekt in dem vorgestellten Umfang niemals bis 2009 fertig gestellt werden. Das bestätigen mir Baufachleute. Weil es noch keine Genehmigungen gibt, weil z.B. auch die Landesplanerische Stellungnahme zum neuen Projekt fehlt. Weil das „neue" (!) Projekt - aus der Bearbeitung zweier Bauämter - Zeit braucht. -

Dass das Projekt eigentlich neu ist, wird von den Beteiligten bestritten. So sagt der Verbandsbürgermeister Romes, Adenau: „Das Projekt wurde ursprünglich vom Vorhabenträger unter dem Arbeitstitel „Erlebnisregion Nürburgring" auf den Weg gebracht. Zwischenzeitlich wird das Projekt im offiziellen Sprachgebrauch der Nürburgring GmbH als „Nürburgring 2009" bezeichnet. Wie der Vorhabenträger jedoch die geplante Maßnahme letztendlich tituliert, ist für die Durchführung der gesetzlich vorgeschriebenen Bauleitplanverfahren und somit für die Verbandsgemeinde Adenau bzw. den Planungsverband Nürburgring völlig unerheblich." -

Von den Planungen in Drees wird nicht gesprochen. Das ist eben eine andere „Baustelle". Weil sie eine andere Verwaltung (Kelberg, Daun) betrifft. - Eigentlich erinnern mich diese Abläufe an geschickte Zwischenschritte, wie man sie z.B. beim Marschieren kennt, um den Gleichschritt wieder herzustellen. Aber vielleicht ist ein anderes Beispiel besser: Sie erinnern sich an die eleganten Zwischenschritte in der Tanzschule? Wären wir in Berlin - und nicht in der Eifel - würde vielleicht jetzt der Tanzlehrer brüllen: „R-r-r-ran an die Dame u-u-u- und dann weck von sie."

Nach der Veranstaltung „Erster Spatenstich" konnte man auf die weitere Abfolge von „Zwischenschritten" gespannt sein. Und da kam dann die Ankündigung der Nürburgring GmbH nicht überraschend. Sie ist der oben zitierten Aufforderung zuzurechnen. Lesen Sie selbst:

Motorsportgeschichte zum Mitnehmen: Nürburgring verschenkt Sitze der Haupttribüne

Am 1. Dezember 2007 wird von 10 bis 13 Uhr am Nürburgring ein ganz besonderes Türchen im Adventskalender geöffnet: das Tor 7 an der Haupttribüne T3.

Dahinter wurde Motorsportgeschichte geschrieben, die auf den Sitzen direkt gegenüber der Boxengasse hautnah erlebt, bejubelt und gefeiert wurde. Weltmeistertitel von Michael Schumacher, dramatische 24-Stunden-Rennen, bei dem etliche Fans sogar auf ihren Plätzen übernachtet haben, packende Zweikämpfe von Trucks, Motorrädern, Oldtimern oder Tourenwagen sowie emotionale Siegerehrungen - wer auf dieser Tribüne saß, war immer ganz nah dran.

In den nächsten Wochen wird die bereits seit 1984 bestehende Haupttribüne abgerissen, um einen Neubau mit noch mehr Komfort und einer Business-Lounge als Bestandteil des Projektes „Nürburgring 2009" zu ermöglichen. Alle Motorsportenthusiasten, Nachbarn und Raritätensammler, die sich ein Stück Nürburggeschichte sichern wollen, können sich die ehrwürdigen Sitze abschrauben und kostenlos mit nach Hause nehmen. Für Jugendzimmer, Party-Keller oder die heimische Gartentribüne sind dies sicherlich außergewöhnliche Einrichtungsgegenstände. Und es sind Originale, die schon jetzt einen hohen Sammlerwert haben und in dieser Form nie wieder zu haben sein werden.

„Das ist auch in der 80-jährigen Geschichte des Nürburgrings eine bisher einzigartige Gelegenheit, an der wir alle Fans und Freunde unserer Rennstrecke teilhaben lassen wollen", sagt Dr. Walter Kafitz, Hauptgeschäftsführer der Nürburgring

GmbH. „Wir unterstützen mit den freiwilligen Spenden, um die wir in diesem Zusammenhang bitten, „Nachbarn in Not", einen regionalen privaten Hilfsfonds".

Mitarbeiter des technischen Dienstes des Nürburgrings stehen am 1. Dezember mit Rat, Tat und Gerät vor Ort parat, um beim Abschrauben der Sitze zu helfen. Das Mitbringen von eigenem Werkzeug - 13er und 17er Maulschlüssel sowie eine Ratsche mit Verlängerung - wird empfohlen. Der Parkplatz A8 steht zu diesem Termin zur Verfügung, Backstage-Führungen durch Boxengasse, FUJIFILM Media-Center, Race-Control und auf die VIP-Terrasse werden ebenfalls angeboten.

Das bindet die Bevölkerung ein, stimmt sie milde, das macht - wie ich gerne sage - „einen schlanken Fuß". (Meine Mutter war Schuhverkäuferin.) -

Ich habe mich bei „Verwertern" erkundigt: Natürlich seien die Sitze recyclebar. Man müsse allerdings den Kunststoff vom Eisen (den Beschlägen) trennen, was nicht ein Problem darstellen würde. Man benötige zwei Container... -

Aber die Nürburgring GmbH wählte eben - in diesem Falle - nicht den rentabelsten, sondern den menschlich verbindenden Weg: man verschenkt etwas. - R-r-ran an die Dame! - Und dann noch die Unterstützung eines privaten Hilfsfonds! - Sehr gut gemacht. Und zu der Presseinformation gab es auch ein Pressefoto der Nürburgring GmbH.

Möglichst viele Sitze sollten an diesem 1. Dezember 2007 verschwinden. Und die Aktion fand auch großes Interesse. Ich war aus terminlichen Gründen erst gegen 14 Uhr vor Ort. Da war dann vor der Tribüne 3 nur noch wenig los. Da warteten zwei Männer auf das, was dann zwei Jugendliche anschleppten, aber mit Sitzen wenig zu tun hatte. Sie verzurrten es auf dem Anhänger - und fuhren freudig von dannen.

Dann sah ich die wahrscheinlich letzten Besucher, die sich ein paar der Kunststoffsitze sichern konnten. Vor allen Dingen die Kinder waren ganz glücklich. Kurz danach erschienen dann zwei Mitarbeiter der GmbH, die durch das noch offene Tür den Weg zur Tribüne beschreiten, die Tür hinter sich abschließen, um dann hinter dem dichten Gestrüpp die Treppe nach oben zu erklimmen.

Ich stellte beim Warten auf weitere Abläufe fest, dass man alle Anschlusskästen auf dem Parkplatz bereits entfernt hat. - Aber dann registriere ich auch, dass die Nürburgring-Mitarbeiter inzwischen die ganze Tribüne abgeschritten sind und nun die letzten anwesenden Besucher von der Tribüne - durch eine Tür am anderen Ende des Bauwerks - hinweg komplimentieren.

Ihr Dienst war augenscheinlich beendet. Und so schritten die in Signalfarben gekleideten Mitarbeiter der GmbH zurück zu dem am Tor 7 abgestellten Fahrzeug. Dort wurden sie dann aufgehalten. Weil doch noch - verspätet - Interessenten für Sitze eintreffen. Da rappelt z.B. ein Mercedesfahrer an den inzwischen abgeschlossenen Toren. Auch weitere Personen sind noch eingetroffen und die Nürburgring-Bediensteten werden noch in einige Gespräche verwickelt.

Auch die Polizei schaut noch vorbei. Nicht gerufen, zufällig. The party is over! - Auch ich entschließe mich jetzt, das Sammeln von Impressionen zu beenden.

Mir fällt noch die BIT-Werbung am „Dorint" ins Auge. Dieses Bier aus der Eifel wird es übrigens auch in den nächsten Jahren im „Dorint"-Hotel geben. Auch wenn anderswo im direkten Umfeld dann „WARSTEINER" - entsprechend den neuen Verträgen - verkauft werden muss. Nicht der Kunde ist König, sondern der Verkäufer. - So ist das nun mal „am Ring". Immerhin: Wer in Zukunft das „Dorint" wählt, kommt noch in den Genuss eines herb-frischen Eifel-Pilsners.

Nun kommen wir zu dem Teil der Geschichte, die vielleicht den Teil „u-u-u-u-u-und weck von sie" dokumentiert. Aber auch hier gibt es noch einen kleinen Zwischenschritt. Der Abriss von bestehenden Gebäuden muss durchs Räumen vom Inventar und Ausstellungsgegenständen vorbereitet werden. Da wäre z.B. die Halle 3 der „Erlebniswelt", die bisher mit BMW-Exponaten bestückt war. Die müssen nun raus.

Und es wird geräumt: Vorne ein M1, dahinter ein Z4, der aber - da nur als Ausstellungsobjekt gedacht - im Vergleich zu seinem Urahnen ein wenig behindert wirkt. Er muss vorne auf kleine Wägelchen gestellt werden, um gezielt bewegt werden zu können. BMW hatte dem Ausstellungsfahrzeug wohl aus Kostengründen keine Lenkung mitgegeben. Andere Fahrzeuge, wie z.B. ein Fahrzeug, das einmal als Safety Car eingesetzt war, ein BMW Z8, kann ganz normal in den bereit stehenden Autotransporter gefahren werden.

Es ist natürlich einer der unauffälligen weißen Transporter der Firma Auto-Siegl. Jeder in der Branche kennt sie: geheim - sicher - sauber - klimatisiert. Auto-Siegl fährt für die gesamte Autoindustrie „Erlkönige", Prototypen, Ausstellungsfahrzeuge, Rennwagen quer durch Europa. Die Fahrzeuge werden so ausgeladen, wie sie auch eingeladen wurden. Mit entsprechend vorbereiteten Ausstellungsobjekten z.B. kann man sofort nach dem Ausladen jeden Ausstellungsstand bestücken. Ohne die Fahrzeuge vorher nacharbeiten zu müssen.

Auto-Siegl ist in gut 15 Jahren von einem Ein-Mann-, Ein-Fahrzeug-Unternehmen zu einer Firma gewachsen, die inzwischen um 100 Spezialtransporter einsetzt. Angefangen hatte man mit einem Geländewagen, an dessen Anhängerkupplung ein geschlossener Anhänger das zu transportierende Automobil aufnahm.

Ich habe jetzt - bei dieser Gelegenheit davon erzählt - weil kaum jemand außerhalb der direkt Interessierten bei der Auto-Industrie etwas über Auto-Siegl weiß.

Die Stimmung an diesem Dezembertag ist eine Aufbruchstimmung. - Nur: wohin?

Und oben auf dem Dach des ehemaligen Pressezentrums (zwischenzeitlich war das zur „Motorsportbar" geworden) erscheint dann ein Mann mit der Schubkarre um vom Dach der „Start- & Ziel-Bar" die Flachdach-Kiesbefüllung hinunter zu kippen.

Der Abbruch wird vorbereitet. Irgendwie wirkt alles ein wenig traurig.

Die Nürburgring GmbH lagert die Inventar- und Ausstellungstücke da ein, wo gerade durch eine Insolvenz ein paar hundert Arbeitsplätze in der Region verloren gegangen sind. In einer nun leer stehenden Halle einer Polstermöbelfabrik in Leimbach. Einige der eingelagerten Stücke werden bei Wiederverwendung dann den Wert haben, der durch die Einlagerungskosten entstanden ist.

Beim Beobachten der Abbruch-Vorbereitungen und Auslagerung der Teile gewinnt man den Eindruck, dass sich hier ein Chaos abspielt. Mitarbeiter, darauf angesprochen, bestätigen das auch. Auch Mitarbeiter von Fremdfirmen, die nach eigenem Bekunden schon lange, lange den Auftrag zum Abbau hatten (ohne jedoch das exakte Datum zu kennen), die wundern sich, dass nun - obwohl genügend Zeit zum Vorbereiten vorhanden war - zum Abbau jetzt keine exakte Planung zur Verfügung steht. - Scheinbar alles „aus dem Handgelenk"; schnell, schnell..

Es hätte viel Geld gespart werden können, das ist der Eindruck, der durch die Aussagen von erfahrenen Abbaukräften bestätigt wird.

Mein persönlicher Eindruck: es müssen schnell, sehr schnell die Voraussetzungen dafür geschaffen werden, dass ein Neubau unaufschiebbar scheint. Durch den Abriss von bestehenden Hallen, Gebäuden und Tribünen soll wohl Druck auf die Genehmigungsbehörden erzeugt werden. - Weil die Politik es so will.

Denn man schreitet wirklich schnell zur (Abbruch-)Tat. Wozu man früher Weltkriege benötigte, das schafft man jetzt mit Baggern und einer Sprengung. - Alles frei nach dem zweiten Teil meines (Titel-)Mottos: „u-u-u-u-u-und weck von sie!"

Da muss z.B. die Bundesstraße 258, die direkt am Start- und Ziel-Gelände der Nürburgring GmbH vorbeiführt, Stunden (und mehr) gesperrt werden. Kommt man aus Richtung Blankenheim, bietet sich einem folgendes Bild: Ein Sperrschild steht vor dem eigentlichen Umleitungsschild, bei dem dann nach links ins Dorf Nürburg abgebogen werden muss. Und ein paar Meter weiter wird dann dem suchenden Autofahrer klar gemacht, dass die noch später folgende Anbindung der L94 nach Welcherath frei ist.

Aber das ist wirklich nur etwas für Ortskundige. Kommt man aus Richtung Mayen, dann ist die Ankündigung einer Sperre fast unauffällig. Der Container ist nur schwer zu erkennen. Vor allen Dingen war er es dann, wenn die Dunkelheit hereingebrochen war.

Dieser Stahlbehälter war dann auch nicht extra beleuchtet. Aber warum auch? wird man sich gedacht haben. In Deutschland gibt es den Rechtsverkehr. Und da kommt man am „Durchfahrt verboten"-Schild sehr gut vorbei.

Obwohl an diesem Tag der Versuch eines Autofahrers schon -zig Meter später scheitern musste: Man war dabei die zwei Fußgängerbrücken über die B 258 abzureißen, die von den Parkplätzen 6 und 7 sonst hinüber auf das Streckengelände führten.

Ein Tag später gab es an den Eckpunkten der Brücken nur noch Bauschutt zu sehen:

Nun ist auch keine Frage mehr, was das Gelände der Nürburgring GmbH in diesem Zustand ist: eine „Erlebniswelt". - Wenn ich jetzt mal einen Blick auf die Brückenreste auf der anderen Seite werfe... - Da mag dann z.B. die Sprengung einer voll funktionsfähigen, überdachten Tribüne, geradezu ein Anlass zum Feiern sein. Dazu hatte die Nürburgring GmbH am Abend des 10. Dezember 2007 eingeladen.

Man traf sich - in genügendem Sicherheitsabstand - auf der „Mercedes"-Tribüne. Für die gepflegte Kartei von „wichtigen Persönlichkeiten", die zu solchen Gelegenheiten eingeladen werden spricht auch, dass man nicht versäumt hatte den Bürgermeister einer nahe gelegenen Gemeinde einzuladen, von der man Parkplätze gepachtet hat, und ab und an auch Streitgespräche wegen der nicht entsorgten Abfälle führt.

Ein solcher Abend (das Catering wurde durch das „Dorint"-Hotel besorgt) kann dann schon zu einer Entspannung von Verspannungen beitragen. Also... - Leider hatte man bei der Nürburgring GmbH nicht registriert, dass der Bürgermeister inzwischen verstorben war. - Dumm gelaufen.

Die Sprengung verschob sich immer und immer wieder. Aber das Wetter war auch sehr schlecht. - Zeit, auf der „Mercedes"-Tribüne noch mal bei den Häppchen zuzugreifen und einen kleinen Schluck - und noch einen - zu trinken. Das Bild, das sich den Gästen dieses „Spreng- und Vernichtungsevents" bot, war auch geradezu grandios. Viele Zusatzscheinwerfer erhellten die Nacht und dann - peng-bumm - war das Dach wie weggeblasen.

Natürlich hatte der Sprengmeister vorher ins Horn gestoßen, jemand hatte den Hebel gedrückt und - alles war so zerstört, wie von Nürburgring GmbH-Geschäftsführer Dr. Walter Kafitz geplant. - Das mit dem Zerstören klappte also schon mal!

Ende der Tanzstunde. - Fortsetzung nach Genehmigungserteilung. - Nur eine Formsache? - Na ja! - Eigentlich ist lt. Plan, Ende Januar 2008 das Gießen der Fundamente für den „Boulevard" vorgesehen. - Schau'n mer mal.

„Das geht zeitlich nicht", sagt mir der Beamte eines Bauamtes, das nicht mit dem Genehmigungsverfahren befasst ist, aber einer, der die Abläufe kennt und zeitlich abschätzen kann. -

Aber „Mainz" (die Politik) wird es bestimmt richten. - Und ein Versuch ist ja nicht strafbar.

Unerklärt: Aus „Erlebniswelt Nürburgring" wird „Nürburgring 2009"

Jetzt, gegen Ende des Jahres 2007, fallen in der Sache Projekt „Nürburgring 2009" wichtige Entscheidungen. Sowohl in Nürburg, als auch in Adenau wurden Hotel-Besitzer Mitte Dezember 2007 durch die Nürburgring GmbH informiert: „...es ist soweit! Die Bauarbeiten haben begonnen, um den Nürburgring in ein ganzjähriges Freizeit- und Businesszentrum zu verwandeln." -

Natürlich stimmt das. Und es stimmt nicht. Wie so vieles, was heute vorgestellt und morgen geändert wird. - Die Abbrucharbeiten haben begonnen. Aber es gibt noch keine Genehmigungen für den Neubau der geplanten Projekte. Ich möchte nachstehend noch einmal daran erinnern, was sich die Nürburgring GmbH in ihren offiziellen Darstellung so vorstellt. Und ich möchte aufzeigen, was sich im Laufe der „Entwicklung" dieses Projekts im Laufe der Zeit verändert wurde. - Ohne dass darauf aufmerksam gemacht wurde!

Es wurden Verträge geschlossen, bei denen z.B. im Falle des so genannten „Städtebaulichen Vertrages" zwischen dem so genannten „Planungsverband" (Nürburg und Müllenbach) Dinge vertraglich fixiert wurden, von denen einer der Unterzeichner beim Abschluss des Vertrages schon wissen musste, dass das Projekt so nicht zum Tragen kommen würde. Nun wird in den nächsten Tagen im „Planungsverband" nachgearbeitet.

Es werden Dinge passend gemacht. Wenn die Mitglieder des Planungsverbandes mitspielen.

Nach der Nürburgring-Mitteilung, aus der oben schon zitiert wird, soll folgendes bis 2009 folgendes gebaut und mit Leben erfüllt werden.

„Der Boulevard – die zentrale Erlebnismeile des Nürburgrings

Tauchen Sie ein in die Marken-Erlebniswelten führender Automobil-Hersteller, -Ausstatter und Zubehör-Spezialisten.

In einer 4.000 Zuschauer fassenden, überdachten Arena werden z.B. Monstertruck-Events, Indoor-Trial, Konzerte und viele weitere Veranstaltungen stattfinden. Von der Arena aus wird es eine direkte Anbindung zu einer weiteren Eventhalle mit ebenfalls 1800 qm bespielbarer Fläche für unterschiedlichste Veranstaltungen geben. Action und vielfältige Unterhaltungsmöglichkeiten erwarten Besucher im komplett neu konzipierten Indoor-Themenpark rund um den Mythos Nürburgring. Weiterhin wird ein neues 4-Sterne-Hotel zu Ihrer Verfügung stehen. Themenbezogene Shops und Gastronomie runden das Angebot des Boulevards ab."

Nach meiner Kenntnis gibt es derzeit noch keinen „führenden Automobil-Hersteller", der Ausstellungsflächen auf dem „Boulevard" gebucht, vertraglich seine Teilnahme zugesagt hätte. Ein Zubehörhersteller (Stoßdämpfer) hat in Verbindung mit einem Reifenhersteller wohl eine Zusage gemacht. Und weil nichts voran geht, versucht man bei der Nürburgring GmbH „sanften Druck" auf Hersteller auszuüben. Nissan (die Europazentrale in Paris) versuchte gerade die Nürburgring-Nordschleife für vier Tage in 2008 anzumieten. Und was ist passiert? - Ich kann die Gerüchte nicht glauben. Und wenn es so wäre: dann muss man in der GmbH inzwischen sehr verzweifelt sein, um zu Mitteln greifen, die ich „als die letzten" bezeichnen würde.

Aus den offiziellen Darstellungen oben geht hervor, dass die GmbH z.B. die Arena selbst vermarkten will. Ohne Erfahrung auf diesem Gebiet. Aber man hat dafür - so denkt man - Spezialisten eingekauft. Von „Freizeitobjekten" der Konkurrenz. - Sind das die Besten? - Wie will man Hallen füllen, von denen Fachleute sagen, dass sie in dieser Größenordnung noch nicht einmal regelmäßig (!) in direkter Großstadtnähe zu füllen wären. Welche Nutzung wäre erforderlich, um hier kostendeckend zu arbeiten?

Und für eine Zur-Verfügung-Stellung von Ausstellungsfahrzeugen sollen Hersteller zahlen. Nicht nur Besucher. Was die Hersteller (bisher) dankend abgelehnt haben.

Zum Thema „4-Sterne-Hotel" wäre zu sagen: Hier darf nach der bisher gültigen Vereinbarung zwischen der Nürburgring GmbH und dem Planungsverband (Nürburg/Müllenbach) nur dann begonnen werden (mit dem Bau), wenn die Funktionalität des „Boulevard" sicher gestellt ist. Und danach sieht es im Moment nicht aus. - Kommen wir zum nächsten Punkt der Nürburgring-Darstellung:

„Die Haupt-Tribüne

An Stelle der heutigen Tribüne T3 wird eine hochmoderne überdachte Haupt-Tribüne mit 5.000 Sitzplätzen und einem Business-Lounge-Bereich für Hospitality-, VIP-Arrangements bei Großveranstaltungen und Incentives entstehen."

Es wird also im Vergleich zu der bisherigen Tribüne deutlich weniger Sitzplätze geben. Die werden also teurer werden müssen. Zum Beispiel zum Formel 1-Termin. Dabei empfand ich schon die Preise für die verschmutzten Sitzschalen der bisherigen Tribünen als deutlich überzogen. Ich habe dort gesessen (z.B. in 2006) und habe eine Dame in hellem Kostüm beobachtet, die mit Apfel-Schorle versuchte, die Sitze so zu reinigen, dass sich ihr Mann (oder Begleiter) und sie niedersetzen konnten, ohne die Kleidung „eindrucksvoll" zu schädigen. - Und das bei den verlangten Preisen! -

Aber, so lesen wir oben, in der neuen Form wird diese neue „Haupt-Tribüne" nur sinnvoll „bei Großveranstaltungen und Incentives" zu nutzen sein. Und wie oft ist das im Jahr?

„Das Motorsport-Resort

Nur wenige Fahrminuten vom Nürburgring entfernt empfängt Sie in Drees ein einzigartiges Feriendorf mit Wellness-Oase, Bistro- und Rezeptionsgebäude sowie weiteren Einkaufsmöglichkeiten. Gruppen, Vereine, erlebnisorientierte Familien und Aktivsportler finden hier in Einzel- und Doppelhäusern eine große Vielfalt an Freizeit-Möglichkeiten, wie z.B. Grill- und Spielplätze, einem Schwimmteich sowie eine Aussichtsterrasse. Neben dem Themenfeld Natur wird natürlich die Nähe zur Rennstrecke nicht vergessen: Das Motorsport-Resort wird neben einem thematischen Design auch einen Zugang zu einem exklusiven Parkplatzbereich an der Rennstrecke bekommen."

Wichtig ist: „Nur wenige Fahrminuten vom Nürburgring entfernt..." - Denn: hier entstehen nach meiner Kenntnis Ferienhäuser mit einer Gesamt-Kapazität von 600 Betten. Zwar hat man im direkten Bereich des Dorfes Nürburg die Bettenzahl abgesenkt, aber insgesamt übersteigt die neu durch die Pläne der Nürburgring GmbH geschaffene Bettenzahl, einschl. des so genannten „Bettenhauses", das nun plötzlich im Ortskern von Adenau (in Nähe der ehem. Freizeit- und Bildungsstätte der Stadt Köln, Wimbachstraße) entstehen soll, deutlich die Bettenzahl, die im Vertrag zwischen der GmbH und dem Planungsverband als absoluter Grenzwert vereinbart war. Hinzu kommt, dass man nachweisen kann, dass zum Zeitpunkt des Vertragsabschlusses ein Vertragspartner schon wusste, dass sich die bisher öffentlich dargestellten Pläne ändern würden. -

Jetzt ist es an den Mitgliedern dieses Planungsverbandes, in der Sache ein Zeichen zu setzen, einmal nicht „zu kuschen", sondern mal „Buhmann" zu sein. - Ich verkneife mir, die Anlage eines „exklusiven Parkplatzbereichs" zu kommentieren.

„Das Dorf Eifel

Das Dorf Eifel befindet sich in Gehweite zu den Tribünen der Grand-Prix-Strecke und ist für den Besuch von bis zu 5000 Gästen ausgelegt.
Verschiedene Restaurants, thematische Bars und Diskotheken mit unterschiedlichen Musikrichtungen werden mit typischem Eifel-Charakter erbaut. Zusätzlich sorgen eine Bäckerei, Cafés, ein Kinderspielhaus sowie diverse Terrassen und Biergärten mit Bedienung für ein ausgewogenes Service-Angebot

für alle Gäste. Ein weiteres 65-Zimmer-Hotel steht für die Unterbringung der Gäste zur Verfügung."

Es gibt anderswo in Deutschland den „Sauerland-Stern", ein „Dorf Münsterland" - und überall trifft sich die gleiche Art von Leuten. - Traf sich! In der Vergangenheit! Denn junge Leute haben eine andere Vorstellung von Vergnügung. Vielleicht bleibt nur „das Eine" auch in Zukunft „das Eine". Die Disco ist auf eine Kapazität von 800 Personen ausgelegt. - An wie vielen Tagen im Jahr soll diese Disco gefüllt sein? -

Wird es auch einen „Kontakthof" geben?

Mich wundert, dass in der Vorstellung der Nürburgring GmbH der geplante Golfplatz fehlt. - Warum? - Weil er niemals gebaut werden wird? - Vielleicht, weil durch die erzielten Grundstückspreise in Drees die Preise für das Land eines Golfplatzes verdorben wurden? - Und die Genehmigungs-Auflagen taten wohl ein Übriges. - Doch nun zu einem weiteren Angebotpunkt der Nürburgring GmbH:

„Der Ring

Der legendäre Nürburgring wird natürlich seinen Rennsport-Wurzeln treu bleiben und weiterhin rund 100 Motorsport-Events der Spitzenklasse präsentieren."

Tatsächlich etwas mehr als eine Zeile für die Basis der Nürburgring GmbH. - So fährt diese GmbH lt. eigener Aussage „mit Vollgas in die Zukunft".

Es soll - nach Aussage von Politikern - Gutachten zur Rentabilität des Gesamtprojekts geben. Aber niemand kennt sie. Stimmen die Basis-Besucherzahlen, die auch wohl die Basis für die Gutachten darstellen? (Ich habe meine in einem anderen Kapitel dieses Buches dargestellt.) Wie sehen die Berechnungen in den Gutachten aus? - Welche Ausgaben muss jeder Besucher tätigen, wenn sich das Projekt insgesamt rechnen soll? -

Ich habe bisher nichts davon gehört und gesehen. - Welche Verträge zwischen Investor und Betreiber bestehen wirklich? (Ich habe zu diesem Zeitpunkt den Aussagen des Herrn Deubel noch geglaubt.)

Ich hatte nach dem „Ersten Spatenstich" mal ein Gespräch mit dem Herrscher über die Lindner-Hotelgruppe, Otto Lindner, geführt, der das „Eifeldorf", das „Hotel", das „Motorsport-Dorf" (in Drees) und das „Bettenhaus" in Adenau betreiben soll. Ich habe ihm nach meinem Telefongespräch den Inhalt kurz per E-mail an die Presseabteilung bestätigt:

„Ich habe notiert, dass Ihre Gruppe sich grundsätzlich als Betreiber für die drei genannten Objekte am „Ring" entschieden hat, dass zu diesem Thema auch Verträge existieren, die nach den Worten Ihres Chefs „auch mehr als Absichtserklärungen sind", also praktisch Vorverträge. Da, so Herr Lindner, „moderne Verträge" sich kaum mehr anders machen lassen, „da wir zu diesem Zeitpunkt den genauen Umfang noch nicht kennen". Das wäre dann also die Erklärung für „die noch fehlenden Anhänge" zu dem „Vertrag" (der eigentlich so rechtlich noch keiner ist), wie er aber so in der offiziellen Presseerklärung bezeichnet ist."

Ich würde das was bisher bestehen soll, nicht als „Verträge", sondern als „Absichtserklärung" bezeichnen. Bei einem 80-Millionen-Projekt! Und der Investor ist eine GmbH, die in 2007 eingetragen wurde. - Aber wie wir von Herrn Prof. Deubel gehört haben, ist die Nürburgring GmbH eine „Wirtschaftsförderungsgesellschaft". Mit dem Nachteil, dass das Gesamtrisiko bei dieser GmbH liegt. Und damit beim Land Rheinland-Pfalz. Und damit beim Steuerzahler.

Was mich wundert: da versichert der Minister Hendrik Hering auf einer Öffentlichen Sitzung im Landtag in Mainz, dass bei einer Entscheidung, nach Vorlage der neuesten Gutachten, das Parlament eingebunden werden soll. Minister Hering hatte am 25. Oktober 2007 u.a. ausgeführt (s. auch das offizielle Protokoll),

"...dass wie angekündigt, weitere Gutachten in Auftrag gegeben worden seien. Dabei gehe es um die nochmalige Überprüfung der wirtschaftlichen Grundlagen und der angesetzten Baukosten. Sobald diese ausgewertet seien, werde die Landesregierung den Landtag über das Ergebnis vor einer Entscheidung im Aufsichtsrat informieren."

Wurde der Landtag informiert? - Nach meiner Feststellung: NEIN.

Denn es gab es dann im November eine weitere Öffentliche Sitzung des Wirtschafts- und Verkehrsausschusses in Mainz. Ich habe versucht Informationen über einen der Landtagsabgeordneten zu erhalten, der diesem Ausschuss angehört. Seine mir schriftlich vorliegende Auskunft lautet:

"Zum von Ihnen genannten TOP 10, kann ich Ihnen sagen, dass dieser im Wesentlichen in vertraulicher Sitzung behandelt wurde."

In vertraulicher Sitzung? - Was wird hier der Öffentlichkeit vorenthalten? - Überhaupt ist dieses ganze Hin und Her nicht nur scheinbar verwirrend, sondern wohl ein intelligent geplantes Täuschungsmanöver gewisser politischer Kreise, die hier Hand in Hand arbeiten. Vertraulich natürlich.
-

Gibt es wirklich - wie ich gerade irgendwo gelesen habe - einen „schleichenden Niedergang der demokratischen Kultur in Deutschland"?

Der Bürgermeister der Verbandsgemeinde Adenau, der auch im „Planungsverband" die Dinge voran treibt, hat mir zum Zustand des Genehmigungsverfahrens zur „Erlebnisregion Nürburgring" oder „Nürburgring 2009" erklärt:

„Charakter und Umfang des Projektes haben sich gegenüber den ursprünglichen dem Raumordnungsverfahren zugrunde liegenden Unterlagen nur unwesentlich geändert. Hotel und Arena, Boulevard und Erlebniswelt sowie ein Motorsportdorf waren bereits im Raumordnungsverfahren die maßgebenden Bausteine des Projektes. Lediglich die nunmehr vom Vorhabenträger favorisierte

Erlebnisgastronomie auf dem jetzigen Parkplatz A 7 stimmt nicht mit der aktuell im Verfahren befindlichen Bauleitplanung der Verbandsgemeinde Adenau überein. Vor Realisierung dieses Bausteines ist hierfür die erneute Fortschreibung des Flächennutzungsplanes sowie die Änderung des Bebauungsplanes erforderlich. Die zuständigen Gremien werden hierüber in Kürze beraten und beschließen."

Tatsächlich hat sich vieles geändert: ein neues Dorf in Drees, ein „Bettenhaus" in Adenau. - Und wer spricht noch von einem Golfplatz?

Die Bettenzahl-Begrenzung ist längst Makulatur. - Aber jeder findet alles normal. - Wofür z.B. ein „Bettenhaus"? - Man sagt mir, dass das für die Beschäftigten in „Eifel Dorf" und „Motorsport-Village" (so nennt es der „Investor" - lt. Deubel) gebraucht würde. -

Ich habe mich mal im Falle des „Dorint"-Hotel schlau gemacht: dieses Hotel beschäftigt einschl. Lehrlinge und Halbtagskräfte insgesamt 84 Personen. Davon schläft niemand im Hotel oder in einem Bettenhaus. Alle Hotel-Mitarbeiter haben eine Wohnung in der Region, stammen zum großen Teil aus der Region. -

Denken Sie sich bitte jetzt was Sie wollen. - Ich denke mir auch meinen Teil. Aus meiner Sicht entsteht hier ein weiteres Hotel, das mit dazu beitragen wird, die Bettenbelegungszahlen im Jahresmittel im Raum Adenau/Nürburg/Drees weiter abzusenken. - Weil Tagesgäste - selbst wenn deren Zahl steigen sollte - nun mal nicht übernachten.

Der Verbandsbürgermeister Romes meint z.B. zum Stand des Genehmigungsverfahrens:

„Die laufenden Verfahren zur XV. Änderung des Flächennutzungsplanes der Verbandsgemeinde Adenau sowie zur I. Änderung des Bebauungsplanes „Nürburgring Grand-Prix-Strecke" stehen kurz vor dem Abschluss. Die im Baugesetzbuch vorgeschriebenen Beteiligungsverfahren der Öffentlichkeit sowie der Behörden und sonstigen Trägern öffentlicher Belange an der

Planung sind abgeschlossen. Der Planungsverband Nürburgring wird voraussichtlich Mitte Dezember den abschließenden Satzungsbeschluss zur Änderung des Bebauungsplanes fassen. Der Verbandsgemeinderat entscheidet in der Sitzung am 18.12.2007 über die Änderung des Flächennutzungsplanes."

Die Öffentlichkeit hat Kenntnis von einer Planung, die längst in dieser Art nicht mehr besteht und die inzwischen durch ein zweites „Dorf" und ein „Bettenhaus" in Adenau ergänzt wurde. Das betrifft dann nicht nur Nürburg, sondern auch Adenau, ist nicht nur Sache (im Falle des „Dorfes") der Genehmigungsbehörden in Kelberg und Daun, sondern betrifft die Bürger in Nürburg. Und die sollen dann jetzt in diesen Tagen alles abnicken.

Weil das eben so ist? - Weil „die da oben" doch machen was sie wollen? (So wird mir die Lethargie von Betroffenen erklärt). Was ist eigentlich mit der „Landesplanerischen Stellungnahme" zum neuen Projekt in seinem gesamten Umfang? - Nun: es ist auch Sache jedes Bürgers in dieser Region. Wenn man diese Planungen akzeptiert, soll man auch die Folgen tragen.

Ich habe noch einmal die Dinge - in den verschiedensten Geschichten dieser Serie - klar gelegt. Ich habe mich in den letzten Jahren Tage, Wochen, Monate mit dieser Sache beschäftigt. Ich habe versucht die Dinge zu verstehen, zu hinterfragen. Ich habe nach einem Gedankenfehler bei mir gesucht. Ich habe ihn - leider - nur bei anderen gefunden.

Nun liegt die nächste Entscheidung beim Planungsverband, die weitere beim Verbandsgemeinderat. - Keiner kann sagen, er wäre nicht auf Dinge aufmerksam gemacht worden, von denen er von anderer Seite bisher nichts gehört hat.

Jetzt kommt die Stunde der Entscheidung. Auch für Landtagsabgeordnete. Die sich wohl unterordnen, anpassen - selbst wenn sie eine eigene Meinung haben - die oft aber leider nicht vertreten. Man sollte sie aber im Falle eines Scheiterns dieses „abgehobenen", nicht der Realität angepassten Projekts, die dann später mal zur Rechenschaft ziehen: durch Streichung ihrer Pensionen.

Dr. Kafitz ist intelligent genug, sich im richtigen Moment aus der Geschäftsführung der GmbH zurück zu ziehen.

Wer - bitte beantworten Sie mir die Frage - wer profitiert eigentlich von diesem Projekt „Nürburgring 2009"? - Übrigens auch mit einer - wie in „auto motor und sport" erwähnt - Achterbahn, einer „Race-Coaster", die mit 215 km/h.... - Ich mag diesen Blödsinn nicht wiederholen.

Es gibt bisher keine Achterbahn auf der Welt, die eine Top-Geschwindigkeit von 215 km/h erreicht. Aber wenn ein Dr. Kafitz das sagt – egal was er sagt – so wird das in „auto motor und sport" der Öffentlichkeit mitgeteilt. - Unkommentiert.

Es gibt übrigens eine wirklich intelligente Beurteilung der Art der Finanzierung des Projekts, deren „Fazit" ich hier noch einmal wiedergeben will, weil es vielleicht nicht überall wahrgenommen wurde. Es stammt aus einem Radiobeitrag des SWR:

„Das Land Rheinland-Pfalz hat am Nürburgring nicht nur das finanzielle Engagement der öffentlichen Hand erheblich ausgeweitet. Die öffentliche Seite geht auch ein erhebliches unternehmerisches Risiko ein."

Und wenn ich versucht habe, den Unterschied zwischen z.B. dem Sponsor-Angebot von „WARSTEINER", dem neuen Vertragspartner der Nürburgring GmbH, und der BITburger Brauerei, dem jahrzehntlangen Begleiter des Nürburgrings, auszumachen, dann bin ich auf beiden Seiten „auf Granit gestoßen". Aber ich denke, es ist mir trotzdem gelungen.

Mich überrascht dabei die Differenz in den Geboten für die gleichen Vertragspunkte. Sie ist - aus meiner Sicht - unglaublich hoch. Als ich bei der Bitburger brauerei dafür nach einer Erklärung suchte, wurde mir - ohne auf die Summe einzugehen - bedeutet, „dass man wohl in der Eifel die Situation und Entwicklung „da oben" (gemeint ist: am „Ring") anders einschätzt, als die Privatbrauer im Sauerland." - Das kann ich verstehen. Da bin ich - nach 30 Jahren Eifel- und „Ring"-Erfahrung auf der Seite der Bitburger.

Aber ob es reicht, wenn ich jetzt sage: „Bitte ein BIT"?

BikeWorld: Eine politisch gewollte Fehlplanung ist nun ein Millionen-Grab

Die BikeWorld Nürburgring GmbH schließt ihre Pforten. Nun ist es – Anfang Januar 2008 – kein Geheimnis mehr. Per saldo bedeutet das für den Landesvater von Rheinland-Pfalz einen – natürlich ungewollten – Millionenverlust. Aber er war vorhersehbar. - Wie in diesem Buch – aber auch auf meinen Internetseiten – nachzulesen.

Zu einem „letzten Spatenstich" wird es von der Landesregierung Rheinland-Pfalz, von Kurt Beck, oder vom Aufsichtsratsvorsitzenden der Nürburgring GmbH, Prof. Dr. Ingolf Deubel, unter diesen Umständen wohl keine Einladung geben. Scheinbar „plötzlich und unerwartet" ist das „Motorrad-Kompetenz- und -Servicezentrum am Nürburgring" (Eigenwerbung) dahin geschieden. Nun wird es endlich (!) verkauft an eine Firma, die dort nichts mit Motorrädern im Sinn hat: Aston Martin.

Vorher durfte so etwas auch nicht geschehen. - Anweisung vom „Chef"? - Hier lasse ich noch einmal die Geschehnisse in groben Zügen abrollen. Alles erscheint heute so wie ein „Vorspiel" zur Massenvernichtung von Millionen. Denn merke: Nur Übung macht den Meister.

Nach diesem kleinen Vorspiel dürfen wir dann jetzt den regionalen Thriller „Nürburgring 2009" erwarten. Mit den gleichen Hauptdarstellern. Und wir notieren - ganz langsam zum Mitschreiben:

Es waren wirklich nur wenige Millionen. Denn der Titel bezieht sich auf die Gründung der BikeWorld Nürburgring GmbH unter Beteiligung der Nürburgring GmbH. Weil ein solches Motorrad-Kompetenz- und -Servicezentrum in direkter Nähe des Nürburgring-Nordschleife praktisch unentbehrlich war. Meinte man. Sagte man. Und die Nürburgring GmbH, unter Leitung Ihres Geschäftsführers Dr. Walter Kafitz, stieg mit einer Beteiligung von 49 Prozent ein. Es war, sagt der Landesrechnungshof, „ein Seiteneinstieg".

Ich begann in März 2004 meine erste größere Geschichte zum Thema „BikeWorld Nürburgring" mit den Sätzen: *„Katastrophen kündigen sich nicht an. Und die, die sie auslösen, wissen oft nicht was sie tun."*

Und ich schrieb gegen Ende dieser Geschichte - wie gesagt, im März des Jahres 2004:

„Erstaunlich - für mich - ist die Größe des Objekts, die auch nicht damit erklärt werden kann, dass praktisch ein Restaurant eingegliedert wird, wo Motorradfahrer Speis und Trank finden (Und nicht nur die). Wenn ich die von mir geschätzte Investitionssumme mit dem - auch nach meiner Schätzung - möglichen Umsatz vergleiche, die laufenden Kosten berücksichtige, dann hat diese neue Firma nur eine geringe Überlebenschance. Obwohl sie sicherlich nicht nur von Firmen wie BMW deutlich gestützt werden wird. Schon aus politischen Gründen."

Außer mir gab es sicherlich viele Leute die meine Bedenken teilten. Und wenn im Jahre 2004 dann plötzlich ein leitender Mitarbeiter der Nürburgring GmbH „ausgeschieden wurde", so hatte das wohl seinen tieferen Grund in der Besorgnis, die Arno Elmer (um den handelt es sich) in die wirtschaftliche Zukunft von Landesbeteiligungen hegte. Und die hatte er wohl - an Dr. Kafitz vorbei - gegenüber einem Aufsichtsratsmitglied der Gesellschaft geäußert.

Es wurde der Falsche abserviert!

Wenn ich nun in diesen ersten Tagen des Jahres 2008 feststellen muss, dass das „Motorradgeschäft" in Nähe der Nordschleife wohl niemals ein Geschäft werden konnte, weil nun auch der Nachfolger der GmbH, ein Motorradhändler mit Erfahrung, die Wirtschaftlichkeit dieses Betriebs nicht herstellen konnte, dann werden doch wohl alle Bedenken, die jeder normale Bürger mit einem gesunden Empfinden für wirtschaftliche Zusammenhänge gegen ein solches Projekt haben musste, in der Praxis bestätigt.

Vorher, noch unter Dr. Kafitz, wurden sehr häufig die immer wieder wechselnden Geschäftsführer zu den verantwortlichen „Buhmännern" gemacht, jeweils entlassen und durch neue ersetzt, was denn der Chef der Nürburgring GmbH noch im Januar 2007 so begründete:

„BikeWorld ist so ein Thema. Es läuft nicht so, wie wir es uns erhoffen, da muss man reagieren, insbesondere, wenn interne Fehler gemacht werden. Wenn wir die Leute noch belohnen, die Mist machen, dann wären wir wirklich völlig falsch am Platz."

Zu diesem Zeitpunkt war die BikeWorld noch im Mitbesitz der Nürburgring GmbH, aber die in den ersten Jahren aufgelaufenen Verluste waren unübersehbar geworden. Und auch der Druck der Motorradhändler aus dem regionalen Umfeld nahm zu, weil man nicht verstehen konnte, dass das Betreiben eines Motorradhandels die Aufgabe eines „staatlichen Unternehmens" sei, das mit einer ganz anderen Zielsetzung Jahrzehnte vorher mal gegründet worden war.

Auf solche - und ähnlich Fragen - wurde von Dr. Kafitz dann so geantwortet:

„Wenn man es nur als Motorradgeschäft sieht, sicherlich nicht. Für die Nürburgring GmbH hat es aber eine stark touristische Komponente und ist aus Marketinggründen von großer Bedeutung. Zudem wollen wir die Zweiradfahrer stärker an den Nürburgring binden."

Aber die Landesregierung war da schon - und besonders der Landes-Chef Kurt Beck - durch „Offener Briefe" öffentlich stark unter Druck geraten. Mich erstaunte damals schon die von mir gegenüber zwei, drei Monate später zur Schau gestellte scheinbare Gleichgültigkeit von Landespolitikern zum Thema „BikeWord Nürburgring". Bis ich erfahren musste, das der Chef des Landes Rheinland-Pfalz, zu 90 Prozent Anteilseigner bei der Nürburgring GmbH, wohl die Weisung erteilt - oder „den Wunsch" geäußert hatte: Ab Mitte des Jahres (2007) will ich nichts mehr zu dem Thema hören.

Das war keine Empfehlung, das war ein Befehl!

Und so bemühte sich dann auch die Nürburgring GmbH um einen Verkauf. Erstaunlich war, dass sie aber nicht jedes Angebot ernst nahm - so schien es jedenfalls -, das sie im Falle der BikeWorld Nürburgring für Grundstück und Gebäude, die Immobilie also, erreichte. Verkauft wurde diese Firma erst, als dieses „Ereignis" z.B. in einem Medium dann - Anfang Juni 2007 -, so dargestellt werden konnte:

„Die Nürburgring GmbH und die Phönix Sport GmbH haben mit sofortiger Wirkung sämtliche Anteile an der BikeWorld Nürburgring GmbH veräussert. Damit zieht sich die Nürburgring GmbH aus dem Motorradhandel zurück. Erwerber der BikeWorld ist die Brückner Firmengruppe aus Altendiez, die bereits im Motorradhandel sowie im Hospitality Bereich für Motorsportveranstaltungen und Eventmarketing tätig ist. Über den Kaufpreis wurde von beiden Seiten Stillschweigen vereinbart."

Damit schien das Kapitel „BikeWorld" für die Landesregierung, für Landtag und Politiker, offiziell abgeschlossen. Und mir wurde schnell klar, warum der neue Käufer ausgerechnet ein Motorradhändler sein musste: So konnte man offiziell nachweisen, dass die Neugründung eines Motorradhandels unter Einsatz von Landesmitteln, im Ansatz keine Verschwendung von Steuermitteln gewesen sein konnte, da schließlich ein erfahrener Motorradhändler... -

Aber es gilt in diesem Zusammenhang auch die Information zu beachten: *„Über den Kaufpreis wurde von beiden Seiten Stillschweigen vereinbart."*

Meine Recherchen zum Thema Verkauf ergaben eigenartige „Fehler" in den notariell beglaubigten Verkaufsverträgen (die dann nachträglich korrigiert wurden) und zu meiner Überraschung auch, dass die Belastungen im Grundbuch, noch aus der Beteiligungszeit der Nürburgring GmbH herrührend, auch nach dem Verkauf an die Brückner Firmengruppe nicht getilgt waren. Sie waren auch zum Zeitpunkt der (noch) laufenden aktuellen Kaufverhandlungen Anfang Januar 2008 (zwischen der Brückner-Gruppe und Aston Martin) noch vorhanden.

Es kann aber eigentlich kaum ein Zweifel daran bestehen, dass die Firma Aston Martin die bisher von der BikeWorld Nürburgring genutzte Immobilie kaufen und übernehmen wird. Natürlich wird der Kaufpreis davon abhängig sein, ob die Belastungen - noch aus der Zeit der Beteiligung der Nürburgring GmbH stammend - mit übernommen werden. Aber die Belastungen sollten eigentlich nicht so hoch sein, dass sie - bei der zur Zeit verhandelten Kaufsumme (mir bekannt) - einen Gewinn durch die Brückner-Gruppe in Altendiez unmöglich machen würde.

Eigentlich wäre jetzt der Zeitpunkt gekommen, wo der Landesrechnungshof des Landes Rheinland-Pfalz einmal untersuchen sollte, wie viel Millionen Steuergelder in diesem „politisch gewollten" Projekt unwiderbringlich vergraben wurden. Damals, nach dem Bau der BikeWorld teilte man mir auf Anfrage mit, dass man immer nur im Nachhinein tätig werden könne. - Nun, da das Ende der BikeWorld Nürburgring als „politisch gewollte" Investition in den regionalen Motorradmarkt endgültig feststeht, könnte man eigentlich hier nicht nur einen Schlussstrich ziehen, sondern auch eine Endabrechnung auf- und öffentlich machen. - Oder hat der normale Bürger und Steuerzahler kein Anrecht darauf?

Denn das Ende der Immobilie als Motorradgeschäft ist definitiv: BMW in München hat den Händlervertrag beendet und empfiehlt anderen Motorradhändlern aktuell, doch - wenn man etwas brauchen würde - „Schnäppchen" bei Einrichtungsgegenständen dieses Betriebs zu machen, die jetzt zum Verkauf stehen. Nach meinen Informationen sollen Gebäude und Grundstück in der Gottlieb-Daimler-Straße in 53520 Meuspath gegen Ende Januar 2008 zur Übernahme durch Aston Martin zur Verfügung stehen, da durch diese Firma für den neuen Verwendungszweck noch Umbauten vorgenommen werden müssen und da die Briten ihre neue Errungenschaft noch in der vor uns liegenden Testsaison (u.a. auf der Nordschleife des Nürburgrings) nutzen wollen.

Am 4. Januar 2008 gab es auch „auf dem Acker" neben der BikeWorld noch den Hinweis auf die Besonderheit dieser Firma. Es gab auch noch Motorräder im Laden.

Am 13. Januar machte dann alles schon einen etwas „stilleren" Eindruck. Nicht nur weil Sonntag war. Da glänzte zwar der Schriftzug „Bikeworld" noch golden im Sonnenschein, aber nicht nur im Eingang wirkte eine Schaufensterpuppe ausgezogen.

Nach meiner Kenntnis hatte z.B. die Firma CocaCola zu diesem Zeitpunkt auch schon ihr Eigentum ausgebaut. Denn der Termin für die Aufgabe der Immobilie, für die vorgesehene Änderungsnutzung durch den neuen Käufer steht fest: am 31. Januar 2008 muss die Übergabe erfolgen können. Und BMW - und die anderen hier beteiligten Motorradfirmen haben einen Standort in Deutschland weniger.

BMW wird übrigens den damals gekündigten BMW-Motorradhändler Schmitz, Adenau nicht wieder mit einem neuen BMW-Motorradhändlervertrag ausstatten. Die Zeit hat gegen Schmitz gearbeitet. Die Münchner Motorradbauer, deren Motorräder (zum großen Teil) in Berlin entstehen, hatten nämlich vor Jahren auf eine Ausweitung ihres Marktanteils durch eine „Modelloffensive" gesetzt. Das wurde aber durch einen starken Einbruch des Motorradgeschäfts verhindert. - Sagt man.

So ist man denn heute froh, mit dem vergrößerten Modellangebot seinen Händlern eine Basis zum Überleben bieten zu können, musste aber dafür dann auch noch die Zahl der Händler verringern. Auch in 2008 wird die Zahl der autorisierten BMW-Motorradhändler noch einmal um eine rd. zweistellige Stückzahl in Deutschland weiter abnehmen. Da passt es natürlich nicht, wenn ein Händler - in diesem Falle Schmitz, Adenau - neu hinzu käme.

In München ist man eigentlich über die Aufgabe der damals so begrüßten Neugründung „BikeWorld" - weil damals „politisch gewollt" - sehr erfreut. So hat man mal wieder einen Händler weniger, ohne dass man eine Kündigung aussprechen musste.

Was für die Münchner ein „freudiges Ereignis", ist eigentlich für die Landespolitiker in Rheinland-Pfalz, verantwortliche Aufsichtsräte und auch den Geschäftsführer der Nürburgring GmbH, wie ein „kräftiger Watschen". Und sollte mit einem Blick in die Zukunft eigentlich daran erinnern, dass bei der nächsten Fehlentscheidung nach dieser Fehleinschätzung dann das Ende droht. - Zunächst einigen der handelnden Personen.

Übrigens: Der oben beschriebene Verkauf hat sich in der letzten Verhandlungsphase ein wenig verzögert, was darin begründet ist, dass nach den Feiertagen zum Jahresende 2007 nicht alle Behörden gleich wieder voll arbeiteten, sondern praktisch erst seit dem 7. Januar 2008 wieder in allen Positionen voll besetzt sind.

Die Käufer der Immobilie „BikeWorld" bestehen nämlich vor Unterschrift des Vertrages - und Anerkennung des vereinbarten Kaufpreises - darauf, exakt zu wissen, wie die zuständigen Behörden zum Verbleib der bisher evtl. gezahlten Fördergelder(?) stehen, die die Gründer für die ursprüngliche Zahl der neu Beschäftigten erhalten haben. -

Denn klar ist: Aston Martin wird nicht diese Beschäftigtenzahl erreichen, d.h., es wird per saldo ein paar Arbeitslose mehr geben. Alle bisherigen Mitarbeiter (bis auf einen und einen anderen, der wieder hinzu kommt) haben die Kündigung zum 31. Januar 2008 erhalten. - Und der Betrieb wurde inzwischen - seit der Gründung - bereits zwei Mal verkauft!

So ist das nun mal, wenn Gründer unbegründet gründen!

Gedanken zum Lebenszyklus eines Bauwerks – aus gegebenem Anlass

Ich wurde nicht in eine Wohlstandsgesellschaft hinein geboren. Ich habe den Zweiten Weltkrieg in seiner gesamten Absurdität bewusst erlebt; hatte also eigentlich schon „1000 Jahre" durchlebt, als andere, die heute darüber diskutieren, noch gar nicht geboren waren. Natürlich habe ich auch die „megalomanen Architekturfantasien" nicht übersehen können, die z.B. heute noch in Nürnberg von der DTM gerne als imposante Kulisse genutzt werden. Immerhin waren dort auch viele Arbeiter aus der Eifel beschäftigt, weil die mit solchen Steinen, Quadern, umgehen konnten, die dort zum Bau verwendet wurden.

In der Eifel baut man inzwischen anders. Aber Politiker - gleich welcher Couleur - scheinen auch aktuell einen Hang zu „megalomanen Architekturfantasien" zu haben. Sonst wäre ein Projekt, wie „Nürburgring 2009", schon in seiner Planungsphase als „Erlebnisregion Nürburgring" an seinem Gigantismus gescheitert. - Nachstehende Gedanken können vielleicht ein wenig zum Nachdenken anregen.

Da wurde am Nürburgring vor rund einem Jahrzehnt die „Erlebniswelt" geschaffen. Und es wurde eine Halle gebaut, die als Nummer 3 zählte. Es gab eine Kartbahn unterhalb dieser Halle. Es wurde ein Pressezentrum geschaffen.

Aber es wurde ein neues gebaut. Das alte Gebäude wurde zu einer Motorsportbar. Die Bar wurde - nicht wegen Überfüllung - geschlossen. Die „Erlebniswelt" war immer ein Verlustgeschäft, aus dem Teilhaber „der ersten Stunde" dann ausschieden, nachdem die Verluste vom Finanzamt nicht mehr als „absetzbar" anerkannt wurden. Da trug eben die Nürburgring GmbH die Verluste alleine. - Das heißt, eigentlich war es die Landesregierung in Mainz.

Und Politiker entschieden jetzt wieder darüber, was - und in welcher Größe - demnächst neu gebaut wird. Aber zunächst wird einmal alles das abgerissen, was erst vor gut einem Jahrzehnt (manches ist etwas älter) gebaut wurde. Auch eine Tribüne gehört zu den Abbruchobjekten. Alles wäre natürlich noch für Jahrzehnte voll funktionsfähig gewesen, aber die Herrn, die offensichtlich wenig von dem verstehen, was sie zu verantworten haben, möchten den Besuchern gerne „Premium" bieten. Natürlich zu Premium-Preisen. Sonst würden die Verluste gegenüber denen in der Vergangenheit in Zukunft noch weiter anwachsen.

Und das in einer Zeit, in der die Wirtschaft nicht mehr boomt, die Arbeiternehmer sich in vorsichtiger Zurückhaltung üben. Selbst die Autoindustrie, in der Vergangenheit mit dem Geld nicht kleinlich umgehend, übt sich jetzt beim Geldausgeben in Zurückhaltung.

Und die Nürburgring GmbH war schon in der Vergangenheit immer vom „Wohlwollen" der Industrie abhängig. Durch die neuen Planungen wird sie das noch mehr. Man baut primär für die Formel 1 neu, die dann aber (zunächst noch!) nur noch alle zwei Jahre den Weg in die Eifel findet. - So lange die Landesregierung Rheinland-Pfalz Millionen zuzahlt.

Es gibt – jetzt ist Anfang 2008 - zwar noch keine Neubau-Genehmigungen, aber es gibt eine Abbruchgenehmigung. Sie wurde von den verantwortlichen Politikern der Landesregierung mit abgenickt. Denn schließlich ist der Herr Finanzminister des Landes Rheinland-Pfalz gleichzeitig der Aufsichtsratsvorsitzende der Nürburgring GmbH.

Ich lasse meine Leser mal kurz einen Blick auf die derzeitige (Abbruch-) Baustelle werfen:

Ich möchte diesen Zustand solcher - vor dem Abriss eigentlich voll funktionierenden - Bauwerke eigentlich nicht kommentieren, sondern nur daran erinnern, dass hier eigentlich, wie auch vor dem Neubau von deutlich größeren Hallen (für die eigentlich kein Bedarf besteht - wie aber erst die Realität in Zukunft beweisen wird) der Lebenszyklus dieser Bauwerke kostenmäßig wie folgt kalkuliert werden müsste:

1) Planungskosten

2) Baukosten
3) Betreibungskosten (z.B. Energiekosten usw.)
4) Instandhaltungs- und Wartungskosten
5) Entsorgungskosten

Die so genannte „Entsorgung" sollte also schon in der „Designphase" geplant werden. Kaum vorstellbar, dass das auch bei den Hallen, Gebäuden und der Tribüne erfolgte, die jetzt ein Opfer von Sprengungen und Baggern werden. Hier wird ein Millionenvermögen zu Schrott gemacht. Von diesem vernichteten - in diesem Falle wohl - „Volksvermögen" spricht niemand. Alle träumen von kommenden Zeiten. So, wie „damals" bei der „BikeWorld Nürburgring"? (Darüber haben Sie schon gelesen).

Was von den geplanten neuen Bauwerken als Computer-Animation an die Medien geht, lässt wirklich Gigantismus vermuten. Bei wem? - Wie schon erwähnt, gibt es da große Vorbilder, über die man aber nicht gerne spricht.

So ist z.B. auch das Parteitagsgelände in Nürnberg entstanden und 1938 - in Nürburgring-verdächtigem Rekordtempo errichtet - die Reichskanzlei in Berlin. Der große Baumeister war hier in beiden Fällen Albert Speer. Man plante damals aus Berlin „Germania" zu machen, so wie man heute aus der Eifel eine „Erlebnisregion Nürburgring" zu machen versucht. - Was aus der Berliner Planung wurde ist bekannt.

Berlin sollte zur Welthauptstadt werden und man plante das größte Gebäude der Erde für 180.000 Volksgenossen. Die neu geplanten Hallen am Nürburgring sind eben dem Niveau der Region entsprechend, die einmal als das „Sibirien Deutschlands" bewertet wurde, auch „Gigantismus". Den Inhalt der Gutachten, deren Ergebnis gerne zitiert wird, ändert aber nichts an ihrem Alibiwert. Denn niemand aus den Medien, die die Erbauer der künftigen Bauwerke heute schon feiern, kennt die „Zahlenbasis", auf der die Gutachten entstanden.

Albert Speer hatte auch keine „Zahlenbasis", konzipierte seine

„kolossalen" Bauten aber so, dass auch noch spätere Generationen von den zerfallenen Ruinen beeindruckt gewesen wären - und sind (s. Nürnberg). Er entwickelte praktisch die „Theorie vom Ruinenwert" weiter. In seinen „Erinnerungen" schreibt Albert Speer:

„Die Verwendung besonderer Materialien sowie die Berücksichtigung besonderer statischer Überlegungen sollte Bauten ermöglichen, die im Verfallszustand, nach Hunderten oder (so rechneten wir) Tausenden von Jahren etwa den römischen Vorbildern gleichen würden."

Vielleicht sollten die „Planer der Neuzeit" von ihren Vorgängern ein wenig lernen und zumindest die Neubauten - dann aus heimischem Gestein - so anlegen, dass sie zumindest als Ruinen in späterer Zeit eine „Erlebniswelt" darstellen.

Während nun gerade durch Abriss am Nürburgring die (ungewisse) Zukunft vorbereitet wird, die insgesamt deutlich mehr als 200 Millionen Euro verschlingen soll, entstehen auf dem unweit von Nürburg gelegenen (inzwischen vom Militär verlassenen) Flugplatz von Mendig neue Testmöglichkeiten für Automobilhersteller und Rennteams, deren aktuelle Ansprüche vom Management des Nürburgrings einfach nicht wahrgenommen wurden. Weil man vom eigentlichen Kerngeschäft der Nürburgring GmbH zu wenig versteht?

Wie wenig, das beweist auch die Feststellung des Geschäftsführers der Nürburgring GmbH zum Termin des „ersten Spatenstichs" zum neuen Projekt „Nürburgring 2009" (nun mit Erlebnisdorf und Achterbahn), wo Dr. Kafitz in seiner Rede den TÜV Rheinland als den „wichtigsten Partner" der Nürburgring GmbH bezeichnete, so klassifizierte und - auszeichnete.

Dieser „wichtigste Partner" realisiert nun z.B. auf dem Flughafen Mendig das „VTM" (Vehicle-Testing Mendig) und schreibt zur Aquisitation neuer Kunden nun auch bisherige Kunden der Nürburgring GmbH an und schildert, nach dem Eingangsatz, *„lernen Sie jetzt das neue Testgelände des TÜV Rheinland kennen"*, das eigene neue Testzentrum so:

„Die Nähe zum Nürburgring, eine sehr gute Infrastruktur und die ideale Verkehrsanbindung machen VTM Vehicle-Testing-Mendig zum vielseitigen Testgelände für die Durchführung von Fahrprogrammen. Die 1,8 km lange Gerade und die bis zu 5 km langen Rundkurse ermöglichen individuelle Fahrprogramme wie Fahrtrainings und Lehrgängen auf unserem Testgelände.

Als optimalen Rahmen für Ihre Veranstaltung finden Sie im VTM weiterhin unsere großzügige Eventhalle, sowie Büro, Besprechungs- und Seminarräume mit ansprechender Ausstattung."

In der diesem Schreiben beigefügten Informations-Broschüre findet man die exakte Darstellung der Möglichkeiten in Mendig und das Leistungsangebot des „wichtigsten Partners" der Nürburgring GmbH (lt. Dr. Kafitz) wie folgt dargestellt:

Unser Leistungsangebot vor Ort:
Gesamtmanagement von Test- und Erprobungsläufen für PKW, LKW und Motorrad.

Objektive Beurteilung
Aktive Sicherheits- und Fahrdynamik-Tests
Bremsen-, Räder-, Reifen-Tests
Fahrleistungs- und Komfortmessungen
Wettbewerbsanalysen/Benchmarking
Datenerfassung und Messtechnik

Subjektive Beurteilung
Entwicklungsversuche - Fahrerassistenzsysteme
Produktwahrnehmungs- und Akzeptanzanalysen
Fahrverhalten

Der TÜV Rheinland empfiehlt sich in der Broschüre *„als Partner für Fahrzeughersteller, Importeure, Zulieferer, Händler, Motorpresse, Tuner und Clubs."*

Der „wichtigste Partner" der Nürburgring GmbH jagt also seinem Partner die Kunden ab. Oder doch nicht? Weil nämlich die Nürburgring GmbH die Weiterentwicklung ihres eigentlichen Kerngeschäfts verschlafen hat. Eigentlich nicht erstaunlich, denn: wer in der Geschäftsleitung der Nürburgring GmbH hatte vor seiner Tätigkeit in der Eifel Erfahrungen im eigentlichen Kerngeschäft dieser GmbH gemacht?

Und den Politikern der Landesregierung Rheinland-Pfalz kann man viel erzählen. - Tatsache ist aber, dass in Nürburg die Weiterentwicklung des Basisgeschäfts wohl verschlafen wurde. Was sich auch damit beweisen lässt, dass eine Reihe von Rennteams in Zukunft ihre Funktionsprüfungen, ihr Teamtraining (Reifenwechsel, Anfahren, Abfahren) nun in Mendig durchführen werden. Auch das Toyota F1-Team wird dort ihre Fahrer z.B. das Anfahren ohne Traktionskontrolle (die ist ab diesem Jahr verboten) in Mendig trainieren lassen. Und das Bremsen. Weil sich in der Vergangenheit über das Motormanagement schon fast ein ABS beim Formel 1 realisieren ließ, was nun - mit einer Standard-Elektronik ab 2008 - nicht mehr möglich ist.

Um sich abzusichern, hat der TÜV schon mehrfach Lärmmessungen auf dem Flugplatz Mendig dann vornehmen lassen, wenn dort Rennfahrzeuge unterwegs waren. Zuletzt am 16. Januar 2008, als der „Lärm" einer Renn-Viper die Basis für die Messungen schuf. Man will aber auch noch ein Lärmgutachten erstellen lassen, um spätere „Störungen" auszuschließen, wenn „Kunden" - wie oben dargestellt - auf dem Flugplatz in Mendig ihre Versuche fahren werden.

Aber das konnte man in Nürburg alles nicht ahnen. Weil man keine Ahnung hat. Und wer jetzt die Abläufe bei der so genannten „Winter-Action" beobachtet hat (Verzicht auf das Sylvestergeschäft, Unzuverlässigkeit der verwendeten Technik, usw.), der muss daran zweifeln, dass man sich auf die Ansprüche und Wünsche von Privatbesuchern in Zukunft einstellen kann. Und die sollen pro Jahr millionenfach anreisen. - ??? -

Zur Sicherheit sollte man sich also schon mal mit der „Theorie vom Ruinenwert" beschäftigen.

*) Es gibt übrigens auch die „erratische Architekturkritik", die versucht, die „Ruinenwert-Theorie" auf jegliche Architektur anzuwenden. Als sehr hilfreich erweist sich dabei die Beschäftigung mit realen Fall-Beispielen, also echten Ruinen. So geht die erratische Architekturkritik - meint sie - beispielhaft voran auf dem Weg hin zu einer wahrhaften Kritik von Architektur.

Man sieht das so: die Sprache der Architektur ist nun mal nicht nur die Sprache der Geometrie, sondern auch gleichzeitig die einer von Zufälligkeit und Zerstörung; praktisch einer Ordnung des Zerfalls. - Sagen die Jünger der „erratischen Architekturkritik". - Ordnung muss nun mal sein. - Auch beim Zerfall.

Was wie ein Schlusswort wirkt, ist tatsächlich im Falle des Flughafens Mendig keins. Dort geht es jetzt um Lärm und Lärmgutachten. Der Gesetzgeber greift ein. Warum wohl?

Natürlich ist scheinbar der gestörte Bürger (bitte nicht falsch verstehen) der Auslöser. Und um deren Rechte kümmert sich jetzt die Genehmigungsdirektion Nord in Koblenz. Deren Präsidentin ist mit Kurt Beck gut bekannt. Schließlich war sie lange, lange Jahre dessen rechte – und vielleicht auch linke – Hand.

Kurt Beck stellt eben die – aus seiner Sicht – richtige Besetzung aller wichtigen Positionen im Land sicher.

Wer da noch an Zufälle glaubt, der ist es selber schuld. - Oder glaubt an Wunder!

FIA-Zäune: Warum eigentlich an der Nürburgring-Nordschleife?

Nirgendwo in den Medien, gleich ob national oder international, wurde die Entwicklung hin zu den FIA-Zäunen an der Nürburgring Nordschleife umfassender - und damit für den Leser klarer und durchsichtiger - dargestellt als auf meinen Internetseiten. Zur Abrundung dieser Informationen habe ich natürlich nicht nur die Nordschleife in den Wochen nach Fertigstellung besucht, sondern auch Leute, Besucher der Nordschleife befragt, im Internet gesurft und per E-mail „dumme Fragen" gestellt.

Darum kann ich nachfolgend auch „Glaubensäußerungen" oder Sicherheitsbekundungen vielleicht ein wenig gerade rücken. Interessant ist, das eine meiner „fragenden E-mails" von einer betroffenen Verwaltungsbehörde (trotz vorhandener Presseabteilung) nicht beantwortet wurde. Vielleicht darf man dort keine Wahrheiten verkünden, weil die Wahrheit in so manchen Sachen nicht zu den Zielen passt, die man erreichen möchte.

Das hat der Herr Landrat Pföhler auch vielleicht von seinem Ex-Chef, Herrn Wissmann (damals noch Verkehrsminister) gelernt und darum - vielleicht - oder nicht? - die Abteilung Information in meinem Fall abgeschaltet. Politiker empfinden nur als gut, was ihnen nutzt. Wenn ein solcher Nutzen zweifelhaft ist... -

Dabei komme ich darauf, dass die FIA-Zäune an der Nürburgring-Nordschleife per Saldo doch auch einen Nutzen haben sollten.

Mir wurde von Eifeler Mitbürgern vorgeworfen, dass ich Arbeiter für Wochen in die Arbeitslosigkeit geschickt hätte, da aufgrund meiner Recherchen die Bauarbeiten an der Nürburgring-Nordschleife vorübergehend eingestellt werden mussten. Es gab keine Baugenehmigung.

Und es gab offensichtlich niemanden in der Verwaltung der Nürburgring

GmbH der darum wusste, dass man zum Bau von Zäunen im so genannten „Außenbereich" nach der rheinland-pfälzischen Bauordnung eine Genehmigung benötigt. Das war wohl auch der Fachfirma, die kaum etwas anderes macht als Leitplanken und Zäune zu errichten, ebenfalls unbekannt.

Bekannt ist aber, dass dieses Bauobjekt an der Nordschleife insgesamt um drei Millionen Euro kosten soll und dass die Hälfte dieses Betrages... - Aber das können Sie alles in meinem Kapitel zu diesem Thema in diesem Buch nachlesen. - Sie haben es hoffentlich nicht überblättert.

Drei Millionen sind eine stolze Summe. Der, der sie in seinem gesamten Berufsleben netto verdient, darf sich zu den gut Verdienenden, ja zu den Spitzenverdienern zählen. Nicht nur Herr Dr. Kafitz, Nürburgring-Geschäftsführer, hat immer wieder verdeutlicht, dass er mit dieser „Investition" praktisch eine Zukunftssicherung der Nordschleife betreiben will.

Solche Äußerungen verleiten natürlich die Motorsport-Fans zu den unterschiedlichsten Interpretationen. Ich lasse hier einmal eine der Darstellungen folgen, die typisch ist für viele Äußerungen zu diesem Thema, die natürlich auch bestimmt von der öffentlichen Darstellung in den Medien, die in der Hauptsache auf Presseinformationen der „Veranlasser" beruhen, also - wie uns unsere Lebenserfahrung sagen sollte - in jedem Falle „parteilich" sind.

Ende November 2007 kann man z.B. im Internet lesen:

„Allgemein bin ich der Meinung, dass die FIA-Zäune den Flair der Nordschleife zerstören. Das ganze ist ja nur für die FIA-Lizenz der Nordschleife vorgesehen. Und wenn die Lizenz nicht erteilt wird, dann war das ganze für die Katz. Ich glaube nicht, dass die Nürburgring GmbH Zäune aufgestellt hätte, wenn sie keine FIA-Abnahme wollten. Da muss schon irgendwo ein Hintergrund hinter stehen."

Aus einem anderen Forum möchte ich nur als „Volksmeinung" zitieren, was sich in einem Halbsatz so ausdrückt:

"...mal davon abgesehen, dass man mit dem FIA-Zaun die FIA-Auflagen erfüllt..."

Also habe ich mal den DMSB, die nationale Sportbehörde in Frankfurt gefragt, die die internationalen FIA-Anforderungen auf nationaler Ebene umzusetzen hat. Dort gibt es seit dem 1. Januar 2008 eine Agentur, die als offizielle Pressestelle des DMSB fungiert (wie mir ihr Generalsekretär bestätigte) und die mir (nach Rückfrage beim DMSB) auf meine Frage,

"Wurde der Bau des FIA-Zaunes an der Nürburgring-Nordschleife auf Veranlassung der FIA durch den DMSB von der Nürburgring GmbH verlangt?", ganz klar antwortete:

"Der Bau der FIA-Zäune an der Nordschleife geht nicht auf eine Initiative der FIA zurück."

Um dann zu ergänzen:

"Der DMSB versucht – wie an allen deutschen Rennstrecken – in einem ständigen Prozess mit den jeweiligen Betreibern die Sicherheit an den Rennstrecken zu erhöhen. Dazu gehören etwa die bereits vor einigen Jahren eingeführten Schutzzäune für Streckenposten. Die aktuell rund um die Nordschleife installierten FIA-Zäune sollen dagegen insbesondere die Zuschauersicherheit erhöhen."

Nun fragt man sich dann ein wenig verwundert: Welcher Zuschauer? - Denn offiziell sind Zuschauer - von denen dann auch ein Eintrittsgeld gefordert werden kann - nur zum 24-Stunden-Rennen erlaubt und zugelassen. Außerdem liegt der größte Teil der Nürburgring-Nordschleife in einem Naturschutzgebiet. - Aber vielleicht profitieren ja ganze Rennserien von den neuen FIA-Zäunen, die ja inzwischen weiter - jetzt mit Baugenehmigung - an der Nordschleife aufgestellt werden.

Also habe ich mal den DMSB weiter gefragt: *"Die Durchführung welcher*

Art von Rennen soll durch den Bau des FIA-Zauns auf der Nürburgring-Nordschleife sicher gestellt werden?" - Die klare Antwort:
"Die FIA-Zäune an der Nordschleife sind eine Investition in die Zukunft der Rennstrecke insgesamt. **Eine konkrete Zuordnung zu einzelnen Rennen bzw. Rennklassen ist nicht gegeben.** *Da die Zäune allerdings vor allem die Sicherheit der Zuschauer erhöhen sollen, profitieren natürlich alle Veranstaltungen, die Zuschauer an die Nordschleife locken, von den zusätzlichen Sicherheitsmaßnahmen."*

Daraus ergibt sich automatisch die Frage: *"Welche Rennen hätten ohne FIA-Zaun z.B. in diesem Jahr (2008) nicht mehr durchgeführt werden können?"* - Die klare Antwort:

"Keine" - Und man verweist auf die Antwort in der vorhergehenden Frage, nachdem *"eine konkrete Zuordnung zu einzelnen Rennen bzw. Rennklassen"* durch den neuen FIA-Zaun nicht gegeben ist. -

Was anders ausgedrückt heißt: alle in diesem Jahr geplanten Rennen hätten auch ohne FIA-Zaun durchgeführt werden können.

Da interessiert mich schon: *"Wird der Bau des FIA-Sicherheitszauns durch den DMSB (als nationale Sportbehörde) im Auftrag der FIA überwacht?"* - Die Antwort des DMSB:
"Die Installation der Zäune nach FIA-Standard wurde nach den allgemeinen FIA-Bauvorschriften durchgeführt und unter anderem von Uwe Frumolt (Sicherheitsbeauftragter des DMSB) kontrolliert."

Der Antwort könnte man entnehmen - oder es so auffassen - dass der Bau der FIA-Zäune längst abgeschlossen ist. Tatsächlich wurde zum Zeitpunkt meiner Anfrage noch kräftig gebaut. Die Bauarbeiten laufen auch immer noch, erinnern ein wenig an den Bau des Kölner Doms. Drei Millionen Euro wollen schließlich irgendwie verbaut werden. Da wird auch die Zeit zum Kostenfaktor.

Und wenn die FIA-Zäune stehen, wird man die Schallschutzmauern in Angriff nehmen müssen. - Aber das ist schon wieder eine eigene Geschichte.

Ich habe mir - was der Sicherheitsbeauftragte des DMSB, Herr Frumholt, sicherlich auch getan hat, den bisher verbauten FIA-Zaun, im Febraur 2008 noch einmal im Detail angesehen:

Da fehlten an einem Zaunstück bei Einstellung der Bauarbeiten im Dezember 2007 noch die oberen Schrägen, die jetzt im Februar aber schon angebracht sind und mit der senkrechten Zaunfläche verbunden werden. Was mir beim Beobachten auffiel: bei dieser Gelegenheit wurden die oberen zwei Zugseile, die schon seit vielen Wochen gespannt waren, mit ausgetauscht.

Man hat gute Fundamente für die FIA-Zäune geschaffen, die interessant wirkende Flächen (einschl. der dreistöckigen Leitplanken - vor einem Hang!), ergeben. Von der Zuschauerseite her betrachtet entsteht so ein stimmungsvolles Bild vom Naturschutzgebiet im Umfeld der Nordschleifenstrecke.

Dreht man sich als Zuschauer um hat man durchaus eine andere Sicht der Dinge: So wirkt die Eifel - ohne Zaun - in der tief stehenden Wintersonne. Ein wenig erstaunlich ist, dass man auch am FIA-Zaun immer noch die alten Schilder findet die auch früher schon hier platziert waren. Offenbar wird hier nichts weg geschmissen und alles - irgendwie - wieder verwendet. - Auch wenn das keinen Sinn macht.

Hier sind die Leute der Zaunbaufirma - die übrigens auch eine Reihe von Subunternehmern beschäftigt -

Der Zaun wirkt in seiner Gesamtheit, da wo er inzwischen auch über die oberen Schrägen verfügt, wuchtiger als ein schlechter Film im Breitwandformat. Er ist auch - aus einem schrägen Winkel betrachtet - sehr undurchsichtig, wirkt wie eine Mauer. Erst wenn man sich in einem besseren Winkel davor aufbaut, kann man auch die Bäume im Hintergrund erahnen.

Ich werfe noch einmal einen Blick auf die Details: Da gibt es kräftige Krampen, ein solide verzinktes Spannseil - doch Halt! - Was ist das? - Rechts neben der kräftigen Krampe gibt es braune Flecken. Rost? -

Ich schaue genauer hin - Rost! Und - Rost! - Und - Rost! - Ich fasse es nicht. Die Spannseile sind maximal drei Monate hier einer - in der Eifel - nicht ungewöhnlichen Witterung ausgesetzt und rosten?

Natürlich habe ich versucht, mich durch Befragen von unterschiedlichen Leuten schlau zu machen. Das Ergebnis: die Einen sagen so, die Anderen sagen so.

Tatsache ist, dass die Spannseile zu einem großen Teil jetzt schon wieder durch neue ersetzt werden müssen. „Datt kostet bestimmt so um 100.000 Euro", sagt jemand, der etwas davon versteht. Und schiebt die Schuld auf einen Mitarbeiter der Nürburgring GmbH, der die falsche Teile-Nummer... - „Nein, nein", begehrt ein Anderer auf. „Das ist der Fehler einer chinesischen Verzinkerei, die die Seile zu kurz im Zinkbad gelassen hat."

Als ein Dritter das hört lacht er nur kurz und meint, dass der kürzeste Abstand zwischen zwei Fettnäpfchen inzwischen bei der Nürburgring GmbH intern sowieso schon in „Schnobel" gemessen wird und als Mindestmaß „ein Schnobel" geträgt. - Hahahaha! -

Ich kann darüber nicht lachen. Der andere lacht auch dann weiter als ich ihm sage, dass dieser „Spaß" nach meinen Informationen so um 100.000 Euro kosten wird. Egal wessen Geld das kostet, es ist doch Geld. - Oder?

Aber Beträge in dieser Größenordnungen scheinen im Moment bei der Nürburgring GmbH niemanden zu interessieren. Getreu dem Motto: ein bisschen Schwund ist überall!

Ich hatte übrigens auch zum Thema Baugenehmigung der verantwortlichen Baubehörde in Ahrweiler ein paar - mich interessierende - Fragen gestellt. Am 10. Februar 2008. Bis heute ist keine davon beantwortet.

Ich möchte den wesentlichen Teil meiner Anfrage an das Bauamt hier noch einmal darstellen:

Wie ich unschwer erkennen kann, haben Sie - bzw. Ihre Baubehörde - inzwischen eine Baugenehmigung erteilt, da die Arbeiten zum Errichten des FIA-Zauns inzwischen weiter gehen. Nun handelt es sich bei einer Baugenehmigung für die Errichtung eines Zauns im Außenbereich entsprechend der Landesbauordnung des Landes Rheinland-Pfalz um ein sehr umfangreiches Genehmigungsverfahren, da eine Menge Gutachten der unterschiedlichsten Behörden vor Erteilung eingehen und vorliegen müssen.

Ich hätte dazu noch ein paar Fragen:

    1) Lagen Ihrem Amt vor Erteilung der Baugenehmigung alle Gutachten und Zusagen z.B. des Forstamtes, der zuständigen Gemeindeverwaltungen, und, und, und, - nun mit einem positiven Entscheid vor?
    2) Hat Ihr Bauamt zum Zeitpunkt der Erteilung der Baugenehmigung den IST-Zustand erfasst, exakt die Arbeiten erfaßt, die bereits (vor der Genehmigung) ohne jede Baugenehmigung durchgeführt wurden?
    3) Hat sich Ihr Amt davon überzeugt, dass die Arbeiten die vor Erteilung der Baugenehmigung erfolgten, mit den Materialien und in der Art durchgeführt wurden, die nun die Basis für die Baugenehmigung ist?
    4) Erfolgt während der laufenden Bauarbeiten durch Ihr Amt eigentlich auch so etwas wie eine Kontrolle?
    5) Wird am Ende der Bauarbeiten durch Ihr Amt auch hier praktisch eine Bauabnahme durchgeführt?

Ich wäre Ihnen für eine schnelle Antwort dankbar, zumal Ihnen - bzw. der Baubehörde - die Antworten auf obige Fragen sehr leicht fallen sollten.

Wie ich hörte, hatten nämlich nicht alle Gemeinden, die durch den Bau des FIA-Zauns betroffen sind, sofort ihre Zustimmung zum Bau des Zauns erteilt. Und alle Zustimmungen und Gutachten, auch z.B. das von der Landespflege in so kurzer Zeit zu erhalten, ist aus meiner Sicht ein kleines „Behördenwunder".

Aber wenn der für die zuständige Baubehörde verantwortliche Landrat, Herr Pföhler, gleichzeitig dem Aufsichtsrat der Nürburgring GmbH angehört, da sein Landkreis mit 10 Prozent an dieser GmbH beteiligt ist, und wenn sein oberster Dienstherr, Kurt Beck, an der „politischen Durchsetzung" dieser Pläne interessiert ist, dann scheinen Genehmigungsverfahren in „Porsche-Turbo-Geschwindigkeit" abgewickelt zu werden.

Anfragen, wie meine, werden dagegen in ökologisch optimaler, gesundheitlich besser verträglichen Geschwindigkeit abgewickelt. Vielleicht ist meine Anfrage auch schon in den Papierkorb gefallen. - Ein bisschen Schwund ist eben nicht nur immer, sondern offensichtlich auch überall.

Ich möchte noch einmal zusammenfassen:

- Der FIA-Zaun wurde bisher zum Teil mit untauglichem Material verbaut.
- Seine Aufstellung kann - wie ich in der Vergangenheit aufgezeigt habe - keine Unfälle verhindern.
- Das mit der Aufstellung des FIA-Zauns z.T. verbundene Versetzen der Leitplanken kann die Unfallgefahr erhöhen.
- In der ersten Bauphase erfolgte der Bau ohne jede Genehmigung.
- Es erfolgte offenbar keine Baukontrolle.
- Die Baugenehmigung wurde dann in Turbo-Geschwindigkeit erteilt.
- Die FIA hat diesen Zaun nicht gewollt.

- Laut Nürburgring GmbH (und DMSB) erfolgt der Bau mit Ausrichtung auf eine Zukunftssicherung der Strecke.
- Die Strecke steht zum großen Teil unter Naturschutz.
- Zuschauer werden offiziell nur bei einem Rennen an der Nordschleife geduldet.
- Die Durchführung irgendwelcher Rennen wäre nicht gefährdet gewesen, wenn der FIA-Zaun nicht gebaut worden wäre.
- Der FIA-Zaun verschandelt die Eifellandschaft.
- Der FIA-Zaun verändert den Charakter dieser Natur-Rennstrecke.
- Dieser FIA-Zaun wird die Zuschauerzahlen in Zukunft mindern.
- Dieser FIA-Zaun ist also in seiner Wirkung geradezu kontraproduktiv zu den anderen Bemühungen der Nürburgring GmbH um mehr Besucher.
- **Warum wurde dann dieser FIA-Zaun überhaupt gebaut?**

Da bleibt nur ein Argument:

Um Umsatz in der Eifel-Region zu generieren und damit die wirtschaftliche Bedeutung der Nürburgring GmbH zu betonen.

Es wäre sicherlich interessant, wenn sich der Landesrechnungshof Rheinland-Pfalz einmal mit dem Ausschreibungsverfahren zu diesem „Bauwerk" im Wert von drei Millionen Euro beschäftigen würde. Von dem keiner der Verantwortlichen wusste, das es genehmigungspflichtig war.

Übrigens hatte ich noch zur Sache eine weitere Frage an den DMSB:

„Welche Verantwortung übernimmt der DMSB, wenn es durch den FIA-Zaun (die Art seiner Errichtung) bei Rennen zu Unfällen z.B. durch eine durch den Bau entstehende Störung eines normalen Wildwechsels kommt?"

Antwort:

„*Diesbezüglich besteht kein Unterschied zu der sich aus der Regelung des Motorsports (Aufstellen von Sicherheitsbestimmungen, Streckenabnahme) für den Verband allgemein ergebenden Verantwortung.*"

Der DMSB ist also praktisch verantwortungslos. - Einer für Alle! - Oder habe ich da etwas falsch verstanden?

Ich muss nun hier noch eine kleine Korrektur meiner obigen Darstellung anfügen: Die Kreisverwaltung in Ahrweiler hat erst am 21.02.2008, 13:43 Uhr, auf meine Anfrage vom 10.02.2008, 15:55 Uhr geamtwortet. Ich möchte diese Antwort und meine Eingangsbestätigung dazu an die Pressestelle der Kreisverwaltung hier ohne jeden weiteren Kommentar noch anhängen:

juergen.kempenich@aw-online.de schrieb:

Sehr geehrter Herr Hahne,

zu Ihrer Anfrage erhalten Sie folgende Antwort.

Das Baugenehmigungsverfahren ist noch nicht abgeschlossen. Für einzelne Streckenabschnitte wurde mit Bauschein vom 08.01.2008 eine Teilbaugenehmigung erteilt, nachdem für diese die Genehmigungsvoraussetzungen vorlagen.

Die im Rahmen der Teilbaugenehmigung zugelassenen Zäune waren noch nicht vorhanden.
Soweit im Rahmen des Genehmigungsverfahrens Behörden und Fachstellen zu beteiligen waren, ist dies geschehen.
Das Einvernehmen der jeweiligen Ortsgemeinden zur Teilbaugenehmigung liegt vor.
Eine Beteiligung des Forstamtes war entbehrlich.

Eine Kontrolle erfolgt nach Abschluss der Gesamtbaumaßnahme.

Mit besten Grüßen, Jürgen Kempenich

Kreisverwaltung Ahrweiler

Pressesprecher

Wilhelmstraße 24 - 30, 53474 Bad Neuenahr-Ahrweiler

Meine Antwort von 14:32 Uhr am gleichen Tag lautete:

> *Sehr geehrter Herr Kempenich,*
>
> *herzlichen Dank für Ihre detailierte Antwort. Wie Sie meiner Geschichte entnehmen können, die ich leider schon ins Internet setzen musste (da ich meine Erscheinungstermine nicht vom Willen eines Landrats bestimmen lassen kann), habe ich mir auch nicht vorstellen können, dass eine endgültige Baugenehmigung erfolgt war. Ich werde jetzt Ihre Auskunft - mit einer kleinen Anmerkung - meiner Geschichte unten anhängen.*
>
> *Mit den besten Grüßen*
> *Wilhelm Hahne*

Was ich hiermit getan habe. - Versprochen ist versprochen!

BikeWorld Nürburgring GmbH:
Wie Zweiradträume von Amateuren enden

Kenntnisse hätten nicht schaden können; Erkenntnisse kommen leider zu spät. Sage ich. Denn – wenn Sie in diesem Buch an dieser Stelle angelangt sind, wissen Sie es längst: die BikeWorld Nürburgring ist gestorben.

Der Landesrechnungshof hat mit der BikeWorld Nürburgring GmbH in dem Moment abgerechnet, als die BikeWorld gerade definitiv unterging. Sie löste sich auf, wurde - wieder mal - verkauft. An einen Automobilhersteller? (Na ja!) Als Testcenter. (Ja!) Und muss umgebaut werden.

Niemals werden hier wieder Motorräder eine Rolle spielen. Dabei wollte doch die Nürburgring GmbH hier ursprünglich eine „Spielwiese" für Motorräder einrichten. Und versicherte, wie wichtig ein solcher Motorradstützpunkt am Nürburgring für die weitere Entwicklung... - und Tourismus... - und, und, und... wäre. -

Nichts ist daraus geworden. Wer mit Teppichen (keine fliegenden!) nicht zurecht kommt, zu Fliesen „kein Verhältnis herstellen kann", den Nürburgring vor seiner Einstellung als Geschäftsführer hier niemals gesehen hat, wer das Motorradgeschäft nur aus Statistiken kennt, keinen Bezug zur eigentlichen Basis hat, der sollte eigentlich mehr das Sprichwort beherzigen: Schuster bleib' bei deinen Leisten! -

Hier wurden unnötige Millionen verschleudert, Vertrauen vernichtet, Chancen verspielt. Was für die BikeWorld Nürburgring GmbH das Ende bedeutet, ist eigentlich nur das Vorspiel zu dem Drama, das im Umfeld der Nürburgring GmbH in den nächsten Jahren noch durchlitten und - als Steuerzahler - mit getragen werden muss: „Nürburgring 2009". - Aber lassen Sie mich zunächst vom Ende des „Vorspiels" berichten.

„Die Veräußerung der Beteiligung der Nürburgring GmbH an der BikeWorld Nürburgring GmbH führte zu Aufwendungen von 4,8 Mio €. Hiervon hätten mehr als 1 Mio € bei einer früheren Aufgabe der

Beteiligung vermieden werden können."

Das schreibt der Landesrechnungshof in seinem gerade veröffentlichten Jahresbericht 2007/2008, jetzt Anfang 2008. Es betrifft nicht das Ende der BikeWorld Nürburgring GmbH, sondern nur das Ende der Nürburgring GmbH-Beteiligung an dieser Firma.

Tatsächlich wurde die BikeWorld schon Mitte letzten Jahres verkauft. Und lebte dann scheinbar noch ein halbes Jahr weiter. Was heißt hier lebte? - Sie röchelte dahin. Dass dieser Zweiradbetrieb keine Zukunft hatte, wusste man eigentlich schon bei Gründung dieses „Kompetenzzentrums" wie es von Managern der Nürburgring GmbH gerne genannt wurde. Nur hatten die keine Ahnung vom Geschäft, hatten aber die „Kompetenz" eine Firma mit zu gründen, wofür in dieser Region keinerlei Bedarf bestand. - Zumindest nicht in dieser Art und Größenordnung.

Ich schrieb und veröffentlichte auch dazu am 4. März 2004 eine Geschichte in der folgende Passage zu lesen ist:

„Erstaunlich - für mich - ist die Größe des Objekts, die auch nicht damit erklärt werden kann, dass praktisch ein Restaurant eingegliedert wird, wo Motorradfahrer Speis' und Trank finden. (Und nicht nur die.) Wenn ich die von mir geschätzte Investitionssumme mit dem - auch nach meiner Schätzung - möglichen Umsatz vergleiche, die laufenden Kosten berücksichtige, dann hat diese neue Firma nur eine geringe Überlebenschance. Obwohl sie sicherlich nicht nur von Firmen wie BMW deutlich gestützt werden wird. Schon aus politischen Gründen."

Zurück zur Gegenwart: Nimmt man den vom Landesrechnungshof genannten Betrag von 4,8 Mio € als Verlust „über alles" als gegeben hin, dann ist der Hinweis, dass man bei einem früheren Verkauf mehr als 1 Mio € hätte sparen können, wie ein Witz, über den man als Bürger unseres Staates nicht lachen sollte. Diese 4,8 Mio € waren praktisch Steuergelder. Und mehr als diese 4,8 Mio hätten gespart werden können, hätte sich die Nürburgring GmbH erst gar nicht an dieser Firma beteiligt, wofür es eigentlich auch keinen Anlass gab (s. meine Einschätzung aus dem Jahre 2004)

Auch Herr Moser, der Inhaber des Phoenix-Teams, wäre nicht auf die Idee gekommen, mehr als zwei Millionen Euro in einen Motorradbetrieb zu investieren, hätte Dr. Kafitz, der Geschäftführer der Nürburgring GmbH nicht die Lust verspürt, auch mal Mitinhaber eines Zweiradbetriebs zu werden. Dabei wurde offiziell die Nürburgring GmbH als „Seiteneinstieg" ausgewiesen, damit z.B. für die Bauten - da mit „Behördenbeteiligung" erstellt (Beteiligung des Landes und des Kreises an der Nürburgring GmbH) eine sonst zwingend vorgeschriebene Ausschreibung nicht erfolgen musste.

Dr. Kafitz war „damals" gerade dabei, sich als „Global Player" darzustellen und als Nürburgring-Dependance auch eine Firma in den USA ins Leben zu rufen. Moser und die verantwortlichen Leute seines Phoenix-Teams warteten damals die Rückkehr von Dr. Kafitz aus Amerika ab, um dann erst nach seiner definitiven Zusage mit dem Aufbau des neuen Zweiradcenters in der Nürburgring-Region zu beginnen.

Ich habe über Jahre die Entwicklung des „Kompetenzcenter" kritisch begleitet. Ich habe auch die Art und Weise kritisiert, mit der sich eine Firma wie BMW in der Eifelregion, was Ansehen und Glaubwürdigkeit betrifft, tiefe Imageschrammen geholt hat. BMW hat die Gründung der BikeWorld Nürburgring GmbH deutlich unterstützt, weil man praktisch alles fördert, was der Verbesserung der eigenen Situation im politischen und behördlichen Umfeld dient. So hat man in Jahrzehnten gewachsene Verbindungen zu einem etablierten BMW-Motorradhändler in der Nürburgring-Region gekappt, um die Spinnereien von Amateuren zu unterstützen – oder besser und klarer - praktisch erst zu ermöglichen.

Vielleicht versprach man sich Vorteile. Wie man sich auch Vorteile verspricht, wenn man zu außerordentlich günstigen Bedingungen dem Geschäftsführer der Nürburgring GmbH einen „Repräsentations-BMW" zur Verfügung stellt. (Den Fahrer dazu erhielt er dann vom Aufsichtsrat genehmigt)

Man darf - bitte - nicht vergessen, dass all' diese Transaktionen nicht ohne die Zustimmung des Aufsichtsrats der Nürburgring GmbH unter Vorsitz des derzeitigen Finanzminister des Landes Rheinland-Pfalz, Prof. Dr. Ingolf Deubel, möglich waren. Dr. Kafitz schlug vor; Prof. Deubel nickte ab. Und jetzt heißt es im Bericht des Landesrechnungshofs:

„Das Ministerium der Finanzen gab als Grund für das Scheitern des Unternehmenskonzepts Managementfehler an."

Und man wirft praktisch der Nürburgring GmbH vor, *„das Mitgesellschafter nicht immer mit der gebotenen Sorgfalt, insbesondere im Hinblick auf deren Finanzkraft und Geschäftsführung ausgewählt wurden".*

Wer hat denn „ausgewählt"? - Doch wohl Geschäftsführer Dr. Kafitz, dessen Entscheidungen dann von Prof. Dr. Deubel abgenickt wurden. Dazu muss man dann in einer kleinen Fußnote als normaler Bürger und Steuerzahler zur Kenntnis nehmen, dass *„vergleichbare Feststellungen ... auch zu anderen Tochtergesellschaften der Nürburgring GmbH getroffen"* wurden. - Wer hatte da ausgewählt? -

Als Entscheider doch sicherlich Dr. Kafitz. Sonst würde man ihn doch wohl kaum als verantwortlichen Geschäftsführer eingestellt haben. Abgesegnet wurden diese Entscheidungen dann durch den Landesfinanzminister (gleichzeitig Aufsichtsratsvorsitzender der Nürburgring GmbH) Prof. Dr. Ingolf Deubel. Denn merke: die BikeWorld Nürburgring GmbH ist - und war - nicht die einzige von diesen Herren verantwortete Tochterfirma der GmbH-Mutter, die Verluste schrieb und schreibt. - Sagt der Landesrechnungshof in einer Fußnote!

Eine andere interessante Darstellung des Landesrechnungshofes liest sich so: *„Gegen Zahlung von 85.000 €, verteilt auf zwei Jahre, entließ die Nürburgring GmbH den Mitgesellschafter aus seiner Rückbürgschaft für Kontokorrentverbindlichkeiten von 420.000 €."* -

Man liest - und begreift es nicht. So eine „Entlassung" (in dieser Höhe!) bedarf sicherlich mehr als einer Geschäftsführerentscheidung. Sie wird auch sicherlich vom Aufsichtsrat abgesegnet worden sein. Und man fragt sich: Ist ein Finanzminister des Landes Rheinland-Pfalz in seiner Doppelfunktion überhaupt noch tragbar?

Doch zurück zum Zeitpunkt des Verkaufs der BikeWorld Nürburgring GmbH zum Zeitpunkt Mitte 2007: der Verkauf erfolgte an einen Motorradhändler, der vorher - zusammen mit anderen Motorradhändlern der Region - zu den „Revoluzzern" gehörte, die an der Einmischung von „Behördenfirmen" in vorhandene, gewachsene Branchenstrukturen, starke Kritik übten. Insofern musste nach außen der Eindruck entstehen, dass die ursprüngliche Gründung der BikeWorld" unter Mithilfe der Nürburgring GmbH eine zukunftsträchtige Entscheidung gewesen sei, wenn ein so erfahrener Motorradhändler da nun einsteigt. Schließlich war der Käufer, die Brückner-Gruppe, als Betreiber eines erfolgreichen Motorradhandelsbetriebs in Altendiez bekannt.

Nürburgring-Geschäftsführer, Dr. Walter Kafitz, lobte bei der Bekanntgabe des Verkaufs die Brückner-Gruppe als „versierten Partner" mit Erfahrung im Eventbereich. Gemeinsam - so die Aussage des Verkäufers - wolle man Motorradtouren und -Trainings und -Events als Standbein für den gerade geschaffenen Geschäftsbereich „Adventure" ausbauen und sah darin „einen weiteren Meilenstein" für ein ganzjähriges Freizeit- und Businesszentrum.

Das war Mitte 2007. Und der neue Geschäftsstellenleiter (nicht Geschäftsführer!) Stefan Schmidt, kündigte eine faire Preispolitik an. - Na, denn... -

Kurt Beck, in öffentlichen Briefen zur Sache BikeWorld Nürburgring GmbH vorher scharf angegangen, konnte sich nun wieder in Mainz ein wenig entspannt zurück legen: Gut gelaufen! - Tatsächlich gab es aber zu diesem Zeitpunkt (zumindest) einen anderen Bieter für die BikeWorld Nürburgring GmbH, der aber nicht als Motorradhändler agiert und den Kauf auch nicht tätigen wollte, um dort nun einen Motorradhandelsbetrieb weiter zu betreiben. Ich habe mir sein Interesse in einem Gespräch mit ihm bestätigen lassen. Dieser Kaufinteressent beklagte, dass auf seine Nachfrage seitens der Nürburgring GmbH erst gar nicht reagiert wurde. Statt dessen wurde das Angebot des oben genannten Motorradhändlers akzeptiert.

Taktisch klug und menschlich verständlich. Aber aus kaufmännischer Sicht eine Fehlentscheidung. Sage ich. Denn nach dem Verkauf wurde von Käufer- und Verkäuferseite geäußert, dass man zum Kaufpreis Stillschweigen vereinbart habe. Auch im aktuell veröffentlichten Jahresbericht des Landesrechnungshof findet man keine präzisen Angaben zum Kaufpreis. Höchstens den Hinweis: *„Für den Fall der Veräußerung der Geschäftsimmobilien der BikeWorld Nürburgring GmbH hat sich die Nürburgring GmbH unter bestimmten Voraussetzungen eine Beteiligung am Verkaufsgewinn von bis zu 500.000 € gesichert."*

Das macht neugierig, weil es auf einen niedrigen Verkaufspreis schließen lässt. Auch nach intensiven Recherchen ist es mir nicht gelungen, den präzisen Verkaufspreis zu ermitteln, der beim Verkauf der BikeWorld Nürburgring GmbH an die Brückner-Gruppe erzielt wurde. Ich kann nur eine ungefähre Größenordnung nennen: er lag bei unter 500.000 €. - Wenn dieser Betrag stimmt, schafft das wieder viele neue Fragezeichen im Kopf eines Journalisten.

Und ich habe weiter recherchiert, bin dabei darauf gestoßen, dass alte Belastungen auf Immobilie und Grundstück im Grundbuch, noch aus der „Gründerzeit" stammend (um es mal so zu bezeichnen), auch nach dem Verkauf an die Brückner-Gruppe nicht gelöscht waren und wurden! - Leider konnte ich die exakte Höhe nicht ermitteln.

Nun hat sich auch nach der Übernahme der BikeWorld durch die Brückner-Gruppe (wie oben bereits gesagt, als erfolgreicher Motorradhändler in Altendiez tätig, von Herrn Dr. Kafitz als „versiert" eingeschätzt) hier am Nürburgring das Motorradgeschäft nicht gerechnet und man hat den Betrieb nicht etwa - wie es zunächst den Anschein hatte - über die stille

Wintersaison geschlossen, sondern die Immobilie verkauft.

So fand man dann auch in der Zeit nach dem 8. Januar 2008 Hinweise in den Fenstern der BikeWorld Nürburgring GmbH, die offensichtlich „alt", von den Geschehnissen längst überholt waren. Oder soll man *„Sonntags keine Schau offen"* noch kommentieren?

Einer Türaufschrift kann man auch „Neue Öffnungszeiten" für die Zeit vom 01.11.07 - 01.03.08 entnehmen. - Man hat vergessen sie auszuwischen.

In diesen Januartagen passierte dann auch, dass irgendwann nach Mitternacht eine Zivilstreife der Polizei die B 258 oberhalb der BikeWorld passierte, von der man einen guten Einblick auf das Grundstück der BikeWorld hat, und damit eine gute Sicht auf die Immobilie. Auch in der Nacht.

Da fiel dann dieser Zivilstreife der Polizei auf, dass unten ein Schnelltransporter geparkt war und Leute mit Taschenlampen umher huschten. Also sind sie ihrem schnell auftauchenden Verdacht einmal nachgegangen. Die so aufgeschreckten nächtlichen Besucher der BikeWorld haben mit einem zweiten Fahrzeug die Flucht ergriffen. Sicher gestellt werden konnte aber der Schnelltransporter mit einem Frankfurter Kennzeichen, in den man schon Motorräder aus dem aufgebrochenen Geschäft verladen hatte.

Das Kennzeichen stellte sich - wie das Fahrzeug - als gestohlen heraus. Das Kennzeichen war einem Frankfurter Autoverleih zuzurechnen. Und es tauchte auch die Frage auf: Warum hatte der Bewegungsmelder die nächtlichen Aktivitäten nicht wahrgenommen? Ganz einfach: Er war durch ein Werbeschild verdeckt.

Nun wurde in der Zeit danach die BikeWorld durch seinen Besitzer wirklich geräumt, weil schließlich der neue Käufer - nach erforderlichen Umbauten - spätestens im Mai 2008 seinen neuen Besitz nutzen möchte. Und so kam es, dass auch mal nachts z.B. Regale abgebaut und abtransportiert werden mussten. Was dann z.B. an dem Karnevals-Wochende (vor „Rosenmontag") zu einem Polizeieinsatz führte, nachdem von der BikeWorld wieder „nächtliche Bewegungen" gemeldet wurden. Dieses Mal flüchtete niemand, der Lastwagen war OK, die Leute zum Abbau und Abtransport legitimiert. - Fehlalarm!

Die BMW-Spezialausstattung hat der Geschäftsstellenleiter der BikeWorld an einen neu gegründeten BMW-Betrieb in Wuppertal verkauft (für 30 - 50 Prozent des Neuwertes, wie das üblich ist). Die vor vier Jahren neu gekaufte Super-Küche wurde samt Theke und anderen, zu einem Gaststättenbetrieb zu zählenden Einrichtungsgegenständen, an einen Interessenten im Frankfurter Raum für um 30.000 Euro verkauft. (Von mir geschätzter Neuwert = 130 -150.000 Euro).

Die Verkaufsverhandlungen für die reine Immobilie erwiesen sich auch nicht als ganz einfach, da für den neuen Verwendungszweck noch eine Reihe von Umbauten vorgenommen werden müssen. Die haben inzwischen da gerade – in den Februartagen des Jahres 2008 - begonnen, was sich auch dadurch erklärt, dass diese Umbauarbeiten durch den neuen Käufer veranlasst sind.

Eine Auflassungsvormerkung ist im Grundbuch erst seit dem 11. Februar 2008 eingetragen, darum wurde auch erst ab diesem Termin mit den Arbeiten begonnen.

Zurück bleibt die Erinnerung an große Pläne von großen Amateuren, deren Basis dann auch ein „versierter" Motorradhändler nicht zu einem erfolgreichen Geschäftsmodell (auch nicht mit Unterstützung der Nürburgring GmbH und seiner Abteilung „Adventure") ausbauen konnte. Aufgabe durch technischen KO.

Das Automobilunternehmen, das nach einem Umbau dann die (nach dem Umbau) neuen Räumlichkeiten als Testcenter nutzen wird, ist Aston Martin. Das sollte lange geheim bleiben. Doch schon im Januar fuhr dann der Geschäftsstellenleiter der BikeWorld Nürburgring GmbH, Stefan Schmidt, mit einem Aston Martin (mit englischem Kennzeichen!)

durch die Eifel, was deutlich auf die zukünftigen Nutzer des Gebäudes schließen ließ.

Aber lassen wir doch noch einmal den Chef der Nürburgring GmbH zu Wort kommen, bevor wir uns dem neuen Nutzer zuwenden: Dr. Walter Kafitz sagte zum Zeitpunkt des Verkaufs an die Brückner-Gruppe, wo er auch eine weitere Zusammenarbeit mit dem neuen Käufer dargestellt hatte (s.o.):

„Je näher das 150-Millionen-Euro-Projekt Erlebnisregion Nürburgring rückt, umso wichtiger wird die BikeWorld als ein Element des Gesamtkonzepts."

Entschuldigung! - Welches Gesamtkonzept? - Aber er sprach auch von dem, was heute keine Rolle mehr spielt. Neuer Namen, neues Konzept? - Heute spricht man von „Nürburgring 2009" und 215 Millionen. - Und Morgen ist dann die BikeWorld Nürburgring GmbH vergessen.

Dann werden aus den Toren der ehemaligen BikeWorld Aston Martin Sportwagen rollen, denen die Nürburgring-Nordschleife als Teststrecke dienen soll.

„Nürburgring 2009": Der Wahnsinn hat Methode

Nachdem Mitte Februar 2008 ein Mann dieser Region, der Bürgermeister der Stadt Adenau, Bernd Schiffarth, mit einem Leserbrief in der „Rhein-Zeitung" brillierte, möchte ich ihn hier auszugsweise - zu Wort kommen lassen.

Wenn heute Jeder ein Recht auf freie Meinungsäußerung hat, dann in jedem Fall auch jemand, der ein Spiel-Kasino am Nürburgring „für eine begrüßenswerte Ergänzung des Ring-Angebots" hält. -

Damit ich hinter solch' progressivem Denken nicht zurückfalle: Wie wäre es denn mit einem Puff, Herr Bürgermeister? Man könnte doch ein Sonderangebot (nicht nur) für Betriebsräte der Automobilkonzerne mit Hilfe einer Jahreskarte initiieren. - Oder? - Herr Bürgermeister, positiv sollten Sie Ihren Tag beginnen! - Und nicht jammern. Sondern Kritik als Anregung für eine Kontrolle Ihrer eigenen Ideen und Meinung nutzen.

Ich müsste ihn eigentlich jetzt mit der Nase auf Geschichten stoßen – und die Sie als Leser dieses Buches kennen – die ich im Jahre 2004 zum Themas BikeWorld Nürburgring geschrieben habe. - Und was haben Sie „damals" gemeint, Herr Bürgermeister? - Bingo! - Ich habe gewonnen.

Und wenn der Herr Bürgermeister von Adenau im Februar 2008 einen Leserbrief schreibt, dann profiliert er sich damit sicherlich in den Augen der Politiker-Prominenz. Er scheint keine Angst zu haben, dass man sich auch nach Jahren noch seiner persönlichen Einschätzung der Situation erinnert? - Die Einwohner von Adenau sind auch Steuerzahler! - Aber inzwischen – jetzt im Jahre 2010 – ist Herr Schiffarth auch nicht mehr Bürgermeister, hat sich nicht mehr der Wahl gestellt. Trotzdem lassen Sie mich jetzt noch einmal zusammenfassen, was dem Herrn Bürgermeister wirklich im Jahre 2008 zu sagen wichtig war:

„Ich teile nicht die Auffassung, dass immer mehr kritische Stimmen zu hören sind, die am Erfolg des Mammutprojekts „Nürburgring 2009" Zweifel anmelden. Es sind wohl eher die Stimmen, die ideologisch

vorbelastet, Kritik am Nürburgring und dessen Geschäftsführung zu ihrem Lebensinhalt erkoren haben und die ein Finanzierungskonzept kritisieren, das sie gar nicht kennen." -

Sie haben Recht, Herr Bürgermeister! - Ich kenne kein Finanzierungskonzept, das man so bezeichnen könnte. - Kennen Sie es? - Der Herr Bürgermeister von Adenau meint dann später:

„Meine Kritik richtet sich daher nicht gegen die Nürburgring GmbH, sondern sie richtet sich gegen all diejenigen, die, ausgestattet mit einer ausgeprägten Informations- und Beratungsresistenz und einem angeborenen Hang zu vorbehaltloser Kritik und Nörgelei, all denen, die durch persönlichen Einsatz und auch persönliche Risikobereitschaft an der Entwicklung des Projekts „Nürburgring 2009" arbeiten, das Leben erschweren." -

Solche inhaltsschweren Sätze machen schon nachdenklich. Risikobereitschaft? Wenn man 10 Millionen verliert, muss man wieder in Mainz kämpfen, damit man - vielleicht - 30 Millionen bekommt. Das wird natürlich durch Kritik erschwert. Und man muss sich fragen: Wie lange geht das noch gut? - Da ist es besser, wenn der Bürgermeister auf seine Bürger eindrischt, ihnen „Beine macht":

„Mein Problem und das Problem vieler Aktiver rund um den Nürburgring ist nicht die Ansiedlung eines Kasinos, sondern die Trägheit und Gleichgültigkeit eines großen Teils der heimischen Bevölkerung im Hinblick auf die großen Zukunftschancen, die das Projekt „Nürburgring 2009" bietet."

Er hat Recht. Die Trägheit und Gleichgültigkeit der Bevölkerung wird schließlich dazu führen, dass niemand mehr zur Wahl geht. So weit kommt es noch. - Aber ich habe Hoffnung. Ich hatte zu diesem Zeitpunkt gerade den Leserbrief eines Motorradhändlers (nicht aus der Eifel) erhalten, der schreibt - leider (bisher) nur zum „Zaunproblem":

„Gibt es Initiativen gegen die geplanten, bereits angestoßenen oder vollendeten Projekte am Nürburgring? Auch ich erfreute mich bis jetzt immer daran, an schönen Sommertagen das Treiben auf der Nordschleife ohne ‚Sicherheits'-Zaun beobachten zu können und war entsetzt, als mir gestern ein Kunde darüber berichtete, und ich die Zaunanlagen im Internet sah! Viele meiner Kunden, die aktiv als Touristenfahrer unterwegs sind, würden gerne ebenfalls Ihren Unmut gegen diese Zäune bestätigen. Gibt es Unterschriftenlisten oder Aktionen die man unterstützen kann? Ich würde gerne durch meine Homepage bei solchen Aktionen helfen!" -

Nicht träge, nicht gleichgültig. Nur noch nicht begriffen, was hier - neben dem FIA-Zaunbau - wirklich abgeht. Denn dieser Mann, diese Leute sind nicht von hier, reisen jeweils über viele Kilometer an. - Demnächst nicht mehr. - Oder meinen Sie, lieber Herr Bürgermeister, dass das Spiel-Kasino lockt? - Oder besser die Wellness-Oase? - Schauen wir uns doch mal gemeinsam an, was da auf uns zu kommt. Unaufhaltsam wie ein Panzer. Otto Lindner, der (vielleicht?) zukünftige Betreiber von 80-Millionen-Projekten erklärt das so: „Das ist interessant, da politisch gewollt!".

Am Abend des 21. Februar 2008 parken in Kirsbach, Eifel - aber erst spät - eine Reihe von Automobilen vor einem grünen Fertighaus. Entschuldigung! - Sie passen gar nicht davor, sie parken also in einer Reihe und machen die Straße in ihrer Wirkung zu einem Mitfahrer-Parkplatz an der Autobahn. Der Besitzer des Hauses, Kai Richter, ist Jagdpächter im Umfeld dieses Dorfes, das als Besonderheit nicht nur eine Köhlerei aufweist, sondern auch nur eine einzige Zu- und Abfahrt zu normalen Landstraßen besitzt. Also keine Autobahn. Natürlich gibt es noch Feldwege, aber die sind gesperrt. Nur für landwirtschaftlichen Verkehr vorgesehen.

Die Herren, die hier einer Einladung des Jagdpächters gefolgt sind, nennen sich von ihrer Funktion her Politiker. Selbst wenn sie es nicht sind: sie machen Politik. Und darum sind sie heute Abend Gast bei Kai

Richter, der ihnen Neues zu „Nürburgring 2009" erzählen will. Denn Kai Richter ist nicht nur Jagdpächter hier in der Gegend, sondern auch Investor. - Sagt der Finanzminister des Landes Rheinland-Pfalz; und er ist es auch – damals - aus Sicht der Nürburgring GmbH. - Weil es sonst keine Aussichten gibt? - Kai Richter ist Geschäftsführer der Mediinvest GmbH. Ganz exakt nennt sich eine seiner neuen Firmen: „Motorsport Resort Nürburgring GmbH, Sitz: Kirsbach, Deutschland".

Also das mit „Deutschland" ist schon ein wenig übertrieben, denn Kirsbach liegt in der Eifel. Aber die Eifel macht nichts her. Und wer nichts her macht, der wird nicht ernst genommen. Kai Richter muss es wissen. Der kommt aus Düsseldorf.

Das ist übrigens nicht der einzige Gesellschafter dieser kleinen und feinen GmbH, die - wie man vom Donnerstag vorher in Müllenbach (auch Eifel) weiß - den Namen „Nürburgring" zu Recht in ihrer Bezeichnung führt. Denn die Nürburgring GmbH ist so'ne Art Teilhaber. Nicht großer Teilhaber, aber... - und damit ein „Türöffner" für Kredite. - Sie verstehen?

Denn an jenen Donnerstag in Müllenbach, einer „Öffentlichen Sitzung", wo auch der Planungsausschuss Nürburg/Müllenbach tagte, da hat Kai Richter die Katze aus dem Sack gelassen: Nein, er habe noch keine Investoren gefunden. - Also noch mal zum Mitschreiben: Kai Richter ist der Geschäftsführer einer GmbH, die als Investor für Projekte im (ungefähren) Wert von 80 Millionen Euro vorgestellt wurde. Von Herrn Prof. Deubel. Und der Investor erklärt einige Zeit später: kein Feuer, keine Kohle, kein Investor.

Schon beim „ersten Spatenstich" war durch Herrn Kai Richter persönlich öffentlich bestätigt worden, dass er, bzw. seine Firma, als Investor für die ungefähre Bausumme für Vier-Sterne-Hotel, Drei-Sterne-Hotel, ein Erlebnisdorf, ein Motorsportdorf und ein Bettenhaus, alles zusammen für rd. 80 Millionen Euro gerade steht. Aber wie will eine GmbH, die im Jahre 2007 in ihrer jetzigen Form angemeldet wurde (Registergericht Düsseldorf - HRB 50745), 80 Millionen Euro Kredit erhalten? - Wo?

- Von wem? - Das war die Frage, die ich mir damals schon gestellt habe.

Man erfährt jetzt, dass Kai Richter aber nun weitere Investoren aktivieren wolle. - Das ist ihm bis zu diesem Zeitpunkt scheinbar nicht gelungen. Aber da nun die Nürburgring GmbH mit einem kleinen Sidestep mit ins Boot gestiegen ist, lässt sich Kai Richter dazu hinreißen zu sagen: „... *und jetzt stehen die Investoren langsam Schlange.*" - Eine hervorragende Formulierung, die die Meinung des Herrn Bürgermeisters aus Adenau (s. o.) unterstreicht, dass alle Kritiker bisher ein Finanzierungskonzept beanstandeten, das sie gar nicht kannten. - Woher auch? - Es gab keins.

Das erinnert alles ein wenig an das „Vorspiel" BikeWorld Nürburgring, von dem der Landesrechnungshof u.a. mit Blick auf die Nürburgring GmbH sagt, *„dass Mitgesellschafter nicht immer mit der gebotenen Sorgfalt, insbesondere auf deren Finanzkraft und Geschäftserfahrung ausgewählt wurden".* -

Schöner kann man es nicht sagen. Und der Landesrechnungshof hatte sicher auch schon „Nürburgring 2009" im Blick, wenn man die *Fußnote 8* liest: *„Vergleichbare Feststellungen wurden auch zu anderen Tochtergesellschaften der Nürburgring GmbH getroffen."*

Wenn das jetzt so weiter geht, dann finanziert eigentlich Mainz die gesamten 215 Millionen (oder mehr). Denn die anderen 135 Millionen - zu den 80 von Kai Richter (der sie nicht hat) - die sollen über die Nürburgring GmbH finanziert werden. Da alle „Bauherren" über keine ausreichenden Sicherheiten verfügen (nachdem man aber schon am Nürburgring für Millionen Gebäude und Tribüne vernichtet hat), wird wohl die Landesregierung zumindest mit einer kleinen Bürgschaft aushelfen müssen. Man kann schließlich eine Baustelle nicht „wie nach einem Bombenangriff" liegen lassen. -

So stelle ich mir zu diesem Zeitpunkt in 2008 das Finanzierungskonzept vor, Herr Bürgermeister von Adenau. - Einer für Alle – Alle für Einen!

Dann wurde in Müllenbach auch gefaselt (oder ist das Teil der Planung, die bisher dann „unter dem Tisch" erfolgte?), dass man doch gut in die so genannte „Erlebnismeile" ein Spiel-Kasino einbauen könne. Und mit den Gewinnen aus diesem Kasino könne man dann die auflaufenden Zinsen für die zum Neubau notwendigen Kredite decken. Man denkt, dass man so um 6 Millionen pro Jahr braucht, weil die Zinsen... -

Tolles Konzept! - Das ist so, als wenn ich bei meiner Sparkasse frage, ob ich wohl (ich bin ein „kleiner Mann") einen Kredit von fünf Millionen € erhalten könne. Die Bank fragt zurück: Bei welchen Sicherheiten? - Und ich sage: Ich verpflichte mich Ihnen gegenüber vertraglich, jede Woche mit einem vollen Schein Lotto zu spielen. - Was sagt dann die Bank?

Wenn Sie das Ganze mit 200 Millionen versuchen, und der „Antrag" aus Mainz kommt, dann geht das. Man baut halt ein Kasino, ändert das Spielbankengesetz (damit Nürburg nichts abkriegt), verdonnert die Spielbank in Bad Neuenahr dazu das Kasino am Nürburgring als Filiale zu betreiben... - Wo ist das Problem?

Ich habe vor ungefähr einem halben Jahr mit Otto Lindner, dem (möglichen) Betreiber aller Übernachtungsmöglichkeiten (einschl. Bettenhaus?) darüber gesprochen, ob er denn auch ein Kasino...? - Und was ist mit einem Hubschrauberlandeplatz? - Herrn Otto Lindner (achten Sie bitte auf den Vornamen!) hat das alles nicht interessiert. Das gehört für ihn zur Infrastruktur. Interessiert ihn nicht. Er will nur Betreiber sein. Und da erwartet er ein Angebot für das Gesamtpaket. Was da als Garnierung drin ist, interessiert ihn nicht. Ihn interessiert nur, was er zahlen muss, damit er den Gewinn errechnen kann.

Noch ein paar Sätze zum Spiel-Kasino: In letzter Zeit wurde eins in Duisburg eröffnet. In Düsseldorf plant man ein weiteres. In Köln hat man sich den Fernsehturm als Platz für ein Spiel-Kasino ausgeguckt und überlegt noch. Eins mit Tradition gibt es in Bad-Neuenahr. Und dann soll am Nürburgring...? - Hier wird die Denke von Politikern deutlich, die ziemlich weltfremd agieren: Wenn ich eins habe und verdiene Geld, dann verdiene ich das Doppelte, wenn ich zwei mache. - Dr. Kafitz hat das schon mit dem Fahrsicherheitszentrum versucht. Nicht gelungen. Aber wohl auch nichts begriffen.

Macht nichts! - Neues Spiel, neues Unglück! - Laut einer wissenschaftlichen Untersuchung ist die Zahl der Menschen, die dem Spiel zuneigen, irgendwie begrenzt. Maximal drei Prozent der Bevölkerung sind „anfällig". Und die Bevölkerung wächst nicht. Und wenn man einmal hinterfragt, wie viel Besucher denn eine Spielbank braucht, um per saldo einen Gewinn zu erwirtschaften (weil ja nicht nur Millionäre Spielbanken oder Spielcasinos besuchen), dann kommt man auf eine Zahl von 600 bis 800 Besuchern pro Tag, die die Wirtschaftlichkeit sicher stellen müssen.

Diese Zahl habe ich nicht erfunden, sondern erfragt. Sie kam als Antwort eines Fachmannes, die dann später von einem anderen Fachmann als blödsinnig hingestellt wurde. - Aber da gab es für den schon eine andere Situation.

Können Sie mir bitte einmal sagen, wo pro Tag - eigentlich nur am Nachmittag und Abend - am Nürburgring 6-800 Personen herkommen sollen?

Aber die Politiker gehen beim Gewinn aus einem Spielkasino von 6 Millionen Gewinn pro Jahr aus. - Wozu soll man rechnen, wenn man weiß was man braucht, weil man es nicht hat?

Otto Lindner, der Chef der Lindner Hotels, ist (zu diesem Zeitpunkt nach meinen Recherchen) Herr über rd. 3.700 Betten, die sich über 25 Hotel verteilen. Er beschäftigt knapp 1.600 Mitarbeiter in insgesamt vier Ländern und weist einen Gesamtumsatz von um 155 Millionen € aus. Dieser Otto Lindner, sprach in Müllenbach von 1.000 Beschäftigten, die die „Betten-Abteilung", die man ihm von der Mediinvest GmbH, Motorsport Resort Nürburgring GmbH, Kirsbach zuweist, dann beschäftigen könnte. Lassen Sie mich kurz die bisher diskutierte Bettenzahl dazu ins Verhältnis setzen:

ein Vier-Sterne-Hotel in der Nähe der Tribüne mit 160 Zimmern	=	320 Betten
ein Drei.-Sterne-Hotel im Erlebnisdorf mit 65 Zimmern	=	130 Betten
100 Ferienhäuser in Drees mit je 6 Betten	=	600 Betten
ein Bettenhaus in Adenau	=	100 Betten
insgesamt:		**1.150 Betten**

Dafür denkt Herr Lindner - so sagte er in Müllenbach - dann rd. 1.000 Mitarbeiter zu beschäftigen, von denen er um 85 Prozent aus der Eifelregion rekrutieren will. Für den „Rest" braucht er halt das Bettenhaus. Aber vielleicht wurde mir das auch falsch vermittelt, denn wenn ich Basiszahlen oben dazu in Relation setze... - Also wird die Nürburgring GmbH wohl... -

Ja, verdammt noch mal wozu baut die auch ein siebenstöckiges Verwaltungsgebäude. Merke: auch „rote Zahlen" müssen verwaltet werden.

Aber wir reden hier immer von der Zukunft, vielleicht von 2010. Einer ungewissen Zukunft. Reden wir mal von der Gegenwart, der Realität in 2008. Da ist der Nürburgring eine riesige Baustelle.

Wo früher voll funktionsfähige Gebäude standen vor gar nicht so langer Zeit mit hohen Kosten erstellt, da gibt es jetzt ein Trümmergrundstück, wie ich es aus dem Zweiten Weltkrieg nach Bombenangriffen gesehen habe. Nun soll da nicht nur neu, sondern auch größer gebaut werden. Wieder so'ne Art „Erlebniswelt". Die alte – natürlich kleiner – war schon ein Verlustbringer. - Jetzt wird alles größer. - Auch die Verluste?

Na ja, werden Sie sagen. Aber da gibt es ja denn tolle Neubauten. Richtig. Vieles ist doppelt (und mehr) so groß als vorher. Gilt hier auch der Spruch: Doppelte Größe, doppelter Verlust? - Aber vielleicht bin ich schon zu lange in der Eifel. Die Herren in der Nürburgring Geschäftsleitung mit Erfahrung in Millionen-Konkursen werden es schon richten.

Liegen denn schon alle Neubaugenehmigungen vor? Natürlich nicht. Bisher gibt es nur Abrissgenehmigungen. Aber auch schon eine Aushub-Genehmigung. Aber keine Neubaugenehmigung. Für nichts. Noch nicht einmal Fundamente können (dürften!) jetzt gegossen werden.

Wobei man beim Bauamt optimistisch ist, dass man für den „Boulevard", die Tribüne, die Hallen, die Baugenehmigung relativ schnell erhält. Aber das Erlebnisdorf, das Hotel, das Motorsportdorf... - Ich habe mal bei der Oberen Genehmigungsbehörde in Koblenz (SGD-Nord) nachgefragt: Jawohl, man beschäftigt sich dort schon mit einer Prüfung des Flächenplanänderungsverfahrens von Kelberg für das Motorsportdorf in Drees. Man macht mich aber ausdrücklich darauf aufmerksam, dass ein Prüfungsverfahren kein Genehmigungsverfahren ist. Und dann kommt das Raumordnungsverfahren, und, und, und... - kurzum: vor Herbst dieses Jahres 2008 wird das zuständige Bauamt kaum die Unterlagen zur Einleitung des endgültigen Genehmigungsverfahrens vorliegen haben. Erst dann... -

Und wann wird es dann die Baugenehmigungen geben? - So im Frühjahr 2009, ist die Antwort. Klar ist dann auch, dass mit der Baufertigstellung dieser Projekte - und damit des Gesamtprojekts „Nürburgring 2009" erst in 2010 zu rechnen ist. - Keine Kritik, Herr Bürgermeister, nur eine Feststellung nach gründlicher Recherche. - Sie haben sicherlich anderes zu tun. Das ist auch Ihre Aufgabe. - Nett, dass Sie Zeit für einen Leserbrief gefunden haben!

In Müllenbach, am letzten Donnerstag, gab es auch eine Abstimmung im Planungsverband Nürburg/Müllenbach, die eine „Modifizierung" des bereits vor einiger Zeit abgeschlossenen „Städtebaulichen Vertrages" zwischen der Nürburgring GmbH und den Gemeinden Nürburg und Müllenbach sicher stellen sollte. Dieser „Modifizierung" wurde zugestimmt. (Nachdem diese Abstimmung in der Woche vorher in Nürburg aus der Sicht der Befürworter aller Pläne, misslungen war.)

Für mich ist eine Zustimmung unverständlich, da der bestehende Vertrag durch die Nürburgring GmbH durch eine erweiterte und geänderte Planung in wesentlichen Punkten gebrochen und so - nach meiner Auffassung - eigentlich keine Basis für eine Modifizierung vorhanden war. Es hätte eigentlich - meine ich - (selbst wenn man die Verstöße nicht ernst nimmt und nicht ahndet) ein neuer Vertrag geschlossen werden müssen. Aber: die Herrschaften im Planungsausschuss haben „modifiziert" (Das lässt die Nürburgring GmbH gut aussehen).

Interessant ist, dass ein Mitglied des Planungsausschusses nicht erschienen war. Und das unentschuldigt. Aber dieses Mitglied war wohl „sauer". Weil zwei andere Mitglieder des Nürburger Planungsausschusses zwischen zwei Ausschusssitzungen zu einem „kleinen Gespräch" gebeten worden waren. Er nicht. Das hielt man wohl nicht für notwendig, da man davon ausgehen konnte, dass dieses Mitglied schon „Pro" stimmen würde, weil seine Schwester die Frau des Verbandsbürgermeisters ist.

Der war in Müllenbach natürlich in Hochform, hatte alles aufgeboten, was aufgeboten werden kann: Hauptgeschäftsführer Dr. Kafitz, die Herren Bruckner, Kai Richter, Otto Lindner, die leitenden Herren des Bauamtes Adenau - und man hatte die Sitzung öffentlich ausgeschrieben. Wegen dem öffentlichen „Druck". - Taktisch, praktisch, gut! Und der Erfolg gab ihm Recht. - Gut gespielt, gut gepokert, gutes Ergebnis.

Ich war erstaunt, dass man im Erlebnisdorf nun ein Drei-Sterne-Hotel baut. Mir war - von verantwortlichen Leuten - kurz vorher noch erklärt worden, das hier ein Zwei-Sterne-Hotel gebaut würde. Mit 65 Zimmern. - Sind Sie, liebe Leser, mir böse, wenn ich dabei an ein Stundenhotel gedacht habe? Weil so etwas in „Erlebnisdörfern", für Kegelklubs u.ä. angelegt, ein Muss ist. - „Oder wollen Sie Toilettensex?", fragte mich einer, der es wissen muss. - Natürlich nicht. - Aber ein anderer hat mich aufgeklärt. Schon um den Verdacht zu vermeiden, müsse man Drei-Sterne... - Ach so! - Aber in Müllenbach wurde argumentiert, dass die Zwei-Sterne-Planung, von der vorher mal (vorüber gehend!) gesprochen wurde, auf einem „Druckfehler" beruhen würde. - Na ja, wenn keine

Druckstellen zurück bleiben... -

Und überall wird vom großen Geschäft geträumt und der Mittelstand ermuntert zu investieren. In Kempenich, einem Ort nahe einer Autobahn-Aus- und -Auffahrt plant man angesichts der versprochenen 2,5 Millionen Besucher jährlich - wie von der Nürburgring GmbH versprochen und durch Gutachten bestätigt - auch eine „Aufrüstung". Auf der Ebene Hotel und Gastronomie sowieso. Es wird auch schon für das gesamte Nürburgring-Umfeld ein Gutachten vorbereitet. Es soll eine gemeinsame Tourismuskonzeption für die Verbandsgemeinden Adenau, Kelberg, Vordereifel und den Nürburgring entwickelt werden. Kosten 49.000 Euro. Das Land beteiligt sich mit 10.000 Euro. Den „Rest" der Kosten teilen sich die Auftraggeber. Die Abwicklung der Untersuchungen, die Auswertung der Untersuchungsergebnisse und deren Umsetzung in Vorschläge fürs Gastgewerbe, Tourismusorganisationen u.a. wird von der ETI, dem Europäischen Tourismus-Institut in Trier vorgenommen. Leiter Prof. Dr. Quack. -

Es ist keine Kritik, lieber Herr Bürgermeister in Adenau, sondern nur Lebenserfahrung, wenn ich dazu feststelle, dass das Ergebnis vorhersehbar ist: investieren, investieren, investieren. Und: nur miteinander kommen wir weiter. - Die ETI gehört zu 25 Prozent dem Land Rheinland-Pfalz, das auch bisher sehr großzügig (s. Landesrechnungshof) „rote Zahlen" des Instituts wieder in „schwarze Zahlen" verwandeln half. - „Eine Hand wäscht die andere", sagte meine Großmutter immer, „und beide das Gesicht."

In Nürburg plant übrigens ein schwedischer Investor noch ein Luxushotel, von dem man auf dem Bauamt in Adenau aber noch nichts gehört hat. Dieser Schwede hat wahrscheinlich am Ausgang von Nürburg ein Grundstück erstanden, das bisher (aus Geräuschgründen und weil es den Blick auf die Burg vielleicht verhindern würde) nicht als Baugebiet ausgewiesen ist. Aber der Nürburger Bürgermeister hat inzwischen ein Gutachten (auf Kosten der Gemeinde!) in Auftrag gegeben. Dann wird ein weiteres Hotel entstehen. Zwar sind die bisherigen - was die

Bettenbelegung betrifft - schon nicht kostendeckend ausgelastet... - Der Schwede wird es nach meiner Einschätzung auch schwer haben, da sein Projekt nicht politisch gewollt ist. Aber als Investor für „politisch gewollte Projekte" ist er sicher gerne willkommen.

Wie z.B. der „politisch gewollte" Gewerbepark von Meuspath, der nach offizieller Darstellung ein voller Erfolg ist. Da gibt es eine richtige Industrie-Ansiedlung auf einem Gebiet von drei Ortsgemeinden. Politiker möchten, das dieses Gebiet jetzt erweitert wird. Um 53.000 Quadratmeter. Deren Erschließung würde knapp zwei Millionen kosten. Da denkt man schon an einen Zuschuss von 90 Prozent, wie der auch bei der Erschließung der ersten Fläche vom Land gezahlt worden war. Die Bauherren können mit Subventionen rechnen (bezogen auf die Arbeitsplätze, die sie neu schaffen) und mit einem Gewerbesteuerverzicht der Gemeinden. Das bedeutet aber in der Praxis (worüber man nicht spricht, sondern bestenfalls flüstert), dass für die beteiligten Gemeinden schon das bisherige Gewerbegebiet (ohne die angepeilte Erweiterung) eine große finanzielle Belastung war, die z.B. - wäre sie ein privatwirtschaftlich geführter Betrieb - die Gemeinde Meuspath schon in den Ruin, den Konkurs getrieben hätte. Denn alle Gemeinden mussten bisher Jahr für Jahr Geld zuschießen - und das nicht in unerheblicher Größenordnung. - Da die die Gemeinde Meuspath praktisch zahlungsunfähig ist, zahlt deren Anteil dann die Gemeinde Adenau mit.

So sieht es also derzeit in der Region aus. Es sollen viele neue Arbeitsplätze entstehen, zunächst wurden aber - z.B. im Nürburgring-Umfeld, in der BikeWorld, Dorint - schon „abrissbedingt" - welche vernichtet. Für das Industriegebiet Meuspath werden auch steigende Arbeitsplatzzahlen gemeldet, aber es werden meist die, die auf Basis der Subventionen erreicht werden müssen genannt. Wer z.B. einen Zuschuss für 44 neue Arbeitsplätze erhält, kann nicht 6 Arbeitsplätze melden. - Manchmal ist es eben „aus anderen Gründen" schwer, an das richtige Fachpersonal zu kommen. - Du verstehen?

Nachdem ich von dem Herrn Bürgermeister von Adenau gelernt habe, dass man nicht träge und gleichgültig die Dinge betrachten, sondern aktiv neue Dinge einbringen soll, kann ich mir z.B. folgende Zusatzlösung vorstellen. Den Politikern lässt sich das sicherlich als tolle Idee verkaufen. Und Hallen und Sitzplätze (ungenutzte) wird es in Zukunft sicherlich genug geben. Meine Idee:

Ganz großes Theater. Musical (Es gibt da Vorbilder in Hamburg mit der Udo Jürgens-Dings-Da). - Man muss natürlich etwas anders nehmen als in Hamburg. „Tote Hosen" wäre zwar... - aber trotzdem unpassend, weil man da vielleicht... - Also dann vielleicht doch die „Spider Murphy Gang," die dann ihre Hits trällert. Wie z.B.: „...und draußen vor der großen Stadt, stehen die Nutten sich die Füße platt." Und dann vielleicht - in Anpassung an das Nürburgring-Umfeld - (und das was gerade aktuell einem großen Motorradrennfahrer in Italien geschah): „Skandal um Rossi!"

Einer meiner Leser hatte dazu später auch noch eine Idee. Er dachte dabei an Nena, die inzwischen auch 50 ist. Wenn die nun in neuer „Location" zu der Melodie von „99 Luftballons" singen würde:

> *„99 Luftschlossons,*
> *sehen aus wie Pappkartons,*
> *haben nichts vom Eifelflair,*
> *war'n dafür billig, bitte sehr -*
> *99 Luftschlossons,*
> *mit dem Geld vom Rheinland-Fonds,*
> *gibt's sogar zu Dumpingpreisen,*
> *aber nur für Spät-Anreisen..."*

Man muss eben auch den Wahnsinn mit Methode betreiben. Das habe ich von den Politikern gelernt. Meine Leser offensichtlich auch.

Selbst wenn man - dank Psychopharmaka - wie im Drogenrausch lebt. (Ich nicht! - Ich bin in der Zeit des „Afri-Cola-Rausch" groß geworden!)

Aber vielleicht lässt sich die Realität in Zukunft – z.B. 2010 - auch nur noch im Rausch ertragen. - Wie im Winter 2007/8. - Oder glauben Sie an Märchen?

Eine mögliche „Gebrauchsanweisung" zu § 299 StGB.

Sie kennen diesen Pharagraphen nicht? - Da geht es um „Bestechlichkeit und Bestechung im geschäftlichen Verkehr". Ich lasse einfach hier mal den Gesetzestext folgen:

> **(1)** Wer als Angestellter oder Beauftragter eines geschäftlichen Betriebes im geschäftlichen Verkehr einen Vorteil für sich oder einen Dritten als Gegenleistung dafür fordert, sich versprechen lässt oder annimmt, dass er einen anderen bei dem Bezug von Waren oder gewerblichen Leistungen im Wettbewerb in unlauterer Weise bevorzuge, wird mit Freiheitsstrafe bis zu drei Jahren oder mit Geldstrafe bestraft.
>
> **(2)** Ebenso wird bestraft, wer im geschäftlichen Verkehr zu Zwecken des Wettbewerbs einem Angestellten oder Beauftragten eines geschäftlichen Betriebes einen Vorteil für diesen oder einen Dritten als Gegenleistung dafür anbietet, verspricht oder gewährt, dass er ihn oder einen anderen bei dem Bezug von Waren oder gewerblichen Leistungen in unlauterer Weise bevorzuge.
>
> **(3)** Die Absätze 1 und 2 gelten auch für Handlungen im ausländischen Wettbewerb.

Ich habe mich mit diesem Thema auseinander gesetzt, weil ich Verbindung mit den riesigen Bausummen, die oben am Nürburgring in Bewegung geraten sind, immer wieder mal das Gerücht von Korruption und Bestechung auftauchte. Bei meinen Recherchen bin ich da auf ein „Anti-Korruptionsprogramm" der Landesregierung gestoßen, das nur sehr wenigen Leuten bekannt ist. Es wurde sicher nicht geschaffen, weil es keine Bedeutung hat. Vielleicht soll es auch nur ein „Feigenblatt" darstellen. Oder soll es eine helfende, „reinigende Wirkung" haben?

In jedem Fall soll es die rechtschaffenen Menschen schützen, die Unkorrektheiten auch noch als Unkorrektheiten empfinden und denen eine Anregung sein, die gerne mithelfen würden, diese Unkorrektheiten abzustellen.

Oft gibt es da aber die Hemmschwelle, dass sich diese Leute in einem gewissen Abhängigkeitsverhältnis zu den „Unkorrekten" befinden und dann - auch im Hinblick auf ihre persönlichen Verpflichtungen z.B. gegenüber ihrer Familie - vielleicht lieber „den Mund halten". - Das muss nicht sein. Denn durch die Maßnahmen der Landesregierung werden sie geschützt, können anonym bleiben.

Die Maßnahmen der Landesregierung Rheinland-Pfalz sind Gegenstand einer Verwaltungsvorschrift vom 7. November 2000, die am 29. April 2003 ergänzt wurde. Mit dieser Verwaltungsvorschrift wurde u.a. auch ein so genannter „Vertrauensanwalt" installiert, zunächst in einer „Pilotphase", dann später als fester Bestandteil eines Landes-Korruptionsbekämpfungsprogramms. Dieser „Vertrauensanwalt" steht nicht nur für Fälle innerhalb der Landesverwaltung zur Verfügung, schützt also dann die Mitarbeiter, die aus einem gewissen Verantwortungsbewusstsein heraus, Handlungen, die entsprechend der Gesetzgebung eigentlich ungesetzlich sind, diesem „Vertrauensanwalt" weiter geben, der dann für eine entsprechende Anzeige bei der Staatsanwaltschaft sorgt oder aber eine Änderung der „eingerissenen Gepflogenheiten" auf andere Art und Weise sicher stellt. Dieser „Vertrauensanwalt" stellt aber auch sicher, dass die Anonymität des Anzeigenden sicher gestellt ist.

Dieser „Vertrauensanwalt" ist aber nicht nur für Fälle innerhalb der Landesverwaltung - lt. Verwaltungsvorschrift - zuständig, sondern wird auch bei Verdachtsfällen in Landesbetrieben tätig und kann auch dort dem Anzeigenden „amtliche Verschwiegenheit" zusichern.

Nun handelt es sich z.B. bei der Nürburgring GmbH um einen solchen Landesbetrieb (90 Prozent RLP, 10 Prozent Landkreis Ahrweiler) und ich weiß aus Gesprächen, dass es nicht nur in diesem Landesbetrieb Dinge gibt, die Mitarbeiter nachdenklich werden lassen. Vielleicht zu Unrecht. Darum sollten sie ihren Verdacht äußern und sich beim „Vertrauensanwalt" in einem Gespräch informieren.

Dieser Anwalt kann natürlich nur dann tätig werden (er wird übrigens nach Zeitaufwand bezahlt), wenn der Fall eine strafrechtliche Bedeutung hat, also z.B. der eingangs schon zitierte Paragraph 299 des Strafgesetzbuches seine Anwendung finden könnte. Darum muss der Vorwurf, der evtl. erhoben wird, schon von den Fakten her wirklich klar sein.

Ein Beispiel, als Gedankenspiel: Ein Geschäftsmann erhält durch die Nürburgring GmbH kostenlos eine Jahreskarte zum Befahren der Nürburgring-Nordschleife. So erhält er damit ein Geschenk im Wert von (aktuell) 995 Euro. Selbst, wenn er die Karte nur wenig nutzt. Und nun erfahren bestimmte Mitarbeiter der GmbH durch diesen Geschäftsmann eine bevorzugte Behandlung (Sonderpreise etc). - Hier würde der „Vertrauensanwalt" dann tätig werden (müssen), wenn der Anzeigende alle Fakten (Namen, Umfang der Bevorteilung usw.) mitteilt.

Ein anderes Beispiel - als Gedankenspiel: Durch die GmbH erfolgt eine Ausschreibung, bei der dann der „Billigste" gewinnt. Dieser „Billigste" verzichtet dann aus bestimmten Gründen auf den Auftrag der GmbH, die den Auftrag dann dem Unternehmer erteilt, der sich dafür dann mit einer „Spende" an irgendeine „wohltätige" Firma der GmbH erkenntlich zeigt.

Nicht tätig werden könnte der Vertrauensanwalt, wenn ein steuerliches Vergehen vorliegt, wenn z.B. - auch ein erfundenes Beispiel - die GmbH in bestimmten Fällen „Freikarten" für Geld verkauft, also mit hoher Wahrscheinlichkeit ein Steuervergehen vorliegen würde. Dann wäre die Oberfinanzdirektion Koblenz, die Steuerfahndung, zuständig und sollte eingeschaltet werden. Was übrigens auch anonym möglich wäre.

Aber der „Vertrauensanwalt" sagt Ihnen schon, wann auch - zusätzlich zum Verstoß gegen den § 299 - gegen ein Steuergesetz verstoßen wurde. Er kennt sich auch im Steuerrecht aus, ist dafür aber lt. Vertrag nicht zuständig.

Hier folgt die Adresse des „Vertrauensanwalts", der hier in Rheinland-Pfalz von der Landesregierung beauftragt wurde:

Rechtsanwalt
Justizrat Prof. Dr. Franz Salditt
Eduard-Verhülsdonk-Straße 8
56564 Neuwied
Tel. 02631 - 2 90 90
Fax 02631 - 35 33 10

Natürlich kann in bestimmten Fällen des Verstoßes gegen den § 299 auch eine Tatmehrheit in Verbindung mit den § 94, 98f, 187, 263 und 266 StGB. entstanden sein. Aber das ist dann Sache des Vertrauensanwalts, der seine Sache schon versteht. Als Basis der Betrachtung, ob ein Handeln gesetzmäßig ist oder gegen das Gesetz verstößt, sollte dem Beobachter und Betrachter zunächst nur der § 299 als Maßstab dienen. Den Inhalt habe ich oben notiert und im weiteren Verlauf dieser Geschichte an - erdachten - Beispielen zu erklären versucht.

Nach der letzten Ergänzung des § 299 im Jahre 1997 erbringt jemand, der entsprechende Fälle anzeigt, folgende Leistung:

Er verbessert den Schutz der Allgemeinheit.
Er verbessert die Verwaltungskultur der Landesregierung.
Seine Anzeige dient dem Schutz von privaten Mitbewerbern.
Seine Anzeige dient dem Schutz des freien Wettbewerbs.

Ein solcher Mann/oder Frau verdient in jedem Falle Hochachtung. Und Schutz! - Der auch durch den „Vertrauensanwalt" gewährleistet ist.

Ich bin zwar der Meinung, dass man sich trauen sollte! - Aber ich habe auch von Negativbeispielen gehört. Das müsste z.B. einen Fall betreffen, der bis jetzt noch nicht der Öffentlichkeit bekannt wurde, aber nach meiner Kenntnis inzwischen von der Staatsanwaltschaft behandelt wird.

Mal schauen, wie lange es dauert, bis dass unser Rechtssystem den rechten Dreh gefunden hat. - Vielleicht ist aber in manchen Bundesländern manches anders als in anderen. - Wer weiß das schon. - Aber die Justiz ist der Meinung:

Vertrauen Sie uns!

Na denn... -

Grundsteinlegung, 12. April 2008:
Wer hat die Übersicht verloren?

Politik ist ein taktisches Spiel. Oft auch ein geschicktes Verpacken von unangenehmen Wahrheiten. Politik ist auch ein scheinbares Nachgeben, während man tatsächlich vorzurücken versucht. Politik ist eigentlich immer = Ärger. Denen die Politik machen, kann man eigentlich nicht trauen. Denken wir doch nur an die vielen Wahlversprechen in der Vergangenheit, die dann nicht gehalten wurden.

Was das mit dem Nürburgring zu tun hat? - Hier sind zu viele Politiker beteiligt. Auch wenn die sich Hauptgeschäftsführer, Investor oder Professor nennen; irgendwie sind sie Teil des politischen Geschäfts. Da wird nicht mit offenen Karten gespielt, werden immer nur so weit die Dinge aufgedeckt, wie es unbedingt sein muss. So hat sich nicht nur die „Erlebnisregion Nürburgring" in „Nürburgring 2009" verwandelt, sondern auch die die finanzielle Beteiligung des Landes Rheinland-Pfalz mal von Null Euro auf 50 Prozent verschoben. Dann wurden fehlende Beträge nicht etwa mit einem Fragezeichen versehen, sondern durch den Begriff „privater Investor" ersetzt. Da wurde mit Summen jongliert, die mal hoch, mal niedrig waren; mal waren sie präzise, mal ungefähre Preise.

Da werden GmbH's gegründet, da tauchen plötzlich unbekannte Beteiligungen auf, da wird mit Gutachten taktiert, ohne dass man deren Basis offen legt. Und dann stehen neue „Beteiligte" und „Generalunternehmen" überraschend im Vordergrund. Das überraschende dabei ist: Niemand ist überrascht. Alles scheint völlig normal. Niemand hinterfragt Zusammenhänge. Es ist eben so wie es ist. - Aber ist es auch seriös, hat Zukunft? - Oder ist das eine neue Art von „Hütchen-Spiel"?

Am 12. April 2008 wurden am Nürburgring neue „Hütchen" aufgedeckt. Und niemand war erstaunt, was darunter war. Dabei waren viele Leute zur Grundsteinlegung „für eine neue Ära" (Rhein-Zeitung) gekommen. Die Nürburgring GmbH vermeldet „über 250 Gäste aus Politik, Wirtschaft, Sport und Prominenz". Gute Öffentlichkeitsarbeit. Die bei dem Eifeler Staatsbetrieb übrigens - lt. Visitenkarte - von einem „Head of Marketing" (Leiter Marketing) verantwortet wird. Trotzdem waren einige Journalisten unter den Gästen, die alle mit Getränken und Süppchen bewirtet wurden. Einige haben sogar Fleisch darin gefunden. Hörte ich von Nürburgring-Mitarbeitern. Und die Organisation funktionierte reibungslos.

Aber lassen Sie mich zunächst den Ablauf schildern:

Der Parkplatz 6 war proppenvoll. Zwar war am gleichen Tag ein Langstreckenrennen, aber so voll habe ich diesen Parkplatz zu so einem Rennen noch nie gesehen. Aber anderswo gab es auch keinen Platz mehr.

Um an den Ort für die Grundsteinlegung zu kommen waren Holzstege gebaut, ein Zelt aufgestellt worden. Schließlich konnte man nicht wissen, ob es vielleicht doch ein wenig regnen würde. Aber es war „frisch". In der Nacht hatte es gefroren.

Am Eingang zur Lounge lag ein Gästebuch aus und drinnen wurde man von freundlichen jungen Damen empfangen und die Anwesenheit „abgehakt".

Mich gab es zwar nicht auf der offiziellen Liste, so hat man sich den Fall - auf einem zusätzlichen Bogen - notiert. Und ich erhielt nun eine Eintrittskarte zum Fahrerlager, die ich eigentlich schon unten an der Einfahrt zum Fahrerlager hätte vorweisen müssen. Aber die Ordner waren dort nicht nur freundlich, sondern auch verständnisvoll: sie ließen mich auch ohne Eintrittskarte durch.

Danach konnte man sich direkt an einem Glas festhalten. Getränke der unterschiedlichen Art wurden angeboten. In der Einladung, die ich erhalten hatte, wurde man gebeten, doch bitte rund 30 Minuten vor dem offiziellen Beginn (11:00 Uhr) in der Lounge zu sein, damit man sich gemeinsam - pünktlich - aufs Baugelände begeben könne. Doch viele der geladenen Gäste - und nicht nur die, sondern z.B. der Aufsichtsratsvorsitzende - kamen „in letzter Minute" oder einfach zu spät. -

Zeit für - hoffentlich - nette Gespräche; Zeit für mich, mich einmal umzusehen.

Es gab Gäste, die brachten auch kleine Geschenke mit, wie z.B. der Repräsentant einer Firma, der einen kleinen Schalensitz überreichte. Ein anderer überreichte Blumen, mit der entsprechenden Gratulation zur Grundsteinlegung und Ersten Spatenstich.

Georg W. Broich, der Nutzer (Mieter) der „Tower-Lounge"war der Bedeutung der Veranstaltung wegen aus Düsseldorf angereist, da er gleichzeitig mit seiner Firma die Aufgaben des Caterers übernommen hatte.

„Wir verschenken Augenblicke", ist das Motto seiner Firma, die nicht nur Speisen und Getränke liefert, ein passendes Umfeld schafft, sondern auch z.B. den Reserveknopf für das Jackett eines Gastes bereit hält. In diesem Fall für einen fünfstelligen Betrag.

Dann ging es ab - mit Fahrstuhl oder zu Fuß - in den Keller. Von dort führte dann der Weg durch den Pressetunnel unter der Rennstrecke hinweg wieder hinauf zum Licht. Das letzte Stücke der Wegstrecke, hin zur Baustelle, wurde den zum großen Teil gut beschuhten Gästen über einen speziell erbauten Laufsteg praktisch schmutzfrei möglich gemacht.

Da ich zu den ersten der „Angekommenen" gehörte und es im modernen Start- und Zielgebäude tatsächlich nur einen Aufzug (für max. 18 Personen) gibt, dauerte es schon ein wenig, bis alle vollzählig ihren Platz eingenommen hatten. Zeit für mich, einen Blick rundum zu werfen.

Die „Offiziellen" standen noch in lockeren Vorgesprächen zusammen. Da plauderten noch der Hauptgeschäftsführer der Nürburgring GmbH, Dr. Walter Kafitz, mit dem Landrat des Kreises Ahrweiler, Dr. Jürgen Pföhler. - Dr. Kafitz, praktisch hier Hausherr, eröffnete dann auch den bunten Reigen der Redner:

Dr. Kafitz schaltete nach einigen nicht störungsfreien Ansätzen zunächst sein Handy aus, um dann - völlig störungsfrei - eine bemerkenswerte

Aussage darüber zu machen, wie man das Entstehen von „Nürburgring 2009" auch erleben kann.

„Im Verlaufe des letzten Jahres habe ich des Öfteren gedacht, dass ich nicht an der größten und schönsten Rennstrecke der Welt bin, sondern in ‚Brehm's Tierleben'. Die einen haben gedacht, der hat ja mit seinen Großprojekten einen Vogel, die anderen behaupteten, damit will der nur seinem Affen Zucker geben. Die nächsten haben vom Aufsichtsrat bezüglich der Finanzierung gefordert, endlich mal die Katze aus dem Sack zu lassen und ich glaube, alle waren froh, als im November beim Spatenstich die Kuh vom Eis war. Aber ich alter Esel bin jetzt erst richtig ein armes Schwein, denn wenn ich mich jetzt so umschaue, dann haben wir lauter Ehrengäste und ich bitte um Verständnis, wenn ich nicht jeden namentlich benenne."

Man bekommt einen Eindruck von der Zusammensetzung der Gäste, wenn Dr. Kafitz fortfuhr:

„Ich schlage vor, wir machen das gruppenweise" und benannte dann *„die Damen und den Herrn des rheinland-pfälzischen Landtags, den Herrn Minister, den Herrn Staatssekretär, die Mitglieder der Kreistage, die Herren Landräte, die Ratsmitglieder der umliegenden Gemeinden, Verbandsgemeinden und Städte bis hin zur Rheinschiene, die Bürgermeister dieser zahlreichen Gemeinden, Verbandsgemeinden und Städte, die Vizepräsidentin, Geschäftsführer und Vertreter der Genehmigungsbehörden und Landesbetriebe, die Repräsentanten der Polizei, Tourismusverbände, Spielbank und Kirchen, die lieben Veranstalter von größeren und kleineren Veranstaltungen, hier am Nürburgring, ob nun Präsident und Sportpräsident des AvD oder Vorsitzender des ADAC Mittelrhein oder Vorsitzender und Vertreter der zahlreichen Ortsklubs. Ich begrüße unsere Partner aus der Wirtschaft, darunter CEO's* (Anmerkung: Chief Executive Officer) *und Vorstände von Weltunternehmen, ich begrüße unsere Investoren und Betreiber. Ein ganz besonders herzliches Willkommen gilt den Vertretern und Arbeitern der an der Planung Bau beteiligten Firmen, die ja zur Zeit das interessanteste Immobilienobjekt in Deutschland*

realisieren. Ich heiße die Vertreter der Medien willkommen und ich begrüße ausnahmsweise namentlich Herrn Hilgeland, der wahrscheinlich hier als Veranstalter rotiert, weil es heute einen Unfall gegeben hat, aber die VLN, die Veranstalter der BFGoodrich-Langstreckenmeisterschaft, die wurden schwer gebeutelt, als vor 14 Tagen das erste Rennen ausfiel - dem Wetter zum Opfer fiel - und nun haben sie noch neunmal mit den Umständen dieser Baustelle zu kämpfen. Mein Dank geht an Herrn Hilgeland, dass er es auch möglich gemacht hat, dass das Rennen ca. eine halbe Stunde nach hinten verschoben wurde."

(Herr Dr. Kafitz hatte nicht mitbekommen, dass durch den Unfall Arbeiten an den Leitplanken vorgenommen werden mussten, die für eine weitere Verschiebung des Rennbeginns von zusätzlich fast einer Stunde sorgten.)

Dann nennt er die Namen und Funktion der folgenden Redner und auch dann im weiteren Verlauf seiner Rede ein paar Zahlen zum Bauumfang:

Bis jetzt wurden 130.000 Kubikmeter Erde bewegt. Das wären nach seiner Schilderung rd. 13.000 Lkw-Ladungen, die aneinandergereiht eine Länge von 104 Kilometer ergeben würde und Kafitz brachte dazu das Beispiel, dass das einer Strecke von Koblenz nach Köln - oder umgekehrt - entsprechen würde. Kafitz erwähnt auch die Umweltverträglichkeit der Baumaßnahmen. So auch, dass das Abbruchmaterial zunächst auf dem Parkplatz A 8 zwischengelagert und getrennt werde, bevor es für die Wiederverwertung genutzt wurde. Es wird auch angesprochen, dass man versucht, möglichst viele einheimische Firmen am Bau zu beschäftigen. Dabei fallen dann die Zahlen: 12 Firmen, 200 Arbeiter.

Die neuen Erweiterungen des Nürburgring-Angebots erfolgen auf einer Fläche von praktisch sechs Fußballfeldern. Und Dr. Kafitz verspricht: *„Von dem Ausbau werden alle profitieren."* Und: *„Die Flamme die hier lodert, wird immer nach Benzin riechen."*

Danach sprach der Finanzminister des Landes Rheinland-Pfalz in seiner Rolle als Aufsichtsratsvorsitzender der Nürburgring GmbH, Prof. Deubel:

„Das ist für Rheinland-Pfalz und die Region wieder ein guter Tag", stellt er eingangs fest. Und vergleicht die Anfänge 1927 am Nürburgring mit den aktuellen Baubemühungen, die den gleichen *„Pioniergeist"* voraussetzen. Prof. Deubel:

„Vor dem Hintergrund des internationalen Wettbewerbs, der sehr massiv geführt wird, musste hier für die Zukunft Vorsorge getroffen werden und dieses Projekt „Nürburgring 2009" ist die richtige Antwort auf die Herausforderung, denn „Nürburgring 2009" führt dazu, dass hier nicht weniger Arbeitsplätze angefallen sind, was passieren würde, wenn wir nichts tun würden, weil dann die Formel 1 eingestellt werden müsste, sondern dass hier deutlich mehr Arbeitsplätze entstehen werden - und zwar rentable Arbeitsplätze. Gute Wirtschaftsförderung ist zwar immer mutig, aber sie setzt darauf, dass sich das was entsteht auch wirtschaftlich trägt. Und das wird der Fall sein." -

Und er schließt seine Rede mit den Worten: *„Ich wünsche uns allen eine schöne Zeit."*

Jetzt war der Landrat des Kreises Ahrweiler, Dr. Jürgen Pföhler, an der Reihe:

„Verehrte Festgäste; heute legen wir den Grundstein - im wahrsten Sinne des Wortes - für das neue Haus, für den Nürburgring. ... Der Herr Ministerpräsident hat es ja in seiner Rede unterstrichen; als wir das Projekt angegangen sind, haben wir ja - ich möchte mal sagen: wie das ja in Deutschland üblich ist - nicht nur Zweifler gehabt, Unkenrufe, Skeptiker, Weltuntergangsseher, nein, wir haben auch hier formierten Widerstand gehabt, eine Bürgerinitiative, gegründet im Wesentlichen von denen, die überhaupt davon Nutzen haben sollen, nämlich die Gastronomie und die Hotelerie. Heute können wir schon sagen, wir sind von der Vision zur Wirklichkeit gekommen. Es ist ein ganz großer Schritt

in der Entwicklungsgeschichte des Nürburgrings." -

Dann ein paar Sätze später: *"Investitionen von weit mehr als 200 Millionen Euro, das ist das größte Investment, was es in der Geschichte des Nürburgrings gegeben hat."* Und erklärt: *"Wir wollen, wir werden und wir müssen in der großen Liga spielen"* und erklärt dann später z.B. das *"Disneyland in Paris"* zum Konkurrent für die hier am Nürburgring wachsende Anlage.

"Deshalb ist es wichtig, dass wir diese Investitionen in die Zukunft mit soliden Partnern durchführen. Ich freue mich sehr, dass wir den Spatenstich heute auch mit Unternehmern zusammen machen, die überall in Europa sich umschauen, die ihre Chancen suchen, Unternehmer die hoch kreativ sind, mutig, aber weiß Gott keine Glücksritter sind. Die Mediinvest-Gruppe, heute vertreten insbesondere durch Herrn Richter, werden 80 Millionen Euro hier investieren. Das macht man nicht mal einfach so."

Pföhler meint dann später, dass sich an diesem Beispiel auch zeigt, *"dass Politiker auch unternehmerischen Mut haben können. Natürlich ist die Nürburgring GmbH eine private Rechtsform, aber die Gesellschafter sind staatliche Investitionen"* (Er meinte vielleicht: Institutionen). Und Landrat Pföhler bedankt sich dann bei Finanzminister Deubel, dass er immer zu dem Projekt gestanden hat. - Als Aufsichtsratsvorsitzender? -

Pföhler später: *"Man muss sich in Deutschland daran gewöhnen, dass die Politik auch mal ein leichtes Windchen und Widerstände durchsteht, um verantwortungsbewusste Entscheidungen, Zukunftsentscheidungen zu fällen. Denn die Region wird davon profitieren, sie profitiert schon heute: 500 Arbeiter, viele Aufträge, die in die Region gehen, viele Hotels sind ausgebucht."* Und der Landrat zitiert zum Schluss Walt Disney, der einmal gesagt haben soll: *"Wir können es träumen - und wir können es tun."* - Landrat Pföhler möchte es tun. - Beifall.

Dann trat der große Privatinvestor, Kai Richter, gleichzeitig Vorzeige-

Geschäftsführer der Mediinvest Motorsport Resort Nürburgring GmbH, Kirsbach, an das Rednerpult:

Zwar hatte er – wie er sagte - eine Rede vorbereitet, die er aber nun nicht halten wird. *„Denn ich habe ein Herzensanliegen"* erklärt er, *„ich möchte einfach mal darüber sprechen, wie ein solches Projekt entwickelt wird und welche Menschen teilhaben daran. (...) Ich möchte einfach mal erklären, ein Projektentwickler wie wir, die über zwei Jahre hier entwickeln, der schafft das nicht alleine. Das geht nur, indem man viele Menschen davon überzeugt. Zunächst einmal sind Gemeinden, Gemeindevertreter, Bürgermeister zu überzeugen. Dann sind Partner zu überzeugen. Hier möchte ich ganz besonders hervorheben: meine beiden Mitgesellschafter, die in dem Land Rheinland-Pfalz leben; die Nürburgring GmbH, den Erich Geisler und den Peter Weber. Ohne die wäre das hier nicht möglich."*

Und Kai Richter lobt dann später die besonders engagierten, motivierten Beamten in Rheinland-Pfalz. Er hätte übrigens gerne mit Paris Hilton über den Hotelstandort verhandelt, *„nun ist es leider Otto Lindner geworden."* Nach dem Beifall des Publikums erklärt er, dass Lindner ein internationaler Hotelbetreiber ist und sagt: *„Wir können uns hier keinen besseren Partner wünschen"* und er schafft dann eine elegante Überleitung, indem er Otto Lindner junior und Andreas Heigl *„als Vertreter für meinen Partner Erich Geisler"* dann auf die Bühne bittet. - Beifall. - Und niemand hat's gemerkt.

Es folgten nun gleich zwei Herren, wovon aber zunächst nur der Vorstand der Lindner Hotels & Resorts AG, Otto Lindner jun., der Chef der wahrscheinlichen Betreibergruppe für Hotels (und anderes) sich den Mikrofonen zuwendet:

„Wir sind sehr froh und sehr dankbar, Teil dieser großartigen Entwicklung hier am Nürburgring zu sein." Und der „Junior" (sein Vater heißt auch Otto) erklärt nun *sein* Hotel, ein „Vier-Sterne-Hotel" mit - wie er sagt - *„160 Zimmer"*. Dazu erklärt er, würde er dann noch ein „Drei-Sterne-Hotel" in der Umgebung der „Erlebnisgastronomie"

betreuen. Und dann noch ein Feriendorf mit 100 Häusern. Er möchte Details - auch zum Thema „Benzin im Blut", dann dem nachfolgenden Redner, dem Architekten Heigl überlassen. Er erklärt dann auch, dass er mit den zusätzlich geschaffenen Hotelkapazitäten nicht den heimischen Hoteliers etwas wegnehmen möchte.

In seiner Argumentation taucht dann auch die Zahl *„200 Millionen Gäste"* auf. Sicher ein ganz kleiner Versprecher. Aber einer der passt. - Und Lindner jun. reicht allen Kollegen und Tourismus-Organisationen *„seine offene Hand"*. *„Kein Verdrängungswettbewerb"* verspricht er, *„sondern lediglich eine gute Zukunft für uns alle"*. Und er bedankt sich bei den Investoren, *„vertreten durch Kai Richter in unserer Hotelgruppe"*.

Dann wechselte man die Positionen und das Publikum lernt Andreas Heigl, vom „Architektenbüro" (sagt die Nürburgring GmbH) Geisler & Trimmel kennen:

Andreas Heigl stell sich zunächst als Geschäftsführer der Firma Geisler & Trimmel und als „zuständiger Planer und Projektleiter" vor. Wir erfahren, dass man sich als „österreichisches Unternehmen" freut, die vorhandenen Fähigkeiten unter Beweis stellen zu dürfen. Er möchte mit dem Hotel eine „Wohlfühlatmosphäre" schaffen. Wegen einer „VIP-Lounge" erfahren wir, gibt es keine 160, sondern nur 154 Zimmer. - Außer ihm hat's bis zu diesem Tag wohl keiner gewusst. Und - wer ist da noch überrascht? - In dem Hotel ist auch ein „Casino" untergebracht. Der Hubschrauberlandplatz ist auch keine Überraschung. Übrigens mit einem eigenen „Chek-in" im 5. Stock des Hotels. - Alles ganz sachlich, trocken erklärt. - Beifall. -

Dann sprach ein leitender Mitarbeiter der Unternehmensgruppen, die die großartigen Pläne der Politiker hier am Nürburgring Realität werden lassen. Wie er selber feststellen musste, beging Dr. Kafitz vorher einen kleinen „Fauxpas", als er diesen Herrn einfach vergessen hatte und schon im Programm weiter gehen wollte. Es spricht aber jetzt zunächst

Johannes Graf.

Er bedankt sich zunächst artig, dass ihm Dr. Kafitz doch noch die Möglichkeit gibt, als Vertreter der bauausführenden Firmen ein paar Worte zu sagen. Graf freut sich, dass die Firmen der Bau-Gemeinschaft einen Beitrag zur Zukunftsgestaltung des Nürburgrings mit leisten können. Er spricht von 160.000 Kubikmeter Erdaushub, die bewegt werden müssen, von 600 laufenden Metern Gründungspfähle, die in den Untergrund gebracht werden mussten. Es werden in nächster Zeit neun Hochbaukräne aufgestellt werden und - wie er sagt - „sich im Wind drehen". Das Baufeld - wie er es beschreibt - hat einen Umfang von 42.000 Quadratmeter. *„Die annähernd 200 Arbeiter, die in den nächsten Monaten hier aufschlagen werden, werden 120.000 qm Schalung erstellen, 50.000 Kubikmeter Beton und 6.000 Tonnen Betonstahl verarbeiten."* -

Zum Schluss seiner Rede wünscht er allen Beteiligten eine faire Zusammenarbeit, gutes Gelingen und einen unfallfreien Verlauf der Bauarbeiten. - Beifall.

Dann ging es Schlag auf Schlag. Stephan Cimbal, Marketingleiter der Nürburgring GmbH, führte durchs Programm.

Als Confrancier und „Zeremonienmeister" (im rheinischen Karneval übrigens der ständige Begleiter des Prinzen)- So wurde er angekündigt. Erst wird die Grundsteinlegung vorgenommen. Cimbal erklärt, was geschieht. Es wird auch eine Flasche „Warsteiner" mit verbaut. Dann kommt - mit dem Kran - der „Deckel" auf den gemauerten Grundstein... - So geht es dann zügig weiter. Das Bauschild wird enthüllt, dann mit dem Spaten zugestoßen. Ein paar Schüppen für ein paar Fotos. Auf die kommt es an. Es herrscht darum auch vorne ein entsprechendes Gedränge:

Man „verbaut" auch noch einen Kasten „Warsteiner", stößt auf diesen großartigen Einfall mit „Warsteiner" an und begibt sich dann wieder in die warme „Tower-Lounge" der „Premium-Catering"-Firma Broich (seit 1891).

So könnte die Geschichte dann eigentlich enden, wenn mir nicht noch etwas aufgefallen wäre, was ich eigentlich noch gerne als gedankliche Anregung los werden möchte.

Schon bei den Reden war mir eine Firma und dann später auch am Bauschild aufgefallen. Da stand auf einem Bauschild geschrieben: „Planung, Interior Design & Generalunternehmen: Geisler & Trimmel, Design, Engineering, General Contractor, Hotels, Resorts, Entertainment Centers"

Eigentlich musste diese Firma für die geladenen Gäste etwas Neues sein. Aber wer kennt sich eigentlich bei diesem Projekt „Nürburgring 2009" überhaupt noch aus? - Und eigentlich interessiert das auch niemanden.

Da gibt es einen Geschäftsführer Kai Richter einer Mediinvest GmbH in Düsseldorf. Ist das der Investor? - Man weiß es nicht. Zu seinen Firmen gehört auch die Mediinvest Motorsport Resort Nürburgring GmbH in Kirsbach/Eifel und die ist auch als Teil des Richter-Imperiums auf seinen Internetseiten aufgelistet. Aber warum ist die nicht, wie seine „Hauptfirma" beim Registergericht in Düsseldorf handelsgerichtlich eingetragen?

Man wird fündig, wenn man beim Amtsgericht Wittlich (Mosel) nachfragt. Die Mediinvest Motorsport Resort Nürburgring GmbH, Kirsbach ist dort unter der Registernummer HRB 40518 zu finden. Da stößt man auch darauf, dass neben Kai Richter diese Firma noch von einem anderen Geschäftsführer geleitet wird: Erich Geisler. Hatte Kai Richter in seiner o.a. Rede von Otto Lindner jr. und Andreas Heigl „als Vertreter für meinen Partner Erich Geisler" gesprochen?

Erich Geisler scheint Österreicher zu sein, obwohl... - Das Durcheinander ist schon groß. Aber in Innsbruck gibt es eine Firma Geisler & Trimmel, deren Mitinhaber ein Herr Georg Geisler ist. Ist vielleicht Erich Geisler mit jenem Geisler von Geisler & Trimmel verwandt, jener Firma, die hier am Nürburgring durch Herrn Andreas Heigl (wie sie oben lesen können: Geschäftsführer) vertreten wurde?

Auf den Internetseiten der Firma Geisler & Trimmel in Innsbruck wird man dann auch fündig, wenn man nach der Mediinvest Motorsport Resort Nürburgring GmbH, Kirsbach sucht. Sie ist eine von sieben Firmen (oder Abteilungen) von denen auf der Internetseite dieser österreichischen Firma zu lesen ist: „Der Geisler & Trimmel-Holding obliegt die strategische Führung der Unternehmensgruppe". Und dazu gehört ohne jeden Zweifel die Mediinvest GmbH in Kirsbach. - An der auch die Nürburgring GmbH beteiligt. - Wird die jetzt noch da einen Prokuristen einbringen?

Und Geisler & Trimmel entwirft, konstruiert das, was hier am Nürburgring dann - später - von der Lindner-Gruppe (auch Düsseldorf, wie die Mediinvest von Kai Richter) betrieben wird. Auch die Holzhäuser? Vor Monaten gab es nach Auskunft von Herrn Otto Lindner jun. mir gegenüber noch nicht einmal Verträge die man als „Vorverträge" bezeichnen konnte, weil ja noch gar nicht feststand - sagte Herr Lindner - welchen Umfang eigentlich die Objekte haben.

Jetzt ist z.B. zum Hotel - wie oben auch zu lesen - ein „Casino" hinzu gekommen. Aber die Spielbankgesetze des Landes Rheinland-Pfalz sind noch gar nicht geändert. Dort ist z.B. auch die Anzahl der Spielstätten vorgeschrieben. Und wenn tatsächlich alles geändert ist, müsste auch noch ein Betreiber mit einer europaweiten Ausschreibung gesucht werden.

Allein dieser Gedanke bringt den derzeitigen „persönlich haftenden Geschäftsführer", Dipl. Kaufmann Michael Seegert, auf die Palme, der neben der Spielbank in Bad Neuenahr auch die in Bad Dürkheim betreibt. Dort trat übrigens schon bei einer Veranstaltung Anfang Januar des Jahres 2008 die Nürburgring GmbH als Sponsor auf. Michael Seegert dazu: „Das Eine hat doch nichts mit dem Anderen zu tun." - Na, dann nicht.

Wie die ganze Nürburgring-Nummer einmal finanziert werden soll ist eigentlich - auch nach der gestrigen Grundsteinlegung - immer noch nicht klar. Mir zumindest nicht: Kai Richter bringt 80 Millionen? - Woher? - Und die Nürburgring GmbH - und damit das Land Rheinland-Pfalz und der Landkreis Ahrweiler - ist bei der Mediinvest GmbH beteiligt. Damit sind die Türen eigentlich in Richtung Mainz geöffnet.

Und die Rhein-Zeitung berichtet, dass der Finanzminister des Landes - zufällig auch Aufsichtsratsmitglied der Nürburgring GmbH - den derzeit erhöhten Zustrom von Steuern nicht (nur) dazu nutzt, um die eigentlich zu hohen Schulden des Landes abzubauen, nein, er bildet auch noch Rücklagen. Zufällig in Höhe von 250 Mio Euro.

Schließlich kann man die Eifel - irgendwie - nicht untergehen lassen. Natürlich nur im Falle eines Falles. - Und wenn man Rücklagen hat, muss man bei einer „Hilfe" auch nicht den Schuldenberg vergrößern.

Die Nürburgring GmbH wäre gut beraten, in den Bilanzen des Jahres 2007 eine Reihe von „Rückstellungen" zu bilden. Das maximiert zwar aktuell den Verlust, aber davon spricht man später nicht mehr. Aber man hätte dann für die kommenden Jahre ganz andere „Gestaltungsmöglichkeiten."

Und in Adenau wird schon mal das *„Wilde Schwein"*, ein Restaurant und Hotel von regionaler Bedeutung angeboten. Auch die *„Blaue Ecke"* soll zu kaufen sein. Gerade umgebaut und um eine Reihe von Zimmern erweitert, aus der Hand des derzeitigen schwedischen Besitzers. Man rechnet in diesen Kreisen wohl nicht damit, dass sich der Wert solcher Immobilien in den nächsten Jahren - nach den o.g. Nürburgring-Investitionen erhöht. -

Aber vielleicht übernimmt der Schwede noch das *„Wilde Schwein"*, baut seine Position in Adenau aus. - Denn es gibt auch eine Vorwärts-Strategie.

Noch eine dumme Frage: Gibt es in den Verträgen mit dem jetzt präsentierten Betreiber (Lindner) wirklich keine Klausel - so wie bei der BikeWorld - nach der mögliche Verluste in einer Anlaufzeit von X Jahren durch die Nürburgring GmbH (oder das Land RLP) ausgeglichen werden müssen? - Aber der „Betreiber" ist wohl nicht der Pächter, sondern eher ein „Betreiber mit einem Managementvertrag".

Man weiß es nicht. - Vielleicht geht es auch gar nicht um Gewinn oder Verlust, sondern nur um die Erstellung von Baudenkmälern für die herrschende Schicht von Politikern. - Wer weiß das schon?

Denn: Wer hat bei dem Projekt wirklich noch die Übersicht? Vielleicht der Herr Finanzminister des Landes Rheinland-Pfalz? Den sehe ich gerade zum Buffet gehen, um sich eine Suppe zu holen. -

Nun, dann kann er auch die Suppe auslöffeln, die er sich selber eingebrockt hat.

Ist der FIA-Sicherheitszaun nur ein Millionen-Missverständnis?

Wenn der Chef der Nürburgring GmbH, Dr. Walter Kafitz, von seiner Firma spricht, sprechen oder schreiben lässt, dann bemüht man gerne Superlative. Da gibt es „Motorsport-Events der Spitzenklasse", „... bietet längst Spaß an 365 Tagen im Jahr", man spricht von der „Königin der Rennstrecken", vom „wirtschaftlichen Motor der Eifel". - Die Millionenverluste der letzten Jahre verschweigt man schamhaft. - So, als wären das Peanuts.

Man spricht gerne davon, dass „der Indoor-Freizeitpark Erlebnis-Welt Nürburgring (Anmerkung: die „alte" Version)...neue Besucherpotentiale" erschließt, vergisst aber zu sagen, dass diese Potentiale nicht ausgereicht haben, um „schwarze Zahlen" zu schreiben. Also schreibt man ein Jahrzehnt lang insgesamt „rote Zahlen". Und reißt die „Erlebnis-Welt" (darum?) 10 Jahre nach ihrer Erbauung mit großem Aufwand wieder ab, vernichtet ein Vermögen. Um nun mit noch größerem Aufwand eine noch größere „Erlebnis-Welt" für noch größere Verluste zu bauen?

Jedenfalls ist der Grundstein (für neue, große Verluste?) nun gelegt. Darauf ein „Warsteiner". Und viele Reden. - Aber das hatten wir schon. Viele Leute mit vielen Titeln kamen darin vor.

Mit den Titeln ist das so eine Sache. Manchen Leuten kann der Titel nicht bedeutungsvoll genug sein. Vielleicht waren ja solche Leute unter den Gästen. Ich weiß es nicht. Vielleicht hat Dr. Kafitz von seiner Art auch nur auf das Empfinden anderer Firmenchefs geschlossen. Beispiel Dr. Kafitz: Laut Auskunft des Ministeriums in Mainz, das Dr. Kafitz bei der Nürburgring GmbH eingestellt hat, handelt es sich bei dem entsprechenden Vertrag um einen normalen Angestelltenvertrag, mit dem Dr. Kafitz zum Geschäftsführer der Nürburgring GmbH bestellt wurde. Den Titel „Hauptgeschäftsführer" hat er sich dann wohl selbst verliehen. Es kann auch sein, dass er als Mit-Geschäftsführer mehrerer seiner Neugründungen, die dann leider oft nur als Verlustbringer funktionierten, sich insgesamt als Haupt-Geschäftsführer einschätzte und dann so titulieren ließ. Obwohl es einen Hauptgeschäftsführer auch im deutschen GmbH-Recht (nicht nur in seinem Angestelltenvertrag) gar nicht gibt. - Aber es hört sich gut an, macht „einen schlanken Fuß".

Bei dieser Gelegenheit möchte ich dann auch gleich mit einer anderen Mär aufräumen, nach der Dr. Kafitz nicht nur als (Haupt-)Geschäftsführer der Nürburgring GmbH ein Gehalt bezieht, sondern auch als Mit-Geschäftsführer der anderen, von ihm ins Leben gerufenen Gesellschaften. - Das stimmt schon lange nicht mehr.

Zwar wurde das zunächst so gemacht, weil so sein Gehalt ansteigen konnte, ohne dass er eine Gehaltserhöhung erhalten hätte. Aber dann wurde das geändert. Schon vor langer Zeit. Und die Gehälter wurden quasi in einer Summe - die natürlich nicht kleiner war als das bisherige Grundgehalt - zusammen gefasst. Und so erhält Dr. Kafitz heute in Euro... - aber verglichen mit... - also wie er schon in seiner Rede schon sagte: Er ist ein armes Schwein. - Besser als ein dummes Schwein. - Denn er wohnt privat in Kölns bester und teuerster Wohngegend. In Köln-Hahnwald. Dort wo die Hautevolee wohnt.

Er ist wirklich ein wirklich begnadeter Marketing-Experte. Mit seinen Anlagen könnte er auch ein erfolgreicher Politiker sein. Darum kommt er mit dieser Sorte Mensch auch so gut zurecht. Gleich und gleich gesellt sich gern. Dr. Kafitz findet immer die richtigen Worte und Argumente. Wenn ich so die Redner - und ihr Auftreten - am Tag der Grundsteinlegung Revue passieren lasse, dann wird er nur von einem seiner „Partner" übertroffen: Kai Richter.

Es könnte übrigens sein, dass das „Motorsport-Dorf" doch noch einen anderen Standort erhält, als bis jetzt bekannt. Im Bereich des (vorgesehenen) Golfplatzes gibt es nämlich Ärger mit dem Grundstücksankauf. Den Besitzern von Grund und Boden dort wird nämlich klar unter einem Euro geboten, während in Drees in den Vorverträgen (!) eine Vier vor dem Komma steht. (Was dann bei den „Gegnern" der Anlage in Nürburg einen wirksamen Eindruck hinterließ

- Weil doch die Verwandschaft... - Klar?)

Zwar haben inzwischen Bauern im Golfplatzbereich von Welcherath die Info erhalten, dass man dort demnächst eine Flurbereinigung durchführen wird. - Aber ob das (als Druck) reicht? - Wenn man nun wieder das „Motorsport-Dorf" an die B 258 verlegt, weil man dort von einer Kölner Familie (es duftet nach 4711) den Wald gekauft hat, den man bisher nur angepachtet hatte, dann würde das alles anders aussehen. Und Vorverträge sind nur Vorverträge. Bedenken Sie doch mal, was im Vorfeld der Großinvestition schon alles geändert wurde. Nicht nur die „Kopfzeile".

Aber eigentlich wollte ich ja über den FIA-Sicherheitszaun schreiben. Jetzt, im Mai 2008. Aber die Ereignisse auf der Großbaustelle ändern sich so schnell, dass selbst Tageszeitungen vor Ort, wie z.B. die „Rhein-Zeitung", auf eine wirklich aktuelle Berichterstattung verzichten. Und wohl die nächste Pressemitteilung der GmbH (vom Hauptgeschäftsführer) abwartet. So kann man auch nichts falsch machen. In dieser Situation wollte zumindest ich zu neuen oder kommenden (drohenden?) Ereignissen ein paar Worte verlieren.

Der FIA-Zaun steht inzwischen. Er zieht sich durch dichte Eifelwälder. Zum Teil an den falschen Stellen, wenn er der Sicherheit der Fahrer dienen soll. Aber es geht ja wohl ausschließlich um die Sicherheit der Zuschauer. Die eigentlich gar nicht in dieses Naturschutzgebiet dürfen. Warum man dort auch keinen Eintritt fordert (Aber das hatten wir schon).

Weil es sich bei den Wäldern in der Hauptsache um (quasi) Naturschutzgebiet handelt, wurde vom zuständigen Bauamt auch nicht das zuständige - und verantwortliche - Forstamt Adenau um seine Zustimmung zum Bau des FIA-Zauns gefragt. - Verstehen Sie das?

Natürlich habe ich dort auch mal gefragt, warum denn... - Um es kurz zu machen, habe ich nach einem Besuch und einem Telefongespräch dann dem am Stadtrand von Adenau liegenden Forstamt eine E-mail

geschickt, in der ich meine „Erfahrungen" zusammen gefasst habe:
Sehr geehrter Herr XXX,

ich möchte Ihnen heute nicht nur - der guten Ordnung halber - unser Telefongespräch von gestern bestätigen, sondern auch Ihre Information - die Sie von einem Kollegen haben - relativieren, nach dem der Bau der o.g. „Sicherheitsanlage" auf „Wunsch einer Tourenwagen-Organisation" erfolgte (die Sie aber leider nicht benennen konnten) „und dem Schutz der Zuschauer" dient.

Die einzige „Tourenwagen-Organisation", die die Nordschleife für Rennen nutzt, ist die, die auch den so genannten „Langstreckenpokal" seit 1977 dort veranstaltet, also dort bisher schon um 300 Rennen ohne FIA-Sicherheitszäune durchgeführt hat. Ich habe auf Ihre Anregung hin natürlich sofort dort nachgefragt. Die Anwort kam umgehend:

„Sehr geehrter Herr Hahne, ich kann ihnen versichern, dass die Anregung nicht von der VLN gekommen ist."

(Die Auskunft wurde durch Herrn Hans Jürgen Hilgeland, VLN-Vorstandssprecher, 58256 Ennepetal, schriftlich - per E-mail - erteilt.)

Ich darf also zusammenfassen: lt. Auskunft der nationalen Motorsportbehörde (DMSB) war nicht die FIA (die internationale Organisation) der Initiator, natürlich dann der DMSB auch nicht; auch die VLN bestreitet jede Anregung dazu. Bleibt die Nürburgring GmbH, die auf ihre Art dann „Zukunftssicherung" in der Art betreibt, dass sie gegenüber den Vorjahren nun einen Besucherschwund sicher stellen wird. Da das nicht im eigentlichen Sinn des ausgeübten Geschäftsbetriebs liegen kann, bleibt nur, dass es sich hier um eine politische Lösung handelt, deren (dann geplante) Auswirkungen wir erst später wahrnehmen sollen. (Und die dann sinnvoll - und unausweichlich sind.)

Das Argument „Schutz der Zuschauer" - wie Sie es auch benutzten

- ist deswegen ein wenig unrealistisch, da Zuschauer an der Nordschleife nur für ein einziges Rennen, nämlich das 24-Stunden-Rennen zugelassen sind. - Wie Sie mir bestätigten, bewegt man sich in den Wäldern dort überwiegend in einem Naturschutzgebiet.

Der Wildwechsel wird, wie Sie mir sagten, durch die neuen FIA-Zäune auch nicht gestört, da „nur alte Zäune ersetzt wurden" (was nicht stimmt!!) und das Wild (sie beschränken sich bei dieser Aussage offenbar nur auf Schwarzwild) „die alten Löcher noch findet". Und das Rehwild?

Aus meiner Sicht - und jahrelanger Beobachtung als Fahrer - wird der Wildwechsel an einigen Stellen der Nordschleife nun aber erheblich gestört, was Sie mir schon bei meinem ersten Besuch nicht bestätigen wollten (Aber Sie haben zu diesem Zeitpunkt auch erstmals von den FIA-Zäunen gehört) Sie haben mir aber bestätigt, dass bei einer Autobahn in unserem Mittelgebirge (Eifel/Ardennen, Hohes Venn), die auch durch Zäune vor eindringendem Wild geschützt wurde, dann spezielle Wildwechselübergänge (begrünte Brücken) geschaffen wurden.

Meinen Wunsch gestern, doch die bei Ihnen vorhandene Karte des von Ihrem Amt betreuten Waldgebiets, das darauf in seiner Vielfältigkeit von Staats-, Gemeinde- und Privatbesitz farblich ausdrucksstark voneinander abgehoben ist, in einem Ausschnitt fotografieren zu dürfen, haben Sie als „nicht zulässig" abgelehnt.

Sie hatten bei meinem ersten Gespräch mit Ihnen auch die besondere Position und Einordnung der Nürburgring GmbH (quasi als Landesbetrieb) betont und als Beispiel erwähnt, dass schon in der Vorzeit Ihre Behörde bei einem sachlich begründeten Einwand gegen irgendwelche Vorhaben der Nürburgring GmbH dann eindeutig „von der Politik zurück gepfiffen" wurde.

Dieses Mal wurde Ihr Amt dann wohl erst gar nicht mehr in das zum

Zaunbau (lt. Baugesetz RLP) erforderliche Genehmigungsverfahren einbezogen, da Ihre Stellungnahme dem zuständigen Sachbearbeiter des verantwortlichen Bauamtes - ohne sie eingeholt zu haben - wohl klar war. - Waren Sie bei meinem ersten Besuch bei Ihnen noch überrascht, haben Sie bei meinem Anruf gestern eindeutig und klar Stellung bezogen.

Ich darf als Ergänzung dazu noch festhalten, dass auch der Bürgermeister der Stadt Adenau, dessen Einstellung zu Plänen der Nürburgring GmbH z.B. auch durch entsprechende öffentliche Auftritte dokumentiert werden können, in seinem eigentlichen Beruf als Förster (verantwortlich für den Adenauer Privatwald) in Verbindung mit Ihrem Forstsam arbeitet.

Sie haben mir trotzdem bei Einschätzung der Gesamtsituation sehr geholfen und manche Zusammenhänge erst verdeutlicht. - Herzlichen Dank!

Mit freundlichen Grüßen
Wilhelm Hahne

PS: *Wie ich gestern feststellen durfte, kennen Sie inzwischen auch meine Internetseiten. Dort finden Sie dann auch in Zukunft Informationen, die Ihr Bild zu bestimmten Situation abrunden kann.*

Ich habe den Namen des verantwortlichen Mitarbeiters unkenntlich gemacht. Natürlich habe ich auch keine Antwort auf dieser „Bestätigungs-E-mail" erhalten.

Ich habe in meiner E-mail die Nürburgring GmbH im Zusammenhang mit dem FIA-Sicherheitszaun auch mit dem Begriff „Zukunftssicherung" erwähnt. Und eigentlich war ich auch davon überzeugt, dass es Dr. Kafitz und „seiner" GmbH um „Zukunftssicherung" ging. Es wird ihm, als einem von 11 Mitgliedern der VLN-Organisation, auch klar gewesen sein, dass man in Zukunft - aufgrund dieses Zaunes - auch mit einem gewissen Zuschauer-Schwund zu rechnen hat. Dieser „Schwund" wird wahrscheinlich mit rund 20 Prozent eingeschätzt. Denke ich. Weil die VLN-Organisation in einer Zeit, wo man z.B. die Renten um 1,1 Prozent erhöht (was schon für Proteste sorgt, weil „zu hoch"), nun in 2008 eine Erhöhung der Preise für den Eintritt ins Fahrerlager um 20 Prozent (von 10 auf 12 Euro) vorgenommen hat.

Mit Zustimmung des Herrn Dr. Kafitz, wie ich annehmen muss. Schließlich ist die VLN-Organisation eine demokratisch geführte Organisation. Wahrscheinlich erfolgte die Preiserhöhung sogar einstimmig.

Ich habe mich aber wohl in Dr. Kafitz getäuscht. Er hat mit dem FIA-Sicherheitszaun im Interesse der Zuschauer gehandelt. Denke ich heute (hoffentlich nicht falsch). Er hat dabei wohl - so wie ich ihn oben schon als cleveren Marketingmann beschrieben habe - eine Reihe von Organisationen, Funktionären und Sportgrößen - einfach „an der Nase herum geführt". Dabei konnte er natürlich nicht gleichzeitig den Zuschauern die Wahrheit sagen. - Dumm gelaufen.

Ich möchte das gerne mit einer neuen - zwar „unmöglichen", aber darum möglichen - Sicht der Dinge mal erklären. Wie ich hoffe, noch rechtzeitig vor dem 24-Stunden-Rennen, da der FIA-Sicherheitszaunbau sonst bei diesem Rennen - wenn ich die Zuschauer-Reaktionen in den Foren richtig deute - zu einem gewaltigen Zuschauerschwund führen würde. Und das wollen wir doch alle nicht. Im Interesse des Motorsports. Wie die verantwortlicher Funktionäre von „Motorsportbehörden" gerne argumentieren.

Aber es gibt Ereignisse, die unterstreichen, dass die Nürburgring GmbH - und damit Dr. Kafitz - die Bewegungsfreiheit der Zuschauer an der Nordschleife einengen will. Nicht nur durch neue große Zäune, sondern auch durch (alte) Leitplanken und neue, abschließbare Schranken, die nun - ganz aktuell - z.B. die Besucher mit Wohnwagen im Bereich des Streckenabschnitts „Brünnchen" daran hindern, hier schon am Freitag - also vor dem Rennen am Samstag - Aufstellung zu nehmen. Das wird ab sofort nur noch beim 24-Stunden-Rennen, natürlich gegen entsprechende Bezahlung, möglich sein.

Auf dem großen Parkplatz „Brünnchen" zieht sich eine Sperre (für Automobile - ist aber primär für Wohnwagen gedacht) quer über den Platz. Da steht dann zunächst die Schranke; dann folgen Leitplanken, ein paar Pfosten, die Lücken für Fußgänger lassen.

Von der anderen Seite, von der Rennstrecke her, bietet sich folgendes Bild: Die Leitplanken, die jede Durchfahrtsmöglichkeit von Automobilen vereiteln, sind inzwischen von Besuchern beschriftet worden.

Wenn man die Buchstaben zu Sätzen formt und die im Zusammenhang liest, dann begreift man folgende Meinungsäußerung:

KEINE FANS - KEINE STIMMUNG - KEINE VLN -

Das ist ehrlich gemeint. Genau so ehrlich, wie die Schranken und Leitplanken von der Nürburgring GmbH veranlasst wurden. Weil genauso wie Zuschauer (Besucher) überhaupt, auch das Campen von Zuschauern hier auf dem Platz (Naturschutzgebiet!) verboten ist. Nur beim 24-Stunden-Rennen... -

Bei den anderen Rennen hat der Campingplatz, den es „oben", in Richtung Müllenbach gibt, ein Recht „auf Kasse". Das ist so geregelt. Darum wurden in 2007 auch schon Camper auf dem „Brünnchen"-Parkplatz angezeigt. - Warum denn dann eine Würstchenbude bei den VLN-Rennen (und nicht nur dann) dort stehen darf? - Weil die bezahlt. Ist doch klar!

Darum gibt es jetzt auch - neu - ein Würstchenbude am Anfang der „Hatzenbach". Dieser Platz wurde von der Gemeinde Nürburg meistbietend ausgeschrieben. Und darum dürfen jetzt auch - bis dahin - Automobile fahren. Nicht aus Umweltschutzgründen, sondern damit die Würstchenbude „Kohle macht", damit die Gemeinde „Kohle macht". - Nicht umsonst verweist Dr. Kafitz darauf, dass der Nürburgring ein bedeutender Wirtschaftsfaktor ist. - Schon wieder eine Würstchenbude mehr.

Aber Dr. Kafitz denkt auch auf andere Art an die Zuschauer. So hat er z.B. an bestimmten Stellen, als die Klagen der Fotografen in den Internet-Foren nicht mehr zu überlesen waren, ein paar „Foto-Schießscharten" in den FIA-Sicherheitszaun (???) schneiden lassen. An den unterschiedlichsten Streckenteilen. Ich habe mir die mal an eben diesem „Brünnchen"-Parkplatz angesehen.

Man darf sicherlich nur an die „Fotoschießscharte", wenn man die Genehmigung irgendeines Vereins, Clubs, einer GmbH oder einer Regierung hat, und natürlich für den jeweiligen Veranstalter eine Enthaftungserklärung unterschrieben hat. - Darum gibt's ja auch den Sicherheitszaun. - Oder?

Also eigentlich gehört der Parkplatz hier zur Gemeinde Herschbroich. Und die hat eine neue Bürgermeisterin, die tatsächlich noch nicht Teil des „Systems" geworden ist und die Dinge kritisch beobachtet. - Aber ... - Na ja, warten wir's ab.

Zurück zum Zaun, dem FIA-Sicherheitszaun. Der, wie wir wissen, nicht von der FIA gefordert wurde. Aber der DMSB hatte wohl nichts dagegen. Und hat - durch seinen Sicherheitsbeauftragten - diesen FIA-Sicherheitszaun inzwischen auch abnehmen lassen. Dabei hat dieser Sicherheitsbeauftragte noch ein paar Korrekturen an den Sicherheitseinrichtungen der Rennstrecke vornehmen lassen. Sonst wäre er ja auch kein Sicherheitsbeauftragter.

Im Bereich der „Auffahrt zum ‚Karussel'" z.B., exakt da, wo man - würde man geradeaus fahren - die Steilstrecke befährt, und wo die Sicherheitsstaffel des DMSB schon mal bei Rennen ausgefallene, defekte Rennfahrzeuge abstellt, da wurde von diesem Sicherheitsbeauftragten eine „Leitplankentasche" gefordert, in die man mit einem abzuschleppenden Fahrzeug aber nur kommt, wenn man - rechts fahrend - ganz nach links die Strecke kreuzt und damit jedes von hinten kommende Rennfahrzeug gefährdet. Zumal man als - Zug- und defektes Rennfahrzeug - langsam unterwegs ist (Früher fuhr man am linken Streckenrand einfach geradeaus).

Die Firma, die die Anweisung des DMSB-Sicherheitsbeauftragten umsetzen musste, hat schon - abweichend von der vorgegebenen Zeichnung - ein paar Maße verändert. Sonst hätten die Abschleppfahrzeuge die „Nische" noch schlechter erreichen können. - Aber nun entspricht die „Sicherheit" den Sicherheitsvorstellungen eines Mannes, der mir in der Vergangenheit dadurch auffiel, dass er mit seiner ONS-Sicherheitsstaffel (so hieß die damals) auf einem bestimmten Gebiet keine Sicherheit herstellen konnte (Aber das ist eine andere Geschichte, die auch davon handelt, wie man ein gemeinnütziger Verein bleibt, obwohl man... - Aber das betrifft nicht nur den DMSB).

Nun gibt es den FIA-Sicherheitszaun. Sagt die Nürburgring GmbH. Und man hat richtig investiert. Zusammen mit der Aufstockung der Leitplanken will man drei Millionen Euro ausgegeben haben (Oder eine ähnliche Summe). Und der Partner mit Erfahrung, die Firma, die auch die Leitplanken nach einem Crash auf der Nürburgring-Nordschleife zu Lasten des „Kunden" repariert, die bekam durch ein günstiges Horoskop den Auftrag dafür (Bei einer Leitplankenreparatur kostet alleine die Einrichtung jeder Baustelle 150 Euro). Jede Runde Nordschleife kostet inzwischen 21 Euro. - Allerdings wäre es teurer geworden, wenn man... - Aber darauf kommen wir später noch.

Dieser FIA-Sicherheitszaun hat also - wie wir durch Zufall wissen - nun eine Baugenehmigung. Die auch notwendig ist. Spät kam sie, doch sie kam. Und es wurde sicherlich auch die Art der möglichen Beanspruchung berücksichtigt. Die Statik wird also stimmen. Immerhin war ja das Bauamt eingeschaltet und ein Sicherheitsbeauftragter... - Das ist auch gut so, denn bei der Nürburgring GmbH wusste man noch nicht einmal, dass man eine Baugenehmigung benötigte. - Und das nicht zum ersten Mal, wie der Nürburger Gemeinderat gerne bestätigen wird.

Aber wie wird so ein FIA-Sicherheitszaun beansprucht, wie könnte er beansprucht werden?

Immerhin stehen alle für die Verspannung der Drahtseile wichtigen Pfosten in Beton und sind - zumindest optisch - wirksam abgestützt.

Ich habe mal versucht, mich bei der FIA in Genf zu erkundigen, welche Vorschriften eigentlich beim Bau eines solchen FIA-Zauns zu beachten sind. Mein Anfrage - in schlechtem Englisch - ist vom 24. April 2008, 7:36 Uhr. - Bis heute, dem 5. Mai 2008, habe ich keine Antwort erhalten.

Auch wenn ich so nun keine speziellen Vorschriften zum Errichten eines FIA-Sicherheitszauns kenne (wenn es sie denn überhaupt geben sollte): So ein Zaun macht aus der Entfernung betrachtet schon einen guten Eindruck; ganz gleich, aus welcher Richtung man auf ihn herunter blickt:

Leider sind die Streckenposten aber jetzt nicht mehr so positioniert, dass sie - wie vorgeschrieben - hinter dem Sicherheitszaun einen ständigen Blickkontakt zu den Kollegen auf dem Kontrollpunkt davor und danach haben. Also treten sie vor die Sicherheitseinrichtung, die - auch - für sie geschaffen wurde und werden dann bei einem Unfall durch herum fliegende Teile verletzt. Wie beim ersten durchgeführten VLN-Lauf in diesem Jahr geschehen (beim Zeittraining zum 33. DMV 4-Stunden-Rennen): zwei Streckenposten (weiblich) mussten wegen der Behandlung von Knochenbrüchen (in beiden Fällen wurde ein Bruch des linken Unterarms festgestellt) ins Krankenhaus gefahren werden.

Die Überhänge des Zauns zeigen zur Rennstrecke hin, weil sie in diesem Fall wohl die Aufgabe haben sollen, wegfliegende Teile am Überfliegen des Zauns zu hindern, was gerade an einigen Streckenabschnitten am Ring wichtig ist. Hier stehen zwar kaum Zuschauer, aber z.B. die B 258 verläuft hier parallel zur Rennstreckenführung. Vor Jahren ist es hier schon einmal passiert, dass bei einem Unfall der Motor aus einem Porsche abriss und auf die B 258 geschleudert wurde, ohne jedoch einen Schaden anzurichten. - Glück!

Jetzt - mit FIA-Sicherheitszaun - gab es auch wieder auf diesem Hochgeschwindigkeitsstück einen Unfall, in den insgesamt drei Fahrzeuge verwickelt waren. Hätten an der entsprechenden Stelle nicht haushohe Bäume gestanden, wären auch - trotz FIA-Sicherheitszaun

- Karosserieteile auf die B 258 geflogen. Der Zaun ist in seiner Höhe nicht ausreichend gewesen. - Aber so blieben die Teile oben in den Bäumen hängen. Hier zeigte sich, dass der Sicherheitszaun eigentlich nur Vorzeigecharakter hat, abhängig von der Art des Unfalls entweder schützt - oder auch nicht. - Wie auch das Beispiel der verletzten Streckenposten beweist.

Es ist doch fast beruhigend zu sehen, dass da, wo bisher die Bäume einen ungehinderten Blick auf die Rennstrecke nicht zuließen, nun auch der Zaun für die Zuschauer keine Sichtverschlechterung bringt.

Aber mit dem Zaun wirkt die Nürburgring-Nordschleife nun doch überzeugender als eine deutsche Rennstrecke:

An manchen Stellen, wo noch die alten Zäune – zusätzlich - erhalten blieben, wirkt er auch noch deutscher als deutsch.

Eigentlich kommt man da schon auf die Idee, dass hier nur Geld sinnlos verbaut wurde. Um Sicherheit optisch darzustellen, die sich in der Praxis, im Zusammenspiel von Zufälligkeiten beim Rennen, nicht garantieren lässt. Garantieren kann ein Veranstalter - oder der Rennstreckenbesitzer - eigentlich nur, dass er garantiert keine Garantie geben kann und darum alles Rennteilnehmer und -Besucher auf eigenes Risiko und Gefahr... - Man kennt solche Haftungs-Ausschlussklauseln ja zur Genüge. - Darum der Zaun? - Warum denn eigentlich der Zaun?

Bei näherem Betrachten der „Verarbeitung" - auch im Vergleich mit Zaunstücken, die schon vor Jahren aufgestellt wurden, wird einem dann klar, dass hinter dem Zaunbau eine andere Absicht stecken muss.

Die Spannseile verlaufen vor den Stahlpfosten. Noch davor ist dann der Maschendrahtzaun gespannt, d.h. er ist mit Krampen an den Spannseilen befestigt Wären nun diese Krampen in kurzen Abständen angebracht , dann wäre nicht möglich, was jetzt eigentlich kein Problem mehr darstellt: dieser so genannte FIA-Sicherheitszaun lässt sich von der Besucherseite her bequem besteigen. Das kann keine Nachlässigkeit der Erbauer sein, sondern stellt - wie ich an einem Vergleich beweisen werde - sicherlich eine Absicht dar, die dann diesen 13 Kilometer langen Sicherheitszaun zur längsten Tribüne der Welt macht.

Der neue FIA-Sicherheitszaun an der Nordschleife ist eine zuschauerfreundliche Lösung. Dadurch, dass die Krampen nur in großen Abständen den Maschendraht an die Spannseile zwingen, kann man als Zuschauer zwischen jeweils zwei Krampen bequem die Spannseile besteigen (der Maschendrahtzaun gibt nach außen nach) und dann den oberen Überhang des Zaun zur Rennstrecke zur bequemen Auflage des Oberkörpers nutzen. - Und das Rennen entspannt genießen.

Wenn nun beim 24-Stunden-Rennen eine größere Zahl von Zuschauern diese Möglichkeit nutzt, wird es interessant sein festzustellen, inwieweit die Statiker das Durchschnittsgewicht der mehrheitlich deutschen Zuschauer richtig in ihre Berechnungen eingebracht haben.

Natürlich kann auch sein, dass die Nürburgring GmbH aus Kostengründen auf eine Befestigung des Zauns durch zu viele Krampen verzichtet hat, um die Kosten geringer zu halten. Denn tatsächlich ist das Anbringen von Krampen eine sehr zeit- und damit kostenintensive Arbeit. Wenn die Auswirkungen einer solch „lässlichen Sünde" nicht bedacht worden wären, könnte das die Kostensituation des Veranstalters des 24-Stunden-Rennens dramatisch beeinflussen. Denn dann müssten Sicherheitskräfte die Zuschauer am Besteigen der Zaunkonstruktion hindern, bzw. dafür Sorge tragen, dass die Zuschauer von der jetzt entstandenen „längsten Tribüne der Welt" jeweils schnellstens entfernt würden. Wenn man dann noch berechnet, dass das „Aufsichtspersonal" wegen der zeitlichen Länge des Rennens wohl in Schichten arbeiten müsste... -

So ein „mit Links gebauter" Sicherheitszaun kann also auch die Wirtschaft ankurbeln. Dafür ist keine Formel 1 notwendig. - Eine Investition in die Zukunft?

Wobei mir noch einfällt, dass beim 24-Stunden-Rennen ja auch ein Teil des GP-Kurses mit genutzt wird. Da wird dann die so genannte Fahrerlagertribüne sehr gerne von den gerade nicht beschäftigen Team-

Mitgliedern genutzt, um einen Blick auf das Rennen zu werfen, zumal man die Durchfahrt durch die Schikane von dort gut beobachten kann.

Aber nun wird gerade dort eine weitere Werbebrücke aufgebaut, so dass sich - bei ungünstiger Position - der Blick auf die „Schikane" von der Fahrerlagertribüne nicht mehr ideal darstellt.

Da besteigt man also besser an der Nordschleife die längste Tribüne der Welt. - Wenn's gestattet ist, Euer Gnaden!

Vielleicht sollten sich die die Besucher des 24-Stunden-Rennens 2008 mit ein paar Musiktiteln von Stefan Raab schon mal ein wenig einstimmen. Dr. Walter Kafitz hält viel von der Wirkung der Musik (es war Thema seiner Doktor-Arbeit).

Na klar, mit: *„Maschen-Draht-Zaun"*. Danach singt man vielleicht: *„Hol mir mal ‚ne Flasche Bier"*, um dann - absolut passend zum Umfeld - zu lallen: *„Wadde hadde dudde da?"* -

Mein Gott Walter! - Gute (Doktor-)Arbeit!

Suche nach Privat-Investoren - Über Firmen-Neugründungen gestolpert

Als Journalist sollte man eigentlich immer so bleiben, wie man schon als Kind war: neugierig. - Ich habe damit auch kein Problem. Aber meine Gesprächspartner. Wie oft habe ich jetzt im Juli des Jahres 2008 Wochen gehört: „Ich weiß nicht wovon Sie sprechen, Herr Hahne." - Ich hatte wieder „dumme Fragen" gestellt.

Wenn ich dann aber „beim Thema geblieben" bin, nachgebohrt habe, dann wurde mir vielleicht als Erklärung präsentiert: „Was Sie da fragen ist doch eigentlich gar nicht öffentlich." - Und wenn ich dann „dumm geschaut" habe, wurde (vielleicht) noch die Erklärung nachgereicht: „Sie dürften das Thema eigentlich gar nicht kennen. Es wurde bisher nur in kleinem Kreis ‚intern' besprochen. Wir können Ihnen erst dazu eine Auskunft geben, wenn es öffentlich geworden ist." - ??? -

Öffentlich - durch klare Aussagen in Reden z.B. - ist: 80 Millionen Euro werden beim Projekt „Nürburgring 2009" über private Investoren fließen. Als Repräsentant dieser Investoren, manchmal auch als Investor selbst, wurde uns die Person eines Kai Richter, Düsseldorf präsentiert. Oder eine „Mediinvest" in Düsseldorf. - Aber wo sind die 80 Millionen Euro? - Der Finanzminister des Landes Rheinland-Pfalz müsste das wissen. Der ist schließlich auch noch - sozusagen in Personalunion - Aufsichtsratsvorsitzender der Nürburgring GmbH, die das Projekt „Nürburgring 2009" initiert hat.

Der Herr Finanzminister „sind" aber derzeit in Urlaub (Wenn sie meinen, dass an Stelle des „sind" ein „ist" hingehört: Der Finanzminster des Landes Rheinland-Pfalz ist ja auch noch Aufsichtsratsvorsitzender - wie oben bereits gesagt - also handelt es sich eigentlich um zwei Persönlichkeiten die (derzeit) nicht zu erreichen sind). Aber irgendwann ist jeder Urlaub zu Ende. Und dann sollten der hoch verehrte Herr Finanzminister und Aufsichtsvorsitzende als **DER** Verantwortliche in dem Finanzierungs-Dilemma doch mal klar Stellung beziehen:

Jedenfalls ist mit dem Bau des Vier-Sterne-Luxushotels an der „B258" schon begonnen worden. Das soll - wenn es „nach Plan geht" - mit dem Geld privater Investoren hochgezogen werden. Sagte man bisher. Nun sagt man nichts mehr. Aber man baut. Dabei ist allein dieses Projekt mit Aufbaukosten von 28 Millionen Euro (in Worten: achtundzwanzig Millionen Euro) kalkuliert. Das erfährt man über die Mediinvest in Düsseldorf, die von einem Kai Richter gegründet und auch als Geschäftsführer geführt wird. Man erfährt auch - z.B. auf den Internetseiten der Mediinvest: *„...internationale Bauträgergesellschaften und Banken verlassen sich seit Jahren auf unsere Expertise, wenn es um die Entwicklung von Immobilienprojekten geht".*

Nun bin ich nicht international, sondern ein wenig provinziell. Da kann man mir doch nicht böse sein, wenn ich - trotz der Versprechungen von Geschäftsführern, Hauptgeschäftsführern, Aufsichtsratsvorsitzenden und Landesfinanzministern mich darauf nicht verlasse. Ich würde schon gerne wissen: Wo sind die Millionen? -Vielleicht waren die „Versprechen" ja eigentlich „Versprecher". - Vor allen Dingen, wenn im Umfeld dieser „Investitionen" (von wem eigentlich?) immer wieder die eigenartigsten Geschichten passieren.

Da bin ich z.B. vor kurzer Zeit abends in ein Lokal gebeten worden. Telefonisch. Man würde mich gerne mal wieder sehen, man würde gerne mal wieder mit mir plaudern. Und so bin ich gerne gekommen. Der Gastronom kennt mich. Und so hat er mich freundlich begrüßt und eine kurze Zeit mit mir geplaudert. Jeder im Umfeld hat das mit bekommen. So war es für mich auch nicht verwunderlich, wenn mich jemand direkt danach gefragt hat, ob ich Wilhelm Hahne wäre. Schließlich hatten es ja (fast) alle im Lokal mit bekommen. Und das Lokal war gut gefüllt.

Der Mann der mich ansprach, hätte von mir gerne meine Telefon-Nummer gehabt, da mich ein Bekannter von ihm gerne mal gesprochen, angerufen hätte. - So hat es dann am nächsten Abend bei mir geklingelt. Ein Unbekannter, nach dessen Namen ich dann auch nicht gefragt habe, hat mir kurz erzählt, dass die Fundamente für das neue Hotel irrtümlich (er hat das „irrtümlich" betont) falsch gegossen wurden. Ich habe fragend geschwiegen und auf die „Auflösung" gewartet. Natürlich müsse nun eine Korrektur vorgenommen werden, hörte ich dann. Aber das ginge natürlich nun nicht mehr beim Hotelfundament. Also werde man „unauffällig" dann eine Korrektur des Landstraßenverlaufs vornehmen, wenn der geplante Kreisverkehr im Bereich der Fahrerlagereinfahrt gebaut würde. Die Verlegung der Landstraße wäre ja auch nur mit einem geringfügigen Aufpreis zu realisieren, den niemand mitbekommen würde. -

Und er hat gelacht. - Und bevor ich etwas sagen konnte, hatte der Mann aufgelegt. - Irrtümlich?

Ich war danach nicht so gut aufgelegt. - Wie sollte ich solche Angaben überprüfen, kontrollieren können? - Wer würde mir hier ehrlich Auskunft geben können? - Mir ist nichts eingefallen und ich habe in der Nacht nicht so ruhig geschlafen. Am nächsten Morgen - unter der Dusche - hatte ich dann die Idee ich mache ein Dokumentationsfoto, auf dem man die aktuellen Abstände von Hotelneubau und Landstraßenverlauf klar erkennen kann. Und nach Bau des Kreisverkehrs mache ich von der gleichen Stelle wieder ein Foto. Man wird dann sehen können was stimmt.

Aber so lange musste man gar nicht warten. Die Herren vom Ring haben dem Vermesser vorgehalten, dass Hotel falsch eingemessen zu haben. Da hat der nochmal seine alte Arbeit kontrolliert. Seine Arbeit war OK. - Nicht OK ist somit eigentlich der Hotelstandort. - Aber wer will da so pingelig sein?

Ich möchte hier dann noch eine Begebenheit einschieben, die gerade jetzt beim „Truck GP" ablief, und die deshalb an diese Stelle passt, weil dort die Behelfsbrücke ins Spiel kommt.

Nachdem am Samstag (12.07.08) die letzten Rennen zum Truck-GP an diesem Tag gelaufen waren, mussten viele der Besucher über diese neu geschaffene Behelfsbrücke (in der Nähe der T4 - am Hotelneubau) gehen. Da der Aufbau der Brücke wohl ohne jede Statikberechnung oder Computerberechnungen erfolgte, kam es bei der Masse der die Brücke überschreitenden Besucher zu einem Aufschaukeln und Schwingen, das nach Augenzeugenberichten ein Ausmaß von 20 - 25 Zentimeter erreichte. Manche Besucher waren noch Stunden nach diesem Ereigniss volkommen aufgewühlt, hatten praktisch einen Schock erlitten. Mitarbeiter der vor Ort befindlichen Security-Truppe haben daraufhin die gesamte Brücke gesperrt. Einer dieser Leute machte sich aus der Sicht von Beobachtern dann dadurch ein wenig lächerlich, als er versuchte, die Brücke mit seinen Händen in Bewegung zu bringen. -

Ach, Sie haben davon nichts in der Presse gelesen? - Auch Prof. Dr. Ingolf Deubel wird als Aufsichtsratvorsitzender der Nürburgring GmbH sicher erst durch meinen kleinen Einschub davon erfahren. - Schließlich ist es noch mal gut gegangen. - Nein, ich erhalte solche - und andere Informationen - meist nicht telefonisch.

Als mich vor Wochen - aus gegebenem Anlass - jemand fragte, ob ich mir vorstellen könne, dass auch mein Telefon abgehört würde, da habe ich mit JA geantwortet. Ich kann es mir vorstellen. Nicht etwa, weil ich es mir wegen der bekannt gewordenen Geschehnisse bei der Telekom vorstellen kann... - Nein, weil ich weiß, wie einfach es in Deutschland ist eine Abhörgenehmigung zu erhalten. Man geht - als Behörde - zu einem Richter, erzählt dem, dass im Falle des Herrn „X" der begründete Verdacht auf Bildung einer kriminellen Vereinigung besteht und dass man zur Absicherung der ersten - „noch losen" - Verdachtsmomente mal... - Der Richter wird dann ohne großes Theater eine Genehmigung erteilen. Und alles ist so, wie es nach Recht und Gesetz vorgeschrieben ist.

Ich habe auch schon erlebt, dass jemand zu mir auf eigenartige Weise - ganz unauffällig - Kontakt herstellen wollte. Ich habe dafür im Dorf eine Reihe von Zeugen, weil die erste Kontaktaufnahme sehr sorgfältig vorbereitet wurde. Ich sollte nichts merken. Darum habe ich es dann bemerkt. Auch weil das Automobil mit dem man unterwegs war, niemals in „meiner Straße" abgestellt oder geparkt wurde. Darum habe ich dann auch das Kennzeichen ermittelt, den Halter festgestellt und - nachdem ich spüren ließ, dass ich bemerkt hatte was ich nicht bemerken sollte - da war das Spiel zu Ende. Obwohl in den „Spielaufbau" viel Gehirnschmalz und in deren Umsetzung schon viel Geld investiert worden war. - Den wahrscheinlichen Auftraggeber für diese „Reality-Show" würde ich in Kreisen der Automobilindustrie vermuten..

Damit Sie, lieber Leser, mal eine Vorstellung vom Aufwand bekommen, den die Hersteller von Automobilen mit dem so genannten „Werkschutz" betreiben, nenne ich nachstehend von bekannten Herstellern ein paar ungenaue Zahlen. Ungeau deshalb, weil sich *a)* die exakten Zahlen immer wieder ändern und ich *b)* die mir bekannten - nicht unbedingt tagesgenauen - Zahlen ein wenig ab- oder aufgerundet habe.

Werkschutz VW-Konzern	um	1.000 Mitarbeiter
Werkschutz Daimler-Konzern	um	1.000 Mitarbeiter
Werkschutz BMW AG	um	600 Mitarbeiter
Werkschutz Opel GmbH	um	300 Mitarbeiter
Werkschutz Ford GmbH	um	250 Mitarbeiter

Ich weiß z.B. aus der Personalabteilung eines der Hersteller, dass bei Neueinstellungen dem Werkschutz sofort das dem neuen Mitarbeiter zugewiesene Computer-Passwort mitgeteilt wird, damit man „mit Sicherheit"... - Überwacht wird Alles und Jeder. Da musste z.B. eine Mitarbeiterin in einem deutschen Automobilwerk beim Vorstand antanzen, der sie dann befragte, warum und weshalb sie am Soundsovielten Herrn Wilhelm Hahne angerufen habe und was sie ihm in einem über 9 min dauernden Telefongespräch erzählt habe. - Erst ab diesem Gespräch hatte die Dame begriffen, dass sie vorher nichts begriffen hatte.

Was in den Automobilwerken passiert, funktioniert auch in der Politik. Als ich vor gut einem Jahr auf einer kleinen Feier in einer um 100 Kilometer von meinem Wohnort entfernten Stadt war, wo sich eigentlich - bis auf wenige - nur mir unbekannte Leute tummelten, da fand ich es schon interessant, dass mich ein „Fremder" in so manchen Details - die er nicht von mir haben konnte - sehr gut kannte. Es wurde noch spannender, als ich feststellen musste, dass er auch über bestimmte von mir angeleierten Kontakte zu einem bestimmten Politiker informiert war. Und er sagte mir dann voraus, was dann auch wirklich später eintraf. Die Entscheidung dieses Politikers war von seinen Recherche-Ergebnissen über mich (!) beeinflusst. Aber wie konnte er Details erfahren, die kaum jemand kennt? -

Ganz einfach: indem er jemand kannte, der jemand kannte, der an dem richtigen Ort saß um Details zu kennen. (Ich habe das exakt nachrecherchiert.) Heute wundere ich mich über nichts mehr. Und wenn jemand über den Schutz von persönlichen Daten oder Datenschutz überhaupt spricht: ich lache schon lange darüber. Und ob mein Telefon abgehört oder nicht abgehört wird: es interessiert mich nicht. Ich tue meine Arbeit. Aber wichtig: ich achte darauf, dass meine Informanten geschützt sind. - Alles getreu dem Motto meiner Großmutter: „Tue recht und scheue niemand."

Natürlich weiß ich um interne Verstrickungen von SPD-Mitgliedern in einem bestimmten Geflecht, bin aber nicht so einfältig zu glauben, dass Mitglieder anderer Parteien ausschließlich zu denen in Oposition stehen. Ich weiß z.B. in Einzelfällen, wer mit wem mal zum Abendessen geht, wer wem bei welchen Recherchen hilft. Und habe auch das alte Sprichwort nicht vergessen, das da heißt: „Eine Hand wäscht die andere und beide das Gesicht." - Es funktioniert immer noch sehr gut.

Ich bin nur scheinbar vom Thema abgekommen, denn das Projekt „Nürburgring 2009" ist ein wunderschönes Beispiel dafür, wie man es heute macht. Da wird mit voller Absicht schon mal der dritte Schritt vor dem ersten gemacht. Da werden Firmengründungen vorgenommen, für die eigentlich kein Anlass besteht und den neuen Firmen dann Funktionen zugeordnet, die dann gefährlich werden können, wenn mal normale Staatsbürger wie normale Staatsbürger reagieren und nicht wie Abhängige.

Wir hier in der Region Nürburgring haben so manche politische Pille schlucken müssen und da war dann schon mal der Eine oder Andere

- und damit sind auch Firmen gemeint - mehr oder weniger hart getroffen. Oftmals wurden Dinge, durch die Politik - über die Politik - durchgesetzt, einfach so hingenommen. Das war zunächst z.B. im Fall der „BikeWorld Nürburgring GmbH" so. Dann regte sich Widerstand, der scheinbar zum Erfolg führte. Aber in diesem Fall hat die Politik gerne dem „Druck" von außen nachgegeben, weil die Verluste sonst unüberschaubar geworden wären. So tut man den tatsächlichen Verlust jetzt einfach mit einer Handbewegung ab. Was sind schon fünf Millionen Euro Verlust? - Dabei war die „Pleite" vorhersehbar. - Meine Geschichten beweisen es. - Auch in diesem Buch.

Dem Adenauer BMW-Händler brachte es z.B. nicht den Händlervertrag zurück. Die Region wurde so nachhaltig durch „politische Aktionen" geschädigt. - Aktuelle Abläufe, die ich bei meinen Recherchen registrieren muss, weisen darauf hin, dass es in nächster Zukunft nach dem alten Rezept lustig so weiter geht. Ich möchte - noch einmal - darauf hinweisen, dass die Nürburgring GmbH ein „Staatsbetrieb" ist: 90 Prozent der Gesellschaft mit beschränkter Haftung sind im Besitz des Landes Rheinland-Pfalz, die restlichen 10 Prozent sind Eigentum des Landkreises Ahrweiler. Da verstößt man dann schnell schon mal gegen Teile des § 19 des Gesetzes gegen Wettbewerksbeschränkungen. Die Nürburgring GmbH ist eigentlich hier vor Ort ein marktbeherrschendes Unternehmen, das durch seine ausufernden Aktivitäten (abseits von den Bestimmungen und Aussagen im ursprünglichen GmbH-Vertrag) für eine Wettbewerbsverzerrung sorgt. Man versucht diese Position dadurch anders darzustellen, dass man eine Reihe von Firmenneugründungen vornimmt, die ein anderes Bild darstellen sollen, es aber eigentlich nicht können, weil diese Neugründungen nichts anderes sind als Satelliten, die abhängig sind von der „Mutter GmbH" und deren Aufgabe nur darin besteht, mit ihrer Arbeit die Ziele der „Staats GmbH", zu realisieren. So soll so manche wettbewerbswidrige Maßnahme der Nürburgring GmbH verschleiert werden.

Schöne Beispiele sind die letzten Neugründungen, von denen eine fast unbegreiflich ist, eine andere - und deren gerade angelaufene „Akquisitionstätigkeit" - ist dagegen „passend".

Aber ich möchte zunächst noch einmal zurückfinden zur Basis aller Aktivitäten, die eigentlich nur mit Geld umgesetzt werden können. Das muss vorhanden sein. Ich spreche z.B. von dem Geld, von den (wenigstens) 23 Millionen Euro für den Hotel-Neubau, die von einem (oder mehreren) privaten Investoren bereit gestellt sein müssten. - Wo bitte, Herr Prof. Deubel? - Oder ist die Landesregierung mal wieder in Vorlage gegangen?

Im letzten Bericht des Landesrechnungshofes von Rheinland-Pfalz war zum Fall der „BikeWorld Nürburgring GmbH" folgende Einschätzung der Prüfungsbehörde zu lesen:

„Das Ministerium der Finanzen **(Anmerkung: Minister Prof. Dr. Deubel, gleichzeitig Aufsichtsratsvorsitzender der Nürburgring GmbH)** *gab als Grund für das Scheitern des Unternehmenskonzepts Managementfehler an.* **(Anmerkung: das Mangement arbeitete unter der Aufsicht von Prof. Dr. Deubel)** *Dies und die Ausführungen zu Teilziffer 2.2 verdeutlichen, das Mitgesellschafter nicht immer mit der gebotenen Sorgfalt, insbesondere im Hinblick auf deren Finanzkraft und Geschäftsführung ausgewählt wurden.* **(Anmerkung: die Auswahl wurde von Prof. Dr. Deubel als Aufsichtsratsvorsitzender der Nürburgring GmbH abgenickt.)** *Das Ministerium der Finanzen hat diesen Hinweis zur Kenntnis genommen.* **(Anmerkung: Also hat Prof. Dr. Deubel zumindest gegenüber dem Rechnungshof - nennen wir es - die Vernachlässigung seiner Aufsichtspflicht - damals - zugegeben.)** *Der Rechnungshof geht davon aus, dass künftig bei der Auswahl von Mitgesellschaftern strengere Maßstäbe angelegt werden."* **(Anmerkung: Denkste!)**

Was passiert nun heute? Der Nürburgring-Partner Mediinvest mit seinem Geschäftsführer Kai Richter ist dieses Mal der auch von Prof. Deubel hochgelobte Investor für z.B. den Neubau des Vier-Sterne-Hotels. Wer hat die Rechnungen für diesen Neubau bis jetzt bezahlt? - Auf welchem Grund und Boden wird das Hotel errichtet? - Wie kommt ein privater Investor - wenn es denn einen gibt - an das Baurecht für 6.500 Quadratmeter Grund und Boden, der der Nürburgring GmbH, bzw. dem Land Rheinland-Pfalz (zu 90 Prozent) gehört? - Gibt es Kauf- oder Pachtverträge? - Resultiert daraus vielleicht eine Beteilgung der Nürburgring GmbH (oder des Landes) an diesem Hotelprojekt, die noch nicht handelsgerichtlich einsehbar ist?

Bauherr des Hotels ist entsprechend dem öffentlich einzusehenden Bauschild an der Baustelle die „Motorsport Resort Nürburgring GmbH", die in ihrer Firmenbezeichnung den Originalschriftzug der Nürburgring GmbH zeigt und die Rennstrecke in einer Form, die entsprechend vieler öffentlich gewordener Beispiele, nur dann einer „Fremdfirma" gestattet ist, wenn die Nürburgring GmbH an dieser Firma beteiligt ist. Lt. Handesregisterauszug (Amtsgericht Wittlich, HRB 40518) weist der „Bauherr", die Firma auf dem Bauschild, aber nur drei Gesellschafter aus. Als die Firma am 4. September 2007 eingetragen wurde, war der einzige Gesellschafter Kai Richter, der auch als der „Messias" durch die Nürburgring GmbH präsentiert wurde. Inzwischen sind zwei Gesellschafter hinzu gekommen. Ganz unauffällig. Das Kapital ist mit 50.000 Euro gleich geblieben, doch es wurde wie folgt gesplittet:

1) MEDIINVEST GmbH
Niederkasseler Lohweg 175, 40547 Düsseldorf
Amtsgericht Düsseldorf, HRB 50745
Einlage 27.500 Euro

2) Geisler & Trimmel General Contractor GmbH
Mühlbichl 36, 6230 Brixlegg, Österreich
Firmenbuch des LG Innsbruck, FN 45717g
Einlage 18.750 Euro

3) Weber Projektierungs- u. Realisierungs GmbH
Aachener Str. 1032, 50585 Köln,
Amtsgericht Köln, HRB 26348
Einlage   3.750 Euro

Das sagt die letzte handelsgerichtliche Eintragung vom 7. November 2007. Vorher, am 31.10.2007, war ein zweiter Geschäftsführer, Erich Geisler, Innsbruck, für den Eintrag ins Handelsregister benannt worden. Diese Firma baut also nun das neue Hotel. Ein Vier-Sterne-Hotel, von dem gesagt wird, dass es dringend in der Region gebraucht wird.

Es gibt schließlich „nur" das „Dorint"-Hotel hier oben am Ring (neben ungezählten weiteren Hotels und Privat-Pensionen). Als am letzten Wochenende 190.000 Besucher (eine Marketingzahlenkonstruktion des Veranstalters) den Truck-GP besuchten, da war dieses „Dorint"-Hotel nach Angaben des Hoteldirektors nur zu 82 Prozent ausgebucht. Es war also nicht voll ausgebucht. Und das bei einem der bestbesuchtesten Rennen (glaubt man den veröffentlichten Zahlen) des Jahres 2008.

Dass in Andernach neue Hotelkonzepte (übrigens auch vom Betreiber des neuen Vier-Sterne-Hotels am Nürburgring) umgesetzt werden sollen, dass in Mendig das Offizierscasino nun zu einem Hotel wird – d.h. eigentlich schon geworden ist -, dass das Steigenberger-Hotel in Bad Neuenahr demnächst mit Millionenaufwand renoviert und dadurch attraktiver wird, sei hier nur am Rande und der Ordnung halber erwähnt.

Als ich in diesen Tagen das „Steigenberger" besuchte, da habe ich mal - neugierig wie ich bin - nach dem Verhältnis von Zimmern zu Personal gefragt: 224 Zimmer, 120 Beschäftigte. - Als ich still vor mich hin lächelte, wurde ich wohl gleich als „Fachmann" eingestuft und mir zugeflüstert: „Man muss dabei berücksichtigen, dass wir nie ausgebucht sind." - Ach so!

Das „Dorint"-Hotel wird übrigens von einer „Hotel am Nürburgring Verwaltungs GmbH" (Amtsgericht Köln, HRB 17736) geführt. Ich erwähne diese Gesellschaft, weil die - wie oben von mir dargestellt - die Distanz zur Nürburgring GmbH durch das **„am"** Nürburgring betonen muss. Anders beim Bauherrn des neuen Hotels, wo man sogar das neue, geschützte Rennstreckensymbol der Nürburgring GmbH verwendet. - Verwenden darf? - Warum? - Weil die Nürburgring GmbH beteiligt ist?

- Wenn JA: Wie? - Wenn NEIN: Warum?

Was der Öffentlichkeit noch gar nicht vermeldet wurde ist und auch bisher nicht bekannt war: dass es inzwischen noch eine weitere Firma mit einer direkten Zuordnung (aufgrund ihrer Bezeichnung) zur Nürburgring GmbH gibt:

Congress- und Motorsporthotel Nürburgring GmbH
(Amtsgericht Wittlich, HRB 40687)
gegründet lt. Notarurkunde am 15. Mai 2008
beim Notar Bernd Kunze, Adenau, **Hauptstraße 45**;
als alleiniger Gesellschafter ist handelsgerichtlich
eingetragen: **„Motorsport Resort Nürburgring GmbH"**
mit einem Geschäftsanteil von 25.000 Euro.

Ich persönlich bin beeindruckt von der Art und Weise, wie z.B. (auch) diese GmbH gegründet wurde. Da erscheint (?) vor dem Notar dessen Mitarbeiterin, 28 Jahre alt, und lässt als *„vollmachtlose Vertreterin für die im Handelsregister des Amtsgerichts Wittlich unter HRB 40518 unter der Firma ‚Motorsport Resort Nürburgring GmbH' eingetragene Gesellschaft mit beschränkter Haftung mit dem Sitz in Kirsbach"*, in der Urkundenrolle des Jahres 2008 mit Nr. 561 die Neugründung einer GmbH beurkunden. Die Dame, **„vollmachtlos"**, aber **„dem Notar persönlich bekannt"**, „bestellt" dann auch gleich die zwei Geschäftsführer, die mit denen der „Motorsport Resort Nürburgring GmbH" (ebenfalls mit Sitz in Kirsbach) identisch sind. Gegenstand des Unternehmens sind u.a.:

> **„...die Errichtung und der Betrieb von Hotels, Ferienimmobilien und Resorts."**

Wer ist denn nun eigentlich der Bauherr vom neuen Vier-Sterne-Hotel? - Wer zahlt die Baurechnungen? - Wer ist im Besitz des Grundstücks? - Oder mal anders gefragt: Welches Spiel wird hier eigentlich gespielt?

Es vergrößert noch eine weitere Firma den Reigen der Neugründungen im Umfeld von „Nürburgring 2009", die sich an eine schon im Spiel befindliche Firma anlehnt. Auch diese Neugründung ist bemerkenswert. Auch hier lässt eine Dame - aber dieses Mal eine andere als vorher - „vollmachtslos" im Namen der Mediinvest GmbH, Düsseldorf, natürlich „dem Notar von Person bekannt" eine GmbH-Neugründung beurkunden. Außerdem lässt sie festhalten: „Zum einzelvertretungsberechtigten Geschäftsführer der Gesellschaft wird bestellt:

Herr Edzard Andres Plath, geb. am 27.03.1956, geschäftsansässig in 533539 Kirsbach, Auf dem Annenhof 8"

(Übrigens: ich habe die Postleitzahl so falsch notiert, wie sie in der Urkunde notiert ist.) Die Firma der Gesellschaft lautet lt. Notarurkunde:

„Marketing & Facility Management Nürburgring GmbH"

Im Anhang zur Notar-Urkunde vom 13. März 2008 ist unter dem 24. Januar 2008 vermerkt: *„Die im Handelsregister des Amtsgerichts Düsseldorf unter HRB 50745 unter der Firma ‚Mediinvest GmbH mit dem Sitz in Düsseldorf hält einen Geschäftsanteil von 25.000,00 EUR."* - Da ist es denn auch kein Wunder, dass die Beurkundung dieser Firma lt. handschriftlicher (nachträglich vorgenommener?) Eintragung unter der Nummer 110 der Urkundenrolle für 2008 erfolgte. -

Bei mir entsteht der Eindruck, dass die Planung der Firmengründungen unter einem gesamtheitlichen Aspekt erfolgte, die Eintragung ins Handelsregister dann so vorgenommen wurde, wie es aus bestimmten (taktischen?) Überlegungen am besten erschien.

Gegenstand des Unternehmens ist lt. Notarvertrag:

**- Betrieb/Verpachtung und Facility Management von gastronomischen Outlets,
- Integrierte und vernetzte Vermarktung im Rahmen eines**

**touristischen Gesamtkonzeptes
- Konzeptionelle Entwicklung/Weiterentwicklung und Qualitätsmanagement des gastronomischen und touristischen Angebotes.**

Das ist sicherlich für die bisher hier in der Nürburgring-Region tätigen Catering-Unternehmen, Gastronomen und Hoteliers von Interesse, die in diesen Tagen entweder schon den Besuch eines (lt. Visitenkarte der Mediinvest GmbH) Herrn Edzard Plath, Projekt Development, erhalten haben oder noch erhalten werden. Dieser Herr macht - wie ich hören konnte - nachdrücklich darauf aufmerksam, dass man sich über die von ihm vertretene Firma in Zukunft zu gemeinsamen Handeln zusammen finden müsse. Oder man ist eben „draußen". Die Gesprächspartner dieses Herrn empfinden die „Vorschläge", die von ihm ausgehen als „druckvoll vorgetragen". Er empfiehlt die Pacht eines Objekts im Gastronomiepark „Dorf Eifel" am Nürburgring und legt ein „Letter of Intent" zur möglichst schnellen Unterschrift vor (Als „Letter of Intent" bezeichnet man in unserer inzwischen globalisierten Eifel das, was vorher als „Absichtserklärung" bekannt war).

Nun ist das „Dorf Eifel" zwar geplant, durch den Planungsverbund von Nürburg und Müllenbach durch die Genehmigungsbehörde Nord in Koblenz auch grundsätzlich genehmigt, aber aktuell ist noch nicht mit dem Bau begonnen worden. Aber immerhin ist das vorgesehene Gelände inzwischen vermessen.

Laut Darstellung des Mitarbeiters der Mediinvest der gleichzeitig mit einem um „Andres" komplettierten Vornamen Geschäftsführer der o.g. „Marketing & Facility Management Nürburgring GmbH" ist, soll mit dem Bau des „Dorf Eifel" im August 2008 begonnen werden. Die Fertigstellung wird für „Frühjahr 2009" (was immer das ist) versprochen. Es wird den angesprochenen Wunschpartner versprochen:

- **Erlebnis-Gastronomie für bis zu 5.000 Gäste**
    - 65 Zimmer im ETIX-Hotel

- Eifeldorf-Charakter
- verschiedene Restaurants
- diverse thematische Bars
- Raucherschirmbars
- Diskotheken verschiedener Musikrichtungen
- Bäckerei
- Cafe
- Kinderspielhaus
- diverse Terrassen und Garten mit Bedienung
- der jeweiligen Besucherfrequenz anpassbare Bereiche (skalierbar)

Will man „Partner" werden, muss man sich schnell entschließen. Und es gibt da einen beachtenswerten Abschnitt im „Letter of Intent":

> *„Der Pächter verpflichtet sich, seine Vorstellungen und seine Konzeption zur Außen- und Innenausstattung, sowie besondere technische Vorgaben an die Verpächterin zur Weiterleitung an die beauftragten Architekten bis zum 30.07.2008 zur Verfügung zu stellen und diese mit ihm zu besprechen. Sollten nach Abgleich die gewünschten Vorhaben die geplanten Baukosten übersteigen, ist ein Kompromiss auszuhandeln oder die Differenz als Investition des Pächters einzubringen."*

So schnell kann man Investor bei „Nürburgring 2009" werden. Und man wird demnächst verkünden, wie viele private Geldgeber sich darum drängen, ihr Geld im „Dorf Eifel" anzulegen. Denn welche Investoren - mit wie viel Geld - gibt es z.B. zum Zeitpunkt dieser Veröffentlichung? Herr Prof. Dr. Deubel kann diese Frage ja nach seinem Urlaub beantworten.

Wobei an einer Pacht Interessierte auch beachten sollten, dass lt. § 11 des Pachtvertragsentwurfs (!), den aber noch niemand der Angesprochenen kennt, es eine „Lieferantenverpflichtung" nicht nur zum Bierlieferungsrecht, sondern auch zur „Getränke und Lebensmittellieferung" gibt. Wenn man zum 30. Juli seine Vorstellungen bekannt gegeben hat, wird einem wohl kaum eine andere Möglichkeit bleiben, als bei Ende des „Letter of Intent" zum 30. November 2008 den Pachtvertrag zu unterschreiben. - Wie sagte meine Großmutter in ähnlichen Fällen immer: „Mit gefangen, mit gehangen."

Aber natürlich kann auch alles ganz anders kommen. Dass man nämlich zu wenig ortsansässige Dumme findet und Ortsfremde nicht so dumm sind, ihr gutes Geld in eine weitere Geschäftsidee (nach „BikeWorld Nürburgring") der Nürburgring GmbH zu stecken. Dann greift

„§ 3 Rahmenbedingungen":

Die Parteien sind sich darüber einig, dass das Pachtverhältnis nur zustande kommen kann, wenn das Projekt „Eifel Dorf" verwirklicht wird. Dieser Prozess wird bei Bedarf durch die Parteien aktiv unterstützt."

Eine interessante Darstellung mit interessanter Auslegungsmöglichkeit. Wenn also - so verstehe ich das - für eine Verwirklichung zu wenig Kapital zur Verfügung steht, dann darf sich jeder - dann nicht freiwillig, sondern zwangsweise - durch eine Kreditaufnahme z.B. an der Verwirklichung des Projekts beteiligen. Das wäre doch z.B. das, was man als Unterzeichner eines solchen Vertrages (der keiner ist, aber einer sein sollte, auch einer werden kann) mit „aktiv unterstützt" unterschrieben hat.

Wobei ich aus meiner Kenntnis vieler Zusammenhänge die Situation um das „Dorf Eifel" so einschätze, dass dieses Dorf in jedem Fall gebaut werden muss, weil es Teil in einem Genehmigungsverfahren war, das nur in seiner Gesamtheit Gültigkeit hat. Also ist der Bau des „Dorf Eifel" ein Muss. - Aber mit welchem Geld?

Anders ist es um den auch geplanten Golfplatz in Welcherath oder das Wintersportgebiet in Jammelshofen bestellt. Dort wird in nächster Zeit nichts passieren. Ohne Moos nichts los. Darum ist es auch um diese Projekte so still geworden. Sollte vor Jahren eine ganze Region neu erstarken, spricht man jetzt nur noch von „Nürburgring 2009".

Beim außerhalb (3,2 km entfernt) liegenden Gebiet bei Drees, wo das „Motorsport Resort Nürburgring" mit rd. 100 Ferienhäusern entstehen soll, sind bisher noch in keiner Weise irgendwelche Bauvorbereitungen zu beobachten. Eigentlich sollte schon Mitte April mit Arbeiten zur Schaffung einer Infrastruktur (Wasser, Abwasser) begonnen werden, aber bis jetzt ist noch nichts passiert:

Glaubt man dem Vortrag des o.g. Geschäftsführers der neuen „Management & Facility Management Nürburgring GmbH", so soll der Baubeginn hier im Oktober 2008 erfolgen, die Fertigstellung wird ebenfalls für Frühjahr 2009 versprochen. Wirft man jedoch einmal einen Blick hinüber auf die Internetseiten der Firma Mediinvest in Düsseldorf, so wird da von einem Bau in 3 Bauabschnitten gesprochen. - ??? - (Drei Fragezeichen!)

Sucht man nach einer Erklärung für die Verzögerung für das Bauvorhaben in Drees, so wird in Bauämtern davon gesprochen, dass hier unverständlicher Weise der zweite Schritt vor dem ersten gemacht wurde. So gibt es denn zur Zeit der Veröffentlichung dieser Geschichte noch kein Baurecht für das ausgewiesene Gebiet, auf dem das „Ferienhaus Resort" entstehen soll. Das Genehmigungsverfahren läuft aber und - „da politisch gewollt" - ist man eigentlich sicher, dass man auch die Genehmigung erhalten wird.

Das Management und der Betrieb des Dorfes soll - wie auch beim Hotelneubau - durch das „Lindner Motorsport Resort Nürburgring" sicher gestellt werden. - Erstaunlich, für welche GmbH's und Resorts die Nürburgring GmbH ihren Namen - ohne den Zusatz „am" - zur Verfügung stellt. Und wie viele GmbH's inzwischen in das gleiche Geschäft eingeschaltet - und miteinander verbandelt - sind.

Ist den Herren der Nürburgring GmbH eigentlich bekannt, dass es auch Firmen vor Ort - und das schon seit vielen Jahren - gibt, die so ein Geschäft, wäre es denn ein ordentliches, auch präzise abwickeln und betreuen könnten? Auf allen Gebieten.

Ich wünsche Herrn Prof. Dr. Ingolf Deubel, Finanzminister des Landes Rheinland-Pfalz und Aufsichtsratvorsitzender der Nürburgring GmbH, nach einem hoffentlich erholsamen Urlaub die Kraft zu mutigen Entscheidungen. -

Inzwischen soll sich, nach einem **„kick off meeting"** (die Bezeichnung stammt natürlich nicht von mir) **am 6. Juni 2008** auf dem Gelände der Nürburgring GmbH ein so genannter **„Ständiger Arbeitskreis der Marketing Partnerunternehmen 2009"** gebildet haben. Dieser „Marketing-Partnerkreis" wurde **von der Nürburgring GmbH, Nürburg und der Marketing & Facility Management Nürburgring GmbH, Kirsbach gegründet**. Wenn ich das richtig verstehe, passierte das bei dem oben schon mit Datum benannten „kick off meeting". Damit wäre also der Einfluss des „Staatsbetriebs" wieder verdeutlicht worden. (s. meine Anmerkungen oben zum Gesetz gegen Wettbewerbsbeschränkungen)

Ich möchte aus dem „Gründungspapier" der Partner ein paar Zeilen zitieren:

> *„Ziel des ständigen Arbeitskreises ist es, für die bestehenden und zukünftigen Besucher des Ringes einen attraktiven Warenkorb zu gestalten und den in der Erlebnisregion ansässigen touristisch orientierten Unternehmen zusätzliche Vermarktungsmöglichkeiten zu eröffnen.*
>
> *Ziel ist weiterhin, schon weit im Vorfeld der Umsetzung des gemeinsamen Projekts ‚Nürburgring 2009' zusammen mit allen Anbietern die gemeinsame Vermarktung aufzunehmen. Dabei stehen die folgenden Aufgaben im Fokus der Arbeit:*

- *Information über das aktuelle Leistungs- und Angebotsspektrum der Partner*

- *Information über die Unternehmensstrukturen und Arbeitsweisen der Partner*

- *Information über die Marketingkonzepte, -planungen und vertrieblichen Ziele aller Partner*

- *Informationen über individuelle und (dritt-)vernetzte Eventplanungen*

- *Anfragen und Beiträge von Marketingpartnern für Paket-Angebote*

- *Warenkorb-Design und Entwicklung*

- *Preisabstimmung für Paketangebote*

- *Verbundwerbung, -marketing*

- *Ergebnisberichte"*

Ich möchte das alles nicht kommentieren. Es spricht für sich. Ich möchte nur darauf aufmerksam machen, dass **das nächste Treffen des „Marketing-Partnerkreises" am 21. Juli 2008 für 10:00 Uhr** in der Lounge von Broich Premium Catering im Start- und Zielhaus der Nürburgring GmbH stattfindet.

Dazu fällt mir dann aber noch eine Frage an den Landesrechnungshof des Landes Rheinland-Pfalz ein:

Wann wird der Vertrag zwischen der Nürburgring GmbH und der Firma Broich Premium Catering einer Prüfung unterzogen? -

Weil nur mit einem solchen Kontrollbericht den umlaufenden Gerüchten der Boden entzogen werden kann. -

Danke im Voraus!

Als Privatfirma wäre die landeseigene Nürburgring GmbH längst Konkurs

„Wir wollen im Jahr 2019 einen zusätzlichen Umsatz in Höhe von 20 Millionen Euro erzielen und wir möchten bis Frühjahr kommenden Jahres auf rund 200 Mitarbeiter wachsen. Das ist allein die Nürburgring GmbH, ohne die anderen Gesellschaften. Wir begannen bei 60 Mitarbeitern, haben also ein stürmisches Wachstum. Die Region wird mehrere hundert zusätzliche Arbeitsplätze schaffen. Seit 1994 sind direkt am Ring gut 400 Arbeitsplätze entstanden und es kommen jetzt noch einmal deutlich über 500 dazu, sodass wir über 1.000 Arbeitsplätze seit Mitte der 1990er-Jahre geschaffen haben. Das ist eine sehr positive Entwicklung." -

Das sagt Dr. Walter Kafitz, angestellter Geschäftsführer in einem Betrieb, der zu 90 Prozent dem Land Rheinland-Pfalz, zu 10 Prozent dem Landkreis Ahrweiler gehört, in einem Interview am 16. Juli 2008 mit „Motorsport Total.com". In dieser Bauphase, im Herbst 2008, drehen sich Kräne, karren Betonmischer (Lkw) Material heran, wächst ein Baumonstrum aus dem Eifelboden. Exakt zu diesem Zeitpunkt gibt es dann die Baugenehmigung. - ??? -

Natürlich gab es vorher Teilgenehmigungen. Vom örtlichen Bauamt. Für die Ausschachtarbeiten. Dann für die Fundamente. Dann für den Rohbau. - Es wurde so lange teilgenehmigt, bis das nun die Genehmigung für das Gesamtprojekt vorlag.

Für normale Bürger ist es sicher unbegreiflich, was man heute bis zur eigentlichen Baugenehmigung alles bauen kann - wenn das politisch gewollt ist. - Politisch gewollt sind auch Privat-Investoren. Politisch gewollt ist scheinbar auch, dass die Investoren geheim bleiben. Politisch gewollt ist auch, dass die Nürburgring GmbH nicht in Konkurs geht.

Weil das nicht ins politische Konzept passt. - Aber natürlich kann nur so die Privatwirtschaft gefördert werden. - ??? - Nur so kann man eine ganze Region erstarken lassen. - ??? - Im o.g. Interview wird Dr.

Kafitz als „diplomierter Kaufmann" dargestellt. - Dann müsste er der folgenden Darstellung eigentlich folgen können, die - als ich die Zahlen einem urigen Eifelbauern vorlege, ebenso urig, aber ein wenig unsicher zu mir hinschauend - so hinterfragt wird: „Aber eigentlich sind die doch ... - oder?" - In der 2006er Bilanz findet man dann auch bestätigt: Die Unternehmensfortführung der Nürburgring GmbH war nur durch eine Verpflichtungserklärung des Landes RLP möglich. Als Privatfirma hätte die GmbH bereits Konkurs anmelden müssen.

Blättern wir doch einfach mal in den im Bundesanzeiger veröffentlichten Bilanzdaten und versuchen die dort genannten Fakten zu begreifen:

Dr. Kafitz hat im oben zitierten Interview vom Personalbedarf gesprochen. *"Ohne die anderen Gesellschaften."* - Welche bitte? -

Die **„Nürburgring Circuit Consulting GmbH"** hätte noch erhöhten Personalbedarf. Laut „Jahresabschluss zum 31.12.2006", der am 9. Januar 2008 veröffentlicht wurde (es gibt da eine Veröffentlichungsverpflichtung!) hat diese Firma zwar einen Geschäftsführer (Dr. Kafitz), sieben Aufsichtsratsmitglieder (die aber in 2006 nicht tagten) und keine (!!!) Angestellten. Immerhin hat man so den Verlust von 2005 von 2.538,66 Euro auf 3.134,07 € in 2006 steigern können. Wenn man nun noch ein paar Arbeitslose einstellt... - Mit einem Zuschuss des Arbeitsamts müsste da doch ein Gewinn zu erzielen sein. - Oder?

Schauen wir doch mal auf eine weitere Tochter der Nürburgring GmbH: **„Motorsport-Akademie Nürburgring GmbH & Co KG"**. Die Geschäftsführung liegt beim „diplomierten Kaufmann" Dr. Walter Kafitz. Die Firma hat einen (1) Angestellten. Damit wurde in 2006 immerhin ein Überschuss von 50.853,65 erzielt. - Na, geht doch!

Dann ist da die **„Nürburgring Ticket Service GmbH"**, zu der nur (am 12.12.07) die Information im Bundesanzeiger auftaucht: *„die Gesellschaft ist aufgelöst. Die Gläubiger werden aufgefordert, sich bei ihr zu melden. Der Liquidator."* - Na bitte, geht doch!

An der **"Zakspeed Nürburgring Rennfahrerschule GmbH"** ist die Nürburgring GmbH nur zu 26 Prozent (nach meiner Kenntnis) beteiligt. In 2006 wurde die Gesellschaft noch von den Geschäftsführern Peter Zakowski und Dr. Walter Kafitz geführt. Inzwischen ist Dr. Kafitz zurückgetreten und versucht nun diesen Laden ganz zu übernehmen. Wobei er aber wohl nicht die Summe zahlen will, die Peter Zakowski vorschwebt. Inzwischen hat man schon zweimal (nach Auskunft meiner Informanten) beim Notar gesessen, aber immer wieder die Verkaufsverhandlungen abbrechen müssen, weil die Differenz zwischen gebotener und verlangter Kaufsumme unüberbrückbar groß war. - Natürlich macht das nicht Dr. Kafitz. Das macht sein Finanzmann.

Schaut man mal in die Bilanz dieser Firma 2006, dann fällt auf, dass es dort *"Angaben nach § 42 Abs. 3 GmbHG"* gibt, wo man lesen kann:

"Gegenüber den Gesellschaftern bestehen die nachfolgenden Rechte und Pflichten:

Verbindlichkeiten 460.883,00 €
Forderungen 432.552,00 €"

Ich habe zu den "Verbindlichkeiten" schon mal geschrieben. Hier hatte wohl die "Nürburgring GmbH" lange nicht hingeschaut. Dr. Kafitz, obwohl "diplomierter Kaufmann", hat hier wohl als Kaufmann... - na ja, man kann es ja mit der Kaufsumme verrechnen. Wenn man sich denn einig wird. - Wahrscheinlich wird es dann wieder heißen: Über den Kaufpreis wurde zwischen den Partnern Stillschweigen vereinbart.

Da ist doch das **"Fahrsicherheitszentrum Nürburgring GmbH & Co KG"** von ganz anderer Art. Hier passiert noch was. Da kann man in der 2006er Bilanz lesen:

"Die Besicherung der Verbindlichkeiten gegenüber Kreditinstituten erfolgte durch eine durch die Nürburgring GmbH bestellte Grundschuld in Höhe von 2.045.000 €, sowie durch eine weitere Grundschuld in Höhe von 4.857.000 Euro."

Ich habe die Zahlen ausgeschrieben. Im veröffentlichten Jahresabschluss

2006 ist das immer von „T€" die Rede. Das verstehen natürlich diplomierte Kaufleute. Ich hab es dann so aufgeschrieben, dass meine Geschichte auch von anderen Leuten verstanden wird. Übrigens sind hier als Geschäftsführer nicht nur Dr. Walter Kafitz, sondern auch Ralph Paulus ausgewiesen. Man beschäftigte übrigens 11 Angestellte und 2 Auszubildende. Und es ist zu lesen:

„Von der Möglichkeit, Berichtspflichten im Anhang statt in der Bilanz und der Gewinn- und Verlustrechnung zu machen, wurde weitgehend Gebrauch gemacht."

Nun gibt es zu dieser Firma noch die **„Fahrsicherheitszentrum am Nürburgring Verwaltungs-GmbH"**. Dort ist das Jahrsergebnis 0,00 €. Nun ist diese Firma auch der *„unbeschränkt haftende Gesellschafter der Fahrsicherheitszentrum am Nürburgring GmbH & Co. KG, Nürburg".*, wo man als Gewinn 590.586,12 € vorträgt.

Und dann gibt es wirklich noch die **Nürburgring GmbH, Nürburg**. Auch die hat eine 2006er Bilanz veröffentlicht. Am 8. April 2008. Ich zitiere mal den für mich verständlichsten Abschnitt daraus:

„Obwohl die Nürburgring GmbH zum 31. Dezember 2006 eine bilanzielle Unterdeckung von 12.599.000 € ausweist, wird aufgrund einer positiven Fortführungsprognose das Unternehmensfortführungsprinzip zugrunde gelegt. Die rechtliche Überschuldung wurde im Überschuldungsstatus, der auf Basis der Unternehmensfortführung erstellt wurde, durch die Verpflichtungserklärung der Hauptgesellschafterin, des Landes Rheinland-Pfalz, vermieden. Zur Beseitigung der Überschuldung im Rechtssinne hat das Land Rheinland-Pfalz eine Verpflichtungserklärung abgegeben, wonach von dem im Landeshaushaltsplan 2007/2008 vorgesehenen Gesellschafterdarlehen, die beiden ersten Tranchen über jeweils 6.670.000 € als nachrangige Darlehen gewährt wurde. In Höhe der ausgezahlten Darlehensbeträge werden gleichzeitig Rangrücktrittserklärungen abgegeben."

Sauber! - Alles politisch korrekt. Alles politisch gewollt. - Nun stellen Sie sich einmal vor, die Nürburgring GmbH wäre eine Privatfirma. Könnte man da für 215 Millionen das Geschäft (welches eigentlich?) ausweiten? Na, eigentlich braucht man ja nur 135 Millionen, weil die Mediinvest GmbH, Düsseldorf ja der private Investor für „den Rest" von rd. 80 Millionen Euro ist. Mediinvest ist die Firma, von der die „Eifel-Zeitung" in der 24. Kalenderwoche 2008 (also Mitte Juni) berichtete, dass man in einem auf den Internetseiten der Mediinvest bestehenden Hotel in Tirol über den Fremdenverkehrsverein des Ortes ein Zimmer buchen wollte. Zitat aus der „Eifel-Zeitung":

„Die haben sich dort beim Fremdenverkehrsamt kaputt gelacht. Dort wurde überhaupt noch nicht angefangen mit dem Bau."

Das ist hier am Nürburgring, beim Projekt „Nürburgring 2009", nicht anders. Nur hat hier noch niemand gelacht. So ist der Baubeginn vom „Dorf Eifel" für August 2008 geplant. Jetzt, Anfang September, ist mit dem Bau noch nicht begonnen worden. Und als ich mich im kleinen Dorf Drees nach dem Baubeginn für das „Lindner Motorsport Resort Nürburgring" erkundigte, da wurde mir erzählt, dass *„hier wohl ein Uhu herum fliegt, der den Baubeginn bisher verhinderte"*. -

Irgendeiner muss ja wohl einen Vogel - im richtigen Moment „aus dem Hut ziehen". Aber offiziell ist der Baubeginn auch erst für Oktober 2008 geplant. Weil vorher auch noch kein Baurecht besteht. -

Oder sollte ich mal wieder - vergebens - nach dem Investor fragen? - Tue ich nicht, weil ich von Herrn Prof. Dr. Ingolf Deubel aus dem Fernsehen weiß: *„Mediinvest ist der Investor"*. - (Vielleicht sollte sich der Herr Professor mal die letzte Bilanz der Düsseldorfer GmbH vorlegen lassen.) Von seiner Aussage, dass die Mediinvest GmbH der Investor ist, sollte sich Herr Deubel mal eine Schallplatte machen lassen. Eine Schallplatte ist vielleicht auch eindrucksvoller. Da kommt irgendeine Stimme aus dem Off. Ein wenig Hall drunter würde das

Ganze noch bedeutender machen. - So was könnte man in jeder Disco zum „scratchen" verwenden. - Toller Effekt!

Spannend ist auch das Blättern im Jahresabschluss 2006 der Nürburgring GmbH, wo man z.B. lesen kann:

„Innerhalb des Projekts ‚Nürburgring 2009' wurden die Planungen konsequent weiterentwickelt und im Zeitplan umgesetzt." -

Ich habe jetzt mal mit „Leuten vom Bau" gesprochen. Die meinen, dass das so wäre wie eigentlich immer. Bei einer solchen Großbaustelle wäre eine kleine Verzögerung normal. Am „Ring" würde es zur Zeit ungefähr an etwas mehr als 20 Positionen haken. Aber die Verzögerung zur Zeit (Ende August) würde insgesamt - also mal grob gerechnet - nicht mehr als zwei Monate betragen. Um genau zu sein: man hat von acht Wochen gesprochen. - Entschuldigung! - Aber Walter kriegt das schon hin. Schon Kurt zuliebe. Und sonst wird an den passenden Stellen kaschiert. - Es kommt doch nicht auf ein paar Millionen an.

Lassen Sie mich an dieser Stelle mal einen **Auszug aus dem Sitzungsprotokoll des Mainzer Landtags vom 28. Februar 2008** einschieben. „Nürburgring 2009" war nur eines von vielen dort behandelten Themen. Ich habe es für Sie „ausgeschnitten". Da sagt dann der Herr Präsident:

...Ich rufe die Mündliche Anfrage des Abgeordneten Michael Billen (CDU), Finanzierung des Ausbaus des Nürburgrings zum Freizeit- und Businesszentrum – Nummer 2 der Drucksache 15/1955 – betreffend, auf.

MdL. Billen, CDU: Ich frage die Landesregierung:

1. Welche Sicherheit besteht nach Auffassung der Landesregierung für die Einhaltung der mit 215 Millionen Euro veranschlagten Kosten des Ausbaus des Nürburgrings zu einem ganzjährigen Freizeit- und Businesszentrum?

2. Für welche Investitionssummen und Projektteile konnten zum gegenwärtigen Zeitpunkt private Investoren und Refinanzierungspartner vertraglich verbindlich verpflichtet werden?
3. Wird die Gesamtsumme der Investitionen, die nicht durch private Investoren oder Refinanzierungspartner aufgebracht oder garantiert sein wird, durch die Nürburgring GmbH aufzubringen oder zu refinanzieren sein?
4. Mit welchen Mitteln wird oder muss das Land Rheinland-Pfalz zum gegenwärtigen Zeitpunkt und in der Folgezeit als Hauptanteilseigner der Nürburgring GmbH zur Finanzierung der Investitionsmittel beitragen, die nicht durch private Investoren aufgebracht oder refinanziert werden können?

Präsident Mertes: Für die Landesregierung antwortet Herr Finanzminister Professor Dr. Deubel.

Prof. Dr. Deubel, Minister der Finanzen: Herr Präsident, meine Damen und Herren! Namens der Landesregierung beantworte ich die Mündliche Anfrage des Herrn Abgeordneten Billen wie folgt:
Zu Frage 1: Für die Eigeninvestition der Nürburgring GmbH von derzeit 135 Millionen Euro wurden im Wesentlichen folgende, das Risiko minimierende Maßnahmen ergriffen:
a) professionelles, extern unterstütztes Projektmanagement,
b) striktes Kostenmanagement,
c) aktuell besteht Kostensicherheit für ca. 40 % des Investitionsvolumens, die übrigen Aufträge befinden sich plangemäß im Vergabeverfahren.
Schließlich sind für Nachträge und sonstige Mehraufwendungen im Investitionsvolumen ca. 10 Millionen Euro Reserven berücksichtigt, die nach den bisherigen Ausschreibungsergebnissen praktisch noch vollumfänglich vorhanden sind.
Zu Frage 2: Die Gesamtkosten für den Aufbau der Mobilien und Immobilien am und um den Nürburgring belaufen sich derzeit

auf 215 Millionen Euro. Mit der Mediinvest GmbH konnte ein renommierter Partner gefunden werden, der allein 80 Millionen Euro der Gesamtinvestitionen selbstständig privat finanziert. Die Mediinvest GmbH investiert in ein Hotel, das Gastronomiezentrum „Dorf Eifel", ein Ferienhausressort sowie ein Personalhaus. Die damit verbundenen Verträge befinden sich in der rechtlichen Endabstimmung zwischen der Mediinvest GmbH und der Nürburgring GmbH.
Unter Berücksichtigung weiterer Refinanzierungspartner der Nürburgring GmbH werden durch Liefer-, Dienstleistungs- und Mietverträge aktuell zusätzlich weitere 40 Millionen Euro refinanziert. Damit beträgt das Engagement privater Dritter zur Refinanzierung des Gesamtvorhabens von 215 Millionen Euro gegenwärtig bereits über 56 %. Weitere Gespräche und Verhandlungen finden statt.

Zu Frage 3: Die Nürburgring GmbH wird das eigene Investitionsvolumen am Kapitalmarkt finanzieren.
Zu Frage 4: Das Land stockt gemeinsam mit dem Kreis Ahrweiler das Stammkapital um 10 Millionen Euro auf und gibt ein Gesellschafterdarlehen von 20 Millionen Euro. Die Mittel sind im Doppelhaushalt 2007/2008 veranschlagt.
So weit die Beantwortung der Mündlichen Anfrage.

Präsident Mertes: Gibt es Zusatzfragen? – Eine Zusatzfrage des Herrn Abgeordneten Puchtler.

MdL. Puchtler, SPD: Herr Staatsminister, wie schätzen Sie die wirtschafts- und strukturpolitische Bedeutung dieser Investition ein?

Prof. Dr. Deubel, Minister der Finanzen: Die strukturpolitische Bedeutung für die Region ist außerordentlich hoch; denn durch die Investitionen werden voraussichtlich mindestens 500 zusätzliche Arbeitsplätze am Standort geschaffen. Zum Zweiten wird an diesem Standort eine Situation geschaffen, dass die vorhandenen Arbeitsplätze abgesichert werden, während man, wenn diese Investition nicht getätigt werden würde, davon ausgehen müsste, dass auch die vorhandenen Arbeitsplätze deutlich reduziert werden müssten.

Präsident Mertes: Eine Zusatzfrage des Herrn Kollegen Bracht.

MdL. Bracht, CDU: Herr Minister, können Sie erläutern, wie sich die von Privaten zu erbringenden 40 Millionen Euro zusammensetzen, bei denen Sie von Refinanzierung gesprochen haben, die in der Erarbeitung, aber noch nicht ganz gesichert sei? Wie setzen sich diese 40 Millionen Euro zusammen, und ist kurzfristig oder erst über einen längeren Zeitraum hinweg mit dieser Refinanzierung zu rechnen?

Prof. Dr. Deubel, Minister der Finanzen: Die 40 Millionen Euro beruhen auf Verträgen, die teilweise abgeschlossen sind und sich teilweise noch in der Verhandlung befinden, bei denen aber ein Verhandlungsstand erreicht ist, nach dem die Verträge als gesichert angesehen werden können.
Bei den Verträgen handelt es sich in aller Regel um Verträge, bei denen jährliche Zahlungen an den Nürburgring stattfinden, die ihrerseits geeignet sind, ein entsprechendes Volumen von 40 Millionen Euro zu refinanzieren. Dies sind also keine Investitionszuschüsse oder Investitionszahlungen Dritter, sondern es sind laufende Zahlungen, die aber von den 135 Millionen Euro bereits 40 Millionen Euro in der Refinanzierung abdecken. So ist das mit den 40 Millionen Euro zu verstehen.

Präsident Mertes:
Eine Zusatzfrage des Herrn Kollegen Billen.

MdL. Billen, CDU: Herr Staatsminister, gibt es weitere Zusagen für die Mediinvest GmbH, die von rechtlicher Bedeutung für das Land Rheinland-Pfalz sind?

Prof. Dr. Deubel, Minister der Finanzen: Dies ist im Haushalts- und Finanzausschuss bereits erläutert worden. Die Nürburgring GmbH beteiligt sich an der entsprechenden Objektgesellschaft mit einer kleinen Beteiligung von – wenn ich es richtig im Kopf habe – 5.000 Euro bei einem Grundkapital von 50.000 Euro und einer auf zwei Jahre befristeten Mitfinanzierung eines Gesellschafterdarlehens von insgesamt 3 Millionen Euro. Von diesen 3 Millionen Euro entfallen auf die 10 %ige Beteiligung der Nürburgring GmbH 300.000 Euro, die aber zeitlich befristet sind. Sie dienen im Grunde nur dazu, die Anlaufkosten zu überbrücken, bis dieses Projekt in die normale Bau- und Finanzierungsphase kommt. Insofern ist das maximale Risiko des Nürburgrings aus dem Engagement Mediinvest GmbH auf exakt 305.000 Euro begrenzt.

Präsident Mertes: Eine Zusatzfrage des Herrn Kollegen Licht.

MdL. Licht, CDU: Herr Minister, inwieweit spielt in Ihrem Konzept das Stichwort „Spielbank" eine Rolle?

Prof. Dr. Deubel, Minister der Finanzen: Die Worte „in Ihrem Konzept" sind nicht ganz korrekt. Richtig ist, dass in dem geplanten Hotel auch Vorkehrungen getroffen werden, um dort die Zweigstelle einer Spielbank unterhalten zu können. Dies befindet sich zurzeit in der Abstimmung.
Sie wissen, dass wir zwei Spielbanken im Land, nämlich in Bad Neuenahr und in Mainz mit verschiedenen Zweigstellen haben. Wenn am Nürburgring eine Zweigstelle einer Spielbank errichtet werden sollte, so wäre es selbstverständlich eine Zweigstelle der Spielbank Bad Neuenahr; denn aufgrund der Kleinräumigkeit wäre anderes nicht vorstellbar. Dies müsste im Spielbankgesetz geregelt werden, und die Konzession der

Spielbank Bad Neuenahr würde entsprechend ausgeweitet. Dies befindet sich derzeit in der Diskussion, es betrifft jedoch nicht die Räumlichkeiten, die die Nürburgring GmbH errichtet, sondern die Räumlichkeiten, für die die Mediinvest GmbH Verantwortung trägt. Eine solche Einrichtung rundet, wenn man so will, das Angebot am Nürburgring ab; von daher wird es von der Landesregierung unterstützt.

Das Spielbankgesetz ist derzeit noch im Verfahren, ich gehe aber davon aus, dass sich der Landtag in absehbarer Zeit – entweder kurz vor oder kurz nach der Sommerpause – mit dem Spielbankgesetz befassen wird. Es muss sowieso damit befasst werden, weil es ohnehin geändert werden muss. Hintergrund dafür ist, dass es durch europäisches Recht eine Entscheidung gegeben hat, dass bei Spielbanken die Mehrwertsteuer nicht durch die Spielbankabgabe abgegolten wird. Bekannterweise zahlen Spielbanken Spielbankabgaben und Konzessionsabgaben von zusammen mindestens 80 %.

Damit waren nach traditionellem deutschem Recht sämtliche Abgaben abgedeckt.

Der Europäische Gerichtshof hat entschieden, dass die Mehrwertsteuer separat erhoben werden muss. Dies bedeutet wiederum, dass natürlich nicht mehr Abgaben in Höhe von 80 % möglich sind, sondern dass von diesen 80 % schlicht und ergreifend die Nettobelastung aus der Mehrwertsteuer abgezogen wird, sodass sich unter dem Strich für die Spielbanken nichts ändert, wohl aber für die Länderhaushalte. Die Mehrwertsteuer ist bekannterweise nur zu rund 50 % eine Ländersteuer und den Rest bekommt der Bund und zu einem kleinen Teil auch die Gemeinden. Deswegen ist diese Änderung notwendig. Von daher ist die Änderung des Spielbankgesetzes sowieso in der Vorbereitung.

Präsident Mertes: Eine Zusatzfrage des Herrn Kollegen Eymael.

MdL. Eymael, FDP: Herr Staatsminister, ich möchte noch

einmal auf die Investitionen durch die Nürburgring GmbH in Höhe von 135 Millionen Euro zu sprechen kommen. Wie erklären Sie sich, dass es trotz eines guten Konzeptes, das auch von verschiedenen Gutachtern als gut und wirtschaftlich bezeichnet worden ist, keine privaten Investoren gibt, die sich an diesem 135-Millionen-Projekt beteiligen?

Prof. Dr. Deubel, Minister der Finanzen: Herr Abgeordneter Eymael, das kann man so nicht sagen.

(Heiterkeit bei der FDP – Billen, CDU: So nicht!)

Das kann man so nicht sagen, weil es eine ganze Reihe von Angeboten privater Investoren gibt, die Investitionen zu übernehmen. Dabei ist aber klar, dass der Nürburgring den laufenden Betrieb verantworten sollte.

Für den Nürburgring lohnt es sich natürlich nur, einen privaten Investor mit hineinzunehmen, wenn es aus der Sicht des Nürburgrings günstiger ist, als selbst zu investieren. Günstiger bedeutet beispielsweise, dass die dann zu zahlende Miete günstiger ist als die Kosten, die die Nürburgring GmbH bei einer Eigeninvestition hat; denn es wäre natürlich nicht besonders sinnvoll, einen privaten Investor mit hineinzunehmen, der eine höhere Miete haben will, als beim Nürburgring Abschreibungen und Zinsen entstehen. Dies wäre die erste Variante, bei der ein privater Investor aus wirtschaftlichen Gründen interessanter sein könnte. Die zweite Variante wäre, dass ein privater Investor bereit wäre, nicht mit einer Festmiete zu arbeiten, sondern mit einer umsatz- bzw. ergebnisabhängigen Miete. Dies hätte den Vorteil, dass Risiken und Chancen mit dem privaten Investor geteilt werden könnten. Das heißt, bei hohen Umsätzen würde selbstverständlich die Miete teurer werden als die Summe aus Abschreibungen und Zinsen. Bei niedrigen Umsätzen müsste sie dementsprechend niedriger sein.

Das Problem ist nicht, einen Privaten zu finden, der die Investition tätigt – das ist kein Problem –, sondern das Problem ist, einen Privaten zu finden, der aus der Sicht des Nürburgrings wirtschaftlich günstiger ist, als selbst zu investieren.

(Heiterkeit bei der FDP)

Ja, natürlich. Ich bitte Sie: Warum soll man denn nur, um einen privaten Investor zu haben, letztendlich eine völlig unwirtschaftliche Konstruktion wählen? Aber es werden nach wie vor Gespräche mit Privaten geführt, die zum Ziel haben, das, was ich eben als wirtschaftliches Ziel aus der Sicht des Nürburgrings gekennzeichnet habe, auch zu realisieren. Dazu kann ich im Moment keine Konkretisierung vornehmen. Ich denke aber, dass ich Ihnen in den nächsten Monaten über die Ergebnisse der laufenden Gespräche berichten kann.

Präsident Mertes: Es liegen noch folgende Zusatzfragen vor: Herr Kollege Bracht, Herr Kollege Billen, Herr Kollege Licht, Herr Kollege Creutzmann und Herr Kollege Eymael. Können wir dann in gemeinsamem Einverständnis weiterfahren?

Wir haben erst zwei Mündliche Anfragen beantwortet. Sind Sie damit einverstanden?

(Zurufe aus dem Hause: Ja!)

Ich erteile Herrn Kollegen Bracht das Wort.

(Licht, CDU: Es wird mit der Anfrage mehr Geld bewegt als mit vielen anderen!)

MdL. Bracht, CDU: Herr Minister, inwieweit spielen die erwarteten Erträge aus der Spielbankniederlassung – oder wie Sie es nennen – bei der Gesamtfinanzierung des Projektes eine Rolle?

Prof. Dr. Deubel, Minister der Finanzen: Die unmittelbaren Erträge spielen hier keine Rolle.

(Bracht, CDU: Und mittelbar?)

– Das werden wir im Rahmen der Beratungen über das Spielbankgesetz zu erörtern haben. Vielleicht nur so viel: Das, was wir Ihnen als

Änderungsgesetz für das Spielbankgesetz vorlegen werden, wird dazu führen, dass sich der Landeshaushalt netto dabei deutlich verbessert, und zwar mit oder ohne die üblichen Beteiligungen der Standorte, das heißt der Gemeinden und der Fremdenverkehrsinstitutionen. Das heißt, auch mit Beteiligung der Standorte, wie wir das schon bisher im Spielbankgesetz geregelt haben, wird sich der Landeshaushalt unter dem Strich aus der Änderung des Spielbankgesetzes in jedem Fall besser stehen. Um es in Bezug auf die Gemeinden noch einmal zu präzisieren:

Die Spielbankabgabe ersetzt alle anderen Steuern, mit Ausnahme der Mehrwertsteuer aufgrund der europäischen Rechtsprechung. Sie ersetzt insbesondere die Gewerbesteuer. Weil das so ist, werden von der Spielbankabgabe an die jeweiligen Kommunen Teilquoten ausgezahlt, damit die Kommunen nicht auf der einen Seite den Ausfall der Gewerbesteuer und auf der anderen Seite keine Kompensation haben. Dieses Gesamtgeflecht muss man sehen.

Präsident Mertes: Zu einer weiteren Zusatzfrage hat Herr Kollege Billen das Wort.

MdL. Billen, CDU: Herr Staatsminister, rechnen Sie neben den 20 Millionen Euro Kredit, die das Land Rheinland-Pfalz nach der Erhöhung des Kapitals um 10 Millionen Euro zur Verfügung stellt, mit weiteren Kosten für das Land Rheinland-Pfalz für die Nürburgring GmbH?

Prof. Dr. Deubel, Minister der Finanzen: Das ist aus heutiger Sicht nicht notwendig. Die Wirtschaftspläne des Nürburgrings weisen auch ohne unmittelbare Mittel aus dem Landeshaushalt schwarze Zahlen aus.

(Billen, CDU: Was heißt „unmittelbar"?)

Präsident Mertes: Meine Damen und Herren, diesen Dialog habe ich eben bei Herrn Bracht zugelassen. Jetzt möchte ich gerne die nächste Anfrage aufrufen. Herr Kollege Licht, Sie haben das Wort zu einer Zusatzfrage.

MdL. Licht, CDU: Herr Minister, Sie haben sehr ausführlich über die Änderung des Spielbankgesetzes berichtet, was heute auch im Allgemeinen von Ihnen vorgetragen wurde. Zu Beginn haben Sie bis jetzt von 56 % privater Beteiligung an dem Engagement gesprochen. Wie weit wird das Spielbankengagement die private Beteiligung bzw. die der staatlichen Seite erhöhen?

Prof. Dr. Deubel, Minister der Finanzen: Das ist weder positiv noch negativ eingerechnet. Ich sehe aus heutiger Sicht auch nicht, dass durch das Spielbankengagement bei der Refinanzierung der 135 Millionen Euro eine Änderung eintritt. Wie gesagt, der Spielbankbetrieb ist im Bereich der Investitionen, die Mediinvest tätigt, geplant. Die Nürburgring GmbH wird kein Veranstalter sein. Insofern ist kein direkter Zusammenhang zwischen dem Spielbankbetrieb und der Nürburgring GmbH gegeben. Allerdings wird der Standort nicht anders zu behandeln sein als andere Standorte von Spielbankzweigstellen.

Präsident Mertes: Eine weitere Zusatzfrage des Kollegen Creutzmann.

MdL. Creutzmann, FDP: Herr Minister, nach Ihren Ausführungen habe ich folgende Frage: Ist der erwartete Profit aus dem Investment am Nürburgring so hoch, dass das Land keinen privaten Investor daran beteiligen will?

(Heiterkeit bei FDP und CDU –
Billen, CDU: Gut gefragt! Das kann
man so nicht sagen!)

Sie haben vorhin ausgeführt, es gibt auch Private. Sie wollen keine Privaten darin haben, so habe ich Sie verstanden.

Präsident Mertes: Herr Creutzmann, Ihre Frage war so klar, dass man sie nicht zweimal stellen muss.

Prof. Dr. Deubel, Minister der Finanzen: Ich habe die Frage vollständig verstanden.

Bei Kosten und Erträgen muss man genau zwischen den Gebäudekosten, den Kapitalkosten und den Folgekosten für das Gebäude einerseits und den Erträgen und Kosten des laufenden Betriebs andererseits unterscheiden. Einen Investor für das Gebäude muss man natürlich danach beurteilen, ob er aus der Sicht der Nürburgring GmbH in den Kapitalkosten für das Gebäude günstiger oder ungünstiger ist, als wenn es vom Nürburgring selbst gestaltet wird. Das ist der Teilbereich Gebäude bzw. Investition. Daneben steht der Betrieb. Für den Betrieb einen Privaten hineinzunehmen, würde bedeuten, dass der Nürburgring in der Tat zusätzliche Mindereinnahmen dadurch hätte, dass ein Privater in dem Bereich, in dem Überschüsse erzielt werden können, von vornherein beteiligt wird. Eine andere Geschichte ist, wenn ein Privater für den Einstieg in das Geschäftsmodell entsprechende Preise zahlen würde. Darüber kann man jederzeit reden. Nicht reden kann man aber darüber, dass ein Privater investiert und der Nürburgring damit höher belastet ist, als wenn er selbst investiert. Auch nicht reden kann man darüber, dass der Nürburgring auf dem Gelände des Nürburgrings darauf verzichtet, eine Gesamtkoordination wahrzunehmen; denn Erfahrungen mit dem Auseinanderklaffen eigener Kompetenzen und fremder Kompetenzen sind in den letzten 15 Jahren hinreichend gesammelt.

(Heiterkeit bei SPD und FDP)
– Ja, das ist so am Nürburgring. Ich könnte Ihnen das detailliert darstellen, aber nicht in öffentlicher Sitzung.
(Dr. Schmitz, FDP: Eine schöne Formulierung!)

Von daher ist es zwingend notwendig, dass die Nürburgring GmbH für das Gesamtprojekt, also für die Rennstrecke, Kernbereiche des bisherigen Geschäfts und das neue Geschäft, die volle Kompetenz hat und damit auch wirklich Hand in Hand gearbeitet werden kann und nicht Teilbereiche auf dem Gelände des Nürburgrings in ganz unterschiedliche Richtungen ziehen. Das wäre nicht vernünftig.

Präsident Mertes: Eine weitere Zusatzfrage des Kollegen Eymael.

MdL. Eymael, FDP: Herr Staatsminister, Sie haben mit dem Bau dieses Freizeit- und Businesszentrums bereits begonnen. Ist es jetzt bei der Landesregierung üblich, dass man frühzeitig mit dem Bau beginnt, ohne dass die Finanzierung sichergestellt ist, also weder bei dem 135-Millionen-Euro-Projekt, noch bei dem 80-Millionen-Euro-Projekt entsprechende Verträge vorliegen? Ist das eine neue Verfahrensweise der Landesregierung?

(Ramsauer, SPD: Nein! –
Billen, CDU: Das kann man so nicht sagen! –
Heiterkeit im Hause)

Präsident Mertes: Es freut mich, dass das Parlament diese Antwort mit so viel Heiterkeit aufnimmt. Damit ist die Anfrage beantwortet.

(Heiterkeit und Beifall im Hause)

Hier endet dieser Ausschnitt. Sie sind beeindruckt? Ich war es auch. Viel „Heiterkeit". Dagegen ist das „Heitere Beruferaten" im Fernsehen ein Trauerspiel. Darum sollte das Fernsehen doch lieber Landtagssitzungen „live" übertragen. Das spart Produktionskosten und amüsiert die Zuschauer (wenn sie nicht nachdenken) sicher königlich.

Ein denkender Leser, der dieses Sitzungsprotokoll kennt, schreibt mir dazu:

„Wenn man das liest, wird einem schlecht. Hat eigentlich irgendwas von dem, was unsere Politiker tun, noch Hand und Fuss? Für mich ist es immer wieder unglaublich, wie weit diese Schwätzer sich vom Volk entfernt haben."

Natürlich ist das nur die unbedeutende Meinung und Aussage eines normalen Wählers. Natürlich ist der auch Bürger und Steuerzahler. Er weiß natürlich auch, wie wichtig die Volksvertreter in Ihrer Funktion in den Parlamenten sind. Wenn sie denn funktionieren. Manchmal sind es eben nur Funktionäre. Und darum leidet auch die Wahlbeteiligung. Oder? Aber immerhin haben sie (zum Ausgleich ihrer mageren Diäten?) viel Spaß (s.o.).

Ich verstehe zu wenig von Politik und schaue darum gerne - zusammen mit Ihnen - weiter in die Bilanzen der Nürburgring GmbH von 2006. Auch, um die Aussagen und Daten dort mit aktuellen (oder älteren) Aussagen und Daten zu vergleichen.

Die Hockenheim-Ring GmbH hat in diesem Jahr den F1-Grand-Prix veranstaltet. In Hockenheim natürlich. Nach Aussagen des dortigen Geschäftsführers kamen zum „Großen Preis von Deutschland" 80.000 Besucher. Aber 90.000 verkaufte Tickets wären notwendig gewesen, um einen Verlust abzuwenden. Sagt er. So musste man denn einen Verlust aus diesem F1-Rennen von 3.000.000 € ankündigen. - Wie gesagt: das passierte in 2008 in Hockenheim.

In 2006 vermeldete die Nürburgring GmbH durch ihren Geschäftsführer Dr. Walter Kafitz 301.000 Zuschauer beim Formel 1-Rennen. Und die Bilanz weist einen Verlust - allein für die Formel 1-Veranstaltung - von exakt 9.984.000 €. Das ist ein „operativer Verlust".

Nun sind 301.000 Besucher bei der Formel 1 im Jahre 2006 - für mich - genauso wenig glaubhaft, wie die rd. 10 Millionen Euro Verlust. Damit ist der Verlust höher als die Umsatzerlöse in Sachen Formel 1, die 9.154.000 € betrugen. Während in Hockenheim eine Erhöhung der Zuschauerzahlen für einen geringeren Verlust gesorgt hätten, gelten am Nürburgring andere Gesetzmäßigkeiten: höhere Zuschauerzahlen = höhere Verluste. Verstehen Sie das?

Verstehen Sie es besser, wenn ich daran erinnere, dass der Landesrechnungshof Rheinland-Pfalz in seinem letzten Bericht zur Formel 1-Situation am Nürburgring schrieb:

„Die Zahl der zahlenden Zuschauer für das Hauptrennen ging von 2003 bis 2006 um 27% zurück."

Danach müsste man dann in 2003 gut 410.000 zahlende Besucher gehabt haben. Lt. Landesrechnungshof. Oder Dr. Kafitz meint nicht nur die zahlenden Besucher, sondern auch die „nicht zahlenden".

Auszug aus einem Interview von F1Total.com, das am 17. Oktober 2006 veröffentlicht wurde:

> **Frage:** *„Am Campingplatz sind uns Fans über den Weg gelaufen, die nur der Atmosphäre wegen da waren, sich keine Eintrittskarten kaufen wollten. Kann man beziffern, wie viele das so machen?"*
> **Kafitz:** *„Das können nur wenige gewesen sein."*
> **Frage:** *„Sie halten das für Einzelfälle?"*
> **Kafitz:** *„Das sind Einzelfälle, ja."*

Irgendetwas stimmt doch da nicht. Basieren vielleicht darum die Gutachten auf einer virtuellen Zahlenkonstruktion? Besucher, Besuche, zahlende Zuschauer, nicht zahlende Zuschauer.

Oder stimmen vielleicht alle veröffentlichten Zuschauerzahlen nicht? Dr. Kafitz hat immer gerne große, hohe Besucherzahlen genannt, von denen er dann später schon mal sagte, dass man zwischen Besucher und „Besuch*e*" unterscheiden müsse. Hat die Firma Wenzel Consulting, von der eine der ersten „Besuchsanalysen" im Jahr 2005/2006 stammt vielleicht da auch etwas durcheinander gebracht? Auch im Jahresabschluss 2006 der Nürburgring GmbH wird hervorgehoben, dass der **„Nürburgring Europas traditions- und erfolgreichste Rennstrecke"** ist und es wird weiter im Text von *„über zwei Millionen Besuchern pro Jahr"* geschrieben.

Interessant ist, dass im Jahresabschluss 2006, aus dem hier immer wieder zitiert wird, die Formel 1 nicht dem so genannten „Kerngeschäft" zugerechnet wird. Wenn die Formel 1 nicht zum „Kerngeschäft" der Nürburgring GmbH gehört, was dann? Man trennt nach folgenden Verlustquellen (und ich schreibe gleich die Zahlen dazu):

> Das Kerngeschäft bringt einen **Verlust** von 3.257.000 Euro
> Mit der Formel 1 macht man einen **Verlust** von 9.894.000 €, wobei man gleich noch eine **„Drohverlustrückstellung"** für F1-Läufe 2007, 2009 und 2011 vornimmt (= 23.788.000 €).

Die „Vorlaufkosten" für „Nürburgring 2009" bringen einen **Verlust** von 3.264.000 €.

Der im Jahresabschluss 2006 ausgewiesene Gesamtverlust liegt bei etwas über 40 Millionen Euro (40.000.000 €). Natürlich nur „buchmäßig", weil man die Verluste aus den „kommenden" F1-Rennen 2007, 2009 und 2011 schon „im Vorgriff" buchmäßig berücksichtigt hat. So wird man dann in 2007, 2009 und 2011 darauf verweisen können, dass trotz der baulichen Tätigkeit und der Umsetzung von „Nürburgring 2009" die Verluste gesunken sind. Ich würde das als Vorspiegelung falscher Tatsachen empfinden. Zumal mit diesem Trick die Geschäftsleitung und der Herr Aufsichtsratsvorsitzende von der Landesregierung gleich wieder neue Millionen loseisen konnte, denn: Man kann die Nürburgring GmbH, als ein Produkt der Landesregierung (90 Prozent Beteiligung) doch nicht in Konkurs gehen lassen. Anders beschrieben: der Herr Aufsichtsratsvorsitzende der Nürburgring GmbH greift dem Finanzminister des Landes Rheinland-Pfalz tief in die Tasche. Zufällig sind beide dieselbe Person, tragen darum auch den gleichen Namen: Prof. Dr. Ingolf Deubel. Nur: der zahlt nicht mit seinem Geld, sondern mit Steuergeldern.

Im Jahre 2006 hatte Dr. Kafitz nach dem „Großen Preis", der den großen Verlust brachte, gegenüber dem Internet-Medium „F1Total.com" (Mitte Oktober) gesagt:

„Der Nürburgring GmbH geht es gut. Wir sind ein wirtschaftlich gesundes Unternehmen mit einem Eigenkapital von deutlich über 30 Millionen Euro."

Im Jahresabschluss 2006 wird dagegen zur „Vermögens- und Finanzlage 2006" festgestellt:

„Zum 31. Dezember 2006 verfügt die Nürburgring GmbH über liquide Mittel in Höhe von 1.966.000 €. Die Aufrechterhaltung der Liquidität wurde durch die Aufnahme zweier Schuldscheindarlehn in Höhe von

jeweils 4.000.000 € gewährleistet. Des weiteren bestanden Darlehen der Hauptgesellschafterin, die bereits in Vorjahren gegeben wurden."

Unterschrieben und für richtig befunden werden diese Angaben übrigens von dem gleichen Dr. Kafitz, der die Nürburgring GmbH auch für ein *„wirtschaftlich gesundes Unternehmen"* hält.

Um die genannten Zahlen auf das aktuelle Niveau zu bringen: Laut Eintragung im Handelsregister beim Amtsgericht Koblenz vom 5. August 2008 beträgt das neue Stammkapital nach einer gerade erfolgten Erhöhung um 3.333.000,00 € nun exakt 16.666.000.00 €. Aber der Herr Geschäftsführer werden vielleicht für die Bezeichnung Stammkapital und Eigenkapital jeweils eine andere Definition haben. Genauso wie für Besucher und Besuche.

In dem gerade erwähnten Interview wird Dr. Kafitz auch gefragt:

„Herr Kafitz, die offizielle Zahl für das Formel 1-Wochenende am Nürburgring lag dieses Jahr bei 301.000 Zuschauern, nicht wahr?"
Herr Kafitz antwortet: *„Das ist korrekt, ja."*

Hier war kein Missverständnis zwischen „Besucher und Besuche" möglich. Aber vielleicht bezog sich die Antwort des Marketing-Spezialisten auch ausschließlich auf das: „nicht wahr". Obwohl in den neuesten Unterlagen der Nürburgring GmbH (Stand 08.07.2008) immer noch für die Formel 1 in 2006 eine Zuschauerzahl von 301.000 genannt wird. 2007 sollen es dann 311.000 gewesen. Ein Jahr später in Hockenheim 80.000. Ist das so korrekt, Herr Dr. Kafitz?

Überall wird mit den gleichen Zahlen gearbeitet, die natürlich Gutachten entstammen, die von anderen Gutachtern noch einmal begutachtet wurden. So steht in der schon in der letzten Veröffentlichung erwähnten „Letter of Intent" in der „Präambel" geschrieben:

„Die Verpächterin errichtet für die jährlich mehr als 2 Millionen bisher gastronomisch stark unterversorgten Besucher am Nürburgring

den Gastronomiepark „Dorf Eifel".

Mit dem Bau des „Dorf Eifel" ist zur Zeit noch nicht begonnen worden. Aber man hofft auf Seiten der „Verpächterin" die übrigens als „Marketing & Facility Management Nürburgring GmbH", mit Sitz in 53539 Kirsbach ausgewiesen ist (wieso eigentlich?), dass sich viele privaten Unternehmen dazu durchringen, hier einen Pachtvertrag abzuschließen. Auf Basis der Berechnungen, die von *„jährlich mehr als 2 Millionen bisher gastronomisch stark unterversorgten Besucher am Nürburgring"* ausgeht?

Privatunternehmen müssen bei rechtlicher Überschuldung Konkurs anmelden. Eine Firma der Landesregierung nicht. Da reicht es, wenn das Land Rheinland-Pfalz, wie bei der Nürburgring GmbH geschehen, eine „Verpflichtungserklärung" abgibt. Wie wäre es, wenn darum der der Herr Finanzminister des Landes Rheinland-Pfalz auch als Geschäftsführer des „Dorf Eifel" zusätzlich die Geldverteilungsmaschenerie von Steuergeldern dort direkt steuern würde? Da könnte man doch Synergieeffekte nutzen. Denn wie lernen wir aus dem Jahresabschluss zum 31. Dezember 2006 der Nürburgring GmbH?

> *„Die zukünftige Geschäftsentwicklung wird grundlegend von der Realisierung des Projekts „Nürburgring 2009" gekennzeichnet. Die Planungen werden in einem permanenten Prozess auf den Prüfstand gestellt und weiter entwickelt, so dass von einer vollständigen Planerfüllung ausgegangen wird. Dies umfasst sowohl die Projektentwicklung, die technischen als auch die finanziellen Aspekte des Gesamtprojektes."*

Das ist korrekt, Herr Dr. Kafitz. - Vor allen Dingen sind „die finanziellen Aspekte des Gesamtprojekts" wichtig. - Woher die Millionen der privaten Investoren kommen, bleibt geheim.

Vielleicht hat Kurt Beck jetzt nach seinem Ausscheiden aus der Parteiführung bei der SPD - und nachdem er inzwischen als Kandidat für eine Kanzlerschaft ausgeschieden ist - auch mehr Zeit, sich um die

Dinge in „seinem" Land Rheinland-Pfalz zu kümmern. Sachlich. Es ist dringend notwendig. Vielleicht sollte Kurt jetzt auch mal Walter anrufen. (Auch wegen „Berlin"!) Nachdem Kurt Beck jetzt in der Öffentlichkeit wie ein „nationaler Verlierer" dasteht, sollte er vielleicht versuchen, seine Wiederwahl als Ministerpräsident in Rheinland-Pfalz sicherzustellen, um über „regionale Strahlkraft" wieder zu einer „nationalen Strahlkraft" zu finden.

Kleine Anmerkung: Die Worthülse „nationale Strahlkraft" habe ich einer Einladung des ETI (Internationalen Tourismus Institut, Trier) entlehnt, die u.a. die regionale Gastronomie zur Präsentation eines neuen Gutachtens (**„Touristisches Zukunftskonzept für die Verbandsgemeinden Adenau, Vordereifel und Kelberg"**) am 22. September 2008, 19:30 Uhr, in das **„FUJIFILM Media Center im TÜV Rheinland Tower am Nürburgring"** eingeladen hat. Schöpfer der „Worthülse" von - sagen wir mal - mitteleuropäischem Niveau ist mit hoher Wahrscheinlichkeit der einladende Geschäftsführer Prof. Dr. Heinz-Dieter Quack - oder aber Anne Marx, ein Name der in der Einladung im Briefkopf oben erscheint.

Marx + Trier? Dieser Nachname steht in meinem Bewusstsein für Veränderung - aber auch für den Begriff „Sozialdemokratische Arbeiterpartei". Manchmal sollte man Denkanstößen folgen, Herr Beck.

ETI erstellt „Touristisches Zukunftskonzept" für die Verbandsgemeinden.

„Die ETI wurde schon mehrfach in diesem Buch erwähnt. Zur Erinnerung: Das ist das Europäische Tourismus Institut GmbH in Trier. Es residiert im Palais Kesselstein (Liebfrauenstraße 9), 54290 Trier. Die haben das o.g. Konzept (?) am 22. September zunächst in einer Pressekonferenz - im unbeheizten Fotoraum beim Pressecenter Nürburgring - einer kleinen Schar von Medienvertretern vorgestellt. Auf Wunsch dieser Herrschaften wurden sogar aktuell SW-Kopien der Charts gemacht, die man gerade per Computer in Farbe vorgeführt hatte.

Das gleiche wurde dann den um 200 erschienenen Gästen aus der Geschäftswelt rings um den Nürburgring ein wenig später in geheizten Räumen vermittelt. Und erntete eigentlich tiefe Enttäuschung. Das sollte ein Konzpet sein? War das nicht eigentlich mehr eine vorweg genommene Schuldzuweisung eines staatlichen Unternehmens (ich bezeichne die Nürburgring GmbH mal so) gegenüber der Privatwirtschaft?

Enttäuschung kann lähmend sein. Darum gab es auch noch während der Veranstaltung keinen Aufschrei. Nach Stunden der Besinnung kam erst das Echo. Und das äußerte sich z.B. auch in einem Telefonanruf eines Besuchers der Vorstellungsveranstaltung bei der ETI in Trier, wo man Tage später den Herrn Geschäftsführer zu sprechen verlangte. Doch der war nicht zu sprechen. So wurde unser Anrufer dann mit seinem Stellvertreter, Herrn Dipl.-Geogr. Peter Herrmann, verbunden. Der ließ den Wortschwall des erregten Anrufers nur kurze Zeit über sich ergehen um dann - beschwichtigend - zu erklären: „Wir haben da schon einen auf den Sack bekommen!"

Diese Aussage spiegelt nicht das Niveau wider, dass der Geschäftsführer der ETI, Herr Prof. Dr. Heinz-Dieter Quack, eigentlich bei seinen Gesprächspartnern voraussetzt - dachte ich: Mitteleuropäisches Niveau nämlich. Mit einer solchen Argumentation hatte er nämlich im April des Jahres 2007 mir - auf nett gestellte Fragen (finde nicht nur ich, sondern auch andere, die meine Anfrage kennen) - eine Auskunft verweigert. War ich unter seinem Niveau?

Darum finde ich die aktuelle Aussage seines Stellvertreters so wichtig. Sie relativiert die Anforderungen des Herrn Professor. Nun kann ich mir unter „mitteleuropäischem Niveau" auch etwas vorstellen. Auf diesem Niveau verkehrt man offensichtlich in diesen Kreisen am besten. Also machen wir den Sack erst einmal auf. Bevor wir ihn dann zu machen.

Wer ist eigentlich die ETI? Wann entstand sie? Auf welche Leistungen kann sie in der Vergangenheit (seit ihrer Gründung) zurück blicken?

Das Europäische Tourismus Institut (ETI) wurde im Jahre 1991 gegründet. Drei Gesellschafter waren mit je einem Drittel an der GmbH beteiligt: die deutschsprachige Gemeinschaft Belgiens, das Großherzogtum Luxemburg und das Land Rheinland-Pfalz.

Zu den Aufgaben des Institutes, das von Anfang an eng mit der Universität Trier kooperierte, sollten neben der Markt- und Konsumforschung vor allen Dingen Untersuchungen zur Tourismus- und Regionalentwicklung gehören, z.B. auch die Konzeptionierung zur touristischen Neupositionierung ganzer Regionen im Umfeld der beteiligten Gesellschafter.

Im Jahre 2002 kam als neuer Gesellschafter das Saarland hinzu, wobei die entsprechenden Gesellschafteranteile der bisherigen Gesellschafter – nach einer gleichzeitigen Kapitalerhöhung - damit von einem Drittel nun auf 25 Prozent reduzierte.

Der Landesrechnungshof Rheinland-Pfalz musste bei einer Überprüfung nach dieser Kapitalumschichtung in seinem Jahresbericht 2003 feststellen:

„An der Europäisches Tourismus Institut an der Universtät Trier GmbH, Trier, war das Land mit einem Drittel beteiligt. Am 7. Mai 2002 beschloss die Gesellschafterversammlung die

Veräußerung von Anteilen an das Saarland und eine Erhöhung des Stammkapitals. Dadurch verringerte sich der Landesanteil auf 25%. Der Rechnungshof erfuhr von der Änderung der Beteiligungsverhältnisse durch eine eigene Internet-Recherche. Auf seine Anfrage hin hat das Ministerium der Finanzen die Unterrichtung mit Schreiben vom 23. Mai 2003 nachgeholt."

Nach diesem Vorfall war dann nachvollziehbar, dass der Landesrechnungshof auch im Jahresbericht 2004 einen Blick auf die Abläufe bei der ETI warf. Man kam dort zu folgender Zusammenfassung:

„Die wirtschaftliche Lage der Gesellschaft (Anmerkung: es ist das ETI, Trier gemeint) *hat sich deutlich verschlechtert. Sie erhielt in den Jahren 1997 bis 2003 von den Gesellschaftern Zuschüsse mit einer über seinem Anteil an der Gesellschaft liegenden Quote. Die Gesellschaft war durch Aufträge ihrer Gesellschafter und deren Gebietskörperschaften nicht ausgelastet. Sie führte in erheblichem Umfang Aufträge für Dritte aus, die teilweise nicht kostendeckend abgewickelt wurden."*

Und die zu diesem Zeitpunkt bereits vorgenommene Büro-Neugründung des ETI, Trier in China (!) mit bis zu drei festen und drei freien Mitarbeitern kommentierte der Landrechnungshof Rheinland-Pfalz so:

„Die Erschließung des Tourismusmarktes in Süd-Ost-Asien ist keine öffentliche Aufgabe des Landes."

Um weiter festzustellen:

„Ein geeignetes Controlling zur Abwicklung von Projekten fehlte. Eine Evaluierung der Gesellschaft steht noch aus. Ein neuer Gesellschafter beteiligte sich im Jahr 2002 zu günstigen finanziellen Bedingungen. Eine sachgerechte Unternehmensbewertung war unterblieben."

Der Landesrechnungshof veröffentlichte die Jahresergebnisse (ohne Betriebskostenzuschüsse!) des ETI in den Jahren 1997 bis 2003 mit folgenden Zahlen:

1997 169.000 € Verlust
1998 176.000 € Verlust
1999 86.000 € Verlust
2000 41.000 € Gewinn
2001 11.000 € Gewinn
2002 19.000 € Gewinn
2003 157.000 € Verlust

Und ergänzte diese Zahlen durch die Information:

„Die Gesellschafter gewährten Zuschüsse von insgesamt 827.000 € zur Finanzierung des laufenden Betriebs. Davon entfielen insgesamt 399.000 € auf Zuschüsse des Landes. Darüber hinaus trug es 60% der Projekt-/Sonderzuschüsse von 324.000 €. Im Ergebnis beteiligte sich das Land an den Gesellschafterzuschüssen mit einer über seinem Anteil liegenden Quote."

Um die oben genannten (überwiegend Verlust anzeigenden) Zahlen zu ergänzen, seien hier noch die **„Jahresfehlbeträge"** aus den Bilanzen der Jahre 2005 und 2006 aufgeführt:

2005   225.431,07 € Verlust
2006   14.166,02 € Verlust

Geschäftsführer des Unternehmens, ETI, Trier, ist Herr Prof. Dr. Heinz-Dieter Quack, der jetzt im Rahmen einer Pressekonferenz auch das *„Touristische Zukunftskonzept für die Verbandsgemeinden Adenau, Vordereifel und Kelberg"* am Nürburgring vorstellte.

Im Januar 2007 hatte der Herr Prof. Quack in einem Interview beim SWR zu seiner Einschätzung der Pläne zur „Erlebnisregion Nürburgring" (nennt sich jetzt „Nürburgring 2009") ganz klare und unmissverständliche Aussagen gemacht:

Planung und Konzept seien fachlich nicht überzeugend und im Übrigen beanstandete er das Fehlen einer klaren Zielgruppendefinition.

In seiner Einladung zur aktuellen – in dieser Ausgabe besprochenen – Pressekonferenz schreibt (unterschreibt!) er zum gleichen Projekt:

„Mit den freizeitbezogenen Einrichtungen und den Beherbergungseinheiten entsteht ein attraktives Freizeitagglomerat nationaler Strahlkraft."

Dieses „zu einem Knäuel zusammengedrängte" (lt. Duden = lat. Agglomerat) Freizeitangebot soll also später einmal „nationale Strahlkraft" haben? Sagt die ETI. Und die sagt noch mehr. In einem „Konzept", das weder der Presse, noch den eingeladenen Gästen in Schriftform nahe gebracht wurde.

Ich habe es mir besorgt, weil ich mir vorstellen konnte, dass man für 48.500 € mehr liefern muss als ein paar Charts, als bunte Bilder an die Wand geworfen und mit erklärenden Worten eines Herrn Professor unterlegt.

Es gibt da also um 150 Seiten bedrucktes Papier, das sich eben *„Touristisches Zukunftskonzept"* (usw.) nennt, aber das dann durch die Aufschrift *„Entwurf"* vor Kritik geschützt ist und sich nur n der Hand von „Fachleuten" befindet. Jede Darstellung auf Basis dieses „Entwurfs" würde so wahrscheinlich als nicht stimmend, vorschnelles Urteil oder als Zeichen von „mitteleuropäischer Inkompetenz" bezeichnet werden können. Taktisch geschickt, aber auch ein Zeichen für die Angreifbarkeit des gesamten Projekts.

Darum lassen Sie mich - nur - zu dem etwas sagen, was in dem „Entwurf" - aber auch in dem öffentlichen Vortrag - als besonders wichtig herausgestellt wurde. Im „Entwurf" liest sich das exakt so:

> *„Neben einer umfassenden Analyse des touristischen Status quo - mittels Primärerhebungen in den Bereichen Gastgewerbe, Freizeitinfrastruktur, Tourismusorganisation - war die aktive Partizipation aller beteiligten Akteure im Rahmen einer dreitägigen Kompaktklausur ein zentraler Baustein des Konzeptes. Ziel der vom 15. Juli bis 17. Juli 2008 in Adenau stattgefundenen Workshopreihe war es, gemeinsam mit den Teilnehmern die aktuelle Situation zu beleuchten, Chancen und Risiken der bevorstehenden Entwicklungen abzuschätzen und gemeinsam eine Positionierungsstrategie über ein regionales Alleinstellungsmerkmal zu erarbeiten."*

Die Liste der Teilnehmer an der „Kompaktklausur" (am „Buttermarkt" in Adenau) umfasst 26 Namen, was aber einem Teilnehmer an der Veranstaltung als „übertrieben" erscheint. Seine mir genannte Zahl liegt unter zwanzig. Es waren einige Abgesandte von Tourismus-Verbänden dabei, zu denen offiziell z.B. auch Herr Helmut Koch gezählt wurde, während dieser Herr in meiner Einschätzung als Betreiber des „R-Kauf" in Adenau, einem Supermarkt, eigentlich bedeutender erscheint. Zumal er nach meinen Informationen auch ein entsprechendes Angebot im Rahmen des „Boulevard" (oder an einem anderen Punkt von „Nürburgring 2009") oben am Ring realisieren möchte. Herr Dr. Kafitz weiß Bescheid. Weitere 12 Klausurtagungsteilnehmer kamen aus den jeweiligen Verbandsgemeindeverwaltungen, einschl. der Herren Verbandsbürgermeister.

Schaut man sich an, wie - und in welcher Form - das Konzept entwickelt wurde, weiß man um den Wert dieser Tagung. In der *„Sammlung Marketingthemen für die Region"* taucht u.a. unter dem Begriff *„Grüne Hölle"* folgender Einfall auf: *„Rennsport in Natur integriert; z.B. 24h-Rennen"*. Wer von den tagenden Herrschaften hat denn schon mal hinter den so genannten FIA-Zäunen an der „Nordschleife" gestanden? - Und eine *„Marke Ring"* gibt es längst nicht mehr, da sich „der Ring" längst vom Begriff „Eifel" gelöst hat. Sinkende Besucherzahlen bei Rennveranstaltungen sollten eigentlich aufmerksam machen. Aber man ist so mit der Zukunft beschäftigt, dass man die Gegenwart vergisst.

Bezeichnend für die „Wertigkeit" der „Konzeptstudie" ist, dass z.B. den Zielgruppenuntersuchungen - wie die Antwort des Herrn Prof. auf die Frage eines Besuchers am Ende der öffentlichen Vorstellung der Studie (?) verdeutlicht - keine eigenen Erhebungen der ETI zu Quantität und Qualität zugrunde liegen, ja dass noch nicht einmal die immer wieder von der Nürburgring GmbH genannten Besucher-Zahlen (Besuche-Zahlen?) pro Jahr in der Vergangenheit durchleuchtet und überprüft wurden! Dabei bilden die den Ausgangspunkt für alle „Vorhersagen" und wirtschaftlichen Berechnungen.

So ein Gutachten, Konzeptstudie - oder wie man sie immer bezeichnen soll - wie es gerade vorgestellt wurde, hat keinerlei Anspruch auf eine wissenschaftlich objektive Ausrichtung, wie das gerne publiziert wird. Sie ist aus meiner Sicht als lange geplantes nettes Beiwerk unter einer eindrucksvoll wirkenden Bezeichnung zu Gunsten einer bestimmten politischen Gruppierung, zur Verwirklichung bestimmter Absichten zu sehen. Kein Wunder, dass sich der Herr Professor im Frühjahr 2007, nachdem er sich zunächst (beim SWR) „weit aus dem Fenster gelehnt hatte" ,- sich dann zurück nahm, jede persönliche öffentliche Äußerung zu dem Projekt „Erlebnisregion" (so nannte sich das damals) vermied, um dann jetzt bei „Nürburgring 2009" wieder aus der Versenkung aufzutauchen.

Willkommen im Club, Herr Professor. Willkommen in einem Umfeld von Persönlichkeiten, die auf mitteleuropäischem Niveau miteinander verkehren können. Und sich nicht wundern sollten, wenn die ETI „einen auf den Sack bekommt".

Und nun mache ich den Sack zu. Bevor wieder jemand auf die Idee kommt, dem Sack irgendwie schlagend oder tretend näher zu kommen. So kann dann zumindest nichts rausfallen. Ob es drinnen Scherben gibt?

Inzwischen, im Jahre 2010, hat sich die Landesregierung (aber auch die anderen Gesellschafter der ETI) meiner Meinung aus dem Jahre 2008 angeschlossen und „den Sack zu gemacht". Die ETI wurde verkauft und in Trier praktisch aufgelöst.

Der Herr Professor arbeitet wieder als Professor. Nicht in Trier.

Medienrecht: Beispiele für richtige und falsche Tatsachenbehauptungen

Nein, ich habe keine Lehrberechtigung, bin kein Professor (obwohl mir immer wieder ein solcher Titel - gegen Geld - angeboten wird), aber ich möchte trotzdem ein wenig Verständnis wecken. Für wen? Das müssen Sie, lieber Leser - und das auch noch jeder für sich - entscheiden.

Ich möchte Sie heute einmal auf die §§ 12, 862, 1004 Abs. S 2 (i.V.m. § 249 S.1) des BGB hinweisen. Um was es da geht? Das verstehen nur Richter und Rechtsanwälte wirklich. Natürlich auch Jurastudenten. Das ist wohl auch der Grund dafür, dass man studierte Juristen in allen möglichen Positionen der deutschen Industrie findet. Obwohl dort die Besetzung sehr oft sehr schnell wechselt und angeblich nur „Fachleute" gefragt sind.

Aber was heute ist, kann Morgen Vergangenheit sein. Drei Jahre können lang, aber auch kurz sein. Es ist eben die Frage, welche Maßstäbe man anlegt. Ist eine solche Einschätzung eine persönliche Meinung, dann können Sie die oben genannten §§ (bei der Mehrzahl macht man immer zwei solcher Zeichen) vergessen. Wenn es aber nachlässig formuliert wurde, dann könnte man eine Meinung auch als „falsche Tatsachenbehauptung" auslegen. Obwohl - eben entsprechend der §§ - der evtl. Anspruchsteller im Zweifelsfalle vor Gericht beweisen muss, dass die behauptete Tatsache unwahr ist und dass durch die Behauptung eine Beeinträchtigung, Schädigung, und, und, und entstanden ist. Und darum wird man eine Berichtigung verlangen.

Aber vielleicht dann noch eine Schadensklage nachschieben. Die Höhe des „Streitwertes" bestimmt die Höhe der Gerichts- und Anwaltskosten. Wobei hier die von Anwälten als richtig empfundenen - meist zu hohen - Zahlen von den Richtern dann evtl. nach unten korrigiert werden. Durch eine richtige Tatsachenbehauptung kann aber offenbar kein Schaden entstehen. Darum will ich am Beispiel der BikeWorld Nürburgring GmbH einmal für meine Leser verdeutlichen - weil das u.a. auch Thema der o.g. Anwälte ist - wie exakt man formulieren muss, wenn man als Journalist für die Öffentlichkeit z.B. unverständliche Entscheidungen der Politik beanstanden müsste, aber „die Politik" eine Auskunft verwehrt, zu der sie eigentlich - meine ich - verpflichtet ist. Denn die Politiker sind eigentlich nur vom Volk gewählte Treuhänder der Gelder, die evtl. mit vollen Händen aus dem Fenster geworfen werden. Vielleicht ist das ja auch anders gemeint.

Aber warum erklärt man es dann nicht z.B. so dummen Journalisten wie mir? Ach, Sie meinen, das wäre eine „falsche Tatsachenbehauptung"? Danke!

Anlass für diese Art der „Aufklärung" ist die Art von Politik und „Investoren", der Öffentlichkeit eine Reihe von interessierenden Details vorzuenthalten. Wenn dann - irgendwo in der Presselandschaft - von offensichtlichen Fakten auf bestehende Absprachen und evtl. vertragliche Vereinbarungen geschlossen wird, dann gibt es „Betroffene" (die eigentlich das Ereignis durch ihr vorhergehendes Verhalten selber verschulden), die Anwälte zur Hilfe herbei holen. Auch weil das Eindruck macht. Und weil Geld - in diesem besonderen Fall - wohl keine Rolle zu spielen scheint.

Orientieren wir uns einmal an dem Fall „BikeWorld Nürburgring GmbH", der in der Vergangenheit in der Region durch sein Entstehen (mit allen Auswirkungen) schon als eine „staatliche Wettbewerbsverzerrung" empfunden wurde. Eigentlich hat sich dieser Fall erledigt, nachdem hier Steuergelder in Millionenhöhe (4,8 Mio) „in den Sand gesetzt" wurden. Aus den Augen, aus dem Sinn? Nein, der Region wurde ein bleibender Schaden zugefügt (z.B. Motorradhändler-Struktur).

Der Fall ist auch nicht vergessen, wenn z.B. eine Zeitung aktuell die Frage stellt, ob das jetzt im Falle der Lindner-Hotels, die gerade gebaut werden, durch entsprechende Absprachen oder vertragliche Vereinbarungen im so genannten „Management"-Vertrag genauso abläuft, wie in der Vergangenheit bei der BikeWorld Nürburgring GmbH?

Ich kenne die genaue Formulierung in der Zeitung nicht, weiß nur, wie sie wohl gemeint gewesen ist. Doch die gewählte Formulierung lässt wohl eine Deutung zu, die in diesem Falle von Anwälten, die von der Nürburgring GmbH wohl nach Qualifikation ausgewählt worden sind, zum Nachteil dieser Zeitung, zum Vorteil ihres Auftraggebers (als Anwalt spricht man wohl von Mandanten) genutzt werden sollen. Das ist nicht der einzige Fall, in dem die Anwälte tätig geworden sind. Trotzdem hört man in der Öffentlichkeit nichts davon.

Denn solche „Aktionen" haben auch einen (gedachten) Hintergrund. Den kennen natürlich nur die Anwälte und ihre Auftraggeber. Und natürlich wird man nur von „Ethik und Moral" reden, wenn man darauf die Sprache bringt. „Deal" ist bei diesen Leuten ein Fremdwort, den gleichen Leuten in der Eifel, die Worte wie Business, Adventure, Wellness, Holiday, Edutainment und Backstage in wenigen Sätzen unterbringen können. Aber das sind natürlich keine „Eingeborenen". Vielleicht „Global Player"? Na ja, von Bremen aus sind auch schon viele Leute „ausgewandert".

Also werde ich mal ganz sachlich aufbröseln, wie das wohl die kleine Zeitung (mit einer Auflage von gut 50.000 Exemplaren) gemeint haben kann. Und ich komme zu meinen Beispielen von richtiger Tatsachenbehauptung und wie schnell es schon - in meinem ersten Beispiel - dann zu einer falschen Tatsachenbehauptung kommen kann:

1) **Dr. Walter Kafitz ist lt. Angestelltenvertrag Geschäftsführer der Nürburgring GmbH.** Er selbst bezeichnet sich in der Öffentlichkeit gerne als „Hauptgeschäftsführer", lässt sich auch in Drucksachen der Firma seiner verbeamteten Dienstherren gerne so darstellen. Ich glaube aber der mir vorliegenden Auskunft des zuständigen Ministeriums. Danach ist Dr. K. Geschäftsführer. Lässt Herr Dr. Kafitz nun auch gegen jene Medien vorgehen, die ihn als Hauptgeschäftsführer bezeichnen? Was dann eine falsche Tatsachenbehauptung wäre, wenn die Auskunft des Ministeriums an mich stimmt. Bisher habe ich aber noch nicht von Klageandrohungen in dieser Sache gehört. - Weil Dr. Kafitz diesen - immer wieder in den

Mediengemachten-Fehler gerne übersieht? Weil er ihn selbst geschaffen hat? Oder trägt er diese Bezeichnung aus Traditionsbewusstsein?

Nun zum Thema BikeWorld Nürburgring GmbH und damit zu richtigen Tatsachenbehauptungen:

2) Der bei der Gründung der BikeWorld Nürburgring GmbH entwickelte Businessplan sah für 2004 etwa doppelt so hohe Umsätz vor, wie die tatsächlich erreichten.

3) Obwohl die Nürburgring GmbH lediglich 49 Prozent der Gesellschafteranteile hielt, gewährte nur sie Gesellschafterdarlehn, die mehr als 2,6 Mio € betrugen.

4) Gegen Zahlung von 85.000 €, verteilt auf zwei Jahre, entließ die Nürburgring GmbH den Mitgesellschafter aus seiner Rückbürgschaft für Kontokorrentverbindlichkeiten von 420.000 €.

Wenn nun - bei solchen Tatsachen, Fakten - eine Zeitung die Frage stellt, wie das dann wohl in den neuen Managementverträgen mit der Betreibergesellschaft Lindner (Düsseldorf) aussieht, dann wird sie evtl. abgestraft, weil ja die Verteilung von Verlusten zwischen den „Partnern" bei der Gründung der BikeWorld Nürburgring GmbH gar nicht vereinbart war. Verluste wurden „einfach so" geregelt. Was braucht es da Verträge?

In den GmbH-Verträgen war immer nur von einer Gewinnverteilung (42 Prozent an Phoenix Sport GmbH und 58 Prozent an die Nürburgring GmbH) die Rede. Leider ist es dann zu keiner Gewinnverteilung im Zeitraum des Bestehens dieser BikeWorld Nürburgring GmbH gekommen. In den GmbH-Verträgen wurde wohl deshalb die Möglichkeit von Verlusten überhaupt nicht erwähnt, weil ja der so genannte Business-Plan schon vom ersten Jahr des Bestehens an klare Gewinne versprach. Man konnte doch nicht das Ergebnis eines Business-Plans durch „dumme Formulierungen" in den GmbH-Verträgen in Frage stellen. Verstehen Sie das?

Wer hat also immer die Verluste ausgeglichen? Die Nürburgring GmbH. Und wer hat die Öffentlichkeit über den Inhalt der Verträge im Unklaren gelassen? Die Politiker, die alle Hintergründe kennen mussten, weil sie einen der ihren an vorderste Spitze im Aufsichtsrat der Nürburgring GmbH platziert hatten: Prof. Dr. Ingolf Deubel, auch Finanzminister des Landes Rheinland-Pfalz. Und was sagte u.a. der Landesrechnungshof des Landes Rheinland-Pfalz zu dem Verhalten einer Firma (Nürburgring GmbH), die sich überwiegend (90 Prozent) im Besitz des Landes befindet?

Lesen Sie bitte selbst unter folgenden Internet-Adressen nach und wundern Sie sich dann bitte über die Politiker, die heute den Bankmanagern wegen ihres Verhaltens große Vorwürfe machen. Aber auch großzügig billige Kredite anbieten. Alles wie gehabt:

http://www.rechnungshof-rlp.de/Jahresberichte/Jahresbericht_2006/Nr.21.pdf

http://www.rechnungshof-rlp.de/Jahresberichte/Jahresbericht_2007-2008/Nr.15_0708.pdf

Wie Sie lesen können, hat der Landesrechnungshof Rheinland-Pfalz schon in seinem Jahresbericht 2006 nicht nur die Personalaufwendungen, die in Anspruch genommenen Beratungsleistungen der Nürburgring GmbH beanstandet, sondern auch zur Situation der BikeWorld Nürburgring GmbH (das waren zunächst zwei GmbH's, die später „vereinigt" wurden) deutliche Worte gefunden.

Schauen Sie sich mal den 2007/2008-Jahresbericht an, so finden Sie die folgende Dar- und Feststellung des Landesrechnungshofs:

> *„Das Ministerium der Finanzen* (Anmerkung: Leitung Prof. Dr. Deubel) *gab als Grund für das Scheitern des Unternehmenskonzepts* (Anmerkung: BikeWorld Nürburgring GmbH) *Managementfehler an. Dies, und die Ausführungen zu*

Teilziffer 2.2 verdeutlichen, dass Mitgesellschafter nicht immer mit der gebotenen Sorgfalt, insbesondere im Hinblick auf deren Finanzkraft und Geschäftserfahrung, ausgewählt wurden. (Und es folgt ein Hinweis auf eine Fußnote mit der Nr. 8)
Das Ministerium der Finanzen (Anmerkung: Leitung Prof. Dr. Deubel als Finanzminister, gleichzeitig Aufsichtsratsvorsitzender der - überwiegend - landeseigenen Nürburgring GmbH) *hat diesen Hinweis zur Kenntnis genommen.*
Der Rechnungshof geht davon aus, dass künftig bei der Auswahl von Mitgesellschaftern strengere Maßstäbe angelegt werden."
Und in der Fußnote Nr. 8 heißt es dann: *„Vergleichbare Feststellungen wurden auch zu anderen Tochtergesellschaften der Nürburgring GmbH getroffen."*

Ich kommentiere diese Feststellungen des Landesrechnungshof am besten so: Wir erleben gerade die Umsetzung des Projekts „Nürburgring 2009" in die Realität. Für diese Umsetzung werden insgesamt (so sagt man bisher) 215 Millionen € aufgewendet, von denen 80 Millionen € vom „Investor" (so nennt ihn Prof. Dr. Deubel in einem Fernseh-Interview), der Mediinvest GmbH, Düsseldorf, aufgebracht werden (sollen).

Werfen Sie doch mal einen Blick in die Bilanz 2006 dieser Firma. Eine neuere ist im Bundesanzeiger bisher nicht veröffentlicht worden:

https://www.ebundesanzeiger.de/ebanzwww/wexsservlet?session.sessionid=8cde8e9cae6964285dd64d9494bbb84c&page.navid=publicationdetailsearchlisttopublicationdetailsearchdetail&globalsearch_searchlist.selected=17e30a77965c4ea1&globalsearch_searchlist.destHistoryId=3

Ich möchte das nicht kommentieren. Selbst Herr Ackermann (Deutsche Bank) müsste schon eine Reihe von Jahren sein gesamtes Einkommen aufwenden, wollte er die 80 Mio € bereitstellen, die der Mediinvest-Geschäftsführer Kai Richter nun aufgetrieben hat. Muss ja so sein, weil doch der Finanzminister und Aufsichtsratsvorsitzende... - und der kennt ja auch den Vorwurf des Landesrechnungshofes. Er hat ihn zur Kenntnis genommen – meint der Landesrechnungshof.

Ob Herr Deubel wohl gerade sein Hörgerät ausgeschaltet hatte? - Man kann ja mal fragen, es kann ja sein. Was dem einen sein Gedächtnisverlust, ist dem anderen sein Hörgerät. Oder auch anders.

Und wenn Sie noch das Management, deren Zusammensetzung und häufiger Wechsel bei der BikeWorld Nürburgring interessiert, da wären dann - entsprechend - ihrer Position zu nennen:

Prof. Dr. Ingolf Deubel, Landesfinanzminister von Rheinland-Pfalz und Aufsichtsratsvorsitzender der Nürburgring GmbH,
Dr. Walter Kafitz, Geschäftsführer (lt. Angestelltenvertrag),
Alexander Asch,
Dr. Mathias Bausback,
Arno Stefan Elmer,
Rolf Marten,
Ernst Moser,
Michael Nuss-Kaltenborn, alle auch einmal Ex-Geschäftsführer der BikeWorld Nürburgring GmbH, und
Dirk Theimann, Ex-Berater der BikeWorld Nürburgring GmbH

Ich hoffe, ich habe niemanden der vielen Manager vergessen, die (in einem Fall) - und das kommt einer Täuschung von Interessierten gleich - auffallend lange im Handelsregister eingetragen waren und die - sagt das Ministerium der Finanzen in Mainz (s.o.) durch Managementfehler Millionenverluste (nicht) verantworten (müssen).

Damit Sie auch meine Anmerkungen (oben) zur „Verschwiegenheit" von Politikern dort, wo sie eigentlich zu einer gewissen „Öffentlichkeit" verpflichtet sein sollten, ein wenig verstehen, folgt hier meine Anfrage beim Finanzministerium in Mainz vom 19. Oktober 2008, 19:56 Uhr, die zwar nicht umgehend - aber immerhin - noch beantwortet wurde:

Sehr geehrter Herr Professor,

immer wieder wird von Verantwortlichen auf ein Gutachten verwiesen, das die Öffentlichkeit aber nicht in Details kennt. So ist z.B. aktuell in einem Produkt des Axel Springer-Verlages zu lesen:

> *„Ein Pfund, mit dem man ebenfalls wuchern könne, sei die malerische Eifelregion mit ihren erloschenen Vulkanen, den Wäldern und Seen. Zusammen mit der Rennstrecke und den Wintersportgebieten gebe es somit „eine weltweit einzigartige Kombination", so Kafitz. Und immerhin belege der Nürburgring Platz neun auf der Liste der bekanntesten deutschen Sehenswürdigkeiten. Kafitz ist von der Tragfähigkeit des Konzeptes überzeugt.* **So sei das wirtschaftliche Risiko von einem Wirtschaftsprüfungsinstitut eingehend untersucht worden. Die Gutachter bestätigten, dass die Berechnungen für den Businessplan plausibel und konservativ angesetzt worden seien. Zudem könnten durch die Ausbaupläne erhebliche zusätzliche Erträge erzielt werden.**"

Ich habe die - aus meiner Sicht wichtige - Passage „angefettet".

Sie, Ihr Ministerium (da verantwortlich), müsste dieses Gutachten vorliegen haben, das sicher auch von großem öffentlichem Interesse ist. - Ich wäre Ihnen dankbar, wenn Sie es mir zugänglich machen würden, damit ich meinerseits der Öffentlichkeit ein Bild von der konservativen Art der Vorbereitungen zu „Nürburgring 2009" vermitteln kann. In einer Zeit, wo eine Wirtschaftskrise in naher Zukunft nicht auszuschließen ist, könnte die Veröffentlichung des Gesamtgutachtens sicherlich zu einer Beruhigung der Öffentlichkeit (in der Region) beitragen.

Mit freundlichen Grüßen
Wilhelm Hahne

Außer mir hat bisher kaum jemand nach Details in diesem Gutachten gefragt (Wer, welches Institut hat es erarbeitet, auf welcher Basis, mit welche Detailergebnissen?), aber so ein Gutachten wird immer wieder gerne als Grund für die risikolose Abwicklung des Projekts „Nürburgring 2009" (s.o.) in „Meldungen" angeführt, weil es auch gerne von Herrn Dr. Kafitz als Argumentation benutzt wird.

Übrigens hat mir der Herr Prof. Deubel schon auf meine obige Anfrage geantwortet. Am 4. November 2008, um 9:15 Uhr kam die Antwort bei mir an. Auf einem Briefbogen des „Ministerium der Finanzen - Der Minister - Vorsitzender des Aufsichtsrats der Nürburgring GmbH". Handschriftlich (vom Herrn Minister) ist das Erstellungsdatum des Briefes an mich mit 30. (Oktober 2008) eingesetzt. Und der Herr Minister lässt schreiben:

Aktenzeichen: 88 12 01 - 433

Projekt Nürburgring 2009

Ihre E-mail vom 19. Oktober 2008

Sehr geehrter Herr Hahne,

für Ihre E-mail vom 19. Oktober 2008 danke ich Ihnen.

Bereits im Zuge der Konzepterstellung wurde das Projekt Nürburgring 2009 gutachterlich begleitet. Unabhängig hiervon beauftragte der Aufsichtsrat der Nürburgring GmbH im Oktober 2007 eine unabhängige Prüfungsgesellschaft damit, das Gesamtkonzept für die Erlebnisregion nochmals einer umfassenden wirtschaftlichen Analyse zu unterziehen. Die Gutachter kamen u.a. zu dem Ergebnis, dass das Projekt im Businessplan zutreffend abgebildet wurde und das Geschäftsmodell wirtschaftlich tragfähig ist. Aufgrund des internen Charakters sehe ich mich allerdings nicht in der Lage, Ihnen dieses Gutachten zugänglich zu machen.

Mit freundlichen Grüßen

gez. Deubel (handschriftlich mit Tinte, persönlich unterschrieben)

Prof. Dr. Ingolf Deubel

Ob der in diesem Brief erwähnte „Businessplan" wohl genau so „stimmend" ist, wie der der „BikeWorld Nürburgring GmbH"? Aufgrund welcher Recherchen kamen „die Gutachter" (welcher „Prüfungsgesellschaft"?) zu einer positiven Beurteilung des „Businessplanes"? Lagen da eigene Recherchen zugrunde? Ist die Prüfungsgesellschaft für eine Fehlbeurteilung haftbar zu machen - und dagegen versichert?

Wobei ich mich hier nicht auf Prof. Deubel und seine Antwort kaprizieren will, weil in Verbindung mit der „Gutachtenaktion" andere Aktionen aus anderen Ministerien mich an „Mainz wie es singt und lacht" erinnern. Wie ich gerade erfahre, hat z.B. unser Wirtschaftsminister des Landes Rheinland-Pfalz, Hendrik Hering, (u.a.) die Hotel- und Gaststättenbesitzer und -Betreiber am 20. November nach Trier in die Europahalle zum „Tourismustag Rheinland-Pfalz" eingeladen.

Originalzitat aus der Einladung vom 7. Oktober 2008:

„Zum Thema ‚NeoNature - Zukunftstrends im Tourismus' wird Herr Dr. Eike Wenzel von der „Zukunftsinstitut GmbH" präsentieren, wie die neue ‚Natursehnsucht' die Gesellschaft, den Konsum und die Märkte verändert und welche Rückschlüsse aus dieser Entwicklung für die Tourismusbranche zu ziehen ist."

„Natursehnsucht"? - Da komme ich ins Träumen, wenn ich an die neuen Betonsilos - laufende hunderte Meter Betonflächen - am „Ring" denke. Damit verglichen ist ein Atomkraftwerk eine architektonische Schönheit.

Und warum stehen jetzt FIA-Zäune im Naturschutzgebiet Nordschleife, wozu die zuständige Forstbehörde - nach eigener Auskunft - nie gehört wurde? - Was denn nun: zubetonierte Flächen oder ‚NeoNature'?

Ich habe mal ins Internet geschaut und versucht etwas zu finden, was mir mehr sagt als nur den Namen Dr. Eike Wenzel und die Floskel „NeoNatur". Und ich wurde fündig: Es folgt eine Ausschnittkopie, die den Inhalt einer der Studien behandelt, in der Dr. Wenzel das Ergebnis seiner Bemühungen und Untersuchungen eingebracht hat:

> *„Überlegen Sie genau, in welche männliche Lebenswelt Ihr Produkt passen soll," sagt Dr. Eike Wenzel, Chef-Redakteur des Zukunftsinstituts und einer der Autoren der Studie. Dabei ist entscheidend, dass der Mann seine neuen - vermeintlich weiblichen - Rollen und Konsumwünsche im männlichen Stil ausfüllt: „Ein sportliches High-Tech-Auto", so Wenzel, „das genügend Stauraum für den Kinderwagen und die Schwiegermutter bietet, ein großes Stück Fleisch, aber von einer glücklichen Kuh, ein Wellness-Aufenthalt, aber mit Fallschirmsprung und Bierbad auf dem Programm - das sind Erfolg versprechende Ansätze im Männermarketing von morgen."*

Aber heute ist der Beton am Nürburgring schon gegossen. - Was sollen die Besucher der Trierer Veranstaltung denken, die zuvor auch Prof. Quack vom Europäischen Tourismus-Institut in Nürburg gehört haben? Entertainment, Backstage, Action? Oder einfach nur Wandern in der Natur, NeoNatur eben? - Oder besser einen Fallschirmsprung mit Bierbad? Oder High-Tech im Kinderwagen? Oder die Schwiegermutter und ein großes Stück Fleisch von einer glücklichen Kuh, die gerade einen Wellness-Aufenthalt hinter sich hat? - Das isst die Zukunft! -

Oder ist das die Zukunft? Deubel kontra Hering? SPD mal so, mal so? Prof. Quack kontra Dr. Wenzel? Ich bin verwirrt. Deubel noch mal! - Und was sagt Frau Nahles? Vielleicht erleben wir dann noch einmal ein

Kontrastprogramm. Ob Hering nun bei der nächsten Wahl gegen Beck antritt?

Und das alles für nur 215 Millionen, plus, plus, plus. Dazu passt dann der Investor Kai Richter, Geschäftsführer der Mediinvest GmbH, Düsseldorf, der Mann des Vertrauens von Prof. Deubel (s. Fernseh-Interview).

Wie wäre es mit ein wenig Wellness für die Herren? Dann Bierbad (natürlich mit „Warsteiner") und Fallschirmsprung. Dann wären ihre „vermeintlich weiblichen Rollen" doch durch „männlichen Stil" ausgefüllt (s.o. Dr. Eike Wenzel und seine wissenschaftlichen Erkenntnisse).

Von „Eifel-Pack" und „Bremer Stadtmusikanten"

„Nürburgring 2009", das ist ein reales, politisch gewolltes Projekt, passend – und unpassend zwischen Traum, Wirklichkeit, Eifel-Normalität und „märchenhaften Zuständen" angesiedelt, aus denen sich – per saldo – auch wettbewerbsverzerrende Zustände entwickeln können

Sie kennen das bestimmt auch: Man wird morgens wach und fügt noch einmal zusammen, was man gerade geträumt hat; um festzustellen, dass man vieles schon in der Realität - wenn auch in anderem Zusammenhang - erlebt hat. Sie kennen vielleicht auch eine andere Situation, wo einem - ganz real - etwas wirklich Abstraktes passiert und wo man dann hofft: Gleich wirst du wach und hast das alles nur geträumt.

Das alles kann man - gut gemischt - auch beim Projekt „Nürburgring 2009" erleben, wenn man als Journalist - unabhängig von Beraterverträgen und anderen „Einflussgrößen" - um das Zusammenfügen von Puzzlestücken im Hinblick auf eine sachliche Information der Öffentlichkeit mit Fakten bemüht ist, die scheinbar garnicht zusammen passen. So ist auch der Titel zu dieser Geschichte nicht passend, hat aber passende Hintergründe:

Da schreit einer: „Aber der ist doch schizophren!" Das ist so laut, dass ich davon wach werde. Ich habe geträumt. Meine Frau ist auch wach geworden und fragt: „Hast du geträumt?" Ich sage: „Ja, aber eigentlich ist das wirklich die Meinung einer Reihe von Leuten und die Situation die ich gerade geträumt habe, soll sich wirklich mal auf dem Gang vor den Büros irgendwo abgespielt haben." - „Welche Situation?" - „Eine handgreifliche Auseinandersetzung." Wirklich?" „Ja!" Und ich muss jetzt lachen, wenn ich mir vorstelle, dass tatsächlich mal - vor vielen Jahren - erwachsene Männer auf einem Büroflur miteinander „gerungen" haben.

Und meine Frau fragt: „Und was hast du damit zu tun?" - „Ich bin gerade dazwischen gegangen", erkläre ich ihr, habe ‚TRENNEN!' gerufen und da hat einer von denen geschrien: „Aber der ist doch schizophren!"

„Das kann doch sein", sagt meine Frau. „Aber das habe ich doch gerade geträumt", erkläre ich ihr. „Sicher", sagt sie, „aber deswegen kann doch jemand schizophren sein". „Sicher", sage ich, „andere Leute mit denen ich gesprochen habe, sind auch der Meinung, aber..." „Komm, lass uns noch ein Viertelstündchen weiter schlafen", sagt meine Frau.; „Es ist erst Viertel-nach-Fünf."

Wir - meine Frau und ich - stehen am Morgen immer um 5:30 Uhr auf. Dann klingelt der Wecker. Wir möchten in Ruhe miteinander frühstücken, die Zeitung lesen, miteinander über Dieses oder Jenes reden können. Wir beginnen unseren Arbeitstag jeweils ohne jeden Zeitdruck, ganz relaxt. Über Tag entsteht - manchmal - so ein Druck von alleine. Man sollte sich nicht schon in aller Frühe selbst in eine Stresssituation bringen.

Ich brauche eigentlich keinen Wecker, werde immer rechtzeitig vorher wach und reflektiere in der Zeit, bis dass der Wecker klingelt, was ich nachts so geträumt habe. Letztens war ich im Grenzgebiet zu Luxemburg unterwegs, als mich eine Zollstreife anhielt, um mich nach Bargeld zu fragen. Warum? Darum:

> *„Auf Verlangen haben Reisende, die aus der Bundesrepublik Deutschland in einen Mitgliedsstaat der Europäischen Union (EU) ausreisen oder aus einem Mitgliedsstaat der EU in die Bundesrepublik eingereist sind, mitgeführtes Bargeld und gleichgestellten Zahlungsmitteln im Gesamtwert von 10.000 Euro oder mehr mündlich anzuzeigen (§ 12a Abs. 2 Zollverwaltungsgesetz). Die Anzeigepflicht auf Verlangen gilt auch bei der Durchreise.*
> *Bedienstete des Zolls, der Bundespolizei und der Länderpolizeien Bayerns, Bremens und Hamburgs sind befugt, die Anzeige mitgeführter Zahlungsmittel zu fordern (§ 1 Abs. 3b Zollverwaltungsgesetz) und die Richtigkeit der Anzeigen zu kontrollieren. Kontrollen sind an jedem Ort in der Bundesrepublik Deutschland möglich. Bei Nicht- oder Falschanzeige des mitgeführten Bargeldes und der*

gleichgestellten Zahlungsmittel droht eine empfindliche Geldbuße."

Natürlich hatte ich ein paar Mark in der Tasche, aber nicht so viel, dass ich damit z.B. eine Aktiengesellschaft in Luxemburg gründen könnte. Das habe ich auch den Zollbeamten erklärt, gezeigt, bewiesen. Die haben haben das verstanden und mich freundlich verabschiedet. Das war ein Traum. Wirklich (Bis auf die Bestimmungen oben. Die gibt es wirklich)

Das soll nun nicht heißen, dass Zollbeamte in der realen Wirklichkeit unfreundlich sind. Sie sind es noch nicht einmal dann, wenn sie zu überprüfen haben, ob an irgendwelchen Großbaustellen gegen bestehende Gesetzte verstoßen wird. Da müssen Arbeitsgenehmigungen untersucht werden, überprüft werden, was denn so als Lohn gezahlt wird, usw. Ich erinnere mich, dass in München auf einer Baustelle, die vom Bauherrn BMW initiert war, an einige Bauarbeiter ein Lohn von 5,50 € gezahlt wurde. Soweit ich das feststellen konnte, wird hier in der Eifel mehr gezahlt. Mir wird von 6,50 € pro Stunde berichtet, was denn - verglichen mit München - (aufgerundet) 18,2 Prozent mehr wären.

Da kann man doch wirklich nicht meckern. Schließlich wurde doch die Eifel immer schon als das „Sibirien Preußens" bezeichnet. Und dann - verglichen mit Bayern - solch' hohen Löhne? Aber überlassen wir die Bewertung den Leuten, die genau wissen was richtig ist - und was dem gültigen Recht entspricht - oder nicht: den Leuten vom Zoll.

Ich habe sie auf der Nürburgring-Großbaustelle im Einsatz erlebt. Das war zwar schon am Donnerstag, dem 14. August 2008, aber bis heute – und ich meine jetzt 2010 (!) - kann man definitiv immer noch kein Ergebnis vermelden, da die Recherchen auf dem Wege dahin sehr zeitaufwändig sind. Sagt man. Die in Daun erscheinende „Eifel-Zeitung" berichtete damals so darüber - es folgt ein Ausschnitt:

Razzia auf Nürburgring Baustelle

Nürburgring. Nach einer Razzia auf der Großbaustelle für das neue Erlebniszentrum am Nürburgring ermittelt der Zoll dort wegen illegaler Beschäftigung.

Es gebe zahlreiche „Verdachtsfälle", teilte das Hauptzollamt Koblenz mit. Insgesamt waren 27 Firmen und 166 Arbeitnehmer überprüft worden. Ermittelt wird auch wegen des Verdachts auf Verstöße gegen das Mindestlohngesetz. Bei der Großkontrolle habe sich bestätigt, dass Baustellen dieser Größenordnung „besonders anfällig" seien für Schwarzarbeit und illegale Beschäftigung, sagte die Sprecherin des Hauptzollamtes, Sylke Zabel.

Beamte der Finanzkontrolle „Schwarzarbeit" des Hauptzollamtes hatten die Großbaustelle kontrolliert. Unterstützt wurden sie von Einsatzkräften aus Aachen und Köln. Bei den überprüften Arbeitnehmern handelte es sich laut Zoll vor allem um serbische, mazedonische und österreichische Staatsangehörige. Entsprechende Ermittlungsverfahren, deren Ergebnisse noch ausstehen, seien eingeleitet worden. Wegen der Größe der Baustelle und um ein Entkommen der Verdächtigen zu verhindern, überwachte ein Polizeihubschrauber aus der Luft die Kontrollmaßnahmen.

Bis heute liegt also - leider - noch kein Ergebnis vor, bzw. beim „FKS" möchte man noch kein Zwischenergebnis veröffentlichen, um sich nicht selbst die Recherchen zu erschweren und „Verdächtige" aufmerksam zu machen. Damit Sie sich, liebe Leser, eine Vorstellung davon machen können, wie es um die Häufigkeit von Gesetzesverstößen auf diesem Gebiet bestellt ist:

Die Finanzkontrolle Schwarzarbeit, kurz „FKS" genannt, kämpft mit 6.500 Beschäftigen in Deutschland gegen illegale Beschäftigung und Schwarzarbeit. Bei der Bundesfinanzdirektion West (in Köln) ist eine zentrale Abteilung mit 120 Beschäftigten eingerichtet. Die direkten Ansprechpartner für das Land Rheinland-Pfalz findet man in Koblenz, von wo auch der Einsatz auf der Großbaustelle Nürburgring organisiert wurde.

Wenn denn die Untersuchungen abgeschlossen sind... - Dabei fällt mir dann ein, was mir in den letzten Wochen noch nicht einmal im Traum eingefallen ist: die Staatsanwaltschaft Trier hat ihre Untersuchungen im Unfallfall mit Todesfolge vom 1. Juli 2007 in Drees immer noch nicht abgeschlossen. Denn der Leitende Oberstaatsanwalt hat sich bis heute nicht bei mir gemeldet. Dabei hatte er mir doch geschrieben... -

Da wird doch wohl nichts passiert sein? - Ich meine: dass vielleicht ein „Dienstherr" die Anweisung gegeben hat... - Theoretisch ist das möglich. Aber man wird sich in Mainz doch wohl nicht die Blöße geben.... - Manches ist in der Realität wirklich nicht vorstellbar. Man sollte einmal davon träumen. - Und sich dann wieder der Realität erinnern. -

In Falle Drees ist über die Abarbeitung des Falles ein Staatsanwalt in Rente gegangen. Der Neue hat mich informiert – natürlich auf Anfrage – dass man daran arbeite. Ich habe weiter erinnert: Man arbeitete immer noch.

In diesen Tagen des Jahres 2010 ist es dann zu einer Verhandlung in Daun/Eifel gekommen, wie ich einer Tageszeitung zufällig entnommen habe. Es ist auch jemand bestraft worden. Natürlich hat mich der Staatsanwalt nicht informiert. Ich hatte ja nur mehrfach bei ihm in der Sache angefragt. Der hat etwas anderes zu tun. Aber vielleicht hat er sich auch nicht an mich erinnert.

Bei „erinnern" fällt mir die „Realität" am Nürburgring nach dem Zweiten Weltkrieg ein. Irgendwann „waren wir wieder Wer". Das wurde am Nürburgring immer gerne gezeigt. Damals war „der Ring" auch noch im Besitz des Bundes - unter Oberleitung der Bundesregierung. So nutzte die dann dieses Besitztum Nürburgring, um die neue Stärke mit einer so genannten NATO-Parade einmal darzustellen.

Es gab durch dieses Besitzverhältnisse auch die Möglichkeit für die Behörden, die vorhandene Position des Geschäftsführers bei der bundeseigenen GmbH in der Eifel schon mal dazu zu nutzen, nette alte

Bekannte in der Provinz unauffällig unterzubringen - aber agieren zu lassen. Das wurde nicht nur heute, sondern auch schon damals gerne wahrgenommen. So hatte man z.B. schon mal auf diesem Posten einen Ex-NS-Schnellrichter (so etwas gab es im Dritten Reich) platziert. Nachdem dieser „Versuch" öffentlich wurde, weil eine Fachzeitschrift darüber berichtete (Sie konnten darüber in diesem Buch schon lesen) wurde dieser „Fehler" schnell bereinigt.

Heute, nachdem „der Ring" sich überwiegend im Landesbesitz befindet, wird auch die bekannte Besetzungsspielart auf niedigerem Niveau gefahren. Heute wird dort schon untergebracht, wer sich mit der Ware „Fliesen" nicht anfreunden konnte. Immerhin! Zufällig hatte er auch das richtige Parteibuch. Und zufällig hatte sein Vorgänger ein anderes. Und zufällig war die „Regierungspartei" gerade abgewählt und durch die andere ersetzt worden.

So hält denn Dr. Walter Kafitz in den nächsten Tagen (20. November 2008) in London (Twickenham Stadion) einen Vortrag unter dem Titel: „Lessons From Motorsport". Kafitz ist lt. Landrat Dr. Pföhler (Landkreis Ahrweiler) „einer der besten Manager der Welt". Er wird im Programm zur Londoner Veranstaltung nicht nur als CEO der uns bekannten GmbH ausgewiesen, sondern auch als „president of the Association Internationale des Circuits Permanents (AICP)".

Alles kein Traum, alles Wirklichkeit. Andere würden es als „Ausflug in eine besonnte Vergangenheit mit bezauberndem Ausblick auf die Zukunft" bezeichnen. Sei es drum. Aber ich bin ins Plaudern gekommen. Zurück zur aktuellen Normalität:

Da werden aktuell nun 215 Millionen € verbaut. Natürlich nicht alles Staatsgelder. 80 Millionen kommen über die Firma Mediinvest, Düsseldorf, des Herrn Kai Richter. Wobei mir einfällt, dass doch noch in diesem Jahr, sozusagen „offiziell" (weil über die von der Nürburgring GmbH beschäftigte Presseagentur in Hamburg verbreitet) „kund und zu wissen getan" wurde, dass 50 Prozent der Summe... Moment, ich schaue mal nach, ob ich das nicht geträumt habe... - War da nicht sogar von „über die Hälfte" die Rede?.

Und schon habe ich es als Realität (sicher auch als Rarität) entdeckt: unter dem 26. Mai 2008 vermeldet die „offizielle Presseagentur" der Nürburgring GmbH u.a.:

> *„Derzeit wird der Nürburgring zu einem ganzjährigen Freizeit- und Businesszentrum ausgebaut. Neben den beiden Rennstrecken wird es zukünftig einen Boulevard mit Markenwelten der Automobilindustrie, Gastronomie, Merchandising und Tourist-Info geben, dazu eine Arena mit 3.600 Sitzplätzen, ein weiteres Vier-Sterne-Hotel, eine gleichermaßen museale und unterhaltsame Indoor-Attraktion rund um das Thema Nürburgring und das schnellste Fahrgeschäft der Welt. Das Gesamtvolumen beträgt rund 215 Millionen Euro, von denen über die Hälfte von privaten Investoren getragen wird."*

Man hätte da auch mal den Aufsichtsratsvorsitzenden informieren sollen. Der macht sich wahrscheinlich derzeit immer noch über die Finanzierung des Projekts Sorgen. Denke ich. Dabei werden doch „über die Hälfte..." Soll man darüber lachen?

Sorgen um Geld machen sich auch andere Leute. Da ruft mich z.B. jemand aus der Region an, um mich zu fragen, ob ich als Unternehmer unter welchen Umständen denn einen Auftrag von einer der am „Ring" beschäftigten Firmen annehmen würde. Ich verstehe die Frage nicht, nicht den Sinn des Anrufs. Denn der Anrufende hat keine Bauunternehmung, erhält bestimmt keine Aufträge zu „Nürburgring 2009".. Was soll der Anruf also?

Jetzt erklärt man mir, dass ein richtiger Unternehmer einen Auftrag von den „Eifel-Verbesserern" erhalten soll, aber der Auftraggeber ist - lt. Bauschild - nicht der Bauherr und hat außerdem seinen Firmensitz im Ausland. Soll man nun oder soll man nicht? (Den Auftrag annehmen)

Ich habe dann mal einen Blick auf das entsprechende Bauschild geworfen. Und wir lernen schon wieder eine neue Firma kennen: „Grüne Hölle Betriebsgesellschaft mbH i.Gr.". Die ist also noch nicht im Handelsregister eingetragen, befindet sich noch in Gründung. Bauherr des Eifeldorfes „Grüne Hölle" ist ebenfalls - wie schon beim Vier-Sterne-Hotel gegenüber - die „motorsport resort nüburgring" GmbH in Kirsbach.

Wo dieser Bauherr das Geld für den Bau „seiner" Objekte her bekommt, bleibt bisher auch wegen dichtem Herbstnebel im Bereich der Finanzierungen verborgen. Und geht auch niemanden etwas an. Weil, „nicht öffentlich" sein bedeutet auch, nicht öffentlich werden zu müssen. Hier gilt „privates" Recht. Und der Datenschutz eben (Damit Sie, liebe Leser, begreifen, warum es ihn gibt). Wenn eine Sache allerdings „öffentlich" ist, dann gibt es andere Gründe nicht zu äußern, was eigentlich jeden Steuerzahler interessiert (s. Brief von Finanzminister Deubel an mich, veröffentlicht in diesem Buch vor ein paar Seiten)

Damit sind wir dann wieder bei meinem „Luxemburg-Traum" vom Anfang dieser Geschichte. Dazu kam es auch nicht ohne Grund. Wenn man sich mehrere Tage mit dem Thema einer AG-Gründung in Luxemburg beschäftigt, kann es sicherlich schon mal passieren, dass man versucht, ungelöste Fragen „im Traum" zu beantworten. Ich war da auf eine Firmengründung der besonderen Art gestoßen. Sie erfolgte zufällig am 11. September 2008:

Pinebeck S.A., Société Anonyme.Siège social: L-2121 Luxembourg, 231, Val des Bons-Malades. R.C.S. Luxembourg B 141.926.

Im Notarvertrag, natürlich in Luxemburg abgeschlossen - und dort auch das Kapital in bar eingezahlt - heißt es:

Art. 2. Zweck der Gesellschaft ist der An- und Verkauf von Immobilien, der Handel als Makler mit Immobilen, die

> **Immobilienverwaltung sowie die Projektfinanzierung.**
> **Die Gesellschaft kann sich an gleichartigen oder ähnlichen Unternehmen beteiligen oder solche erwerben.**
> **Im Rahmen ihrer Tätigkeit kann die Gesellschaft in Hypothekeneintragungen einwilligen, Darlehen aufnehmen, mit oder ohne Garantie, und für andere Personen oder Gesellschaften Bürgschaften leisten, unter Vorbehalt der diesbezüglichen gesetzlichen Bestimmungen.**
> **Die Gesellschaft kann alle Handels-, Industrie-, Mobiliar- und Immobiliargeschäfte, die sich direkt oder indirekt auf vorgenannte Geschäfte beziehen oder die deren Verwirklichung erleichtern können, ausführen.**

Wenn ich mich nun an dem Faden entlang hangelte, den ich mit dieser Firma in der Hand hatte, dann bin ich auf eine weitere „Pinebeck"-Firma gestoßen. Deren Gründung erfolgte - hasndelsgerichtlich - am 28. Oktober 2008. In Deutschland. Im Taunus. In Usingen:

> **Pinebeck Nürburgring GmbH**

Wie wir aus anderen Verträgen (BikeWorld Nürburgring GmbH) wissen, darf nur eine solche Firma den Namen „Nürburgring" (ohne „am"!) in ihrer Firmenbezeichnung führen, wenn auch der Nürburgring „mit drin" ist. Erschreckt war ich geradezu, als ich bei dieser GmbH - im Handelsregisterauszug - auf folgende Formulierung stieß:

> „c) Gegenstand des Unternehmens:
> Der An- und Verkauf sowie die Verwaltung von bebauten und unbebauten Grundstücken aller Art und die Beratung auf diesem Gebiet, insbesondere die Beratung und Unterstützung der Firma Nürburgring GmbH sowie der Erwerb von Grundstücksteilen **und des Nießbrauchs an Betrlebsvorrichtungen der Sportanlage Nürburgring.**"

Verwirrend auch die Feststellung, dass man auf einen Namen immer wieder trifft: Michael Merten. Der besitzt 50 Prozent der Aktien an der Pinebeck AG in Luxemburg, hat bei der Pinebeck GmbH in Usingen Einzelprokura, ist in der Luxemburger AG gleichzeitig Verwaltungsratsmitglied mit A-Zeichnungsbefugnis und Deligierter des Verwaltungsrates, wird im Notarvertrag zur AG mit beruflich wohnhaft in D- 61250 Usingen, am Riederborn 10 notiert (da steckt offensichtlich ein Schreibfehler drin: es mus **Riedborn** heißen), im deutschen GmbH-Vertrag heißt es zum gleichen Michael Merten (feststellbar am Geburtsdatum) „wohnhaft Luxembourg-Kirchberg".

Dort ist aber die Adresse einer weiteren AG; es residiert dort eine „Société anonyme" (RCS Luxembourg B 22.232) mit Namen:

ESPÍRITO SANTO FINANICAIAL GOUP S.A.

Zu dieser „Group" ist zu erfahren:

> „Die Espirito Santo Financial Group bietet, durch seine Tochterunternehmen, ein globales und breit gefächerte Palette von Finanzdienstleistungen für ihre Kunden einschließlich Commercial Bank-, Versicherungs-, Merchant Banking, Lager-Brokerage und Asset Management in Portugal und international."

Mit deren Firmenadresse, L 2121 Luxembourg-Kirchberg, 231 Val des Bons-Malades, ist auch jeweils der „Wohnsitz" (wahrscheinlich der „berufliche") der Herren Heim, Schmit und Ries im Notarvertrag zur Pinebeck S.A. angegeben, die dort mit einer B-Zeichnungsbefugnis ausgewiesen sind und Verwaltungsratsmitglieder dieser S.A. sind.

Die GmbH in Usingen firmiert unter der Adresse eines Steuerberaters und nennt als Geschäftsführer einen Herrn Michael Becker, Berlin. Der passt ins Bild, weil der - nach eigener Darstellung - Erfahrung im Filmgeschäfts (als Producer) hat und bei einer ähnlichen Aufgabenstellung wie am Nürburgring (Tropical Islands) als „president" für Schwung sorgte.

Aus einer aktuellen Pressemitteilung dieser Firma: *„Der Sommer im Tropical Islands dauert 365 Tage im Jahr und deshalb wird hier mitten im Herbst der Sommerhit 2008 gekürt."* Am Nürburgring soll es ab

2009 auch 365 Tage rund gehen - und natürlich auch noch nachts. Dank „Grüne Hölle". Und „Rote Lola"?

Bevor sich jemand aufregt: ich denke dabei an einen Hitchcock-Film, der zwar so heißt, in dem aber eine „Rote Lola" im ganzen Film nicht vorkommt. Außerdem erzählt hier jemand Jemandem etwas, was sich in der Folge als Lüge erweist. Heute ist die „filmische Lüge" ein etabliertes Stilmittel. Hitchcock war seiner Zeit voraus. - Kann sich auch eine Firma auf die Spuren von Hitchcock setzen? Dann sollte man aber nicht vergessen: Wer in die Fußstapfen anderer tritt, kann nicht überholen. -

Aber eigentlich sprachen wir ja von Helfern und Helfeshelfern.

Solche Leute, Leute mit Erfahrung, braucht das Land Rheinland-Pfalz, speziell die Eifel und dort speziell die Nürburgring GmbH. Die ist inzwischen geradezu zu einem Auffangbecken für bisher unentdeckte Talente geworden. Eins dieser Talente verzichtet geradezu darauf, von der GmbH in vorderster Linie präsentiert zu werden: Hans Lippelt, der kaufmännische Geschäftsführer der Nürburgring GmbH. Zwar einer von vielen in den letzten Jahren; aber wer davon hat schon gesagt:

> *„Die heiße Phase unseres Innenausbaus beginnt in diesen Tagen, schließlich wird der erste Mieter schon im Januar mit seinen eigenen Ausbautätigkeiten starten"*

Er redet nicht gerne über ungelegte Eier und sagte, auf einen „Ankermieter" angesprochen auch nur, *„dass wir mit mehreren Interessenten in konkreten Verhandlungen stecken"*.

Oh, oh! - Entschuldigung! - Ich bitte vielmals um Entschuldigung! - Da habe ich mich doch auf der Festplatte vergriffen. Die oben zitierten Worte aus dem Munde des Herrn Hans Lippelt stammen aus Oktober 2001, als er noch Geschäftsführer der Space Park Development GmbH in Bremen war und sich mit dem Vornamen Hans begnügte. Heute lässt er sich Hans-Jürgen nennen, wie er natürlich auch heißt.

„Gestern" hat er noch als Hans in Bremen an einer der größten Firmenpleiten des Stadtstaates (und entsprechendem Subventionsverlust) mitgearbeitet (es kommt da auf ein paar hundert Millionen gar nicht an), heute kann er schon - aber da nennt er sich dann Hans-Jürgen - seine ganze Erfahrung bei der Nürburgring GmbH und das Projekt „Nürburgring 2009" einbringen.

Wie Herr Bruckner, der obwohl bei der Nürburgring GmbH offiziell ausgeschieden, immer wieder dort (mit Beratervertrag?) gesehen und erlebt wird. Wie Herr Cimbal, ein Blumenfreund (denke ich) aus Bremen, der die offene Kommunikation bei der Nürburgring GmbH zu steuern versucht, wie, wie, wie... jaja, viele kommen aus Bremen.

In Nürburg selbst spricht man von den „Bremer Stadtmusikanten" (Für meine Leser: das ist die Tiergruppe wo der (alte!) Hahn(e) ganz oben sitzt.) Brave Tiere. Alle SPD-gepflegt? Na ja, in Bremen ist die SPD immer - bei jeder Landtagswahl - sehr stark gewesen, in RLP ist die SPD seit Jahren an der Macht. Nutzt man vielleicht irgendwelche „Synergieeffekte"?

Wenn man einmal versucht zu rekonstruieren, welches Kapital (auch Subventionen!) in Bremen erfolgreich vernichtet wurde, dann kann es sich für die erfahrenen Kräfte vom Rande der Weser, hier am Rande der B 258 mit lächerlichen 215 Millionen (oder doch mehr?) nur um ein kleines Dessert handeln.

Ich darf - obwohl ich schon darüber vor einiger Zeit informiert habe - noch einmal kurz zusammen fassen:

Das Space Park Center in Bremen war Anfang 2004, als es eröffnet wurde, der erste überdachte „Freizeitpark" in Deutschland. Und wurde sieben Monate nach seiner Eröffnung wieder geschlossen, nachdem die kalkulierten Besucherzahlen von 1,3 Millionen (natürlich durch Gutachten als realistisch betrachtet) sich nicht bestätigten. Hauptthema war in Bremen die Raumfahrt, die als „Edutainment" (diese Vokabel gehört „zufällig" inzwischen auch zum Sprachschatz der Nürburgring GmbH) präsentiert wurde.

Eigentlich ist „Nürburgring 2009" nur ein kleinerer „Abklatsch" von Space Park Bremen. Das Center dort wurde, wenn ich den Darstellungen der Presse aus jener Zeit glauben kann, eine „Investitionsruine", hatte also sowohl was Anfang wie Ende betrifft Vorbildfunktion. Aber selbst als „Investitionsruine" war das Space Park Center noch so interessant, dass das Fernsehen dort einen Film zur „Tatort"-Serie drehte: „Requiem". So hatte zumindest das Fernsehpublikum noch im Herbst 2005 etwas von der dort verbuddelten Subventionssumme.

Und da Herr Piech einmal zu seiner Verpflichtung Pichetsrieder bei VW (damals) gesagt hat, dass er davon ausgeht, dass jemand, der einmal einen Fehler gemacht hat, den nicht noch ein zweites Mal macht; darum kann man davon ausgehen, dass das Team aus Bremen diese Meinung des Herrn Piech bestätigt. Und wenn nicht? Dann werden hier jedenfalls weniger Millionen verbuddelt als in Bremen. Ist das nicht tröstlich?

Wobei die hier immer genannten 215 Millionen, wenn man eine Gesamtsumme genannt bekommen will, auch nicht gerade glaubhaft sind. Hat man z.B. die Landstraßenverlegung der B 258, das Anlegen von Kreisverkehrinseln usw. mit eingerechnet? Dann sind darin noch nicht die Kosten für ein neues Sicherheitszentrum enthalten, dass dann in 2009 für - sagen wir mal vorsichtig - 4 Millionen € neu entstehen soll. Mit Verwahrräumen für Kriminelle und randalierende Besucher des Dorfes „Grüne Hölle" zum Beispiel.

Dann kann man doch endlich die Baracken im Bereich Balkhausen (schräg gegenüber von den bisherigen Verwaltungsgebäuden der GmbH) räumen, abreißen und... Na ja, inzwischen sprechen „Insider" davon, dass man dort doch noch gut ein Hotel... Ich will nichts gesagt haben.

Man muss sich auch zunächst mal um die demnächst notwendige Infrastruktur auf dem Gelände der Nürburgring GmbH kümmern. Da ist die Ausstattung der von mir vor Wochen genannten „Cash Settlement & Ticketing GmbH" (einer weiteren, auch ganz neuen GmbH, die am 15. Juli 2008 ins Handelsregister eingetragen wurde) schon wichtiger. Man benötigt Know How, Hard- und Software. Wobei der Software wohl einge große Bedeutung zukommt.

Aber Kai Richter, der Geschäftsführer der Mediinvest, Düsseldorf, aber auch nach der Gründung zunächst einzige Geschäftsführer der o.g. neuen GmbH, kennt sich offensichtlich aus. Schon am 9. September 2008 hat er einer sicher interessierten Zuhörerschaft auf dem „SPONSORs Sportstättenforum" in der Allianz-Arena in München erläutert:

- *Was sich hinter dem 250-Millionen-Euro-Projekt ‚Erlebnispark Nürburgring' verbirgt*
- *Warum Mediinvest 100 Millionen Euro investierte*
- *Warum sich die Betreiber für ‚cashless payment' entschieden haben*

Die drei Sätze oben sind ein wörtliches Zitat aus der entsprechenden Ankündigung. Das alles unter dem Obertitel: *„Erlebnispark Nürburgring: Die Karte als zentrales Zahlungs- und Kommunikationstool"*. Da wurden dann auch mal neue Summen genannt. Nun kostet das alles 250 Millionen Euro und nennt sich nicht „Nürburgring 2009" sondern „Erlebnispark Nürburgring". Und Mediinvest, der große Investor, bringt nicht etwa nur lächerliche 80 Mio € bei, sondern 100 Millionen €. Es geht also voran. Hallo Herr Deubel, hätten Sie's gewusst?

Ich frage mich: Woher kommt denn eigentlich das immer wieder neue Kapital für die vielen neuen GmbH's, die so im Umfeld der neuen Investitionen gegründet wurden? Alle wollen gefüttert sein, produzieren zunächst nur Kosten. Oder es bleiben wenigstens ein paar Krümel vom großen Kuchen hängen. An dem knabbern aber schon andere, die großen Hunger haben. Balgt man sich vielleicht inzwischen schon um einen Kuchen, den es in dieser großen, runden Form gar nicht geben wird?

Übrigens wurde am 23. Juli 2008 bei der „Cash Settlement & Ticketing GmbH mit Sitz in Nürburg ein weiterer Geschäftsführer, auch einzelvertretungsberechtigt, nachgeschoben: Hans-Jürgen Lippelt, Bad

Münstereifel. Unauffällig. Wobei mir aber auffällt, dass die Nürburgring GmbH mit der Gründung der neuen GmbH einen bedeutenden Teil des Kerngeschäfts - das „Bargeschäft" z.B. auf der Nordschleife durch Touristenfahrten, und, und, und - auf die neue Firma verlagert, die natürlich an den Einnahmen partizipieren muss.

Was die Verluste der Nürburgring GmbH, schon durch F1 usw., weiter ansteigen lassen wird. Schauen wir doch einmal, was im Gesellschaftsvertrag der „Cash Settlement & Ticketing GmbH" - übrigens vom 7. März 2008 - geschrieben ist:

„Gegenstand: 1. des Unternehmens sind die Planung, die Konzeptionierung und das Betreiben eines kartenbasierten, bargeldlosen Zahlungs- und Abrechnungssystems zur Abrechnung sämtlicher Gästeleistungen und des Verkaufs aller Tickets auf dem Gesamtgelände des Nürburgrings. "

Noch Fragen? Da wird doch die Nürburgring GmbH stark entlastet. Oder wie soll man das auffassen? Ich spüre die Absicht und schüttle den Kopf. Ich bin schließlich kein Tagträumer.

Was mir so bei den letzten Auftragsvergaben auffiel: Da wird ausgeschrieben, da beteiligen sich Firmen an der Ausschreibung, dann gewinnt auch eine. Aber es ist dann nicht die „erste Beste", die den Zuschlag erhält (oder erhält sie den doch?), denn die Arbeiten werden - meine ich - dann von einer anderen Firma als der Gewinner-Firma ausgeführt. So war das nach meiner Kenntnis (durch zufällige Beobachtungen) beim Bau des FIA-Zauns an der Nordschleife. Damals habe ich recherchiert, bin aber nicht weiter gekommen, sondern nur - so ganz nebenbei - darauf gestoßen, dass ohne Genehmigung gebaut wurde. Meine Arbeit verlief also ziemlich erfolglos. In anderer Richtung gab es einen Erfolg, der aus meiner Sicht keiner war (Bitte melden Sie sich, wenn Sie es besser oder anders zu wissen glauben!).

Jetzt kommen wir mal zur Auftragsvergabe an die Firma, die durch die entsprechende Ausstattung mit Hard- und Software, ein bargeldloses Zahlungssystem auf dem Gebiet der Nürburgring GmbH installieren soll. Auch hier hat es - nach meinen Informationen - eine Ausschreibung gegeben. Sonst wäre auch - später einmal - der Landesrechnungshof von Rheinland-Pfalz sauer. Weil auf diesem Gebiet schon durch die Nürburgring GmbH in der Vergangenheit viel gesündigt wurde (s. Jahresberichte). Aber nun ist alles so abgewickelt worden, „wie es die Kirche vorschreibt". Obwohl bei einer 50 prozentigen Privatbeteiligung... Nein, die Vergabe war also nicht ausschreibungspflichtig. Und trotzdem hat man... Wahnsinn, Herr Lippelt! Ob der das in Bremen gelernt hat?

Nur: Auch dieses Mal, so scheint mir, ist der Auftrag trotz – nennen wir es - Ausschreibungsgewinn dem „ersten Besten" an der Nase vorbei gegangen. Dieses Mal bin ich zwar ein wenig weiter gekommen, aber... leider war das nur im Traum, in der Nacht. Weil mich das Thema wohl auch innerlich berührt, stark beschäftigt:

Ich sah einen großen, schummrig dunklen Raum. Alles wirkte so „fliederfarben" - Farbpsychologen wurden sagen: unentschlossen. Und jemand präsentierte eine Software, entsprechend dem Angebot. Doch dann wurde ein Softwarefehler deutlich. Und plötzlich verließen die Anwesenden, so als würden sie von einer inneren Stimme beeinflusst, stumm den Raum. Auch Kai Richter, der Redner von München war dabei.

Die Stimmung war so wie auf einer Beerdigung, so trist. Nur zwei Leute blieben zurück. Während der eine darüber sprechen wollte, wie schnell man jetzt den Vorführfehler in der Software beseitigen könne, sprach der andere von Vorlaufkosten. Vorführkosten, Vorlauffehler? Oder war das anders? Und weil man diese phonetisch so ähnlichen Worte (es wurde im Traum auch mit Hall gesprochen) nicht auf einen Nenner bringen konnte...

Und da bin ich wach geworden. Und habe erst mal durchgeatmet. Wie soll ich jetzt diesen Traum deuten? War ich nahe dran? - Jemand muss doch darauf eine Antwort haben. Bitte melden!

Ich höre, dass es tatsächlich in diesem Fall ein Stillhalteabkommen mit der Nürburgring GmbH gegeben haben soll. Bis Ende April 2010. - Werden wir also noch mal davon hören?

Zunächst bleibe ich mal am Ball. Kommt Zeit, kommt Aufklärung. - Wobei ich natürlich dankbar wäre, wenn es - vielleicht - einen kleinen Tipp geben würde (Versprochen: ich nenne keinen Informanten ohne seine ausdrückliche Zustimmung!)

Und ich gehe auch jedem „Anfangsverdacht" nach. Wie das auch immer in unseren Fernsehkrimiserien gesagt wird. Manchmal dauern solche Recherchen lange. Wie auch die Recherchen zu dieser Geschichte viel, viel Zeit gekostet haben (Von Geld reden wir nicht.) Aber auf dieser Tour bin ich - noch „nebenbei-er" als sonst - auf eine Geschichte gestoßen, die ich unbedingt noch los werden möchte:

Da gab es einen Mann, der bei einer Firma, in einer Stadt in der Nähe der Nordschleife beschäftigt war. So wie es schien, war die Zukunft seines Arbeitgebers nicht gerade gesichert. Da schaut man dann als Arbeitnehmer schon mal in die Zeitung. Als dort zufällig zu lesen war, dass die Nürburgring GmbH einen Mitarbeiter im Einsatzgebiet der neuen Nordschleifenzufahrt suchte, da hat „unser Mann" sich beworben. Er hat auch einen Termin für die Vorstellung bekommen und ist auch pünktlich „oben angetreten".

Zwei Herren der GmbH (es können auch Männer gewesen sein) haben ihn empfangen. Er durfte Platz nehmen und wurde dann u.a. gefragt, wo er denn her käme. Aus „*XXX*" (steht für den Ort, der nahe am „Ring" liegt) hat er gesagt. Da haben sich die Zwei angeschaut und der Eine von ihnen hat laut und verständlich gesagt: „Eigentlich wollten wir ja niemand mehr von dem Eifel-Pack."

Natürlich denkt man erst an einen Hörfehler, doch dann wurde unserem Bewerber klar, dass das wohl die Einstellung „da oben" ist. Er hat sich erhoben, freundlich „Guten Tag" gesagt und ist gegangen. So kommt es, dass der Anteil von „Eifel-Pack" bei den wichtigen Leuten der

Nürburgring GmbH immer mehr gegen Null tendiert, während der Anteil der „Bremer Stadtmusikanten" entsprechend gestiegen ist. Prozentual.

Ich weiß allerdings nicht, wozu die Dame Bergschneider zu rechnen ist, die lt. Organigram der Nürburgring GmbH längere Zeit dort als „Leiterin Rechnungswesen" arbeitete und an den „Leiter Controlling" berichtete, der wiederum den direkten Zugang zum „Director Finance" (das steht wirklich so im Original-Organigram), Hans-Jürgen Lippelt (unauffällig aus Bremen zugewandert) berichtet hat. Es wird geflüstert: „Sie wurde entsorgt". - ??? - Aber man hält zur Sicherheit selbst ihren Vornamen geheim. Es ist erstaunlich, welchen „Verschleiß" an Personal der Geschäftsführer der GmbH seinem Aufsichtsratsvorsitzenden melden müsste - wenn er es denn muss.

Nachdem der erste Personalberater der GmbH (in der Zeit unter GF Kafitz) schon einige Zeit verstorben ist, weiß ich nicht, ob immer noch ein Berater auch die Lehrlinge einstellt und dankbar für jeden Wechsel in der Firma ist, weil ja so neue Arbeit für ihn anfällt.

Der „alte" Berater hat jedenfalls schon früher in keinem Gespräch mit irgend jemand einen Zweifel daran gelassen, dass er grundsätzlich gegen die Einstellungen von „einheimischen" Mitarbeitern ist, weil deren Qualifikation eigentlich unterdurchschnittlich sei.

Darum gibt es wohl auch so viele der Hochqualifizierten aus Bremen. - An der Höhe der Zahlen wird wohl deren Erfolg gemessen. Im Falle Space Park muss man wohl die Grafik, auf der die Verlustkurve aufgezeichnet ist, verkehrt herum aufhängen. So wird dann ein sichtbarer Erfolg daraus. Diesen Herren wird dann auch bestimmt noch rechtzeitg (bevor es soweit ist) einfallen, wie man einen Reinfall vielleicht zu einem Rheinfall, und damit zu einer Touristenattraktion macht. Denn *„Requiem"* (=Totenmesse) ist schon abgedreht.

Es wird Zeit, dass man dem „Eifel-Pack" mal eine moderne Version des bekannten Grimm'schen Märchens von den „Bremer Stadtmusikanten" vorsetzt.

Notwendige Anmerkung: Der Titel des Märchens ist irreführend - wie vielleicht auch der Titel meiner Geschichte. Die „Märchen-Tiere" waren niemals Stadtmusikanten in Bremen. In der Urfassung des Märchens der Gebrüder Grimm wird selbst der Name Bremen nicht erwähnt. Aber im Bremer Umland werden heute noch Erfolglose gerne damit getröstet, dass man ihnen sagt, sie könnten - wenn es sonst nichts zu verdienen gibt - immer noch Bremer Stadtmusikant werden. Vielleicht gibt es aber noch einen anderen Ausweg: sie können es dem „Eifel-Pack" mal richtig zeigen, die „Bremer Stadtmusikanten". Die Stadt Bremen hat ihnen immerhin ein Denkmal gesetzt. Ganz unten befindet sich da der Esel. Dessen Vorderbeine sind ganz glänzend, weil sie immer wieder von Menschen umfasst werden, die davon überzeugt sind, dass - wenn man die Vorderbeine eines (dieses?) Esels umfasst, ein Wunsch in Erfüllung geht. Immerhin ist der Esel ein Wahrzeichen der Stadt Bremen.

Vielleicht wird er auch mal das Wahrzeichen von Nürburg. Oder gar Mainz?

Über Richter, Bienen, Hummel, Jäger, Geschäftsführer und Politiker

Viele der Aktivisten im Projekt „Nürburgring 2009" wirken auf einen Journalisten sympatisch. Dabei können sie – neben ihrer eigentlichen und offiziellen Funktion – auch z.B. als Strohmänner oder Drahtzieher gelten. Wer blickt schon hinter die Kulissen?

Prof. Dr. Ingolf Deubel macht als Fachmann in Finanzangelegenheiten eigentlich eine gute Figur. Er wird auch in Kreisen der Banker geschätzt. Mit Aussagen wie: „Mach nur Geschäfte die du verstehst, und mache nur Geschäfte, die auch bei schlechter Entwicklung beherrschbar sind", kommt er eigentlich als Finanzminister und Aufsichtsratsmitglied der Nürburgring GmbH gut an. Die o.g. intelligente Feststellung hat Deubel am 19. Oktober 2008 im SWR (Rundfunk) getroffen. Wer will ihm da widersprechen.

Als Journalist stößt man aber auch auf Dinge, Handlungen, Anbahnungen, die zu solchen Aussagen nicht passen. Manche Ergebnisse von Recherchen machen nicht glücklich. Auch nicht einen Journalisten.

Eigentlich möchte ich auch mal gerne ein Buch schreiben. Nicht über „Nürburgring 2009". Ein Titel wie „Freie Sicht auf die Ambiente" würde mir sympathischer sein. Leider macht mir die Realität vieles kaputt. Und ich kann nicht daran vorbei schauen. Auch nicht - natürlich angewidert - wegblicken. Wie das viele Kollegen tun.

Warum sollte man sich auch unbeliebt machen? Sollte es denn wirklich notwendig sein, kann man immer noch einsteigen. Und macht es Sinn, aufwändig zu recherchieren? In Krisenzeiten, wo überall gespart werden muss? Da spart man in vielen Positionen auch an der eigenen Meinung. Weil die das Weiterkommen behindern würde.

Oder man hat keine, kann keine haben, weil man keine Fakten kennt. Und wenn man welche kennt, dann vergisst man sie schnell. Lücken in den Publikationen lassen sich gut mit Presseinformationen füllen.

Davon gibt es genug. Sogar die Nürburgring GmbH lässt welche unters Volk bringen. - Es ist ja auch alles schlüssig formuliert. Übrigens von einer Agentur, die schon für eine Pleite-GmbH in Bremen arbeitete.

Auch dort wurde ihr geglaubt. So lange es gut ging. Natürlich sollte man nicht so genau hinschauen, hinhören oder gar abgleichen, wenn man keinen Ärger haben will. Alles ist zum alsbaldigen Verbrauch bestimmt.

Gestern waren es noch 215 Millionen Euro, heute sind es gut 250 Millionen. Und Morgen? Da gibt es *a)* klare Trennungen von „öffentlichen" Geldern und *b)* „privaten Investoren". Und dann gibt es (auf der „privaten" Seite) einen Finanzierungsengpass. Und der Herr Finanzminister springt ein. Oder war es der Aufsichtsratsvorsitzende?

Da gibt es GmbH-Gründungen zu Hauf. Es gibt auch eine SA in Luxemburg, die sich in Verbindung mit drei >!!!< GmbH's im Taunus um das Projekt „Nürburgring 2009" bemühen. Damit es eine „Erlebnisregion" wird?

Da gibt es plötzlich - wie aus dem Nichts - einen Drei-Millionen-Kredit. Von wem an wen? Zu welchen Konditionen? Mit welchen Absicherungen? In Verbindung mit diesem Kredit ist (und war) bisher immer nur von einer Absicherung des Kreditgebers (der Nürburgring GmbH als 90-Prozent-Tochter des Landes Rheinland-Pfalz) über Grundstücke in Drees die Rede. Nur dass die Absicherung eigentlich keine Absicherung war. Sagen manche. Darüber sollen sich Juristen streiten.

Was ist mit dem 500.000 Euro-Anteil vom 3-Millionen-Kredit, für den die Absicherung wohl über Grundstücke in Adenau erfolgte? Der Herr Finanzminister und Aufsichtsratsvorsitzende erinnert sich nicht an das vorgesehene Kreditende. Und der Kredit sei auch wieder zurück gezahlt. Wenn doch dieser Kredit eine Lücke füllen sollte, wieso ist dann diese Lücke nicht mehr vorhanden, als der Kredit - nicht nur den Politikern der Opposition - übel aufstößt?

Es gibt Fragen über Fragen. Und kaum Antworten. Wenn es welche gibt, dann sind die oft nicht zufriedenstellend. - Schauen wir uns doch einmal die Menschen an, die sich z.B. hinter der plakativen Fassade „privater Investor" verbergen. Schließlich sind das Personen, die das volle Vertrauen z.B. eines Finanzministers des Landes Rheinland-Pfalz genießen. Wenn Sie auch, lieber Leser, für ungewöhnliche Buchtitel - wie den oben genannten - schwärmen, wirre Geschichten, wie z.B. die vom „sulfgelben Kraterstorch mit unangenehmem Geruch" (soll es in Maria-Laach geben!) toll finden, dann werden Sie auch die folgende Geschichte als interessant empfinden.

Und die Geschichte wirr. - Nur - anders als bei „Freie Sicht auf die Ambiente": Sie zeichnet die Realität nach. Nach bestem Wissen und Gewissen. - Es gibt - das wissen Sie sicherlich - keinen „sulfgelben Kraterstorch".

Aber gibt es private Investoren für das Projekt „Nürburgring 2009"? Lösen wir das Rätsel gemeinsam; steigen Sie mit mir ein ins Phantasia-Land der Politiker. Lassen Sie mich Harry Potter sein und ich werde Ihnen eine unglaubliche Geschichte erzählen, Ihnen z.B. von Jagdszenen aus der Eifel berichten:

Als der Wagen auf den Hof rollt, weiß der Metzgermeister, der den Betrieb auf diesem Grundstück betreibt, dass es sich um einen Jäger handelt. Das Automobil macht einen geländetauglichen Eindruck, der Fahrer ist (relativ) jung und dynamisch, der Beifahrer alt und grau. Ergebnis der Beobachtung: Jagdpächter ist mit Jagdhüter unterwegs.

Man hat ein paar Wildschweine geladen, die der Metzger verarbeiten soll, Man habe gehört, dass er das sehr gut mache. Der Metzgermeister bestätigt, dass er für Jäger der umliegenden Jagdgebiete arbeitet. Man habe sich in Form einer Genossenschaft zusammen geschlossen. Ober er - der Neue - denn nun Mitglied werden wolle? - Das koste „sonsoviel" Euro als Einlage und dann werde er gerne... Damit will „der Neue" nichts zu tun haben. Keine Einlage. Der Metzgermeister solle nur seine Arbeit machen. Und da habe er ein paar Sauen... Der Metzgermeister ist höflich und nett: Nur wenn er Mitglied der „Genossenschaft" werden würde, könne er die Jagdbeute verarbeiten. Alles andere wäre Betrug an den anderen Jägern, die ihre Einlage gezahlt hätten.

„Der Neue" ist wohl erstaunt, dass der Metzgermeister dummer Grundsätze wegen auf ein Zusatzgeschäft verzichten will und nennt ihn „einen schlechten Kaufmann". Das mag ja sein. Aber dieser Eifeler Metzger ist ein vertrauenswürdiger Vertragspartner. Und von welcher Art ist „der Neue"?

Jedenfalls zieht der mit Jagdhüter und seinen Sauen von dannen. Sozusagen kopfschüttelnd. Das ist einem „Geschäftsmann" wie ihm lange nicht mehr passiert. Er ist Umgang mit Leuten gewohnt, die mit Millionen umgehen. Millionen Euro. Da lässt man wohl schon mal eine Fünf gerade sein. Ein paar Millionen spielen da keine Rolle. Wenn er gestern für 80 Millionen als Investor gerade stehen sollte, sind es morgen vielleicht schon 100 Millionen. Von dieser Größenordnung hatte der private Investor, der in einem Bauvorhaben des Landes Rheinland-Pfalz (und seines Finanzministers) eine Schlüsselrolle spielt, schon im letzten Jahr auf einem Vortrag in München gesprochen (Offiziell sind es bis heute nur 94 Millionen. - Kommt „der Rest" noch?)

Klar, das mich dieser Vortrag interessierte. Und so habe ich versucht, ihn über den Veranstalter des „Events" zu bekommen. Meine Leser möchten es eben gerne genauer wissen. Dachte ich. Aber leider gab es eine Absage, weil es angeblich auf dem Vortrag des Herrn Kai Richter aus Düsseldorf einen Copyright-Vermerk gab. Nur er könne mir den Vortrag zugänglich machen, nur er könne mir erlauben... -

Kein Problem. Und so habe ich Herrn Kai Richter, geschäftsführender Inhaber der Firma Mediinvest in Düsseldorf, am 26. November 2008 angeschrieben:

Sehr geehrter Herr Richter,

meine Anfrage betrifft eigentlich Ihre Funktion als

Geschäftsführer der Cash Settlement & Ticket GmbH, Nürburg.

Wohl in dieser Funktion haben Sie am 9. September 2008 während eines Sportstättenforums („SPONSORSs Sportstättenforum") in München einen Vortrag zum Thema „cashless payment" gehalten. Wie ich gestern von der payment Solution AG, München höre, ist dieser öffentlich gehaltene Vortrag jedoch mit einem Copyrightvermerk versehen, so dass man mir von dort den Inhalt korrekterweise nicht übermitteln konnte.

Wenn Sie es als Urheber dieses Vortrags verantworten können (evtl. geheime Inhalte?), wäre ich Ihnen dankbar, wenn Sie mir Ihren oben erwähnten Originalvortrag zugänglich machen würden. Die Zusendung per E-mail in Form eines pdf-Anhangs würde genügen. Wenn Sie Ihre damalige Darstellung noch durch inzwischen neu gewonnene Erkenntnisse ergänzen - oder korrigieren - möchten: Gerne.

Ich würde mich freuen von Ihnen einen positiven Bescheid zu erhalten, damit - wie ich es gerne tue - meine Leser in „Motor-KRITIK" umfassend informieren kann. Ich setze bei einer Zusendung durch Sie voraus, dass Sie mit einer teilweisen oder auch kompletten Veröffentlichung Ihres Vortrages einverstanden sind.

*Herzliche Grüße aus der winterlichen Eifel
Wilhelm Hahne*

Ich habe keine Antwort erhalten. Leider bis heute nicht (Wir schreiben inzwischen das Jahr 2010) Keinen Zwischenbescheid. Nichts. Das kann ja mal bei einem so beschäftigten Geschäftsmann wie dem Herrn Kai Richter schon mal passieren. Vielleicht war der Inhalt seines Vortrages wirklich „geheim" (Ich hatte in meiner E-mail diesen Punkt angesprochen). Kann auch sein, dass Kai Richter meine E-mail einfach vergessen hat. Dieser Mann jagt ja von Termin zu Termin. Er tanzt ja gleichzeitig auf vielen Hochzeiten. Heute am Nürburgring, morgen vielleicht in Tirol. Die Schweiz kann ein Reiseziel sein, Spanien vielleicht. Oder er trifft sich mit honorigen Persönlichkeiten, wie z.B. dem Finanzminister des Landes Rheinland-Pfalz, in Saal 7 des Mainzer Landtags. Wessen Art färbt bei intensivem Umgang miteinander eigentlich auf wen ab?

In der Grundschule wurde ich schon von meiner allerersten Lehrerin - und dann auch von meinen Eltern - darauf aufmerksam gemacht, dass man bei der Auswahl seiner Freunde vorsichtig sein solle. Es könnte ja passieren, dass man mal von der öffentlichen Meinung „gemeinsam in einen Topf geworfen würde". Ungerechterweise. Was man aber dann den Beobachtern nicht vorwerfen solle. Man selbst sei für seinen Umgang verantwortlich. Sagte meine Lehrerin und sagten meine Eltern. Und ich notiere es hier wertfrei.

Aber schon der Landesrechnungshof des Landes Rheinland-Pfalz hatte in einem seiner Berichte vor langer Zeit dem Finanzministerium (und seinem Minister) vorgehalten, dass man in der Vergangenheit bei der Auswahl seiner Geschäftspartner nicht vorsichtig genug gewesen sei. - Was ist also der vom Landesfinanzminister so großzügig (im Interesse des Projekts!) unterstützte „Privat-Investor" (und Jäger) Kai Richter für ein Mensch?

Einen ersten Eindruck von ihm hatte ich beim Metzger erhalten. Das heißt: eigentlich hatte ich Kai Richter beim „Ersten Spatenstich" zum Großprojekt „Nürburgring 2009" zum ersten Male gesehen und gehört. Innerlich lächelnd hatte ich ihn bei mir als Manager in der Schublade „Typ der neuen Zeit" abgelegt. Der wusste was er sagte. Alles perfekt. Gesprochene Presseinformationen. Damit: nicht immer glaubwürdig.

War er als Jäger anders? Und vielleicht als Mensch ein ganz besonders liebenswerter... Na ja. Ich jedenfalls war weiter um Detaileindrücke bemüht. Zumal sich Kai Richter bei mir nicht meldete.

Wissen Sie, liebe Leser, was eine „Schüsseljagd" ist? Als Waidmann kennt man das als Essen nach der letzten Treibjagd. Natürlich kann man auch das Jagen weg lassen und gleich „die Schüsseln jagen". Nun, der von mir beobachtete Düsseldorfer Jäger hatte auch hier in der Eifel eine Reihe von für ihn wichtigen Gästen zu einem „Treiben von Schüsseln", zu gutem Essen und Trinken eingeladen. Das fand nicht in seinem eigentlichen Jagdgebiet statt, sondern in einem sehr schön gelegenen, großen (für die Eifel!) Hotel, in einem wunderschönen Tal. Dort jagte Hermann Göring schon gerne. Damit das auch erfolgreich war, hatte er dort Wild aussetzen lassen, dass das Tal, das „Kesselinger Tal" z.B. in der Zeit der Hirschbrunft zu einer Atrraktion macht. Noch heute.

Natürlich war klar, dass eine Reihe von Gästen nach dem „Schüsseltreiben" nicht mehr nach Hause fahren könne. Also würden sie wohl dort übernachten. Aber eine solche Übernachtung wollte unser Jäger natürlich nicht übernehmen. Eigentlich klar: Wer zu Essen und Trinken einlädt, lädt nicht unbedingt auch noch zum Schlafen ein.

Aber er hatte eine Idee: Der Hotelbesitzer solle doch bitte auf den Übernachtungspreis für jede Person 10 Euro aufschlagen, die man dann mit dem Rechnungspreis für Essen und Trinken verrechnen würde. Und so geschah es. Da das Hotel kein Vier-Sterne-Hotel ist, nicht vom Land mit Krediten gefördert wurde, liegen dort die Übernachtungspreise auf normalem Eifel-Niveau. Und so merkten es die Premium-Gäste des großen Jägers aus Düsseldorf nicht, dass man nur in diesem Fall mal ein wenig aufgeschlagen hatte. Wie gesagt: eine Idee des Gastgebers.

Alle waren glücklich. Die Gäste, der Gastgeber... - leider nicht der Dienstleister und Hotelbesitzer. Bei der Endabrechnung zahlte Kai Richter die Differenz nur bis auf einen Rest von 400 Euro mit der Bemerkung, dass der Wirt ja nun an ihm nun genug verdient habe. - Nein, Kai Richter hatte eigentlich keinen Grund unzufrieden zu sein. Nur wollte er nicht so viel zahlen, wie er eigentlich zahlen musste. Weil ein Auftrag eigentlich auch eine Zahlungsverpflichtung bedeutet.

Vor ein paar Wochen hat er dann eingelenkt. Er hat den „Rest" bezahlt. Um gleichzeitig zu einem bestimmten Termin in diesem Jahr eine weitere „Schüsseljagd" zu annoncieren. Leider - und wer kann das dem Hotelbesitzer verdenken - war zu diesem Zeitpunkt das Hotel mit einer anderen Jagdgesellschaft ausgebucht.

Das erinnert mich an das Verhalten einer englischen Motorsport-Gruppe, die im Herbst lange Zeit zu einem sportlichen Fahren auf der für sie reservierten Nordschleife des Nürburgrings erschien, aber ihre Rechnung immer erst im darauf folgenden Jahr, wenn man einen neuen Termin erhalten hatte, dann zahlte. Bis es dann da auch... -

Wieso eigentlich auch? Noch ist ja nichts passiert. Die Millionen fließen. Und wie. Aber woher? Was für ein „privater Investor" ist Kai Richter eigentlich? Lesen Sie mal, was Kai Richter über seine Person als „der Gründer" (von Mediinvest) verbreiten lässt:

„Kai Richter ist der geschäftsführender Gesellschafter der Mediinvest GmbH. Kai Richter ist seit 1993 im Ferienimmobiliengeschäft tätig und war nach seinem Studium an der Betriebswirtschaftlichen Fachschule Calw und der Akademie für Führungskräfte der Wirtschaft für Bauträgerunternehmen Dr. Trapp an der Ostsee als Projektleiter und später als Prokurist mit der Entwicklung, dem Vertrieb und dem Bau von Ferienimmobilien sowie Hotels und einer Golfanalge beschäftigt.

Im Jahr 1997 wechselte Kai Richter für die Unternehmensgruppe Dr. Ebertz/Dorint nach Spanien und war beteiligt an der Entwicklung und dem Bau des Golfresorts auf Mallorca. Nach dessen Fertigstellung gründete er gemeinsam mit der Corpus Immobiliengruppe, einem Beteiligungsunternehmen der Stadtsparkasse Köln und Düsseldorf sowie der Frankfurter Sparkasse von 1822 und der M. Zimmer Gruppe, eine Gesellschaft zur Vermarktung von Ferienimmobilien in Spanien: die SolVia Immobilien GmbH.

Im Jahre 2003 wurde die Gesellschaft mit der LBS I Nordrhein Westfalen sowie der LBS I Baden Württemberg fusioniert, in der Kai Richter als geschäftsführender Gesellschafter die verantwortliche Geschäftsleitung übernahm. Der Name der Gesellschaft wurde in SolVia Ferienimmobilien GmbH geändert."

So weit die Selbstdarstellung aus einer Pressemappe, die er zur Grundsteinlegung am 12. April 2008 am Nürburgring verteilen ließ. - Wenn man einmal nachrecherchiert stößt man darauf, dass der Besuch einer Betriebswirtschaftlichen Fachschule und der der Akademie für Führungskräfte der Wirtschaft eigentlich eine nette Fortbildung ist. Der eine geht auf die Volkshochschule, der ander macht es wie Kai Richter. Und was in Spanien geschah... - na ja, manches kommt einem eben spanisch vor.

Vor allen Dingen, wenn man Kontakt zu seinen damaligen „Kollegen" sucht.

Alles wird noch eigenartiger, wenn man mal ein wenig weiter gräbt. Da steht auf einem Bauschild zum „Lindner Ferienpark Nürburgring" bei Drees/Eifel: „Generalübernehmer MI-Haus". Ach, Sie wissen nicht was ein „Übernehmer" ist? Das ist ein Unternehmer der selbst nichts tut, selbst nicht herumwerkelt, sondern nur überwacht, koordiniert. „MI-Haus", von mir kurz vor Weihnachten 2008 wahrgenommen, stand auf dem Bauschild ohne jede Ortsangabe. Da ich jedoch schon mal auf eine Schweizer Aktiengesellschaft dem Namen MI-Haus gestoßen war, habe ich mir diese Firma noch einmal angesehen. Da war aber Kai Richter dann Anfang 2008 als Direktor ausgeschieden. Hm!

Etwas später hatte dann Kai Richter eine seiner Düsseldorfer GmbH's in MI-Haus umfirmiert, hatte sich - im Handelsregister - von dem bisherigen Geschäftsführer getrennt, die Geschäftsführung nun selbst übernommen (im Handelsregister), während im Impressum eine Nicole Schranz dort die Geschäfte führt.

Wenn man jetzt im Januar 2009 noch mal auf das gleiche Bauschild in Drees blickt, dann ist da zu MI-Haus die Düsseldorfer Adresse der GmbH angegeben, neu hinzu gekommen. Also lag ich mit der Schweiz daneben. Dort hatte ich aber als einen der Direktoren einen Horst Hummel entdeckt. Der Name kam mir bekannt vor. Hummel, Hummel...? -

Ich fragte im Bekanntenkreis rum. Viele kannten irgendeinen Hummel, nur nicht mit dem Vornamen Horst. Aber irgendein Kollege erinnerte sich.... - Und so bin ich dann auf eine große Firmenpleite vor mehr als einem Dutzend Jahre gestoßen. Eine Leasingfirma, deren Chef Horst Hummel hieß, hatte sogar bei der Pleite ein kleines, feines Hamburger Bankhaus mit in den Abgrund gerissen. Und war flüchtig. Auf nach Teneriffa? - Die deutschen Nachrichtenmagazine berichteten damals. (Hinterher - nach einer Katastrophe - ist das Berichten immer relativ einfach.)

Ich habe dann auch einen Horst Hummel als Partner eines Kai Richter als gemeinsame Firmenbesitzer einer OG in Österreich entdeckt. **Der** Horst Hummel, **der** Kai Richter? Bei Kai Richter war ich mir schnell sicher. Das war der große private Vorzeigeinvestor des Herrn Prof. Deubel, des Finanzministers von Rheinland-Pfalz. Horst Hummel war sicherlich der gleiche Hummel, der zuvor auch zusammen mit Kai Richter in der Schweizer Aktiengesellschaft tätig gewesen war. Aber war es auch der, der mal nach Teneriffa flüchtete? Und was machten Hummel und Richter mit einer Firma in Österreich?

Zunächst war ich noch ein wenig verunsichert, weil einer der „Hummel" die Vornamen Horst Helmut tragen würde. Sagte man mir. Zufällig sind aber beide am 17. Juni 1944 geboren. Also sind wohl - und davon kann man mit an Sicherheit grenzender Wahrscheinlichkeit ausgehen, Horst = Horst Helmut, und der Hummel mit der gewaltig Staub aufwirbelnden Pleite in Stuttgart, exakt jener Hummel, der über Kai Richter den Nürburgring-Projekt-Strategen den Stoff für neue Träume lieferte. Wahrscheinlich wird man Horst Helmut am Strand selten mit einer kurzen Badehose sehen, denn „Zeitzeugen" schilderten als sein „unveränderliches Kennzeichen": Narbe am rechten Oberschenkel.

Also war mir klar: der Kai Richter aus der Eifel war auch der Kai Richter aus Österreich; genauso wie Horst Hummel aus der Schweiz der Horst Hummel aus Österreich war.

Auch dort geht es um ein Hotelprojekt. Ein großes natürlich. Wo Kai Richter auftaucht scheint es immer nur um viele Millionen zu gehen. Und viele, die wir hier vom Nürburgring kennen, sind beteiligt: die Mediinvest, die auch einen österreichischen Ableger hat, Geissler & Trimmel, die Lindner-Hotelgruppe. Medinvest - oder eine der GmbH's, die man dann gründet oder schon gegründet hat - will dort 40 Millionen Euro investieren, hatte aber den Kaufpreis für das Grundstück von 8.800 qm lange nicht bezahlt. Der Kaufvertrag zum Grundstück wurde bereits Ende 2006 geschlossen und in Kössen dachte man.... -

Auch hier in der Eifel wurde viel gedacht, wenn es um die Planungen von Mediinvest ging. Hier musste man den Unternehmer Kai Richter, bzw. eine seiner Firma, mit 3 Millionen Euro stützen, weil ein 60 Mio-Kredit weggebrochen war. Wie kann etwas wegbrechen, was nicht vertraglich vereinbart war? Mit wem, bitteschön? (Inzwischen habe ich feststellen können, das „nur" ein 56 Millionen Euro-Kredit weggebrochen ist. -. Also immer diese Übertreibungen...)

Der Herr GmbH-Aufsichtsratsvorsitzender und Landes-Finanzminister erinnern sich nicht, für wie lange der 3 Mio-Kredit gewährt wurde. Aber er weiß um „Stützungen" hier und da. Und im übrigen sei der Kredit längst zurückgezahlt. Ein Kredit der auch nur „auf dem Papier" abgesichert war.

Praktisch wurden Grundstücke mit um 50 Euro pro Quadratmeter bewertet, die man für gut vier Euro erstanden hatte. Mit einer Teilbaugenehmigung war zwar schon mit der Schaffung der Infrastruktur (Wasser-, Abwasser, Stromleitungen, Anlage der Straßenstruktur) begonnen worden, bevor der Bebauungsplan für die Öffentlichkeit zur Einsicht (und evtl. Einspruchsmöglichkeit) ausgelegt wurde; aber zum Zeitpunkt des Kredits (Oktober 2008) war von allem noch nichts vorhanden. Schon die gezahlten (um) vier Euro stellten eigentlich eine Überzahlung des Bodenwertes dar, der - nicht als Bauland ausgewiesen - eigentlich bei um einen Euro liegt.

Wenn Herr Diplom-Kaufmann Dr. Walter Ernst Karl Kafitz im Südwestfunk-Fernsehen im Februar davon sprach, dass man „Siebendreißig" bezahlt habe, so hat eine solche Angabe nach meinen Recherchen weder Hand noch Fuß, was dann aber praktisch zu einer Satire ausartet, wenn der Interviewpartner wohl „Siebenunddreißig" verstanden hat. Das erinnert mich stark an die Kafitzschen Sprach- bzw. Nuschel-Leistungen, wenn er in Interviews und Gesprächen aus „Besuchern" unauffällig „Besuche" machte. So konnte er sich dann auf Zahlen von um 2 Millionen Besuche (nein, nicht Besucher) pro Jahr hochschaukeln. Vielleicht stehen in Gutachten, die „geheim" sind, in die mir eine Einsicht von Finanzminister Deubel verwehrt wurde, ja auch zwei Millionen Besucher. Wer weiß?

Vielleicht hat man sich so lange versprochen oder jemand anders sich dann verhört, bis dass die sich der künftige Geschäftserfolg in einem Gutachten errechnen ließ. Immer wieder wird von den Herren, die sich im Falles eines Falles nicht an Details erinnern können, auf die Expertisen von Experten verwiesen. Die aber außer ihnen niemand in allen Details kennt. Basieren alle auf den Zahlen der Nürburgring GmbH? Dann sind sie allerdings alle sehr „visionär" oder „realitätsfern". Wie auch die publizierten Grundstückspreise in Drees.

Wie auch insgesamt das Bauvolumen hier im Bereich des Nürburgrings. Oder wie das Bauvorhaben der Mediinvest- und Lindner-Gruppe in Kössen, Tirol. Dort sollte nach den Vorstellungen des Herrn Kai Richter, der Mediinvest, der Lindner-Gruppe und der Firma Geissler & Trimmel ein Hotel entstehen, das die Ausmaße von 115 Meter Länge, 25 Meter Breite und 19,5 Meter Höhe hat. Der Gemeinderat von Kössen hatte sich mit einer hauchdünnen Mehrheit von 8:7 Stimmen für dieses zentrumsnahe Projekt entschieden. Mit dieser Entscheidung hatte man „ein Kopfschütteln quer durch die Bevölkerung" erzeugt, wie in einer in Kössen erscheinenden Zeitung zu lesen und um 80 Gegner auf den Plan gerufen, die diese 300-Betten-Seminarherberge ablehnten und Einspruch einlegten.

Eine Kössener Anwohnerin äußert sich dazu und meint: „Das Raumordnungskonzept der Gemeinde liest sich wie ein wunderschönes Märchenbuch" und stellt die Frage, „Haben diese Märchen überhaupt keinen Realitätsbezug?" Dort in Kössen also die gleiche Stimmung wie hier in der Umgebung des Nürburgrings. Nun war man im Gemeinderat von Kössen der Meinung, dass der „deutsche Investor" zum 30. April 2007 den Kaufbetrag für dass Grundstück überweisen müsse (Kaufvertrag wurde im Dezember 2006 geschlossen!).

Weit gefehlt. Kai Richter zahlte zu diesem Termin nicht und stellte fest: „Der Betrag wird erst fällig, wenn die Widmung erledigt ist. Das steht im Vertrag, den ein gemeinsamer Rechtsanwalt entwickelt hat."

Am 17. Juni 2008 wurde nun die „Widmung Sonderfläche Hotel" mit einer reduzierten Bettenzahl von 250 Betten von der Landesregierung Tirol genehmigt. Aber Mediinvest zahlte nicht. Man sprach im Ort von einer „Hinhaltetaktik". In der Gemeinderatssitzung am 18. Dezember 2008 wurde dann über einen Antrag einer Gemeinderatsfraktion (ELFA = **E**ine **L**iste **F**ür **A**lle) entschieden, nach der der Vertragspartner „Golf- und Kongresshotel Kaiserwinkl GmbH", die von den Herren Richter und Hummel vertreten wird) bis spätestens zum 19. Januar 2009 die in 2006 vereinbarte Verkaufssumme von exakt 1.193.000 Euro für das Grundstück „Filzergrund 220/1" auf ein Treuhandkonto eingezahlt haben muss. Bei Nichteinhaltung dieses Termins drohte die Gemeinde mit Schadensersatzforderungen, da man als Gemeinde durch die verzögerte Abwicklung - für die sich Kai Richter als Vertreter der kaufenden Firma nicht verantwortlich fühlte - bisher jährlich einen Zinsausfall von 48.000 Euro hinnehmen musste.

Am 19. Januar 2009 wurde der Betrag dann durch den Käufer eingezahlt, durch Kai Richter, uns u.a. als Geschäftsführer von Mediinvest bekannt.

Da werden 1,2 Millionen gezahlt, anderswo 3 Millionen entgegen genommen. Die werden vorzeitig zurückgezahlt. Übrigens: An wen? Denn man Herr Prof. Deubel schon nicht erklären kann, warum ein Kredit an eine Mediinvestfirma (Motorsport Resort Nürburgring GmbH, Kirsbach) über eine Pinebeck Nürburgring GmbH in Usingen (Taunus) gelaufen ist, dann sollte man doch bitte einmal sagen, wann das Geld wieder bei der Nürburgring GmbH angekommen ist.

Wurden die entsprechenden Löschungen bereits im Grundbuch vorgenommen? Von einem Bankfachmann wurde mir die Zinsdifferenz zwischen 6 Prozent (die die Nürburgring GmbH als Zinsen forderte) und 15 Prozent (die sich z.B. die Pinebeck GmbH im Grundbuch eintragen ließ, als „dingliche Absicherung" erklärt, die nur dann in eine Rechnung eingeht, wenn es zu einer Zwangsversteigerung kommt. Immerhin denkt man schon so weit.

Interessant, an was man heute alles denken muss! Haben sich die Zeiten oder haben sich die Kreditnehmer geändert?

Nun gibt es außer der oben bereits genannten „Golf- und Kongresshotel Kaiserwinkl Gmb" noch eine weitere Firma in Kössen (Tirol), in der die Herren Richter und Hummel als Teilhaber auftauchen: die Hummel & Richter Kaiserwinkl OG. „OG", das ist eine österreichische Rechtsform, die praktisch einer offenen Handelsgesellschaft entspricht. Es ist eine Personengesellschaft. Entsprechend den Bestimmungen darf keiner dieser Teilhaber oder Gesellschafter ohne Zustimmung aller anderen Gesellschafter im gleichen Geschäftszweig tätig werden. Er darf auch nicht ohne Zustimmung als unbeschränkt haftender Gesellschafter an einer Gesellschaft beteiligt sein, die im selben Geschäftszweig tätig ist.

Damit ist eigentlich klar, dass Horst Hummel immer weiß (immer wissen muss!), was Kai Richter macht. Er ist über alles informiert, was z.B. Kai Richter, hier am Nürburgring in den unterschiedlichsten GmbH's tätig, tut oder nicht tut. Das geht nämlich nur mit Zustimmung von Horst Hummel, wenn man die Richtlinien einer österreichischen OG exakt befolgt. In der OG haftet auch der eine für den anderen. Das auch noch fünf Jahre nach dem Ausscheiden aus einer OG. Das erklärt übrigens m.M. nach auch das relativ nachlässige Verhalten des Kössener Gemeinderates, der sich von Richter und Hummel, der vor dem Gemeinderat auch als Verhandlungspartner auftrat, praktisch zwei Jahre lang hinhalten ließ. Obwohl, wenn man es genau nimmt, nicht diese OG der Vertragspartner der Gemeinde ist, sondern eine GmbH.

Horst Hummel (und Kai Richter?) besitzen (und betreiben?) in Kössen noch ein weiteres Hotel, das mir von einem Informanten als „Bauruine" geschildert wurde, während mir von einem anderen erklärt wurde, dass es jetzt über den Winter von Horst Hummel betrieben wurde, aber wohl Ende der Ski-Saison wieder geschlossen wird. Zumal der Keller dieses Gebäudes hoch unter Wasser stehen soll. Es soll, wenn das oben schon in seinen mächtigen Abmessungen dargestellte Hotel dann gebaut ist, zu einem Personalhaus umfunktioniert werden. Hört man.

Man arbeitet also in der Eifel wie auch in Tirol nach dem gleichen Schnittmuster, nur dass in der Eifel bisher der Begriff Hummel einer Bienenart zugeordnet wurde.

Es hatte sich schon vor einiger Zeit mal bei mir jemand angemeldet, der mir über seine Verhandlungen mit Kai Richter über eine „Hotelruine in Tirol" berichten wollte. Ich habe ihm meine Internetadresse zukommen lassen, damit er wusste was ich so schreibe und ich habe dann niemals mehr etwas von ihm gehört. Aber es scheint sich um das Objekt zu handeln, um das auch Herr Horst Hummel irgendwie bemüht ist.

Ist nun dieser Horst Hummel auch jener Horst Hummel, über den es 1996 im Magazin „Focus" hieß:

„Mit faulen Verträgen hatte der Geschäftsführer sein einst florierendes Leasingunternehmen HLS und den Finanzierungspartner, das Hamburger Bankhaus Fischer, in den Ruin getrieben. Dafür sollen nun auch die Wirtschaftsprüfer der HLS geradestehen.

Konkursverwalter Wolfgang Illig plant eine Klage gegen die Stuttgarter Allgemeine Treuhand Wirtschaftsberatung. Begründung: Die Überschuldung – heute fehlen über 270 Millionen Mark – sei schon 1994 erkennbar gewesen." ?

Vorher, 1995 war schon zu lesen: *„Nach Aussagen ehemaliger HLS-Mitarbeiter wurden in den vergangenen Jahren rund 10 000 Kunden bei der Ermittlung des Restwerts ihres Leasingfahrzeugs betrogen. HLS-Chef Hummel und seine Helfershelfer hätten Gutachter unter Druck gesetzt und zu niedrigen Schätzungen veranlaßt."*

Von Horst Hummel hörte man nur, dass alle Anschuldigungen keine Basis hätten. Aber offensichtlich hatte Horst Hummel eine Basis auf Teneriffa. Man hörte also nichts mehr von ihm. Bis er jetzt wieder auftauchte. Als Partner eines Partners, der von Finanzminister Prof. Dr. Ingolf Deubel als Privatinvestor für einen 100 Millionen-Anteil an einem 250 Millionen-Projekt vorgestellt wird. Dem man dann aber schon mal 3 Millionen zustecken musste, weil ihm 60 Millionen (genau: 56 Millionen!) - aus einer mündlichen Zusage - nicht zugingen. Welchen Umgang pflegt der Herr Minister?

Ministerpräsident Kurt Beck, sein „Chef", spricht bei dem Projekt von „Wirtschaftsförderung", erklärt die gestiegenen Investitionskosten mit „Preisanstieg von Stahl" und dem „harten Winter" Es gibt also wohl eine interne Sprachregelung unter den „Betroffenen" zu diesem Thema, weil alle „Eingebundenen" in dieses Projekt die gleichen Formulierungen verwenden. Zu der es wohl auch gehört zu sagen - wie es Ministerpräsident Kurt Beck auch schriftlich gibt: *„Bis Mitte dieses Jahres sollen rund 500 Arbeitsplätze entstehen".* Das würde bedeuten (wenn sich die Baukosten nicht weiter erhöhen), dass jeder einzelne Arbeitsplatz 500.000 Euro kostet.

Aber in einer neueren Pressemitteilung der Nürburgring GmbH, bzw. deren Hamburger Presseagentur, sind es „nur" 400 Arbeitsplätze, die man schaffen will. Dann würde - bei den gleichen Ausgangszahlen - ein Arbeitsplatz sogar 625.000 Euro kosten.

Ich glaubte, dass man am Abend des 12. Februar 2009 ein wenig schlauer sein würde, denn zu diesem Termin war mal wieder im Mainzer Landtag in Saal 7 eingeladen worden. Der Haushaltsausschuss tagte. Als TOP 6 stand auch ein Antrag der FDP-Fraktion zur Abarbeit an:

> Wahlperiode: 15. Wahlperiode (18.05.2006-)
> Schlagwort: Rennstrecke
> Vorgang: 9993368
> Betreff: Aktueller Stand beim Ausbau des Nürburgrings
> Kurzreferat:-BE LReg im HUFA, insbes. Beantwortung offener Fragen aus der vergangenen Sitzung (Name des an der Bewertung der Motorsport Resort Nürburgring beteiligten Wirtschaftprüfungsunternehmens sowie der bei Vergabe des Konsortialkredits beteiligten Bank bzw. Tochtergesellschaft, Tagesdatum der Eintragung der Grundschuld und der Darlehnsauszahlung) -Behandlung: Antrag FDP nach § 76 (2) GOLT 02.02.2009 Vorlage 15/3368

Am Abend des 12. Februar erfuhr ich dann aus Mainz, dass - leider - der Tagesordnungspunkt Nr. 6 kurzfristig gestrichen werden musste, weil Prof. Dr. Ingolf Deubel, der zur Sache aussagen, bzw. Bericht erstatten sollte, in Berlin einen wichtigen Termin hatte. Er fehlte also entschuldigt. Die FDP-Fraktion hatte sich mit einer Verschiebung einverstanden erklärt. Nun soll dann dieser Tagesordnungspunkt Nr. 6 im März 2009 mit einer anderen Nummerierung wieder auftauchen. Wann?   Man weiß es nicht genau.

Es wird aber betont, dass Prof. Deubel natürlich seinen Berlin-Termin abgesagt hätte, wenn es der FDP-Fraktion besonders wichtig gewesen wäre... Na ja, so wichtig war es der dann auch wieder nicht. Schließlich muss man ja auch an die Landtagswahlen (2011) denken und daran, dass die SPD mit hoher Wahrscheinlichkeit nicht mehr im Land allein regieren kann. Und dann braucht sie (zum Regieren) einen Partner dem sie vertrauen kann. Darum war man vielleicht jetzt wohl schon mal mit einer Absage einverstanden. Man wird die SPD im rechten Moment daran erinnern. Obwohl jetzt auch die CDU Annäherungsversuche (in Richtung FDP) macht und die dann auch - je nachdem wie die Wahlen ausgehen - mit der CDU ein Bündnis eingehen könnte. Aber andererseits wäre zu überlegen, noch ein wenig Druck zu machen. Dem Wahlergebnis würde es aus der Sicht der FDP sicherlich gut tun.

Bis März könnte man vielleicht auch noch den jetzt mit TOP 6 benannten Antrag ein wenig ausbauen. Wie wäre es mit einer Erinnerung an § 30 GmbH-Gesetz? (Es geht darin um die Kapitalerhaltung in der GmbH). In einem Urteil des BGH (vom 24.11.03 - II ZR 171/01) heißt es da:

> „Kreditgewährungen an Gesellschafter, die nicht aus Rücklagen oder Gewinnvorträgen, sondern zu Lasten des gebundenen Vermögens der GmbH erfolgen, sind auch dann grundsätzlich als verbotene Auszahlung von Gesellschaftsvermögen zu bewerten, wenn der Rückzahlungsanspruch gegen des Gesellschafter im Einzelfall vollwertig sein sollte."

So etwas sollte natürlich von Juristen bewertet werden. Mir erscheint das aber als interessanter Aspekt, der mir deswegen auffiel, da es sich bei dem Wirtschaftsprüfungsunternehmen, nach dem die FDP in ihrem TOP 6 gefragt hätte nach meinen Informationen um eine Firma handelt, von denen Mitarbeiter eine interessante Abhandlung zum Thema „Cash-Pooling als Bestandteil der Konzernfinanzierung und mittelständischen Unternehmen" geschrieben haben. GmbH's gehören sicherlich dazu, und damit gibt es auch Grund, den oben schon genannten § 30 GmbHG zu beleuchten.

Gut, dass Herr Deubel auf eine umfassende Ausbildung auf diesem Gebiet verweisen kann. So wird er mit den Fragen der FDP - auch wenn es zu einer Ergänzung bis März 2009 kommen sollte - sicherlich nicht überfordert sein.

Bis dahin - spätestens wird sicherlich auch die Frage geklärt werden können, wer denn alles so Horst Hummel heißt. Es werden sich sicherlich nette Journalisten-Kollegen finden, die diesen Teil der

Aufklärung übernehmen werden, obwohl das die Dramatik dieser Geschichte deutlich erhöhen könnte. Für Herrn Prof. Deubel z.B., nicht für Herrn Diplom-Kaufmann Dr. Walter Ernst Karl Kafitz, der sich als Hauptgeschäftsführer der Nürburgring GmbH bezeichnet. Denn der CDU-Landtagsabgeordnete Bracht betonte schon in der 51. Sitzung des Mainzer Landtags, am 29. August 2008, in seiner Rede vor dem Parlament sehr richtig:

> *„Meine Damen und Herren; bei der Diskussion* (Anmerkung: über die Höhe von GF-Gehälter) *muss ein Punkt immer wieder in Erinnerung gerufen werden, dass nämlich die Geschäftsführer von Landesfirmen im Vergleich zu anderen Geschäftsführern mit wesentlich weniger Risiken gelastet sind. Das Land haftet nicht nur für die Verbindlichkeiten der Gesellschaft, sondern hat grundsätzlich auch deren Verlust auszugleichen."*

So wird auch hier wieder der „Schwarze Peter" dem Herrn Prof. Dr. Ingolf Deubel mit seiner profunden betriebswirtschaftlichen Ausbildung zugeschoben werden, der als Aufsichtsratsvorsitzender der Nürburgring GmbH natürlich - wie der Titel schon sagt - eine besondere Aufsichtsfunktion und damit auch Sorgfaltspflicht und Verantwortung hat, die er leider nicht auf „Rechenknechte" verlagern kann.

Das mit dem „Verluste ausgleichen" klappte ja in der Vergangenheit ganz gut (BikeWorld Nürburgring GmbH usw). Aber musste es immer dazu kommen? Nun, meint der Landesrechnungshof, man hätte in der Auswahl seiner Partner vorsichtiger sein sollen. Diesen Vorwurf muss sich die Landesregierung und damit die Nürburgring GmbH, also die Herren Beck, Deubel, Kafitz samt „Anhang", auch im Falle von „Nürburgring 2009" gefallen lassen. Meine ich.

Dabei ist diese Geschichte nur ein Teil des Gesamtkomplexes, der in einer weiteren Geschichte auch noch einmal von einer anderen Seite beleuchtet werden muss.

Wer hilft mir beim Ausleuchten der Situation, bitte?

Das ist dann inzwischen durch „stern.de" und SPIEGEL (in dieser Reihenfolge) erfolgt. Danke! Vielleicht erinnert sich der bisher so erfolgreiche Darsteller eines Finanzministers jetzt auch an meine Empfehlung vom Herbst 2008. Sie war gut gemeint!

Und wenn Sie in diesem Kapitel Bienen vermisst haben: Sie haben Recht. - Aber eine Hummel gehört auch zur Art der Bienen. Und eine Hummel ist genug. Hier ist kein Platz für „Hummelflug" (von Rimski-Korsakow).

Über die Vertrauenswürdigkeit von Menschen unterschiedlicher Berufe

Es ist immer schlecht, wenn jemand etwas zu verbergen sucht. Mit einem guten Gewissen, guten Ideen und sympathischen Geschäftspartnern kann man sich eigentlich überall treffen. Man sollte auch über jedes Treffen sprechen können. Wenn man denn mal angesprochen wird.

Und geht das Ergebnis einer Besprechung nur die Teilnehmer an, dann sagt man eben dem Fragenden: „Tut mir leid!" In Sachen „Nürburgring 2009" scheint man Vieles vor Vielen verbergen zu müssen. Man trifft sich da schon mal in einem Hotel, das ein wenig abseits liegt. An einem See, den es vorher nicht gab und wo man jetzt einen Golfplatz vergrößern möchte. Und wo der Gemeinderat eine Entscheidung trifft, diese Entscheidung aber nach ein paar Monaten wieder aufhebt, um eine neue Entscheidung zu treffen, die ganz im Gegensatz zu der ersten steht. Es lag bei der ersten Entscheidung ein Formfehler vor. Sagt man!

In einem solchen Umfeld profitiert dann ein Hotel der Lindner-Gruppe von dem „schlechten Gewissen" (?) einer anderen Gruppe, aus einer anderen Landschaft. Zufällig wurde dieses Hotel von einem Direktor geführt, der nun Direktor des neuen Hotels der Lindner-Gruppe am Nürburgring ist. Aber noch unauffälliger kann man verhandeln - und noch besser einzelne Leute gegeneinander ausspielen - wenn man sie „unauffällig" zu einem Termin anreisen lässt, an dem sie in der Masse untergehen. Wo sich aber immer wieder neue Zusammensetzungen zu neuen Gesprächs- und Verhandlungsgruppen arrangieren lassen. Geschickt und - scheinbar-zufällig.

So kann man an einem Wochenende irgendwelche Verhandlungen schneller - und weiter - vorantreiben, als bei Treffen, wo man die „Geheimhaltung" auf andere Art betreibt. (Wie oben schon geschildert). Bei Beobachtern solcher „Geheimtreffen" entsteht dann - z.B. wie im Falle von „Nürburgring 2009"- die Frage, welchen Figuren man eher trauen kann - beim Spiel um Millionen: Ministern? Geschäftsführern? Politikern? „Rechenknechten"?

Nachdem die Fragen gestellt sind, kann ich mit dem Erzählen der Handlung beginnen:

Es ist ein kalter, unangenehmer Winterabend. Nicht in einer Boing der Lufthansa, die sich auf einem Flug von Nizza nach Köln befindet. Es ist in der Kabine anheimelnd warm. Und draußen rieselt der Schnee. Die Stewardess geht durch die sparsam besetzte Sitzreihe, um vor dem Landeanflug zu kontrollieren, ob auch alle Passagiere die Sicherheitsgurte angelegt haben. Hier und da beugt sie sich herunter, um ein paar passende Worte zu sprechen, die die Nutzung eines solchen Flugzeugs persönlicher empfinden lässt. Schließlich sollte das Fliegen nicht wie Busfahren empfunden werden.

„Hoffentlich haben Sie nicht einen zu langen Heimweg", sagt sie einem Herrn, der alleine eine Sitzreihe nutzen kann und ergänzt mit einem Blick nach draußen, „weil für unseren Zielflughafen auch dichtes Schneetreiben gemeldet ist." Der Herr unterstreicht seine Bedeutung, indem er lächelnd feststellt: „Das ist kein Problem. Mein Fahrer wartet mit dem Wagen am Flughafen auf mich." Um dann, nachdem er erkannt hat, dass das vielleicht ein wenig „zu dick" war, nachzuschieben: „Aber leider muss der mich zunächst zu meinem Zahnarzt bringen." Er hat geschickt einen Mitleideffekt geweckt.

Der alleinreisende Fluggast mit Chauffeur am Flughafen ist der Hauptgeschäftsführer der Nürburgring GmbH, Diplom-Kaufmann Dr. Walter Ernst Karl Kafitz. Er kommt gerade von einer Siegerehrung der FIA in Monaco zurück.

An dieses Geschehen denke ich, weil ich in einem anderen Zusammenhang - der im zeitlichen Ablauf weit vorher lag - auch auf den Zahnarzt des Herrn Kafitz gestoßen war. Zahnarzt ist etwas privates, betrifft also bestimmt nicht einen Hauptgeschäftsführer einer (praktisch) landeseigenen GmbH. Aber der läd seinen Zahnarzt z.B. zur DTM 2008 an den Nürburgring ein. Es ist das Wochenende zum 27. Juli. Aber - ganz ehrlich - ich weiß nicht ob er gekommen ist.

Kennen Sie Kai Richter? Na ja, der war nicht nur eingeladen, sondern ist auch gekommen. Kennen Sie auch Herrn Michael Merten von der IPC International Projekt GmbH in Wiesbaden? Der parkte auf Parkplatz A 6 und kam mit drei Personen zusätzlich. Natürlich war auch Herr Andreas Bruckner als Mitarbeiter der Nürburgring GmbH „vor Ort" und natürlich Herr Hans Lippelt als kaufmännischer Geschäftsführer der GmbH. Auch ein Herr Oliver Kreuzfeld von der Dresdner Bank Luxemburg war angereist.

Luxemburg? Na ja, da sollte man nicht so kleinlich sein. Hier kommen an diesem Wochenende schließlich „globale Player" zusammen. Man wird nicht nur - so nebenbei - über Luxemburg plaudern, auch über Liechtenstein. Wenn man z.B. von einer deutschen GmbH aus einer Luxemburger Aktiengesellschaft einen Auftrag erteilt, so wird die den gerne erfüllen, der deutschen GmbH eine Rechnung für die dann erbrachten Leistungen schreiben. So sind dann die Kosten (natürlich absetzbar) in Deutschland, die Gewinne (zu einem geringen Steuersatz als in Deutschland) günstig in Luxemburg platziert, ohne dass jemand mit Bargeld in einer Aktentasche „heimlich" über die Grenze fahren müsste. Das nur so als ganz theoretisches Beispiel.

Leider hatten Frau Nahles, Frau Spurzem und Herr Dr. Moesta, alle SPD, die Einladung der Nürburgring GmbH abgesagt, auch Landrat Pföhler und Verbandsbürgermeister Romes ließen sich entschuldigen. Und Johann Lafer kochte wohl gerade woanders. Aber es kommt auch gar nicht darauf an, dass die Leute da sind, die eigentlich nur der Ablenkung dienen, denn es gilt endlich - wirklich endlich - die Finanzierung des Projekts „Nürburgring 2009" in trockene Tücher zu bekommen. Zumindest dafür einen „Brückenkopf" zu schaffen. Gleich ob in Luxemburg oder Liechtenstein oder der Schweiz. Oder darf es ein wenig Portugal oder Dubai sein?

Was an diesem Wochenende wirklich gelingt ist wohl - wie sich dann in der Woche darauf auch verdeutlichte -, Nürburgring-Mitarbeiter Andreas Bruckner und Kai Richter gegeneinander „auf die Palme zu bringen". Eine gewisse Antipathie bestand schon vorher. Doch jetzt ist noch Michael Merten ins Spiel gekommen. Das macht ein Miteinanderauskommen nicht leichter. Und der Hauptgeschäftsführer beschließt, zumindest nach außen, die Auseinandersetzunge zwischen Richter und Bruckner zu beenden. Bruckner wird (offiziell!) bei der GmbH ausscheiden. Aber noch als Berater tätig sein. Natürlich mit einem gut dotierten Vertrag. Und Hans (Lippelt) wird als alter Bekannter (aus Bremen) sicherlich darauf achten, dass beim Andreas (Bruckner) nicht der Verdacht der „Scheinselbstständigkeit" entsteht.

Kai Richter war eigentlich schon froh - damals, als die ersten Hochkräne zum Hotelbau aufgestellt wurden - dass es für alle Außenstehenden „optisch los ging", weil zu diesem Zeitpunkt eigentlich die Finanzierung noch nicht so ganz geklärt war. Noch nicht mal theoretisch. Aber jeder redete die Situation schön. Mit dabei auch der Herr Finanzminister des Landes, gleichzeitig Aufsichtsratsvorsitzender der Nürburgring GmbH. Und es ging voran.

Michael Merten konnte immerhin eine Art der Finanzierung anbieten, mit der der Herr Minister dann „nach draußen" eine private Finanzierung des Gesamtprojektes (!) darstellen konnte. Dachte der Herr Minister. Das dachten auch andere. Und so konstruierte man schon mal im Vorfeld dieser (wahrscheinlichen) Finanzierung, die aber auch noch durch eine „Sicherheit" des Landes in Liechtenstein sichergestellt werden musste, eine Presseerklärung (Das geht auch über eine Liechtensteinische Bank in der Schweiz).

Und der für die öffentliche Darstellung des Projekts (und GmbH) zuständige Herr Cimbal (ehemals Bremen) formulierte in seinem stillen Kämmerlein bei der GmbH dann später, was der Herr Finanzminister zu diesem Ereignis der privaten Gesamtfinanzierung des Projekts dann öffentlich sagen sollte. Dem Herrn Finanzminister wurde im Entwurf einer Presseerklärung folgende Formulierung „in den Mund gelegt":

```
"Auch und gerade vor dem Hintergrund der
internationalen Finanzkrise sind wir sehr froh
und auch stolz, gerade jetzt das Ziel der
```

> einhundertprozentigen Privatfinanzierung für
> Nürburgring 2009 erreicht zu haben. Wir haben es
> bei dem Schweizer Fonds auch nicht mit einer so
> genannten ‚Heuschrecke' zu tun, sondern mit einem
> sehr erfahrenen Kreis von Immobilieninvestoren.
> Die solide Finanzierung und auch die langfristige
> Absicherung des Risikos sind gegeben"

Ich war nach Kenntnis dieser Fakten (?) so erstaunt, dass ich mich gar nicht traute, das als „bare Münze" zu nehmen. Die ganz Sache entwickelte sich so wie in einem schlechten Film. Es wurden GmbH's gegründet und evtl. wieder aufgelöst. Nicht nur im Umfeld des Herrn Kai Richter, sondern auch im Umfeld des Herrn Michael Merten. Der war mal in Deutschland, mal in Luxemburg wohnhaft. Aber nirgendwo telefonisch zu erreichen. Das Telefonbuch der Telekom versagte.

Immerhin war Herr Merten noch gegen Jahresende in der Laune, einem Kollegen zu erzählen, dass man so um Mitte Januar 2009 ein Gesamtfinanzierungskonzept vorstellen würde. Wunder dauern eben etwas länger. Und sind immer noch nicht eingetreten. Eher das Gegenteil.

Ich mochte diesen angekündigten Vorstellungs-Termin einer „einhundertprozentigen Privatfinanzierung" nicht abwarten und habe zur Sicherheit schon mal Anfang Dezember 2008 im Landes-Finanzministerium mit einer E-mail (über die Poststelle) beim Herrn Finanzminister (wie folgt) angefragt:

> „Sehr geehrter Herr Professor,
>
> leider konnten Sie mir im Falle des Gutachtens meinen Wunsch auf Einsichtnahme (o.ä.) nicht erfüllen. Was mich schon ein wenig verwundert hat, da dieses Gutachten doch die Basis darstellt, mehr als 200 Millionen Euro des Steuerzahlers für eine ungewisse (?) Rendite auszugeben. Inzwischen soll aber wohl - wie ich höre - eine Finanzierung „stehen". Bei meinen Recherchen, wie denn das Wunder einer „privaten Finanzierung"

des Projekts geschehen konnte, bin ich auf folgendes Zitat gestoßen:

> „Auch und gerade vor dem Hintergrund der internationalen Finanzkrise sind wir sehr froh und auch stolz, gerade jetzt das Ziel der einhunderprozentigen Privatfinanzierung für Nürburgring 2009 erreicht zu haben. Wir haben es bei dem Schweizer Fonds auch nicht mit einer so genannten ‚Heuschrecke' zu tun, sondern mit einem sehr erfahrenen Kreis von Immobilieninvestoren. Die solide Finanzierung und auch die langfristige Absicherung des Risikos sind gegeben"

Diese Worte wurden im Oktober dieses Jahres notiert. Der Ausspruch wird Ihnen, sehr geehrter Herr Professor Deubel, zugeschrieben.

Mit einem kurzem zustimmenden JA oder einer Verneinung wäre ich zufrieden. Es wäre natürlich schön, wenn Sie es mit einem JA autorisieren würden. Vielleicht haben Sie darüber hinaus auch noch eine Erklärung für den in diesem Zitat zum Ausdruck kommenden Optimismus (Sie müssen mir da ja nicht gleich alle Argumente aus dem „geheimen" Gutachten nennen).

Mit freundlichen Grüßen
Wilhelm Hahne"

Als ich auch nach Wochen keine Antwort erhielt, habe ich noch einmal erinnert. Aber der Herr Professor haben es für richtig gehalten, sich nicht zu erinnern. So gab es dann auch keine Vorstellung einer schlüssigen Gesamtfinanzierung des Projekts „Nürburgring 2009" „durch Privat", sondern die Offenlegung einer Kostenerhöhung für das Gesamtprojekt. Die wurde z.B. in einem Schreiben des Herrn Ministerpräsidenten des Landes Rheinland-Pfalz gegenüber einem langjährigen Mitglied der SPD so erklärt:

"Hintergrund für die gestiegenen Investitionskosten für das Land war zunächst die Tatsache, dass dem privaten Investor Mediinvest in Folge der Finanzmarktkrise ein Kredit einer Privatbank weggebrochen war. Ferner führen insbesondere der starke Preisanstieg von Stahl auf dem Weltmarkt und der harte Winter, der den Baufortschritt verzögert, zu einer Preissteigerung."

Das kommt mir alles sehr bekannt vor. In dem Team um „Nürburgring 2009" gibt es wohl eine „Sprachregelung", die der entspricht, wie sie auch in der Automobilindustrie üblich ist, wenn man die öffentliche Meinung - ganz gleich in welche Richtung - beeinflussen will. Eine aufmerksame Presse dient da denn als Multiplikator und der Erhöhung der Glaubwürdigkeit.

Wir wollen sicherlich nicht darüber diskutieren, ob wir - in der Eifel - jedes Jahr einen Winter haben, der sich meistens (gehen wir vom Beginn der Nachtfröste aus) über rd. sechs Monate erstreckt. Darum ist es sicherlich dieses Jahr für Herrn Kurt Beck etwas überraschend, dass in der Eifel Winter ist.

Was den von Herrn Kurt Beck (und nicht nur von dem!) verkündeten Preisanstieg bei Stahl betrifft, so möchte ich ihn mit einer Meldung vom 14. Februar 2009 konfrontieren:

Stahlpreise weiter abwärts
Stahlhersteller und –händler sind in Not.

Die weltweite Stahlnachfrage ist um fast 50 % eingebrochen. Die Hersteller können ihre Produktionskapazitäten gar nicht so schnell zurückfahren, wie die Aufträge ausbleiben. Auch die Lagerbestände sind überall noch hoch. Die Folge: Die Preise purzeln in den Keller. Praxis-Tipp: Schließen Sie jetzt keine Jahresverträge ab. Die Preise fallen mit an Sicherheit grenzender Wahrscheinlichkeit in den kommenden Monaten und Jahren noch weiter. Diese Rezession ist leider keine kurze Zwischenepisode. Daran werden auch die Konjunkturpakete kaum etwas ändern.

Ordern Sie den Bedarf für einige Wochen (4 – 12) und nutzen Sie die plötzlich wieder aufgetauchte Gesprächsbereitschaft der Stahlproduzenten und –händler für weitere Preiszugeständnisse. Es soll Stahlverkäufer geben, die schon wieder aktiv Kunden anrufen.

Stahl-Richtpreise in Deutschland in €/t

Stabstahl	390 - 360
Walzdraht	320 - 270
Betonstahl	310 - 280
Quartobleche	620 - 590
Warmbreitband	430 - 380
Feinbleche	510 - 470
verzinkte Feinbleche	550 - 490

Die italienischen Stahlpreise sind zum Teil noch deutlich niedriger.

Nachdem man an der Baustelle am Nürburgring inzwischen mehrheitlich mit ausländischen Bauarbeitern arbeitet, dazu noch - oft - zu Löhnen, die unter den so genannten Mindestlöhnen liegen (s. entsprechende Informationen der entsprechenden Zolldienststellen), könnte man durchaus wohl auch an den Einkauf von Baustahl in Italien denken. Oder?

Wir lernen daraus, dass man den Politikern keinerlei Darstellungen glauben darf. Auch kein Versprechen. Welchen Wert hat da eine Erklärung?

Wie es scheint, zieht in dem Projekt „Nürburgring 2009" jeder Jeden über den Tisch. Da tun einem glatt die Rechtsanwälte leid, die z.B. für die Nürburgring GmbH arbeiten. Ich hatte mal in Bonn angefragt, ob immer noch die gleiche Anwaltskanzlei für die Nürburgring GmbH arbeitet, wie früher (Damals noch unter einer anderen Geschäftsführung). Ich kann mich jedenfalls daran erinnern.

Und da ich irgendwo den Namen eines bestimmten Rechtsanwalts aufgeschnappt hatte, habe ich den um eine Auskunft gebeten. Er hat nicht geantwortet. Ich habe mich dann schlau gemacht und dem Anwalt - entschuldigend - am 15. Dezember 2008 geschrieben:

> Sehr geehrter Herr Dr. Walpert,
>
> nachdem Sie sich nicht meldeten - was ich zunächst für ungewöhnlich hielt - habe ich zwei RA konsultiert, die mir unabhängig voneinander erklärten, dass Sie als RA ein JA oder NEIN ohne Genehmigung Ihres Mandanten nicht aussprechen könnten.
>
> Sie sind also bei mir entschuldigt, weil mir klar ist, dass ein Dr. Kafitz Ihnen wohl kaum die Genehmigung für eine Antwort an mich erteilen würde.
>
> Ich habe also nicht weiter abgewartet, sondern war heute den ganzen Tag auf der Suche nach einer richtigen Antwort auf meine an Sie gerichtete Frage. Ergebnis: die Nürburgring GmbH gehört zu Ihren Mandanten, wobei Sie offensichtlich mit dem Thema „Firmengründungen" beschäftigt sind, während Ihr Kollege Lehr sich mit dem Thema „Medienrecht" auseinandersetzt. Für die Nürburgring GmbH arbeitet Ihre Sozietät also praktisch als „Allzweckwerkzeug".
>
> Ich hoffe, dass mich dieses Recherche-Ergebnis ein wenig weiter bringt. Sie können also Ihrem Mandanten berichten: das Schweigen

war nutzlos. Oder besser: indem man diese Möglichkeit nutzte, verstärkt sich mein Eindruck, dass man zwar gerne mit „öffentlichen Geldern" arbeitet, aber sonst die Öffentlichkeit scheut. Schade.

Daran wird auch sicherlich eine wohl für Mitte Januar 2009 geplante Pressekonferenz - wie ich hörte - zum Thema „Finanzierung" nur scheinbar etwas ändern. Auch ein „Schweizer Käse" wirkt erst durch seine Löcher so „charaktervoll".

Herzliche Grüße nach Bonn
Wilhelm Hahne

Dann habe ich (zusätzlich) noch einen anderen Weg gefunden, das erste Ergebnis meiner Recherchen zu überprüfen: Der Bonner Kanzlei wurde angeboten, eine Angelegenheit gegen die Nürburgring GmbH zu übernehmen. Sie musste ablehnen, da die Nürburgring GmbH zu ihren Mandanten gehören würde. Na also! Geht doch.

Von den in Bonn für die Nürburgring GmbH arbeitenden Anwälten war z.B. Dr. Jürgen Lüders (Anwalt für Steuerrecht) in Sachen der „Solidität und Seriosität der IPC-Vertragspartner" tätig. Dr. Walpert war für Entwicklung der Darlehnsverträge zwischen den einzelnen GmbH's zuständig. Nach meinem Eindruck hat er die Entwicklung - für die er eingesetzt wurde - auch nicht verstanden.

Was sollte z.B. eine von der Nürburgring GmbH gewünschte Risikofreistellung der Pinebeck GmbH? Aus Rücksicht vor dem Hintergrund einer entsprechenden Interessenlage? Mit wem hatte denn die Nürburgring GmbH einen Beratervertrag mit 20.000 Euro Honorar pro Monat abgeschlossen? Nur um eine Finanzierung zu realisieren, bei der die GmbH dann ihren Besitz verloren hätte?

Ich weiß nicht, welche Religionszugehörigkeit Dr. Walter Ernst Karl Kafitz nennt, wenn er danach gefragt wird. Gegenüber einem evangelischen Pastor aus der Region hat er jedenfalls seine Besorgnis geäußert, dass es eine Finanzierung in der Art, wie sie ihm vorschwebt, eigentlich noch gar nicht gibt. Ich darf das ergänzen: auch nicht geben wird.

So wie es derzeit aussieht, endet das Projekt „Nürburgring 2009" für die Landesregierung von Rheinland-Pfalz - und damit auch für die SPD - in einer Katastrophe. Aber auch für die Steuerzahler. Die sind es, die ihre „Geldtäschchen" hinhalten müssen. Niemand bittet um eine milde Gabe. Man wird sie fordern. Und dem „mündigen Wähler" vorwerfen, dass er sich ja nicht gewehrt hat.

Es wurden die falschen Leute für vertrauenswürdig gehalten. Wer ist es denn nun? Eigentlich mehr die Leute aus „der dritten Reihe" (im Titel dieser Geschichte).

Aber die spielen in diesem Spiel ohne Grenzen (Luxemburg, Liechtenstein, Schweiz, Tirol, Dubai usw.) ja keine Rolle. -

Geld scheint in diesem Spiel überhaupt „keine Rolex zu spielen". Für die Akteure.

Kühl (ge)fragt: Die Nürburgring GmbH bringt „Farbe" ins Geschehen

Wir schreiben Februar 2009. Da es oft wirklich vieler Wochen (und Monate!) hartnäckiger Recherche bedarf, bevor ich Hintergründe verständlich darstellen kann, kann ich jetzt über Dinge schreiben, die bereits im Oktober 2008 abliefen. Natürlich sind sie interessant, machen auch gewisse Spannungen deutlich, die ich schon vorher in Mainz auszumachen glaubte.

Da ist auf der einen Seite das Finanzministerium mit dem „Doppel" Finanzminister und Aufsichtsratsvorsitzender Prof. Ingolf Deubel, auf der anderen Seite das Wirtschaftsministrium, wo – nach meiner Meinung – Minister Hendrik Hering das Projekt „Nürburgring 2009" seines Kollegen durchaus kritisch beäugt. Darum kommen auch von seinem Staatssekretär, Dr. Carsten Kühl, schon mal kritische Fragen an die GmbH. Dazu ist er berechtigt, da er auch im Aufsichtsrat der landeseigenen Gesellschaft deren Beschlüsse mit abnicken darf. Was er manchmal nicht tut. Das ist in den Augen der anderen Mitglieder schon als ein „Auflehnen" zu verstehen.

So hat Dr. Carsten Kühl auch im Oktober 2008 „seiner" GmbH ein paar kritische Fragen gestellt. Welcher Politiker kann eigentlich welchem Politiker trauen? Wenn es um's Geld geht, reicht in diesem Falle die Antwort „Sparkasse" nicht. Da wird also ordentlich hinterfragt. Und es werden (zum Teil) wirklich dumme Antworten auf gescheite Fragen gegeben.

Das war auch so, als unser hochverehrte Staatssekretär so um Mitte Oktober 2008 mal ein paar Fragen zu „Nürburgring 2009" an die Nürburgring GmbH stellte, wo - wie wir wissen - Prof. Ingolf Deubel als Aufsichtsratsvorsitzender fungiert. Der ist auch Finanzminister - und der SPD zugehörig. Wie auch Hendrick Hering, der Wirtschaftsminister.

Das heißt aber nicht, dass der eine vom anderen wirklich überzeugt ist. Dr. Kühl, Staatssekretär im Wirtschaftsministerium, hat darum auch gute Fragen gestellt, die (nach meiner Kenntnis) vom (damaligen) kaufmännischen Geschäftsführer der Nürburgring GmbH, Herrn Lippelt, beantwortet wurden. Sicherlich nach interner Abstimmung.

Sie stimmen auch manchmal nicht. Was nicht bedeutet, dass der „Beantworter" die Unwahrheit gesagt hat. Er wusste es vielleicht nicht besser, man hat es ihm vielleicht nicht anders gesagt.

Mit folgender Darstellung werden auch Fragen beantwortet, die bei den Antworten des Herrn Finanzministers (im Landtag) noch offen blieben. Weil der Herr Minister sich nicht erinnerte. Oder so.

Es ging da um eine Zwischenfinanzierung. Der kaufmännische Geschäftsführer der Nürburgring GmbH, Hans Lippelt, mit Erfahrungen aus einem ähnlichen Projekt in Bremen, ließ sich da schon etwas einfallen. Finde ich. Seine Antworten sind nicht immer unbedingt an der Realität orientiert, aber irgendwie gut. Ohne Phantasie ist das Leben oft blass und fade. Hans Lippelt, d.h. natürlich die Nürburgring GmbH - bringt da schon ein wenig Farbe ins Geschehen.

Da gibt es z.B. ein grundsätzliches Problem, das Nürburgring-GF Hans Lippelt so schildert:

„Die MSR (er meint die Motorsport Resort Nürburgring GmbH in Kirsbach) arbeitet bei allen Projekten parallel zum Genehmigungsverfahren in der Planung bis hin zur Vorproduktion einzelner Bauteile. Dies erfolgt unter hohem finanziellen Risiko der drei Gesellschafter, um den Fertigstellungstermin einzuhalten. Die Projekte der MSR müssen entsprechend der verschiedenen Genehmigungszustände einzeln finanziert werden. Eine Gesamtfinanzierung wäre nur mit vorhandener Baugenehmigung für alle Teilobjekte möglich gewesen. Endgültige Zusagen wurden seitens der Banken vor Erteilung der Baugenehmigungen nicht gewährt. Die Kosten für das Dorf Eifel wurden mit 36 Mio. Euro, für das Motorsport-Village mit 23 Mio Euro budgetiert."

Ja, das Leben ist hart. Da ist u.a. gerade ein Kredit „weggebrochen".

Der Aufsichtsratsvorsitzende der Nürburgring GmbH hat das seinen Kollegen im anderen Ministerium so erklärt, dass die Bank für Tirol und Vorarlberg (BTV) einen Teilhaber verlieren würde, die Unicredit. Das war - aus der Presse - seit Juni 2008 bekannt. Und der Herr Staatssekretär aus dem anderen Ministerium fragt nun höflich bei der Nürburgring GmbH an, ob man nicht darüber gesprochen habe und ob es keine Gespräche über die evtl. Konsequenzen für die in Aussicht gestellten Kredite gegeben hätte.

Der Geschäftsführer der Nürburgring GmbH stellt fest:

„Eine Auswirkung des Anteilrückkaufs auf die Kreditvergabe war in den bisherigen Verhandlungen nicht erkennbar. Die Zusage wurde der Nürburgring GmbH bei einem Gespräch in Innsbruck am Hauptsitz der BTV noch vor 4 Wochen persönlich bestätigt."

Aber dann wurde plötzlich die Kreditzusage für 56Millionen Euro zurück gezogen. Es gab dafür nur eine mündliche Finanzierungszusage. Sagt man. Es gab keinen termingebundenen, vertraglich abgesicherten Rechtsanspruch. Und da musste man halt mit schnell aus dem Hemdsärmel gezauberten Geld, ein paar Lücken schließen. Wie man aus der Presse weiß, wurde von der Nürburgring GmbH der MSR (Motorsport Resort Nürburgring GmbH in Kirsbach) ein Kredit von 3 Millionen Euro gewährt.

Abgesichert, sagt man. Aber die Lücken werden selbst in der Antwort des Herrn kaufmännischen Geschäftsführer der Nürburgring GmbH, Hans Lippelt, deutlich, der auf die Frage, „zu welchem Preis hat die MSR die jeweiligen Grundstücke (Anmerkung: in Drees) erworben?" ganz eindeutig und - unter uns - falsch darstellte:

„Der Grundstückskaufpreis des Motorsport-Village betrug 2,5 Millionen Euro. Die Parzellen wurden inzwischen vereinigt und sind noch unbebaut."

Tatsächlich zahlte Kai Richter (oder die MSR) nach meinen Recherchen um 4 Euro (in Worten. vier Euro) für die nach meiner Rechnung 49.624 Quadratmeter. Nach der Aussage von Diplom-Kaufmann Dr. Walter Ernst Karl Kafitz im SWR-Fernsehen waren es sieben Euro und 30 Cent. Was schon nicht stimmt und von den Redakteuren wohl als Siebenunddreißig Euro verstanden und aufgefasst wurde. Tatsächlich sagte Kafitz: Siebendreißig. Er sagte nicht Siebenunddreißig. Beides ist, bzw. wäre falsch. Man zahlte in der Spitze, soweit ich das recherchieren konnte, 4 Euro und 10 Cent.

Diese 49.624 Quadratmeter Boden wurden zwar zur Absicherung der Finanzierung mit einem „Marktwert" von 50,38 Euro angenommen. Aber dieser Wert ist m.M. nach weit von der Realität entfernt. So entspricht dann auch die Antwort des Herrn Hans Lippelt auf die entsprechende Frage des Herrn Staatssekretärs nicht den Tatsachen. Das ist meine Meinung aufgrund von Recherchen, Beobachtungen und Gesprächen.

Der Herr Staatssekretär macht noch eine kluge Anmerkung: „Herr Richter", so drückte er es aus, „versteht sich als Projektentwickler. Er möchte nach der Umsetzung der investiven Maßnahmen seine Immobilien möglichst schnell veräußern." Und er hat dazu dann folgende Fragen:

„Gibt es irgendwelche Zusagen an Herrn Richter von Seiten der Nürburgring GmbH als Erwerber oder Mieter, die Immobilien zu übernehmen?"

Hans Lippelt antwortet im Auftrag (?) der Nürburgring GmbH:

„Es gibt keine Zusagen. Seit mehreren Monaten werden Gespräche geführt, die MSR-Projekte unter den Schirm vom Nürburgring zu bringen. Strategisch wäre das unserer Meinung nach der richtige Weg. Der Erfolg beider Projekte (NG und MSR) ist stark voneinander abhängig." (Hier findet man schon wieder einen Ansatz für eine evtl. spätere Schuldzuweisung).

Eine solche Frage - und eine solche Antwort - ist in der Öffentlichkeit bisher noch nicht aufgetaucht. Wenn es zu so einem Ankauf käme, dann hätte das Land Rheinland-Pfalz praktisch das gesamte Projekt „Nürburgring 2009" finanziert oder privat - gegen einen entsprechenden Zinssatz - finanzieren lassen. Alles zu Lasten des Steuerzahlers.

So fragt dann der Herr Staatssekretär des Wirtschaftsministerium den kaufmännischen Geschäftsführer der Nürburgring GmbH (übrigens) sehr kenntnisreich:

„Wäre dies beabsichtigt, falls es zu einem Engagement von Pinebeck kommt?"

Und Herr Lippelt, antwortet:

„Ja - und zwar in einem analogen Finanzierungsmodell, wie es am 01. Juli 2008 mit Pinebeck abgeschlossen wurde."

Aber das geplante Finanzierungsmodell platzte dann wohl auch, wie man dem Entwurf einer Presseerklärung, mit einer klaren Aussage des Herrn Finanzministers entnehmen kann, die in einem anderen Kapitel dieses Buches zu lesen ist.

Tatsache ist auch, dass ein paar Pinebeck GmbH's erst nach dem Abschluss des „Finanzierungsmodells" am 1. Juli 2008 (nämlich im Oktober 2008) gegründet wurden. Und zufällig wurde am 31. Juli 2008 eine „IPC Eifel-Projekt GmbH" mit Sitz in Usingen (Taunus) mit einem Eigenkapital von 25.000 Euro gegründet.

Als Geschäftsführer taucht auch hier ein Michael Becker aus Berlin auf, den wir schon als Geschäftsführer einer Pinebeck GmbH kennen gelernt haben. Aber diese neue IPC GmbH wird schon am 11. Dezember 2008 wieder aufgelöst. Michael Becker ist dann - natürlich - auch kein Geschäftsführer mehr. Als Liquidator wird Herr Michael Merten eingesetzt. Der gleiche Michael Merten, der wohl auch für IPC/Pinebeck den Beratervertrag mit der Nürburgring GmbH realisierte. Mit 20.000 Euro pro Monat.

Alles bekannte Figuren in einem Spiel, das für mich nach unbekannten Spielregeln erfolgt, also mir nicht immer sinnvoll erscheinen kann. Ich kann immer nur über Sachstände berichten. Zum Beispiel darüber:

Während der Öffentlichkeit noch bis ins Jahr 2009 hinein etwas von einem Privatfinanzierungsanteil von 80 Millionen erzählt wurde, die von dem „privaten Investor" zu tragen wären, erkärt der kaufmännische Geschäftsführer, Hans Lippelt, in seiner Beantwortung von Fragen schon am 13. Oktober 2008 dem Herrn Staatssekretär des Wirtschaftsministers:

„Die Gesamtinvestition der MSR wurde durch die Flächenerweiterung auf 94 Millionen Euro erhöht. Ursache ist die Erwartung höherer Deckungsbeiträge der Betreiber. Hinzu kommen 4 Millionen Euro Preopening-Kosten (Lindner und Dorf Eifel). Sowie 3,5 Millionen Euro für die Ausstattung der Zahlungssysteme der Projekte. Dies wird in der gemeinsamen Gesellschaft mit der Nürburgring GmbH ausgeführt."

Und wann erfuhr die Öffentlichkeit, dass sich die Gesamtinvestitionen - nicht nur der des Privatinvestors - deutlich erhöhen würde? Wegen des Winters und der Stahlpreise? War jemals von „Preopening-Kosten" oder „Flächenerweiterung" die Rede?

Nicht nur der Herr Staatssekretär wird an der Nase herum geführt. Auch die Öffentlichkeit. Man geht mit Millionen um, wie normale Bürger mit Cent. Nur das die Cent dem Bürger gehören, die Millionen jedoch nicht jenen, die über sie verfügen. Evtl. auf ein Konto ins Ausland überweisen, wie aktuell stern.de zu berichten weiß. -

Und was sagt der Herr Finanzminister?

Wer eine Frigo-Brause für ein paar Cent in einer Trinkhalle klaut, der ist ein Verbrecher. Wer Millionen „verschaukelt", profiliert sich mit einem Beitrag zur Wirtschaftsförderung.

Wer um 1 Million Steuer hinterzieht, dem wird schnell der Prozess gemacht. Wie Herrn Zumwinkel. Wer 80 Millionen Steuergelder ins Ausland schafft, als Sicherheit ohne Sicherheit (s. stern.de), ist der ein Förderer der Wirtschaft?

Bei den Wählern haben Sie einen Erklärungsnotstand geschaffen, Herr Ministerpräsident Kurt Beck. Denn unter Ihrer Flagge segelt doch die Landesregierung in Rheinland-Pfalz. Sie sind der Kapitän. Nur auf dem Papier?

Als wirklicher Chef hätten Sie doch auch eine Aufsichtspflicht wahrzunehmen, oder?. Es wäre schön, wenn sie sich daran erinnern würden!

So habe ich im Februar 2009 geschrieben.

Nürburg und das „Motorsport Village":
Was zu viel ist, ist zu viel

Irgendwann wird es selbst dem ruhigsten Eifeler zu viel. Was der nicht verträgt sind unverträgliche Verträge, gleich ob schriftlich oder mündlich. Jeder soll leben - aber auch leben lassen. Meint er.

Eigentlich sollte das Motorsportdorf (einige nennen es „Motorsport Village") direkt neben die „Grüne Hölle", das Vergnügungsdorf, gebaut werden. Aber dann war es wohl billiger - und vom Genehmigungsverfahren einfacher (dachte man), wenn man das Dorf in das Umfeld von Drees verlegen würde. Von dort ist es nicht zu weit bis zum Nürburgring und - ganz wichtig - eine andere Gemeindeverwaltung (Kelberg statt Adenau) ist zuständig und damit auch ein anderes Bauamt (Daun statt Ahrweiler).

Damit alles schnell ging, hat man sich auch nicht so lange mit dem Handeln um Baulandpreise beschäftigt. Was so um einen Euro Wert war, wurde mit um vier Euro bezahlt. Großzügig. Denn ein paar Kilometer weiter, in Welcherath hat man für das Gebiet des angedachten Golfplatzes nur um einen Euro geboten.

Mit der Verlegung des „Motorsport Village" nach Drees schaffte man es auch, dass die dort entstehende Bettenzahl den Nürburger Bürgern nicht so direkt ins Auge fiel. Außerdem liefen dann die Genehmigungsverfahren zeitversetzt. Und welcher Nürburger schaut schon so genau nach Drees hinüber.

Erstaunlich für mich: der Bebauungsplan war noch nicht öffentlich ausgelegt, als in Drees auf dem vorgesehenen Baugrundstück mit Tiefbauarbeiten (Verlegen von Rohren und Leitung usw.) begonnen wurde. Am 15. Dezember 2008 habe ich die erste „Maschine" auf dem Gelände wahrgenommen, ab 16. Dezember waren dann wirkliche Erdbewegungen wahrnehmbar.

Erst ab 6. Januar 2009 war der Bebauungsplan auf dem Bauamt in

Kelberg einzusehen. Die Einspruchsfrist lief also erst am 6. Februar 2009 ab. Vorher habe ich die Pläne mal eingesehen, Veränderungen gegenüber der ersten Version registriert. Es gab z.B. eine andere Zufahrt. Und... -

Aber dann gab es an einem Abend - wenige Tage vor Ablauf der Einspruchsfrist einen Anruf eines Herrn vom Verkehrsverein Nürburg, der mich zu einer Sitzung von Dorfbewohnern und anderen am neuen Projekt interessierten Bewohnern aus dem Umland, einladen wollte. Als Pressevertreter. „Gibt es außer mir noch weitere Journalisten dort?", habe ich gefragt. - Ja, die „Eifel-Zeitung" wäre auch eingeladen und hätte zugesagt. Sonst niemand? Sonst niemand. -

Es war das erste Mal, dass ich an einem solchen Treffen in Nürburg teilnahm und es war wohl auch das erste Mal, dass eine solche Sitzung in einer solchen „gemischten" Zusammensetzung erfolgte. Mir war schon gleich zu Anfang der Gespräche klar: In Nürburg hatte man begriffen, dass man irgendwie verschaukelt wurde.

Der Tagungsraum in einem Lokal in Dorfmitte war gut gefüllt. Es gab keine Tischordnung. Jeder setzte sich dort, wo es ihm passte. Mir gegenüber saß der Nürburger Bürgermeister, der gleich zu Beginn erklärte, dass er zwar körperlich da wäre, aber nicht gedächte, in irgendeiner Form an dieser Diskussion teilzunehmen. Denn was auch immer hier passieren würde: der Gemeinderat und er würden sich unabhängig von den Ideen die hier vorgetragen würden, um eine eigene Lösung bemühen.

Und dann begann eine Diskussion die zeigte, dass man hier in Nürburg - um es kurz und verständlich auszudrücken - „nun die Schnauze richtig voll hatte". Dabei waren nicht nur betroffene Restaurant- oder Hotelbesitzer vor Ort. Auch ein Caterer (aus Adenau) hatte Platz genommen. Hier saß eine Mischung aus den unterschiedlichsten Berufen.

Als ich den Bürgermeister fragte, ob die Zahlen der Einwohnerzahl von

Nürburg, die ich mittags dem Internet entnommen hätte auch stimmen würden, da hat er widersprochen als ich ihm 168 Einwohner, davon 6 Arbeitslose nannte. „Es werden schon so um 190 in Nürburg gemeldete Einwohner sein", hat er gesagt und gemeint: „Auch die 6 Arbeitslosen stimmen nicht. Wir haben keine Arbeitslosen."

Das nur, damit meine Leser wissen, wie groß Nürburg wirklich ist, weil da - durch die Bedeutung des Nürburgrings beeinflusst - bei vielen Leuten falsche Vorstellungen bestehen. Auf 1.500 Einwohner wenigstens wird Nürburg meist geschätzt. Aber es gibt, wenn ich richtig gezählt habe 9 (in Worten: neun) Kneipen. Die Anzahl der Konzessionen wird sich, wenn erst mal das „Dorf Grüne Hölle" eröffnet ist, auf sicherlich 20 - 25 erhöhen. Sicherlich dann ein Weltrekord, wenn man das auf die Anzahl der in Nürburg gemeldeten Bürger bezieht.

Ein Weltrekord ist sicherlich auch die Gesamtbettenzahl, die eventuellen Besuchern in Nürburg zur Verfügung steht, wenn mal die Neubauten alle bewohnbar sind. Dabei liegt die Auslastung der normalen Zimmer im Dorf Nürburg jetzt schon im Jahresdurchschnitt bei nur 25 - 30 Prozent, während das 4-Sterne-Hotel „Dorint" eine Bettenbelegung im Jahresdurchschnitt schon seit Jahren um 53 Prozent in der Statistik ausweist. Normalerweise kann man bei Hotels erst bei einer durchschnittlichen Belegung von über 60 Prozent eine Rendite erwarten.

Darüber wurde an diesem Abend gesprochen und auch darüber, dass jetzt schon für das neue - noch nicht fertige - 4-Sterne-Haus, das später einmal von der Lindner-Hotel-Gruppe in Düsseldorf betrieben werden soll, Buchungen von 10 - 12.000 Zimmer in diesem Jahr vorliegen würden. -

Die Grundstimmung war: Wer's glaubt wird selig. Denn eins wurde auch deutlich: Die Nürburger fühlen sich durch die Politiker „verraten und verkauft". Man hat ihnen Versprechungen gemacht, ihnen gedroht, sie gelockt. Mit Gutachten ruhig gestellt. Und nun... - Das eine Hotel hatte gerade mehr als 20 Betten abgesagt bekommen. Von einem F1-Rennstall zum Termin des GP. Ein anderes exakt 7 von dem gleichen

Bucher. Auch die DTM verkürzt die Übernachtungszeiten. Aus vier werden drei, aus drei werden zwei Nächte. Schriftlich. Und man schreibt dazu:

„Die DTM muss in diesem Jahr drastische Sparmaßnahmen ergreifen, um ein zukünftiges Bestehen zu gewährleisten. Das betrifft nicht nur uns als Organisator, sondern auch die Hersteller und Dinestleister der DTM."

Ab Ende Februar 2009 wird man übrigens die Eintrittskarten für die DTM-Veranstaltungen bei ALDI-Reisen kaufen können.

Und so wurde schnell jedem klar, dass das neue 4-Sterne-Hotel nicht zusätzliche Besucher anziehen wird, sondern für eine Umverteilung sorgt. Natürlich wird man im Dorf Nürburg davon weniger betroffen sein als in der weiteren Umgebung, wohin die Besucher dann, wenn Nürburg ausgebucht war, bisher ausgewichen waren. Es würde also z.B. bei der Formel 1 nicht etwa zusätzliche Besucher geben, sondern nur eine Umverteilung stattfinden.

Wo bisher - um es so zu erklären - ein voller Eimer stand, stehen in Zukunft zwei Eimer. Und aus dem vollen Eimer wird in den leeren Eimer umgefüllt. Wenn es gut geht, wird es dann zwei halb gefüllte Eimer geben. Auf dem einen Eimer steht dann „Privatwirtschaft", auf dem anderen „Staatswirtschaft".

Man war auch davon überzeugt, dass, wenn nun noch das „Motorsport Village" in Drees geschaffen würde, der Ort Nürburg weitere deutliche Einbußen erleiden würde.

Auf mein Befragen wurde deutlich, dass schon im letzten Jahr die Caterer erfahren mussten, dass die Nürburgring GmbH in Verbindung mit ihrem Vertragspartner Broich, denen bisherige Kunden abspenstig gemacht hatte. So sieht es das Hotelgewerbe auch: staatlicher Eingriff in gewachsene private Strukturen.

Ein Vermieter von Privatzimmern sagte mir, dass durch die Neubauten am Ring sein Privatbesitz, den er einmal seinen Kindern vermachen würde, inzwischen im Wert um etwa 50.000 Euro gefallen sei, da die Zimmervermietungen nicht mehr laufen würden wie bisher. Nun würden diese Zimmer zu einer Belastung werden und nicht zu einer Einnahmequelle. Schon möglich, dass seine Erben das Erbe einmal ausschlagen würden. Nur Kosten, nur Belastung. Warum?

Ab und zu hat dann der Bürgermeister doch in die Diskusssion eingegriffen. Eigentlich wollte er nur zuhören. Nun war er doch ein wenig betroffen von der Stimmung unter seinen Dorfbewohnern. Es ist sicherlich auch eindrucksvoll, wenn man sie in dieser komprimierten Form erleben kann. Muss.

Gesagt hat der Herr Bürgermeister nichts. Aber man hat gesehen, dass es in ihm arbeitete. Es waren auch andere Gemeinderatsmitglieder vor Ort, mit denen er schon mal „stille Blicke" wechselte. Nach dem Motto: da siehste mal, wie weit es gekommen ist.

Nicht nur mir wurde klar, dass hier eigentlich etwas getan werden musste. Vom Bürgermeister, vom Gemeinderat. Im Interesse der Bürger. Und der Privatwirtschaft. Denn klar wurde auch: die Nürburgring GmbH würde in Zukunft versuchen, mit allen Mitteln einen wirtschaftlichen Erfolg gegenüber ihren politischen Freunden (SPD) und der Öffentlichkeit darzustellen. Und man hörte eine Reihe von Beispielen, wie so etwas dann auch in der Vergangenheit schon abgelaufen war.

Sollte man so lange abwarten, bis sich die schlimmsten Befürchtungen bestätigten und dann erst „nach Brüssel" gehen?

Als ich nachdenklich zu meinem Auto ging, hatte sich der Bürgermeister wahrscheinlich schon entschlossen. Denn als ich in der Woche danach kurz nach Ablauf der Einspruchsfrist bei der Gemeinde Kelberg anrief, um zu fragen, ob es irgendwelche Einsprüche gegeben habe, da sagte man nicht JA, sondern sprach davon, dass es „Verbesserungsvorschläge" gegeben hätte. Aber die Stimme am Telefon klang schon etwas nervös, denn man wusste wer anrief.

Es war dann keine Kunst festzustellen, dass der Nürburger Bürgermeister eine Anwaltskanzlei beauftragt hatte, die Interessen der Gemeinde Nürburg wahrzunehmen. Die hatte einen Einspruch eingereicht. Das stoppte dann auch den Genehmigungsprozess. Eine Baugenehmigung konnte nicht erteilt werden. Da bereits vorab eine Teilgenehmigung - ohne Rücksicht auf das Bundesbaugesetz zu nehmen - vom Bauamt Daun erteilt worden war, musste die praktisch zurückgenommen werden.

Und so liegt die Baustelle nun seit dem 16. Februar 2009 still. Nun müssten sich die Gemeinden Kelberg und Nürburg einigen, bevor das Bauamt Daun (s. § 33 Baugesetz) eine Genehmigung erteilen darf. Dumm nur, dass die Fertighäuser unter der Voraussetzung bei zwei Herstellern bestellt waren, dass eine Baugenehmigung bis zum 15. Februar 2009 erteilt ist.

Das ist nun nicht der Fall, so dass auch die Auskunft einer Firma korrekt ist, die zwar auf dem Bauschild als Lieferant angegeben ist, aber nun in einem Telefonat erklärte, dass sie keinen Auftrag vorliegen hat. (Den hatte sie wahrscheinlich vorliegen hat, der ist aber nun „offiziell" nicht mehr gültig.) Tatsache ist so aber auch, dass sich alle Termine nach hinten verschieben.

Klar ist mir aber auch - nach dem Treffen mit Nürburger Bürgern - dass es nun „von oben" Druck geben wird. Die Gemeinde Nürburg wird mit Schwierigkeiten rechnen müssen. Die „hohe Politik" ist es nicht gewohnt, auf Minderheiten Rücksicht zu nehmen. Dabei wirkt inzwischen das ganze Projekt „Nürburgring 2009" wie ein Kartenhaus, das jederzeit zusammenstürzen kann.

Zu befürchten ist aber, dass das was im aktuellen SPIEGEL „Investitionsruinen" genannt wird, zum Schaden der regionalen Bevölkerung fertig gestellt wird. -

Als Denkmal für eine verfehlte Wirtschaftspolitik?

20. April 2009: Vertragsunterzeichnung zwischen RWE und Nürburgring GmbH

Natürlich hatte ich mich gedanklich schon mit Dingen auseinander gesetzt, die offenbar jetzt für andere Beobachter überraschend kamen. So hatte ich mich schon Wochen vor der Einladung beim RWE erkundigt, wie es den „oben am Ring" weitergehen würde und nach Details gefragt. Die Antwort dauerte ein wenig, weil man erst noch einmal nach Essen musste. Dann fehlten noch Informationen aus Fachabteilungen. Dann teilte man mir mit, dass das RWE sich entschlossen hätte, eine Pressekonferenz zu veranstalten. Der 20. April war ins Auge gefasst. Man wusste aber noch nicht wo. Ich wäre aber herzlich eingeladen.

Und ich solle mich doch noch mal kurz vor der Veranstaltung melden. - ??? -

Das RWE hat sich nicht mehr gemeldet. Dagegen erfuhr ich von Kollegen, dass die Nürburgring GmbH am 15. Arpil in die RWE-Lounge am Ring eingeladen hatte, unter dem Motto: „RWE wird neuer Partner des Nürburgring". Im Lauftext war von einem „Fototermin zur offiziellen Vertragsunterzeichnung" die Rede. - ??? -

Ich habe mich - weil das so gewünscht war - dann bei der Nürburgring GmbH zu diesem Termin angemeldet. Obwohl ich von der GmbH nicht eingeladen war. Ich habe aber darauf hingewiesen, dass, wenn meine Anwesenheit nicht erwünscht ist, man mir das dann doch kurz mitteilen möge.

Ich habe nichts gehört, gesehen, oder bekommen und war - wie gewünscht - um 14 Uhr „vor Ort".

Eigentlich war das alles wenig aufregend. Zwei Fernsehkameras waren da, ein offiziell bestellter Fotograf und eine Reihe von Journalisten. An einem langen Tisch saßen die Akteure dieses Tages:

 Jutta D'Orazio, Pressesprecherin RWE Rhein-Ruhr AG
 Dr. Walter Kafitz, Geschäftsführer der Nürburgring GmbH

Dr. Jürgen Pföhler, Landrat des Landkreises Bad Neuenahr-Ahrweiler
Achim Südmeier, Vertriebsvorstand der RWE Rhein-Ruhr AG
Rainer Boost, Vorstandsvorsitzender der OIE AG

Und alle sprachen ungefähr drei Minuten zum „Thema des Tages", das auch Anlass zur Vertragsunterzeichnung war: Ein Biomasse-Heizwerk, das für einen siebenstelligen Betrag von einer Tochterfirma der RWE gebaut und betrieben wird. Das RWE übernimmt auch die gesamten Investitionen für das Fernwärmenetz.

„Die Themen Energiesparen und Umweltschutz werden durch die Kooperation Dauergast am Nürburgring sein", sagte Dr. Walter Kafitz, der jetzt - ein wenig überraschend - in der Pressemitteilung der GmbH als Geschäftsführer, nicht mehr als Hauptgeschäftsführer ausgewiesen wird. Unwichtig, aber mir auffallend.

Dr Pföhler machte auf die „eindeutigen Zeichen" aufmerksam, die „sein Kreis" bei der Nutzung von alternativen Energien setze und ließ auch in einer Pressemitteilung zu diesem Tag erwähnen, dass „die Nürburgring-Schule Wimbach" nun auch über eine Erdwärmeversorgung verfüge. Den Zusammenhang habe ich nicht verstanden. Aber das muss man ja auch wohl nicht.

Dr. Südmeier machte mit der Leistung des noch zu erbauenden Holzhackschnitzel Heizkraftwerks aufmerksam, die 6.500 kW beträgt. Er erwähnte auch, dass das neue „Personalhaus" in Adenau mit einer Pelletheizung mit 110 kW Leistung ausgestattet worden wäre.

Der private Investor für dieses Haus, Kai Richter, war auch anwesend. Außerdem, sagte Südmeier, sei man auch an der LED-Indoor-Installation beteiligt, die der Nürburgring GmbH bekanntlich die größte Videowand der Welt bescheren soll. Vom Verbrauch, weder von Wärme noch von Strom, wurde nicht gesprochen.

Rainer Boost trug auch mit ein paar Anmerkungen dazu bei, dass den Anwesenden klar wurde: Das Ziel dieses neuen Vertrages ist die Schaffung eines ganzheitlichen Energie- und Umweltkonzepts.

Das neue Bio-Heizkraftwerk des RWE wird übrigens direkt hinter dem so genannten Dorf „Grüne Hölle" errichtet, versorgt aber nicht nur die dort befindlichen Gebäude, sondern auch die auf der anderen Seite der B 258 gelegenen Hallen und neu errichteten Gebäude der Nürburgring GmbH mit Wärme.

Am Ende einer solchen Veranstaltung standen wir dann noch eine kurze Zeit in kleinen Gruppen beieinander, um die eine oder andere - gerade aufgetauchte - Frage noch zu klären.

So habe ich dann das Vorstandsmitglied der OIE AG, Rainer Boost, gefragt, wie sich denn seine Firma bei dem Millionen-Objekt abgesichert habe." Abgesichert? Wie meinen Sie das?" Und dann deutlicher werdend: „Wir sind eine solvente Firma!" Ich habe das niemals bezweifelt, ihm das auch gesagt und dann erklärt, wie ich meine Frage gemeint hätte:

Wie er sicher auch der Presse entnommen hätte - und damit wüsste - wäre die Nürburgring GmbH um einen Verkauf der neu erbauten Anlagen an einen privaten, ausländischen Investor bemüht. Man würde dann die Anlagen wieder zurückmieten, um sie 11 Jahre später wieder anzukaufen. Was dann eine Minderung der Finanzierungskosten und Zinsen, und, und und um -zig Millionen bedeuten würde. Wenn man in einem solchen Umfeld nun ein Millionen teures Heizkraftwerk bauen würde, dann müsse man sich doch wohl aus meiner Sicht absichern. - Oder?

„Dazu kann ich Ihnen nichts sagen", hat Rainer Boost geantwortet und mich wegen technischer Fragen an seinen Techniker verwiesen, der 10 Meter weiter stand.

Als ich den fragte, wie weit denn das Genehmigungsverfahren sei und wie lange das noch laufen würde, da hat der mich groß angeschaut und strafend gesagt: „Aber Sie haben doch eben gesehen, dass die Verträge gerade erst unterschrieben wurden. Das war doch erst der Startschuss zur Einleitung des Genehmigungsverfahrens", dessen Abwicklungsdauer er

- vom Zeitpunkt des Einreichens bis zur Genehmigung - mit 3 - 4 Monate (aufgrund seiner Erfahrungen) angab. Das Genehmigungsverfahren läuft über die Genehmigungsdirektion Nord in Koblenz, die mir zwei Tage später bestätigte, dass noch kein Antrag auf Genehmigung eines Heizkraftwerks vorliegt. Das Genehmigungsverfahren muss auf der Basis des Bundes-Emmissionsschutzgesetzes abgewickelt werden.

Da wird dann auch die „Untere Naturschutzbehörde" (bei der Kreisverwaltung in Ahrweiler) eingeschaltet werden.

Was die Absicherung der Investitionen des RWE (oder der OIE AG) betrifft, so kann man den Aussagen des Herrn Boost nicht unbedingt Glauben schenken. Es besteht zwar kein Zweifel an der Solvenz seiner Firma - erst recht nicht der „Mutter" RWE - aber es berührt mich doch eigenartig, wenn ich bei einer Nachprüfung im Falle der wesentlich kleineren Anlage im Personalhaus in Adenau (Auslegung auf 110 kW Leistung und damit viel, viel billiger, als das Heizkraftwerk für die „Grüne Hölle" u.a.) das für die Installation einer solch kleinen Anlage dann von der OIE AG die Eintragung einer Grunddienstbarkeit ins Grundbuch (also eine Belastung des Grundstücks) in Anspruch genommen wurde. - Und da soll das „große" Heizwerk ohne jede Absicherung gebaut werden?

Interessant war auch, dass mir niemand auf dieser RWE-Veranstaltung etwas zum Stromverbrauch der Nürburgring GmbH jetzt und später sagen konnte. Man traf - auch bei den vor Ort befindlichen Presseleuten der Firma - nur auf „Wärmespezialisten". Als ich dann gezielt einen Mitarbeiter des RWE auf eine neue Stromleitung ansprach, die gerade vom RWE vom Nürburgring hinunter zu einer RWE-Station in Wimbach (bei Adenau) unterirdisch verlegt wird, da wurde das ausweichend - „eventuell" - mit allgemeinen Sanierungsmaßnahmen der RWE im Oberleitungsnetz erklärt.

Tatsächlich verläuft die Verlegungstraße durch ein Landschaftsschutzgebiet, so dass zumindest die Genehmigung der „Unteren Naturschutzbehörde" in Ahrweiler erforderlich ist. Telefonisch wurden mir dazu aber keine Auskünfte - weil Journalist - erteilt und eine schriftliche Anfrage „auf ruhige Art und Weise" an die zuständige Abteilung weiter geleitet. -

Weil ich kein Journalist bin, es also ja nicht eilig habe. - ??? - Zumal schon richtige Journalisten oft länger als 24 Stunden warten müssten. Sagte man mir. Erlebnisregion!

Da sich das RWE, wie deutlich ausgesprochen wurde, auch an der Indoor-Großinstallation einer LED-Bildwand beteiligt, würde ich gerne die Belastung des Stromnetzes beim Einschalten dieser Videowand kennen. Unter normalen Umständen gehen da nämlich im Umfeld dieser Aktion dann alle Lichter aus. Allerdings gibt es auch Möglichkeiten... Aber warten wir's ab. Tatsache ist, dass bei einer Größe, die eine Hallenwand einnimmt, der in der Halle mögliche Abstand der Besucher zur Bildwand nicht ausreichen wird, um ein „normales Bild" zu sehen. Bei einer LED-Wand von 6 Meter Breite liegt der notwendige Mindestabstand schon bei 35 Metern, so wurde mir von einer Herstellerfirma solcher Großbildwände erklärt. - Diese Firma führt aber nicht den Auftrag der Nürburgring GmbH aus.

Als ich am Ende den RWE-Techniker noch mal frage, wie es denn klappen könne, noch keine Genehmigung eingereicht zu haben und dann vor dem Herbst mit dem Bau des Heizwerks fertig zu sein, wenn man auch noch die Infrastruktur dafür schaffen müsse, da sagt der erklärend: „Die Leitungen liegen schon alle."

Ach so! - Am 20. April gibt es die Vertragsunterzeichnung zu einem Projekt, zu dem alle Leitungen schon verlegt sind. Dieser Fototermin erinnerte mich ein wenig an das Schaulaufen der Paare beim Eiskunstlauf. Jede Bewegung, alles ist exakt einstudiert. Und alles passiert zur optimalen Zeit.

Es wird also wohl zur richtigen Zeit in der „Grünen Hölle" richtig heiß werden. Teuflisch heiß. - Vorher auch schon bei den Behörden. Weil alles bei der Schaffung dieses Projekts „politisch gewollt ist".

Auf dem „Erich-Klausener" Gymnasium, Adenau „für's Leben lernen"

Das scheint in Adenau in idealer Weise zu funktionieren. Man macht die Schüler, die „kommenden Wähler" mit den Mitteln der Demokratie vertraut. Aber dann kam Dr. Kafitz. Angekündigt, vorangemeldet. -

Dazu der Hintergrund: In der 11. Jahrgangsstufe gibt es an diesem Gymnasium auch eine Leistungsstufe in Sozialkunde, die von einem sehr engagierten Lehrer - lebensnah - gestaltet wird. Vor einiger Zeit nahm man so auch mal das „Leuchtturmprojekt Nürburgring 2009" in Angriff. Die Schüler hatten es angeregt. Schon weil es in ihrem Umfeld passierte. Zunächst sollten sie doch mal ihre Meinung dazu aufschreiben und dann würde man das Thema weiter praxisnah behandeln, meinte der Lehrer.- So lernt man heute Demokratie.

Zum Erstaunen des Lehrers, der seine Meinung nicht mit einbrachte, sondern nur die Schüler zu einer schriftlichen Festlegung ihrer Meinung animiert hatte, war die Mehrzahl der Meinungsäußerungen zum Großprojekt Nürburgring negativ. Hm!

Damit auch die Schüler ihre Möglichkeiten in der Praxis erfahren, machte der Lehrer den Vorschlag, dass doch vielleicht zwei der Schüler ihre Meinung als Leserbrief an die hier im Gebiet weit verbreitete „Rhein-Zeitung" schicken sollten. Guter Vorschlag!

Bald kam sogar Anwort von der „Rhein-Zeitung". Man meldete sich telefonisch von dort, war augenscheinlich angetan von den vorliegenden Leserbriefen und fragte an, um man davon nicht mehr haben könne. Man würde gerne davon eine Sonderseite machen. Kein Problem sagten die Schüler, da ihre Meinung im Form eines Leserbriefes im Sozialkundeunterricht längst niedergeschrieben worden war.

Bei der Redaktion der „Rhein-Zeitung" dachte man so an sieben Leserbriefe, die man dann in diesem Fall - da daraus eine Sonderseite gestaltet werden sollte - gerne mit Portraits der Leserbriefschreiber schmücken wollte. Und man schickte einen Fotografen vorbei. Der erfüllte den Redaktionsauftrag.

So kam es - wie angesagt - zum Erscheinen der Sonderseite. - Zufällig einen Tag, an einem Freitag, bevor dann - am Samstag - der Bericht über das Richtfest am Nürburgring erschien. Freitags war zu lesen: *„Der Ring muss sich verändern"* , *„Steuerzahlern bleibt nur die Hoffnung auf ein erfolgreiches Ring-Projekt", „Fange an mir Sorgen zu machen", „Hat das Land sich überschätzt?", „Ein Palast - auf Sand gebaut", „Werden schlicht für dumm verkauft", „Frage mich, ob dies der richtige Schritt ist, Steuergelder zu investieren"*. Sieben Mal kritische Anmerkungen zum Projekt.

Am Samstag hieß es dann im Titel zur Richtfest-Geschichte: *„Ring: Manager bleiben optimistisch"*. Hier kam die Redaktion zu Wort, die natürlich das Richtfest (übrigens vom gleichen Fotografen ins Bild gesetzt, der auch die Jugendlichen zu ihren Leserbriefen abgelichtet hatte) auf fast einer Seite angemessen abfeierten, aber auch mit Stimmen „von außen" - sozusagen an die der Jugendlichen vom Vortag angelehnt - ein wenig Kritik einfügten. Das brachte „das Fass zum Überlaufen". - Und so kam es zu einem „Hearing" im Adenauer Gymnasium, hervorragend vorbereitet, bei dem auch Dr. Kafitz seinen Auftritt hatte.

So hatte er es auch gefordert. Diese Veranstaltung, zu dem dann die Nürburgring GmbH auch den ihr „genehmen Teil" der Presse geladen hatte, stand praktisch unter dem Motto: „Der größte Luxus ist eine eigene Meinung".

Die Jugendlichen wussten sicherlich nicht, wie recht sie mit diesem Zitat hatten, dass gleich zu Beginn der Veranstaltung vorgetragen wurde. Da war die Welt (scheinbar) noch in Ordnung. Man hatte sich eine Fernsehkamera von einem Lokalsender ausgeliehen, eine Sitzgruppe aufgebaut, bot dem Gast, Hauptgeschäftsführer Dr. Kafitz, Speis' und Trank, hatte eine Leinwand installiert, auf der dann zum jeweiligen Teil der Befragung passende Thesen und Fakten zu lesen waren. - Ich war beeindruckt.

Natürlich war ich nicht ohne Einladung gekommen. Ich kam auf Einladung der Jugendlichen, wie übrigens auch der Chefredakteur der „Eifel-Zeitung", der - natürlich - auch nicht von der Nürburgring GmbH eingeladen worden war.

Zufall: Ich war einer der ersten Gäste, nahm in der letzten Reihe (linksaußen) Platz und beobachtete so in den letzten Minuten vor dem Beginn die Aufbauarbeiten.

Zufall: MdL Walter Wirz, auch geladen, erschien nach mir als zweiter Gast. Nachdem er mich gesehen hatte, drehte er auf dem Absatz wieder um, um draußen (im Gang) zu warten. Was sollte auch Herr Dr. Kafitz für einen Eindruck haben, wenn er, MdL Walter Wirz, zusammen mit einem... - Nein, wirklich nicht. Das ging nicht. Und so ging Herr Wirz.

Um dann zusammen mit den Hauptdarstellern wieder zu erscheinen. Auftritt Dr. Walter Kafitz, der zunächst im Raum stehen blieb, während sich der „Anhang" setzte. In seinem Gefolge waren u.a. (natürlich Walter Wirz), der Verbandsbürgermeister Romes (auch eingeladen) sowie eine (für mich) neue Pressesprecherin der Nürburgring GmbH, Stefanie Hohn. Die wohnt in Blankenheim, arbeitete bisher bei „Phantasialand" in Brühl und empfindet die nun geringere Entfernung zum Arbeitsplatz in Nürburg als positiv. (Das habe ich hinterher recherchiert.)

Ich hatte im Vorfeld natürlich die Meinung der Jugendlichen zu der Entwicklung, hin zu einem „Hearing", eingeholt und war überrascht, wie wenig zufrieden man mit der „gesammelten" Veröffentlichung der Leserbriefe in der „Rhein-Zeitung" war. Da wäre gekürzt worden, da wurden „deutliche" Aussagen durch Wortveränderungen abgeschwächt. So jedenfalls hatte man sich das nicht vorgestellt. Dabei ist das in der Presse gängige Praxis. So war auch unter den Leserbriefen der jungen Leute des Adenauer Gymnasiums auf der Sonderseite zu lesen:

„Leserbriefe sind keine Meinungsäußerung der Redaktion. Briefe ohne Angaben von Name und Adresse können nicht veröffentlicht werden. Bitte geben Sie für Rückfragen Ihre Telefonnummer an. Die

Redaktion behält sich Kürzungen vor."

Wir „Alten" wissen um diese Art der „Korrektur" und sind nicht erstaunt, aber die Jugendlichen waren über die „Veränderungen" in ihrer Meinungsäußerung (zum Teil) verärgert. So habe ich dann versprochen, ihre Briefe unverändert, ungekürzt auf meinen Internetseiten zu veröffentlichen, wenn Sie sie mir zusenden. Und habe meine Visitenkarte verteilt.

Dass dann von den sieben Leserbriefschreibern sich nur fünf bei mir gemeldet haben, hat seine Gründe. Es sind die gleichen Gründe, die die anderen Fünf anführten, als sie mich baten, ihre Leserbriefe nicht mehr zu veröffentlichen.

Natürlich möchte ich die jungen Leute nicht enttäuschen. So werde ich ihre Briefe nicht veröffentlichen. Aber natürlich habe ich zu den Hintergründen recherchiert. Und da kann einem schon schlecht werden.

Da hat sich z.B. die Schulaufsichtsbehörde, die ADD, eingeschaltet. Ich habe mit dem zuständigen Schulrat gesprochen, der natürlich kaum etwas zur Sache sagen kann, weil es sein Abteilungsleiter war, der zufällig in Adenau wegen der Ehrung eines Lehrers am Gymnasium war. Zufällig hat er dann auch über die veröffentlichten Leserbriefe gesprochen, weil die - mit Lichtbild - eben besonders auffällig waren. Und weil man so den Verdacht haben musste, dass evtl. der Lehrer... Auf welche Ideen man bei einer solchen Schulaufsichtsbehörde kommt. Ganz ohne Anstoß von außen?

Der Lehrer war jedenfalls wohl so eingeschüchtert worden, dass er sich einen Rechtsbeistand genommen hatte. Er hat es auch abgelehnt sich noch weiter mit mir darüber zu unterhalten, als ich mit ihm über „den Fall" zu sprechen versuchte. Für ihn ist der Fall erledigt. Das war ein Unterrichtsstoff, der nun abgehandelt ist, damit kann er sich nun nicht länger aufhalten. Und er ging in die Schulferien, nach Berlin.

Und alle heben die Hand, wenn man fragt, ob vielleicht Dr. Kafitz... Nein! Das ist wirklich (auffallend!) überzeugend. - Nun ja, da hatte der sich wohl direkt nach den Leserbriefen (ich weiß nicht wo) beschwert, dass man die Kinder eine Meinung äußern ließ, ohne dass er vorher die Gelegenheit hatte, diese Meinung durch seine (überzeugende) Darlegung von Fakten ins Positive zu verändern. Wie ich hörte, hat er wohl auch mit der Schulleiterin... Na ja, das ist eine ganz Vorsichtige, konnte ich hören. So kam es denn zu dem „Hearing".

Am Ende dieser ganzen Veranstaltung waren jedenfalls eine Reihe von „Betroffenen" mit blank liegenden Nerven unterwegs. Wie ich deutlich feststellen konnte. Aber nein, es wurde selbstverständlich kein Druck ausgeübt. Dass selbst ein sonst ruhiger Lehrer aber nun plötzlich gegenüber seinen Schülern laut wurde, wurde dem Zeitpunkt vor den Ferien zugeschoben. Und das locker gegebene Zusagen mir gegenüber nun plötzlich zurückgezogen wurden: einfach Zufall

Ich wurde auch von nervösen, verschüchterten Schülern angerufen. Wenn man mit denen über einen längeren Zeitraum telefoniert, erhält man schon einen guten Einblick in die Situation. Die war - leider - anders, als man es mir gegenüber zu schildern versuchte. Eins wurde dabei deutlich: Man hatte „die Schnauze voll!" (Um es im Jargon verärgerter Jugendlicher zu formulieren). Und war man vorher im Elternbeirat... Na ja, vielleicht sei es doch besser, wenn man die Sache nicht „hochkocht", war plötzlich zu hören.

Eine nette Schulleiterin, ein netter (guter!) Lehrer, ein lebensnahes Thema und ein moderner Manager, der mit dem ganzen Gewicht seines politischen Hintergrundes „seine Meinung" ins Spiel brachte, hat sicherlich den LINKEN in naher Zukunft neue Wähler zugeführt. Ich kann es verstehen. Dabei war das „Hearing" ausgesprochen gut.

Der lokale Fernsehsender hat aus dem Gesamtmaterial noch eine Sendung zusammengeschnitten und auch über den Lokalsender gesendet. Aber auch erst, nachdem ich mehrfach nachgefragt hatte. Leider habe ich die

Sendung nicht sehen können, denn ich habe durchaus eine Vorstellung davon, was man aus dem vorhandenen Material machen könnte. - Aber vielleicht hat die Sendung wirklich die Stimmung wiedergegeben, wie ich sie erlebt habe. Trotzdem will ich mir hier Mühe geben, ein wenig davon in meiner folgenden Schilderung herüber kommen zu lassen:

Schräg vor mir saß bei der Veranstaltung MdL Walter Wirz. Ich habe seine Kaumuskulatur während des Vortrages einer Schülerin beobachtet. Er störte auch durch sein immer wieder versuchtes Getuschel mit Herrn Romes (Verbandsbürgermeister), so dass eine Schülerin ihn mehrfach durch einen missbilligenden Blick zur Ruhe bringen musste.

Nein, Walter Wirz kaute kein Kaugummi, sondern er war aufgebracht wegen des Vortrags der Schülerin. Wie ihn überhaupt alles bei diesem Hearing störte. Wenn ein neuer Schüler vortrat, um seinen Vorgänger abzulösen und zu einem anderen Thema den Hauptgeschäftsführer der Nürburgring GmbH zu befragen, dann blickte Wirz in seine Unterlagen, um mit den Fotos der „Rhein-Zeitung" zu vergleichen, ob hier vielleicht einer der Leserbriefschreiber einen Angriff auf den von ihm hochgeschätzten Herrn Dr. Kafitz vornehmen wollte.

Der Lehrer und auch die Schulleiterin - aber auch die Schüler - hatten zu dem Zeitpunkt noch nicht begriffen, dass sie zwar ein brillantes „Verhör" vorbereitet hatten, aber nicht, dass das Folgen haben würde, die ich z.T. im ersten Teil dieser Geschichte schon geschildert habe.

Es begann alles mit einem „Warming up", wie es die Schüler nannten. So erfuhren dann die Zuhörer, dass Dr. Kafitz inzwischen 58 Jahre alt ist, dass er für Jakobs Kaffee, und mehr als zwei Jahre auch für Henkel (Persil) gearbeitet hat. Dort hat er seiner Aussage nach besondere Erfahrungen gesammelt. Als sein Lebensmotto nennt er: „Ich hab's gewagt!"

So etwas sagt man immer hinterher. Ich habe nicht gehört, dass er etwas von den Arbeiten in seiner letzten Firma erzählte, wo Fliesen das Thema waren, einem Produkt, zu dem er offenbar keinen Zugang fand.

Darum war er eigentlich arbeitslos, exakt zu dem Zeitpunkt, als man für den Nürburgring einen neuen Geschäftsführer suchte, weil die Wahlen in Rheinland-Pfalz für einen Umschwung gesorgt hatten (Ganz exakt: Sein Vertrag endete erst am 31. März 1994) Da regierte die SPD.

Zufällig hatte Dr. Kafitz ein SPD-Parteibuch in der Tasche. Und zufällig war er mit der Familie Scharping befreundet. Mit Scharping verband ihn auch sein Hobby Radfahren. Er war vorher in seinem Leben noch nie am Nürburgring gewesen, weil das einfach nicht interessierte. Dass er dann dort am 1. April 1994 seine Arbeit antrat, lag daran, dass er - entsprechend seinem Vertrag mit der „Fliesenfirma" bis zum 31. März 1994 bezahlt wurde (Exakt: Er hätte schon vorher bei der Nürburgring GmbH anfangen können, aber dann seinen Anspruch auf Zahlung des ihm sonst noch zustehenden Geldes seiner alten Firma verzichten müssen). Sie, als Leser dieses Buches, wissen das zwar alles schon, aber ein wenig Erinnerung kann nicht schaden.

Aber das war alles nicht in Adenau zu hören. Ich möchte so das dort Gehörte schon im Interesse der Schüler ergänzen, die damit auch (vielleicht) begreifen, dass man auch bei aufwändigster Recherche niemals die „wirkliche Wahrheit" finden wird, sondern immer nur das, was ich eine „subjektive Wahrheit" nennen würde, weil sie niemals vollkommen sein kann. Nuancen werden immer hier und da fehlen, Nuancen, die das Bild - die Wahrheit - dann verändern können.

So ist auch meine Wahrheit nicht die Wahrheit. Aber offenbar bin ich nahe dran.

Wie hatte die Schulleiterin zu Beginn, zur Eröffnung der „Schulstunde" gesagt? *„Ich akzeptiere nicht was du sagst, ich werde aber für immer verteidigen, dass du es sagen darfst"* , und zitierte damit einen französischen Philosophen. Na ja, wenn man auch Französischlehrerin ist!

Sonstige Erkenntnis aus dem „Warming up": Dr. Kafitz denkt viel darüber nach, wie man sich die Arbeit leicht macht. Er ist ein Weinliebhaber.

Mit „Nürburgring 2009" verbindet er Stolz und Belastung. Und über seine Kritiker sagte er: *„Manche dieser Kritiker tun mir einfach leid."* Er unterstelle ihnen, sich verrannt, einen „Tunnelblick" zu haben, ja er ging so weit ihnen zu unterstellen, *„Unwahrheiten zu verbreiten, um Personen zu schaden".*

Nach rund 40 Minuten des „Hearings" kam es dann zu einer interessanten Aussage: *„Jetzt müssen Sie mir glauben. Es gibt Gutachten jede Menge. Aber kein Gutachter kann garantieren, dass sich alles so entwickelt, wie es im Gutachten steht."* Ein bedeutsame Feststellung, die sich in ihrer Art schon vom Absolutismus eines Prof. Deubel unterscheidet, der den Gutachten voll vertraut, sie als die Basis für all' seine Entscheidungen anerkennt. Die darum auch richtig sind. Basta!

Als der Hauptgeschäftsführer der Nürburgring GmbH über einen Zeitungsjournalisten spricht, der einige Dinge veröffentlicht hat, die ihn - Dr. Kafitz - nicht so gut aussehen lassen, das glaubt er feststellen zu müssen: *„Herr G. (er nennt den vollen Namen) hat keine Ahnung, aber er ist Journalist und kann sich über alles hinweg setzen."*

Das neugebaute Personalhaus in Adenau, bezeichnet er als „Rettungsring" für den Ort und zum inzwischen geschlossenen Bahnhof in Adenau (seit 1984, dem Zeitpunkt der Eröffnung des GP-Kurses) sagt er: *„Das Thema Eisenbahn ist gegessen. Die schönen Zeiten sind vorbei."*

Wie treffend. Lassen wir es uns noch einmal auf der Zunge zergehen: „Die schönen Zeiten sind vorbei." Im übrigen ist er der Auffassung, dass er mit der Rennstrecke Nürburgring heute nicht gegen Rennstrecken, sondern gegen Nationen konkurriert. Und als er vom „damals", vom Bau der Nordschleife und dem verdienten Initiator dieses Projekts spricht, da betont er: *„Er hat zunächst das Geld ausgegeben und dann beantragt."* Um fortzufahren und festzustellen: *„Das könnte man heute nicht mehr machen."*

Offenbar begreift er nicht, was derzeit geschieht. Wenn es hoch kommt, wird mit Teilbaugenehmigungen gearbeitet, manchmal aber auch schon vorher angefangen. Das bezeichnet man dann als „Einrichten der Baustelle". Natürlich alles nur, um die Termine einzuhalten. Und natürlich steht die Finanzierung noch nicht. Es wird Geld ausgegeben, das eigentlich nicht (für diesen Zweck) vorgesehen oder vorhanden ist.

Das, was von den jungen Leuten - von einem Computer - ausgehend an eine Leinwand geworfen wird, ist leider im Sonnenlicht dieses Tages schlecht zu sehen. Ich darf darum hier noch einmal auflisten was u.a. dort alles - auch mir, dem Vertreter der „Eifel-Zeitung" und den anderen (von der Nürburgring GmbH eingeladenen) Pressevertretern - aufgezeigt wurde und bei den Jugendlichen schon bei der Recherche für eine gewisse Nachdenklichkeit sorgte, die Politiker gerne mit einer Handbewegung weg wischen:

Nürburgring 2009 Finanzierung: Profitables Geschäft oder schwarzes Loch?

Dramatische Finanzlage:
Kurt Beck: 1994 - 2004 = 100 Mio in „Ring" investiert
April 2004: Dr. Kafitz: „Formel 1 auf dem Nürburgring wird billiger" = 50%
Jahresfehlbetrag 2005: 9,67 Mio €
Jahresfehlbetrag 2006: 40,2 Mio €
Gesamtausgaben 2005: 17,4 Mio €
Gesamtausgaben 2006: 18,5 Mio €
Drohverlustrückstellung für Formel 1
2007/2009/2011= ca. 24 Mio €

Chronologie:
5. Mai 2004: „Erlebnisregion Nürburgring wird vorgestellt.
Kosten: 170 - 200 Mio €, davon 40 Mio von GmbH
ca. 130 - 160 Mio € Investoren
500 Arbeitsplätze mehr
500.000 Besucher = 130.000 Übernachtungen
22. Mai 2005: Erlebniswelt, für eine Million neu gestaltet,

wird wiedereröffnet.
September/Oktober 2005: Statt 2 Eventhallen = eine große Halle (8000 m²)
25. Juli 2006: Präsentation der Erlebnisregion Nürburgring soll im Frühjahr 2009 vollendet werden: statt 200 Mio € nur 150 Mio €, Geld muss
größtenteils von Privatinvestoren kommen.
3. Säulen: 1.) Boulevard, 2.) Village, 3.) Golf- und Aktivsport
5. September 2006: Rheinland-Pfalz will Stammkapital der Nürburgring GmbH
von 10 Mio € in drei Jahren um 9 Mio € aufstocken (Kreis Ahrweiler 1 Mio €),
Gesellschafterdarlehen vom Land von 20 Mio € (Bedingung: 50 % der Investitionen privat)
Januar 2007: Rheinlandpfälzischer Landesrechnungshof: Wirtschaftslage der
Nürburgring GmbH = „äußerst angespannt"
30. März 2007: Dr. Kafitz: kein Hotelneubau und kein Feriendorf ohne
Investoren, Eröffnung im Frühjahr 2009 gedacht
September 2007: Spatenstich wird abgesagt, Finanzierungsmodelle werden
auf den Prüfstand gestellt: Hotel + Motorsportdorf = 100 % privat, Boulevard + Arena = 50 % privat
Anfang November 2007: „Erlebnisregion Nürburgring" wird umgetauft
in „Nürburgring 2009", Planung eines Eifeldorfes + Lindner Hotel
8. Nov: ember 2007: Dr. Kafitz: „Der Ausbau wird komplett durch private
Investoren finanziert", laut Sprecher Stephan Cimbal bezieht sich Aussage nur auf den Anteil, der nicht vom Land getragen wird
Mitte November 2007: Großteil des Projekts ohne Großinvestoren, Land: Finanzierung mehr als 50 %
19. November 2007: Deubel: Wirtschaftliche Tragfähigkeit der Pläne steht

nicht infrage, Konzept: 135 Mio € von der Nürburgring GmbH,
40 Mio € kleine Investoren, 95 Mio € Kredite, Risiko der Gesamtinvestition: 45 % bei der GmbH - damit beim Land
22. November 2007: Erster Spatenstich, Gesamtkosten steigen auf 215 Mio €,
80 Mio davon übernimmt Großinvestor Mediinvest (erstmals genannt)
Mitte Februar 2008: Ring-Casino im Gespräch. Zinslast kann damit finanziert werden
12. April 2008: Grundsteinlegung für „Nürburgring 2009"
+ Spatenstich Lindner Hotel
4. Oktober 2008: Spatenstich für Erlebnisgastronomie-Dorf „Grüne Hölle"
von Mediinvest, Frage: Wirkt sich Finanzkrise auf Projekt aus? Deubel: „Hier wird
nicht gezockt, sondern solide gearbeitet und finanziert."
November 2008: Landesvorsitzende der Grünen, Eveline Lemke: im Doppel-Haushalt 2009/10 werden 20 Mio € statt 9 Mio € für den Ring bereit gestellt
= zusätzliches Geld möglicherweise für Eigenkapitalerhöhung
16. Dezember 2008: Richtfest für Gesamtprojekt, Deubel: „Alles ist auf der Schiene durchfinanziert."
Vom 14. Januar 2009 an: Investor Mediinvest musste im Herbst massiv unterstützt
werden: 3 Mio € Kredit von Nürburgring GmbH, Investitions- und Strukturbank
(ISB) Darlehen über 9 Mio €, Rehinland-Pfälzische Gesellschaft für Immobilien
+ Projektmanagement stille Einlage von 29 Mio €
21. Janaur 2009: Gesamtkosten steigen auf 250 Mio €, Grund: gestiegene
Materialkosten, strenger Winter, Videoleinwand für 3 Mio €
22. Januar 2009: Gesamtkosten steigen auf 252 Mio €, Eröffnungstermin
verschiebt sich vom 11. Juni auf 12. Juli 2009
Februar 2009: SPD-Mehrheit beschließt im Landtag Gesetz:

ermöglicht
Zweigstelle der Spielbank Bad Neuenahr-Ahrweiler am Nürburgring
Münchhausen lässt grüßen? „Münchausen jagt einen achtbeinigen Hasen"
Wir fragen uns jetzt natürlich: „Waren die 80 Mio € in Gefahr???"

Großrazzia am Nürburgring!
3. Großrazzia:
Zum dritten Mal war Hauptzollamt Koblenz auf der Großbaustelle
Im Focus: 3 dort tätige Firmen, davon 2 ausländische
33 Beamte prüfen 64 Mitarbeiter (vorwiegend mittel- und osteuropäisch)
Kontrolle zu Beschäftigungsverhältnissen
Geschäftsunterlagen werden unter die Lupe genommen
Wurde der Mindestlohn gezahlt???

„Wir habem dem Zoll jegliche Unterstützung zugesichert", garantierte Kafitz im November 2008

Was sagt die Nürburgring GmbH zu den Finanzen?
- das Konzept ist wirtschaftlich tragfähig
- Investitionsanteil der Nürburgring GmbH erfolgt nicht aus Mitteln des Landes oder Kreises
- Begutachtung durch Beratungsgesellschaft Deloitte
- Verluste der letzten Jahre sind durch die Formel 1 entstanden, gegenüberstehende „regionalwirtschaftliche Wertschöpfung" ist deutlich höher
- in den letzten 15 Jahren hat Nürburgring GmbH sinnvoll + ohne nennenswerte öffentliche Unterstützung investiert

Die Personen
Dr. Walter Kafitz = Hauptgeschäftsführer der Nürburgring GmbH
Finanzminister Ingolf Deubel = Aufsichtsratsvorsitzender der Nürburgring GmbH

Seriöse Investoren? - Welches Gesicht steckt hinter ihnen???
kaufmännische Geschäftsführer der Nürburgring GmbH, Hans Lippelt
Geschäftsführer des Motorsport Resorts, Kai Richter
Pinnebeck Geschäftsführer, Michael Merten
MI HAUS AG Geschäftsführer, Horst Hummel
uvw... ?

Weitere Landesausgaben...
Flughafen Hahn: 82,5 % Landesbeteiligung, Verlust 2007 15,76 Mio
Flughafen Zweibrücken: Defizit 2006 2,25 Mio
1. FC Kaiserslautern: Kann Miete für Stadion nicht aufbringen: 3,2 Mio Euro
Ausbau Stadion für WM 2006: Stadt + Land = 54 Mio

Dr. Kafitz wurde so in eine Verteidigungssituation gebracht, die ihm gar nicht liegt. So musste er zugeben, dass z.B. die BikeWorld Nürburgring GmbH *„kein Ruhmesblatt"* für ihn gewesen sei. Aber: der Motorradmarkt sei auch rückläufig geworden, was damals nicht erkennbar gewesen sei. Außerdem gab es „Managementfehler" (Natürlich nicht von ihm). Dazu eine dumme Frage von mir: Hat man daraus nichts gelernt?

Erstaunt mussten wir als Zuhörer von Herrn Dr. Kafitz zur Kenntnis nehmen, dass im „Kerngeschäft" Millionengewinne eingefahren werden. Natürlich ohne die Formel 1 und „Nürburgring 2009". Gehört die Formel 1 nicht eigentlich zum „Kerngeschäft"? Und im Übrigen sei der Sinn der Formel 1 betriebswirtschaftlich nicht zu erklären. Nur volkswirtschaftlich. Da arbeitet die Nürburgring GmbH - so hörten wir - „im Auftrag unserer Gesellschafter" für die Region.

Eine andere interessante Feststellung von Dr. Kafitz: *„Ich habe mit Sicherheit nie gesagt, dass alles komplett finanziert wird."* Er bezieht das auf eine 100prozentige Privatfinanzierung. Er wirkt auch nicht unsicher, als man nicht nur auf der Leinwand, sondern auch akustisch noch einmal den Herrn Prof. Deubel zitiert: *„Hier wird nicht gezockt,* *sondern solide finanziert."* Antwort Dr. Kafitz: *„Ja, das Projekt ist solide finanziert."* Es sei aber eine 100prozentige Privatinvestorenschaft angestrebt Und Dr. Kafitz untertreicht noch einmal: *„Der Deubel-Satz gilt heute noch".* Da streuben sich einem die Nackenhaare (Zur Erinnerung: Noch am 21. April 2009 ist in der „Rhein-Zeitung" zu lesen: „Nürburgring-Finanzierungsmodell weiter unklar").

Na ja, man habe Mediinvest mal „gestützt". Und die Differenz in der jeweils genannten Bausumme von zwei Millionen Euro zwischen dem 21. und 22. Januar 2009 sei einfach „ein Rundungsfehler" gewesen. Es sei „eine böswillige Absicht", wenn man das anders schildert. Aha!

Was Michael Merten betrifft, so sei an seiner Seriosität nie gezweifelt worden. *„Wir haben ihn auch überprüft. Wir verfolgen das immer noch."* Und er unterstrich noch mal, dass das, was da zur Verfolgung dieses Ziels passiert (Millionen in die Schweiz und zurück) *„kein Skandal ist".* Und zu dem eingeschalteten „Schweizer Kaufmann" (in Dubai) meint er: *„Einen Baron Münchhausen kann ich nicht erkennen."* Kafitz ist erstaunt, *„dass der immer noch mit uns spricht".* Der sei im Übrigen auch kein Vertragspartner. Das sei eben Michael Merten (Pinebeck GmbH). Und die 20.000 Euro pro Monat, die der erhalten hätte, würden dann verrechnet, wenn das Geschäft gelingt. Und zu den Geldern, die in Millionenhöhe in die Schweiz (auf das Konto einer Liechtensteiner Bank!) wanderten, stellt Kafitz fest, dass man immer vollen Zugriff gehabt hätte. Und im übrigen sei das Geld verzinst worden. Zwar zahle man an den Liquiditätsfonds auch Zinsen, aber... Damit tritt der dem Argument der Schüler entgegen, die ihm - von der Presse vermeldet - einen Verlust von 600.000 Euro vorhalten.

Dr. Kafitz macht er in diesem Zusammenhang eine Aussage, die sich (vielleicht) auf mich bezieht, indem er feststellt: *„Hier ist mindestens einer im Raum, der böswillig..."* Und er vollendet diesen Satz mit einer Erklärung: *„Ich ziehe die Aussage zurück."* Das bezieht sich auf seine Antwort zu einer vorherigen Frage. Auch vorher hat Kafitz das „zweite Mal" einer Überweisung in die Schweiz, dieses Mal von 95.000.000 Euro erwähnt, die sozusagen in seine Gesamterklärung zu dieser besonderen Art der Finanzierung einbezogen. Wobei der Eindruck entsteht, dass diese 95.000.000 Euro (natürlich plus Zinsen!) längst wieder auf einem Konto in Deutschland (Frankfurt) wären. Auch zum Zeitpunkt der ersten Veröffentlichung dieser Geschichte, dienen diese 95.000.000 Euro immer noch dem Nachweis der Liquidität der Nürburgring GmbH bzw. der des Landes Rheinland-Pfalz. Auf einem Konto der Liechtensteinischen Bank in der Schweiz. Zur Zeit immer noch. Wahrscheinlich war da Herr Dr.Kafitz von Herrn Deubel nicht richtig informiert. Ich denke, dass die Schüler den gleichen Eindruck hatten wie ich. Entweder haben der Doktor sich geirrt oder er hat versucht uns (die Schüler und die Journalisten) für dumm zu verkaufen.

Wobei auf die Problematik einer Überweisung von Deutschland aus auf eine Liechteinische Bank gar nicht eingegangen wird. Hier hat von jeder Bank - gerade bei einer Summe in dieser Höhe - eine Meldung Nach §§ 59 ff. der Außenwirtschaftsverordnung (!WV) zu erfolgen. Und wer trägt die so genannten „Entgelte"? Wobei man zwischen „eigenem Entgelt" und „Fremdes Entgelt" zu unterscheiden hat. Ging im Falle Deubel alles zu Lasten des Kontoinhabers, also wahrscheinlich einer Landesbank? Nun, darüber wird nicht gesprochen.

Inzwischen wissen wir aus den Aussagen eines Nürburgring-Mitarbeiters vor dem Untersuchungs-Ausschuss in Mainz, Herrn Nuss-Klatenborn, dass der Transfer des Geldes die Nürburgring GmbH ungefähr mit 265.000 Euro belastet hat.

Es fällt auch niemandem auf, dass der Anteil der Mediinvest - und damit Kai Richter - für den „privaten Teil" des Großprojekts „Nürburgring 2009" nach Angaben der Nürburgring GmbH aktuell 94 Millionen Euro beträgt. Da ist es sicherlich Zufall, dass die Überweisungssumme in die Schweiz (auf eine Liechtensteinische Bank!) nun 95 Millionen beträgt. Zufälle gibt es! Aber das ist hier alles nicht Thema der Befragung und darum nimmt Dr. Kafitz hier auch keine Korrektur vor.

Eine andere Aussage, zu einem anderen Thema, die korrigiert er auch nicht - und ich meine die, die er zur Qualität der „Eifel-Zeitung" machte: Als das Thema „Schwarzarbeit" im „Hearing" eine Rolle spielt, da hinterfragt er den ihn befragenden Schüler, von wo denn die Informationen - die man ihm hier vorhalte - stammen würden. Antwort: *„Aus der ‚Eifel-Zeitung"*. Dr. Kafitz darauf: *„Wunderbar! Eine authentische Quelle!"* Was die jungen Leute zu diesem Zeitpunkt nicht wussten (außer den Betroffenen im Raum - und mir - vielleicht auch niemand): Es gab exakt in der Woche, in der diese Veranstaltung im Gymnasium in Adenau stattfand, eine 4. Kontrolle des dafür verantwortlichen Zollamts wegen Schwarzarbeit auf der Großbaustelle Nürburgring. Sie wurde auf dem Parkplatz A6 durchgeführt, war also für die Öffentlichkeit relativ unauffällig. Niemand hat auch darüber gesprochen, man hat nichts davon gehört oder gelesen. Und wenn ich - noch am gleichen Tag - in dieser Sache das Hauptzollamt in Koblenz angeschrieben habe, so habe ich da bis heute keine Antwort erhalten.

Es gab zwar am 1. April 2009 eine große Pressekonferenz beim Hauptzollamt in Koblenz, an der ich - leider - nicht teilnehmen konnte, weil ich genau zu diesem Termin auf einer anderen Veranstaltung war. Aber ich hörte von Kollegen, dass dort eine Nachfrage zu den Kontrollen am Nürburgring scheinbar nicht erwünscht war. Man unterbrach einen Fragenden, verwies auf die Möglichkeit von Fragen nach Ende der offiziellen Darstellung.

Wo dann derjenige auch keine Antwort auf seine eigentlichen Fragen erhielt. - So geht es, wenn bei einer Behörde Anfragen zu einer anderen Behörde - auch die Nürburgring GmbH wird gerne als „Behörde" eingestuft und empfunden – auflaufen. Man lässt den Fragenden auflaufen.

Aber zurück zu den Geschehnissen beim Gymnasium in Adenau, beim so genannten „Hearing": Dr. Kafitz sagte zu den Schwarzarbeitskontrollen: *„Die Razzien haben mit uns direkt nichts zu tun. ... Es sind kriminelle Machenschaften."* Als er auf die (angeblich) festgestellte Unterbezahlung und die Rolle der Nürburgring GmbH als Auftraggeber hingewiesen wird, da stellt er fest: *"Wenn es so ist, dann sind wir die Opfer."*

Dr. Kafitz gerät in dieser Phase des "Hearings" etwas aus der Fassung. Da gefallen Dr. Kafitz z.B. *"Zitate aus dem'Kampfblatt'"* nicht. Er unterstellt: "Mit den Veröffentlichungen wird ein gewisses Ziel verfolgt." In diesem Zusammenhang verteidigt er auch den Großinvestor (oder ist er doch keiner?) Kai Richter und schlägt vor: *"Man sollte Richter einladen. Der kommt auch gerne."* Und er spricht *"von gezielter Vernichtung wirtschaftlicher Existenz"* und bezieht das offensichtlich auf die Berichterstattung in der "Eifel-Zeitung", die ihm wohl ein Dorn im Auge ist. Kafitz: *"Wir sind doch froh, dass wir Mediinvest und Herrn Richter haben, weil der von diesem Projekt so überzeugt ist."* Ein Überzeugungstäter? (Inzwischen gab es ja weitere Informationen zu dieser Person auf SWR2, weshalb es auch Herrn Deubel gefällt, von einer Verschwörung gegen ihn zu sprechen).

Eine andere Person, die von den Schülern wohl als wichtig empfunden und namentlich in ihren "Schlagzeilen" (auf der Leinwand) genannt wurde, hat inzwsichen offiziell keine Bedeutung mehr. Das wird den Schülern wohl entgangen sein, weil Kai Richter weiter munter so eine Art von "Bäumchen, Bäumchen wechsele dich" spielt. So ist z.B. Horst Hummel als Geschäftsführer bei der MI HAUS AG in Cham (CH) ausgeschieden. Da wurde aktuell aber eine MI Haus GmbH in Düsseldorf gegründet. Da hat sich dann sogar Kai Richter mal zurück genommen und eine junge Dame als Geschäftsführerin eingesetzt. Um zu einer Verwirrung anzuregen, hat er gegen Ende letzten Jahres auf einem Bauschild zu seinem Bauvorhaben in Drees eine Firma MI HAUS als "Generalübernehmer" ausgewiesen. Ohne jede Ortsangabe. Wochen später war dann da als Adresse Düsseldorf angegeben, wo unter der bekannten Anschrift von Mediinvest nun auch die MI HAUS GmbH residiert.

Eine Firma MI HAUS, dieses Mal aber wohl die in Cham (Schweiz) hat aber wohl die Bestellung für insgesamt 103 Fertighäuser (67 davon Streif-Häuser) getätigt. Vielleicht war die zu diesem Zeitpunkt ja auch (noch) der „Generalübernehmer", dessen Funktionen dann (inzwischen) der Düsseldorfer MI HAUS übertragen wurden. - Jedenfalls lt.Bauschild. Und auf den Internetseiten der Firma Streif (Fertighaus) ist nun ein Text zu lesen, der offensichtlich (und auch nachweisbar) aus der Feder (oder dem Computer) jener PR-Agentur stammt, die nicht nur für die Nürburgring GmbH arbeitet, sondern auch für die Firma Mediinvest. Diese PR-Agentur, die auch schon die Öffentlichkeitsarbeit für das Großprojekt in Bremen machte, dass dann dem Stadtstaat einen hunderte Millionen hohen Verlust bescherte, nutzt offenbar ihre guten Kontakte zu den Nürburgring-Mitarbeitern, die vorher auch in Bremen verantwortlich tätig waren, aber natürlich nicht für die Schäden haftbar zu machen sind, die dort entstanden.

Soweit die kleine Korrektur in der Auflistung der Schüler der 11. Jahrgangsstufe des Adenauer Gymnasiums.

Natürlich gibt es den Horst Hummel noch. Der SWR hat ihn sogar in seiner Rundfunksendung zu Wort kommen lassen. Und natürlich sind Richter und Hummel noch in anderen Firmen Geschäftspartner. Und natürlich hat dieser Horst Hummel mal in Stuggart... Und natürlich ist da ein Bankhaus in Hamburg... - Und natürlich jammert man auf Teneriffa darüber, dass... - Und natürlich weiß man bei der Staatsanwaltschaft in Stuttgart... - Aber selbst ein rechtskräftig Verurteilter genießt in Deutschland Datenschutz, den aber auf der anderen Seite... - Aber da ist ja der Datenschutzbeauftragte vor. Obwohl der gerade in Berlin auf einer Pressekonferenz gestehen musste: *„Ich mache mir große Sorgen, dass wir ans Ende der Legislaturperiode kommen und immer noch keinen besseren Datenschutz haben."*

Aber zurück zu dem „Hearing" im „Erich-Klausener"-Gymnasium in Adenau. Dort wollten die Schüler auch ein wenig Abwechselung bieten.

Und so kam der Moment, wo die hinterfragenden Schüler zur Auflockerung der Veranstaltung ein kleines Kunstwerk, eine Satire, eingeschoben haben, die nicht nur von einer Schülerin aus Fakten, die sie der Wochenzeitung „DIE ZEIT" entnommen hatte, entwickelt wurde, sondern die sie jetzt auch vorträgt. Man sollte sich den Namen dieser jungen Dame, da auch schauspielerisch sehr talentiert, wirklich merken: Denise Korden (Übrigens eine Tochter der Bürgermeisterin von Herschbroich) Ihre satirische Betrachtung beschäftigt sich mit dem Thema „cross border leasing", von dem in gewisser Weise Dr. Kafitz und besonders Prof. Deubel schwärmen. Man könne 30 Millionen (+ Zinsen = 60 Mio €) sparen, indem man alles (Neue?) am Nürburgring verkauft und das dann zurückmietet, um es dann nach 11 Jahren (oder so) ganz günstig zurückkaufen zu können.

Dr. Kafitz kann über den Satire-Vortrag nicht lachen oder lächeln. Eigentlich ist das auch keine Satire, sondern mehr eine Beschreibung dessen, was derzeit in unseren Landen abläuft. Nur dieses Mal für jeden verständlich und beispielhaft dargestellt. MdL Walter Wirz scheint während des Vortrags fast zu platzen. Er stört auch immer wieder durch „Gemurmel" in Richtung seines Sitznachbarn Romes, erntet auch missbilligende Blicke von Schülern wegen dieser Störungen. Auch Dr. Kafitz hat, nachdem die „Satire" angekündigt wird, gleich mit einem *„Das sagt alles"*, seinem Unmut Luft gemacht.

Zur „Landessituation" (s.o.) Auskunft zu geben, überlasst Dr. Kafitz dem MdL Walter Wirz, der zu Ende der Veranstaltung von seinem Rederecht übersprudelnd Gebrauch macht, eigentlich kaum zu bremsen ist. Ich erfahre von ihm zu meiner Überraschung, dass die immer wieder gerne zitierten Gutachten (so auch hier) „ja zugänglich" gewesen seien. - Für wen, Herr Wirz? Ich kenne keinen Kollegen, der so ein Gutachten mal gesehen hat. Und Prof. Deubel hat mir sogar - schriftlich nachweisbar - den Einblick mit einer geschickten (oder sollte man sagen: plumpen) Argumentation verweigert.

Wirz redet und redet. Er weist auf die derzeitige wirtschaftliche Situation hin und stellt fest, dass die wohl noch 4 - 5 Jahre anhalten wird. Er erwartet „keine wesentliche Änderung". Damit ist er dann wohl auch „aus dem Schneider", weil längst nicht mehr im Landtag. Und Dr. Kafitz im Ruhestand? Wer gleicht dann die auflaufenden betriebswirtschaftlichen Verluste am Nürburgring aus? Hahn, Zweibrücken und Kaiserlautern werden von Wirz sozusagen im Handstreich erledigt. Man solle auch nicht im Falle Fraport (im Zusammenhang mit dem Flughafen Hahn) vergessen, dass dort die „Lufthansa" einen Anteil von rund 10 Prozent halte. Was diese Bemerkung soll, habe ich nicht verstanden, aber den Zusatz vermisst (der weitgehend unbekannt ist), dass sich (auch) die Fraport in „öffentlicher Hand" befindet und dass es in Brüssel Untersuchungen und Überlegungen gibt, dieser Gesellschaft gewährte Zuschüsse wieder abzuerkennen. Weil diese Gesellschaft eben nicht privat ist, sondern der „öffentlichen Hand" gehört. Wie die Nürburgring GmbH. Aber vielleicht weiß MdL Wirz das gar nicht. Und wenn: dann ist er wohl als Politiker so geschickt, diese Tatsache nicht zu erwähnen.

Aber das macht „Nürburgring 2009" mit dem Einfluss der Landesregierung RLP und den Flughafen Hahn, mit dem Einfluss der Firma Fraport (per 31.12.2007 zu 51,81 Prozent im Besitz des Landes Hessen und der Stadt Frankfurt) schon wieder vergleichbar. In Sachen „Fraport" (Flughafen Hahn) untersucht Brüssel bereits. Ganz aktuell lassen „Die Grünen" die EU-Kommission prüfen, ob man nicht bei „Nürburgring 2009" gegen bestehende (Subventions-)Bestimmungen verstoßen habe. Wurden die bisherigen Landeszuschüsse (oder wie nennt man das?) bei der EU-Kommision gemeldet? Und sind sie von der genehmigt worden?

Es könnte auch die Frage auftauchen: Wieso sowohl die Fraport als auch die Nürburgring GmbH von einem politischen „Netzwerk" profitieren können, wie es in dieser feinen Art der Verflechtung und Nachhaltigkeit in der Privatwirtschaft niemals aufgebaut werden kann, wenn dadurch privatwirtschaftliche Interessen gestört werden, es dadurch zu Wettbewerbsverzerrungen kommen kann? Das alles nur als Ergänzung zu den lückenhaften Anmerkungen des MdL Walter Wirz zu den konkreten Anmerkungen der Adenauer Schüler. Werden Schüler von Politikern nicht ernst genommen?

Sehr schön übrigens die Feststellung des Herrn Wirz am Ende seines Vortrages: *„Wirtschaftliches Handeln ohne Risiko gibt es nicht!"*

Verbandsbürgermeister Romes ist rein rethorisch dem MdL klar überlegen. Er vergleicht die Einkommenssituation an der Ahr mit der in Adenau: Adenau liegt klar darunter. Und er versucht die Zwänge darzustellen, unter denen er „als verantwortlicher Politiker" handeln muss. „*Ohne Nürburgring*", stellt er fest, „*hätte uns die Geschichte abwickeln müssen*" und er ist „*dankbar, für die Investition der Regierung*". Und wir erfahren auch warum „*das Projekt Nürburgring Früchte tragen*" muss: „*Ein Großteil der Leute lebt vom Nürburgring. Um 200 Firmen der Verbandsgemeinde leben vom Nürburgring*". Und er bedauert, dass sich „*zu wenige Leute zu diesem Projekt bekennen*". Vorher hatte er noch die „*einseitige Berichterstattung*" beklagt. Wobei bei mir die Frage auftaucht: Was wird denn von dem Herrn Verbandsbürgermeister normalerweise so gelesen?

Das ist dann der Moment, wo auch von der Schülerseite erstmals von dem Druck gesprochen wird, dem sie sich ausgesetzt sehen. Da wird dem Herrn Romes vorgehalten, dass ihnen angedroht wurde, dass ihre Leserbriefe Konsequenzen nach sich ziehen könnten. So würde z.B. dann der „Robocup", an dem auch dieses Gymnasium teilnimmt und der bisher am Nürburgring ausgetragen wurde, dann nach Magdeburg als Austragungsort verlegt. Das Gymnasium Adenau könnte dann nicht mehr - wegen der hohen Fahrtkosten - daran teilnehmen. Romes dementiert energisch. Im Gegenteil. Man wäre froh, dass man so eine Veranstaltung am Nürburgring habe.

Aber er sagt auch: „*Es muss auch Geldgeber geben*". Er habe, um die letzte Veranstaltung am Nürburgring sicher zu stellen „*um 50 Telefonate geführt*" und stellt die „Unternehmenskultur" vieler Firmen in Frage. Was versteht der Herr Verbandsbürgermeister Romes eigentlich unter „Unternehmenskultur"? Wenn es so weitergeht, stellt er fest, dann würde... Und ich denke: Also doch wegen der Leserbriefe eine Verlegung nach Magdeburg? Nur mit einer anderen Argumentation. (Romes ist als Politiker sehr geschickt).

Dr Kafitz sorgt am Ende für einen guten Abgang: „*Hätte ich solchen Unterricht in der Schule gehabt, hätte die Schule mir Spaß gemacht!*" -

Beifall - und die Erklärung der Schüler: *"...wir fühlen uns darum ernst genommen."*

Wie ernst sie genommen werden, erfahren die Schüler - und ich - dann in den Tagen nach der Veranstaltung. Da wird der Versuch gestartet, junge Leute „passend zu machen". Es wird Druck auf Einzelne ausgeübt, damit sie den weiter geben. Auch an mich. Und ich verspreche, die Leserbriefe (die mir schon vorliegen) nicht mehr zu veröffentlichen. - Versprochen ist versprochen. Die Schüler möchten sich nicht in eine Schublade einordnen lassen. Sie betrachten sich nicht als Gegner von „Nürburgring 2009", sondern als Kritiker. Aus gegebenem Anlass. - Aber sie haben nun „die Schnauze voll!" Weil sie sich auch falsch verstanden fühlen. Und weil der Lehrer... Und weil... Und so ringen sie mir die Zusage ab, ihre Leserbriefe nicht mehr zu veröffentlichen. Versprochen ist versprochen!

Aber ich habe nicht versprochen, mir keine Meinung zu den Vorgängen (nach gründlicher Recherche) zu bilden. Darum musste diese Geschichte sein. Sie ist nicht nur eine Schilderung der Vorgänge, sondern stellt auch meine Meinung zu dieser besonderen Facette zum Thema „Nürburgring 2009" dar. Welche Meinung nun die Schüler zur Gesamtwirkung der Veranstaltung haben, muss man sie schon selber fragen.

Mich stimmt das alles sehr, sehr traurig. Ist das die Welt in der wir leben?

Aber ich bin sehr zufrieden, wenn ich jetzt in 2010 - auch nachdem Dr. Kafitz „in die Wüste geschickt wurde" - nun dieses Hearing zu einem Medienwettbewerb eingereicht werden soll. Übrigens auch die sieben Leserbriefe an die „Rhein-Zeitung".

Die Lage spitzt sich zu:
Ein Minister klagt über Verschwörungen gegen ihn

Wir schreiben April 2009. Bitte jetzt beim Lesen - aber auch später danach - nicht vergessen: Deutsche Staatsanwälte arbeiten weisungsabhängig, können also nicht immer - wie z.B. Richter - unabhängig von politischem Einfluss eine eigene, möglichst objektive und richtige Entscheidung treffen. Anders gesagt: Staatsanwälte haben einen Chef. Richter nicht. Die urteilen nach Gesetz und Gewissen.

Ich - Wilhelm Hahne - gelte „in meinen Kreisen" als KRITIKER. Das muss etwas Unangenehmes sein, da mir das einige Leute mit einem Gesicht vorhalten, dem man schon ansieht, dass das etwas Verachtenswürdiges sein muss. Und sie verweisen auf meine Geschichten. Eigenartigerweise sind das oft (bei „einigen" Leuten) meine Nürburgring-Geschichten, die mit einem solchen Hinweis angesprochen werden. Nach dem Motto: So was macht man doch nicht! Was soll das? Hier geschieht doch gesellschaftspolitisch...

Natürlich! Und betriebswirtschaftlicher Blödsinn. - Sage ich. Und weise dann darauf hin, dass ein Kritiker, wenn er nun mal die Basis hat, ein Kritiker sein zu können, auch gerne (was mich betrifft: auch sehr gerne) mal positiv urteilt. Wenn meine Kritik oft negativ ausfällt, so liegt das nicht an dem Kritiker, sondern an den Fakten, die zu einem negativen Urteil führen.

So liegt es nicht an mir, wenn meine Schilderungen bei meinen Lesern letztendlich einen negativen Eindruck hinterlassen sollten. Es liegt an den Fakten. Auch an den Fakten, die andere „Beobachter" gerne übersehen. Ist Ihnen, lieber Leser, z.B. immer schon klar gewesen, was ich in meinen ersten Zeilen zu diesem Kapitel unmissverständlich formuliere? Es ist eine Tatsache!

Darum muss meine Geschichte auch ein wenig anders ausfallen, als wenn sie durch andere „Journalisten" in ihren Blättern („meinungsfreudig, unabhängig") dargestellt werden. Wenn sie sich denn überhaupt um die

Fakten bemüht hätten. Ist mir vorzuwerfen, wenn es anderen „Kollegen" an Basisvoraussetzungen fehlt? -

Man muss begreifen, dass, wenn Zwei das Gleiche tun, das nicht Dasselbe ist. Das sieht man in Mainz anders.

Prof. Dr. Ingolf Deubel hatte vor Wochen die Faxen satt und klagte „über eine Verschwörung" gegen ihn. Was war passiert? Der SWR hatte in einem Viertelstündchen (auf SWR2) nachgewiesen und erklärt, wer die Leute sind, die vom Herrn Finanzminister des Landes Rheinland-Pfalz als Investoren bezeichnet werden. Haben der Herr Professor den falschen Umgang?

Es scheint so zu sein. Schließlich hatte ihm schon mal der Landesrechnungshof vorgehalten, bei der Auswahl seiner „Partner" nicht aufmerksam genug gewesen zu sein. Und der Herr Professor versprachen Besserung (Wie im Bericht des Landesrechnungshofes nachzulesen). Und nun kommt der SWR mit einer Sendung... Da muss man ablenken. Wie wäre es mit: „Haltet den Dieb"?

So übergab dann der Herr Professor dem zuständigen Staatsanwalt Unterlagen, aus denen - so meint er - einwandfrei hervorgeht, dass bei der Nürburgring GmbH Unterlagen entwendet worden sind. Gibt es etwa dort Geheimunterlagen? Sind nicht alle Basisunterlagen eigentlich so angelegt, dass man der Öffentlichkeit (die ja eigentlich bisher der Geldgeber der Nürburgring = „Landes GmbH" ist) jederzeit beweisen kann, dass alle Handlungen nach bestem Wissen und Gewissen auf der Basis von korrekt erarbeiteten Zahlen und Gutachten vorgenommen werden?

Sollte man denken. Aber die Gutachten, die immer wieder - auch vom Herrn Prof. Deubel - zitiert werden, wenn es darum geht, das Bauvolumen am Nürburgring zu verteidigen, als Investition in die Zukunft darzustellen, die werden als geheime Verschlusssache behandelt. Als ich den Herrn Prof. um eine Einsicht bat, wurde mir das mit einem 08/15-Argument abgeschlagen.

Das wäre ja noch schöner, wenn ein Wilhelm Hahne mit den Zahlen aus einem teuer bezahlten Gutachten die ganze Argumentation hin zu einer „Erlebnisregion" zum Einsturz bringen würde. Also gilt es diesen Mann „ruhig zu stellen". Das ist mein Eindruck.

Denn natürlich hatte ich dem Herrn Prof. in den letzten Monaten auch Fragen gestellt, die er nicht erwartete. Er hatte auch keine Antworten darauf. Jede Antwort hätte die Salami-Taktik der Nürburgring GmbH - und seine! - entlarvt (Prof. Deubel ist deren Aufsichtsratsvorsitzender). Also fand auch ein E-mail Eingang in die Unterlagen, die der Herr Prof. Deubel der Staatsanwaltschaft überreicht hat. Mit hoher Wahrscheinlichkeit. Damit das E-mail vom 24. Januar 2009 nicht geheim bleibt, erlaube ich mir hier meine Erinnerung an eine Antwort an den „sehr geehrten Herrn Professor" - die bis heute ausblieb! - hier einzustellen:

„Sehr geehrter Herr Professor,

leider haben Sie in den Finanzierungswirren der vergangenen Wochen die Beantwortung meiner Anfrage vom 8. Dezember 2008 vergessen. Zur Erinnerung füge ich sie noch einmal ein:

Sehr geehrter Herr Professor,

leider konnten Sie mir im Falle des Gutachtens meinen Wunsch auf Einsichtnahme (o.ä.) nicht erfüllen. Was mich schon ein wenig verwundert hat, da dieses Gutachten doch die Basis darstellt, mehr als 200 Millionen Euro des Steuerzahlers für eine ungewisse (?) Rendite auszugeben. Inzwischen soll aber wohl - wie ich höre - eine Finanzierung „stehen". Bei meinen Recherchen, wie denn das Wunder einer „privaten Finanzierung" des Projekts geschehen konnte, bin ich auf folgendes Zitat gestoßen:

„Auch und gerade vor dem Hintergrund der internationalen Finanzkrise sind wir sehr froh und auch stolz, gerade jetzt das Ziel der einhundertprozentigen Privatfinanzierung für Nürburgring

2009 erreicht zu haben. Wir haben es bei dem Schweizer Fonds auch nicht
mit einer so genannten ‚Heuschrecke' zu tun, sondern mit einem sehr erfahrenen Kreis von Immobilieninvestoren. Die solide Finanzierung und auch die langfristige Absicherung des Risikos sind gegeben".

Diese Worte wurden im Oktober dieses Jahres notiert. Der Ausspruch wird Ihnen, sehr geehrter Herr Professor Deubel, zugeschrieben.
Mit einem kurzem zustimmenden JA oder einer Verneinung wäre ich zufrieden. Es wäre natürlich schön, wenn Sie es mit einem JA autorisieren würden. -Vielleicht haben Sie darüber hinaus auch noch eine Erklärung für den in diesem Zitat zum Ausdruck kommenden Optimismus. (Sie müssen mir da ja nicht gleich alle Argumente aus dem „geheimen" Gutachten nennen).

Mit freundlichen Grüßen
Wilhelm Hahne"

„Natürlich habe ich in der Zeit danach nicht geschlafen. Nach meinen Feststellungen ist „damals" mehr als nur die 60 Millionen-"Blase" geplatzt. Es ist wohl auch noch ein „135-Millionen-Traum" zerronnen. Dabei hatte Ihnen der Landesrechnungshof schon vor langer Zeit geraten, bei der Auswahl von Geschäftspartnern in Zukunft (nach den Erfahrungen mit der „BikeWorld Nürburgring GmbH") vorsichtiger zu sein. Hinzu kommt, dass die Kette von „Auserwählten" inzwischen so groß ist, dass auch ihre Festigkeit gelitten hat. Zwar ist es noch (nicht ganz) so, dass viele - aber immerhin einige - nach dem „Rette-sich-wer-kann"-Prinzip verfahren. Ich jedenfalls empfinde das in meiner Beobachterposition so. Und ich nehme ein wenig amüsiert zur Kenntnis, dass Sie mich den „alten Leuten in der Eifel" zurechnen. Andere gehen pfeifend durch den dunklen Wald.

Es wäre nett, wenn Sie meine nette Anfrage einmal zu einer Äußerung im Zusammenhang an mich nutzen würden. Was Sie dem Ausschuss am Donnerstag erzählt haben, lässt mich ein wenig lächeln. Zum Beispiel, wenn Sie sich nicht des Kredit-Endtermins für die drei Millionen erinnern. Ich hätte Ihnen aushelfen können.

Sie könnten mir aber noch helfen, indem Sie mir zu den inzwischen vielen gegründeten GmbH's die geschlossenen Gewinnabführungsverträge zugänglich machen würden. Dann wäre mir nämlich - ohne weiter lange recherchieren zu müssen - „das System" definitiv klar. Wenn Sie mir nicht helfen wollen (oder können?), wird es eben noch etwas dauern. - Ich bin Ihnen gerne behilflich.

Herzliche Grüße aus der „Erlebnisregion"
Wilhelm Hahne"

Aber so spricht man doch nicht mit einem Landes-Finanzminister, wird sich jetzt ein Staatsanwalt in Mainz (oder Koblenz?) denken. Aber vielleicht zuckt sogar ein Lächeln über seine Lippen (Es guckt gerade niemand). Natürlich ist die Frage zu klären: Wie kommt der Hahne an ein Zitat aus einer Pressemitteilung, die es nie gegeben hat? Die wurde doch nur so geschrieben, wie jetzt auch „nur so" mal ein paar Hallen gebaut werden. Für den Fall das mal etwas klappt.

So ist wohl auch die Aussage des Herrn Finanzministers (die er niemals öffentlich geäußert hat, sondern nur „geheim" vorbereitet wurde!) zu verstehen. Für den Fall, dass mal etwas klappen würde. Aber es klappte nicht. Und damit war auch die Aussage des Herrn Aufsichtsratsvorsitzenden und Finanzministers des Landes Rheinland-Pfalz hinfällig (Aber sie stammt von ihm, sonst hätte er ja empört geantwortet).

Natürlich könnte dieser Hahne... - Nein, wieso? Diese Aussage muss er gestohlen haben! Oder nicht? Was macht eigentlich ein Journalist, wenn er seinen Beruf ernst nimmt? Kennen der Herr Minister nur Journalisten, die eigentlich - nach der unmaßgeblichen Ansicht des Herrn Hahne - keine sind, solche, die am liebsten nur Pressemitteilungen abschreiben? Das soll doch - bitteschön - dann der Staatsanwalt klären. Schließlich kann man sich als Minister nicht um alles kümmern.

Ist es eigentlich normal, dass wenn jemand etwas klaut, er dann dem das vorhält, dem er das geklaut hat, um ihn zu fragen, ob es ihm gehört. Oder ist das nicht normal? (Das sollte der Staatsanwalt mal den Herrn Minister fragen.)

Da hat doch dieser „alte Mann aus der Eifel" am 25. Februar 2009 die Frechheit besessen, dem Herrn Finanzminister folgendes E-mail zu senden. Über die Poststelle. Man muss sich das mal vorstellen! Jeder im Ministerium weiß nun, was dieser Hahne... - Oder denkt der vielleicht gar nicht? Könnte man da nicht vielleicht...?

Aber das soll der Herr Staatsanwalt richten. Der weiß schließlich was er zu tun hat.

(Damit ich es nicht vergesse: hier kommt jetzt wirklich die E-mail vom 25.02.09):

> *„Betr.: 80 Mio.-Euro-Überweisung durch Prof. Deubel in die Schweiz*
>
> *Sehr geehrte Damen und Herren,*
>
> *leider meldete Ihre Internetseite heute in der Frühe nur „Error .- Fw-1 at fw0301: Failed to connect to the WWW server."*
> *Ich wollte Ihnen nämlich eigentlich ein Fax senden, aber mir fehlten die wesentlichen Daten. Per E-mail geht es aber sicherlich auch.*
>
> *Wie ich einer ddp-rps-Meldung vom 17. Februar 2009 entnehme, machte Ihr Minister bei einer Befragung (in Saal 7*

des Landtages) eine Reihe von Aussagen, die in der Meldung so dargestellt werden:

„"...Deubel räumte am Dienstag im Wirtschaftsausschuss des Mainzer Landtags ein, dass die Nürburgring GmbH 2008 zur Ermöglichung eines Finanzierungsmodells 80 Millionen Euro als Sicherheit auf ein Schweizer Konto überwiesen habe. Der Minister betonte zugleich, das Geld sei im Rahmen eines seriösen Vertrages mit der Firma Pinebeck des Finanzberaters Michael Merten geflossen. Deubel musste aber auch einräumen, dass es gleichzeitig einen Beratervertrag mit Merten über 20 000 Euro pro Monat gegeben habe. CDU und FDP warfen dem Minister vor, Parlament und Öffentlichkeit über die wahren Finanzgeschäfte am Nürburgring zu täuschen. ..."

Das Magazin «Stern» hatte auf seiner Online-Seite die 80-Millionen-Euro-Transaktion als gewagte Finanzierung mit angeblich windigen Geschäftspartnern dargestellt, bei der das Land das Geld riskiert habe. «Dies alles ist unrichtig und stellt die Tatsachen auf den Kopf», sagte Deubel und sprach von «Unfug». Die 80 Millionen Euro seien nie in Gefahr gewesen. Es habe stets die Vorgabe gegolten: «Null Risiko, egal was passiert.»

Zudem sprach Deubel von «Lecks» in der Nürburgring GmbH: Dort würden zurzeit «Papiere unters Volk gestreut». Es gebe «eine ganze Menge Leute hier im Land, die alles tun, um das Projekt Nürburgring zu beschädigen und Geschäfte zu verhindern», betonte der Minister.

Nach Darstellung Deubels flossen die 80 Millionen Euro tatsächlich im vergangenen Jahr aus dem Liquiditätsfonds des Landes an die landeseigene Nürburgring GmbH und von dort auf ein Konto der Gesellschaft in die Schweiz. Das Geld sei aber erst nach einer ausführlichen und «nach maximalem Standard» erfolgten Prüfung der Geschäftspartner überwiesen worden.

Die Summe habe zum Nachweis der Finanzstärke des Landes gedient, Dritte hätten nie Zugriff darauf gehabt. Da das geplante Geschäft dann doch nicht zustande kam, sei die Summe Anfang Dezember vollständig zurückgeflossen. Deubel räumte ein, dass dieser Vorgang ungewöhnlich sei, Landesbürgschaften würden sonst als ausreichend gelten. Das Pinebeck-Finanzierungsangebot sei aber für das Land «äußerst attraktiv» gewesen."

80 Millionen Euro sind also aus dem Liquiditätsfonds an die Nürburgring GmbH geflossen und dann von dort auf ein Konto der (Nürburgring-?)Gesellschaft in die Schweiz. Das Konto einer Liechtensteiner Bank, wie man anderswo erfahren kann.

1) Seit wann unterhält die Nürburgring GmbH (die als „landeseigen" bezeichnet wird) ein Konto in der Schweiz?
2) Wenn das Konto nicht der Nürburgring GmbH gehört: Ist es dann richtig, dass das Konto einer Liechtensteiner Bank zugerechnet werden muss?
3) Wenn es aber das Konto einer Liechtensteiner Bank ist: Wieso waren die 80 Mio Euro dann „nie in Gefahr"? (Aussage Prof. Deubel)
4) War - wie zu hören - bei der Überprüfung „der Geschäftspartner" nach „maximalem Standard" u.a. das Landeskriminalamt beteiligt?
5) Da nach meiner Kenntnis derartig hohe Beträge zur Überweisung in ein Nicht-EG-Land angemeldet werden müssen: Wem wurde diese Transaktion gemeldet?
6) Wenn das Geld „Anfang Dezember (2008) vollständig zurückgeflossen" ist: Wieso waren bei der Hin- und Rücküberweisung keinerlei Gebühren fällig, die doch eigentlich die Gesamtsumme - wenn sie das Startkonto wieder erreicht - mindern müssten?
7) Wie hoch waren die Überweisungskosten und evtl. Provisionen und Bearbeitungsgebühren beim Hin- und Her-

Verkehr?
8) Interessant ist noch die Tatsache, dass die 80 Millionen Euro „zum Nachweis der Finanzstärke des Landes gedient" haben. Wieso musste das Land hier „Finanzstärke" beweisen?

Ich würde gerne der Öffentlichkeit Ihre Antworten ergänzend und erklärend zu den bisherigen Veröffentlichungen in dieser Sache zugänglich machen. - Es wäre nett, wenn ich möglichst schnell von Ihnen hören würde.

Mit freundlichen Grüßen
Wilhelm Hahne"

Also wirklich, wenn man so als Politiker darüber nachdenkt (Ich versuche mich in dessen Lage zu versetzen): Dieser Wilhelm Hahne ist noch nicht einmal Parteimitglied der SPD. Wie kann der derart verständliche Fragen stellen? Das ist ein Fall für die Staatsanwaltschaft. Der muss aber nun dringend... Schließlich ist ein Minister ein Minister! Und da traut sich dieser - äh, alte Mann aus der Eifel - sogar die Liechtensteiner Bank in Zürich anzuschreiben. Was denkt der sich eigentlich dabei? Schließlich gibt es das Bankgeheimnis (Zu dem übrigens gerade auf den Internet-Seiten des Bundestages eine Notiz zu finden ist, nach der man auch als Liechtensteiner Briefkastenfirma in der Schweiz ein Bankkonto eröffnen kann).

Muss man da nicht - lieber Herr Finanzminister, den Deutschen Bundestag einfach auflösen? (Sie sollten mal mit Herrn Schäuble sprechen!)

Ich habe wirklich die Liechtensteiner Bank angeschrieben. Das am 22. März 2009 und zwar so:

„Sehr geehrte Damen und Herren,

zur Finanzierung - oder Vorbereitung notwendiger Finanzierungsmaßnahmen - wurden in den letzten Monaten, ausgehend vom Finanzministerium des Landes Rheinland-Pfalz, größere Summen auf Konten Ihrer Bank transferiert. Im ersten Fall handelt es sich um 80 Mio Euro, die wohl von einem Ihrer anderen Kunden, einem Schweizer Staatsbürger (wohnhaft in Dubai, wo Sie auch eine Niederlassung unterhalten) so gewünscht war. Nach Angaben des Mainzer Finanzministeriums ist das Geld wieder zurück geflossen.

In den letzten Wochen erfolgte dann eine weitere Groß-Überweisung, die allgemein als „Zweiter Versuch" empfunden wurde. Hier handelt es sich um 95 Millionen Euro, die von einem deutschen Konto auf einem Konto bei Ihrer Bank landeten. Das ist Fakt.

Am Freitag letzter Woche äußerte sich der Hauptgeschäftsführer der Nürburgring GmbH, Dr. Walter Kafitz, in einer „offenen Diskussion" mit Schülern einer 11. Jahrgangsstufe eines regionalen Gymnasiums dazu mit der Bemerkung:

„...wurden auf unser Konto bei einer Schweizer Bank..."

Ich war als zu diesem Treffen eingeladener (freier) Journalist Ohrenzeuge dieser Aussage und hätte dazu gerne eine Frage von Ihnen kurz mit JA oder NEIN beantwortet:
1) Ist die Aussage des Herrn Dr. Kafitz korrekt, wenn man „unser Konto" auf eins der Konten folgender Firmen und GmbHs bezieht, zu denen die „Basis-Firma" des Herrn Dr. Kafitz auf unterschiedliche Art (Beteiligungen, Einfluss auf die Geschäftsführung, u.a.) verbunden ist?

a) Nürburgring GmbH, Nürburg (D)
b) MI-Haus AG, Cham (CH)
c) MI-Haus GmbH, Düsseldorf (D)
d) Mediinvest GmbH, Düsseldorf (D)

e) Motorsport Resort Nürburgring GmbH, Kirsbach (D)
f) Pinebeck Nürburgring GmbH, Usingen (D)
g) Cash Settlement & Ticketing GmbH, Nürburg/Kirsbach (D)
h) IPC International Projekt Realisation GmbH, Wiesbaden (D)
i) Geissler & Trimmel Holding GmbH, Innsbruck (A)

Wie auch von Herrn Dr. Kafitz zu hören, ist das Geld (95 Mio. Euro) inzwischen auf dem Konto einer Frankfurter Bank gelandet, wo dann ausschließlich „seine" Firma, die Nürburgring GmbH, Zugriff hat, die das Geld dort verzinst bekommt, für das sie selbst Zinsen beim Liquiditätspool des Landes RLP zahlt.
2) Können Sie diesen Vorgang - soweit er Ihnen durch eigenes Handeln bekannt ist - grundsätzlich so bestätigen?

Ich wäre Ihnen für eine schnelle Antwort sehr dankbar.

Mit freundlichen Grüßen
Wilhelm Hahne"

Natürlich gab es keine Antwort. Man stellt so überzeugend den Faktor „Bankgeheimnis" dar. Während - davon bin ich überzeugt - natürlich die Herren Prof. Deubel und Dr. Kafitz längst von der Bank über meine Anfrage informiert wurden.

Was zuviel ist, ist zuviel. Prof. Deubel fühlt sich verfolgt. Denke ich. Denn er hat die Staatsanwaltschaft in Mainz (oder Koblenz) eingeschaltet und denen passende Unterlagen übergeben.

Und dann stellt sich heraus, dass die 95 Mio noch gar nicht wieder in Deutschland sind. Aber sie lagern sicher in der Schweiz. Und niemand „Fremdes" hat dort einen Zugriff darauf. Sagt Dr. Kafitz. Der übrigens auch der Meinung ist, dass dieser Hahne „böswillig" ist. Oder galt sein „böswillig" gar nicht mir?

Nun wäre zu überdenken: Was macht in einem solchen Fall die Staatsanwaltschaft? Die schaltet die Polizei ein, ihren „verlängerten Arm". Weil ich (vielleicht) als „staatspolitscher Gegner" einzustufen bin, wäre es vielleicht auch angebracht, das Landeskriminalamt einzuschalten. Die Polizei „vor Ort" ist natürlich informiert. Das LKA zusätzlich kann nicht schaden. Und ab sofort „rauscht" mein Telefon wieder. Zufällig.

So bin ich denn gar nicht überrascht, als ich mit meiner Frau vom Friedhof in Nürburg kommend, wo wir auf dem Grab meiner Schwiegereltern (ihrer Eltern) die Blumen gegossen haben, auf meinen Wunsch an meiner normalen Tankstelle, wo ich immer tanke und auch meine Zeitungen und Zeitschriften kaufe, anhalten, um noch mal nach aktuellen neuen Zeitschriften zu schauen; dass mich da der Tankwart anspricht, weil da gerade zehn Minuten vorher die Kriminalpolizei Mayen angerufen hat, um nach mir zu fragen.

Erster Gedanke: Ist die Krimninalpolizei in Mayen so dämlich? Und ich frage nach Details. Ohne weiteren Kommentar. Um zu Hause mal ins Internet zu schauen, was man dort wohl zur Arbeit der Kripo in Mayen findet. Viel „Kleinkram", aber auch - das liegt mit 1991 aber schon lange zurück, betrifft das Thema „Daum-Prozess" (es stand wohl in DIE WELT):

> *„Der Staatsanwalt wies die „einzigartigen,*
> *ungeheuren Vorwürfe" am Dienstag, dem vierten*
> *Verhandlungstag, energisch zurück: „Es gab keine illegale*
> *Telefonüberwachung." Daums Verteidigung habe sich*
> *durch ihre Behauptung „in die Nähe der Straftatbestände*
> *Beleidigung und falsche Verdächtigung" begeben. Angerer*
> *betonte, dass für alle von der Kriminalpolizei Mayen*
> *abgehörten Telefonate der beiden Mitangeklagten Daums*
> *richterliche Beschlüsse vorgelegen hätten. Illegal abgehörte*
> *Telefongespräche seien sinnlos, weil sie gar nicht in ein*
> *Gerichtsverfahren eingeführt werden könnten. Ergo: kein*

Eigentor der Staatsanwaltschaft.

Daums Anwalt Rolf Stankewitz nannte Angerers Argumentation „falsch, überzogen und anmaßend". Er bleibe bei seinem Vorwurf, die Staatsanwaltschaft lasse das Gericht teilweise mit unvollständigen und widersprüchlichen Akten arbeiten, und verwies auf die erste Zeugenvernehmung. Der Mayener Kriminalhauptkommissar Markus Hilger hatte kurz zuvor eingestanden, dass in die Unterlagen der Telefonüberwachung aus Versehen teils falsche Datumsangaben und Aktenzeichen gekommen seien. Stankewitz nannte dies „eine grobe Schlamperei".

Die verstehen also ihr Geschäft. Und ich kenne auch Leute vom LKA, die ebenfalls (manchmal) so am Rande des Gesetzes vorbei ratschen. (Natürlich haben die gegen das Dienstgeheimnis verstoßen, aber die wussten ja auch nicht mit wem sie sprachen. Denen wird dazu auch nicht mehr einfallen, als dem Herrn Finanzminister: Ein alter Mann aus der Eifel war es). Und wenn ich daran denke, dass ich nun seit rd. vier Monaten auf eine definitive Antwort der Deutschen Telekom gewartet habe, ob mein Telefonanschluss (meine Anschlüsse) überwacht werden... Man hat mich immer wieder vertröstet, so dass ich nun - um weiter zu kommen - den Vorstandsvorsitzenden, Herrn René Obermann, angeschrieben habe. Und es gibt aus seinem „Serviceteam Vorstand" eine (aus meiner Sicht) dümmliche Antwort, auf die ich entsprechend reagiere und um eine definitive Antwort bitte. Die erreicht mich am 31. März 2009, wurde am 30. März in Bonn aufgegeben und lautet so:

„Sehr geehrter Herr Hahne,

vielen Dank für Ihre Schreiben. Sie befürchten, dass Ihre Festnetzanschlüsse und Ihr T-Mobile Anschluss überwacht werden und wünschten die Information, wer Sie und in welchem Zeitraum mit einer richterlichen Genehmigung abhören durfte. Zunächst entschuldigen wir uns, dass Sie so lange auf unsere Antwort warten mussten.

Die Deutsche Telekom und T-Mobile sind gesetzlich verpflichtet, Telekommunikationsmaßnahmen, die von staatlichen Stellen auf entsprechender gesetzlicher Grundlage (Strafprozessordnung, G-10 Gesetz) angeordnet worden sind, umzusetzen. Auskünfte darüber, ob ein Kunde konkret von einer solchen Überwachungsmaßnahme betroffen ist oder war, sind den Telekommunikationsunternehmen nach § 17 G-10 Gesetz nicht gestattet und wären auch nach § 18 G 10-Gesetz strafbar.

Sollten Sie den begründeten Verdacht haben, dass ein Richter oder Staatsanwalt die Überwachung Ihrer Telekommunikation angeordnet hat, so empfehlen wir Ihnen, sich direkt an die zuständige Staatsanwaltschaft für den Bereich Virneburg zu wenden. Als betroffener Bürger haben Sie das Recht über die angeordneten Maßnahmen benachrichtigt zu werden, sobald dies ohne Gefährdung des Untersuchungszweckes möglich ist (§ 101 StPO). Die Staatsanwaltschaft wird Ihnen dann Auskunft darüber geben, ob eine Überwachungsmaßnahme an Ihrem Anschluss vorgenommen wurde.

Sehr geehrter Herr Hahne, wir bitten insoweit um Verständnis, dass wir Ihnen aus den oben genannten Gründen die gewünschte Auskunft nicht erteilen können.

Mit freundlichen Grüßen

gez. i.A. xxx   gez. i.A. xxx"

Achten Sie bitte mal darauf, dass hier zweimal „i.A." unterzeichnet wurde. Schade, dass die Bemerkung fehlt: „Putzfrau nach Diktat verreist". Die Deutsche Telekom wird also für den Inhalt dieses Briefes niemals gerade stehen, immer eine Ausrede haben. Denn aus dem Inhalt geht eigentlich - für mich ganz klar - hervor: Sie werden abgehört, lieber Herr Hahne. Sonst hätte man doch schreiben können: Sie werden nicht abgehört. Aber man hat bei der Deutschen Telekom in Sachen „Telefon-Abhörmaßnahmen" derzeit wohl „die Hosen gestrichen voll". So ist man so ehrlich wie möglich, ohne aber gegen bestehende Gesetze zu verstoßen.

Also habe ich den Staatsanwalt angeschrieben. Der residiert in Koblenz. Hier der Inhalt meiner Anfrage:

> *„Betr.: Überwachung meiner Festnetzanschlüsse und meines T-Mobil-Anschlusses*
>
> *Sehr geehrter Dr. XXX,*
>
> *ich hatte am 8. Dezember 2008 eine entsprechende Anfrag an die Deutsche Telekom gerichtet, die meine Anfrage prompt bestätigte und mich „um ein wenig Geduld" bat. Ich habe dann mehrfach erinnert, um dann schließlich Ende Februar (inzwischen des Jahres 2009) – nachdem nichts passierte – den Vorstandsvorsitzenden der Telekom anzuschreiben.*
>
> *Vom Serviceteam Vorstand (KBZ M1-10) kam dann eine intelligente, ausweichende Antwort, so dass ich noch einmal, mit einem Schreiben vom 10. März 2009, an meine eigentliche Frage erinnern musste.*
>
> *Auf diese „Erinnerung" hin erhalte ich dann heute (30. März 2009) die Antwort, dass ich mich doch an die Staatsanwaltschaft Koblenz wenden möchte, da es der Deutschen Telekom nach § 17 GH-10 Gesetz nicht gestattet wäre, eine Auskunft zu erteilen.*
>
> *Aber Sie, sehr geehrter Herr Oberstaatsanwalt, dürften, wenn dies „ohne Gefährdung des Untersuchungszwecks möglich ist (§ 101 StPO)", schon eine Auskunft erteilen. -*
>
> *Weshalb ich mich heute mit der Bitte um eine Auskunft an Sie wende."*

Der Leitende Oberstaatsanwalt in Koblenz antwortet praktisch umgehend und bittet mich um die Zusendung des gesamten Schriftwechsels mit der Deutschen Telekom: „Im Moment kann ich Ihre Anfrage nicht recht zuordnen." Schöner kann man kaum Zeit gewinnen. Ich antworte umgehend:

> *„Betr.: Überwachung meiner Festnetzanschlüsse und meines T-Mobile-Anschlusses*
> *Ihr Schreiben vom 02.04.2009 – Aktenzeichen: 2001 AR 120/9*
>
> *Sehr geehrter Herr Dr. XXX,*
>
> *offenbar können Sie sich nicht vorstellen, dass man sich bei der Telekom so verhält, wie ich es in meiner „Anfrage zu Überwachungsmaßnahmen" beschrieben habe.*
>
> *Darum finden Sie als Anlage Kopien, die meinen Schriftverkehr mit der Telekom von Anfang Dezember 2008 bis Ende März 2009 wiedergeben.*
>
> *Eigentlich gibt es noch eine interessante Beobachtung von mir, die ich Ihnen ohne jede Wertung kurz darstellen möchte:*
>
> *Mein Computer, noch relativ jung, zeigt seit einiger Zeit „Ladeschwierigkeiten". Besonders mein Sicherheitsprogramm („Bitfender Internet Security 2008") wird verspätet geladen bzw. es bedarf dazu einer besonderen Aufforderung.*
>
> *Ich habe darum einen Computer-Spezialisten (der seinen Job als Beruf ausübt) gebeten, sich meinen Computer einmal anzuschauen und den von „Bitfender" in der jüngsten Vergangenheit gesammelten „Schrott" zu orten und zu vernichten und so sicherzustellen, dass sich nichts „Krankes" auf meinem Computer befindet.*

Das wurde gemacht. Doch die Ladeschwäche bleibt. Der Computerspezialist stellte nur fest, dass die Festplatte meines Computers auch ohne jegliche Veranlassung unsererseits arbeitete, wie man am Flackern der Festplattenkontrollleuchte beobachten konnte.

Ich habe dazu keinen Kommentar abgegeben. Das mache ich auch heute nicht. Aber vielleicht können Sie sich vorstellen, was ich mir gedacht habe.

Mit freundlichen Grüßen

Wilhelm Hahne"

Anlage: Kopien des Schriftverkehrs mit der Telekom von 12.08 – 03.09

Und - Zack - erhalte ich schon eine Antwort:

„Ihre Anfrage zu Überwachungsmaßnahmen

Sehr geehrter Herr Hahne,

vielen Dank für Ihr vorbezeichnetes Schreiben und die beigefügten Unterlagen. Ich hatte mich schon gewundert, wieso die Telekom Sie an die Staatsanwaltschaft Koblenz verweisen kann. Aus dem Schreiben vom 30.03.2009 ergibt sich, dass Sie nur auf die Wohnortzuständigkeit verwiesen wurden.

Mir liegen keine Informationen über Sie betreffende Überwachungsmaßnahmen vor.

Mit freundlichen Grüßen"

Alles klar? Na ja, mir vielleicht auch (Auf meine „Computerlerlebnisse" - unter Zeugen! - ist er erst gar nicht eingegangen).

Nun kommt - für mich - „belastend" hinzu, dass ich in diesen Tagen noch mal folgende Anfrage an die Pressestelle des Finanzministeriums des Landes Rheinland-Pfalz gerichtet habe:

> *„Betreff: Geschäftsführervertrag Nürburgring GmbH*
>
> *Sehr geehrter Herr XXX, (ich lasse den richtigen Namen des entsprechenden Herrn weg, weil der wirklich „nichts dafür kann".)*
>
> *bei mir sind zum im Betreff genannten Thema zwei Informationen aufgetaucht, die sich zu widersprechen scheinen:*
> *1) Der derzeitige Geschäftsführer, Dr. Walter Kafitz, scheidet zum 31. Dezember 2009 aus der Geschäftsführung der Nürburgring GmbH aus.*
> *2) Der Geschäftsführervertrag des Herrn Dr. Kafitz endet in diesem Jahr. Er wurde aber relativ aktuell für weitere vier Jahre verlängert.*
>
> *Meine Frage:*
> *Welche Version ist Fakt?*
> *a) Die 1)*
> *b) Die 2)*
> *c) Oder kam es zu einer „zusätzlichen" Vertragsverlängerung, obwohl der Vertrag noch nicht in diesem Jahr auslaufen würde?*
>
> *Es ist sicherlich für Sie recht einfach, meine Fragen schnell zu beantworten. Danke im Voraus.*
>
> *Mit freundlichen Grüßen*
> *Wilhelm Hahne"*

Das war am 2. April 2009 (Am 1. April - wie passend - hatte übrigens der Herr Hauptgeschäftsführer sein 15jähriges Dienst-Jubiäum!) Bis heute habe ich keine Antwort.

Wenn man heute, im Jahre 2010 liest, was ich am 2. April 2009 gefragt habe... und wenn man dann inzwischen weiß, dass Dr. Kafitz wirklich Ende 2009... -Also Zufälle gibt es.

Damals in 2009 ging es aber mit den eigenartigen Anrufen der Kriminalpolizei dann so weiter (Wobei es natürlich nicht die Kripo war, die per Telefon versucht hatte...) Ich erzähle Ihnen einfach mal, wie das weiter ging:

Da ruft mich der Tankstelleninhaber ein paar Tage nach dem Vorfall (mit dem Anruf der Kripo bei der Tankstelle) an um mir zu sagen, dass er gerade bei der Metro in Koblenz beim Einkaufen von einem Angestellten dort angesprochen worden wurde, ob er vielleicht auch von der Kripo in Mayen... „Wieso? Bist du angerufen worden." „Ja, nicht nur ich, sondern noch andere Leute aus unserem Dorf." (Dieser Metro-Mitarbeiter wohnt in Virneburg).

Nun ist mir klar, dass nicht die Kripo angerufen hat. Hier versucht jemand einer breiteren Öffentlichkeit klar zu machen, dass es nicht gut ist, mit mir Gespräche zu führen. Wer von der Kripo verfolgt wird... Und so rufe ich die Kripo Mayen an und fahre nach einem Rückruf sofort zu deren Dienststelle, um Anzeige gegen Unbekannt zu erstatten.

Jetzt verstehen Sie sicherlich auch den Titel meiner Geschichte: Prof. Deubel und ich erstatten „Anzeige gegen Unbekannt". Mal so, mal so. (Wobei - das vermute ich mal - Prof. Deubel keine Anzeige erstattet hat, sondern das dem Staatsanwalt aus „staatspolitischen Gründen" überlässt. Dann kann der Herr Staatsanwalt das Verfahren auch wieder „still" einstellen, ohne jemanden - oder die Öffentlichkeit - zu informieren. Und im Zweifelsfall kann der Herr Prof. immer noch behaupten, niemals... - Wie man das so macht, als Politiker.)

Im Nachhinein stelle ich dann fest, was sicherlich die Kripo bei Ihren Untersuchungen (vor Einstellung des Verfahrens!) auch feststellen wird: Die Anrufe sind einer bestimmten Gruppierung zuzuordnen.

Das ergibt sich aus einem bestimmten Vorfall, auf den die Kripo - die ist ja helle - auch noch stoßen wird. (Ich habe versucht sie darüber zu informieren, aber nach acht Versuchen an zwei aufeinander folgenden Tagen aufgegeben.) - Vielleicht hat die Kripo ja auch Angst vor einem Anruf von einer Telefonanlage, von dem ein Staatsanwalt sagt, dass ihm keine Informationen vorliegen, dass die überwacht wird.

Und dann gab es schon vorher - nur wenige Wochen vorher - einen Vorfall, den ich nicht ernst genommen habe: Da macht ein Politiker einen Kollegen (von mir) darauf aufmerksam, dass man mit Informationen, die von mir kommen, sehr vorsichtig umgehen müsse. So hätte ich z.B. über eine Sache geschrieben, die einen Besuch bei „seinen Leuten" erforderlich gemacht hätte. Ich hätte auch behauptet diesen Besuch gemacht zu haben. Aber „seine Leute" würden mich nicht kennen.

Ich habe mich darüber amüsiert, als ich von diesem „Geschwätz" hörte. Ich habe meinem Kollegen noch einmal bestätigt, dass ich tatsächlich die Leute durch persönliche Besuche kenne, die angeblich - lt. Aussagen ihres Chefs - mich nie „live" erlebt haben. - Vielleicht war das ja „damals" (vor Wochen) der Beginn einer besonderen Art von „Schmutzkampagne", die jetzt mit den so genannten „Anrufen der Kriminalpolizei Mayen" ihre Fortsetzung findet.

Sie, liebe Leser, hätten mal mitbekommen müssen wie man sich bei der Kripo Mayen „gewunden" hat, als ich da ganz direkt fragte: „Ermitteln Sie eigentlich gegen mich?"

Aber die haben praktisch „die Finger gehoben" als es um die Antwort zu der Frage ging: „Haben Sie bei der genannten Tankstelle oder in Virneburg als Kripo Mayen angerufen?" Mann, die waren richtig beleidigt. So dumm könne man doch nicht sein. Und das glaube ich denen. Die Leute die ich dort kennen lernen durfte, waren richtig „helle".

Die haben aber die Suche nach „Unbekannt" nach angemessener Zeit eingestellt. D.h., das passierte natürlich durch einen Staatsanwalt.

Aber ich warte derzeit immer noch auf die Antworten auf meine Anfragen beim Finanzminister in Mainz (s.o.). Wenn er nicht antwortet? Nun, dann wissen auch Sie, liebe Leser, was man von Ministern einer Landesregierung zu halten hat. Und wie ernst die die Presse und die Öffentlichkeit nehmen.

Aber natürlich wird es schon irgendein Gesetz geben, das einem Minister verbietet... Siehe Telekom-Auskunft. Wussten Sie übrigens, dass es G-10 Gesetze gibt? (Wie sich aus dem Telekom-Schreiben ergibt). Die Bezeichnung G 10 betrifft das Grundgesetz, Artikel 10:

„Art 10

(1) Das Briefgeheimnis sowie das Post- und Fernmeldegeheimnis sind unverletzlich.

(2) Beschränkungen dürfen nur auf Grund eines Gesetzes angeordnet werden. Dient die Beschränkung dem Schutze der freiheitlichen demokratischen Grundordnung oder des Bestandes oder der Sicherung des Bundes oder eines Landes, so kann das Gesetz bestimmen, daß sie dem Betroffenen nicht mitgeteilt wird und daß an die Stelle des Rechtsweges die Nachprüfung durch von der Volksvertretung bestellte Organe und Hilfsorgane tritt."

Es steht also schon alles drin. Nur: Wer kennt schon „Art 10" im Wortlaut? Und in meinem Fall: die Auskünfte der Telekom? Und die der Staatsanwaltschaft? Und die Anrufe der Kripo, die nicht von der Kripo kamen?

Übrigens erfolgte meine „Anzeige gegen Unbekannt" wegen „Amtsanmaßung". So etwas ist nämlich nach Aussage der Kripo Mayen strafbar. Wenn man dagegen als Journalist den Finanzminister eines Landes im Falles eines Millionentransfers - den keiner versteht - danach fragt... Keine Antwort. Es geht um Steuergelder. Macht das nichts? Es ist ja für einen guten Zweck? Es geht um... Na ja, das Ende des Geschäftsführervertrages würde mich auch interessieren. Aber:

Keine Antwort. Dabei ist dieser Finanzminister immer noch im Amt, auch als Aufsichtsratsvorsitzender eigentlich verantwortlich. Da kann man doch mal antworten, oder?

Oder sollte ich besser mal seine Frau fragen? Oder doch vielleicht besser seinen Sohn?

Noch nicht einmal ein „alter Mann aus der Eifel" erhält auf eine einfache Frage eine einfache Antwort. Ja, wo leben wir denn?

Unter uns: Ich lebe in der „Erlebnisregion Nürburgring". (So nannte sich „Nürburgring 2009" auch mal.)

Und Politiker sind ganz feine Leute. Vor allen Dingen in einem Wahljahr.

Obwohl: Die Landtagswahl in Rheinland-Pfalz ist ja erst 2011.

Und da gab es dann in 2009 noch viel zu richten.

Nur eine Frage: Wem fehlt es eigentlich an Realitätssinn?

Zu allen Zeiten haben sich die jeweiligen Geschäftsführer der Nürburgring GmbH um einen Ausbau der Geschäftstätigkeiten bemüht. Zunächst ausschließlich auf dem ureigensten Sektor der GmbH, so wie es auch im Gründungsvertrag verankert ist. Dann gab es die erste Planung, die eine Ausweitung der Aktivitäten vorsah, aber in der Ausrichtung immer noch eng am Motorsport orientiert war.

Die Realisierung dieser Planungen wurde dann abgebrochen, als in Berlin die Mauer fiel und ein Herr Brüderle (FDP) dem damaligen Geschäftsführer der Nürburgring GmbH, Rainer Mertel (CDU), eröffnen musste, dass er nun mit Geldern der „Öffentlichen Hand" nicht mehr rechnen könne, „da wir jetzt alle Gelder für den Osten brauchen". Das damalige Projekt sollte 100.000.000 DM (in Worten Einhundert Millionen Deutsche Mark) kosten, wovon Mertel schon 10 Millionen Sponsorengelder eingesammelt hatte. Neunzig Millionen fehlten zum Zeitpunkt des Mauerfalls. Das wären bei normaler Umrechnung (uns wird ja heute noch gesagt, dass die Umrechnung so erfolgen solle) 45 Millionen Euro gewesen, ein Betrag der so „niedlich" ist, dass sich daraus für so „coole" Rechner wie Dr. Kafitz oder Prof. Dr. Deubel bei Nutzung von „Rechenknechten" sicherlich kein Problem ergeben hätte.

Heute, im April 2009, ist man beim aktuellen Projekt bei 250 Millionen (+) angekommen. Da werden dann z.B. Differenzen von zwei Millionen Euro einfach zu „Rundungsfehlern" erklärt. Wobei mit 250 Millionen Euro immer noch nicht das Ende der Fahnenstange erreicht ist. Die Gesamtkosten, einschl. aller „Nebenkosten" (Kreisverkehr, Polizei-, Feuerwehr-Gebäude, „Kraftwerk" usw.) liegen weit höher. Von Finanzierung wird zwar gesprochen, aber bis heute weiß eigentlich niemand, wer das schließlich alles bezahlen soll.

Da werden zig Millionen Euro über die Landesgrenzen hin und her geschoben, auf Konten einer Liechtensteiner bank und wieder zurück (zumindest einmal). Da dürfen die Herren Politiker dann schon mit dem Beifall der Medien rechnen, wenn diese Millionen schließlich wieder ein Konto auf einer deutschen Bank erreicht haben. Und was passiert dann damit? Es scheint niemanden zu interessieren.

Das alles erinnert an die Taktik und Technik von Zauberkünstlern, die ja auch im richtigen Moment den Zuschauer von der realen Lösung ablenken. Damit es ein gelungenes Zauberkunststück wird. Kunststücke sind eigentlich Irrsinn. Denn in der Realität... Realität?

„Was willst du eigentlich?", regt sich mein Gesprächspartner auf. „Das war doch schon immer so!" Er hat Recht. Nur hat man „damals" die „Hochrechnungen" der Besucherzahlen bei den unterschiedlichsten Veranstaltungen am Nürburgring einfach lächelnd akzeptiert. Jeder wusste, dass die veröffentlichten Zahlen nicht stimmten. Damit sollte eben eine positive Stimmung geschaffen werden. Für mögliche Sponsoren zum Beispiel. Und man wollte gerne darstellen, dass man eigentlich besser ist als die Rennstreckenkonkurrenz.

Wer hätte „damals" daran gedacht, dass solche Phantasiezahlen einmal die Grundlage für Gutachten sein würden, mit denen man dann die sinnvolle Größe eines Phantasie-Projekts berechnen würde. Auf die sich dann (evtl.) ein Business-Plan stützt. Dr. Kafitz redet gerne von bisher zwei Millionen Besuchern im Jahr, die man an den Rennstrecken der Nürburgring GmbH zählen könne. Manchmal spricht er auch von 4,1 Millionen „Visits". Das wären dann Besuche. Wir lernen: Es gilt zwischen Besucher und Besuche zu unterscheiden. Aber was nutzt diese Unterscheidung, wenn die Basiszahlen nicht stimmen. Auch nicht annähernd.

Ich habe schon mal vor langer Zeit versucht die realen Besucherzahlen über ein Kalenderjahr zu ermitteln. Ich habe noch nicht einmal die Zahl von 1 Million erreicht. Zwei Millionen? Ich weiß wirklich nicht, wie man auf eine solche Zahl kommen kann.

Blickt man einmal - ganz aktuell - auf die Besucherzahlen, die einem z.B. im Internet für alle Veranstaltungen des so genannten Langstreckenpokals in 2008 vermittelt werden, so muss man eine Durchschnitttszahl pro Veranstaltung von über 25.000 Besuchern hinnehmen. Sagen die Veranstalter, sagt die Veranstaltergemeinschaft, zu der übrigens auch die Nürburgring GmbH als elftes Mitglied zählt.

Ich habe in 2008 bei den Langstreckenrennen nicht immer nur an einem Zuschauerplatz gestanden. Ich habe Automobile auf den Parkplätzen, Zuschauer auf den Rängen (Fahrerlagertribüne) gezählt, habe während eines 4-Stunden-Rennens die unterschiedlichsten Zuschauerplätze besucht. Meine Schätzung für die Durchschnitts-Besucherzahlen bei den Rennen zum Langstreckenpokal: 6.500. Ich habe andere „Kenner" (weil auch regelmäßige Besucher dieser Veranstaltungen) befragt. Die „beste" Zahl die ich da hörte: 8.000.

Alles weit von 25.000 entfernt. Wo waren denn z.B. die 200.000 Besucher eines 24-Stunden-Rennens? So könnte man jetzt Veranstaltung um Veranstaltung hinterfragen (was ich auch in der Vergangenheit schon gemacht habe, wie auf diesen Seiten nachzulesen ist), aber niemals kommt man auf 2 Millionen Besucher im Jahr. Und fragt man einmal nach einem Gutachten, wie ich das z.B. vor ein paar Monaten bei Herrn Prof. Deubel getan habe, dann wird einem mitgeteilt, dass man leider nicht... - Natürlich nicht. Betriebsgeheimnis? Es werden nur die - angeblich! - dort genannten hohen Zuschauerzahlen verbreitet. Und die werden von den Medien geschluckt, nicht hinterfragt. Schließlich kommt die Auskunft von einer „Behörde".

Als der Besucher einer Informationsveranstaltung zum neuen Großprojekt „Nürburgring 2009" einmal den Herrn Prof. Quack vom Europäischen Tourismus-Institut in Trier (zu 25 Prozent im Besitz des Landes Rheinland-Pfalz) fragte, ob denn die von ihm zitierten Basis-Besucherzahlen von ihm auch selbst ermittelt worden wären, da musste der gestehen, dass es eigene Erhebungen in dieser Sache nicht geben würde, sondern dass auch sein Gutachten (wie wahrscheinlich auch die anderen) auf dem Zahlenmaterial der Nürburgring GmbH beruhen würden. Es gab also - soweit ich das wissen kann - keinerlei externen quantitativen oder qualitativen Erhebungen in Sachen Besucherzahlen.

Wenn die „WARSTEINER" die „BITBURGER" hier im Biergeschäft am Nürburgring inzwischen ausgebootet hat, so geschah das offensichtlich, weil hier die Nürburgring GmbH bei ihren Verhandlungen mit Zahlen operierte, die jeder Realität entbehren. Ich habe in den Wochen der Entscheidung mehrfach mit den Leuten in Bitburg gesprochen, die sich die von der WARSTEINER offerierten Leistungen nicht erklären konnte, da sie ja ihre Umsätze - die der BITburger - in der Vergangenheit kannten und eine mögliche Steigerung (durch „Nürburgring 2009") realistisch einschätzten. Kopfschütteln, Schulterzucken. Und dann die Umrüstkosten der „Buden". Und, und, und.

Jetzt, im Jahre 2009, ist man bei WARSTEINER inzwischen wissender geworden. Ein Vertreter der Brauerei war in den letzten Wochen bei „seinen" Bierverlegern unterwegs, um abzuklären, wieviel Lkw's er wohl für den z.B. für den Eröffnungstermin zu „Nürburgring 2009" (zusammen mit der F1-Veranstaltung) und dem entsprechenden Biertransport dann bereit halten müsse. Auch Logistik braucht eine Basis. Aufgrund ihrer Erfahrung in der Vergangenheit, haben die Herren Bier-Verleger dann entsprechende Aussagen - unabhängig voneinander - gemacht. Und damit für Unverständnis bei WARSTEINER gesorgt. Aber nun muss man da durch. Vertrag ist Vertrag. Zur Not wird dann als Argument fürs „eingebrochene Geschäft" zum Eröffnungsgeschäft und F1-Termin (mal wieder) die Wirtschaftskrise hinhalten müssen.

Aber keiner sagt jetzt etwas. Schließlich kann man sich doch nicht mit Politikern anlegen. Denn die Nürburgring GmbH wird auch als „Behörde" betrachtet. Und wer legt sich schon gerne mit einer Behörde an. Das könnte Folgen haben. Man ist jetzt eben so und so der Blamierte. Da hilft dann selbst WARSTEINER Pils nicht mehr. Selbst wenn es rosa ist. Oder man müsste es vielleicht in großen Mengen trinken. Trunken ist so etwas vielleicht zu ertragen.

Politik scheint so eine Art Geschäft zu sein. Auch für die Parteien. Man muss da auf die Wähler achten. Und auf Wahlanteile. Und wie kann man Stimmen fangen? Indem man den Wählern vorgaukelt, dass man etwas für sie tut. Und die politischen Kräfte hinterfragen nicht mehr, ob irgendein Projekt betriebswirtschaftlich sinnvoll ist, sondern man übergeht solche „provinziellen" Rechnungen, indem man von dem volkswirtschaftlichen Segen spricht, der z.B. dank „Nürburgring 2009" über eine ganze Region hernieder geht. Niedergehen soll!

Und man wird 1.000, oder sagen wir mal 500, oder noch besser - 400 neue Arbeitsplätze schaffen. In Unternehmen, bei denen z.T. dann montags geschlossen, dienstags und mittwochs nur „bei Bedarf" gearbeitet wird. Und die Arbeitsuchenden kommen zu den öffentlichkeitswirksam geplanten Veranstaltungen in Strömen. Und alle die auf Arbeit hoffen, finden das Projekt „Nürburgring 2009" auch gut. Es wird ihnen Arbeit sichern. Oder nicht? Oder doch?

So macht man Kritiker „zahnlos". Wollen die etwa mehr Arbeitslose? Natürlich wird man darauf achten müssen, dass man junge Leute, aus anderen Gebieten als der Eifelregion einstellt. Schließlich muss ja das so genannte Personalhaus in Adenau gefüllt werden. Für Familien ist das nicht gedacht. Aber immerhin hat man mit diesem „Personalhaus" schon mal wieder für die Eifel-Region einen „Alleinstellungsanspruch" sicher gestellt. Denn wer hat bisher - bei den vorhandenen Hotels - ein solches Personalhaus benötigt? Niemand! Aber man geht ja auch bei „Nürburgring 2009" „in die Vollen". Alles zu groß, zu schnell, zu teuer. Und man tritt den Beweis an.

Da wäre der „Coaster". Hier in der Eifel spricht man von der Achterbahn. Tatsächlich ist sie keine. Man fährt damit keine Acht, der Bauherr gibt auch keine acht, aber das Ding wird mit hohem Druck von Null auf 217 km/h in 2,5 sec befeuert. Das ist einmalig, beteuert man. Damit hat man einen „Alleinstellungsanspruch" sicher gestellt. Sagt man.

Die Arbeiter der Firma, die diese Bahn (bisher unerprobt!) aufstellen, die wissen, dass eine Firma gerade an einem „Coaster" für die arabischen Emirate arbeitet, der noch schneller sein wird. Was das soll? Das weiß man auch nicht, aber es bringt Umsatz. Der Herstellerfirma. Und in die Emirate passt auch eine solche Bahn. Schließlich wird dort viel „auf Sand gebaut". Die Eifel dagegen hat mehr eine vulkanische Basis. Da benehmen sich nur die Politiker wie Scheichs. Denen dann auch das Geld wie Sand durch die Hände rieselt. 250 Millionen Euro sollen es insgesamt werden. Oder sind es - mit „Rundungsfehlern" - doch 252 Millionen? Wer wird dann da so „pingelig" sein und auf ein paar Millionen gucken?

Schließlich hat man noch das zig Millionen Euro kostende Vorhaben in der Hinterhand. Da müssen auf der B 258 nicht nur zwei neue Verkehrskreisel (oder waren es drei?) geschaffen werden. Mehr noch: es muss auch die Lage der B 258 ein wenig angepasst werden, damit z.B. der Lkw-Verkehr nicht die ausgestreckten Beine der Gäste in der Halle des neuen Vier-Sterne-Hotels gefährdet. Aber das ist nicht Landes-, sondern Bundessache.

Und wenn dann noch eine neue Feuerwehr- und Sanitätszentrale von bisher (hier oben am „Ring") unbekannten Außmaßen entsteht, so kostet das auch mehr als drei Euro fünfzig. Aber betrachten wir das doch einfach mal als eine weitere „Konjunkturmaßnahme". Wo wir doch gerade eine Wirtschaftskrise haben, scheint ein solches Bauvorhaben doch richtig in die Zeit zu passen. Und jede Geldausgabe hilft der (nicht vorhandenen) Konjunktur. Warum geben Sie, liebe Leser, nicht einfach mehr Geld aus? Es muss ja nicht Geld sein, das Sie wirklich haben. Der Staat macht das ja auch nicht. Er gibt das Geld aus, das er eigentlich nicht hat. Und das Geld das er hat, das ist das Geld des Steuerzahlers.

Natürlich sollte man das sinnvoll anlegen. Vielleicht in die größte Videowand der Welt? Damit schafft man dann wieder einen Alleinstellungsanspruch. Was eine solche Wand soll, ist eigentlich niemandem klar. Bestenfalls dem Hersteller. Bei einem genannten Kaufpreis von um 3 Millionen Euro versteht man das zumindest. Obwohl Fachleute nur den Kopf schütteln. Wo soll die denn stehen? Darüber hat es noch keine präzise Auskunft gegeben. Da für eine Videowand über fünf Meter Höhe eine Baugenehmigung erforderlich ist, aber bisher noch kein Antrag gestellt wurde, ist davon auszugehen, dass diese Wand in einer Halle erstellt wird. Aber wie groß soll dann diese Videowand werden? Wenn es wirklich „die größte der Welt" werden soll, wird wahrscheinlich der Mindestbetrachtungsabstand so groß sein müssen, dass man vor einer Halle durch eine offene Tür schauen muss. Das wäre doch mal sinnvoller Gigantismus fürs Guinnes-Buch der Rekorde.

Oder wer hat sich schon Gedanken über die Stromversorgung und die Beheizung der Gesamtanlage gemacht? Tatsächlich gibt es da Leute. Aber die sprechen nicht gerne darüber. Dabei müssten längst die detaillierten Pläne erstellt und die erforderlichen Genehmigungsverfahren eingeleitet sein. Man hört aber nichts davon. Als ich jetzt in diesen Wochen beim RWE gezielt nachfrage, da erhalte ich nach angemessener Wartezeit die interessante Information, dass das RWE zum 20. April 2009 eine Pressekonferenz, durchführen wird. Wahrscheinlich am Nürburgring. Aber Ort und Zeit waren z.B. am 8. April 2009 noch nicht bekannt. Man arbeitet offensichtlich noch daran. Und eine Antwort auf eine eigentliche Anfrage erhalte ich nicht mehr. Aber ich bin herzlich eingeladen.

Tatsächlich wird das RWE über eine Tochterfirma (aus dem Hunsrück) ein neues Kraftwerk bauen, das die Bauten um „Nürburgring 2009" im Wesentlichen mit Wärme versorgen wird. Über die Kapazität dieses Kraftwerks gibt es zum Zeitpunkt der Niederschrift dieser Geschichte noch keine Angaben. Jedenfalls wird es eine Größenordnung haben, die es unter das Bundes-Emmissionsschutzgesetz fallen lässt. Da die Vorlaufzeiten für ein solches Genehmigungsverfahren erheblich sind, erstaunt mich der Zeitpunkt der Pressekonferenz.

So ist zu vermuten, dass das RWE schon lange an diesem Projekt arbeitet. Aber wie soll es dann bis zur Eröffnung des Gesamtprojekts „Nürburgring 2009", also bis Mitte Juli 2009, fertiggestellt sein? Aber da ist ja gerade erst Sommer und die Sonne wird's schon richten. Wenn man nicht aufpasst, werden zwar beim Einschalten der größten Video-Wand der Welt dann im direkten Umfeld die Lichter ausgehen... aber das ist dann wohl nur das kleinere Übel. Wozu man es aber - so meine ersten Recherchen - es wohl nicht kommen lassen will.

Aber ich habe schon überraschend festgestellt, dass sich das RWE schon um eine verbesserte Stromversorgung für die neuen Anlagen zu „Nürburgring 2009" bemüht. Da steuert man mit einem langen Kabel (mit dicken drei Adern) den kleinen Ort Wimbach bei Adenau an, wo man offenbar noch bei einem Andocken „Zusatzstrom" für die „Grüne Hölle" und andere (Strom-)Verbraucher anzapfen kann. Nun ist das Verbuddeln einer viele Kilometer langen Stromleitung auch nicht billig. Da wird man so um 1,5 Mio € verbuddeln, ist zu hören. Trotzdem wird man auf ein zusätzliches Kraftwerk (präziser: ein „Heizwerk") nicht verzichten können. Schon weil auch eine Menge Wärme gebraucht wird. Sicher gibt es dafür auch schon Pläne. Wir werden es bald wissen.

Eigentlich wird die Umsetzung der Pläne (wenn denn welche vorhanden sind!) auf der Großbaustelle Nürburgring vom Chaos bestimmt. Hier kommt es nicht auf fachgerechtes Arbeiten, sondern nur auf termingerechtes Arbeiten an. Egal wie: Alles muss bis zum Formel1-Termin fertig und nutzbar sein. Basta!

Fachleute schlagen die Hände über den Kopf zusammen, wenn sie daran denken, was nach der Eröffnung noch an „Nacharbeiten" auf alle Firmen zukommen wird. Die Zahl der eingebauten Fehler erreicht nach deren Schätzungen inzwischen eine vierstellige Höhe. Aber darüber spricht niemand. So lange das Land Rheinland-Pfalz mit seinem Finanzminister Prof. Dr. Deubel zahlt. Oder zahlt die Nürburgring GmbH? Oder zahlt Mediinvest? Oder zahlt die Firma MI-Bau in Düsseldorf oder Cham? - Aus welcher Geldquelle?

Die Liechtensteinische Bank, die, die ein Prof. Deubel für die Geldgeschäfts des Lands Rheinland-Pfalz nutzte, die antwortet nicht auf Fragen, die ich per E-mail gestellt hatte. Die Presseabteilung des Finanzministeriums tut das bei anderen Fragen, die den Geschäftsführervertrag des Chefs der Nürburgring GmbH betreffen auch nicht. - Wer versucht, bei dem Turmbau zu Babel nach einem gesunden Fundament zu graben, der wird schnell ins Abseits gestellt. Der kann nur Teil einer Verschwörung sein. Gegen „die Guten". Denn wer mehr als 250 Millionen ausgibt, der muss „ein Guter" sein. Wer sie ausgibt, aber eigentlich nicht hat... - Papperlapapp! - Das CDU-Dreamteam (Landrat) Pföhler, (Verbandsbürgermeister) Romes und (MdL) Wirz tönen in einer Pressemitteilung vom 4. März 2009: *„Schon jetzt behauptet sich das Projekt als Bollwerk gegen den dramatischen Wirtschaftseinbruch. "*

Stimmt! Ich bin Teil einer Minderheit, die auf der Suche nach dem Sinn von „Nürburgring 2009" ist. Leider ist der bisher nicht auszumachen. Und ich beuge mich natürlich der Mehrheit, da in einer Demokratie immer eine Mehrheit die Richtung bestimmt und damit eine Minderheit. Das hat übrigens Georg Christoph Lichtenberg schon vor mehr als 100 Jahren festgestellt, hat aber auch heute noch Gültigkeit, wenn er sagte:

„Das Wohl mancher Länder wird nach der Mehrheit der Stimmen entschieden, da doch jedermann eingesteht, dass es mehr böse als gute Menschen gibt."

Das hat - wie oben schon geschrieben - Lichtenberg gesagt. Ich frage dagegen einfach nach dem Realitätssinn jener Leute, jener verantwortlichen Politiker, die uns - und den heranwachsenden Wählern (!) - als Vorbilder hingestellt werden.

Wem fehlt es eigentlich an Realitätssinn?

Bevor es knallt:
Höhenflüge einer Vereinigung im Geiste

„Kungelrunden ersetzen transparente Entscheidungsprozesse in der Wirtschaft und in der Politik. Der kleine Dienstweg und persönliche Kontakte werden wichtiger als messbare Leistungen: ein idealer Nährboden für Missmanagement, Vetternwirtschaft und Korruption." - Der das schreibt ist Arno Balzer, Chefredakteur des „manager magazin", in seinem Editorial zu Heft 6/2009. Er schreibt über „Die neue Macht der Hinterzimmer".

Man muss vielleicht GRÜN sein, um den Schlüssel zum Begreifen von Unbegreiflichem in der Hand zu haben. Wenn man nun noch ein paar Fakten mehr kennt, ist man - nach einigem Überlegen und Zusammenfügen - der möglichen Lösung sehr nahe.

Es ist eine illustre Gesellschaft, die sich hier zu neuen Taten am Nürburgring zusammengefunden hat. Gleich, ob man sich schon von alten Aktionen kennt, oder sich gerade neu zusammen gefunden hat: man fühlt sich verbunden, man passt zusammen. Boris Becker, Kai Richter, Dr. Walter Kafitz, Prof. Ingolf Deubel, Edzard A. Plath, Hans Lippelt, Stephan Cimbal, und, und, und. Als Ergänzung (zur Abrundung und wegen des „Frauenanteils") fehlt vielleicht noch Verona Pooth.

Aus Franjo könnte man vielleicht noch einen neuen Großinvestor machen. Nürburgring, das ist eben „volles Programm"; „racing, adventure, holiday, business - alles gleichzeitig. Sommer wie Winter. Und Geld hat man genug. Man kann sogar 95 Millionen bei der Liechtensteinischen Bank in Zürich deponieren. Nur so, zum Nachweis der Bonität der Nürburgring GmbH. Sagt man.

Der Liechtsteinischen Bank ist das peinlich. Sie macht zur Zeit eine „Reputationsprüfung", ob vielleicht ihr guter Ruf durch die öffentliche Diskussion über eine diskussionswürdige Finanzierung (?) Schaden nehmen könnte. Es war der Bank wahrscheinlich peinlich, von mir eine

Anfrage zu erhalten, die man nicht beantworten konnte.

Da kappt man dann lieber die Geschäftsbeziehung zur Nürburgring GmbH. Bonität ist eben nicht alles. Seriosität kann scheinbar auch nicht durch Geld ersetzt werden. Selbst durch 95 Millionen nicht. Auch ein Professoren-Titel scheint da nicht als Ausgleich zu reichen. Da wird dann eben eine andere Bank ihren guten Ruf opfern müssen. Sofern es heute noch Banken gibt, die einen guten Ruf zu verlieren haben.

Da bemüht ein Kai Richter eine Rechtsanwalts-Sozietät, weil er seine „Historie" nicht richtig dargestellt findet. In der „Eifel-Zeitung". Richtig! Die Darstellung dort - aber auch im SWR - bedarf einer Ergänzung. Immerhin hat er auf Mallorca in einem Container gesessen und Interessenten, die man ihm aus Deutschland herüber schickte, dann in sengender Sonne über das Grundstück geführt. Zum Beispiel. Wer spricht von seinen Großtaten als Teilhaber, Gesellschafter in... Darüber sprechen wir dann später mal (Ich habe auch mal einige Zeit in Düsseldorf gearbeitet und kenne auch dort ein paar Leute).

Derweil zeigt sich ein Geschäftsführer (ohne „Haupt") unzufrieden mit seinem etwas mehr als 500 PS starken BMW M5. Ist es ihm zuzumuten, damit mehr als 200 Kilometer an einem Stück (!) zurückzulegen? NEIN! Da nimmt der sich dann auch einen Hubschrauber, um damit vom Nürburgring nach Hockenheim zur DTM, dem ersten Lauf in diesem Jahr, zu fliegen. Standesgemäß. Nur Fliegen ist schöner! - Kosten? Null Proplemo! 95 Millionen warten noch in der Schweiz darauf, ausgegeben zu werden. Oder sind die etwa schon wieder in Deutschland?

Nicht ohne Probleme ist man dagegen in der politischen Spitze einer Landesregierung, wo man bisher intelligent und geschickt agiert hat. Warum? Weil Siegen ein sportliches Ziel ist. Es gilt, ein politisches Ziel noch vor der Wahl zu erreichen. In Rheinland-Pfalz. Das ist nicht nur Provinz, sondern - natürlich - auch ein Stück Europa. Aber die Herren möchten nicht in Europa siegen, sondern in Rheinland-Pfalz. - Darauf ein Beck's!

Nachempfinden kann das z.B. Herr Stephan Cimbal, der schon in Bremen zu den Beck's-Freunden zählte und so zu einem Beck-Verbündeten in der Eifel wurde. Wie andere Hilfskräfte aus Bremen auch. Weil die Erfahrung haben! Was die dort geschafft haben, werden die wohl auch am Nürburgring schaffen: Baumonumente (Und Verluste?). Werden nicht auch in Nürnberg Autorennen im Umfeld von unsterblichen Baumonumenten ausgetragen?

Warum also nicht auch in Nürburg? Was der NSDAP in Nürnberg Recht war, ist für die SPD in Nürburg nicht billig.

Na ja, so um (gut) 300 Millionen Euro werden es wohl werden, wenn man die „Nebenkosten" einrechnet, die nicht von der Nürburgring GmbH gezahlt werden, aber notwendig sind, wenn man „Nürburgring 2009" als Gesamtkunstwerk betrachtet. So kommt Quader zu Quader und Kader zu Kader. Wenn man Nürnberg mit Nürburg vergleicht.

Kommen nicht auch die Steine in Nürnberg aus der Eifel? Und kommen nicht auch in Nürburg eine Reihe von Hilfskräften aus Österreich?

Ach, Sie meinen der Vergleich hinkt? Nun, Goebbels kann nicht überall sein.

Aber auch in der Eifel hinterlässt der „Deubel" Spuren. Es riecht aber nicht nach Schwefel, weil wir uns im 21. Jahrhundert befinden. Da erarbeitet man eigentlich Konzepte am Computer. Aber die sind nur so gut wie das Futter, das er bekommt. Das aktuelle Programm kommt aus den Köpfen der Akteure, die sich hier zu einer Vereinigung zusammen gefunden haben. Zunächst im Geiste. Dann in Aktionen.

Auch Ablenk-Aktionen. Denn die braucht man, um die Reaktionen der Öffentlichkeit zu testen. 4,8 Millionen Euro Verlust bei der „BikeWorld"? Kein Problem!

Da werden die Positionen dann möglichst ideal besetzt. Ein neuer Staatsanwalt nach Trier; ein neuer Leiter in den Landesrechnungshof nach Speyer; und die Genehmigungs-Direktion Nord in Koblenz bedarf an ihrer Spitze schließlich auch mal einer Erneuerung. Gut, dass Kurt Beck da eine zuverlässige Dame aus seinem beruflichen Umfeld kennt, die schon lange auf den Hüpfer nach oben wartet.

Politik ist wie Schachspiel. Es gilt die Figuren richtig zu positionieren. Und hier erweist sich Kurt Beck als Meister. Bravo!

Wenn man es jetzt noch hinbekommen würde, einen „alten Mann" aus der Eifel zu einem Kriminellen abzustempeln... - Wahnsinn! Das Glück der Politiker wäre vollkommen. Aber - und das ist Fakt! - es gibt auch gute Staatsanwälte. Nicht alle - und jeder - spielt das Spiel mit, das gewünscht ist. Nicht alle kennen auch den Unterschied zwischen Backstage und Beckstage.

Bei vielen genügt es, wenn ein HGF deutlich flüstert: „„...oder muss ich noch Kurt anrufen?" Bei anderen löst das ein „Feed-Beck" aus.

So auch bei mir (aber das mehr als „Rückbesinnung" gemeint), als die GRÜNEN nun gerade feststellten:

„Die Landesregierung hat das Projekt Nürburgring bei der EU-Kommission nicht gemeldet. Wir wissen jetzt, dass die EU-Kommission nichts darüber weiß. Nach geltendem Recht muss eine derartige Strukturfördermaßnahme wie die Erlebnisregion Nürburgring jedoch bei der Kommission genehmigt werden. Der Verdacht der Wettbewerbsverzerrung durch die hohen Zuzahlungen der Landesregierung bleibt somit bestehen."

Da muss man sich dann an den Kopf fassen, dass man das übersehen hat. Bei folgerichtigem Denken - ein wenig anders als es die GRÜNEN tun - eröffnen sich so neue Horizonte.

Plötzlich verstehe ich unseren hochintelligenten Finanzminister des Landes Rheinland-Pfalz. Darum akzeptiert der also keine „normale" Finanzierung des Projekts „Nürburgring 2009" durch einen überwiegend „staatseigenen" Betrieb! Darum versucht er verzweifelt seit vielen Monaten die gesamte Investition in Richtung „privat" zu drehen. Darum werden 100-Prozent-Positionen der Nürburgring GmbH (90 Prozent RLP, 10 Prozent Kreis Ahrweiler) in neuen GmbHs gar nicht angestrebt, praktisch kampflos aufgegeben und durch einen (z.B.) 50 Prozent-Anteil einer reinen „Privatfirma" oder eine Privat-Mannes verwässert bei einigen (wichtigen) GmbHs(!) „verwässert". - Das ist die Chance des Kai Richter.

Wenn es bei „Nürburgring 2009" um eine „Strukturfördermaßnahme" des Landes Rheinland-Pfalz geht, dann müsste das bei der Europäischen Union in Brüssel durch die Mainzer Landesregierung angemeldet sein. Weil das nicht so ist, hat man eigentlich gegen Recht und Gesetz verstoßen.

Doch wenn nun ein Minister das Ganze durch eine undurchsichtige Finanzierung in Richtung „privat" dreht, dann hat alles seine Ordnung. Man ist für die „Privaten" nur in Vorleistung gegangen, übergibt jetzt alles „einem Privaten" (das kann auch eine „Heuschrecke" sein. Wer kennt sich da schon aus?) für - sagen wir mal - 170 Millionen und erhält von denen noch 30 Millionen (oder waren es noch ein paar Millionen mehr?) als Beteiligung am „Deal" und die ganze „Strukturförderungsmaßnahme" ist keine mehr. Und damit auch nicht meldepflichtig. Und alle sind glücklich und zufrieden.- Und nun existiert auch keine Wettbewerbsverzerrung durch staatliche Eingriffe mehr. Es ist alles „privat".

Dieses „private" Finanzierungsprojekt ist nur schwer durchschaubar und ich habe eigentlich noch niemanden getroffen, der es wirklich verstanden hätte. Aber das ist ja gerade der „Kniff" bei derartigen Finanzierungsprojekten. So etwas hat kompliziert und schwer verständlich abzulaufen, weil damit ja hochintelligente und hochgebildete Leute angesprochen werden. Die Durchsetzbarkeit solcher - ich nenne sie „dubioser" - Finanzierungen liegt eben im Ego der angesprochenen Partner begründet, deren Selbstverständnis es nicht zulässt zuzugeben, dass sie auch mal etwas nicht vollständig verstehen, begreifen. Und die auch keine Niederlage verkraften würden.

Also werden sie zu Verfechtern von Aktionen, die wir - die wir in der Eifel wohnen und nur über eine durchschnittliche Intelligenz verfügen - als „nicht astrein" bezeichnen würden.

Wenn man also so für das Verhalten der SPD und deren Spitzenpolitiker noch eine Erklärung gefunden hat, so gibt es keine für das Verhalten der so genannten Opposition, die es sich offensichtlich im Hinblick auf kommende Wahlen mit niemandem verderben will. Jeder könnte ja ein möglicher Koalitionspartner werden - oder als solcher gefragt sein. Wenn man sich jetzt „loyal" verhält. Das bedeutet: sich gegenüber dem künftigen Wähler so darzustellen, „als wenn man etwas täte", aber tatsächlich niemand wirklich wehe tun. Es gibt also - und das ist meine Meinung - darum keine wirklich funktionierende Opposition, weil die nämlich irgendwann gerne mit an dem herrschaftlichen Tisch sitzen möchte, wo „mit goldenen Messern und Gabeln gegessen wird".

Leider steht auch die „Unabhängigkeit der Presse" öfter auf Papier gedruckt, als dass sie in die Realität umgesetzt wird. Wie kann z.B. der „Öffentlich-Rechtliche" Rundfunk oder auch das Fernsehen den Umgang mit Steuergeldern oder die Umsetzung von Großprojekten der „Öffentlichen Hand" kritisieren, wenn leitende Politiker aller Parteien durch Sitze im Rundfunk- oder Fernsehrat Einfluss zu nehmen versuchen?

Ich selbst - bzw. Motor-KRITIK - erhalte kaum noch Einladungen zu offiziellen Darstellungen der Darsteller von politischer und wirtschaftlicher Macht. Ich gelte eben als unabhängig. Mich stört das auch nicht, da ich das journalistische Handwerk schon seit Jahrzehnten betreibe. So ist mir ein solches Verhalten keine Störung, sondern eher eine Anregung zu guter Recherche.

Was die „Finanzierung" des Projekts „Nürburgring 2009" in seiner Gesamtheit betrifft:

In der Kürze der Zeit war wohl keine andere Lösung möglich. So ist man eben den harten Weg gegangen. Eine Lösung ohne Übergänge.

Schließlich drängten die Termine. Darum meckert Kurt Beck auch nicht. Und alle, die heute noch bei dem Projekt von staatlicher Wettbewerbsbeeinflussung reden, die werden dann Schweigen müssen, wenn das Ganze zu einer „privaten Investition" geworden ist. Natürlich sollte man dann nicht von „Heuschrecken" und anderen bekannten Unglaublichkeiten sprechen. Jemand der das tut (oder getan hat) wird von seinem Umfeld dann als „Kind" bezeichnet werden. Ich sage: „Gutes Kind! Bravo! Du hast es begriffen!"

So sind auch die 95 Millionen Euro der Landesregierung auf dem Konto einer Liechtensteiner Bank in der Schweiz ein Ablenkungsmanöver. Das vorher schon mal mit 80 Millionen geprobt wurde (So verstehe ich das). Um die Reaktionen zu testen? Ab sofort sehe ich da - dank den „DIE GRÜNEN" - einige Dinge anders. Und ich werde sie auch anders darstellen, wenn man mir nicht Beweise dafür liefert, dass ich mich auf einem Irrweg - auf dem Holzweg - befinde.

Lassen Sie mich mit ein paar Worten von Boris Becker schließen, der der Weltöffentlichkeit bei seiner Vorstellung als „Botschafter" (für eine „kleine sechsstellige Summe" (!!!) - das können dann z.B. auch 500.000 Euro sein) offenbarte:

„Ich freue mich auf die Eröffnung des neuen Nürburgrings. Was Wimbledon für den Tennissport ist, das bedeutet der Nürburgring für den Motorsport. Was hier erschaffen wird, ist weltweit einmalig und wird mit Sicherheit sehr attraktiv für neue Besucher. Ich fühle mich deshalb geehrt, dieses Nationalmonument zu repräsentieren".

Ich weiß nicht, was „damals" in Nürnberg gesagt wurde. Aber auch dort hätte Boris Becker sicherlich die passenden Worte gefunden. Wobei eine „kleine sechsstellige Summe" z.B.deshalb auch 500.000 Euro sein kann, weil bis 0,5 alles abgerundet werden kann. So habe ich es schon in der Volksschule gelernt. Wenn ihm nun so eine kleine Summe in Euro gewinkt hat... - (Unter uns: Wir sollten nicht immer nur von vielen Beratern der Nürburgring GmbH sprechen, sondern auch die

„Botschafter" nicht vergessen.)

Und wenn die „Rhein-Zeitung" am 29. Mai 2009 auf Seite 3 zur „schnellsten Achterbahn der Welt", dem „Ring-Racer" schreibt: „Im Moment kann er leider nur im Schritttempo ruckeln; der Antrieb klappt noch nicht, und der rote Flitzer wird von einer Art Traktor auf Schienen geschoben", so schildert man wohl eine Situation, die sich nach meiner Einschätzung auch für das Jahr 2009 nicht ändern wird. Mit dem „Ring-Racer" ist es so wie mit der Baustelle insgesamt: bombig beworben, aber leider nicht in gleichem Maße nutzfähig. Bei voll besetzten Tribünen wird der „Ring-Racer" in seinem jetzigen Zustand niemals fahren dürfen. Sicherlich wird die Nürburgring GmbH dafür den TÜV verantwortlich machen.

Doch der TÜV kann nur kontrollieren, was man ihm vorstellt. Und die „Vorstellungen" der Nürburgring GmbH sind eben manchmal ein wenig utopisch. Das ist kein Vorwurf, nur eine Feststellung. Aber der „Ring-Racer" ist eigentlich nur der „i-Punkt" auf dem Projekt „Nürburgring 2009" und steht symbolisch für deren wirklichen Wert.

Denken Sie doch mal an den Kölner Dom. Der wurde 1880 fertig gestellt. Und seit dieser „Fertigstellung" wird an diesem Dom pausenlos gebaut, ausgebessert, ergänzt. - Wird „Nürburgring 2009" zu einer Art „Kölner Dom" der Eifel?

Andere werden sagen: Aber das ist doch die Art der angestrebten „privaten" Finanzierung durch Herrn Prof. Deubel, die zu so einem Ergebnis führt. Und die haben Recht. Und wieder andere werden sagen: Aber das alles ist doch eigentlich mehr ein Spiegelbild unserer aktuellen Politik, also mehr ein Spiegelbild unserer Zeit. Und die haben auch Recht.

Damit wären wir dann auch schon bald bei den „Filtern" Moral und Ethik. Aber hätten Sie es wirklich gerne noch abstrakter?

Die Realität ist grausamer. Einfach! Grausam! Und für den Steuerzahler teuer.

9. Juni 2009: Hausdurchsuchung beim Journalisten Wilhelm Hahne

Ich hatte mit allem gerechnet. Nur damit nicht. Mir war klar, dass man bei der Nürburgring GmbH „sauer war", dass man in Mainz nicht gerade Loblieder auf meine Arbeit sang, aber – auf eine Hausdurchsuchung wäre ich nicht gekommen.

Morgens um 9 Uhr klingelt es an der Haustür. Ich sitze gerade am Computer um die Geschichte eines Kollegen zu redigieren. Eine Geschichte über den Nürburgring.

Vor der Tür stehen zwei Herren, von denen einer seinen Dienstausweis zeigt, der andere mir ein Schriftstück in die Hand drückt. Gleichzeitig wird mir eröffnet, dass weitere drei Kollegen „um die Ecke" warten. Man wollte mich nicht erschrecken.

Die Herren sind ernst, angespannt, sprechen in knappen Sätzen. „Machen Sie den Computer aus. Der ist beschlagnahmt."

Natürlich hat man mich auf meine Rechte aufmerksam gemacht, mich gefragt, ob ich meinen Anwalt kontaktieren möchte. Ich habe keinen Anwalt.

Und wenn ich mir die Leute so ansehe, so empfinde ich die unterschiedliche Einstellung der Herren zu ihrem Einsatz sehr deutlich. Bei einem haben sich auf der Oberlippe kleine Schweißperlen gebildet.

Ich habe für mich in Sekundenbruchteilen (innerlich) die Entscheidung getroffen, den Herren keine Probleme zu bereiten. Was können die dafür? Das sind Befehlsempfänger, die müssen die Anweisung ihrer Vorgesetzten ausführen. Also helfe ich ihnen.

Ich biete Ihnen Platz im Wohnzimmer auf dem Ledersofa an. Da sitzen sie nun und versuchen mir zu erklären... - Ich lese derweil im Durchsuchungsbeschluss. Das sind deshalb viele Seiten, weil im eigentlichen richterlichen Beschluss mein Geburtsdatum falsch geschrieben wurde.

In einem weiteren Beschluss, wurde dieser Fehler dann korrigiert. Und so ist man dann terminlich über das Wochenende gekommen, an dem es bei uns Kommunalwahlen gab. Direkt davor hatte ich noch geschrieben:

„Wenn man es jetzt noch hinbekommen würde, einen „alten Mann" aus der Eifel zu einem Kriminellen abzustempeln... - Wahnsinn! Das Glück der Politiker wäre vollkommen."

Das war fünf Tage vor der Durchsuchung. Aber ich habe mir nicht vorstellen können, dass ein Staatsanwalt bestehende Gesetze nicht kennt – oder deren Inhalt zu umgehen sucht.

Tatsächlich ist im Durchsuchungsbeschluss nur von Herrn Wilhelm Hahne die Rede. Eine Berufsbezeichnung, erst recht nicht die eines Journalisten, die taucht nicht auf. Da muss ich innerlich schon lächeln. Wie nervös muss man in Mainz und Nürburg sein, um solch einen gravierenden Fehler zu machen.

Trotzdem „koche ich" ein wenig. Innerlich. Ich habe die Ungerechtigkeiten im Dritten Reich erlebt, die Verlogenheit der Regierenden und auch der Bombadierenden. Jetzt leben wir in Recht und Freiheit, sagt man. Aber wer ist „man"?

Die Kriminalbeamten haben sich übers Haus verteilt, durchsuchen aber geradezu liebevoll. Es bleibt kein Durcheinander zurück. Man durchsucht Keller und Abstellräume, die Garage, auch das draußen abgestellte Auto. „Darf ich mal die Autoschlüssel haben." „Bitte!" - „Danke!"

Der Vertreter der Staatsanwaltschaft, ein Oberamtsanwalt, der, der mich auch angewiesen hatte den Computer auszuschalten, der möchte mir auch das Annehmen von Telefongesprächen verbieten. Ich nehme aber das Gespräch trotzdem an.

Zufällig ist es der Kollege einer Frankfurter Zeitung, für den ich gerade über den „Lauftext" schaute, als es draußen klingelte. Er bittet mich, ihm doch früher als vereinbart den Text zuzustellen, da sich seine Termine... -

Eine Situation wie im Kino. Ich sage, dass ich gerade unter kriminalamtlicher Aufsicht bei der Durchsicht der Texte bin. „Es kann sich nur noch um Minuten handeln." Der Kollege bedankt sich. (Aber er hat nicht begriffen, das ich – dieses Mal – keinen Scherz gemacht habe).

Und der Oberamtsanwalt genehmigt, dass ich unter Aufsicht eines Kriminalbeamten, der sich neben mich setzt, nun die Korrektur beende.

Der Beamte an meiner Seite ist offensichtlich ein Computerspezialist. Ich schließe das aus den Fragen die er mir stellt. Der kennt sich aus!

Eigentlich sind das alles nette Leute. Nachdem ich mich normal benehme, ist auch in deren Verhalten die Normalität zurückgekehrt. Die eigentliche Anspannung ist weg.

Auf meinem Küchentisch wird jetzt abgelegt, was man so alles im Haus gefunden hat. Die Herren haben ein gutes Auge für Wesentliches.

Manchmal spürt man sogar, dass sie sich bei ihrer Arbeit nicht so wohl fühlen. Lieber hätten sie es wohl mit einem Schwerverbrecher zu tun gehabt. Ich habe noch nicht einmal Widerstand geleistet. Sie können ungestört – ja sogar von mir unterstützt – ihre Arbeit tun.

Nach zwei Stunden sind sie fertig, stellen mir eine Quittung für die Geräte und Sachen aus, die sie für wichtig halten – und gehen.

Noch während sie unter meinem Fenster zu hören sind, wähle ich bereits den ersten Kollegen an. Und nicht lange darauf gibt es auch eine erste Radiomeldung zu dem Vorfall.

Bei „stern.de" kann man Tage später lesen: „Mit Vollgas gegen die Pressefreiheit". Die Kollegen empören sich. Zu recht. Schließlich gibt es den § 5 des Grundgesetzes. Thomas Leif, Vorsitzender der Journalistenorganisation „Netzwerk Recherche" ist die Attacke auf die Medien „der absolut härteste Eingriff in die Pressefreiheit, die man sich vorstellen kann.

Was hier mit mir passiert, läuft nicht unter Zivilrecht, sondern ist Strafrecht. Man hat Strafanzeige erstattet. Bei „stern.de" schreibt man: „Die Nerven liegen offenbar blank am Ring." Man hat die Situation sehr präzise und gut beschrieben.

Aber für mich beginnt nun eine harte Zeit. Zunächst ohne die wichtigen Hilfsmittel eines Journalisten – Computer, Foto- und Filmaparate, Notizbücher und Aufzeichnungen – muss ich mich nun um einen Anwalt bemühen, einen Strafrechtler.

Ich mache das so, wie ich auch sonst recherchiere: Mit System. So ist es kein Wunder, dass ich bei einem der besten Strafverteidiger unseres Landes, Dr. Dierlamm in Wiesbaden, lande. Ein guter Freund fährt mich dann Abends dorthin, es gibt ein erstes Gespräch und unsere Beschwerden und „Gegenaktionen" laufen an.

Es ist eine Erfahrung, die mein Weltbild abrundet. Die scheinbar Guten können die Bösen sein. Diesen Bösen kann man aber nicht nur mit Guten begegnen. Es ist Taktik und ein Konzept gefragt.

Dr. Dierlamm ist der Spezialist, der sich auch „hinter den Kulissen" auskennt. Er ist kein Träumer. Aber er weiß auch um seinen Wert.

Also muss ich die Finanzierung meiner „Abwehrmaßnahmen" sicherstellen. An dieser Stelle muss ich mich beim DJV, dem Deutschen Journalisten Verband, bedanken, der einige größere Sitzungen benötigte, um sich zu einer Unterstützung durchzuringen, die einem kleinen Landesverband nicht möglich gewesen wären.

Aber davon spricht im Moment des Geschehens niemand. Alles ist so normal. Es gibt sogar Kollegen die mir gratulieren. Da meine Arbeit in der Vergangenheit durch die Aktion der Staatsanwaltschaft erst jetzt die richtige Würdigung erfuhr. „Damit sind Sie für die Öffentlichkeit glaubhaft geworden!"

Aha! An die Möglichkeit unglaubhaft gewesen zu sein – oder so empfunden zu werden – hatte ich eigentlich vorher niemals gedacht. - Danke, Herr Leitender Oberstaatsanwalt!

Und ich beobachtete mit einem gewissen Vergnügen, wie ein Justizminister lügt, wie der eine oder andere zuckte, wie man sich „drin und draus redet". Feine Gesellschaft!

Nun war ich als Journalist vom Rechtsstaat in den Stand eines „Geheimnisverräters" erhoben worden. Das soll mir eine Verpflichtung sein. Und so habe ich auch direkt weiter recherchiert. Zunächst mit Telefon und Faxgerät, das bei mir geblieben war und mit von Hand geschriebenen Briefen.

Mein Arzt fand das alles nicht so gut. Obwohl ich äußerlich immer ruhig geblieben war, hatte ich doch wohl innerlich ein wenig gekocht. „Warum tuen Sie sich das an?", hat er gefragt.

Interessant: Weil ich nicht teilnahmslos meiner Sterbestunde entgegen dämmerte, war ich es, der sich etwas antat. Nun ja, ich nehme es hin.

Und arbeite (scheinbar) unbeeindruckt weiter. Tatsächlich aber nun etwas druckvoller. So wie „Schumi" Auto fährt. Nicht um zu verlieren.

Inzwischen ist Deubel abgeschossen, Kafitz in die Wüste geschickt, Lippelt wird im richtigen Moment krank. Beck kämpft offensichtlich um sein gutes Ansehen und das seiner Partei. Da wird er noch weitere Opfer bringen müssen.

Als nächstes bietet sich Hendrik Hering an. Wetten?

Aber die Landtagswahl wird auch sein Ansehen schmälern. Eine Krise in die er schliddert, weil es ihm an Augenmaß fehlte. Sage ich.

Man hat in der Politik das Gefühl für die Realität verloren!

Virneburg, den 28. Juli 2009

"Ohne kritischen Einspruch, ohne das Engagement unbequemer Denker verkümmert die Gesellschaft. Wir brauchen Streit und Widerspruch, wir brauchen die Zumutungen und Fragen unabhängiger Köpfe. Man kann sogar sagen: Nie ist der sperrige Individualist wichtiger gewesen als heute, besonders wenn er mit Ironie, Witz und Eigensinn die am laufenden Band produzierten intellektuellen, kulturellen und politischen Moden auf ihren tatsächlichen Gehalt prüft."

(Roman Herzog, am 13. Dezember 1997
zum 200. Geburtstag von Heinrich Heine)

1. Und mit einem...

2. Guten Tag!

...habe ich mich im Internet zurück gemeldet:

Meine Großmutter hatte Heinrich Heine auch nicht persönlich erlebt. Sie hatte auch sicher eine andere Art zu denken und zu sprechen. So pflegte sie gerne bei besonderen Anlässen zu sagen: *"Nee, nee! - Wie schön, dat ich dat noch erleben darf!"* - Ich muss mich daran erinnern, wenn ich an die Ereignisse der letzten Wochen zurück denke. Aber ich weiß nicht, ob man das was ich nun gerade erlebte, auch unbedingt als „schön" empfinden muss.

Ist es normal, 95 Millionen Euro zur Darstellung der eigenen Bonität, der Bonität eines Bundeslandes (oder einer landeseigenen Firma) in die Schweiz zu überweisen? Ministerpräsident Kurt Beck hat sicherlich nichts dagegen gehabt. Das heißt: Er wird sagen, dass er davon nichts gewusst hat. Dafür hatte er ja einen Finanzminister. Und da der Finanzminister zurückgetreten ist, ist die Sache für ihn erledigt. Und wenn der Himmel zusammenfällt, sind alle Spatzen tot. Und ein Ministerpräsident ist nicht mehr Ministerpräsident.

Da frage ich doch lieber einen Hartz IV-Empfänger: *„Was halten Sie von einer 95 Mio-Überweisung in die Schweiz, damit das Land Rheinland-Pfalz..."* - Er unterbricht mich lachend und meint: *„Das ist genauso, als würde ich zur Absicherung meiner Hartz IV-Bezüge vom zuständigen Amt verlangen, dass sie den Betrag von 2 Millionen Euro auf ein ‚Anderkonto' in Liechtenstein deponieren, auf das nur der Antwalt meines Vertrauens Zugriff hat."*

Nun waren die „Partner" von Minister und Aufsichtsrat zwar keine Hartz IV-Empfänger, aber weshalb man 95 Millionen Euro einer Firma oder Person nachweisen muss, die einen an dem Geschäft - bei dem man selbst der „andere Teil" ist - dann mit 30 Millionen am Gewinn beteiligt, das soll mir doch mal ein Landespolitiker erklären. Wenn man „diese Nummer" im Theater aufführen würde, wäre das **der** Brüller. Obwohl die Politikeraufführung „Nürburgring 2009" bestes Theater ist, hat da niemand gelacht.

Inzwischen weiß sicherlich auch jeder Leser meiner Seiten, was am 9. Juni 2009 bei mir ablief: Hausdurchsuchung, Beschlagnahme von Computer und Unterlagen. Bei einem Journalisten. Um einen Anfangsverdacht von Geheimnisverrat und Verstoß gegen das Urheberrechtsgesetz bestätigt zu bekommen.

Ich möchte hier noch einmal nachstehend den wesentlichen Teil eines Interviews in schriftlicher Form darbieten, das ich vor Wochen dem „Deutschlandfunk" gegeben habe. Nach einer Einführung in das Thema - die ich hier weglassen kann, weil die Fakten allen bekannt sind - kam es dann zu folgenden Antworten und Fragen, die sicherlich auch manche Fragen meiner Leser beantworten:

Hahne: Ja, beschlagnahmt wurden zwei Computer, zwei Handys, ein

Fotoapparat, eine Videokamera, ein paar Notizbücher und ungezählte Seiten, die irgendwie geschrieben waren von irgendwem. Die habe ich natürlich im Detail nicht festhalten können, aber inzwischen habe ich alles zurückerhalten.

DF: Herr Hahne, wissen Sie auch, ob Ihr Telefon beispielsweise abgehört wurde oder auch jetzt noch abgehört wird?

Hahne: Ich habe verschiedene Male nachgefragt, habe Monate gebraucht, um eine Antwort zu erhalten. Die war immer sehr ausweichend. Ich gehe eigentlich davon aus, dass ich abgehört werde.

DF: Die Strafanzeige lautet auf Geheimnisverrat, aber genau das wollen Sie doch als Journalist – Geheimnisse verraten.

Hahne: Die Geschichte oder der Beschluss klammert eigentlich vollkommen aus, dass ich Journalist bin. Man hat so mit einem Sitestep versucht, bekannte Urteile wie das z. B. zum Fall Cicero zu umgehen. Ich kann das nur zur Kenntnis nehmen, ich muss die Auflösung dieses Rätsels den Gerichten überlassen.

DF: Für Thomas Leif, den Vorsitzenden der Journalistenorganisation „Netzwerkrecherche" ist ihr Fall der Zitat: „absolut härteste Eingriff in die Pressefreiheit, den man sich vorstellen kann". Wie wehren Sie sich dagegen?

Hahne: Indem ich einen guten Anwalt eingeschaltet habe, der zu den besten Strafverteidigern in Deutschland gehört. Denn ich werde ja nicht nach Zivilrecht angeklagt, sondern es ist ja Strafrecht und während man hier mein Haus – es wurde nicht ein Büro durchsucht, sondern das Haus, die Garage, auch das Automobil übrigens – da hab ich mich mal so erkundigt, wie das denn aussieht vom Strafmaß her und dann wurde mir was von mindestens drei Jahren Zuchthaus erzählt. Also das hört sich alles sehr lustig an, tatsächlich ist es natürlich für alle die betroffen sind, also auch für mich, in irgendeiner Form eine Belastung.

DF: Wie gehen Sie damit um? Sie sind 76 Jahre alt. Das steckt man doch nicht so weg!

Hahne: Ja, ich habe in meinem Leben eine Menge wegstecken müssen, das bleibt nicht aus, weil es im Leben immer rauf und runter geht. Aber das hat mich schon getroffen. Vor allen Dingen habe ich ein starkes – wie soll ich sagen – Unrechts- oder Rechtsbewusstsein, je nachdem von welcher Seite man es sieht, und ich fühle mich natürlich zu Unrecht in dieser Form getroffen und ich kann nur tief durchatmen und darauf hoffen, dass unser Rechtssystem in der Lage ist, wieder Normalität herzustellen. Was aber nicht bedeutet, dass meine Position als Journalist nun besser geworden ist, denn natürlich meiden mich evtl. Informanten, denn der Informantenschutz ist ja in meinem Falle nicht mehr gewährleistet wie das Beispiel zeigt.

DF: Warum haben sich denn für den Fall Nürburgring 2009 Ihrer Meinung nach nicht mehr deutsche Autojournalisten interessiert?

Hahne: Es hat die unterschiedlichsten Gründe. Zum Teil ist es so, dass es viele Leute gibt, die schreiben, aber es gibt nur noch wenige Journalisten aus meiner Sicht, nämlich die von altem Schrot und Korn – das hängt vielleicht mit meinem Alter zusammen und mit meiner Grundeinstellung, die auch davon geprägt ist, dass ich in einem so genannten Unrechtsstaat, nämlich dem Dritten Reich groß geworden bin. Ich habe also Unrecht erlebt, auch als Kind erlitten. Aber ich habe an das Recht immer geglaubt, auch jetzt glaube ich noch daran und das hält mich so ein bisschen aufrecht.

DF: Herr Hahne, sind sie der einzige Betroffene mit Ihrem Onlinedienst „Motorkritik.de"?

Hahne: Was die Hausdurchsuchung betrifft, ja. Es gibt ein Anzeigenblatt, ein sehr gutes Anzeigenblatt, wenn man Anzeigenblatt sonst als etwas Minderwertiges empfindet. Es ist also ein gutes Anzeigenblatt, dort wurde auch über den Nürburgring und das

Umfeld berichtet, das ja auch aus privaten Investoren, die sich so nennen, besteht. Und die haben also alles was über den Nürburgring geschrieben wurde löschen müssen und es gab da eine Einstweilige Verfügung. Aber wie sich nun zeigt und wie man inzwischen festgestellt hat, wurde diese Einstweilige Verfügung aufgrund von – wie man annimmt – falschen Eidesstattlichen Erklärungen erlangt und die „Eifel-Zeitung" hat nun eine Strafanzeige erstattet gegen den Mann, der diese Erklärungen vor Gericht abgegeben hat.

DF: Danke für das Gespräch!

Natürlich habe ich auch nach dem „Vorfall" weiter recherchiert. Aber gleichzeitig musste ich mich auch um die Versorgung mit Informationen für meinen Rechtsanwalt kümmern. Nun ist der erste Abschnitt abgeschlossen, es gibt für mich das, was andere „einen Anfangserfolg" nennen: Zunächst darf die Staatsanwaltschaft das Ergebnis der Hausdurchsuchung und Beschlagnahme nicht auswerten. - Das ist gut so, aber leider nur ein erster Schritt, um wieder zum Grundrecht von Pressefreiheit und Informantenschutz zurück zu finden, der uns Bundesbürgern im Grundgesetz garantiert wurde. So lange, bis die Politik einen Grund findet, dieses Gesetz zu umgehen?

Nun bin ich ein wenig müde, möchte ein paar Tage Urlaub machen, mich ein wenig aus den inzwischen schon vertrauten Zwängen von Recherche und Verteidigung lösen. Danach im August - werden sicherlich eine Reihe von neuen Geschichten notwendig sein, die das Thema „Nürburgring 2009" behandeln. Vielleicht ist dann ihr Anteil an meinen Geschichten insgesamt ein wenig stärker. Weil man mich dazu zwingt, mich mit diesem Thema auch stärker zu beschäftigen.

Heute stellt z.B. die „Rhein-Zeitung" fest, dass nun - nach der Formel1 Veranstaltung und offiziellen Eröffnung des „neuen Nürburgrings" schon Teile der Fassaden des „Boulevards" ausgedient haben: Sie werden wieder abgerissen. Es wird eine neue Dämmung aufgebracht, neu verputzt und gestrichen. Die bisherige „Fassade" war eben nur „Fassade", sei - wie die Pressesprecherin der

Nürburgring GmbH, Stefanie Hohn, es formulierte - „Kosmetik für das Eröffnungswochenende" gewesen. Kurt Beck hat davon sicherlich nichts gewusst, nichts gemerkt. - Aber die Mehrkosten werden sicherlich auch anstandslos von der Landesregierung zu Lasten des Steuerzahlers übernommen werden. Oder? Brauchen wir eigentlich nicht einen etwas aufmerksameren Ministerpräsidenten?

Dass es für den Hubschrauberlandeplatz auf dem Vier-Sterne-Hotel noch keine endgültige Start- und Landegenehmigung gibt, ist bisher auch noch nicht aufgefallen. Zum Formel 1-Rennen wurde eine Ausnahmegenehmigung erteilt. Dass die Achterbahn nach Ansicht von „Insidern" wahrscheinlich in diesem Jahr nicht mehr „als Geschäft" genutzt werden kann, davon wird auch nicht gesprochen. Dass man sich in nächster Zeit mit der Überlegung beschäftigen muss, wann man wohl mal das gerade eröffnete Hotel „wegen Renovierungsarbeiten" (oder so) vorübergehend schließt, wird auch noch verdrängt.

Es gibt also eine Menge Ansätze zu Geschichten, die mich in den nächsten Wochen beschäftigen werden. Dabei möchte ich aber auch nicht vergessen, über rein automobile Themen zu schreiben. Wenn ich in den letzten Wochen Geschichten über Porsche gelesen habe, so beschäftigten die sich mit Familienauseinandersetzungen, mit Bankkrediten, Übernahmetheorien und ähnlichem. Man scheint vergessen zu haben, dass Porsche eigentlich ein Automobilhersteller ist. Da werde ich dann in meiner nächsten Geschichte zum Thema Porsche sicherlich einmal diesen Teil beleuchten müssen. Davon lebt Porsche ja auch eigentlich. - Hat Wendelin Wiedeking mit seiner Arbeit wirklich gute Voraussetzungen für das Automobilgeschäft der Zukunft des Stuttgarter Sportwagenbauers geschaffen?

Es gibt also viel zu tun. Und ich werde es anpacken. Nachdem ich ein paar Mal tief durchgeatmet habe. Gestatten Sie mir diese kleine Ruhepause.

Herzliche Grüße aus der Eifel

Wilhelm Hahne

Hinweis für den UA Mainz:
Was den Namen Michael so interessant macht

Er war der Überlieferung nach der Engel (mit dem Schwert), der Adam und Eva aus dem Paradies vertrieb und den Apfelbaum bewachte. Er teilte wohl auch das Rote Meer und führte das Volk Israel ins gelobte Land. Er ist der Engel - folgt man den Überlieferungen - der gegen alles kämpft. So verhindert er auch die absolute Herrschaft des Satans in der Zeit bis zum jüngsten Gericht. Aber das ist alles Vergangenheit. In der Gegenwart wurde er noch nicht mit einem Schwert gesichtet, höchstens mit einem Unterschriftsfüller, denn er kämpft um Verträge die ihm Erträge bringen, gründet Firmen und löst sie wieder auf. Immer wieder. Er kann Minister in Bedrängnis bringen und war niemals billig. Mit Raphael, Gabriel und Uriel ist er einer der vier Erzengel. Damals. Aber damals wie heute ist sein Name von Bedeutung. Er kommt aus dem Hebräischen und bedeutet: Wer ist wie Gott?

Am 25. August 2009 stellte ich fest: Michael Jackson ist tot. Michael Merten lebt. Im Jahre 2008 bin ich zum ersten Mal über ihn gestolpert (über den Namen), als er zur DTM gekommen war, und im Trubel unauffällig mit Leuten verhandelte, denen es recht war, dass ihn eigentlich niemand kannte. Im September des gleichen Jahres gründet dann Michael (wir bleiben einfach mal beim Vornamen) eine Aktiengesellschaft in Luxembourg. Einfach so? Nein, mit noch anderen Leuten, die aber nicht Michael heißen und auch nicht am 5. März 1958 geboren sind.

Die Pinebeck S.A., Société Anonyme. Siège social: L-2121 Luxembourg, 231, Val des Bons-Malades. R.C.S. Luxembourg B 141.926 wurde am 11. September 2008 gegründet. Tolle Gesellschaft. Sie kann alle Handels-, Industrie-, Mobiliar- und Immobiliargeschäfte, die sich direkt oder indirekt auf vorgenannte Geschäfte beziehen oder die deren Verwirklichung erleichtern können, ausführen. Der eigentliche Zweck der Gesellschaft ist der An- und Verkauf von Immobilien, der Handel als Makler mit Immobilen, die Immobilienverwaltung sowie die Projektfinanzierung. Hier stößt man wieder auf den lieben Michael.

Der besitzt 50 Prozent der Aktien an der Pinebeck S.A. in Luxemburg, ist gleichzeitig Verwaltungsratsmitglied mit A-Zeichnungsbefugnis und Deligierter des Verwaltungsrates. Diese S.A. (AG) wurde erst in Luxembourg (!) gegründet, nachdem sich die Herren der Nürburgring GmbH und Michael einig waren. Über das gemeinsame Ziel.

Und man bereitete schon mal eine Presseerklärung vor. Gut gelaufen.

Im Oktober werden dann im Taunus Pinebeck GmbH's gegründet. Einfach so. Und Michael hat dort Einzelprokura. Immer der gleiche Michael. In den Notarverträgen in Luxembourg ist sein „beruflicher" Wohnsitz mit D-61250 Usingen angegeben, im GmbH-Vertrag der Usinger Firma ist sein Wohnsitz mit Luxembourg-Kirchberg benannt.

Sollte es sich um den Erzengel Michael handeln, der ja nicht nur im Paradies für Ordnung sorgte, sondern auch das Rote Meer teilte?

In Kirchberg (Luxembourg) residiert zufällig noch eine andere Firma, die Espirito Santo Financial Group. Sie bietet, durch seine Tochterunternehmen, eine globale und breit gefächerte Palette von Finanzdienstleistungen für ihre Kunden, einschließlich Commercial Bank-, Versicherungs-, Merchant Banking, Lager-Brokerage und Asset Management in Portugal und international an. Von Michael ist da zwar nicht die Rede, aber man kennt sich wohl. Denn auch andere leitende Mitarbeiter der Pinebeck S.A. - also der Luxembourger Aktiengesellschaft - sind mit der Firmenadresse, L 2121 Luxembourg-Kirchberg, 231 Val des Bons-Malades (s.o.), als „Wohnsitz" (wahrscheinlich der „berufliche") im Notarvertrag zur Pinebeck S.A. angegeben, besitzen eine B-Zeichnungsbefugnis und sind gleichzeitig Verwaltungsratsmitglieder dieser Pinebeck S.A. -

Aber eigentlich kommt z.B. der Michael, auf den ich im August 2008 am Nürburgring stieß aus Wiesbaden. Da kam er als Geschäftsführer einer Firma IPC aus Wiesbaden. IPC, Pinebeck GmbH's und Pinebeck S.A. - Taunus und Luxembourg. Toll!

Dann stoße ich aktuell auf einen netten Text, der mir irgendwie gefällt:

„Autos, Affen und Abu-Dhabi haben auf den ersten Blick nicht viel gemeinsam. Auf den zweiten Blick jedoch wird deutlich, dass ihre Inszenierung als Erlebniswelt maßgeblich für den Erfolg als Produkt, Ausflugsziel oder Standort ist."

Ich kenne Autos, habe schon mal von Abu-Dhabi gehört und der Begriff „Erlebniswelt" ist mir auch vertraut. Und alles zusammen nun verbunden mit Produkt, Ausflugsziel oder Standort... - Na ja, ich bin noch immer nicht im Paradies gelandet, sondern im Olympia-Park in München, wo im Oktober 2006 ein Fachdialog zum Thema „Urbane Freizeitimmobilien für Sportler, Shopper und Touristen" stattfand. Auf Einladung einer TPP Projektentwicklungsgesellschaft mbH. Es geht um die Entwicklung eines ehemals militärisch genutzten Areals (276.000 qm) in Günzburg an der Donau, nahe LEGOLAND Deutschland. Und ich erfahre, die haben sich damals zwischen Tokio und Günzburg als Standort entscheiden müssen. Und haben Günzburg gewählt. Was hätten Sie denn getan?

Nun geht es um Hotels, ein Feriendorf, ein neues, mit Bio-Energie betriebenes Kraftwerk, ein Sport- und Freizeitangebot, ein Tagungs- und Bildungsangebot, eben eine „ganzjährige Auslastung". Man sucht Investoren für ein multifunktionelles Hotel- und Freizeitresort.

All' diese Begriffe sind mir vertraut. Und ich schaue mal in das Programm. Wer gehörte denn damals - 2006 - zu den Vortragenden? Natürlich ist Carl-Otto Wenzel von der Wenzel Consultig AG, Hamburg dabei. Bekannt durch (z.T.) unbekannte Gutachten für den Space Park in Bremen oder die „Erlebnisregion Nürburgring", aus der dann „Nürburgring 2009" wurde. Und über mögliche Finanzierungsmöglichkeiten referiert Michael, auch bekannt als Herr Merten. Titel seines Vortrages: „Freizeit und Investment - Finanzschub durch internationales Kapital?". Im Untertitel fragt er: „Neue Finanzierungsmöglichkeiten?" und spricht anschließend über „Die Anforderungen (inter-)nationaler Investoren". - Zu diesem Zeitpunkt ist er - nein, nicht als Erzengel - als Managing Director der IPC international projekt coordination S.A. unterwegs.

Dass der Michael zu einem noch früheren Zeitpunkt - so um 1996 bis 2000 - als Assistent eines Direktors vom Zirkus Sarrasani gearbeitet hat, wird ihm sicherlich bei seinen vielen Aktionen geholfen haben. Er weiß eben, dass es bei einer guten Zirkusvorstellung immer (auch) auf die richtige Mischung ankommt.

Auch am Nürburgring war er wohl einer der vier „Ring-Engel": Walter, Hans, Ingolf und -natürlich - Michael. Auch hier wurde mit Finanzierung gedroht. Privatfinanzierung! Toll! Und gute (Vor-)Arbeit muss bezahlt werden. So hat die Nürburgring GmbH gezahlt. Hoch sechsstellig. Und zur Sicherheit (zur Beseitigung von Unsicherheit?) mal gleich 95 Mio in der Schweiz deponiert. Es könnten ja mal schlechte Zeiten kommen. Und als mal dringend für eine der GmbH's des großen Investors Kai Richter (Prof. Deubel hatte ihn so vorgestellt) dann ein paar Millionen als kleine Zwischenfinanzierung gebraucht wurden, da wurde das über eine GmbH von Michael abgewickelt. Nicht zu seinem Nachteil. Was kein Rechtsanwalt versteht, aber die „Erzengel" von „Nürburgring 2009" mit hoher Wahrscheinlichkeit. Das ist nun vorbei. Michael ist nun in der Eifel aus dem Geschäft. Dabei war er so gut im Training. Deubel noch mal!

Wie es der Zufall will, treffe ich auf Fans des Eishockey. Eigentlich bin ich ja Motorsportler. (Jedenfalls war ich über 40 Jahre da aktiv.) Ich hörte trotzdem gespannt zu: Wussten Sie, dass Wolfsburg dort mal eine Rolle gespielt hat? Im Eishockey. Auch bei VW gab es da Fans. Und es gibt eine Wolfsburg AG, in der man Namen findet, die auch im VW-Skandal (Sie erinnern sich an die Nummer mit Nutten u.a.) eine Rolle spielten. Der Erfinder von Hartz IV saß da im Aufsichtsrat und auch der Herr Schuster - der von Skoda - machte Dampf. Es ging um eine Halle... - Und ich höre den Begriff Erlebniswelt. Und ich höre von Privatinvestoren und Betreibergesellschaften. Man fühlt sich - eigentlich beim Lesen, Suchen und Begreifen in Niedersachsen Unterwegs - wie in der Eifel. Nur regiert dort der Herr Wulff, hier der Herr Beck. Aber die Investoren kommen immer in Begleitung von - Michael.

Im Wolfsburger Fall tritt Michael als Chef der „Ziller ASS Projekt,

Luxembourg" auf. Und vermittelt die „Gmul Investment Company, Tel Aviv." Das Projekt soll nur 26 Mio kosten. Da ist sicherlich kaum was zu verdienen. Und ich weiß auch nicht, ob was daraus geworden ist. Und wieviele wieviel erhalten haben. Und wieviele vielleicht heute „in die Röhre" schauen. Haben der Herr Ministerpräsident in Hannover davon nichts gehört? Schließlich schätzt Ministerpräsident Wulff besonders Personen, die ihr Tun in den Dienst der Gemeinschaft stellen. Michael ist schließlich ein Engel. Oder? Das war anno 2005, als dort das Projekt gestartet wurde. Jeder hat da jeden unterstützt. Und sogar den Eishockey-Verband hat's interessiert. Da ging es dann auch um Lizenzen. Hat Herrn Wulff das nicht mitbekommen? Hätte er nicht seinen Kollegen Beck warnen können? Vielleicht war Wulff aber auch als Aufsichtsrat bei VW zu beschäftigt. Entschuldigung!

Ich habe keine Lust mehr, immer wieder bei meinen Recherchen auf die gleichen Namen zu stoßen, auf ähnliche Skandale, auf tolle Gutachten, Businesspläne. Hat das alles wirklich niemanden interessiert? Hat das bei den vorgenommenen Überprüfungen der zukünftigen Partner niemand gemerkt? Alles schläft, einsam wacht... -

Nun sollte sich mal ein Untersuchungsausschuss im Mainzer Landtag darum kümmern. Es gibt viel zu tun. Nicht nur im Fall Michael, der schon im Paradies eine herausragende Rolle spielte.

Ich bin es satt, immer wieder als „Geheimnisverräter" bezeichnet zu werden. Ich bin nämlich eigentlich nur ein normaler Journalist, der seinen Beruf ernst nimmt. Scheinbar ist so etwas weitgehend unbekannt. Denn wenn ich z.B. jetzt beim VDA (Verband der Deutschen Automobilindustrie) zum Besuch der vor uns liegenden IAA eine Pressekarte angefordert habe, dann habe ich zunächst - obwohl eine Kopie meines Presseausweises meinem Antrag beilag - eine solche erhalten, auf der „fett" unter meinem Namen - sozusagen dokumentarisch - meine Position in dieser Gesellschaft aus Sicht dieses Verbandes (und seines Präsidenten?) festgehalten war: Privatperson. (Das war natürlich ein „Systemfehler". Was sonst?).

Oder bin ich einfach, wie Herr Deubel mich gerne nannte: „Der alte Mann aus der Eifel"? Vielleicht weiß Michael eine Antwort. Als Erzengel kann der ja sogar unlösbare Finanzierungsprobleme lösen. Oder auch nicht. Alles jedenfalls nicht zu seinem Nachteil. Michael lebt!

ring°racer: Kleiner Zwischenfall
wird zum Vertuschungs-Skandal

Der Nürburgring „ring-racer" ist am 3. September 2009 wieder – zum zweiten Mal - verunfallt: Die offizielle Information dazu erfolgt in drei Etappen, ähnelt aber leider in ihrer Art des Ansatzes und Umsetzung einer versuchten Irreführung der Öffentlichkeit.

Schon im Juli hatte es eine kleine Panne (angeblich nur eine kleine) mit dem „ring°racer" gegeben. Das als „schnellste Achterbahn der Welt" angekündigte Highlight des Großprojekts „Nürburgring 2009" sollte eigentlich spätestens am 15. August (DTM-Rennen) die Fahrgäste in 2,5 sec von Null auf 217 km/h bringen.

Durch den „technischen Defekt" musste auch dieser Termin – nachdem schon der erste Starttermin zum 9. Juli (F1-GP) nicht gehalten werden konnte – verschoben werden.

Nun hat es aktuell wieder „geknallt". Richtig geknallt! Daraus resultierte dann die Reaktion einer Geschäftsleitung, die an diesem „Knall" ihre Vorstellungen von „richtigem" Krisenmanagement umzusetzen versuchte. Offiziell erklärt die „Ring GmbH ihre schleppende Informationspolitik" gegenüber einer großen regionalen Tageszeitung damit, „dass die Betroffenen entweder mit Vorgesetzten oder aus eigenem Antrieb zum Arzt gegangen seien. Davon habe man erst später erfahren, ein klassisches Unfallzenario mit Rettungswagen und Ärzten habe es nicht gegeben." -

Lesen Sie nachfolgend, was ich - der Journalist Wilhelm Hahne - zum Ablauf der Geschehnisse ermittelte. Ich schrieb diesen Bericht auch für die „Eifel-Zeitung", die damit gleichzeitig den Beweis dafür liefert, dass vielleicht bei (und für) kostenlose Anzeigenblätter schon mal die besseren Journalisten arbeiten.

Bei einer solchen Zeitung ist es übrigens kein Geheimnis, dass sie von den Anzeigeneinnahmen lebt. (Denken Sie jetzt bitte selbst einmal diesen Gedanken zu Ende).

In der ersten offiziellen Pressemitteilung der Nürburgring GmbH vom 3. September 2009 liest sich der Unfallbericht so: *„Während Tests an der Pneumatik des ring°racers kam es heute gegen 13 Uhr zu einem Zwischenfall und einem lauten Knall. Personen kamen dabei nicht zu Schaden. Es bestand zu keiner Zeit Gefahr für Gäste, Besucher oder technisches Personal."*

So wurde der „laute Knall" im Umfeld des Nürburgrings wahrgenommen:

An einer rd. drei Kilometer entfernten Tankstelle hob der Tankwart aufmerksam seinen Kopf, sah sein Gegenüber fragend an und stellte fest: *„Das hörte sich jetzt an, als wenn nebenan ein Baum umgefallen wäre."* - Beide schauten sich horchend um, hatten aber keine Erklärung für das Geräusch-Erlebnis.

Anders in einem Restaurant in Nürburg, rd. 500 Meter vom „Knallpunkt" entfernt, wo man in kleiner Runde beim Essen saß. Man hob ob des lauten Knalls erschreckt die Köpfe, wartete horchend auf weitere Geräusche, die aber ausblieben. *„Da wird wohl einer von der Geschäftsleitung einen Bio-Furz gelassen haben"*, versuchte sich ein Gast an einem Scherz, der von den hier befindlichen Gästen aber auch verstanden wurde. Alles lachte. Dachte man dabei an den „integralen Bestandteil des Nürburgring-Unternehmens, den Umweltschutz"? Aber man widmete sich dann – weil es scheinbar ruhig blieb – wieder dem Umgang mit Messer und Gabel.

Die reale Situation vor Ort stellt sich dagegen wesentlich dramatischer dar:

Im Auftrag der Nürburgring GmbH wurden nach erfolgter Reparatur des ersten Schadens im Juli, am 3. September wieder Testfahrten vorgenommen. Wie schon beim ersten Unfall, so waren auch an diesem Tag keine Mitarbeiter des TÜV Rheinland (Köln) vor Ort. In den Verlautbarungen der Nürburgring GmbH wird durch unklare Formulierungen der Eindruck erweckt, als seien TÜV-Techniker vor

Ort gewesen. Das ist nicht so. Allerdings dienten die Testfahrten der Vorbereitung einer (evtl.) späteren technischen Abnahme.

Bei den aktuellen Testläufen wurde versucht, die Geschwindigkeit des „ring°racer" von Durchgang zu Durchgang zu steigern. Schließlich soll dieses Fahrgeschäft einmal seine Gäste – schneller als ein Formel 1 Auto in 2,5 sec auf 217 km/h katapultieren. Der Start erfolgt tatsächlich katapultartig, wie man es z.B. von Flugzeugstarts auf Flugzeugträgern kennt. Das System ist also bekannt und eigentlich funktionsfähig.

Allerdings hatte die Herstellerfirma mit den bisher ausgelieferten Achterbahnen, die mit diesem System „befeuert" wurden, wenig Glück. So waren bei den Fahrgastträgern oft Risse festzustellen und es wurden statt einfacher Gummirollen, teure luftgefüllte Flugzeugräder verbaut, um die eigentlich als „ruppig" empfundenen Fahreigenschaften der luftdruckbetriebenen S&S-Bahnen etwas zu mildern.

Bei der Bahn am Nürburgring wurden dann auch wieder die allgemein bewährten Rundrohren statt der der sonst verbauten I-Träger verwendet, die schwerer zu biegen sind.

Dr. Kafitz war beim Kauf der Bahn in den USA von der Richtigkeit seiner Entscheidung überzeugt und stellte damals gegenüber der Fachpresse fest: *„Die Herstellung der einzelnen Komponenten unterliegt (...) dem deutschen TÜV-Standard, der Deutschen Industrie Norm sowie der Europäischen Norm und wird fast ausschließlich von Betrieben in Deutschland und Europa übernommen."*

So wurden Schienen und Struktur von einem italienischen Hersteller produziert, die Anlage von einem deutschen Fachbetrieb aufgebaut. Die Fahrgastträger kommen aus den USA, sowie auch eine Reihe von Teilen zum Aufbau der pneumatischen Anlage. Es wurden 850 Tonnen Stahl verbaut und die Steuerelektronik des Systems nimmt allein einen Raum von 15 Quadratmetern ein.

Nach letzten Informationen aus dem Mainzer Landtag werden die Gesamtherstellungs- und Aufbaukosten der Achterbahnanlage bei 12,3 Millionen Euro (einschl. MWSt.) liegen, eine Zahl, die - obwohl sie schon hoch scheint – nach den letzten Ereignissen jedoch noch einmal deutlich ansteigen wird.

Fachleute schätzen, dass zu einem kostendeckenden Betrieb in Zukunft Tageseinnahmen von rd. 5.000 Euro notwendig sind. Wenn man nun alleine die Einnahmeverluste der letzten Monate kumuliert... - Als normaler Steuerzahler darf man nicht darüber nachdenken. Kamelreiten auf den Nürburgring-Parkplätzen wäre billiger gewesen.

Nun versuchte man also am 3. September die Achterbahn auf die theoretisch mögliche Geschwindigkeit von 217 km/h zu bringen. Auch die erste Demonstrationsfahrt aus Anlass des Formel 1-Grand-Prix, besetzt mit u.a. einem so illustren Fahrgast wie Michael Schumacher, fand nur (wie auch auf YouTube zu sehen) „im kleinen Trab" statt, wobei diese Art der Präsentation - verglichen mit den großartigen Ankündigungen – geradezu lächerlich wirkte.

Jetzt, am 3. September, ging es von Mal zu Mal ein wenig schneller, bis – zum Entsetzen der Beobachter – dann mit einem scheppernden Geräusch eine Reihe von Eisenteilen, zum Teil verbunden mit einem Stahlseil durch die Gegend flogen. Sie durchschlugen u.a. einen Drahtzaun.

Arbeiter einer Fremdfirma konnten sich nur mit Glück hinter einer Betonmauer in Sicherheit bringen, während die Metallteile (und die spätere Druckwelle) dann z.B. auch herumstehende Baumaschinen beschädigten. Die Startanlage des „ring-racer" (das Katapult) war nach dieser ersten Explosion total zerstört. Direkt danach gab es dann eine richtige Detonation, verbunden mit einer gewaltigen Druckwelle: einer der Druckluftkessel, der nach Herstellerangaben einen Innendruck von 14 bar aufweist, war geborsten.

Durch die Druckluftwelle wurde sogar die Scheibenfront im dem rd. 50 Meter entfernt liegenden Start- und Zielgebäude beschädigt, Scherben flogen durch die Luft, zersplitterten außen auf dem Beton oder auf den

Böden innen, soweit es sich nicht um Teppichböden handelte.

Es ist nicht entschuldbar, wenn im Titel der ersten offiziellen Pressemitteilung der Nürburgring GmbH eine solche Kastatrophe als „Zwischenfall" bezeichnet und behauptet wird: *„Personen kamen dabei nicht zu Schaden. Es bestand zu keiner Zeit Gefahr für Gäste, Besucher oder technisches Personal."*

Nach der Detonation, der Explosion des Druckkessels, waren nämlich sofort Angestellte und Führungskräfte der Nürburgring GmbH zur Unfallstelle geeilt um den entstandenen Sachschaden in Augenschein zu nehmen und entsprechende Maßnahmen zu veranlassen. Dazu gehörte z.B. - wichtig! - der Entwurf der Pressemitteilung, aus der schon zitiert wurde und die dann schon um 15:30 Uhr über den vorhandenen Presseverteiler (in dem übrigens der Journalist Wilhelm Hahne nicht vorkommt!) zur Versendung kam.

Einer der Mitarbeiter der von der Nürburgring GmbH engagierten Presseagentur aus Hamburg war zufällig (aus Gründen der an diesem Wochenende stattfindenden SuperBike-Veranstaltung) vor Ort und stellte diesen schnellen Versand sicher, mit der die Bedeutung des Unfalls herunter gespielt, verharmlost und verniedlicht wurde. *„Es bestand zu keiner Zeit Gefahr für Gäste, Besucher oder technisches Personal."*

Zu diesem Zeitpunkt waren schon die Mitarbeiter einer Adenauer Glasfirma mit der Beseitigung der entstandenen Glasschäden beschäftigt. Nur um die im Umfeld der Explosion befindlichen Mitarbeiter (z.T. von Fremdfirmen) hatte sich bis zu diesem Zeitpunkt niemand gekümmert. Dabei waren diese Leute durch Knall und Druckwelle z.T. schwer geschädigt, klagten über Druckgefühle im Kopf und Ohrgeräusche.

Niemand der Nürburgring-Geschäftsleitung oder mittleren Managements hat mit ihnen gesprochen, sie befragt. Im Gegenteil: die Ein- und Ausfahrten zur Unfallstelle wurden durch Tore verschlossen und den Arbeitern im aggressiven (!) Ton durch das Sicherheitspersonal untersagt, das Gelände zu verlassen. Auf wessen Anweisung? War damit eine bestimmte Absicht verbunden?

Erst nach Eintreffen von Mitarbeitern der Berufsgenossenschaft, gegen 16 Uhr, kam die Anweisung, die betroffenen Arbeiter ins nächstgelegene Krankenhaus, nach Adenau, zu verbringen. Das geschah nicht etwa mit entsprechend ausgestatteten Krankenwagen, sondern mit dem Firmenbus einer Firma, deren Arbeiter an der Baustelle eingesetzt waren. Es waren auch zu viele Verletzte. Und für viele Verletzte wären mehrere Krankenwagen benötigt worden. Man wollte wohl jedes Aufsehen vermeiden.

Es ging – so mein Gesamteindruck - in erster Linie darum, den Unfall zu bagatellisieren, nicht darum, verletzten Menschen schnell und unbürokratisch zu helfen. Die Darstellung in der ersten offiziellen Pressemitteilung, die deutliche Verniedlichung der Größe des Unfalls und das Verschweigen von entstandenen Personenschäden unterstreicht diesen Eindruck.

Es muss hier festgestellt werden: erst drei Stunden nach dem Unfall wurde den verletzten Arbeitern erste Hilfe zuteil. Dachten sie. Denn vom Krankenhaus Adenau wurde die Ärmsten nach Bad Neuenahr-Ahrweiler überwiesen und dort einem HNO-Spezialisten überstellt.

Dieser Facharzt stellte bei den einzelnen Leuten Knalltrauma und Hörsturz fest, außerdem waren u.a. Trommelfellschäden festzustellen und sogar feine Härchen im Innenohr, die als Sensoren für die Übermittlung der Höreindrücke ans Gehirn dienen, waren z.T. abgebrochen. (s. den dieser Geschichte folgenden Anhang mit Basis-Informationen zum Thema Innenohr.)

Die betroffenen Arbeiter wurden nun, entsprechend der entstandenen Körperschäden, mit Kortison und anderen Medikamenten behandelt, die aber bisher – soweit ich das ermitteln konnte – noch keine Besserung brachten. Das liegt u.a. vielleicht auch daran, dass vielleicht zu spät mit der Behandlung dieser Schädigungen im Ohr (Innenohr) begonnen wurde.

Nachdem bei einigen der Betroffenen erst von einem tagelangen Verbleib im Krankenhaus gesprochen worden war, werden sie nun doch – aus welchen Gründen auch immer – ambulant behandelt, d.h. dass sie täglich zur Kontrolle ins Krankenhaus müssen, danach aber wieder nach Hause können.

Jetzt – auch Tage nach dem Unfall – ist der Zustand bei den Betroffenen praktisch unverändert: man klagt über einen permanenten Pfeif- oder Piepton im Ohr und einen schmerzenden Druck. Und natürlich über einen Hörverlust, was einen (bleibenden?) Verlust an Lebensqualität bedeutet. Aber Journalisten, die direkt nach dem Unfall noch einmal in einem Telefonanruf bei der Nürburgring GmbH nachfragten wurde klar und deutlich gesagt: *„Personen wurden nicht verletzt."* - Das wurde dann auch so gedruckt, da „auf die Schnelle" keine Faktenüberprüfung möglich war.

Mit einer solchen – eindeutig sachlich falschen(!) - Auskunft durch die Nürburgring GmbH bzw. ihrer Mitarbeiter wurde nicht nur versucht eine breite Öffentlichkeit bewusst zu täuschen, offensichtlich war der Geschäftsleitung der Nürburgring GmbH auch daran gelegen, die politische Führung des Landes Rheinland-Pfalz (zu 90 Prozent Besitzer der GmbH) nicht zu beunruhigen, da die Entwicklung des Projekts „Nürburgring 2009" bis jetzt schon von einer ungewöhnlich großen Anzahl Pleiten, Pech und Pannen geprägt war.

Die Stimmung in Mainz ist schlecht. Inzwischen wurde auch ein Untersuchungsausschuss zum Gesamtprojekt „Nürburgring 2009" eingesetzt. *„Das ist notwendig, um die Glaubwürdigkeit, die angekratzt sein kann, wieder zu gewinnen"*, formuliert vorsichtig der SPD-Fraktionsvorsitzende Jochen Hartloff. Während der CDU-Fraktionschef Christian Baldauf zum gleichen Zeitpunkt deutlich macht: *„Pustekuchen, nichts ist gut, nichts ist fertig, keiner weiß, wo es hin geht."*

Die Fehlleistungen bei der Projektumsetzung werden wohl auch von dem Unvermögen einer Firmenleitung bestimmt, die beim Gesamtprojekt

„Nürburgring 2009" weder Finanzierung, Fertigstellung, noch Termine unter Kontrolle hatte. Nun hofft man wohl in Nürburg, dass Mainz „weit weg ist" und der „Knall" und seine Auswirkungen – auch auf Menschen(!) - nicht die Mitglieder des Landtages erreicht. Doch da formuliert der CDU-Abgeordnete (MdL) Alexander Licht, nachdem im Landtag über das „miserable Krisenmanagment" der Nürburgring-Geschäftsführung gesprochen worden war: *„Wenn Sie heute schon über Fehler reden, sind heute auch Konsequenzen erforderlich."* Und er ergänzte gegenüber der „Eifel-Zeitung" seine Einschätzung zur Qualität der Nürburgring-Geschäftsführung: *„Sie sei mit der Umsetzung des Projekts offensichtlich hoffnungslos überfordert. Daraus müsse die Landesregierung nun endlich Konsequenzen ziehen."*

Und was sagt die Staatsanwaltschaft in Koblenz zu der Achterbahn-Katastrophe am Nürburgring? Müsste nicht - zumal inzwischen auch erhebliche Personenschäden zugegeben werden - auch im öffentlichen Interesse eine Untersuchung eingeleitet werden? Oder ist die politische Führung dagegen?

Allein dieser hier beschriebene Täuschungs- und Vertuschungs-Versuch der Nürburgring-Geschäftsleitung sollte Grund genug für die Ablösung der gesamten Führungscrew am „Ring" sein. Auch wenn die Nürburgring GmbH, nach einer entsprechenden Ankündigung dieser Geschichte auf den Internetseiten der „Eifel-Zeitung", dann am Montag – vier Tage nach dem Unfall! - eine Korrektur der ersten Aussage einleitete. Nun hatte man tatsächlich einen (einen einzigen!) Verletzten entdeckt. Immerhin! Aber man wusste auch seit diesem Montag, dass Wilhelm Hahne - auch im Auftrag der „Eifel-Zeitung" - recherchierte.

Was ist in diesem Zusammenhang von einer Aussage eines Dr. Walter Kafitz zu halten, der gegenüber einem in der Vulkaneifel erscheinenden kleinen Anzeigenmagazin (Orange7") seine Position zur Presse so erklärte: *„Wir werden die Presse auch weiterhin mit allen Informationen versorgen, die für eine faire Berichterstattung benötigt werden."*

Danke, Herr Dr. Walter Kafitz. So lange es noch echte Journalisten gibt, sind wir nicht auf Ihre Art der Informationspolitik angewiesen! - Nein, Dr. Kafitz kann nicht zurücktreten. Auch als Hauptgeschäftsführer ist er wie ein normaler Angestellter zu behandeln und sollte entlassen werden. Darüber entscheidet u.a. der Aufsichtsrat.

Wenn der allerdings die bisherigen Fehlleistungen der Nürburgring-Geschäftsleitung als nicht kritikwürdig empfindet, weil er vielleicht nichts von der „neuen Art" des Nürburgring-Geschäfts (vielleicht auch nichts vom eigentlichen Kerngeschäft) versteht, so sollte er doch in der Lage sein, Zahlen zu lesen und zu begreifen. Und ein Gefühl für Täuschungs- und Vertuschungsversuche haben. Und ein Mitgefühl für normale, arbeitende Menschen; nicht nur für überzahlte Geschäftsführer.

Am Montagabend, nach 19 Uhr, hatte man dann bei der Nürburgring GmbH weitere 6 Verletzte entdeckt. Zufällig? Sicher nicht. Man versucht jetzt die ersten falschen Angaben zu entstandenen Sach- und Körperschäden „unauffällig" zu korrigieren. Von Pressemitteilung zu Pressemitteilung werden es mehr. Und die letzte Pressemitteilung erfolgte am Montag so spät (nach 19 Uhr), dass so manche Zeitung diese Meldung nicht mehr unterbringen konnte. Selbst so ein Versuch sollte bestraft werden. Erst heute, am Mittwoch, dem 9. September, sechs Tage nach dem Unfall, vermeldet z.B. die „Rhein-Zeitung" *„Sieben Verletzte bei Racer-Unglück"*. Alles nach Angaben der Nürburgring GmbH. Oder nach „Faktenüberprüfung"? Wann will man denn den Mitarbeiter eines Hotels als Verletzten vermelden, der zum Zeitpunkt der Explosion gerade mit dem Kehren einer Terasse beschäftigt war?

Vom eigentlichen Geschehen ablenkend, wird an diesem Punkt dann oft die „politische Argumentation" zum Gesamtprojekt bemüht, ein Ablenkungsversuch unternommen, der „kleine Schäden" im Hinblick auf das Gesamtobjekt gerne übersieht und von „volkswirtschaftlicher Bedeutung" spricht. Und wer benotet z.B. die „betriebswirt-schaftliche" Entwicklung? Das ist die, die auch den Steuerzahler betrifft. Und wer bewertet die Personenschäden, die jetzt z.B. gerade bei dem

„ring°racer"-Unfall zu beklagen sind?

Wie sagte doch Jochen Hartloff (54), Fraktionsvorsitzender der SPD im Mainzer Landtag auf einer Sitzung zur Gründung des Untersuchungsausschusses in Sachen „Nürburgring 2009" am 2. September 2009, einen Tag vor dem „Vertuschungsskandal" am Nürburgring:

„Kein Mensch will sich aus der Verantwortung stehlen. Nicht der Ministerpräsident, nicht der Minister. Es zeichnet uns aus, dass, wenn Fehler gemacht werden, wir das benennen, dafür einstehen und dann gucken, wie man das verbessert und Projekte zum Erfolg führt."

Wenn Worte nicht Worte bleiben, Sätze nicht zu Worthülsen verkommen sollen, dann ist es jetzt Zeit zum Handeln. Sofort!

Übrigens: Einer der Arbeiter, der durch den „ring°racer"-Unfall ein Knalltrauma erlitt, musste sich inzwischen einer Ohr-Operation unterziehen lassen, bei anderen wird eine Hörschwelle von mehr als 70 Dezibel gemessen. Junge Leute müssen nun wahrscheinlich lebenslang auf ein Stück Lebensqualität verzichten. Ein solcher Verlust ist nicht mit Geld auszugleichen!

Hier endet - im Moment! - die eigentlich traurige Geschichte, die man vielleicht auch nur dann richtig versteht, wenn man um die Funktionen eines Ohrs, bzw. des Innenohrs weiß. Darum habe ich hier einen kleinen Nachtrag einfließen lassen, der sicherlich nicht durch Vollständigkeit glänzt, sondern eigentlich mehr grob dem nicht medizinisch vorgebildeten Leser einen kleinen Überblick verschaffen soll, Verständnis vermitteln, für die Leiden der o.g. Hörgeschädigten:

Versuch einer Erklärung: Innenohr – Knalltrauma – Therapieproblematik

Das Innenohr ist ein kompliziertes Kanalsystem. Es besteht aus dem Schneckenlabyrinth mit dem eigentlichen Hörorgan und dem Vorhoflabyrinth mit dem Gleichgewichtsorgan.

Das Gleichgewichtsorgan besteht aus zwei Vorhofsäckchen, in denen Gleichgewichtszellen die geradlinige Beschleunigung messen. Darin sind Sinneshaare in eine Gallertschicht mit kleinen Kalkkörnchen eingebettet. Diese Kalkkörnchen biegen die Sinneshaare entsprechend der Schwerkraft und erregen so die Gleichgewichtszellen. Durch drei Bogengänge werden z.B: Winkelbeschleunigungen registriert. Durch eine intelligente Vernetzung, eine Zusammenarbeiten aller Sensoren ist der Mensch in der Lage, die Richtung der Bewegung und die Geschwindigkeit zu bestimmen.

Das eigentliche Hörorgan wird auch Spiralorgan genannt. Es liegt innerhalb einer knöchernen Schnecke. Die besteht aus drei übereinander liegenden Kanälen. Sie sind durch dünne Wände voneinander getrennt. Im eigentlichen Hörorgan sind etwa 25.000 Sinneszellen enthalten, von denen jede etwa 100 Sinneshaare trägt.

Die Schallwellen erreichen das Hörorgan über die Ohrmuschel, den Gehörgang, der am Trommelfell endet. Schalldruckschwankungen versetzen das Trommelfell in Bewegung, die diese Schwingungen dann über die Gehörknöchelchen in Richtung Innenohr übertragen. Werden die Gehörknöchelchen zerstört, kommt es zu einem Hörverlust von etwa 20 Dezibel. Man spricht dann von einer Schallleitungsschwerhörigkeit.

Eine komplizierte Übertragungsmechanik führt schließlich zu einer Auslenkung der Sinneshaare auf den Sinneszellen, die als elektrisches Signal über die Fasern des Hörnervs zum Gehirn weitergeleitet wird. Eine Schädigung der Haarzellen durch laute Schallereignisse oder hohen Schalldruck führt zu einer Innenohrschwerhörigkeit.

Ein so genanntes Knalltrauma kann Teile der Sinneszellen, aber auch des Hörnervs zerstören. Dabei wird ein natürlicher Mechanismus zur Selbstzerstörung von Zellen ausgelöst. Solche Zellen können in wenigen Stunden bis Tagen absterben. Die Folge wäre ein bleibender Hörverlust. Je stärker das Knalltrauma, umso größer sind oft die bleibenden Hörschäden.

Wichtig ist eine möglichst schnelle Behandlung des Knalltraumas durch einen erfahrenen HNO-Arzt. Leider gibt es bis heute keine Behandlungsmethode von eindeutig nachgewiesener Wirksamkeit. Es werden meistens Kortison oder Präparate zur Verbesserung der Durchblutung des Innenrohrs sowohl als Infusion als auch in Tablettenform über mehrere Tage – aber auch Wochen – eingesetzt.

Noch ein Unfall: Theater um ein „Grünes Theater" im ring°werk

Der Unfall passierte an einem Sonntag. Am Montag erfuhr ich davon. Aber auch die „Eifel-Zeitung" war „am Mann". So erschien dann zum normalen Erscheinungstermin der „Eifel-Zeitung" - am Mittwoch -, der Unfallbericht. Exklusiv, weil die Nürburgring GmbH diesen Unfall wohl als unwesentlich (aber sicherlich auch störend) betrachtete - und verschwieg. Am Donnerstag musste dann die Nürburgring GmbH „Farbe bekennen", weil der Bericht in der „Eifel-Zeitung" praktisch eine (Medien-)Lawine losgetreten hatte.

Und ein Landrat musste bekennten, dass die von ihm verantwortete Kreisverwaltung der Nürburgring GmbH, der er (auch) als stellvertretender Aufsichtsratsvorsitzender vorsteht, eine Betriebsgenehmigung erteilt hatte, die die Voraussetzung für einen Unfall war.

Niemand hatte auch in der Sache recherchiert, bevor - durch eine Hamburger PR-Agentur versendet - die Nürburgring GmbH nach einem Betriebsunfall im Multi-Media-Theater „Grüne Hölle" verkündete, dass sie nach diesem Unfall und vor Neu-Inbetriebnahme „erneut" eine TÜV-Überprüfung vornehmen lassen würde.

Daraus ergab sich, dass vor der Betriebsgenehmigung, unter der der Unfall erfolgte, schon eine Abnahme durch den TÜV Rheinland erfolgt war. Das war mir neu und so nahm ich die Spur auf.

Das alleine schon sorgte für Verwirrung. Immerhin war gegen Wilhelm Hahne durch die Staatsanwaltschaft Koblenz als „Geheimnisverräter" ermittelt worden. Was wusste der also schon? Was sollte seine aktuelle Fragerei? Denn eigentlich glaubte die „Vereinigung im Geiste" sich in ihren Aktionen sicher. Alles blieb sozusagen in der Familie. Aber konnte man allen Familienmitgliedern trauen?

So erhielt ich denn hier und dort doch einen (kleinen) Hinweis. Schließlich kennt man in dieser Eifel-Seifen-Opera (ohne Musik und mit

Sprechgesang), die täglich - inzwischen ohne Manuskript - sozusagen „live" gespielt wird, bis jetzt weder Sieger noch Verlierer. Und man wäre doch - ganz gleich wie dieses „Polit-Theater" ausgeht, immer gerne auf der Seite der Sieger.

Also gab es schon dezente Hinweise, die dann zu meiner ersten Geschichte in der Sache führte, die exklusiv in der „Eifel-Zeitung" veröffentlicht wurde. Weil man da meinen Recherche-Ergebnissen traute; mir als Journalist vertraute. Und über das verfügt, was von der Politik in ihren Volksreden so geschätzt wird: Zivilcourage.

Nun gab es auch eine offizielle Presseinformation der GmbH. Und wie in solchen Unfall-Presseinfos der Nürburgring GmbH gerne dargestellt (bitte erinnern Sie sich an die erste Meldung über den zweiten ring°racer-Unfall), gab es auch hier keinen Verletzten. Leider stimmte das (auch in diesem Fall) nicht. Wie ich wusste, da ich auch Kontakt zu einem der „betroffenen" Besucher hatte. Also hatte ich allen Grund mit Recherchen „zur Sache" zu beginnen. Meine Bemühungen führten auch zu einem Ergebnis, das dann in der folgenden Woche (wieder mittwochs) in der „Eifel-Zeitung" erschien. Hier folgt die Wiedergabe meiner Darstellung:

> *„Die Kulissen fuhren planmäßig in die vorprogrammierte „Evakuierungsposition" und die Gäste verließen über den Notausgang das Drehtheater."*

„Hintergrundinformationen" nach Art des Hauses

Am Sonntag, dem 29. November kam es im ring°werk am Nürburgring im Bereich des Multi-Media-Drehtheaters „Grüne Hölle" zu einem Defekt, bei dem von sechs Besuchern (80 könnten es maximal sein) einer leicht verletzt wurde. Die „Eifel-Zeitung" berichtete exklusiv darüber und zwang so die Nürburgring GmbH zu einer Veröffentlichung, die – wie schon im Falle der ring°racer-Explosion erlebt – es mit den Tatsachen nicht ganz so genau nimmt.

Die Presseinfo wurde von der gleichen Hamburger Agentur versendet, die auch schon für die Info über den Unfall mit dem ring°racer verantwortlich zeichnete. Auch dieses Mal zeichnet sich die Darstellung der Hamburger Agentur (auf Briefbogen der Nürburgring GmbH als pdf-Datei versendet) durch ungenaue, unpräzise Angaben und eine geradezu fahrlässige Ungenauigkeit aus.

Hier folgt der Text der offiziellen Pressemitteilung der Nürburgring GmbH als Originaltext:

„Im ring°werk kam es am Sonntag, 29.11.2009, um 17.45 Uhr, zu einem Defekt in der Attraktion „Grüne Hölle". Ein kunststoffummanteltes Metallrohr der Kulisse löste sich aus seiner Halterung und fiel auf die Drehscheibe im Zentrum des Theaters. Diese war zum Zeitpunkt des Vorfalls mit sechs Personen besetzt, von denen keine verletzt worden ist.

Der Aufprall verursachte einen Knall, woraufhin der zuständige Attraktionsmitarbeiter die Show umgehend stoppte. Er leitete nach Inaugenscheinnahme der Situation gemäß den Richtlinien in solchen Fällen zunächst eine Reset-Fahrt - ein Neustart der Attraktion - ein, die allerdings aufgrund des Defekts nicht funktionierte. Daraufhin wurde das Verlassen des Fahrgeschäfts eingeleitet. Die Kulissen fuhren planmäßig in die vorprogrammierte „Evakuierungsposition" und die Gäste verließen über den Notausgang das Drehtheater.

Der zuständige Mitarbeiter hat sich umgehend um die Personen gekümmert, Personenschäden wurden von allen Besuchern verneint.

Derzeit ist die Attraktion nicht in Betrieb. Die Herstellerfirma hat vor Ort die Fehlersuche aufgenommen und wird diesen umgehend beheben. Vor einer Inbetriebnahme der Attraktion wird der TÜV diese erneut überprüfen und abnehmen."

Soweit die Darstellung der Hamburger Presseagentur.

„Die Kulissen fuhren planmäßig in die vorprogrammierte „Evakuierungsposition" und die Gäste verließen über den Notausgang das Drehtheater" ist nicht nur eine ungenaue, sondern auch eine falsche Darstellung. Für die Besucher vor Ort veränderte sich nach dem Unfall praktisch nichts. Sie waren gezwungen, sich durch die ungeordneten Bäume des Theaters (im wahrsten Sinne) zum Notausgang durchzukämpfen. Denn der Hauptausgang war nicht zu öffnen, durch die Bäume versperrt.

Die Besucher wurden auch nicht – wie in der Presse-Info dargestellt – gefragt, ob denn jemand verletzt sei. Diese Frage wurde nicht gestellt. Es hat sich auch niemand um die durch den Unfall verstörten Besucher in irgendeiner Form bemüht. Auf Ausnahmesituationen scheinen die Betreuer im ring°werk nicht vorbereitet zu sein.

Der Gipfel der oben erwähnten fehlerhaften Darstellung durch die Hamburger Agentur ist aber, wenn sie informiert: *„Vor einer Inbetriebnahme der Attraktion wird der TÜV diese erneut überprüfen und abnehmen."*

Nach meinen Recherchen zur Sache ergibt sich folgendes Bild: Die Attraktionen im Multi-Media-Theater „Grüne Hölle" (innerhalb des ring°werks) hatten zum Zeitpunkt des Unfalls keine Betriebserlaubnis. Nach unseren Ermittlungen gab es vom TÜV nur eine Bescheinigung für einen eingeschränkten Testbetrieb, die aber bis zum 30. September 2009 begrenzt war.

Dieser Unfall ist ein Fall für die Gewerbe-Aufsicht. Er wird aber sicherlich auch die Versicherungsgesellschaft interessieren, auf die – vielleicht – Forderungen irgendwelcher Art zukommen.

Herr Staatsanwalt, bitte übernehmen Sie!

Natürlich hätte ich gerne ausführlicher berichtet. Aber nicht nur, weil „in der Kürze die Würze liegt", war meine Geschichte auf das Wesentlichste beschränkt, sondern auch, weil es zum Zeitpunkt der Abgabe meines Manuskripts Platzprobleme gab. Aber der Chefredakteur hat den für meine Geschichte notwendigen Platz dann noch freischlagen können.

Nun war der Ehrgeiz nicht nur meiner Kollegen geweckt. Auch im Umfeld der Nürburgring GmbH - d.h. auch bei „der Politik" in Mainz - reagierte man betroffen. Das was hier geschrieben stand, konnte so nicht stehen bleiben. Und eine nicht unbekannte Landespolitikerin reagierte gegenüber dem Chefredakteur der „Eifel-Zeitung" mit der Bemerkung: *„Wir haben hier aber andere Informationen."* - Bitte?

Inzwischen hat die Dame einen Rückzieher machen müssen. Sie hat - und hatte - nichts Schriftliches, aber wohl gehört... - und wie man sich erzählt.... - und weil der Journalist ja eigentlich mehr ein staatsanwaltlich verfolgter Geheimnisverräter ist... - (Was übrigens gegen alle Rechtsbestimmungen verstößt). - Erstaunlich ist, dass die Öffentlichkeit noch Anteilnahme zeigt, obwohl lt. Einstellungsbeschluss der Staatsanwaltschft Koblenz, die Öffentlichkeit an meinen Geschichten kein Interesse hat (Natürlich hat die das schöner formuliert).

Aber die Hamburger Agentur hat dann als Erste reagiert und Einspruch gegen gewisse Darstellungen in meiner Geschichte erhoben. Die Einwände eines der Inhaber der Hamburger Agentur (die übrigens schon für den Bremer Pace Park erfolglos tätig war - da der Pleite ging) wurden mir vom Chefredakteur der „Eifel-Zeitung" zwecks Stellungnahme zugesendet. Ich habe dann einfach meine Argumente - in Rot - eingeschoben und die „Eifel-Zeitung" hat sie auf den Weg nach Hamburg - „per Air" - gebracht. Es wäre verschwendeter Platz, die Argumente und Gegenargumente hier wiederzugeben.

Wie ich hörte, gab es daraufhin noch Reaktionen aus Hamburg, die mir aber im Detail nicht vorliegen und eigentlich auch nicht interessieren. Denn Hamburg wird sicherlich von der Nürburgring GmbH „genutzt". Das geht nur dann, wenn man Hamburg mit den Informationen versorgt, die man gerne los werden möchte. Weil man sie für die im Moment dann richtig eingesetzten hält.

Aber es gab in der Folge auch ein Presse-Echo, das in der Hauptsache wohl auf Recherchen der Presseagentur „ddp" beruhte.

Da heißt es dann u.a.: *„Das Multimediatheater „Grüne Hölle" ist zum Zeitpunkt des Unfalls Ende November „zum Teil ohne eine gültige Betriebsgenehmigung betrieben worden."* Es wird in der Folge der Pressesprecher des TÜV Rheinland zitiert der u.a. ausführte: *„Für die bühnentechnische Einrichtunge um den Zuschauerbetrieb herum habe aber noch keine endgültige Abnahme des TÜV stattgefunden. Die vorläufige Freigabe habe den Probebetrieb bis zum 30. September ermöglicht."*

Nach ddp-Darstellung äußerte sich die Presse-Managerin der Nürburgring GmbH zu dieser Darstellung ergänzend: *„Für den Bereich der Bühnentechnik habe es eine Zustimmung des TÜV für einen Probebetrieb im September gegeben. ... Eine Betriebsgenehmigung einzuholen, ‚wäre ein Verwaltungsakt gewesen, das ist einfach nicht passiert.'"*

Aber die Presse-Dame der GmbH sagte auch: *„Die Anlage soll vom TÜV noch einmal komplett überprüft werden. Wann das Theater wieder in Betrieb gehe, könne sie nicht abschätzen."*

Da erstaunte doch, dass nun in der Folge Meldungen erschienen, die von einer Betriebsgenehmigung der Kreisverwaltung Ahrweiler (unter Landrat Dr. Pföhler) berichteten. Und so habe ich dann am Freitagabend (11.12.09) dem Herrn Landrat ein paar Fragen „zur Sache" gestellt. Eigentlich wollte ich damit nur sicherstellen, dass ich noch in dieser 51. Kalenderwoche eine Antwort erhalte. Aber dann erhielt ich schon am Sonntagmittag (3. Advent) Kenntnis von einer Presseinformation der Kreisverwaltung Ahrweiler, die von dieser erst Minuten vorher (also am Sonntag!) ins Internet gestellt worden war. Ich gebe sie nachstehend wieder:

„Kreis: Drehtheater war genehmigt

Dezember 13th, 2009 · Keine Kommentare

Das Drehtheater "Grüne Hölle" im „ring°-werk" am Nürburgring und dessen Nutzung waren genehmigt. Das stellt die Kreisverwaltung Ahrweiler heute in einer Pressemeldung klar. Medienberichte, wonach es seitens des TÜV-Rheinland keine geltende Genehmigung gab, seien "nicht nachvollziehbar." Die Anlage sei wegen eines abgerissenen Stahlrohrs zurzeit stillgelegt, so die Kreisverwaltung weiter.

Zuständig für die Erteilung der Betriebserlaubnis sei die Kreisverwaltung und nicht der TÜV. Bei Genehmigungsverfahren komplexer technischer Anlagen würden in der Regel externe Sachverständige hinzugezogen. Bei der Genehmigung des Drehtheaters gab es laut Kreisverwaltung einen dreistufigen Prozess.

In einer ersten Phase wurde geprüft, ob überhaupt ein Probebetrieb erfolgen darf. Diesem Probebetrieb hat der hinzugezogene TÜV am 11. August 2009 befristet bis 30. September zugestimmt. In der zweiten Phase hat die Kreisverwaltung die Inbetriebnahme der Attraktion mit Bescheid vom 14. August genehmigt. Bedingung hierfür war, dass laut Sachverständigen-Gutachten vor Inbetriebnahme keine sicherheitstechnischen Bedenken bestehen und eventuell festgestellte Mängel behoben sind. Die Nürburgring GmbH hat die Einhaltung dieser Bedingungen schriftlich zugesichert.

In der dritten Phase erfolgte dann die endgültige technische Abnahmeprüfung durch den TÜV. Am 10. September stellte der TÜV unter anderem fest, dass "die ermittelten Messwerte aus dem Probebetrieb alle im zulässigen Bereich liegen." Außerdem berichtete der TÜV von kleineren Mängeln, etwa der fehlenden Überarbeitung der Elektroschaltpläne und der fehlenden Sprechverbindung zum Show-Raum. Das TÜV-Prüfungsergebnis insgesamt lautete dann: Unter Beachtung bestimmter Auflagen - etwa zur Beschilderung und dem aus zwei Personen bestehenden Bedienungspersonal - sowie der Beseitigung der dargelegten Mängel "bestehen gegen eine Inbetriebnahme keine Bedenken."

Wie die Kreisverwaltung abschließend meldet, wird die erneute Betriebserlaubnis für die zurzeit stillgelegte Anlage erst dann erteilt, wenn alle Bedenken ausgeräumt sind.

Mit dieser Information macht der Herr Landrat Dr. Pföhler (CDU) deutlich, dass die Kreisverwaltung für die - wie der Unfall zeigt - übersehenen Schwächen der Bühnenanlage gerade steht. Der TÜV hatte sie offensichtlich erkannt und darum keine Freigabe erteilt. Die Kreisverwaltung Ahrweiler dagegen wusste über das Aufsichtsratsmitlgied (den Landrat) von den finanziellen Einnahmeschwächen der Nürburgring GmbH und hat wohl bei Ausstellung der Genehmigung weder Sachargumente (vom TÜV) noch andere Vorbehalte gehabt, sondern - vorbehaltslos - eine Betriebsgenehmigung erteilt. Nun muss sie auch für die Folgen - und deren Zusatzkosten (= Krankenkasse usw.) gerade stehen.

Einer der Betroffenen, hatte am Montag nach dem Unfall seinen Hausarzt aufsuchen müssen, der ihn an einen Facharzt (Augenarzt) überwiesen hat. Nach der oben genannten Erklärung der Kreisverwaltung ist die nun auch für die entstehenden Kosten haftbar zu machen. Auch der Arbeitgeber musste den Ausfall eines Arbeitstages hinnehmen. Teuer für die Kreisverwaltung.

Aber auch der TÜV Rheinland „kippt" nach der Erklärung des Landrates, der - wie schon gesagt - gleichzeitig Aufsichtsratsmitglied ist, also auch in der Vergangenheit an so wichtigen und interessanten (und teuren!) Aufsichtsratssitzungen in der Türkei oder London der Nürburgring GmbH teilnahm. Da die Kosten dafür von er Nürburgring GmbH getragen wurden, die gleichzeitig in diesen Jahren Verluste schrieb, die wiederum durch „Ausgleichszahlungen" der Landesregierung in Mainz ausgeglichen wurden, handelt es sich wohl um Aufsichtsratssitzungen, deren Kosten zu Lasten des

Steuerzahlers gehen. Natürlich wird die Landesregierung nun nachweisen, dass sie zu Lasten eines Kreditgebers gingen, der zum normalen Zinssatz die Nürburgring GmbH bediente. Oder so. Oder anders.
Aber warum tagten die Herren in der Türkei oder in London? Wobei inländische Aufsichtsratssitzungen zum Teil in guten Restaurants durchgeführt wurden. Natürlich hatten diese Lokale eine Betriebsgenehmigung. Da konnte dann nichts passieren, da diese Genehmigungen nicht durch die Kreisverwaltung Ahrweiler erteilt worden waren. Oder? Alles klar?

Der Landrat des Kreises Ahrweiler ist in die Offensive gegangen. Er versucht die Nürburgring GmbH gut aussehen zu lassen. Zu seinen Lasten. Nun brauchte er noch die Unterstützung des TÜV Rheinland. Der ist schließlich einer der besten Sponsoren und Partner der Nürburgring GmbH. Und der TÜV Rheinland spielte mit. Am 14. Dezember gab es eine Presseerklärung des TÜV: Der erklärt, dass er für Betriebsgenehmigungen - wie im Falle der Nürburgring GmbH - nicht zuständig ist. Anders formuliert: Er passt sich der Argumentation der Kreisverwaltung an. Nur passt das alles nicht zusammen. Aber so ist der TÜV. Zuerst kommt das Geschäft, dann die Aufgabe, die er darzustellen versucht.

Der TÜV ist dann „Partner", wenn diese Partnerschaft ein Geschäft mit sich bringt. Gibt es Störungen „von außen", werden die elegant ausgeglichen. Wenn es sein muss mit Presseerklärungen, die eigentlich nicht zu vorherigen Aussagen passen. Aber vielleicht habe ich da auch etwas falsch verstanden.

Und so wird aus dem Theater „am Ring" nun ein Theater. Am deutlichsten ins Abseits begibt sich dabei der Landrat des Kreises Ahrweiler. Oder sehe ich das falsch? Er wird sich von seiner Aufsichtsratsposition in der Nürburgring GmbH zurückziehen müssen. Die 10 Prozent Anteil des Kreises an der Nürburgring GmbH wird man von einer anderen Person, in einer anderen Funktion - aber mit dem Vertrauen der Kreis-Verantwortlichen ausgestattet - ausüben lassen müssen.

Arrivederci, Dr. Pföhler! Fini für Dr. Kafitz! Und wann stolpert Kurt Beck? Erst, nachdem man den Begriff „Bilanzfälschung" an einem Beispiel aus der Eifel definieren kann? Es gibt schon so viele andere.

Also: Alles schon mal dagewesen. Aber das sollte nicht vom aktuellen Fall ablenken, der eigentlich - so mein Eindruck - „unter der Decke bleiben sollte", über dessen Hintergründe ich berichtete und an dessen Beispiel mir - Wilhelm Hahne - vom Inhaber der für den Nürburgring arbeitenden PR-Agentur in Hamburg - wie ich aus der Redaktion der „Eifel-Zeitung" höre nicht etwa eine „falsche Berichterstattung" vorgeworfen wird, nein, sondern (Zitat) „eine handwerklich nicht korrekte Mischung aus ‚Bericht und Kommentar'". Darum hier noch eine Erklärung von mir in Richtung des Herrn Oliver Dederichs, der es mit seiner Agentur als Aufgabe empfindet, Menschen in eine bestimmte Richtung zu beeinflussen, für Geld Lesern die Meinung seiner Auftraggeber über Presseorgange zu vermitteln, die dann „Meinung" als Nachricht darstellen können.

Lieber Herr Dederichs; jeder als objektiv dargestellter Testbericht, mit vielen objektiven Messdaten wird immer auch Meinung und Kommentar gleichzeitig sein müssen, wenn er für einen Leser von Wert sein soll. Denn mit den gleichen Testdaten ergibt sich - das nur als Beispiel - Monate später schon eine andere Wertung, weil sich evtl. durch Neuerscheinungen eine andere Ausgangsbasis für eine Bewertung ergibt. Alles im Leben sind Fakten, deren Wertung von der Lebenserfahrung bestimmt wird. Darum hat sicherlich auch der Journalist eine besondere Aufgabe, die nicht durch junge Volontäre abgedeckt werden kann (obwohl die billiger zu haben sind als erfahrene Journalisten). Es wird oft übersehen, dass schon im Grundgesetz der Satz zu finden ist: „Eine Zensur findet nicht statt." - Bei vielen Journalisten - leider - jedoch schon im Kopf. Weil sie zu wissen glauben, was der Chefredakteur will, der Anzeigenkunde von „seiner Zeitung" erwartet, der Leser nicht unbedingt anstrengend kritische, sondern „schöne Geschichten" lesen möchte. So kommt es in unseren Medien zu einer Häufung von „schönen Geschichten", die die Leser, die Anzeigenkunden, die Verlage - und natürlich auch die solche Geschichten evtl. auslösenden PR-Agenturen - glücklich stimmen sollen.

Der Militärgouverneur Lucius Dubignon Clay, der oberste Zensor der Nachkriegszeit in der US-amerikanischen Besatzungszone hat seine Erfahrung mit der deutschen Presse „damals" so dargestellt:

„Die deutsche Unfähigkeit, demokratische Freiheit wirklich zu erfassen, hat sich wohl auf keinem anderen Gebiet ... so deutlich gezeigt."

Aber inzwischen hat sich die Zensur im Pressewesen weiter entwickelt. Inzwischen kennen wir in Deutschland (!) das „autorisierte Interview". Der deutsche Journalist gesteht damit seinem Gesprächspartner das Recht zu, Worte, Aussagen, Wertungen nach Belieben zu korrigieren, auszuradieren - praktisch ungesprochen zu machen. Das geht so weit, dass nicht nur Antworten korrigiert, sondern evtl. ganze Fragen und Antworten in „Presseabteilungen" gestrichen werden. Erinnerung an das Grundgesetz: „Eine Zensur findet nicht statt."

Darum mache ich z.B. seit vielen Jahren keine Interviews mehr. Was soll ich mich mit Leuten unterhalten, die offensichtlich nicht wissen was sie sagen, deren Aussagen im Nachhinein darum noch einer Korrektur bedürfen? Von „SPIEGEL"-Kollegen wird mir die - auch dort gängige Praxis - so erklärt, dass man manchmal ja über zwei Stunden geführte Interviews auf eine Seite „eindampfen müsse". Darum, zur eigenen Absicherung... - Papperlapapp! - Wenn ich ein Zweistunden-Interview führe, dann ist auch da jeder gesprochene Satz so wichtig, dass er gedruckt werden sollte. Wenn davon aber das Meiste ohne jeden Wert ist, ist auch das geführte Interview wertlos.

Interessant, dass es das so genannte „autorisierte Interview" aber vorwiegend in Deutschland gibt, dass es in unserem deutschen Pressewesen als „normal" empfunden wird. Ein Pressewesen, das von Mr. Clay zu seiner Zeit schon als „deutsche Unfähigkeit" empfunden wurde, „demokratische Freiheit wirklich zu erfassen." Damals gab es aber noch nicht die Form des „autorisierten Interviews".

Das nur als Einschub für Herrn Oliver Dederichs, den ich gleichzeitig deshalb meinen Lesern zugemutet habe, damit sie bei dieser Gelegenheit etwas zu meiner Grundeinstellung erfahren.

Nun noch etwas zum Thema „Multi-Media-Theater Grüne Hölle" im ring°werk der Nürburgring GmbH. - Ich habe nicht einfach eine Geschichte geschrieben, weil die aufgrund eines zum Glück glimpflich abgelaufenen Unfalls notwendig wurde. Ich hatte mich schon im Vorfeld kundig gemacht. Da ich im Umfeld des Nürburgrings nicht unbekannt bin, hatte ich dort unbekannte Besucher gebeten, sich ein Bild zu machen. Und auch Bilder (Fotos) für mich. (Vor dem Unfall.) Hier folgen nun dafür Beispiele, die evtl. noch einmal faktisch die Vorwürfe unterstreichen, die ich oben schon erhoben habe:

Es gibt vor Betreten des Theaters im ring°werk „Sicherheitshinweise", die von der Gefährlichkeit des Besuchs dieses Theaters einen Eindruck vermitteln sollen. Ich habe einen der Besucher (wie man spätestens nach dem SWR-Filmbericht weiß: Christian Hauth aus Gerolstein), die den Unfall erlebten auch danach gefragt, ob er diese Hinweise wahrgenommen und vor Betreten des Theaters gelesen habe. Antwort: „Nein." - Hier folgt der bedeutende Teil der Sicherheitshinweise beim Besuch des Multimedia-Theaters „Grüne Hölle":

„Die Attraktion beinhaltet starke visuelle Eindrücke, Musik sowie Laser und Stroboskoplicht.

- Wir empfehlen die Teilnahme erst ab einem Alter von 3 Jahren. Kinder unter 10 Jahren nur in Begleitung eines Erwachsenen.

- Betrunkene und berauschte Personen sowie Personen unter Drogen- oder Medikamenteneinfluss sind von der Fahrt auszuschließen und dürfen das Multimedia-Theater nicht betreten.

- Körperlich und geistig behinderte Personen benötigen die Begleitung eines aufsichtsführenden Erwachsenen. Leider gibt es keine Rollstuhlfahrer-Zugangsmöglichkeit.

- Essen, Rauchen und Trinken sind an dieser Attraktion nicht gestattet.

- Während der Dauer der Show müssen die Gäste ruhig sitzen bleiben. Das Verlassen der Plattform während der Show ist nicht möglich.

- Das Hinauslehnen von der Plattform sowie Hinausstrecken von Armen und Beinen ist verboten."

Da das vom stellvertretenden Aufsichtsratsmitglied der Nürburgring GmbH offenbar alles als „vollkommen normal" empfunden wird (wenn er denn überhaupt davon weiß), hat er auch - dann als Landrat - seine Behörde (die Kreisverwaltung) eine normale Betriebserlaubnis erteilen lassen. Was braucht es da eine TÜV-Prüfung? Wobei mich zu meiner Überraschung ein Kollege fragte: „Gab es die Bäume denn schon bei der Eröffnung in diesem Theater?" - Ich habe die Frage nicht beantworten können, da ich nicht zur Eröffnung eingeladen war.

Ich kann darum nur feststellen, dass an dem Unfall-Sonntag einer der Bäume, die ein Stahlrohr mit einer Kunststoff-Atrappe sind, in Richtung der Zuschauer umgefallen ist. Einer der Zuschauer wurde auch so getroffen (wenn auch leicht, evtl. von wegfliegenden Teilen), dass er am Montag danach wegen eines Augenflimmerns den Hausarzt aufgesucht hat, der ihn an einen Augenarzt verwies, der dann den jungen Mann dann für diesen Montag nach einer Untersuchung krank geschrieben hat. Diese Abfolge ist auch inzwischen in einem Protokoll bei der Polizei in Adenau schriftlich festgehalten worden und wird sicherlich für die Staatsanwaltschaft ein Teil der Basis für eine weitere Bearbeitung des Falles darstellen.

Inzwischen - schließlich schreiben wir 2010 – wird das Multi-Media-Theater wieder genutzt. Und der „ring°racer" soll im Sommer 2010 seine Eröffnung erleben. Die „Testphase" scheint länger zu werden. Der TÜV Rheinland antwortet nicht mehr auf meine Anfragen. Was soll er auch antworten? Er ist schließlich nach Aussagen des Herrn Dr. Kafitz einer der bedeutendsten Sponsoren der landeseigenen Gesellschaft. Er wird wissen warum. Und wird sich entsprechend verhalten.

Ich glaube, dass der ring°racer niemals zum Einsatz kommen wird. Mehr als 12 Millionen Euro wurden sinnlos ausgegeben. Denn auch ein Abbau der Anlage wird nicht möglich sein. Ein Abbau würde auch die Fundamente erschüttern. Und damit scheint es auch ohne Abbau schon Schwierigkeiten zu geben. Auch ohne vulkanische Erschütterungen. Jedenfalls beschäftigen sich Sachverständige mit einer Überprüfung.

Also bleibt uns der ring°racer wohl als Symbol für schwungvolle Fehlleistungen beim Projekt „Nürburgring 2009" erhalten. Ein Baudenkmal!

Rainer Mertel, Ex-GF der N-GmbH: „Kafitz war eine Fehlbesetzung"

Ex-Nürburgring-Geschäftsführer Rainer Mertel ist am 28. Dezember 2009 – 64jährig – nach einem im Landtagsgebäude in Mainz erlittenen Herzinfarkt, direkt nach seiner Aussage vor dem Untersuchungsausschuss gestorben. Hier der ganz persönliche Nachruf eines Freundes. Eines Freundes? Eines Freundes!

Rainer Mertel hat mit mir viele Jahre kein Wort gewechselt. Und doch hat Mertel von mir manchen Tipp, ehrlichen Rat und – so meinen Andere – überflüssige Kritik erhalten. Wie ein Freund.

Rainer Mertel brauchte Abstand von seiner damaligen Aufgabe bei der Nürburgring GmbH um die Dinge zu relativieren. In letzter Zeit haben wir aber schon mal Gedanken miteinander ausgetauscht, Details diskutiert, gemeinsam Anteil genommen an dem Crashkurs, den die Nürburgring GmbH mit dem Projekt „Nürburgring 2009" eingeschlagen hat. Rainer Merteil war mit mir zur Jetztzeit in vielen Dingen der gleichen oder ähnlicher Meinung.

Als Journalist wusste ich schon recht früh, wer – in diesem Fall von der CDU – berufen würde. Und ich habe mich informiert, recherchiert, einige Dinge aus dem beruflichen Vorleben des – damals – neuen Geschäftsführers zusammen getragen, die ihn nach der Veröffentlichung in einer Zeitung nicht amüsierte.

Er hat mich zu einem Gespräch gebeten und war so laut, dass ich nicht glauben konnte, der „Anschreipartner" zu sein. Bevor ich sein Büro verließ, haben wir uns auf Zimmerlautstärke geeinigt und in der Folge auch Themen besprochen – z.B. motorsportliche – die für Herrn Mertel neu waren und tatsächlich wohl eine Anregung boten. Ich habe z.B. auf Rennen mit Lkw aufmerksam gemacht, die anderswo (z.B. in England) schon erfolgreich durchgeführt wurden.

Rainer Mertel war wirklich aufgeschlossen, hat mich um genauere Angaben – bitte schriftlich – gebeten und so habe ich ihm dann von Lkw-Rennen in Donington per Post berichtet. So kann man wohl auch heute noch im Nürburgring-Archiv einen Brief von mir an ihn aus dieser Zeit finden, der dann als Anregung zur Durchführung des „Truck-Grand-Prix" diente.

Rainer Mertel hat meine Anregung zusammen mit dem AC Mayen in Eifel-Realität umgesetzt und damit meine Hochachtung gefunden. Aber das reichte nicht, denn ich habe den Grip der ersten Fahrbahn des – damals – neuen GP-Kurses kritisiert, dessen Curbs respektlos als „Abschussrampen" bezeichnet (für Motorräder), habe das gesamte Sicherheitssystem des Kurses (das übrigens von Porsche entwickelt wurde) in Frage gestellt. Und hatte – leider – Recht.

Noch heute braucht man auf dem GP-Kurs als Zuschauer ein Fernglas, wenn man den Rennfahrzeugen nahe sein will. Aber dafür war eigentlich nicht Rainer Mertel verantwortlich. Meinte er. Wir sind uns da nicht einig geworden. Da Mertel immer eindeutig, klar und konsequent war, hat er nicht mehr mit mir gesprochen, was zu skurrilen Situationen führte.

Da ging ich z.B. mit meiner Frau durchs Fahrerlager und uns kam Rainer Mertel entgegen. Nein, er ist nicht abgedreht, sondern hat – nachdem er in unserer Höhe war – sehr freundlich meine Frau begrüßt, mich aber keines Blickes gewürdigt. Und hat sich sogar zu einer Frage an meine Frau hinreißen lassen, die mich lächeln machte: „Wie, Frau Hahne, können Sie es eigentlich mit einem Mann wie diesem aushalten?"

Rainer Mertel war immer klar in seiner Meinung und Haltung. Man konnte sich immer auf ihn verlassen. Niemals hätte er z.B. die Forderungen eines Bernie Ecclestone ohne harte Verhandlungsrunden akzeptiert. Rainer Mertel war kein „Warmduscher", hatte Rückgrat.

Mir hatte schon seine Art – als Mertel „am Ring" noch neu war – während des Bau des GP-Kurses gefallen. Während – nur als Beispiel – ein anderer (noch vorhandener) Geschäftsführer mit einem Geländewagen auf der Baustelle unterwegs war um dann stecken zu bleiben (und sich abschleppen zu lassen), war Rainer Mertel in Gummistiefeln und mit einem Fahrrad unterwegs. Und war überall da zu finden, wo wirklich ein klares Wort (er hätte es „Hilfe" genannt) notwendig war.

Als ich nach seinem Infarkt – er war in ein künstliches Koma versetzt worden – mit seiner Frau sprach, da nannte sie ihn „einen harten Hund". - „Wie Sie wissen." - Stimmt! Aber diese Art von Versagenszusweisung, wie sie – praktisch nach Drehbuch – in Mainz vorgenommen wird, mit Hinweisen aus bestimmter in eine unbestimmte Richtung, das hat ihn „fertig gemacht".

Eigentlich war Rainer Mertel nicht zum 18. Dezember 2009 vor den Untersuchungsausschuss in Mainz geladen, sondern zum Termin 14 Tage vorher. Aber er wollte die Geburt eines weiteren Enkelkindes durch seine Tochter mit erleben und ließ den Termin verschieben.

Wir haben nach der Geburt seines Enkelkindes, die ihn glücklich machte – kurz vor dem 18. Dezember 2009 – lange miteinander telefoniert und ich habe mich durch seine Detailschilderungen „aus persönlicher Praxis" mit Dr. Walter Kafitz in meiner langen und umfassenden Berichterstattung zum Thema „Nürburgring 2009" bestätigt gefühlt.

Er war stolz darauf, mich nicht nur in meinen Bemühungen um eine Kurskorrektur seiner Tätigkeiten kennengelernt zu haben, sondern hatte eigentlich jetzt erst begriffen, dass ich das, was ich jemals Negatives über ihn, über Dr. Kafitz geschrieben hatte, zu *1)* wirklich ernst meinte, zu *2)* immer Pro-Nürburgring war.

Natürlich gab es da schon mal die Bemerkung: „Aber immer haben Sie in meinem Fall nicht Recht behalten." - Richtig! Habe ich nicht. Aber wir waren uns beide darüber einig: „Kafitz war eine Fehlbesetzung." - Natürlich hatte die einen politischen Hintergrund. Wie auch der Weggang von Rainer Mertel als Kurdirektor nach Bad Neuenahr.

Politik orientiert sich oft nicht an den vorhandenen Realitäten, sondern nur am „politischen Willen" bestimmter Personen. Weil es einen

„politischen Hintergrund" gibt. - Da spielt dann Geld und kaufmännisches Denken keine Rolle mehr, nur Streben nach Selbstdarstellung, Einfluss, Darstellung von Macht.

Das erleben wir gerade im Fall des Projekts „Nürburgring 2009". Was Rainer Mertel „auf die Palme" brachte. Darum kann ich auch verstehen, wie sehr ihn das „Verhör" vor dem Untersuchungsauschuss erregt hat. Man wollte dort – die SPD wollte es – eben im Jahr 1980 mit der „Aufarbeitung des Falles" beginnen. Während im Bereich der Baustelle immer noch – auch jetzt noch, ganz aktuell - Millionen praktisch „aus dem Fenster geworfen" werden. Vielleicht wird „Nürburgring 2009" einmal Architektur-Studenten zur Darstellung der Auswirkungen von Bauschäden dienen.

Rainer Mertel hat Anteil genommen. Es hat ihn zerrissen. Und so forderte „Nürburgring 2009" sein erstes Todesopfer. Und die Parteigenossen (CDU) ergehen sich in Formulierungen wie:

„Mit großer Trauer und Bestürzung hat der CDU Landes- und Fraktionsvorsitzende Christian Baldauf auf die Nachricht vom Tode des Kurdirektors von Bad Neuenahr Rainer Mertel reagiert. Seine Gedanken seien in diesen schweren Tagen und Stunden bei Mertels Ehefrau und seiner Tochter, so Baldauf."

Nein, Rainer Mertel starb nicht als Kurdirektor, sondern als Nürburgring-Fan, zu dem er im Laufe seiner Arbeit in Nürburg geworden war. Er war als Ex-Geschäftsführer der Nürburgring GmbH vor den Untersuchungsausschuss geladen worden, hatte deutlich seine Kritik an seinem Nachfolger zum Ausdruck gebracht und war danach zusammengebrochen. Mit einem Herzinfarkt. Weil er so erfreut über die wahrnehmbare Wirkung seiner Aussage war?

Die FDP hat auch etwas zum Tode von Rainer Mertel verlauten lassen:

„Mit großer Bestürzung und mit Trauer reagierte heute der Vorsitzende der FDP-Landtagsfraktion Herbert Mertin auf

die Nachricht vom Tod des Kurdirektors von Bad Neuenahr, Rainer Mertel. ‚Die Anteilnahme und das Mitgefühl der FDP-Landtagsfraktion gilt in dieser Stunde der Familie des Verstorbenen', sagte Mertin."

Rainer Mertel habe sich als Kurdirektor in Bad Neuenahr und zuvor als Hauptgeschäftsführer der Nürburgring GmbH große Verdienste erworben. Das gelte besonders für Bad Neuenahr und die Eifelregion, aber auch für das ganze Land Rheinland-Pfalz."

Rainer Mertel wäre am 12. April 2010 65 Jahre alt geworden, hätte dann nicht nur das Pensionsalter erreicht, sondern wäre auch in den verdienten Ruhestand gegangen. Sein Nachfolger ist schon bestimmt. Und nun?

Auch die SPD ist unendlich traurig. Wirklich? Da findet man folgende Worte:

„Mit großer Bestürzung hat die SPD- Fraktion die Nachricht vom Tode des Kurdirektors von Bad Neuenahr, Rainer Mertel, aufgenommen.

Unser Mitgefühl und unsere Anteilnahme sind bei der Familie des Verstorbenen, dessen Herzattacke nach seinem vitalen Auftritt im Untersuchungsausschuss im Dezember für alle völlig überraschend gekommen war', so Barbara Schleicher- Rothmund, Parlamentarische Geschäftsführerin der SPD- Landtagsfraktion.

Mertel hat als Geschäftsführer der Nürburgring GmbH und als Kurdirektor von Bad Neuenahr große Verdienste erworben. Wir werden den Verstorbenen in guter Erinnerung behalten."

Und jetzt wird man weiter versuchen den „Nürburgring-Skandal" nach Drehbuch aufzuarbeiten? Und wenn das Jahr 2010 nicht reicht, wird diese „Seifen-Oper" eben ins Jahr 2011 verlängert. - Wegen des großen Erfolges?

Ich kann nur für mich sprechen: Ich kann nun nicht mehr auf die Ergebnisse der Arbeit des Untersuchungsauschusses warten. Ich kann auch nicht auf die taktisch sehr gut abgestimmte Arbeit der Staatsanwaltschaften hoffen. Ich werde weiter als „Geheimnisverräter" - wie von der Staatsanwaltschaft Koblenz ausgezeichnet - auftreten müssen und frei von allem Getue um den so genannten „Ehrenkodex" der Journalisten die Menschen hinter den jeweiligen Parteifiguren heraus arbeiten. Und deren Umfeld beleuchten.

Mit Rainer Mertel ist ein Mensch gestorben. Kein Kurdirektor oder Ex-Geschäftsführer. Viel zu früh. Weil es Menschen wie ihn braucht, Menschen, an denen sich andere mit ihrer Meinung reiben können, die nicht einfach „zu Diensten" sind. Solchen, die mit Zahlen arbeiten, die der Phantasie entsprungen sind, mit Investoren, die erst mit Mitteln des Staates zu solchen werden können.

Frau Mertel hatte sich nach dem Infarkt Ihres Mannes in Mainz dort ein Zimmer genommen, hoffte auf eine Gesundung ihres Mannes. Es wäre ihr gleich gewesen, wie lange sie darauf warten musste. Die Ärzte haben ihr keine Hoffnung gemacht. Sie dagegen vertraute auf die Anlagen ihres Mannes.

Der war aber dem Taktieren der „politischen Freunde" - wie sie sich jetzt alle darstellen – nicht gewachsen. Rainer Mertel ist tot! Er war zwar „ein harter Hund", aber eigentlich ein empfindsamer Mensch.

Wir müssen jetzt ohne Rainer Mertel einen Weg in Sachen „Nürburgring 2009" finden.

Rainer Mertel war mehr als nur ein Kurdirektor oder Ex-Geschäftsführer. Er war auch Ehemann und Vater. Und war gerade mal wieder Opa geworden. - Sein im Dezember 2009 geborener dritter Enkel wird den Opa nicht mehr bewusst erleben können.

Denken wir auch einmal daran.

„Nürburgring 2009":
Bau-Skandal, Wirtschafts-Affäre, Strategiespiel?

Eigentlich ist alles noch viel schlimmer. Immer wenn man denkt, dass nun der Höhepunkt von Pleiten, Pech und Pannen überschritten ist, dann gibt es eine neue Überraschung. Wussten Sie, dass der Bau – obwohl schon zweimal eine Eröffnungsparty gefeiert wurde – immer noch nicht fertig ist?

Ich war im Februar 2010 noch einmal auf dem Gelände, das schon zwei Eröffnungsevents gesehen hat. Und alle Beteiligten reden durcheinander, wie damals in Babylon. Aber man versteht sich. Soweit es um die Verschwendung von Geld geht. Schwarzer Schiefer für den Tribünenaufgang? Natürlich! Und natürlich wird gespart. Man lässt die Schieferplatten aus Spanien kommen. Das ist billiger (Aber eigentlich blanker Unsinn – meine ich). Es hat sich auch nach dem plötzlichen Ausscheiden des bisherigen Geschäftsführers nichts geändert.

Kunden, die z.B. eine Rennstrecke mieten möchten, sprechen jemanden an, ein anderer antwortet nicht und wieder ein anderer meldet sich dann nach vielen, vielen Tagen. Und die SPD, bzw. die Landesregierung offeriert ein neues Konzept.

Die Wähler reiben sich verwundert die Augen. Ein Konzept wird erst nach dem Bau des Projekts entwickelt? Warum nicht? Es gab schließlich auch einen „Ersten Spatenstich" nicht nur ohne Baugenehmigung, sondern auch eigentlich notwendige Finanzierung. Und dann nur Teilgenehmigungen zum Bauen. Exakt so, wie sie gebraucht wurden. Es war eben – und es ist noch heute so – eine Menge Politik im Spiel. So muss man sich eigentlich inzwischen nicht nur eine, sondern mindestens drei Fragen stellen: Bau-Skandal? Wirtschafts-Affäre? Partei-Strategiespiel?

Lassen wir doch einfach ein paar aktuelle Fakten Revue passieren um zu verstehen, dass „Nürburgring 2009" eigentlich für jeden Geschmack etwas bietet. Wie hätten Sie's denn gerne? Ach, Sie dachten mehr an eine Wirtschaftförderungsmaßnahme für die Region? Für welche?

In Nürburg wurden bisher um 350 Millionen Euro verbuddelt, die auch die routiniertesten Schatzsucher an diesem Platz nicht wiederfinden werden.

In Tirol (Österreich) ist man ganz stolz, dass man 42 Millionen Euro der bisherigen Bausumme des Nürburgring-Projekts in die Schluchten ihres Urlaubslandes umleiten konnte. Auch in Spanien ist man für die (eigentlich nicht nachvollziehbare) Entscheidung von schönheitsbewussten Architekten und Bauherrn nicht undankbar, in der neu aufgebauten, modernst ausgestatteten BMW-Tribüne (so wird sie nach einem der bedeutenden Sponsoren benannt) für den Boden- und Treppenbelag in den Aufgängen spanische Naturschieferplatten zu verwenden. - Natürlich wäre Eifeler Schiefer teurer gewesen. Darum darf das den Besuchern spanisch vorkommen. Aber so strahlen doch die Treppenaufgänge auch eine gewisse Wärme aus. Oder?

Ach, Sie sehen eher schwarz? Ein Architekt, den wir konsoltierten, weil wir inzwischen in der Einschätzung der vielen Fehlleistungen unsicher geworden waren, der schlug die Hände über den Kopf zusammen, ob einer solchen Entscheidung. „Aber den bekommen die doch nie und nimmer sauber!", rief er aus. Nicht nur das Treppenhaus, auch die Loungen werden in Schiefer ausgelegt, wie z.B. die „business°lounge des TÜV Rheinland.

Ist der TÜV Rheinland wirklich Mieter der gesamten Etage? Ich bin mal entlang gegangen. Ich habe auch feststellen können, dass nicht der eigentliche Mieter untervermietet, sondern die Nürburgring GmbH. Kann man aus diesen Untervermietungspreisen auf den Gesamtmietpreis des TÜV Rheinland schließen?

Der Bodenbelag in allen Räumen – auch den Mietflächen des TÜV Rheinland, die sich nach meiner Zählung über sieben Räume verteilen – sind mit schwarzen spanischen Schiefer ausgelegt. Und mit der

Reinigung... - das wird also nicht nur schon so sein, wie der Archtiekt meint, sondern das ist so. Aber wen interessiert das wirklich? Die SPD, die CDU, die FDP, als die Regierungsparteien in Rheinland-Pfalz?

Die wissen doch nichts davon. Die beschäftigen sich doch mit parteipolitischen Spielchen. Die verstehen selbst die „Genossen" vor Ort nicht, die die rauhe Wirklichkeit – und ihre Auswirkungen - mitbekommen. Mainz ist weit. Zu weit. Obwohl gerade für Mainz das Projekt „Nürburgring 2009" von besonderer Bedeutung sein sollte. Für die Landtagswahlen 2011. Beck möchte gerne eine weitere Runde Chef spielen. Da sollte man dann schon den Wählern etwas vorweisen können.

Dumm gelaufen! „Nürburgring 2009" wurde nicht so sehr als Wirtschaftsförderungsmaßnahme den Wählern in der Eifel ein Begriff, sondern eher als Affäre und Skandal. Wer heute – also nach zwei (nicht billigen) Einweihungs-Partys - mit offenen Augen durch den Baukomplex schlendert, dem wird schnell klar, dass die wirkliche Fertigstellung des Projekts nicht nur noch einige Zeit, sondern auch noch einige Millionen Euro in Anspruch nehmen wird.

Dabei haben wir noch gar nicht an die Beseitigung der eingebauten Baufehler gedacht.

Der spanische Schiefer wird derzeit noch von täglich um 6 – 8 Fliesenlegern verlegt. Ist ein Bauabschnitt fertig, wird zunächst die Rechnung eingereicht (Man weiß ja nie...) bevor dann neues Material vom Firmenlager zum „Ring" gekarrt wird. Man kann jetzt sogar mit normaler Treppenhausbeleuchtung arbeiten. Eilige Planer hatten eine solche Ausleuchtung zunächst nicht bedacht. Dunkle Tribünen-Aufgänge haben schließlich etwas Besonderes. Oder hatte man die Beleuchtung einfach vergessen?

Jetzt liegen Leitungen auf der Wand, gegossene Treppen mussten durchbohrt werden, spanischer Schiefer muss (musste) durchlöchert werden, um den – spät, zu spät eingeplanten – Lichtleitungen Platz einzuräumen. Es ist also nicht nur der ring°racer der nicht funktioniert.

Auch der Hubschrauber-Landeplatz auf dem neuen Lindner-Hotel wurde zwar mit einem siebenstelligen Aufwand als besonderes Extra erstellt (und auch schon beworben!), ist aber bis heute von der zuständigen Genehmigungsbehörde nicht abgenommen. Wie von dort zu hören, wird das Genehmigungsverfahren Mitte des Jahres 2010 abgeschlossen werden.

Meine Großmutter empfahl mir früher immer, bei einem Restaurantbesuch mir zunächst mal die Toiletten anzusehen, weil man von deren Zustand auch... - Also habe ich mir mal in der neuen BMW-Tribüne die Herren-Toiletten angesehen. Dort ist eine eindrucksvolle Art der Rohrverlegung zu bestaunen. Was hier zuviel ist, ist dann auf dem Boulevard zu wenig.

Dort wird seit vielen Wochen nur noch die Hälfte der größten Video-Wand der Welt genutzt. Jedenfalls gab es direkt nach der Fertigstellung dieses Monstrums eine Menge Ärger beim Einschalten dieses optischen Schmuckstücks im Wert von um drei Millionen Euro. Sagt man. Dann wurde ab 31. November 2009 daran repariert. Die Monteure - von mir befragt - rechneten mit einer Reparaturzeit von um drei - vier Wochen, weil nicht nur die Leitungen..., sondern auch im Keller... - So richtig wollte man nicht mit der Sprache heraus.

Zu den wenigen, die bei diesem Projekt noch den Durchblick haben, gehören die Fensterputzer. Bei dem derzeitigen Winterwetter arbeiten die gerne im Boulevard. Draußen ist es nämlich jetzt im Februar nicht nur kalt, sondern auch sonst für Besucher nicht so schön: „Achtung Dachlawinen!"

Jörg Lindner mit seinen „Partnern" Kai Richter und Hans-Joachim Koch (neuer GF der Nürburgring GmbH) haben es vor „ihren" „Holiday-Partnern" verdeutlicht: Natürlich sei der Nürburgring staatlich, natürlich könne er so auch zum Spielball der Politik werden, aber jede Kritik an dieser großen organisatorischen Leistung (gemeint war wohl „Nürburgring 2009") sei eigentlich unbegründet.

Und als unbeantwortete Frage stand dann im Raum: Können Sie die „Heinis" von der „Eifel-Zeitung" nicht still stellen? (So oder ähnlich!) Von Wilhelm Hahne wurde nicht gesprochen.

Inzwischen sind aber sogar die Genossen der SPD in Adenau schon laut geworden. Hinter vorgehaltener Hand sozusagen. Der Brief der SPD-Genossen an ihre „Chefs" in Mainz war bei mir nachzulesen. (Natürlich auch bei der „Eifel-Zeitung"). Das passte natürlich den Regierungsoberen in Mainz ganz und gar nicht. Und so wurden die Adenauer Genossen dann auch vom Wirtschaftsminister besucht. Und vorher von Frau Heike Raab, SPD-Generalsekretärin und Abgeordnete für den Wahlkreis Cochem-Zell, „eingestimmt". Die Genossen wussten also, wie sie sich in der Öffentlichkeit auf einer SPD-Veranstaltung für die Öffentlichkeit darzustellen hatten. Und sind dann auch - „aus witterungsbedingten Gründen", versteht sich – nur in kleiner Zahl – man spricht von „rund 50" - erschienen.

So blickte dann SPD-Wirtschaftsminister Hering – auch im Namen des SPD-Regionalverbandes Rheinland, dessen Vorsitzender er ist – optimistisch in die Nürburgring-Zukunft. Minister Hering, und mit ihm die Landesregierung von Rheinland-Pfalz, setzen auf ein neues Konzept. Das wurde jetzt erst entwickelt, nachdem „das Kind erst einmal schon in den Brunnen gefallen war". Wenn man den Zukunftsträumern folgt, dann wurden, wie Minister Hering ausführte, „bereits die Konsequenzen gezogen". Konsequenzen buchstabiert man in Mainz so: Geschäftsführer der landeseigenen (90 Prozent) GmbH fristlos entlassen, Finanzminister zurückgetreten, GmbH als Besitzer von Rennstrecke und Immobilien (?) durch einen privaten Betreiber entlastet.

Und wenn ein paar private Hotelbetreiber ob der „angepassten Art" (an die derzeitige Situation) der neuen privaten Besitzer (?) und Betreiber auf die Barrikaden gehen und sich beim Landes-Kartellamt schnell eine entsprechende Antwort. Die „Newsletter" dazu liest sich dann so:

„Nürburgring
Landeskartellbehörde: Keine Anhaltspunkte für Wettbewerbsverstoß
Die Landeskartellbehörde hat in Zusammenhang mit dem Projekt Nürburgring 2009 keine Anhaltspunkte für Verstöße gegen das Gesetz gegen Wettbewerbsbeschränkungen. Auch Verdachtsmomente für das Anbieten unter Einstandspreis oder kartellrechtswidrige Kopplungspraktiken liegen nicht vor. Hoteliers und Gastronomen aus der Region Nürburgring hatten sich mit Vorwürfen an die beim Wirtschaftsministerium angesiedelte Landeskartellbehörde gewandt, im Zusammenhang mit dem Projekt Nürburgring 2009 gebe es unzulässige Niedrigpreisstrategien und wettbewerbsbehindernde Kopplungspraktiken mit Angeboten der Nürburgring GmbH. Die Landeskartellbehörde hat daraufhin umfassend geprüft, ob gegen kartellrechtliche Bestimmungen verstoßen wurde. Dies gilt insbesondere für das Behinderungs- und Missbrauchsverbot. Die Landeskartellbehörde teilt den Beschwerdeführern nun mit, dass die Prüfung der Vorwürfe keine Anhaltspunkte ergeben hat."

Bezeichnend ist, dass der Absender dieser „News" wie folgt benannt ist:

„Ministerium für Wirtschaft, Verkehr, Landwirtschaft und Weinbau",

denn das Landeskartellamt ist eine Abteilung des Wirtschaftministeriums ins Mainz. Dieses Wirtschaftministerium steht unter der Leitung von Wirtschaftminister Hendrik Hering. Und Hendrik Hering ist seit einiger Zeit verantwortlich für „Nürburgring 2009".

Wenn Sie mich fragen (aber wer fragt mich schon?) dann würde ich mal der EU in Brüssel einen Tipp geben.

Es stört die Landesregierung auch nicht, dass der als „neu" gehandelte Betreiber, eine Gesellschaft (wahrscheinlich „mit beschränkter Haftung") aus Kai Richter, bekannt aus einigen Deubel-Reden und Jörg Lindner, einer der bisher im Hintergrund gebliebenen Lindner-Brüder (neben Otto, dem „Chef") eigentlich im bisherigen Kerngeschäft der Nürburgring GmbH, dem Motorsport nämlich, und der Rennstreckenvermietung für Industrie und Fahrerlehrgänge bisher ohne jede Erfahrung ist.

Jörg Lindner, als „Gast" auf der SPD-Regionaltagung in Bad Neuenahr-Ahrweiler unter den Genossen, kommentierte die Hering-Vorhersage so: „Wollen Sie das Projekt retten, geht es nur so. Entweder mit uns – oder mit jemand anderem."

Ohne eine Ausschreibung? Ich frage mal dumm. Und ohne Änderung des ursprünglichen GmbH-Vertrages, die durch die politischen Gremien des Land- und Kreistages (da mit 10 Prozent beteiligt) erfolgen müsste. Öffentlich!

Aber wer möchte schon das Projekt schultern, von dem sich der Herr Ministerpräsident und seine Crew nun gerne – nur allzu gerne – trennen möchte? Denn es kommt noch viel auf die privaten Betreiber zu, die ihre Absichten und Pläne in der Woche vorher schon im „Dorint"-Hotel am Nürburgring schon so andeuteten: Man müsse sich von Motorsportveranstaltungen ohne große Rendite trennen.

Natürlich werde es ein 1000-km-Rennen nicht mehr geben und auch z.B. ein Super-Bike-Rennen sei in Frage gestellt. Man werde sich dagegen in Sachen „Love Parade" und „Musikanten-Stadl" engagieren. Außerdem werde man die Industrie und auch die Veranstalter von Fahrerlehrgängen stärker zur Kasse bitten müssen.

Aber solche Informationen werden dann schnell dementiert. Natürlich wolle man keine Motorsportveranstaltung... - Und überhaupt... - Natürlich! - Alles sehr glaubwürdig, wenn man einmal die Abläufe in den letzten Monaten Revue passieren lässt. Was ich dazu aus Club- und Industriekreisen höre, lässt andere Rückschlüsse zu.

Irgendwer wird schließlich zur Kasse gebeten werden müssen. Die immer wieder prognostizierten Besucher - pro Jahr eine hohe sechsstellige Zahl - die bleiben aus. Sie kennen offensichtlich die Gutachten renomierter Institute nicht, die sie zum Besuch verpflichten. Sonst werden die Ziele des Business-Plans nicht erreicht. Immerhin hatten sich bei meinem Besuch an diesem Vormittag (zwischen 11 Uhr und 11:30 Uhr) zwei Besucher im Boulevard verlaufen. Sie standen verträumt vor einem Ferrari, ungefähr so - ich stelle mir das vor - wie die Herren Politiker in Mainz vor den Gutachten sitzen, die einen kaufmännischen Erfolg ihrer Baumaßnahmen versprechen. Verträumt eben. - Wird das Ganze dann endgültig zu einem Heiterkeits Erfolg? - Die Landesregierung vermeldet von dieser Tagung ganz stolz, dass die Anzahl der „Holiday"-Partner, also jener, die mit der Nürburgring GmbH und dem „Team" Richter/Lindner kooperieren in letzter Zeit deutlich gewachsen sei. Natürlich. Weil man sich nicht vorwerfen lassen will, dass man als privater Hotelbetreiber und Pensionswirt nicht alles getan habe. Ein Holiday-Partner danach befragt, warum er denn Partner in dieser Gruppe geworden wäre: „Das weiß ich auch nicht."

Denen präsentierte dann Kai Richter auch auf der o.g. Veranstaltung eine Spezialversion der ring°card, die jeweils den Namen des Hotels, der Pension trägt, die sie ausgibt. Wenn man sie denn übernehmen will. Kai Richter stellt die Vorzüge so heraus: Wenn ein Gast, mit so einer Karte ausgestattet, dann in das Eifeldorf „Grüne Hölle" komme, um dort z.B. zu essen, so erhalte das Hotel, die Pension, die „ihre Karte" dem Gast schmackhaft machen konnte, eine angemessene Provision.

Kai Richter machte auf noch einen Vorteil aufmerksam, der die Ausgabe einer solchen Karte haben würde: Der Gast wird „durchsichtig". Richter bemerkte, dass man in Zukunft auch jeden Nutzer der Nürburgring-Nordschleife durchleuchten könne. Man wisse nach seinem Besuch genau, was er gegessen, getrunken habe, lerne so seine Besonderheiten kennen und könne – zukunftsgerichtet – dann auch entsprechend disponieren. Er sagte zu, allen „Kartenvertreibern" alle wichtigen Daten zur Verfügung stellen zu wollen. Und was ist mit dem Datenschutz, Herr Richter?

Die SPD wird hier sicherlich nicht kleinlich sein und schon mal „ein Auge zudrücken". Die CDU wird sich sicherlich in diesem Fall - den man wohl noch nicht kennt – ein wenig aufgeregter geben, aber sich aus taktischen Gründen sicherlich zurück halten. Die FDP sowieso, die nach den nächsten Landtagswahlen (in 2011) dann gerne das Justizministerium für sich beanspruchen würde. Da muss man eben jetzt taktieren. Man kann ja noch nicht sicher sein, wie in 2011 gewählt wird.

Wie stark Landespolitik die Bundespolitik beeinflussen kann, wird ja gerade am Beispiel der Wahlen in Nordrhein-Westfalen in diesen Tagen deutlich. Was in Berlin überhaupt noch an Politik gemacht wurde, richtete sich exakt auf diesen Wahltermin aus. Die CDU kann es sich nicht erlauben, die Wahlen in NRW zu verlieren. Man würde dann im Bundesrat evtl. eine ähnliche Schlappe hinnehmen müssen, wie das gerade unserem großen Freund Obama in den USA passierte. Also macht man zur Zeit lieber keine Politik, als die falsche. Denn: Welcher Politiker weiß eigentlich, was die Wähler wollen?

Nehmen wird doch einmal – und damit sind wir dann zurück in RLP – die CDU, die ihren Abgeordneten Michael Billen „ausgesondert" hat. Der wird zwar noch im Landtag sprechen, aber nicht mehr für die CDU-Fraktion. Seine Fraktions-Mitgliedschaft ruht. Aus taktischen Gründen? Denn was hat Billen getan? Er hat im POLIS-System über seine Tochter... - Nein, seine Tochter hat... - und Billen hat nur „abgegriffen". Warum? Als Mitglied des Untersuchungsausschusses hätte er auch offiziell – nach einem entsprechenden Antrag – Zugriff gehabt. Billen spielt jetzt die Rolle des „CDU-Aufpassers". Was der CDU-Fraktionsvorsitzende, Christian Baldauf, nicht kann, weil er es vielleicht als zu hart gegenüber der SPD empfindet, das kann jetzt Billen. Und Baldauf kann entschuldigend sagen: Wir hätten natürlich niemals... - aber Billen ist ja leider außerhalb unserer Kontrolle.

So wird der so genannte Untersuchungsausschuss weiter abgewertet. Der muss auf den Termin Landtagswahl in RLP ausgerichtet sein. Meinen die Parteien. Und arbeiten einander zu. Oder nicht. Oder doch. So kommt es zu so „schrecklichen" Ergebnissen am Ende eines Sitzungstages, dass der eine das Ergebnis als „süß", der andere als „sauer" empfindet. Ein folgt ein reales Beispiel.

Zwei Mitglieder des Untersuchungsausschusses in Mainz, einer von der FDP, der andere von der SPD, berichten am Ende eines Sitzungstages über das Ergebnis der gleichen Veranstaltung:

Günter Eymael, für die FDP: *„In der heutigen Sitzung des Untersuchungsausschusses sind eine Vielzahl von Parallelen des gescheiterten Space Centers in Bremen zum Projekt Nürburgring 2009 deutlich geworden."*

Clemens Hoch, für die SPD: *„Der Versuch der Opposition, in der heutigen Beweisaufnahme Parallelen zwischen dem Projekt Nürburgring 2009 und dem Bremer Projekt „Space-Park" zu ziehen, ist vollständig gescheitert."*

Da kann selbst eine „Westumer Edelmöhre" noch lernen. Ach, die ist Ihnen, lieber Leser, unbekannt? Sie erscheint schon mal als Schornsteinfeger, ist auch ganz schön „schwarz" (CDU) und verkündet dann: *„Alles sauber mache ich mit meinem Besen, danach sieht's aus, als wäre nichts gewesen."* - Haben Sie ihn erkannt? Es handelt sich um Landrat Pföhler, der an einem der letzten Wochenende im Festzelt der KG „Rot-Weiß" zur „Westumer Edelmöhre" ernannt wurde. In Istanbul wird man das mit Interesse zur Kenntnis nehmen, denn diese „Edelmöhre" ist auch in der Türkei kein unbeschriebenes Blatt, da er schon ein ereignisreiches Wochenende in der Stadt zwischen Okzident und dem Orient verbrachte. Auf Landeskosten sozusagen, da er als Aufsichtsratsmitglied der Nürburgring GmbH an einer Aufsichtsratssitzung in der Türkei teilnahm. Zum wohlfeilen Preis von 22.136,23 € für sieben Personen und drei Tage (Freitag, Samstag, Sonntag = 2 Übernachtungen).

Da es zu diesem Ereignis eine „Kleine Anfrage" im Landtag gab, erinnerte sich die „Westumer Edelmöhre" rechtzeitig an ein Aufsehen erregendes Gutachten. Wie das dann in die Hände eines Redakteurs einer Tageszeitung kam, ist bis heute ungeklärt und hat sicherlich auch den Landrat verblüfft. Er hätte vielleicht einmal mit dem Schornsteinfeger sprechen sollen. Die bringen bekanntlich Glück.

Ein Glück, das einer der SPD-Genossen in Adenau nicht hatte, dessen Brief – wie man nun auch (!) im Internet lesen kann: von einem 77jährigen Motorkritiker... - Also Sachen gibt's... - So sah sich der Schreiber dieses Aufschreies der Adenauer SPD-Genossen (den Sie auch auf den Internetseiten der „Eifel-Zeitung" vernehmen konnten) gezwungen, das seinen Genossen ein wenig zu erklären. Denn eigentlich... - Aber lesen Sie doch selbst:

„Liebe GenossInnen FreundInnen, SympathisantInnen und sonstige Interessierte,
nach Tagen der intensiven medialen Auseinandersetzung mit unserem Brief an die SPD-Fraktion im Landtag von Rheinland-Pfalz, wird es Zeit, dass ich als Verfasser des Briefs mich zu Wort melde.
Vielfache Rückmeldungen aus dem Kreise politischer Freunde und - wen nimmt es Wunder- auch politischer Gegner, haben mir gezeigt, dass wir der breiten Masse in der Region aus der Seele gesprochen haben. Teils wurde mir bescheinigt, das habe schon immer so geschwelt, nur habe es niemand so treffend in Worte zu fassen gewusst. Das ehrt mich und das nehme ich auch gerne an.
Gleichwohl möchte ich nochmals betonen, dass die Veröffentlichung unseres Schreibens nicht -zumindest nicht in diesem Stadium- vorgesehen war. Die Veröffentlichung hat einige politische Kräfte, die mir und uns sehr nahe stehen, in Zugzwänge gebracht, die so nicht beabsichtigt waren. Wir haben unter uns zu klären, welche Motive unsere eigenen Leute bewegen, interne Beschlüsse zu übergehen und unsere Motive -nämlich eine geordnete Aufklärung- zu verraten und an die Öffentlichkeit zu verkaufen.
Ja, ich fühle mich verkauft! Der Vertrauensbruch, der mir hier widerfahren ist, macht mir eine weitere Zusammenarbeit mit den

begtreffenden Parteifreunden schwer.
Gleichzeitig möchte ich die gegenwärtige Entwicklung wahrnehmen, um den Druck zu einer lückenlosen Aufklärung, der nie größer war als jetzt, mitzunehmen in positive Gespräche mit unseren Landtagsabgeordneten. Uns wurden Informationen zugesagt und Antworten auf die im Brief gestellten Fragen. Wir dürfen davon ausgehen, dass alles, was Rang und Namen im Land und der Region hat, in den nächsten Wochen und Monaten auftritt. Mir liegen zumindest entsprechende Ankündigungen vor…
Aber zurück zu meinem Brief, der ein Brief des Ortsvereins war, das möchte ich hier nochmals klarstellen. Ich habe -insofern bin ich sehr wohl der Urheber des Schreibens- alles zusammen geführt und in Abstimmung die abschließende Formulierung vorgenommen. Ein Mitglied des Ortsvereins ist hiervon, nämlich dass alles abgestimmt war, ausdrücklich ausgenommen: Carlheinz Moesta. Ich habe es versäumt, ihm den Entwurf des Briefs zu zumailen, sorry for that, C-H!!
Dass der Brief im Internet steht, habe ich vom SWR erfahren. Dem hatte ich zunächst (als Urheber) meine Zustimmung zur Veröffentlichung des Briefs verweigert. Dann stand er aber schon im Auftritt eines landauf landab bekannten Motorkritikers, so dass weiterer Widerstand zwecklos war. Abends waren wir dann Headliner in Rheinland-Pfalz Aktuell. Damit war das Thema öffentlich.
Meine Mutter rief mich an. Sie hatte inzwischen auch den Brief runtergeladen. Die einzige offizielle Quelle scheint ja der Motorkritiker aus Virneburg zu sein. Er hat beim Abschreiben so viele Rechtschreibfehler in meinen Brief eingetippt, dass meine Mutter an der Authentizität zweifelte. Ich konnte sie insoweit beruhigen, als der Brief tatsächlich von einem 77-Jährigen -so gut er eben konnte- abgeschrieben wurde.
Jetzt werden Sie sich für die inhaltliche Befassung mit den Fragen aus dem Brief interessieren.
Die Antworten werden kommen.
Und mit den Antworten die weiteren Blogs.
Aber eins muss unbedingt noch klar gestellt werden: Hätte ich

diesen Brief von vornherein für die Öffentlichkeit geschrieben, wäre mancher verbale Angriff weniger scharf ausgefallen. Ich nehme mir intern heraus, meinen Parteifreunden und den Verantwortlichen des Nürburgrings Vorwürfe wie "Versagen" oder "Scheitern" an den Kopf zu werfen. In offizielen Termini wäre ich selbst bei gleichem Inhalt in meiner Wortwahl moderater gewesen. Ich bin erfahren genug, solche Schlagworte nicht dem investigativen Journalismus preiszugeben. Ein für die Öffentlichkeit konzipiertes Schreiben hätte anders ausgesehen."

(Anmerkung: Abschreibefehler konnten dieses Mal durch einfaches Kopieren vermieden werden.)

Jemand der nicht abschreibt, auch sicherlich nicht die Realität von „Nürburgring 2009" zu schildern versucht, ist Jacques Berndorf (im normalen Leben als Michael Preute bekannt), der gerade an seinem neuen Krimi arbeitet, der – glaubt man „Amazon" - im Mai 2010, 340 Seiten stark, unter dem Titel „Nürburg-Papier" zum Preis von 9,95 € in den Buchhandel kommt (Man kann ihn schon vorbestellen. Ganz unter uns: Es gibt vier Tote!).

Zu dem, was Sie aus dem Erleben der Realität – und aus der „Eifel-Zeitung" bereits wissen, erfahren Sie als Leser bei „Amazon" u.a. folgendes:

„Eines Tages wird Claudio Bremm ermordet, der wichtigste Mann aus den Reihen der Manager, der härteste der harten Typen, der kälteste. Jemand streckt ihn brutal mit einer Maschinenpistole nieder, jemand, der ihn abgrundtief gehasst hat, jemand, der gesagt hat: Der muss weg!
Noch ehe die Mordkommission die Spuren im Wald sichern kann, stirbt ein zweiter Mann. Im Dörfchen Kirsbach, unweit der ältesten und bekanntesten Rennstrecke der Welt, stirbt der alte Bauer Jakob Lenzen einen grausamen Tod: Er wird mit einem Kopfschuss aus einer großkalibrigen Waffe in seinem Stall hingerichtet. Warum ausgerechnet der sanfte, kluge Jakob?

Zunächst kann niemand die Morde aufklären, die scheinbar nichts miteinander verbindet. Auch Siggi Baumeister, Emma und Rodenstock sind hilflos. Zu viele Spuren, zu viele Verdächtige, eine Unmenge glaubhafter Motive.
Schließlich wird die Leiche einer jungen Frau aufgefunden. Bei Regen und Eiseskälte wurde sie aus dem Auto gezerrt, erschossen, liegengelassen. Und zum ersten Mal zeigt sich so etwas wie ein roter Faden im Labyrinth der Nürburgring-Morde."

Also fast so spannend wie das Lesen von „Motor-KRITIK" und „Eifel-Zeitung" oder Sehen und Hören bei SWR, wo Sie bisher zum Thema „Nürburgring 2009" schon eine Menge erfahren konnten. Auch über Skandale, Affären und Strategien.

Ich halte Sie auch in Zukunft weiter auf dem Laufenden. Die Morde liefert (hoffentlich) ausschließlich Jacques Berndorf nach.

Einen „normalen" (?) Todesfall, Staatsanwaltaktionen und die Hausdurchsuchung bei einem Journalisten hatten wir ja schon. Viele waren tätig, aber keiner ist ein Täter.

Während ich dem Parkplatz entgegeneile, der nur sehr sparsam besetzt ist, liefert weiter rechts gerade ein Tanklastwagen neues Heizöl an. Wie ich höre, werden hier zur Winterzeit um 20.000 Liter jede Woche verfeuert.

Wäre nicht da der Bau eines Krematoriums im Nürbuger Raum sinnvoller gewesen? Zumal es auf diesem Gebiet an einigen Orten - wie man hört - Wartezeiten gibt. Oder man muss nach Holland ausweichen.

Aufs Ausweichen verstehen sich auch derzeit manche Rennteams. Man fährt dorthin, wo das Wetter gut ist. Dass dort auch noch die Streckenmiete deutlich billiger ist als am Nürburgring, das erleichtert die Entscheidung für's Testen auf einer ausländischen Rennstrecke. Zumal man dort auch noch wie ein Kunde behandelt wird.

Aber das soll sich ab 2. Mai 2010 ändern. Weshalb ich hier einen Strich ziehe.

Als Leser können Sie jetzt subjektiv den Saldo ziehen.

Mit einer neuen privaten GmbH geht es jetzt am Nürburgring weiter.

Aber wer gibt die Richtung vor?

Und da muss ich Ihnen dann doch noch erzählen, wie es so urplötzlich zum Abschluss der Verträge zwischen der Landesregierung und einer privaten Betreibergesellschaft kommen konnte, die schon Tage danach ihren Namen gewechselt hat:

Wer versucht im Handeslregister die Entstehung der neuen „Nürburgring Automotive GmbH" zu verfolgen, der stößt auf eine „GrundKapital GmbH" mit weiteren Verzweigungen, verrennt sich im Gestrüpp von Lindner-Firmen. Verständlich, dass sich handelnde Personen einfach dem System unterordnen, auf ihre Vornamen verzichten.

Ich erlebe solche „Systeme" nicht zum ersten Mal, gebe lächelnd auf und halte fest:

Aus *„Nürburgring Destination GmbH"*, der Firma, mit der – wie Landesvater Kurt Beck und Wirtschaftsminister Hendrick Hering berichteten – ein Vertrag abgeschlossen wurde, der diese Firma zum privaten Betreiber aller bisher von der Nürburgring GmbH betriebenen Einrichtungen machte, die hat es wohl niemals gegeben. Jetzt gibt es dem Vernehmen nach eine *„Nürburgring Automotive GmbH"*, die diese Aufgaben wahrnimmt. -

Aber wo gibt es dafür eine rechtliche Basis?

Auf zu „neuen Ufern":
Wo kein Kläger – da kein Richter?

Der gelernte Jurist und Wirtschaftsminister des Landes Rheinland-Pfalz verkündet am 26. März 2010 in der „Hocheifel"-Halle in Adenau: Die Verträge mit einer neuen Betreibergesellschaft des Nürburgrings sind unter Dach und Fach.

Am 27. April 2010 gibt es nun die Pressekonferenz einer „Initiatorengruppe Nürburgring 2010" in Mainz. Man hat in die „Alte Patrone", Am Judensand 61, in den Theatersaal geladen. Es soll dort ein unabhängiges Betreiberkonzept für den Nürburgring, das von unabhängigen Fachleuten der Motorsportbranche entwickelt und getragen wird, vorgestellt werden. Aus der Einladung ergibt sich auch, dass sich diese Gruppe - die ich als Journalist über eine Zeit von acht Monaten begleiten durfte - von den Politikern „verladen" vorkommt. Zu Recht.

Man hatte Herrn Wirtschaftsminister Hering, den derzeitig Verantwortlichen in Sachen „Nürburgring 2009", um ein Gespräch gebeten. Vor vielen Monaten, in 2009. Der Herr Minister hatte auf den neuen Aufsichtsratsvorsitzenden der Nürburgring GmbH, Ernst Schwanhold, verwiesen, hatte den - in seinem Auftrag - Gespräche mit der Gruppe aufnehmen lassen. Es wurde klar und deutlich gemacht, dass die immer wiederkehrende Nennung der Namen Richter und Lindner ohne Bedeutung wäre. Nichts sei entschieden. Und der Gruppe wurde versichert, dass sie eine reelle Chance erhalten würde, ihr Konzept vorzustellen.

Die Landesregierung von Rheinland-Pfalz, die von Herrn Kurt Beck geleitet wird, hat aber weder einen fairen Wettbewerb - der zum Vorteil der Eifel-Region und des Lands Rheinland-Pfalz gewesen wäre - hinsichtlich der Betreibergesellschaft zugelassen, noch sind die angeblich erreichten Ziele in irgendeiner Form gewährleistet. - Wer kennt eigentlich das „neue Konzept" der neuen, privaten Betreiber?

Der Titel zu diesem Kapitel ist ein geflügeltes Wort. Das Fragezeichen ist eigentlich überflüssig, denn es stimmt auch in diesem Fall. Es gibt viele Bürger, die über die entstandene Situation am Nürburgring klagen. Und es gibt auch einen Richter. Kai Richter. Der wird als Gesellschafter einer neuen Betreibergesellschaft am Nürburgring, „Destination Nürburgring GmbH", vorgestellt. Vom Wirtschaftsminister des Landes Rheinland-Pfalz, Hendrik Hering. Dessen Qualifikation: „Ich bin Jurist."

Die Qualifikation des Herrn Richter? Fachmann – oder so. Aber er wird in der neuen Gesellschaft einen Geschäftsführer an seiner Seite haben, der sich wundert, wenn man nach Geld, seinem Geld, das er zu investieren gedenkt, fragt. „Man braucht für einen Pachtvertrag kein Geld." - Aha!

Jörg Lindner, um mit seinem Vornamen ihn auch als Person festzumachen, verbreitet an diesem 26. März 2010 in der „Hocheifel-Halle" in Adenau noch eine Menge Wahrheiten. Oder das, was er für Wahrheiten hält. Am Vortag hat man den Betreibervertrag mit der Landesregierung (oder vielleicht doch der Nürburgring GmbH?) abgeschlossen. Und man klagt gemeinsam über den stressigen Verhandlungsmarathon. Mit „gemeinsam" sind die Herren Hering, Lindner und Richter gemeint, die sich an diesem Abend der Adenauer Öffentlichkeit stellen. Und Jörg Lindern verspricht: „Wir wollen tun, was wir können."

Jetzt müsste man eigentlich nur noch wissen was sie können. Linder und Richter. Oder Richter und Lindner. Richter: „Wir werden die Strukturen ändern müssen. So wie es in der Vergangenheit war, kann es nicht weiter gehen." - Und Minister Hering assistiert: „Privatunternehmer können einige Dinge besser als der Staat. Das sollten wir gelernt haben."

Der Steuerzahler hat das längst begriffen. Daraus ließe sich ableiten: Vielleicht sollte man auch die Regierung eines Bundeslandes einem Privatunternehmen übertragen.

Zum eigentlichen Konzept wird an diesem Abend nichts gesagt, aber viel davon gesprochen. Man möchte es zunächst mit den Mitarbeiters der Nürburgring GmbH diskutieren, die man wohl zum großen Teil übernehmen muss. - Oder nicht?

Bei der Nürburgring GmbH zittern die Mitarbeiter, haben – wie es einer von ihnen ausdrückte - „zum ersten Mal Existenzangst". Es wird bald zu einem Treffen kommen, bei dem die Nürburgring-Mitarbeiter dann erfahren sollen, wie es denn nun weiter gehen soll.

Dabei steht die nächste Überraschung schon vor der Tür. Denn am 27. April wird in Mainz eine Interessentengruppe, der zunächst von der Landesregierung Hoffnung gemacht wurde, dass sie auch die Chance einer Bewerbung um das Betreiben z.B. der Rennstrecke hätte, ihre Vorstellungen von der Umsetzung von vorhandener Kompetenz in wirksame Aktionen, das Betreiben der Rennstrecke vorstellen. - Wird es jetzt dann auch wieder zu Reaktionen der „Betroffenen" (Landesregierung und Nürburgring GmbH) kommen?

Der jetzt, am 26. März 2010 in Adenau verkündete Abschluss von Verträgen mit einer neuen (neu zu gründenden?) Betreibergesellschaft, kam jedenfalls unter Druck zustande. Das ergibt sich nicht nur aus den Aussagen der „Betroffenen" vor Ort, sondern auch aus dem Ablauf der Geschehnisse.

Da hatte die „Rhein-Zeitung" ihr zugespielte Kopien von Original-Unterlagen umgehend dazu genutzt, um in der nächsten Ausgabe zu verkünden, welche überfälligen Schulden eine von Kai Richter verantwortete Firma (oder Firmen?) gegenüber der Nürburgring GmbH habe.

Das hatte die „Betroffenen" zu schnellem Handeln veranlasst. In Marathonsitzungen kam man am 25. März zu einem Vertragsergebnis, das noch exakt an jenem 26. März auf meinen Internetseiten von mir (als Kasten im damals aktuellen „Guten Tag" eingestellt) so kommentiert wurde:

Beck und Hering als „Sehleute" in einem Boot

26. März 2010 – Es wird von einem Zukunftskonzept gesprochen. Aber wer kennt das Konzept? Es „baut zentral auf den Mythos Nürburgring und das Motorsportgeschäft", heißt es bei der Landesregierung. Welcher der neuen Betreiber und Gesellschafter bei der neuen „Destination Nürburgring GmbH" versteht etwas von diesem Geschäft?

Herr Beck und Herr Hering sind (vielleicht) gute Politiker (Was immer man darunter verstehen will). Aber haben sie den Umgang mit Geld gelernt? Die BikeWorld Nürburgring schloss offiziell mit einem Verlust von 4,8 Millionen Euro. Für die „Nürburgring GmbH" wurden gerade in der Presse Forderungen der „Nürburgring GmbH" gegenüber der MSR bzw. dem Hauptgesellschafter von vielen hunderttausend Euro vermeldet.

„Die Nürburgring GmbH erwirbt alle Anteile an der Motorsport Resort Nürburgring GmbH für je einen Euro bei gleichzeitigem Verzicht der bisherigen Gesellschafter auf die Rückzahlung ihrer Gesellschafterdarlehen." So stellt es die Landesregierung RLP in ihrer offiziellen Presseerklärung dar.

Nun hat also die Nürburgring GmbH die MSR für 1 Euro (in Worten: ein Euro) übernommen. Ein tolles Geschäft? Die bisherigen Gesellschafter verzichten zwar auf ihre Einlage, aber die Nürburgring GmbH muss nun auch auf ihre Forderungen gegenüber der MSR verzichten. Wer ist also der Dumme? Der Steuerzahler*.

Gestatten Sie mir, liebe Leser, dass ich in aller Ruhe noch mal die Dinge recherchiere, die bisher unklar sind. Sie werden bei mir bald darüber lesen. Auch vielleicht schon etwas zum Thema

„Bilanzfälschung", an der auch die Staatsanwaltschaft Koblenz arbeitet, wie mir Dr. Hund schriftlich bestätigte. Aber er wollte mich nicht – gegenüber meinen Kollegen – bevorteilen.

Was gerade passiert ist, ist einfach ein „Gau". Dieser Ablauf dürfte auch die Herren bei der EU in Brüssel wachrütteln. Ich hatte sie am 15. März 2010 auf die zu erwartenden Ereignisse einzustimmen versucht. Schau'n mer mal!

Ich werde also versuchen, die Hintergründe weiter auszuleuchten. Wie Sie das auch von mir kennen.

Wie heißt es doch am Ende so manchen Vorfilms im Kino: „Demnächst in diesem Theater."

Wilhelm Hahne

*Nachdem ich am 27. März darauf angesprochen wurde: Natürlich hat Herr Richter, einer der neuen „Betreiber", der wie die Landesregierung nicht über Erfahrung in einem Bereich verfügt, wo „Kernkompetenz" vorhanden sein sollte, die Vertragsgestaltung dazu genutzt, seine Konten „glattstellen zu lassen". Die Belastung durch einen Kredit von 85,5 Millionen Euro ist also auch weg. Oder anders formuliert: **So teuer kann ein Euro sein!**

Tatsächlich hatten die neuen Verträge zu einer Veränderung der realen Situation geführt. Kai Richter hat durch das „1 Euro-Geschäft" alle Schulden gegen Null abgebaut und konnte darum in der „Hocheifel-Halle" am Abend des 26. März verkünden, dass alle in der Presse gemachten Darstellungen zu möglichen Schulden einer seiner (auch) von ihm geführten Firmen, jeder Grundlage entbehren würden. Diese „Anschuldigungen" seien nach seinen Feststellungen offenbar „einer bestimmten Person" zuzuorden und wohl „politisch motiviert". Große Worte. - Und sie stimmen.

Denn nach Abschluss der Verträge war alles nicht mehr wie vorher. Kai Richter war nicht aller Sorgen, aber vieler Schulden ledig. Mit einem geschickten Schachzug, der dazu noch von der Landesregierung gedeckt wurde.

Minister Hering erklärte noch nach der offiziellen Verlautbarung in Adenau, dass ihm „die Person", die von Kai Richter vorher auf der Bühne der „Hocheifel-Halle" vage angedeutet wurde, nicht bekannt wäre. Er hat nicht gesagt, dass die in der „Rhein-Zeitung" vermeldeten Schulden zum Zeitpunkt der Meldung tatsächlich bestanden. Oder nicht bestanden.

Was die „Rhein-Zeitung" (aus welchen Gründen auch immer) unterließ, habe ich mit journalistischer Gündlichkeit durchleuchtet: Die Hintergründe, die zu dieser Meldung führten. Denn tatsächlich war auch die Redaktion der „Eifel-Zeitung" zum gleichen Zeitpunkt wie ich auch im Besitz von Unterlagen, die von mir dann aber vor der Veröffentlichung (bzw. einem Teil davon) auf ihre Seriösität überprüft wurden. Ich konnte folgende Abläufe recherchieren:

> Am 10. März 2010 stellten die CDU-Abgeordneten Alexander Licht und Adolf Kessel folgende „Kleine Anfrage" an den Landtag:
>
> *„Forderungen gegen MSR, Mediinvest etc.*
>
> *Vor dem Hintergrund der Verhandlungen zu einem*
> *neuen Betreiber-Konzept am Nürburgring fragen wir die*
> *Landesregierung:*
>
> ***1.****Welche Forderungen der Nürburgring GmbH oder einer*
> *Gesellschaft mit Beteiligung der Nürburgring GmbH (Tochter-*
> *oder Enkelgesellschaften) bestanden bis zum 31. Dezember 2009*
> *sowie 28. Februar 2010 gegenüber der MSR, der Mediinvest oder*
> *weiteren Unternehmungen mit Beteiligung des Geschäftsführers*
> *der Mediinvest GmbH (bitte einzeln aufschlüsseln)?*

2. Von welcher Art und Höhe waren die Forderungen?

3. Wann war die Fälligkeit ursprünglich vereinbart und wurde sie ggf. auf einen anderen Zeitpunkt abgeändert oider vor Fälligkiet getilgt?

4. Gab es sonstige Abänderungen der ursprünglichen Forderungen und wenn ja welche?

5. Welche Leistungen auf die Forderungen waren oder sind ggf. säumig oder im Verzug?

6. Bestanden Nebenforderungen, wenn ja in welcher Art und Höhe?

    gez.: *A. Licht*   gez.: *Adolf Kessel"*

Diese **Anfrage Nr. 2827** wurde als **Drucksache Nr. 15/4427** vom Archiv des Landtages registriert und am 2. April vom Minister Hendrick Hering an den Präsidenten des Landtages von Rheinland-Pfalz so beantwortet:

„*- Kleine Anfrage Nr. 2827 -*

Sehr geehrter Herr Landtagspräsident,

die vorgenannte Kleine Anfrage beantworte ich wie folgt:

<u>*Zu den Fragen 1 bis 6:*</u>

Mit Rücksicht auf die Betriebs und Geschäftsgeheimnisse der Nürburgring GmbH und deren Beteiligungsgesellschaften sowie den jeweiligen Vertragspartner sind Angaben zur Höhe von Forderungen gegenüber Dritten im Rahmen der Beantwortung

> der Kleinen Anfrage nicht möglich. Die Landesregierung ist bereit, im Rahmen der nächsten Sitzung des Ausschusses für Wirtschaft und Verkehr in vertraulicher Sitzung hierüber zu berichten.
>
> Mit freundlichen Grüßen
> gez. Hendrik Hering"

Der Herr Minister wusste aber schon nach dem 22. März 2010, wie es um die Schulden eines seiner (inzwischen) neuen Vertragspartner bestellt war. Unter diesem Datum war er, war sein Ministerium (natürlich „vertraulich") über die berechtigten Forderung der Nürburgring GmbH informiert worden.

Exakt die Veröffentlichung dieser Fakten hat dann wohl zu den – aus meiner Sicht – übereilten Vertragsabschlüssen geführt, wie sie am 26. März in Adenau der Öffentlichkeit präsentiert wurden.

Ich möchte (und kann) aus dem „geheimen Papier" zitieren, da ich als zur Zeit einziger „rechtsstaatlich überprüfter ‚Geheimnisverräter' (AZ 2050 JS 17314/09, Sta. Koblenz) gelte, dessen Rechercheergebnis im Übrigen – ebenfalls nach Feststellungen der Staatsanwaltschaft – „nicht von öffentlichem Interesse" sind.

Ich zitieren also aus dem „vertraulich" gezeichneten Papier, das zur Vorlage beim Herrn Minister bestimmt war:

> „...Mit dem Stand vom 18.03.2010 beliefen sich die offenen Forderungen der Nürburgring GmbH und deren Beteiligungsgesellschaften gegenüber Firmen der Mediinvest- bzw. MSR-Gruppe auf insgesamt 731.595,83 €..."

Weiter ist da zu lesen:

> „...Zusammenfassend beinhalten die Positionen Geschäftsvorfälle in den folgenden Bereichen:

> *Erbpacht-Zins*
> *Anteilige Kostenübernahme für die Eröffnungsfeier im Juli 2009*
> *Miete VIP-Louge*
> *Veranstaltungstickets*
> *Eintritte ring°werk, Backstage-Führungen..."*

Da liest man dann gegen Ende dieses Papiers auch:

> *„Alle Forderungen sind überfällig. Seitens der Nürburgring GmbH sind alle Leistungen in Bezug auf die aufgelisteten, offenen Forderungen gegenüber den Firmen der MI-/MSR-Gruppe vollständig erbracht."*

Das war also die Situation, bevor die Landesregierung (oder die Nürburgring GmbH?) die Firma MSR einschl. der vorhandenen Gesellschaftereinlagen für den Betrag von 1 Euro übernahm.

Wie angekündigt, hat dann der Herr Wirtschaftsminister Hendrik Hering die Fragesteller „im Rahmen der nächsten Sitzung des Ausschusses für Wirtschaft und Verkehr" - das war am 13. April 2010 - „in vertraulicher Sitzung" informiert. Und das auf der Basis der Unterlagen, die auch mir zur Verfügung standen.

Natürlich liegen mir alle Unterlagen, die hier zur Information der Öffentlichkeit (die sicherlich als Steuerzahler einen Anspruch auf das Wissen um die Grundlagen von Aussagen der Beteiligten und die Grundlagen von Verträgen hat) in Kopie vor. Unter einer Zusammenfassung des Buchungsstandes vom 18. März 2010 findet sich folgende Anmerkung:

> *„Freigabe der Mahnbescheide erst nach ausdrücklicher Freigabe von Herrn Koch."*

Zur Erklärung: Herr Hans-Joachim Koch ist der derzeitige Geschäftsführer der Nürburgring GmbH.

Es war interessant, bei den Recherchen zu diesem Thema festzustellen, dass z.B. eine „Kleine Anfrage" schon im Archiv der Landesregierung mit der **Nr. 15/4434** gedruckt und erfasst ist, während zum gleichen Zeitpunkt die o.g. Anfrage mit der offiziellen Nr. **15/4427** noch nicht auszumachen war.

Natürlich ist das alles Zufall.

Auch beim SWR ist man kritisch, hinterfragt die geheimnisvolle Abwicklung. Und so hat man den Herrn Minister Hering gebeten, doch zu der Sache einmal Stellung zu nehmen. Der hat am 5. Mai 2010 durch seinen Pressesprecher erklären lassen, dass er zu der Sache nichts sagen würde.

Diese Aussage ist das Gegenteil von „nichtssagend". Aber wie gesagt: Die Hintergründe sind „geheim", der Inhalt von Verträgen „vertraulich". Da ist es sicherlich für meine Leser angenehm, dass ich die Art der Abwicklung an Fakten nachgewiesen habe.

Wenn meine Leser, jetzt noch auf den Inhalt der Nr. 15/4434 neugierig geworden sind: Da gibt es auch interessante Antworten. Aus Platzgründen will ich mich auch nur auf eine beschränken:

„Die Nürburgring GmbH und deren Beteiligungsgesellschaften haben der Mediinvest GmbH und deren Beteiligungsgesellschaften im Zeitraum 2007 bis Mitte März 2010 für verschiedene in Rechnung gestellte Bau- und Dienstleistungen einen Gesamtbetrag in Höhe von insgesamt rund 2,4 Mio. € gezahlt. Es handelt sich hierbei im Wesentlichen um die Vergütung von Kosten für Bauinvestitionen, Marketing-, Personal- und Verwaltungskosten sowie Kosten für Veranstaltungen. Die Landesregierung ist bereit, in der nächsten Sitzung des Ausschusses für Wirtschaft und Verkehr in vertraulicher Sitzung hierüber im Detail zu berichten."

Also alles wie gehabt. Entweder **„vertraulich"**, oder wie sich gerade wieder in einer Sitzung des Untersuchungsausschusses in Mainz bei der Vernehmung des Herrn Chef-Controller der Nürburgring GmbH herausstellte, **„verschwiegen"**.

«Die wirklich kritischen Vermerke wurden nicht an die Landesregierung und den Aufsichtsrat kommuniziert», sagte Herr Nuss-Kaltenborn, am Montag vor dem Untersuchungsausschuss des Mainzer Landtags. Kafitz habe immer wieder dargestellt, dass Pinebeck Leistungen «in erheblichem Maße» erbringe, die hohe Provisionen rechtfertigten. Das sei aber nicht so gewesen.

So war es – so ist es. Und wo kein Kläger, da kein Richter?

Herrn Jörg Lindner, der mit der neuen Betreiberfirma, „Nürburgring Automotive GmbH" (sie ist wohl inzwischen so – entgegen der ursprünglich genannten Bezeichnung – neu benannt worden) aus dem beruflichen Schatten seine Bruders Otto heraustreten möchte, wünsche ich für seine neue Aufgabe „Alles Gute" und vor allen Dingen „Viel Glück"!

Denn eigentlich müsste auch ihm – wie seiner Frau – klar sein, was sie ein paar Wochen vor Abschluss der Verträge mir gegenüber so artikulierte:

„Dass das eine Scheiße ist, das wissen wir doch alle; da brauchen wir doch nicht drüber reden."

Wenn das eine Dame der (Düsseldorfer) Gesellschaft sagt, dann kann ich das auch hier schreiben. Zumal das auch nach meiner Auffassung zutrifft.

Clemes Hoch, u.a. Kreisvorsitzender der SPD in Mayen-Koblenz, Landtagsabgeordneter und Rechtsanwalt, ist da anderer Meinung, die er im Mai 2010 in einer Pressemitteilung seiner Partei so äußert:

„Die schwierige Phase der vergangenen zwei Jahre ist vorbei. Die Fehler die gemacht wurden, sind durch Wirtschaftsminister Hendrik Hering korrigiert worden. Nur ein Fazit lässt sich wirklich seriös feststellen:

Das Land Rheinland Pfalz hat sich um die touristische Entwicklung der Region auch mit dem Nürburgring verdient gemacht. Ein ähnliches Beispiel für eine Weiterentwicklung einer Region gibt es in ganz Deutschland nicht."

Dazu fällt mir dann wirklich nichts mehr ein. Man sollte diese Aussage auch so stehen und wirken lassen.

Nachdenkliches zum Schluss:
Zurück von Mainz in die Eifel

Wir schreiben Mitte April 2010. Auch die Bundesregierung nimmt inzwischen – irgendwie – Anteil an dem, was in der Eifel geschehen ist und stellt fest, „dass staatlich subventionierte Freizeitparks im ländlichen Raum wenig Erfolg versprechend seien".

Und direkt auf das Thema „Nürburgring 2009" eingehend: Weder sei der Landtag umfassend über die wirtschaftlichen Aussichten aufgeklärt, noch die EU-Kommission informiert worden.

Es war keine Regierungs-, keine „Volkspartei", es waren „Die Grünen", die eine Kleine Bundestagsanfrage zur Wettbewerbssituation und der Förderung von Freizeitparks in Deutschland gestellt hatten.

Und die Landesvorstandssprecherin dieser Partei, Eveline Lemke, stellt zu diesem Zeitpunkt fest: „Rückblickend wird klar: Das Projekt Nürburgring war von Anfang an zum Scheitern verurteilt".

Lassen Sie mich „rückblickend" feststellen: „Nürburgring 2009" und seine Problematik wurden bis zu diesem Zeitpunkt von der „großen Politik" einfach übersehen. Alexander Licht, CDU-Abgeordneter im Landtag von Rheinland-Pfalz und Mitglied im immer noch aktuellen Untersuchungsausschuss zur „Nürburgring-Affäre" sagte mir gegen Ende 2009 einmal in einem persönlichen Gespräch: „Glauben Sie mir, Herr Hahne, wir haben bis zu einem gewissen Zeitpunkt garnichts von den Problemen in der Eifel gewusst."

Ich glaube das. Weil mir auch gute Freunde in diesen Tagen noch bestätigten, dass sie zwar meine Geschichten zu dem Thema im Internet gelesen, aber sie – irgendwie – nicht ernst genommen hatten. Es konnte doch einfach nicht sein...

Doch! Inzwischen dürfen wir uns streiten, ob es sich bei „Nürburgring

2009" um eine Affäre oder einen Skandal handelt. Oder ist es vielleicht ein „Polit-Krimi"?

Michael Preute's (Jacques Berndorf) (Eifel-)Krimi, „Nürburg-Papiere", ist inzwischen erschienen. Startauflage 80.000. Christoph Würzburgers Film zum Thema Nürburgring wurde zwar vom SWR für den 19. Mai angekündigt (wie z.B. auch in der „HÖRZU" nachzulesen), dann aber „aus aktuellen und produktionstechnischen Gründen" auf den 30. Juni verschoben. - ??? -

Arbeitstitel übrigens: „Dunkle Geschäfte in der Grünen Hölle". - Filmmaterial gibt es zu diesem Thema genug. „Das würde auch für 90 Minuten reichen", sagt Christoph Würzburger und atmet tief durch. Er würde gerne das Thema wirklich umfassend behandeln. Es wird in den 45 min nur „angerissen". Aber wenn dieser Film nun am 30.Juni gesendet wird, hat er dann noch den gleichen Inhalt wie Wochen vorher? -

Minister Hendrik Hering hat Michael Preute – und seinen Krimi zum Thema „Nürburgring" – zum Anlass für die Planung eines gemeinsamen Gesprächs genommen. Er hatte das zumindest geplant. Aber Kurt Beck war das Thema so wichtig, dass man die Vorstellung eines Krimis nun in Mainz vornehmen soll. - ??? -

Überall werden Nebelkerzen gezündet und Tücher über evtl. sichtbar werdende Fakten gehängt. Und ein Jörg Lindner bezeichnet mich, Wilhelm Hahne, auf einer Tagung von Kreisvorständen und Kreistagsfraktionen der SPD der Kreise Ahrweiler, Vulkaneifel, Cochem-Zell und Mayen-Koblenz am 8. Mai 2010 (natürlich im „Lindner-Hotel") als „kriminell". Die Nerven scheinen blank zu liegen.

Kommt die Terminverscheibung beim SWR wirklich ohne politischen Einfluss zustande? Alles passiert – zufällig? - zeitgleich.

Wer versteht das schon? Ein Krimi wird – möglichst in der Staatskanzlei – in Mainz vorgestellt? ??? Aber es wird nun zumindest zu diesem Thema eine Pressekonferenz in Mainz geben. Die eigentliche Vorstellung soll dann im „Dorint"-Hotel" am Nürburgring erfolgen. So die Planung des Verlegers.

Im Internet kann man die Entstehung der Geschichte, hin zu dem Drama, das sich jetzt dem Steuerzahler darbietet, sicher gut verfolgen. Aber das ist anstrengend. Mit diesem Buch wird sicherlich keine gedruckte Übersicht geschaffen, aber vielleicht eine Entwicklung aufgezeigt, die – leider – aus dem Diamanten „Nordschleife" keinen Brillanten macht. Und Politiker ein wenig „entkleidet", nackt aussehen lässt.

Ein guter Bekannter aus meinem Wohnort, Virneburg, sagte mir in diesen Tagen: „Wilhelm, ich muss mich bei dir entschuldigen. Erst jetzt wird mir klar..." -

Danke, Alfred! - Für dich und die vielen Anderen habe ich mich darum noch einmal an einer Zusammenfassung versucht. Damit „rückblickend" vielleicht doch klar wird:

Die drohende Pleite am Nürburgring war vorhersehbar. Für mich war das jedenfalls sonnenklar. Und ich habe aus meinem Herzen keine Mördergrube gemacht. Immer alles nach besten Wissen und Gewissen. Vielleicht hat mir da auch meine Lebenserfahrung geholfen. Sicher auch mein durch alle Angriffe – in Krieg und Frieden - sensibel entwickeltes Gefühl für Recht und Unrecht. Auch Meinung braucht eine Grundlage.

Aber das ist so, wie mit allen Dingen im Leben: Man muss sich zunächst einmal mit den Dingen beschäftigen, die man beurteilen, einschätzen will.

Als viele eine mögliche Klage bei der EU diskutierten, aber sich dann doch keiner so richtig traute – schon der Kosten wegen – da habe ich in Brüssel Beschwerde eingelegt. Der Eingang wurde mir unter der Registrierungsnummer **CHAP(2010)00207** bestätigt und hat in Brüssel in der Akte:

__„CP93/2009__ - **Projekt Nürburgring 2009 -**
- **ARP-Museum in Remagen -**
- **Fritz-Walter-Stadion in Kaiserslautern" -**

einen Platz gefunden. Fällt Ihnen etwas auf?

Nachdenklich fahre ich nach der Pressekonferenz in Mainz zurück in die Eifel. Über eine Autobahn, für deren Nutzung man vielleicht bald auch eine Maut zahlen muss. Ungerechtfertigt. Zurück vom „Theatersaal" in Mainz ins heimische Virneburg. Wo das Theater weiter geht (s.o.).

Dieses Buch kann nur einen Zwischenbericht darstellen. Von diesem Buch – und dass es dieses Buch geben würde – das wussten nur wenige. Die SWR-Entscheidung hat das Entstehen beschleunigt.

Es wird eine Fortsetzung geben müssen, weil die Art der Handlung und die handelnden Personen mit ihren Aktionen alle üblichen Vorstellungen sprengen.

Wie heißt es doch am Ende von Vorfilmen, den Vorankündigungen großer Filmereignisse in den Kinos so schön:
„Demnächst in diesem Theater."

Wenn der Klappentext nicht reicht:
Ein Spotlight auf den Autor

Ich, Wilhelm Hahne, bin Journalist. Aus freien Stücken geworden. Vor Jahrzehnten.

Eigentlich – meinte mein Vater – sollte ich Kaufmann werden und den elterlichen Betrieb (Großhandel mit Tabak-, Süßwaren und Spirituosen) übernehmen. Also eine Lehre als Großhandelskaufmann. Dann aber schon in „Richtung Benzin" abgedriftet: als Mitarbeiter einer Treibstoff-Großhandelsfirma habe ich u.a. Grundstücke gekauft, Tankstellen gebaut, Großkunden besucht. Und schnell die Redensart verstehen gelernt, die behauptet: „Benzin verdirbt den Charakter."

Meine Chefs baten mich irgendwann, in der Firma eines ihrer Brüder – Besitzer einer Zelte- und Deckenfabrik - „aufzupassen", weil der für einige Wochen ins Krankenhaus musste. Da bin ich dann länger als „Mädchen für alles" geblieben. Habe Waggondecken, Zeitungsträgertaschen, Scooterdächer, Sonnenschirme u.a. verkauft, mich um Einkauf und Herstellung gekümmert und – fast nebenbei – die Entwicklung hin zu den ersten Kunststoffplanen begleitet. Ich hatte z.B. die Idee, eine schon bekannte Folienschweißmaschine (von „Pfaff") in eine Kunststoff-Schweißmaschine umzubauen (Vorher wurden Kunststoffplanen normal vernäht und die Nähte dann abgedichtet).

So habe ich dann auch um 1958 die erste größere Dachfläche - für eine Ausstellungshalle der Glanzstoff Wuppertal - auf der Kunststoffmesse in Düsseldorf mit einer Dachfläche aus Kunststoff-Planenmaterial (Kunststoffgewebe, PVC-beschichtet) versehen dürfen. Mein Chef glaubte aber an die Zukunft der Naturfasern, er hat die Entwicklung auf dem Gebiet der Kunststoffe nicht ernst genommen.

Ich wurde von einem VW- und Porsche-Händler als Porscheverkäufer abgeworben und habe dann eine normale Entwicklung genommen: Gruppenleiter, Leiter der Disposition, Leiter der Gebrauchtswagen-Abteilung; bin aber immer mit der ursprünglichen Tätigkeit als Porscheverkäufer verbunden geblieben. Natürlich mit dem immer wieder wechselnden Porsche-Vorführwagen.

Als mir mein VW-Chef nicht das Recht zugestand, mit meinem Geld zu machen was ich wollte (z.B. Alfa Romeo Giulia Super fahren) habe ich gekündigt und wurde Assistent der Geschäftsleitung bei einem neu gegründeten Opel-Händler; etwas später deren Verkaufsleiter.

Dann war ich als Großhandelsverkaufsleiter bei einem größeren Opel-Großhändler (so etwas gab es in der 60er Jahren) tätig. Danach selbstständig mit einem Autohandels- und Werkstattbetrieb in Düsseldorf. Zusammen mit einem meiner Brüder (Hubert) wurde ich u.a. erster Lamborghini-Importeur in Deutschland.

Die Idee war von mir; verhandelt hat dann mein Bruder. Und ich hatte die Arbeit. Ich habe dann auch den Import von Matra-Automobilen aufgenommen, habe dafür Lamborghini meinem Bruder Hubert in dessen eigener Firma überlassen. Beide zusammen waren wir aber auch BMW-, Honda- und Yamaha-Motorradhändler und verkauften – natürlich – auch Honda-Automobile. Erfolgreich. Als einer der erfolgreichsten Honda-Händler in Deutschland war ich dann schon 1971 mal in Japan.

Da erst habe ich begriffen, dass man sich als Händler, gebunden durch eigentlich – wie ich es empfand - „unsittliche" Verträge, in ein Abhängigkeitsverhältnis begeben hatte. Ich aber wollte frei sein, mir nicht von – aus meiner Sicht - „dummen Leuten" sagen lassen, was ich mit meinem Geld zu machen habe.

Also habe ich meinen Bruder gebeten, das Geschäft alleine weiter zu führen, habe selbst eine Auszeit genommen und mir ein paar Monate überlegt, was ich wohl für den Rest meines Lebens gerne machen wollte. Schreiben, war die Erkenntnis. Und die logische Schlussfolgerung: Ich wollte über das schreiben, von dem ich etwas verstand, was ich in vielen Facetten bereits erlebt hatte: die Automobil- und Motorradbranche, deren Marken und Modelle- und den Motorsport natürlich.

Ich habe die Führerscheine der alten Klasse 1 und 3 mit 16 Jahren gemacht, den der Klasse 2 dann mit 17. Ich bin – nur so zum Spaß – über 40 Jahre mit internationaler Lizenz Rennen gefahren. Auf der Nürburgring-Nordschleife war ich in mehr als 100 Langstreckenrennen unterwegs und bin so um ein Dutzend 24-Stunden-Rennen gefahren. Zusammen mit meiner Erfahrung im Automobilhandel hatte ich da als Motorjournalist eine Menge guter Voraussetzungen. Dachte ich.

Nachdem ich eine Reihe von „Trockenübungen" für den Papierkorb gemacht hatte, bin ich bei der „Auto-Zeitung" in Köln aufgekreuzt und da auf einen Chefredakteur getroffen, den ich in anderer Funktion schon kennengelernt hatte. Da der da – auch nach mehrfacher Erklärung mich nicht verstehen wollte – hatte ich ihn als „dummes Schwein" bezeichnet. Das hatte er zwar nicht vergessen, fand aber meine Art, immer das zu sagen was ich dachte, für einen Journalisten irgendwie passend. So hat er dann als Chefredakteur meine erste Geschichte, die für eine Veröffentlichung gedacht war, gelesen, sie für gut befunden und – sie wurde auch gedruckt ein Erfolg. Beim Leser.

Nun folgten Geschichten um Geschichten und schließlich das Angebot des Bauer-Verlages, bei der „Auto-Zeitung" einen Motorradteil im Heft zu etablieren. Auch das war ein Erfolg. Und ich der Ressortleiter.

Erfolg schafft nicht nur Freunde. Mein Interessengebiet reichte eben über das Thema Motorrad heraus. Und ich konnte meinen Mund nicht halten. Wenn ich eine Meinung hatte, habe ich sie auch artikuliert. Auch in Redaktionskonferenzen.

Irgendwann war ich den „internen Krieg" dann satt und habe gekündigt. Weil man keinen Nachfolger fand, habe ich dann noch drei Monate drangehängt. Und dann nochmal drei Monate. „Aber das sind dann wirklich die letzten", habe ich gesagt. Und danach als „freier Mitarbeiter" für die unterschiedlichen „Motor-Produkte" des Verlages weiter gearbeitet.

Ich war immer offen in meiner Darstellung, habe so auch Vorankündigungen immer rechtzeitig gemacht. Das hat man dann genutzt, um ohne mich an eine bestimmte Geschichte zu kommen. Mit Industrieunterstützung. Das war dann das Ende der Zusammenarbeit mit dieser Zeitschrift. Und mein Foto hing – wie das eines gesuchten Verbrechers – in der Pförtner-Loge.

Manchmal – vorher schon - wurde auch eine Geschichte nicht gedruckt, weil man mir – schlüssig! - erklären konnte, warum das nicht stimmen konnte, was ich da zu Papier gebracht hatte. Aber... -

Einmal hat sich mein Chefredakteur sogar dafür entschuldigt, weil Monate nach meiner Geschichte (für den Papierkorb!) doch das eintrat, was ich beschrieben hatte. Und der Chefredakteur machte eine

Bemerkung, die eigentlich heute noch Gültigkeit hat: „Manchmal Herr Hahne, müssen Sie doch unter dem leiden, was Sie so alles wissen."

Das hat sich tatsächlich in Jahrzehnten nicht geändert. Nur, dass ich es inzwischen lt. Staatsanwaltschaft Koblenz, von einem freien Journalisten zu einem „Geheimnisverräter" gebracht habe. Das ist lt. Kollegeneinschätzung zwar das höchste Lob das einem Journalisten zuteil werden kann, aber – es wurmt mich doch. Wenn ich an die Einstellungsbegründung denke: „...aus Mangel an öffentlichem Interesse".

Dieses abgeschlossene Verfahren bringt auch „Druck" mit sich: Ich werde die Erwartungshaltung der Staatsanwaltschaft und der politischen Führung in Mainz nun erfüllen müssen. Und ganz ehrlich: Irgendwie tut mir der Leitende Oberstaatsanwalt in Koblenz leid. Ich mag ihn auch. Weil er auch nicht alles hinnimmt, was ihm die Politik auf Mainz gerne unterjubeln möchte.

Zwar hatte ich schon mal vor Jahren daran gedacht, meine „Motor-KRITIK" zu verkaufen, aber das ist nach Verhandlungen – auch mit einem bekannten Verlag der Szene – daran gescheitert, dass man intern niemanden hatte, der diese Internetseiten in der bekannten Art weiterführen könnte. Weil Journalisten heute immer weniger Journalisten sind. - Als sie das nach meiner Vorstellung sein müssten.

Bei „Journalisten" fällt mir ein, dass ich mich auch an dieser Stelle einmal herzlich für die Unterstützung bedanken muss, die ich bei meinen „Kontakten" mit der Staatsanwaltschaft durch den DJV (Deutscher Journalisten Verband) erfahren durfte. Mein Dank gilt auch „meinem" Rechtsanwalt in Wiesbaden, der eigentlich keinerlei Werbung bedarf, weil er zu den erfolgreichsten Strafverteidigern (!) in Deutschland zählt: Dr. Dierlamm in Wiesbaden. Ich habe aber auch die Arbeit seiner Kollegin, ... schätzen gelernt, die für mich auch die „frauliche Art" im Berufsleben in idealer Weise verkörpert: Ohne Umschweife direkt zur Sache kommen. Männer sind da „umständlicher". Glauben Sie mir.

Fast vergessen: Ein wenig stolz bin ich darauf, dass ich bei – und für – BMW den ersten Diesel-Renntourenwagen initieren und seinen Aufbau und Einsatz begleiten konnte. Ohne mich wäre das nichts geworden, mit dem ersten Sieg eines Diesel bei einem 24-Stunden-Rennen. - Hätte man in München auf mich gehört, wäre es auch die Marke BMW gewesen, die mit einem Diesel einen ersten Erfolg in Le Mans gefeiert hätte. Aber Sie können sich nicht vorstellen, wie sich bestimmte Abläufe in einem großen Industriebetrieb darstellen. Ich schon.

Ich habe das Denken und Handeln in großen Organisationen nicht nur bei BMW erlebt, sondern z.B. auch bei Opel. Und bei VW sowieso. Dagegen war Porsche eine „Quetsche" mit allen Vor- und Nachteilen eines kleinen „Familien"-Betriebs. Das ist jetzt vorbei.

Heute stellt mich ein guter Freund seinen Bekannten schon mal mit den Worten vor: „Wilhelm Hahne, der älteste Bruder der größten Motorsportfamilie der Welt." Und alles lacht.

Denn eigentlich müsste doch „das Größte" in Amerika zu finden sein. Aber tatsächlich stimmt die Ansage. Und ich – und meine Brüder Armin, Bernd, Hubert und Norbert bleiben weiter die Motorsportler – aber gute – denen es in der Vergangenheit an der PR- und Marketingarbeit mangelte, ohne die heute ein plakativer Erfolg in der Öffentlichkeit nicht mehr vorstellbar ist. -Weil es auch gute Fachjournalisten immer weniger gibt. Oder vielfach nur solche, die die Meinung ihrer Chefredaktion beachten müssen. Oder solche, die die heute scheinbar notwendige „Schere" selber im Kopf tragen.

Ich habe über viele Monate vergeblich versucht, in irgendeinem Verlag – auch bei bekannten – ein Buch mit einer Sammlung meiner Geschichten aus „Motor-KRITIK" (www.motor-kritik.de) zu platzieren. Titel: *„Alles ha(h)nebüchen?"* - (Das ist eine bunte Mischung von interessanten Geschichten – denke ich – geworden, die man gerne immer wieder mal liest, - und die nicht dummer machen). Aber dafür gibt es keinen Markt. Habe ich mir sagen lassen.

Dann bin ich auf den Verlag gestoßen, in dem jetzt dieses Buch erscheint. Wir haben (bisher) nur dieses Buch geplant. Dabei wollte ich eigentlich niemals ein Buch schreiben. Mir waren meine „normalen Geschichten" immer schon lang genug.

Schau'n mer mal! (Sagt Franz Beckenbauer).

Wenn man rückblickend nach bestimmten Kapiteln suchen will:

1. Nachdenkliches Vorwort 4
2. Von Nürburg nach Mainz 6
3. Mainz – wie es nicht singt und nicht lacht 10
4. Ein Schnappschuss in Richtung „damals" 15
5. Der Grand-Prix-Kurs ist keine Nordschleife 17
6. Die „BikeWorld Nürburgring" schafft Probleme 21
7. Neue Gründungs-Aktivitäten bei der Nürburgring GmbH 31
8. Wer ist eigentlich jener Dr. Walter Kafitz? 40
9. Auf dem Weg zu einer „Waltergate"-Affäre? 47
10. Es gibt erste Warnungen 68
11. Über Heldendenkmäler – und wie es am Nürburgring weiter ging 98
12. Ausbau der Nürburgrings einstimmig bestätigten 132
13. Das Selbst zwischen Philosophie, Erlebnisregion, Nürburgring + Bruckner 138
14. BikeWorld Nürburgring bietet Stoff für einen Eifel-Krimi 150
15. Es gibt mal wieder eine Baustelle: An der Nordschleife 163
16. Millionen für Visionen 176
17. Über Zäune und Zahlen 194
18. Der erste Spatenstich: Worte, Worthülsen, Versprechen, Versprecher 213
19. Vor dem Neubau kommt der Abbruch 222
20. Motorsportgeschichte zum Mitnehmen: Nürburgring verschenkt Sitze der Haupttribüne 224
21. Unerklärt: Aus „Erlebsniwelt Nürburgring" wird „Nürburgring 2009" 231
22. BikeWorld: Eine politisch gewollte Fehlplanung ist nun ein Millionengrab 242
23. Gedanken zum Lebenszyklus eines Bauwerks – aus gegebenem Anlass 249

24. FIA-Zäune: Warum eigentlich
   an der Nürburgring-Nordschleife 256
25. BikeWorld Nürburgring GmbH:
   Wie Zweiradträume von Amateuren enden 267
26. „Nürburgring 2009": Der Wahnsinn hat Methode 276
27. Eine mögliche „Gebrauchsanweisung" zu § 299 StGB. 290
28. Grundsteinlegung, 12. April 2008:
   Wer hat die Übersicht verloren? 295
29. Ist der FIA-Zaun ein Millionen-Missverständnis? 309
30. Suche nach Privat-Investoren – Über Firmen-
   Neugründungen gestolpert 323
31. Als Privatfirma wäre die landeseigene
   Nürburgring GmbH längst konkurs 341
32. ETI erstellt „Touristisches Zukunftskonzept"
   für die Verbandsgemeinden.. 364
33. Medienrecht: Beispiele für richtige und falsche
   Tatsachenbehauptungen 372
34. Von „Eifel-Pack" und „Bremer Stadtmusikanten"......... 384
35. Über Richter, Bienen, Hummel, Jäger,
   Geschäftsführer und Politiker 403
36. Über die Vertrauenswürdigkeit von Menschen
   unterschiedlicher Berufe 423
37. Kühl (ge)fragt: Die Nürburgring GmbH bringt
   „Farbe" ins Geschehen... 434
38. Nürburg und das „Motorsport Village":
   Was zu viel ist, ist zu viel... 441
39. 20. April 2009: Vertragsunterzeichnung
   zwischen RWE und Nürburgring GmbH 447
40. Auf dem „Erich-Klausener" Gymnasium, Adenau
   „für's Leben lernen" 454
41. Die Lage spitzt sich zu: Ein Minister klagt über
   Verschwörungen gegen ihn 474
42. Nur eine Frage: Wem fehlt es eigentlich
   an Realitätssinn? 496
43. Bevor es knallt: Höhenflüge einer
   Vereinigung im Geiste 505

44. 9. Juni 2009: Hausdurchsuchung beim
    Journalisten Wilhelm Hahne 513
45. Virneburg, 28. Juli 2009: Guten Tag! 519
46. Hinweis für UA Mainz: Was den Namen
    Michael so interessant macht 525
47. ring°racer: Kleiner Zwischenfall wird zum
    Vertuschungsskandal 531
48. Noch ein Unfall: Theater um ein „Grünes Theater"
    im ring°werk 543
49. Rainer Mertel: Ex-GF der N-GmbH:
    „Kafitz war eine Fehlbesetzung" 557
50. „Nürburgring 2009": Bau-Skandal,
    Wirtschafts-Affäre, Strategiespiel? 563
51. Auf zu „neuen Ufern":
    Wo kein Kläger – da kein Richter? 578
52. Nachdenkliches zum Schluss: Zurück
    von Mainz in die Eifel 590
53. Wenn der Klappentext nicht reicht:
    Ein Spotlight auf den Autor 593

Wenn man rückblickend nach bestimmten Kapiteln suchen will: s.o.

Wilhelm Hahne wurde im Jahre 1933 geboren.

„Vor der Machtübernahme", wie er lächelnd betont.

Er wurde in seiner Persönlichkeitsentwicklung durch die Kriegs- und Nachkriegszeit bestimmt. Seine berufliche Entwicklung wird stark von der Bedeutung der Motorisierung in der Aufbauphase nach dem „Zweiten Weltkrieg" beeinflusst. So findet er auch den Weg zum Motor-Journalismus, den er inzwischen seit Jahrzehnten betreibt.

Er hat in diesem Beruf nicht nur als Resortleiter „Motorrad" einer automobilen Fachzeitschrift Zeichen gesetzt, sondern gilt auch in Industriekreisen durch seine profunden Fachkenntnisse als gern – aber manchmal auch ungern – gesehener Gesprächspartner von Vorständen und Ingenieuren.

Durch seine Erfahrungen im „Dritten Reich" bestimmt, hat er sich auf eine politische Richtung nicht festlegen lassen, sondern lässt sich z.B. bei Wahlentscheidungen nur von den Fakten, bezogenen auf die jeweilige Situation bestimmen. Was auch in diesem Buch deutlich wird. Er hat es geschrieben um eine Übersicht zu schaffen. - Und zu erhalten. Sagt er.

Keiner weiß so recht, mit welcher Gesamtsumme das Projekt „Nürburgring 2009" jemals abgeschlossen wird. Die einen sprechen heute von 330, andere von 350 Millionen Euro.Das scheint aber nicht das tatsächliche „Ende der Fahnenstange" zu sein. Rechnet man die Ausgaben für Änderungen an der Bundesstraße, Neubauten für Feuerwehr u.a. hinzu, werden sicherlich auch leicht 400 Millionen erreicht werden.Der Autor hat die Entwicklung hin „zu diesem Fass ohne Boden" aus nächster Nähe mitbekommen und schildert die Fakten nüchtern und klar.

Wobei aber auch deutlich wird, dass dieses Projekt „viele Seiten" hat, die sich erst im Zusammenhang betrachtet zu einem Bild formen.Das zeichnet Wilhelm Hahne mit kräftigen, farbigen Strichen. Es wird so eigentlich weniger zu einem Landschaftsbild der Eifel, sondern mehr ein Bild der politischen Landschaft.

Jedenfalls hat Wilhelm Hahne nicht nur eine Meinung, sondern er bringt sie auch klar zum Ausdruck.

Was dem Leser dann auch eine eigene Meinungsbildung erleichtert.

Anzeige

EIFEL e ZEITUNG

seit 1865 Auflage 60.000

Beste Informationen für die Landkreise Ahrweiler, Bernkastel-Wittlich, Cochem-Zell und Vulkaneifel

Die Eifel-Zeitung (EAZ) ist die mit Abstand meist gelesene Zeitung in der Eifel-Mosel-Region. Von der belgischen Grenze bis zur Mosel informieren sich die Menschen in erster Linie durch die Eifel-Zeitung.

Anno 1865 erschien die erste Eifel-Zeitung als Tageblatt in Daun. Heute ist die Eifel-Zeitung die auflagenstärkste Wochenzeitung, die mit ein und derselben Ausgabe in vier Landkreisen rund 60.000 Haushalte in der Eifel-Mosel-Region erreicht. Als Partner der Regionalmarke Eifel und der Zukunftsinitiative Eifel ist die Eifel-Zeitung ein interessanter Werbeträger mit überdurchschnittlich hoher Leserbindung.

Kennen Sie Ihre Position am Markt? Wir helfen Ihnen, Ihre Position in der Eifel-Mosel-Region zu stärken. Positionieren Sie sich mit uns! Die Eifel-Zeitung bietet Ihnen zielgruppengerecht Anzeigenwerbung zu marktgerechten Konditionen.

Die Eifel-Zeitung erscheint wöchentlich mit einer Auflage von derzeit 60.000 Exemplaren und wird kostenlos mit eigenen Verteilstrukturen an die Haushalte verteilt.

Die Eifel-Zeitung berichtet sowohl über regionale Ereignisse aus Wirtschaft, Politik, Kultur und Sport als auch über allgemeine Themen. Z.B. Auto-Motor-Sport, Reisen und Freizeit sowie Gesundheit und Lifestyle finden bei der Eifel-Zeitung ihren Platz.

Die besten Informationen aus der Eifel-Mosel-Region lesen Sie, jede Woche informativ zusammengefasst, in der Eifel-Zeitung.

07/2010

Ihr Partner rund um den Nürburgring in Sachen Werbung

Südwest- und Eifel-Zeitung
Verlags- und Vertriebs GmbH,
Julius-Saxler-Straße 3, 54550 Daun
Tel.: 06592 / 929 8080
www.eifelzeitung.de

Anzeige

DER HÖRBUCHKRIMI ZUM SKANDAL

Jacques Berndorf
Die Nürburg-Papiere

Ungekürzte Autorenlesung

10 Audio-CDs + 1 DAISY-MP3-CD
Laufzeit: 11:14 Std.
UVP € (D/A) 17,95 | sFr 32,90
ISBN 9783836805490
Art.-Nr. 725-2621

© Karl Maas

Der beliebte **Autor und Sprecher Jacques Berndorf** recherchierte umfangreich zum Eifel-Skandal und konstruierte eine raffinierte Mordgeschichte um die spektakulären Geschehnisse der Nürburgring-Affäre: Skrupellose Manager schoben sich absurde Beraterhonorare zu. Die Eifeler Gastronomie fühlte sich abgezockt.
Eines Tages wird einer der Topmanager brutal ermordet. Noch ehe die Mordkommission die Spuren sichern kann, wird der alte Bauer Jakob Lenzen mit einem Kopfschuss hingerichtet. Warum ausgerechnet der sanfte, kluge Jakob?

Erhältlich im Buchhandel oder unter
www.hoerbuchnetz.de

RADIOROPA Hörbuch
Division of TechniSat

Südwest- und Eifelzeitung Verlags- und Vertriebs-GmbH, 54550 Daun